逯欽立 輯校

先秦漢魏晉南北朝詩

二

中華書局

晉詩卷十一

劉琨

琨。字越石。中山魏昌人。元康中。爲司隸從事。歷太尉掾、著作郎、太學博士、尚書郎。光熙初。封廣武侯。永嘉初。拜并州刺史。建興二年。加大將軍、都督并州諸軍事。三年。進司空。四年。爲石勒所敗。奔段匹磾。大興元年。爲匹磾所害。有集十卷、别集十二卷。

扶風歌

朝發廣莫門。暮宿丹水山。左手彎繁弱。右手揮龍淵。顧瞻望宫闕。俯仰御飛軒。據鞍長歎息。淚下草堂詩箋作下淚。如流泉。繫馬長松下。廢文選作發。御覽、樂府、文章正宗、詩紀同。初學記或作登。或作歇。草堂詩箋作歇。鞍高岳頭。草堂詩箋作丘顛。烈烈六臣本文選注云。五臣作冽冽。樂府作冽冽。悲風起。泠泠澗水流。揮手長相謝。哽咽不能言。浮雲爲我結。歸六臣本文選注云。五臣作飛。詩紀同。樂府作飛。鳥爲我旋。去家日已遠。安知存與亡。慷慨窮林中。抱膝獨摧藏。麋類聚無麋字。鹿遊我前。猨類聚無猨字。猴戲我側。資糧既乏盡。類聚作以乏。薇蕨安可類聚作足。食。攬轡命徒侶。吟嘯絶巖中。君子道微矣。夫子故詩紀云。一作固。有窮。惟昔李騫六臣本文選注云。五臣作愆。

類聚、樂府作愆。期。寄在匈奴庭。忠信反獲罪。漢武不見明。我欲竟文選作競。六臣注。五臣作意。此曲。此曲悲且長。棄置勿重陳。重陳令心傷。○文選二十八。文選集注五十六。樂府詩集八十四。文章正宗二十九。詩紀三十一。又類聚四十三引頭、流、側、食、庭、明六韵。初學記二十二引頭一韵。二十八引頭、流二韵。草堂詩箋三戲贈詩注引頗一韵。二十五杜鵑詩注引泉一韵。御覽三百五十八引頭一韵。

扶風歌豔歌行

南山石嵬嵬。松柏何離離。御覽作摧摧。事類賦同。上枝拂青雲。樂府作雪。中心十數圍。洛陽發廣文選作乏。按當作伐。中梁。松樹御覽作柏。事類賦同。竊自悲。斧鋸截是松。松樹東西摧。特類聚作持。詩紀同。作四輪車。載至洛陽宮。觀者莫不歎。問是何山材。誰能刻鏤此。公輸與魯班。事類賦作般。被之用丹漆。薰用蘇合香。本自詩紀作是。南山松。御覽作柏。事類賦同。今事類賦作採。爲宮殿梁。○類聚八十八作古豔歌。樂府詩集三十九作豔歌行。不署作者。廣文選十二作豔歌行。詩紀六。又御覽九百五十三作扶風歌。引摧、圍二韵。九百五十四引摧、圍、悲、班、香、梁六韵。事類賦柏賦注引摧、圍、悲、般、香、梁六韵。○逯案。古詩紀此篇編入漢詩。然據御覽及事類賦。知爲劉越石作。今編之於此。

答盧諶詩八章○并書

琨頓首。六臣本文選注云。五臣重頓首二字。損書及詩。備辛酸之苦言。暢經通之遠旨。執玩反覆。不能釋手。慨然以悲。六臣本文選注云。五臣作喜。歡然以喜。六臣本文選注云。五臣無此句。昔在少壯。未嘗檢括。遠慕老莊之齊物。近嘉阮生之放曠。怪厚薄何從而生。哀樂何六臣本文選注云。五臣作所。由而至。自頃輈張。困於逆亂。國破家亡。六臣本文選注云。五臣作家國破亡。親友彫殘。塊然獨坐。則哀憤兩集。李善本文選此二句在負杖行吟則百憂俱至下。六臣本注云。此二句善置負杖行吟下。負杖行吟。則百憂俱至。時復相與舉觴對膝。破涕爲笑。排終身之積慘。求數刻之暫歡。譬由疾疢彌年。而欲一丸銷之。其可得乎。夫才生於世。世實須才。和氏之璧。焉得獨曜於郢握。夜光之珠。何得專玩於隨掌。天下之寶。固李善本無固字。詩紀同。當與天下共之。但分析之日。不能不悵恨爾。李善本文選作耳。然後知聃周之爲虚誕。嗣宗之爲妄六臣本文選注云。善作忘也。作也。昔騄驥倚輈於吴坂。長六臣本無長字。鳴於良樂。知與不知也。百里奚六臣本文選注云。五臣有非字。按非字衍文。愚於虞而智於秦。遇與不遇也。今君遇之矣。勗之而已。不復屬意于文。二十餘年矣。久廢則無次。想必欲其一反。故稱指送一篇。適足以彰來詩之益美耳。琨頓首頓首。

厄運初遘。陽爻在六。乾象棟傾。坤儀舟覆。横厲糾紛。羣妖競逐。火燎神州。洪流華域。彼黍離離。彼稷育育。哀我皇晉。痛心在目。六臣本文選作痛在其目。注云。善作痛心在目。

天地無心。萬物同塗。禍淫莫驗。福善則虚。逆有全邑。義無完都。英蘂夏落。毒卉冬敷。如彼龜玉。韞櫝毁諸。芻狗之談。其最得乎。

咨余軟弱。弗克負荷。愆釁仍彰。榮寵屢加。威之不建。禍延凶播。忠隕于國。孝愆于家。斯罪之積。如彼山河。斯釁之深。終莫能磨。

郁穆舊姻。嬿婉新婚。不慮其敗。唯義是敦。李善本文選無此二句。六臣本注云。善無此二句。裹糧攜弱。匍匐星奔。

未輟爾駕。已隳六臣本文選注云。五臣作墮。詩紀同。我門。二族偕覆。三孽並根。長慚舊孤。永負冤魂。

亭亭孤幹。獨生無伴。綠葉繁縟。柔條修罕。朝採爾實。夕捋爾竿。竿翠豐尋。逸珠盈椀。實消我憂。憂急用緩。逝將去矣。李善本文選作乎。庭虛情六臣本文選注云。五臣作憤。滿。

虛滿伊何。蘭桂移植。六臣本文選注云。善無此二句。茂彼春林。瘁此秋棘。有鳥翻飛。不遑休息。匪桐不棲。匪竹不食。永戢東羽。翰撫西翼。我之敬之。廢歡輟職。

音以賞奏。味以殊珍。文以明言。言以暢神。之子之往。四美不臻。澄醪覆觴。絲竹生塵。素卷莫啓。幄無談賓。既孤我德。又闕我鄰。

光光叚生。出幽遷喬。六臣本文選注云。善本脱此二句。資忠履信。武烈文昭。旌李善本文選作旍。六臣本注云。善作旍。弓騂騂。輿馬翹翹。乃奮長縻。是轡是鑣。何以贈子。竭心公朝。何以敍懷。引領長謠。○文選二十五。詩紀三十一。

重贈盧諶詩

握晉書作幄。中有玄晉書作懸。文選同。六臣本注。五臣作懸。璧。本初學記、萬花谷作乃。自荆山璆。晉書作球。惟韵補作怪。彼太公望。昔在渭濱叟。鄧生何感激。千里來相求。白登幸曲逆。鴻門賴留侯。重耳任晉書作憑。五賢。小白相射鉤。苟能隆二伯。晉書作能隆二伯主。安問黨與讎。中夜撫枕歎。相文選注作想。與數子游。吾衰久矣夫。何其不夢周。誰云聖達節。知命故不晉書作無。憂。宣尼悲獲麟。西狩涕孔丘。功業未及建。詩紀作見。夕陽忽西流。時哉類聚作光。不我與。去乎晉書作矣。若雲浮。朱實隕勁風。繁英落素秋。狹路傾華詩紀云。一作車。蓋。

駭駟摧雙輈。何意百鍊剛。化爲繞指柔。○晉書本傳。文選二十五。詩紀三十一。又類聚三十一引浮、秋、輈、柔四韵。初學記二十七引璆一韵。文選三十雜體詩注引遊一韵。韵補二引叟、求二韵。萬花谷後三十一引璆一韵。

干寶

寶。字令升。新蔡人。少以才器召爲著作郎。平杜弢有功。賜爵關内侯。中興。領國史。以家貧。求補山陰令。遷始安太守。歷司徒右長史。遷散騎常侍。有周易注十卷、周官注十二卷、春秋左氏傳義十五卷、晉紀二十三卷、搜神記三十卷、干子八卷、集五卷。

百志詩

壯士稟傑姿。氣烈有自然。俯仰羣衆中。胡能救世艱。閱揚州刻本作闕。輩代縫掖。兜鍪易進賢。○御覽三百五十六。

張亢

亢。字季陽。協弟。世稱三張。中興初。過江。拜散騎常侍。領佐著作郎。出補烏程令。入爲散騎常侍。復領佐著作。有集二卷。隋志作張杭。

詩

昔我好墳典。下帷慕董氏。吟詠倣餘風。染軸舒素紙。○書鈔百四十署張抗。

王鑒

鑒。字茂堂。高堂邑人。少以文筆著稱。初爲元帝琅邪國侍郎。拜駙馬都尉。出補永興令。大將軍王敦請爲記室參軍。未就而卒。時年四十一。有集傳於世。

七夕觀織女詩

牽牛悲歲時雜詠作曹。殊館。織女悼詩紀云。一作怨。離家。一稔期一宵。此期良可詩紀云。一作且。嘉。赫奕玄門開。飛閣鬱嵯峨。隱隱驅千乘。闐闐越星河。六龍奮瑶轡。文螭負瓊車。火丹歲時雜詠作太舟。秉瑰歲時雜詠作瑶。燭。素女執瓊華。絳旗若吐電。朱歲時雜詠作采。詩紀云。一作采。蓋如振霞。雲韶何嘈嗷。靈鼓鳴相和。停玉臺作亭。軒紆詩紀作佇。注云。一作紆。高昐。歲時雜詠作眄。眷予歲時雜詠作子。在岌峩。澤因芳露霑。恩附蘭風加。歲時雜詠作和。明歲時雜詠作朝。發相從歲時雜詠作送。遊。翩翩鸞鷟羅。同遊不同觀。念子憂怨多。敬因三祝末。以爾屬皇娥。○玉臺新詠三。古今歲時雜詠二十五。詩紀三十二。

荀組

組。字大章。勗子。惠帝時。歷太子中庶子、滎陽太守。永興中爲河南尹。遷尚書轉衛尉。封陽城縣男。轉司隸校尉。懷帝時爲豫州刺史。愍帝時爲司空。領尚書左僕射。封臨潁縣公。轉太尉。元帝即位。以爲司徒。大興初。南歸。加録尚書事。永昌元年。遷太尉。領太子太保。未拜卒。有集三卷。

七哀詩

轍兮轍兮。何其寂蔑。○文選二十鄰里相送方山詩注。又文選三十六奉答内兄希叔詩注引下句。

王廙

廙。字世將。琅邪臨沂人。惠帝時。辟太傅掾。從迎大駕。封武陵縣侯。拜尚書郎。出爲濮陽太守。元帝鎮江東。以爲司馬。歷廬江、鄱陽二郡太守。及即位。徵爲輔國將軍。加散騎常侍。永昌元年。王敦以爲平南將軍。領護南蠻校尉、荆州刺史。是年卒。年四十八。有集三十四卷。

春可樂

春可樂兮。樂孟月孟月。玉燭寶典只作春字。之初陽。冰泮涣以微流。土冒橛而解剛。野暉赫類聚作喧卉。以揮緑。

山葱倩玉燭寶典作翠倩倩。以發玉燭寶典作登。蒼。○類聚三。又玉燭寶典一引陽一韵及一句。御覽二十引陽、蒼二韵。

吉辰兮上戊。明靈兮唯社。百室兮必集。祈祭玉燭寶典作社。兮樹下。濯茆兮菹韭。齧蒜兮擗鮓。縹醪兮浮蟻。交觴兮並坐。氣和兮體適。心怡兮志可。○御覽五百三十二。又玉燭寶典二引戊、社、下三韵。

浮盤兮流爵。接飲兮相娛。○玉燭寶典三。

上禊兮三巳。臨川兮盪飲。迴波兮曲沼。夾岸兮道渠。○書鈔百五十五。

若乃良辰三祖。祈始吉元。華壇峻□。羽蓋幢幡。○書鈔百五十五。

弱篳平端。○御覽七百八。

李充

充。字弘度。江夏人。辟丞相王導掾。除剡令。後爲大著作郎。累遷中書侍郎。卒。有論語注十卷、翰林論五十四卷、集二十卷。

嘲友人詩

同好齊歡愛。纏綿一何深。子既識我情。我亦知子心。燕婉歷年歲。和樂如瑟琴。良辰不我俱。中闊似商參。爾隔北山陽。我分南川陰。嘉會罔克從。積思安可任。目想妍麗姿。耳存清媚音。修晝興永念。遥夜獨悲吟。逝將尋行役。言別泣沾襟。玉臺作衿。詩紀作巾。顧爾類聚作示。降玉趾。一顧重千金。○玉臺新詠三。類聚二十五。詩紀三十二。

七月七日詩

朗月歲時雜詠作日朗。垂玄景。洪漢截皓歲時雜詠作昊。蒼。類聚作倉。牽牛難牽牛。類聚作牧。詩紀云。一作牧。織女守空箱。類聚作襄。詩紀云。一作襄。河廣尚可越。怨此漢無梁。○類聚四。古今歲時雜詠二十五。詩紀三十二。

送許從詩

北極躔衆星。玉機運六綱。素雲巡濛汜。炎帝收離光。○書鈔百五十五。

來若迅風歡。逝如歸雲征。離合理之常。聚散安足驚。○初學記十八。詩紀三十二。

李顒

顒。字長林。充子。舉孝廉。爲本郡太守。有尚書注十卷、集十卷。

經渦路作詩

言歸越東足。逝將反上都。後洫填類聚作愼。中路。改轍修兹衢。旦發石亭境。夕宿桑首墟。勁焱不興潤。零雨莫能濡。亢陽彌十旬。涓滴未暫舒。泉流成平陸。結駟可迴車。肇允相忘鱗。翻爲涸池魚。跮步不能移。白日奄桑榆。○類聚百。詩紀三十二。

涉湖詩

旋經義興境。弭初學記作頓。棹石蘭渚。震澤爲何在。今唯太湖浦。圓徑縈五百。眇初學記作眕。目緬初學記作邈。無覿。高天淼若岸。長津雜如縷。窈窕尋灣漪。迢遞望巒嶼。驚初學記作神。飇揚飛湍。浮霄薄懸岨。輕禽翔雲漢。游鱗憩中滸。黯藹天時陰。岧嶤初學記作嶤岧。舟航舞。憑河初學記作何。安可殉。静觀戒征旅。○初學記七。詩紀三十二。又類聚九引渚、浦、覿、縷四韻。

夏日詩

炎光爍類聚作爍。南溟。溽暑融三夏。黮詩紀作黮。霒重雲陰。御覽作陰。砰御覽作碎。稜震雷御覽作電。咤。類聚、詩紀作叱。○類聚三。詩紀三十二。又御覽十三引咤一韻。

羡夏篇

羲和遊與併。朱融騁離光。照穴應時戢。超川隨化亡。○書鈔百五十八。

唎唎林蜩鳴。翩翩鳴鵙翔。○初學記三。

感冬篇

高陽攬玄轡。太皞御冬始。望舒游天策。曜靈協燕紀。○初學記三。詩紀三十二。

蜿虹潛太陰。文雉化淮汜。○初學記六作感冬初。

離思篇

烈烈寒氣嚴。寥寥天宇清。○文選二十六辛丑七月赴假還江陵夜行塗口詩注。

詩

焦肺枯肝。抽腸裂膈。○文選五十五廣絶交論注。

熊甫

甫。王敦參軍。

別歌

晉書曰。錢鳳爲王敦鎧曹參軍。知敦有不臣之心。相與朋搆。專弄威權。參軍熊甫。諫敦不聽。遂告歸。臨別歌曰。

徂風飈起蓋山陵。氛霧蔽日玉石焚。往事既去可長歎。念別惆悵復會難。○晉書沈充傳。詩紀三十二。

楊方

方。字公回。會稽人。司徒王導司徒掾。轉東安太守。補高梁太守。年老歸終於家。有五經鉤沉十卷、吴越春秋削繁五卷、集二卷。

合歡詩五首

詩紀別後三首爲雜詩。注云。樂府通前爲合歡詩。今從玉臺。逯案。馮氏所據本當如此。今所見明本玉臺正作合歡詩五首。

虎嘯谷風起。龍躍景雲浮。同聲好相應。同氣自相求。我情與子親。譬如影追軀。食共並樂府作同。詩紀云。一作同。根穗。飲共連理杯。衣共玉臺作用。韵補同。雙絲絹。韵補作綫。寢共無縫裯。玉臺作絢。韵補同。居願接膝坐。行願攜手趨。子靜我不動。子遊我不玉臺作無。留。齊彼同心鳥。譬此樂府作彼。詩紀云。一作彼。比目魚。情至斷金石。膠漆未爲牢。但願長無別。合形作一軀。生爲併身物。死爲同棺韵補作槨。灰。秦氏自言至。我情不可儔。〇玉臺新詠三。樂府詩集七十六。詩紀三十二。韵補二引絢、留二韵。灰、儔二韵。

磁石引玉臺作招。韵補同。長針。陽燧下炎韵補作焱。煙。宮商聲相和。心同自相親。我情與子合。亦如影追身。寢共織成被。絮用樂府作共。韵補同。同詩紀作共。功綿。暑搖比翼扇。寒坐併肩氈。子笑我必詩紀作心。哂。子慼樂府作蹙。詩紀同。我無歡。來與子共迹。去與子同塵。齊彼蛩蛩獸。舉動不相捐。惟願長無別。合形作一身。生有同室韵補作穴。好。死成併棺民。徐氏自言至。我情不可陳。〇玉臺新詠三。樂府詩集七十六。詩紀三十二。又韵補二引捐、民二韵。煙、親二韵。

獨坐空室中。愁有數千端。悲響答愁歎。哀涕應苦言。詩紀云。玉臺作心。彷徨四顧望。白日入西山。不覩佳人來。但見飛鳥還。飛鳥亦何樂。夕宿自作羣。○玉臺新詠三。樂府詩集七十六。詩紀三十二。

飛黄衔長轡。翼翼回輕輪。俯涉淥玉臺作綠。水澗。仰過九層山。修途曲且險。秋草生兩邊。黄華如沓金。白花玉臺作華。韵補同。如散銀。青敷羅翠彩。絳葩象赤雲。爰有承露枝。紫榮合素芬。扶疏樂府作路。垂樂府作重。詩紀同。清藻。布翹芳且鮮。目爲豔彩迴。心爲奇色旋。撫心悼孤客。俛仰還詩紀作遠。自憐。峙𡼖樂府作踟躕。詩紀同。向壁歎。攬筆作此文。○玉臺新詠三。樂府詩集七十六。詩紀三十二。又韵補二引邊、銀二韵。芬、鮮二韵。

南鄰詩紀云。玉臺作林。有奇樹。承春挺素華。豐翹被長條。緑葉蔽朱柯。因風吐樂府作吹。微詩紀作徽。音。芳氣入紫霞。我心羡此木。願徙著予玉臺作余。家。夕得遊其下。朝得弄其葩。爾根深且堅。類聚作固。韵補同。予玉臺、韵補作余。宅淺且洿。移植良無期。歎樂府作欲。息將如何。○玉臺新詠三。類聚八十九。樂府詩集七十六。詩紀三十二。又韵補二引洿、何二韵。

甄述

述曾爲河南功曹、征西諮議參軍。有集十二卷。

美女詩

足躡承雲履。豐趺曷春錦。○書鈔百三十六。又御覽六百九十七作女詩。

朱德才

贈傅氏當作祗。詩

猗猗彼君子。逍遥集華堂。高諭呈玄妙。彈筆播文章。○書鈔百。

郭璞

璞。字景純。河東聞喜人。惠懷間避亂過江。宣城大守殷佑以爲參軍。後爲王導參軍。大興初。除著作佐郎。遷尚書郎。以母憂去職。明帝初。王敦起爲記室參軍。以阻敦謀逆。太寧二年被害。年四十九。有爾雅注五卷、音二卷、圖十卷、圖讚二卷、方言注十三卷、三蒼注三卷、穆天子傳注六卷、山海經注二十三卷、圖讚二卷、水經注三卷、周易林五卷、洞林三卷、新林四卷、又九卷、卜韻一卷、楚辭注三卷、子虛上林賦注一卷、集十七卷。

答賈九州愁詩三章

廣莫戒寒。玄英啓謝。感彼時變。悲此物化。獨步閑朝。哀嘆静夜。德非顔原。屢空蓬舍。輕服御冬。藍褐當夏。正未墨突。逝將命駕。幸賴吾賢。少以原缺以字。今從適園本。慰藉。

顧瞻中宇。一朝分崩。天網既紊。浮鯢横騰。運首北眷。邈哉華恆。雖欲凌翥。矯翮靡登。俯懼潛機。仰慮飛霤。惟其嶮哀。難辛備曽。庶晞河清。混焉未澄。
自我徂遷。周之陽月。亂離方焮。憂虞匪歇。四極雖遥。息駕靡脱。願言齊衡。庶幾契闊。雖云闇投。圭璋特達。綿駒之變。何有胡越。子固喬楚。我伊羅葛。無貴香明。終自瀸渴。未若遺榮。闔情丘壑。原作其豁。今從古逸本。逍遊永年。抽簪收髮。○文館詞林百五十七。

與王使君詩五章

道有虧盈。運亦淩替。茫茫百六。孰知其弊。蠢蠢中華。遘此虐戾。遺黎其咨。天未忘惠。云誰之眷。在我命代。原當作世。
穆穆皇帝。固靈所授。英英將軍。惟哲之秀。乃協神□。馥如蘭臭。化揚東夏。勳格宇宙。豈伊來蘇。莫知其覆。
懷遠以文。濟難以略。光贊岳謨。折衝帷幙。凋華振彩。墜景增灼。穆其德風。休聲有邈。方恢神邑。天衢再廓。
遭蒙之吝。在我幽人。絶志雲肆。如彼涔鱗。靈適園本作虚。陰謬古逸本、適園本作樛。垂。躍我龍津。翹情明規。懷德鑒神。雖賴蹔盼。永愧其塵。
靡竭匪浚。靡頽匪隆。持貴以降。挹滿以沖。邁德遺功。於盛思終。願林之藹。樂岱之崇。永觀玉振。長賴英風。○文館詞林百五十七。

答王門子詩六章

芊芊玉英。濟美瓊林。靡靡王生。實邁俊心。藻黼三秀。響諧韶音。映彩春蘭。擢蘂秋岑。

我雖同薄。及爾異穎。翹不冠叢。榮不熙町。因夷杖平。藉澄任静。思樂逸鶩。翻飛雲領。卽嶺字。疇昔之乖。永言莫見。之子于罹。再離淪湮。苕不凋翠。柯不易蒨。染霜滋芬。在陶彌練。詩亦有言。兄弟無遠。矧我曁爾。姻媾繾綣。猗人其來。青陽載婉。言歸于好。如彼琴管。皇極委夷。運有經綸。聊以傲詠。不榮不遯。敢希寂放。庶幾無悶。匪薰匪猷。安知藜蓀。遺物任性。兀然自縱。倚榮彫藹。寓音雅弄。匪涉魏闕。匪滯陋巷。永賴不才。逍遥無用。○文館詞林百五十七。

贈温嶠詩五章

蘭薄有茝。玉泉産玫。亹亹含風。灼灼猗人。如金之映。如瓊之津。擢翹秋陽。淩波暴鱗。擢翹伊何。妙靈奇挺。暴鱗伊何。披彩邁景。清規外標。朗鑒内景。思樂雲藹。言採其穎。人亦有言。松竹有林。及爾文館詞林誤作余。臭味。異苕類聚、詩紀作苔。御覽作本。同岑。義結在昔。分涉于今。我懷惟永。載詠載吟。子策騏駿。我案駘轡。進不要聲。退不傲位。遺心隱顯。得意榮悴。尚想李嚴。逍遥柱肆。言以忘得。交以淡成。同匪伊和。惟我與生。爾神余契。我懷子情。攜手一壑。類聚、詩紀作谿。文館詞林原作蟹。按卽壑之别字。安知塵冥。○文館詞林百五十七。又類聚二十一、詩紀三十一並引林、岑、成、生、情、冥六韵。御覽四百十引林、岑、成三韵。

遊仙詩十九首

京華游類聚作豪。俠窟。六臣本文選注云。五臣作客。詩紀同。山林隱遯棲。朱門何足榮。未若託蓬萊。臨源韵補作泉。按原當作淵。挹清波。陵岡掇丹荑。靈谿御覽作溪。可潛盤。安事登雲梯。漆園有傲吏。萊氏有逸妻。進則保龍見。退爲六臣本文選注云。五臣作則。觸藩羝。高蹈風塵外。長揖六臣本文選注云。五臣作挹字。謝夷齊。○文選二十一。詩紀三十一。又類聚七十八引栖一韵。御覽七百六十五引梯一韵。

青谿類書殘卷作溪。詩紀同。千餘仞。類書殘卷作仞餘。中有一道士。雲生梁棟輿地紀勝作棟梁。間。風出輿地紀勝作吹。窻户輿地紀勝作牖。裏。借問此何誰。云是鬼谷子。翹迹企潁陽。臨河思洗耳。閶闔西南來。潛波涣鱗起。靈妃顧我笑。粲然啓玉齒。蹇修時不存。要之將誰使。○文選二十一。詩紀三十一。又類聚七十八、鳴沙石室古籍叢殘類書殘卷神仙門並引士一韵。輿地紀勝十一引士、裏、子三韵。

翡翠戲蘭苕。容色更相鮮。緑蘿類聚作羅。結高林。蒙籠蓋一山。中有冥寂士。静嘯撫清絃。放情凌文選作陵。霄外。嚼蘂挹飛泉。赤松臨上游。駕鴻乘紫煙。左挹浮丘袖。右拍洪崖肩。借問蜉蝣輩。寧知龜鶴年。○文選二十一。文章正宗二十九。詩紀三十一。又類聚十九引山、絃二韵。七十八引絃一韵。

六龍安可頓。運流有代謝。時變感人思。已秋復願夏。淮海變微禽。吾生獨不化。雖欲騰丹谿。雲螭非我駕。愧無魯陽德。迴日向六臣本文選注云。五臣作令。三舍。臨川哀年邁。撫心獨悲吒。○文選二十一。詩紀三十一。

逸翮思拂霄。迅足羡遠遊。清源無增瀾。安得運吞舟。珪璋雖特達。明月難闇投。潛穎怨清文選作青。説文詩繫傳同。陽。陵苕哀素秋。悲來惻丹心。零淚緣纓流。○文選二十一。詩紀三十一。又説文繫傳艸部蔑下。

雜縣寓魯門。風暖將爲災。吞舟涌類聚作踊。六臣本文選注云。五臣作浮字。海底。高浪駕蓬萊。神仙排雲出。但見金銀臺。陵陽挹丹溜。容成揮玉杯。姮娥揚妙音。洪崖頷其頤。升降隨長煙。飄颻戲九垓。奇齡邁五龍。千歲方嬰孩。燕昭無靈氣。漢武非仙才。○文選二十一。詩紀三十一。又類聚七十八引萊一韵。○逯案。吴棫韵補一孩下引郭璞遊仙詩曰。奇齡邁五龍。千歲方嬰孩。姮娥揚妙音。洪崖頷其頤。與此句次有别。或别有所據。

晦朔如循環。月盈已復李善本文選作善。魄。蓐收清西陸。朱羲將由白。寒露拂陵苕。女蘿辭松柏。蕣榮不終朝。蜉蝣豈見夕。圓丘有奇草。鍾山出靈液。王孫列八珍。安期鍊五石。長揖當途人。去來山林客。○文選二十一。詩紀三十一。

暘谷吐靈曜。扶桑森千詩紀云。一作萬。丈。朱御覽作朝。霞升東山。朝日何晃朗。迴風流曲櫺。幽室發逸響。悠然心永懷。眇爾自遐想。仰思舉雲翼。延首矯初學記作橋。玉掌。嘯傲遺世羅。縱情在詩紀云。一作任。獨往。明道雖若昧。其中有妙象。希賢宜勵德。羡魚當結網。○初學記二十三。詩紀三十一。又御覽八引朗一韵。

採藥遊名山。將以救年頹。呼吸玉滋液。妙氣盈胸懷。登仙撫龍駟。迅駕乘奔雷。鱗初學記作鮮。裳逐電曜。雲蓋隨風迴。手頓羲和轡。足蹈類聚作踰。初學記作踏。閶闔開。東海猶蹄涔。崑崙螻類聚作若。詩紀云。一作若。蟻堆。遐邈冥茫中。俯視令人哀。○初學記二十三。詩紀三十一。又類聚七十八引雷、迴、開、堆四韵。

璇臺冠崑嶺。西海濱招摇。瓊林籠藻映。碧樹疏英翹。丹泉漂朱沫。黑水鼓玄濤。尋仙萬餘日。今乃見子喬。振髮晞書鈔作戴翠羽。御覽同。翠霞。書鈔作羽。解褐禮類聚、廣文選、詩紀作被。書鈔、御覽作披。絳霄。類聚、廣文選、詩紀作綃。總轡臨少廣。盤虬舞雲軺。永偕帝鄉侣。千齡共逍遥。○廣文選九。詩紀三十一。又書鈔百五十引霄一韵。類聚七十八引揺、翹、濤、喬、綃、軺六韵。文選二十八昇天行注引霄一韵。御覽八引喬、霄二韵。○逯案。書鈔、御覽皆在天部霄類引霄一韵。知作禮絳霄者是。

吐納致真和。一朝忽靈蛻。飄然淩太清。眇爾景長滅。○韵補五。

縱酒濛汜濱。結駕尋木末。翹手攀金梯。飛步登玉闕。左顧擁方目。右眷極朱髮。○類聚七十八。詩紀三十一。

四瀆流如淚。五嶽羅若垤。尋我青雲友。永與時人絶。○類聚七十八。詩紀三十一。○逯案。以上三則當爲一篇。

靜歎亦何念。悲此妙齡逝。在世無千月。命如秋葉蔕。蘭生蓬芭間。榮曜常幽翳。○類聚七十八。詩紀三十一。

登嶽採五芝。涉澗將六草。散髮蕩玄溜。終年不華皓。類聚作浩。○類聚七十八。詩紀三十一。

放浪林澤外。被髮師巖穴。髣髴若士姿。夢想遊列缺。○書鈔百五十八。

翹首望太清。朝雲無增景。雖欲思靈化。龍津未易上。○韵補三。

安見山林士。擁膝對巖蹲。○御覽三百九十四。

嘯嗷遺俗羅。得此生。○文選三十雜詩注。○逯案。得此生上當脱二字。

幽思篇

林無靜樹。川無停流。○世説新語文學篇。類聚五十六。

詩

世説新語曰。郭景純過江。居于暨陽。墓去水不盈百步。時人以爲近水。景純曰。將當爲陸。今沙漲去墓數十里。皆爲桑田。其詩曰。

北阜烈烈。巨海混混。壘壘三墳。惟母與昆。○世說新語文學篇。

詩 詩紀作贈潘尼。

杞梓生荆南。類聚作南荆。奇才應出世。詩紀作世出。擢穎蓋漢陽。鴻聲駭皇室。遂應四科選。類聚作運。朱衣耀玉質。○書鈔百二十八。類聚六十七。詩紀三十一。

詩

青陽暢和氣。谷風穆玉燭寶典作和。以温。英茝曄林薈。昆蟲咸啓門。高臺臨迅流。四坐列王孫。羽蓋停雲陰。翠鬱映玉樽。○類聚三。詩紀三十一。又玉燭寶典一引温、孫二韵。

詩

羲和騁丹衢。朱明赫其猛。融風拂晨霄。陽精一何冏。閒宇静無娱。端坐愁日永。○類聚三。詩紀三十一。

詩

君如秋日雲。妾似突中煙。高下理自殊。一乖雨絶天。○初學記十八。詩紀三十一。

詩

翩翩尋靈娥。眇然上奔月。○書鈔百五十。

得意在蘭蓀。忘懷寄蕭艾。○御覽九百九十七。

晉詩卷十二

温嶠

嶠。字太真。太原祁人。初爲司隸都官從事。司徒辟東閤祭酒。補上黨潞令。後歷任劉琨平北參軍、大將軍從事中郎、司空右司馬、左長史等。元帝卽位。歷王導驃騎長史、太子中庶子。明帝卽位。拜侍中。轉中書令、丹楊尹。成帝卽位。爲江州刺史、持節平南將軍。鎮武昌。蘇峻平。拜驃騎將軍、開府儀同三司。加散騎常侍。封始安郡公。咸和四年卒。年四十二。有集十卷。

迴文虛言詩

皮日休松陵集雜體詩序云。晉温嶠有迴文虛言詩云云。繇是迴文興焉。

寗神静泊。損有崇無。○松陵集十。

梅陶

陶。元帝初爲王敦諮議參軍。後除豫章郡太守。成帝初爲尚書。有新論一卷、集二十卷。

贈温嶠詩五章

巍巍有晉。道隆虞唐。元宗中興。明祖重光。我帝承適園本作兼。基。聖后作皇。生而神明。誕質珪璋。有亂同符。恢我王綱。

台衡增燿。元輔重輝。泉淵字。避諱改泉。哉若人。之顔之徽。知文之宗。研理之機。入銓帝評。出綱王維。

帝曰爾徂。往鎮江土。俾原作卑。從適園本。爾旄麾。授爾齊斧。昔周之宣。有熊有武。在漢五葉。謍平作武。推轂委誠。惟余與汝。

俯僂勤時。非遑晏豫。星陳宿駕。玄旌首路。輕舟龍驤。武旅雲布。我戀惟愛。爾勤王度。遲遲之感。監寢宵悟。

人亦有言。德輶如毛。重非千鈞。人尠克效。武有七政。文敷五教。義在止戈。威崇戢暴。勗爾遠猷。邁爾英劭。○文館詞林百五十七。

怨詩行

庭植不材柳。苑樂府誤作花。育能鳴鶴。鼓枝遊畦畝。棲鈞一丘壑。晨樂府作最。悦朝敷榮。夕乘南音客。晝立薄遊景。暮宿漢陰樂府字脱。魄。庇身蔭王猷。罷蹇反幻迹。○樂府詩集四十一。詩紀三十二。

庾闡

闡。字仲初。潁川鄢陵人。永昌中爲西陽王羕太宰掾。累遷尚書郎。咸和中。參司空郗鑒軍事。拜彭城内史。進散騎常侍。領大著作。出補零陵太守。拜給事中。復領著作。年五十四卒。有集十卷。

弔賈誼詩

雖有惠音。莫過韶護。雖有騰蛇。終仆一壑。○韵補五。

三月三日臨曲水詩

暮春濯清汜。類聚作巳。遊鱗泳一壑。高泉吐東岑。洄瀾自浄粲。臨川疊曲流。豐林映緑薄。輕舟沈飛觴。鼓枻觀魚躍。○類聚四。詩紀三十二。

三月三日詩

心結湘川渚。目散冲霄外。清泉吐翠流。渌類聚作緑。醽漂素瀨。悠想眄長川。輕瀾渺類聚作眇。如帶。○類聚四。詩紀三十二。

觀石鼓詩石鼓。山名。

命駕觀奇逸。徑鶩造靈山。朝濟清溪岸。夕憩五龍泉。鳴石含潛響。雷駭震九天。妙化非不有。莫知神自然。翔霄拂翠嶺。綠類聚作緣。澗漱巖間。手澡類聚作藻。春泉潔。目翫陽葩鮮。○類聚八。詩紀三十二。

登楚山詩

拂駕升西嶺。寓目臨浚波。想望七德耀。詠此九功歌。龍駟釋陽林。朝服集三河。回首盻宇宙。一無濟邦家。○類聚七。詩紀三十二。

衡山詩

北眺衡山首。初學記作道。南睨初學記作瞻。五嶺末。寂坐挹虛恬。運目情四豁。翔虬類聚作虬。凌九霄。陸鱗困濡沫。未類聚作既。體江湖悠。初學記作遊。詩紀作攸。安識南溟闊。○類聚七。初學記五。詩紀三十二。

江都遇風詩

天吳踊靈壑。將駕奔冥霄。飛廉振折木。流詩紀云。一作靈。景登扶摇。洪川佇宿浪。躍水迎晨潮。仰盻類聚作眄。矚玄雲。俯聽聒悲飈。○類聚一。詩紀三十一。

採藥詩

採藥靈山嘌。結駕登九嶷。類聚作疑。懸巖溜類聚作漏。石髓。芳谷挺丹芝。泠泠雲珠落。潅潅石類聚作玉。蜜詩紀作密。滋。鮮景染冰顔。妙氣翼冥期。霞光焕藿靡。虹景照參差。椿壽自有極。槿花何用疑。○古詩類苑百五。詩紀三十二。又類聚七引疑、芝、滋、期四韵。

遊仙詩十首

神岳竦丹霄。玉堂臨雪嶺。上採瓊樹華。下挹瑶泉井。○類聚七十八。詩紀三十二。

南海納朱濤。玄波灑北溟。仰盼燭龍曜。俯步朝廣庭。○同上

邛類聚作功。疏鍊石髓。赤松漱水玉。憑煙眇封子。流浪揮玄俗。崆峒臨北户。昆吾眇南陸。層霄映紫芝。潛澗汎丹菊。崑崙涌五河。八流縈地軸。○同上

三山羅如粟。巨壑不容刀。白龍騰子明。朱鱗運琴高。輕舉觀滄海。眇邈去瀛洲。玉泉出靈凫。瓊草被神丘。○同上

熒熒丹桂紫芝。結根雲山九疑。鮮榮夏馥冬熙。誰與薄採松期。○同上

赤松遊霞類聚作霞霧。乘煙。封子鍊骨凌仙。晨類聚作滄。漱水玉心玄。故能靈化自然。○同上

乘彼六氣渺芒。輜駕赤水崑陽。遥望至人玄堂。心與罔象俱忘。○同上

朝嗽雲英玉蘂。夕挹玉膏石髓。瑶臺藻構霞綺。鱗裳羽蓋級纚。○同上

玉樹標雲翠蔚。靈崖獨拔奇卉。芳津蘭瑩珠隧。碧葉灌清鱗萃。○同上

玉房石櫩磊砢。燭龍銜輝吐火。朝採石英澗左。夕翳瓊葩巖下。○同上

詩

煉形去人俗。飄忽乘雲遊。暫想扶桑陰。忽見東岳魚。○韵補二。

峥嵘激清崖。蒙籠陰巖岫。咀嚼延六氣。俛仰以九周。○同上○逯案。此亦遊仙之佚。

從征詩

志士痛朝危。忠臣哀主辱。○世説新語言語篇。晉書簡文帝紀。○逯案。御覽九十九、四百六十九所引皆無志字、忠字。殆是摘引。

張駿

駿。字公庭。安定烏氏人。西涼牧張寔子。嗣位大都督、大將軍、涼州牧。永和二年卒。年四十。有集八卷。

薤露行

在晉之二世。樂府作葉。注。一作世。皇道昧不明。主暗無良臣。艱樂府云。一作姦。詩紀同。亂起朝庭。七柄失其所。權綱喪典刑。愚猾窺神器。牝雞又晨鳴。哲婦逞幽虐。宗祀一朝傾。儲君縊新昌。帝執金墉城。禍釁萌宫掖。胡馬動北坰。三方風塵起。玁狁竊上京。義士扼素腕。感慨懷憤盈。誓心蕩衆狄。積誠徹昊靈。○樂府詩集二十七。詩紀三十六。

東門行

勾芒御春正。衡紀運玉瓊。明庶起祥風。和氣翕來征。慶雲蔭八極。甘雨潤四坰。昊天降靈澤。朝日耀華精。嘉苗布原野。百卉敷時榮。鳩鵲與鶯黄。間關相和鳴。菉萍樂府作芙蓉。詩紀云。一作芙蓉。覆靈沼。香花揚芳馨。春遊誠可樂。感此白日傾。休否有終極。落葉思本莖。臨川悲逝者。節變動中情。○樂府詩集三十七。

袁喬

喬。字彦升。陳郡人。歷尚書郎、江夏相。永和三年。從桓温平蜀。封湘西伯。尋卒。年三十六。有集七卷。

詩

世説新語曰。常詣劉惔。惔在内眠未起。袁因作詩調之曰。

角枕粲文茵。錦衾爛長筵。○世説新語排調篇。

謝尚

尚。字仁祖。陳郡陽夏人。襲父鯤爵咸亭侯。補給事黄門侍郎。出爲建武將軍、歷陽太守。建元中。遷南中郎將。督豫州四郡。領江州刺史。轉豫州刺史。鎮歷陽。永和中。拜尚書僕射。升平初。徵拜衛將軍。未至卒。有集十卷。

大道曲

樂府廣題曰。謝尚爲鎮西將軍。嘗著紫羅襦。據胡牀。在市中佛國門樓上彈琵琶。作大道曲。市人不知是三公也。

青陽二三月。柳青桃復紅。車馬不相識。音落黄埃中。○樂府詩集七十五。詩紀三十二。

贈王彪之詩

長楊蔭清沼。遊魚戲緑波。○初學記二十八。

箏歌

俗說曰。謝仁祖爲豫州主簿。在桓温閤下。聞其善彈箏。便呼之。既至。取箏與令彈。謝卽理絃撫箏。因歌曰云。桓大以此知之。取謝引詣府。

秋風意殊迫。○御覽五百七十六。

江逌

逌。字道載。陳留圉人。避亂臨海。爲蔡謨、何充所引用。以家貧。求爲太末令。遷吴令。殷浩謀北伐。請爲諮議參軍。升平末。累遷太常。卒時年五十八。有集九卷。

詠秋詩

祝融解炎轡。蓐收起涼駕。高風催節變。凝露初學記作霜。督物化。長林悲素秋。茂草思朱夏。鳴鴈薄雲嶺。蟋蟀吟深樹。寒蟬向詩紀云。一作竟。夕號。驚飈激中夜。感物增人懷。悽然無欣暇。○古詩類苑四。詩紀十二。又類聚三引駕、化、夏、樹、夜五韵。御覽二十五引駕、夏、樹、夜、暇五韵。又初學記三引化一韵。

詠貧詩

華門不啓扉。類聚作扇。環堵蒙初學記作滿。蒿榛。空瓢覆壁下。簞類聚作箪。上自生塵。出門誰氏子。憊哉一何貧。○類聚三十五作江逌詩。初學記十八。詩紀三十二。

詩

巨鼇戴蓬萊。大鯤運天池。倏忽雲雨興。俯仰三州移。○御覽九百四十。

盧諶

諶。字子諒。范陽涿人。舉秀才。辟太尉掾。洛陽陷。劉粲據晉陽。留爲參軍。粲敗。劉琨以爲司空主簿。轉從事中郎。愍帝末。從琨奔段匹磾。以爲幽州别駕。匹磾敗。奔段末波。後又爲石虎所得。以爲中書侍郎、國子祭酒、侍中、中書監。虎死。從冉閔于襄國。太和六年。閔誅石氏。被殺。年六十七。有集十卷。

贈劉琨詩二十章〇并書

詩紀有書曰二字。故吏從事中郎盧諶死罪死罪。諶稟性短弱。當世罕任。因其自然。用安靜退。在木闕不材之資。處鴈乏善鳴之分。卷異蘧子。愚殊甯生。匠者時眄。不免饌李善本文選作膜。賓。嘗自思惟。因緣運會。得蒙接事。自奉清塵。于今五稔。謨明之效不著。俟人之譏已李善本文選作以。彰。大雅含弘。量包文選作苞。山藪。加以待接彌優。款眷逾昵。與運籌之謀。厠讌私之歡。綢繆之旨。有同骨肉。其爲知己。古人罔喻。昔聶政殉嚴遂之顧。荆軻慕燕丹之義。意氣之間。靡李善本文選作靡。六臣本注云。善作靡字。軀不悔。雖微達節謂之可庶。六臣本文選注云。五臣作度。然苟曰有情。孰能不懷。故委身之日。夷險已之。事與願違。當忝外役。遂去左右。收迹府朝。蓋本同末異。楊朱興哀。始素終玄。墨翟垂涕。分乖之際。咸可歎慨。致感之途。或迫于李善本文選作乎。兹。亦奚必臨路而後長號。覩絲而後歔欷哉。是以仰惟先情。俯覽今遇。感存念亡。觸物增眷。李善本文選作眷戀。六臣本注。善作眷戀。易曰。書不盡言。言不盡意。然則書非盡言之器。言非盡意之具矣。況言有不得至於盡意。書有不得至於盡言邪。不勝猥懣。謹貢詩一篇。抑不足以揄揚弘美。亦以攄其所抱而已。若公肆大惠。遂其厚恩。錫以咳唾之音。慰其違離之意。則所謂咸池酬於北里。夜光報於魚目。諶之願也。非所敢望也。諶死罪死罪。

濬哲惟皇。紹熙有晉。振厥弛維。光闡遠韻。有來斯雍。至止伊順。三台摛朗。四嶽增峻。
伊陟佐商。山甫翼周。弘濟艱難。對揚王休。苟非異德。曠世同流。加其忠貞。宣其徽猷。
伊諶陋宗。昔遘嘉惠。申以婚姻。著以累世。義等休戚。好同興廢。孰云匪諧。如樂之契。
王室喪師。私門播遷。望公歸之。視險忽艱。玆願不遂。中路阻顛。仰悲先意。俯思身愆。
大鈞載運。良辰遂往。譬彼日月。迅過俯仰。感今惟昔。口存心想。借曰如昨。忽爲疇曩。
疇曩伊何。逝者彌疏。温温恭人。慎終如初。覽彼遺音。恤此窮孤。譬彼樛木。蔓葛以敷。
妙哉蔓葛。得託樛木。葉不雲布。華不星燭。承侔卞和。質非荆璞。眷同尤良。用乏驥騄。
承亦既篤。眷亦既親。飾奬駑猥。方駕駿珍。弼諧靡成。良謨李善本文選作謀。莫陳。無覬狐趙。有與五臣。
五臣奚與。契闊百罹。六臣本文選注云。五臣作羅。詩紀同。身經險阻。足蹈幽遐。義由恩深。分隨昵加。綢繆委心。自同匪他。
昔在暇日。妙尋通理。尤彼意氣。狹李善本文選作使。六臣本注云。善作使。是節士。情以體生。感以情起。趣舍同李善本文選作罔。六臣本注云。善作罔。要。窮達斯已。

由余片言。秦人是憚。日磾效忠。飛聲有漢。桓桓撫軍。古賢作冠。來牧幽都。濟厥塗炭。塗炭既濟。寇挫民阜。謬其疲隸。授之朝右。上懼任大。下欣施厚。實祗高明。敢忘所守。相彼反哺。尚在翔禽。孰是人斯。而忍斯心。每憑山海。庶覿高深。遐眺存亡。緬成飛沈。長徽已纓。逝將徙舉。收跡西踐。銜哀東顧。曷云塗遼。曾不咫步。豈不夙夜。謂行多露。綿綿女蘿。施于松標。禀澤洪幹。晞陽豐條。根淺難固。莖弱易彫。操彼纖質。承此衝飆。纖質實微。衝飆斯值。誰謂言精。致在賞意。不見得魚。亦忘厥餌。遺其形骸。寄之深識。先民六臣本文選注云。五臣作人。頤意。潛山隱几。仰熙丹崖。俯澡綠水。無求於和。自附衆美。慷慨遐蹤。有愧高旨。

爰造異論。肝膽楚越。惟同大觀。萬塗李善本文選作殊。六臣本注云。善作殊。一轍。死生既齊。榮辱奚別。處其玄根。廓焉靡結。

福爲禍始。禍作福階。天地盈虛。寒暑周迴。夫差不祀。釁在勝齊。句踐作伯。祚自會稽。邈矣達度。唯道是杖。形有未泰。神無不暢。如川之流。如淵之量。上弘棟隆。下塞民望。○文選二十五。詩紀三十一。

詩

凜凜素秋。日促宵長。○初學記三。

重贈劉琨詩

璧由識者顯。龍因慶雲翔。茨棘非所憩。翰飛遊高岡。余音非九韶。何以儀鳳凰。新城非芝圃。曷由殖蘭芳。〇類聚三十一。詩紀三十一。

答劉琨詩

隨寶産漢濱。擒此夜光真。不待卞和顯。自爲命世珍。〇類聚三十一。詩紀三十一。

誰言日向暮。桑榆猶啟晨。誰言繁菜實。振藻耀芳春。百鍊或致屈。繞指所以伸。〇野客叢書三十。

贈崔温詩 集曰與温太真、崔道儒。

逍遥步城隅。暇日聊游豫。北眺沙漠垂。南望舊京路。平陸引長流。岡巒挺茂樹。中原厲迅飈。山阿起雲霧。遊子恆悲懷。舉目增永慕。良儔不獲偕。舒情將焉訴。遠念賢士風。遂存往古務。朔鄙多俠氣。豈唯地所固。李牧鎮邊城。荒夷懷南懼。趙奢正疆場。秦人折北慮。羇旅及寬政。委質與時遇。恨以駑蹇姿。徒煩非李善本文選作飛。六臣本注云。善作飛。子御。亦既弛負擔。忝位宰黔庶。苟云免罪戾。何暇收民譽。倪寬以殿黜。終乃最衆賦。何武不赫赫。遺愛常在去。古人非所希。短弱自有素。何以敷斯辭。惟以二子故。〇文選二十五。詩紀三十一。

答魏子悌詩

崇臺非一幹。珍裘非一腋。多士成大業。羣賢濟弘績。遇文選注或作過。或作愚。蒙時來會。聊文選注作敢。齊朝彦跡。顧此腹背羽。愧彼排虚翮。寄身蔭四嶽。託好憑三益。傾蓋雖終朝。大分邁疇昔。在危每同險。處安不異易。俱涉晉昌艱。共更飛狐厄。恩由契闊生。義隨周旋積。豈謂鄉曲譽。謬充本州役。乖離令我感。悲欣使情惕。理以精神通。匪曰形骸隔。妙詩申篤好。清義貫幽賾。恨無隨侯珠。以酬荆文璧。○文選二十五。詩紀三十一。又文選二十六始作鎮軍參軍經曲阿作注引一句。三十一雜體詩注引跡一韵。

覽古詩

趙氏有和璧。天下無不傳。秦人來求市。厥價徒空言。與之將見賣。不與恐致患。簡才詩紀云。選作之。備行李。圖令國命全。藺生在下位。繆子稱其賢。奉辭馳出境。伏軾徑入關。秦王御殿坐。趙使擁節前。揮袂睨金柱。身玉要俱捐。連城既僞往。荆玉亦真還。爰在澠池會。二主尅交歡。昭襄欲負力。相如折其端。眥血下霑襟。怒髮上衝冠。西缶終雙擊。東瑟六臣本文選注云。五臣作琴。不隻彈。捨生豈不易。處死誠獨難。稜威章臺顛。彊禦亦不干。屈節邯鄲中。俛首忍回軒。廉公何爲者。負荆謝厥諐。智勇蓋詩紀作冠。當世。李善本文選作代。弛張使我歎。○文選二十一。詩紀三十一。

時興詩

亹亹圓象運。悠悠方儀廓。忽忽歲云暮。游原采蕭藿。北踰芒與河。南臨伊與洛。凝霜霑蔓草。悲風振林薄。摵六臣本誤作摵。摵芳葉零。桒桒芬華落。下泉激洌清。曠野增遼索。登高眺遐荒。極望無崖崿。形變隨時化。神感因物作。澹乎至人心。恬然存玄漠。○文選三十。詩紀三十一。

詩

遐舉遊名山。松喬共相追。層崖成崇館。巖阿結重闈。○初學記五。詩紀三十一。

詩

山居是所樂。世路非我欲。○文選五十五廣絶交論注。

王胡之

胡之。字脩齡。廙次子。歷吴興太守。徵侍中、丹楊尹、秘書監。太和六年。拜持節、都督司州諸軍事、西中郎將、司州刺史。未行而卒。有集十卷。

贈庾翼詩八章

儀鳳厲天。騰龍陵雲。昂昂猗人。逸足絶羣。温風既暢。玉潤蘭芬。如彼春零。流津烟熅。○逯案。末句春零、流津二語與下章起句鄧林、流芳二語應相呼應。今前後不合。當有訛誤。

鄧林伊何。蔚蔚其映。流芳伊何。鑒猶水鏡。通廣外潤。雅裁内正。降巳順時。志存急病。

戎馬生郊。王路未夷。螳螂舉斧。鯨鯢軒鰭。矯矯吾子。劬勞王師。單醴投川。飲者如歸。岷嶺載崇。太陽增輝。

江海能大。上善居下。侯王得尊。心同觸寡。廢我處冲。虚懷無假。待來制器。如彼鑪冶。天下何事。去其害馬。

友以淡合。理隨道泰。余與夫子。自然冥會。蹔面豁懷。傾枕解帶。玉液相潤。瓊林增藹。心齊飛沈。相望事外。譬諸龍魚。陵雲潛瀨。

稷契讚時。巢由亢矯。輔漢者房。遁跡者皓。妙善自同。外内臣道。子光齊魯。余守嚴老。

元直言歸。武侯解鞅。子魚司契。幼安獨往。神齊玄一。形寄爲兩。苟體理分。動寂忘象。仰味高風。載詠載想。

迴駕蓬廬。獨遊偶影。陵風行歌。肆目崇嶺。高丘隱天。長湖萬頃。可以垂綸。可以嘯咏。取諸匈懷。寄之匠郢。○文館詞林百五十七。

答謝安詩八章

荆山天峙。辟立萬丈。蘭薄暉崖。瓊林激響。哲人秀舉。和璧夜朗。凌霄矯翰。希風清往。

矯翰伊何。羽儀鮮潔。清往伊何。自然挺徹。易達外暢。聰鑒内察。思樂寒松。披條暎雪。

朱火炎上。淥水赴泉。風以氣積。冰由霜堅。妙感無假。率應自然。我雖異韻。及爾同玄。如彼竹柏。厲飈俱鮮。

利交甘絶。仰違玄指。君子淡親。湛若澄水。余與吾生。相忘隱机。泰不期顯。在悴通否。

人間誠難。通由達識。才照經綸。能泯同異。鈍神幽疾。宜處無事。遇物以器。各自得意。長短任真。乃合其至。

疇昔宴遊。繾綣髫亂。或方童顔。或始角巾。搴原作騫。今從適園本。按當作褰。褐攬帔。濯素□吝。古逸本作吝□。適園本作若□。皆非。銐無深原作染。今從適園本。流。丘無嚚仞。原作刃。今從適園本。今也華髮。卑高殊韻。形跡外乖。理暢内潤。

巢由坦步。稷契王佐。太公奇拔。首陽空餓。各乘其道。兩無貳過。願弘玄契。廢疾高卧。

來贈載婉。妙有新唱。博以兼濟。約以理當。非不悦子。駑驥殊量。鳥養養之。任其沈颺。取諸胸懷。寄想郢匠。○文館詞林百五十七。

郗超

超。字景興。一字嘉賓。高平金鄉人。爲桓温征西掾。隨府遷大司馬參軍。除散騎侍郎。太和末。與桓温定廢立計。遷中書侍郎。轉司徒左長史。卒時年四十二。有集十卷。

答傅郎詩六章

森森羣像。妙歸玄同。原始無滯。孰云質通。悟之斯朗。執焉則封。器乖吹萬。理貫一空。

昔在總角。有懷大方。雖乏超詣。原作諸。今從古逸本、適園本作誼。性不比常。奇趣感心。虚飈流芳。始自踐跡。

遂登慧場。跡以化形。慧以通神。時歟運歟。遘茲淵人。澄源領本。啓此歸津。投契凱入。揮刃擢新。發悟雖迹。反觀已陳。

曖曖末葉。運鍾交喪。綿綿虚宗。千載靡暢。誰能慭中。仰諧冥匠。并轡一方。明心絶向。

明向若易。潛行諒深。時惟同得。婉轉嘿尋。望關啓扉。披帷解衿。情興未足。祈我沖箴。

沖箴之往。豈伊璠璵。通無不暢。分靡不劬。何以融之。本際已旡。卽心既盡。觸族自虛。○文館詞林百五十七。

曹毗

毗。字輔佐。譙國人。郡察孝廉。除郎中。蔡謨薦補著作佐郎。遷句章令。徵爲太學博士。遷尚書郎。出爲下邳太守。累遷至光祿勳。有集十五卷。

黄帝贊詩 詩紀作詠史。

軒轅應玄期。幼能總百神。體鍊五靈妙。氣含雲露津。摻詩紀誤作慘。石曾城岫。鑄鼎荆山濱。豁焉天扉開。飄然跨騰鱗。儀轡灑長風。褰裳躡紫宸。○類聚十一。詩紀三十二。

詠冬詩

䌰邈冬夕書鈔作昔。初學記作宵。永。凛厲寒氣升。離葉向晨落。長風振條興。夜靜輕響起。天清月暉澄。寒冰盈渠結。素霜竟欄初學記作欄。編珠作簷。凝。今載忽已暮。來紀初學記作正。奄復仍。○類聚三。初學記三。詩紀三十二。

又書鈔百五十六引升一韵。杜公瞻編珠一引凝一韵。

夜聽擣衣詩

寒興御紈素。佳人理類聚、廣文選作治。衣襟。玉臺作衿。詩紀作衾。冬夜清且永。皎玉臺作皓。類聚同。月照堂陰。纖手疊輕素。朗杵叩鳴砧。清風流繁節。回飇灑微吟。嗟此往類聚作嘉。廣文選、詩紀同。運速。悼彼幽滯心。二物感余懷。豈但聲與音。○玉臺新詠三。類聚六十七。廣文選十五作擣衣詩。

正朝詩

靈春散初澤。㛿煴青陽舒。佳袍忽已故。今載奄復初。軟節暢宇宙。和風被八區。○類聚四。詩紀三十二。

霖雨詩

洪霖彌旬日。翳翳四區昏。紫電光牗飛。初學記作飛牗。迅雷終天奔。○初學記一。詩紀三十二。

郗公墓詩

青松羅前隧。翠碑表高墳。玉顏無餘映。蕙風有餘薰。○書鈔百二。

箜篌詩

東士君子。雅善箜篌。○書鈔百十。

詩

分風爲二。水經注作貳。擘緯略作劈。流爲緯略作成。兩。○水經注三十九。廬山記二。高似孫緯略十。

軍中詩

揮戈輝白刃。鯈鯈若寒霜。○杜公瞻編珠二。

張望

望曾爲桓温征西參軍。有集十二卷。

蜡除詩

玄靈告稔謝。青龍駕拂軫。鮮冰迎流結。凝霤垂簷霣。人欣八蜡暢。詎知歲聿盡。○類聚五、初學記五並作宋張望。詩紀五十四。

貧士詩

荒墟人迹稀。隱僻閭鄰闊。葦籬初學記作席。自朽損。毁初學記作敗。屋正寥豁。炎夏無完絺。玄冬無暖褐。四體困寒暑。六時疲飢初學記作餒。渴。營生生愈瘁。愁來不可割。○類聚三十五、初學記十八並作晉張望詩。詩紀五十四。

正月七日登高作詩

玄雲斂夕煞。青陽舒朝暎。熙哉陵岡娱。眺盻肆迴目。○玉燭寶典第一。

張翼

翼。字君祖。下邳人。爲東海太守。善草隸。穆帝令翼寫王右軍手表。帝自批後。右軍殆不能别。

詠懷詩三首

詩紀云。按張君祖、庾僧淵諸詩。皆恬淡雅逸有晉風。歷選陳世無此作也。考高僧傳有康僧淵、竺法雅者。並在晉成帝時。疑即此人歟。廣弘明集云。陳張君祖。既不能明。姑列於此。逯案。法書要録、張君祖有名晉穆帝時。又按世説新語。康僧淵與殷浩相善。則二人爲同時人。故互有贈答之作。巵林解馮謂二人詩應列晉代是也。今改入晉編。並略誌於此。

運形不標異。澄懷恬無欲。座可棲王侯。門可迴金轂。風來詠逾清。鱗萃淵不濁。廣弘明集作觸。注云。三本、宫本作濁。斯乃玄中子。所以矯逸足。何必翫幽閒。青廣弘明集作清。衿表離俗。百齡廣弘明集注云。宮本作眼。苟未遐。昨辰亦非促。曦騰望舒暎。曩今迭相燭。一世皆逆旅。安悼電往速。區區雖非黨。兼忘混礫玉。恪廣弘明集作怪。注云。宋、元、宮本作恪。明本作恪。神罔廣弘明集注云。宋本、宮本作岡。叢穢。要在夷心曲。○廣弘明集三十。詩紀一百七。

靈飈起廣弘明集注云。宮本作赴。回廣弘明集作情。注云。三本、宮本作回。浪。飛雲騰逆鱗。苟擢南陽秀。固集三造賓。緬懷結寂夜。味藻詠終晨。延廣弘明集作近。注云。三本、宮本作延。佇時無遘。誰與拂流塵。眇情寄廣弘明集作奇。注云。三本、宮本作寄。極眄。蕭條獨遨神。相忘東溟裏。何晞西潮廣弘明集注云。明本作朝。津。我崇道無廢。長謠想義人。○同上

遥遞播荆衡。杖策憩南郢。遭動透廣弘明集作委。注云。三本、宮本作透。浪迹。遇靖恬夷性。拊廣弘明集作柎。注云。明本作撫。卷從老語。廣弘明集作話。注云。明本作語。揮綸與莊詠。遐眺獨緬想。蕭神颸塵正。時無喜惠偶。絶韻將誰聽。習廣弘明集注、明本云。一作君。詩紀云。一作君。子茂芳標。有欣徽廣弘明集作微。注云。明本作徽。音令。穎敷陵廣弘明集作敷淩。注云。三本作敷陵。宮本作敷陵。霜倩。廣弘明集作蒨。注云。三本、宮本作倩。葩熙三春盛。拂翮廣弘明集注云。宋、元、宮本作融。期霄翔。豈與桑榆競。我混不材姿。遺情忘雕暎。雖非嶧陽椅。聊以翮廣弘明集作敲。注云。三本、宮本作翮。泗磬。○同上

贈沙門竺法頵三首

沙門竺法頵遠還西山。作詩以贈。因亦嘲之。省其二經。聊爲之讚。頵。於倫切。

鬱鬱華陽嶽。絶雲抗廣弘明集作枕。注云。三本、宫本作抗。飛峯。峭壁溜靈泉。秀嶺森青松。懸巖廓峥嵘。幽谷正寥籠。丹廣弘明集注云。明本作舟。崖棲奇逸。碧室禪六通。泊寂清神氣。綿眇矯廣弘明集注云。明本作嶠。妙蹤。止觀著無無。還淨滯空空。外物豈大悲。獨往非玄同。不見舍利弗。詩紀云。一作佛。廣弘明集注明本云。一作佛。受屈維摩公。○廣弘明集三十。

至人如影響。靈慧陶億刦。廣弘明集作剎。注云。明本作刼。應方恢權化。兆類蒙慈悦。冥冥積塵昧。廣弘明集作寐。注云。明本作昧。永在巖底閉。廢聰無通照。廣弘明集作炤。注云。三本、宫本作照。遺形不洞滅。明哉如來降。豁矣啓潛穴。幽精淪朽壤。孰若阿維察。遥謝晞玄疇。何爲自矜潔。○同上

邈邈慶成標。峨峨浮雲嶺。峻蓋十二嶽。獨秀閻浮境。丹流環方基。瑶堂臨峭頂。潤滋甘泉液。崖蔚芳芝穎。翹翹羨廣弘明集作美。注云。三本、宫本作羨。化倫。眇眇陵巖廣弘明集注。明本作崖。正。肅拱望妙覺。呼吸晞廣弘明集注云。三本、宫本作晞。齡永。苟能夷沖心。所憇靡不淨。廣弘明集作静。注云。明本作淨。萬物可逍遥。何必棲形影。廣弘明集注云。宋本、宫本作免。勉尋大乘軌。練神超勇猛。○同上

答庾僧淵詩庾當作康。

茫茫混成始。豁矣四天朗。三辰還廣弘明集作環。須彌。百億同一像。靈和陶氤氲。廣弘明集作煙熅。注云。三本、宫本作氤氲。會之有妙常。詩紀云。一作長。廣弘明集注。明本云。一作常。大慈濟羣生。冥感如影響。蔚蔚沙彌衆。粲粲

萬心仰。誰不欣大乘。兆定於玄曩。三法雖成林。居士亦有黨。不見虬與龍。灑鱗淩廣弘明集注云。宋本、宮本作陵。霄上。沖心超遠寄。浪懷邈獨往。衆妙常所晞。維摩余所賞。苟未體善權。與子同髣髴。悠悠誠滿域。所遺在廢想。〇廣弘明集三十。詩紀一百七。

許詢

詢。字玄度。高陽新城人。咸安中徵士。有集八卷。

竹扇詩

良工眇芳林。妙思觸物騁。篾疑秋蟬翼。團取望舒景。〇類聚六十九。詩紀三十二。

農里詩

亹亹玄思得。濯濯情累除。〇文選三十一雜體詩注。〇逯案。六臣本注引作農理詩。

詩

青松凝素髓。秋菊落芳英。〇類聚八十八。初學記二十八。

晉詩卷十三

王羲之

羲之。字逸少。琅邪臨沂人。善草隸。初爲秘書郎。歷庾亮征西參軍。遷長史。拜寧遠將軍、江州刺史。徵爲侍中、吏部尚書。不就。遷右軍將軍、會稽内史。稱病去郡。升平五年卒。時年五十九。有集十卷。

蘭亭詩二首詩紀作蘭亭集詩。右將軍王羲之二首。

代謝鱗次。忽焉以周。欣此暮春。和氣載柔。詠彼舞雩。異世帖作代。同流。迺攜齊契。帖作好。散懷一丘。○戲鴻堂帖十。詩紀三十三。

悠悠大象運。輪轉無停際。陶化非吾因。去來非吾制。宗統竟安在。即順理自泰。有心未能悟。適足纏利害。未若任所遇。逍遥良辰會。

三春啓羣品。寄暢在所因。仰望詩話作視。碧帖作仰□望。要録作仰眺望。天際。俯磐綠要録作瞰淥。詩話、詩紀同。水濱。寥朗詩話作闃。詩紀同。無厓觀。寓目理自陳。大矣造化功。萬殊莫不均。羣籟雖參差。適我無非新。詩話作親。詩紀同。

猗與二三子。莫匪要録作非。齊所託。彙考作托。造真探玄根。要録作退。涉世若過客。前識要録作世。非所期。虚室彙考作空。是我宅。遠想千載外。何必謝曩昔。相與無相要録作所。與。形骸自脱落。鑑明去塵垢。止則鄙吝要録作郄。生。體之固要録作周。未易。三觴解天刑。要録作天形。方寸無停主。矜要録作務。伐將自平。雖無絲與竹。玄泉有清聲。雖無嘯與歌。詠言有餘馨。取樂在一朝。寄之齊千齡。合散固其常。要録作有。脩短定無始。造新不帖缺不字。暫停。一往不再起。於今爲神奇。信宿同塵滓。誰能無此要録作慷。慨。散之在推理。言立同不朽。河清非所俟。○戲鴻堂帖十。法書要録十。式古堂書畫彙考。又詩紀三十三、詩話總龜後集十六並引濵、陳、均、親四韵。○逯案。戲鴻堂帖所載五章之末各夾注其一其二等字。

答許詢詩

語林曰。右軍少嘗患癲。一二年輒發動。後答許掾詩。忽復惡中得二十字云云。

取歡仁智樂。寄暢山水陰。清泠澗下瀨。歷落松竹松。○御覽七百三十九。

争先非吾事。静照在忘求。○文選二十二行藥至城東橋詩注。

孫綽

綽。字興公。太原中都人。初爲著作佐郎。歷庾亮征西參軍、章安令。徵拜太學博士。遷尚書郎。出爲建威長史、右軍長史。轉永嘉太守。遷散騎常侍。領著作郎。拜衛尉卿。年五十八卒。有至人高士傳讃詩一二卷、列仙傳讃三卷、孫子十二卷、集二十五卷。

表哀詩并序

天地之德曰生。生之所恃者親。親存則歡泰情盡。親亡則哀悴理極。故老萊婆娑於膝下。曾閔泣血於終年。哀悼之思至矣。自然之性篤矣。余以薄祐。夙遭閔凶。越在九齡。嚴考即世。未及志學。過庭無聞。天覆既淪。俯憑坤厚。殖根外氏。賴以成訓。然以不才。不能負荷。仁妣弘母儀之德。邁榮寒之操。雕琢固頑。勉以道義。庶幾砥礪犬馬之報。豈悟一朝。復見孤棄。上天極禍。怨痛莫訴。皆由惡積咎深。不能通感。自丁荼毒。載離寒暑。茵帷塵寂。棟宇寥悅。仰悲軌迹。長自矜悼。不勝哀號。作詩一首。敢冒諒闇之譏。以申罔極之痛。詩曰。

茫茫太極。賦授廣文選作受。詩紀同。理殊。咨生不辰。仁考夙廣文選作宿。詩紀同。又注一作夙。徂。微微沖弱。眇眇偏孤。叩心昊蒼。痛貫黄墟。肅我以義。鞠我以仁。嚴邁商風。恩洽陽春。昔聞鄒母。勤教善分。懿矣慈妣。曠世齊運。嗟予小子。譬彼土糞。俯愧陋質。仰忝高訓。悠悠玄運。四氣錯序。自我酷痛。載離寒暑。寥寥空堂。寂寂響户。塵蒙几筵。風生棟宇。感昔有恃。望晨遲顔。婉孌懷袖。極願盡歡。奈何慈類聚誤作兹。妣。歸體幽埏。酷矣痛深。剖髓摧肝。○類聚二十。廣文選九。詩紀三十二。

贈温嶠詩五章

大樸無像。鑽之者鮮。玄風雖存。微言靡演。邈矣哲人。測深鈎緬。誰謂道遼。得之無遠。

既綜幽紀。亦理俗羅。神濯無浪。形渾俗波。穎古逸本、適園本作潁。非我朗。貴在光和。振翰梧摽。翻飛丹霞。
爰在沖亂。質凝韻令。長崇簡易。業大德盛。體與榮辭。迹與化競。經緯天維。翼亮皇政。
狡哉不臣。拒順稱兵。矯矯君侯。杖鉞斯征。鯨鯢懸鰓。靈滸載清。淨能弘道。動□功成。
無則無慕。原作則無則慕。今從適園本。有必有希。原作有必希。今從適園本。仰蔭風雲。自同蘭夷。辭以運情。情詣名遺。忘其言往。鑒諸旨歸。○文館詞林百五十七。

與庾冰詩十三章

浩浩元化。五運迭送。昏明相錯。否泰時用。數鍾大過。乾象摧棟。惠懷淩搆。神鑾不控。
德之不逮。痛矣悲夫。蠻夷交迹。封豕充衢。芒芒華夏。原誤作憂。今從古逸本。鞠爲戎墟。哀兼黍離。痛過茹荼。
天未忘晉。乃眷東顧。中宗奉時。龍飛廓祚。河洛雖堙。淮海獲悆。業業億兆。相望道著。
天步艱難。蹇運方資。凶羯稽誅。外憂未夷。矧乃蕭牆。仍生梟鵄。逆兵累遘。三纏紫微。
遠惟自天。抑亦由人。道苟無虧。釁故曷因。遑遑遺黎。死痛生勤。原誤勤。今從古逸本。撫運懷□。古逸本、適園本作撫□運懷。天地不仁。
烝哉我皇。哲凝自然。遠□隆替。思懷普天。明發詢求。德音遐宣。臨政存化。昵親尊賢。
親賢孰在。實賴伯舅。卓矣都鄉。光此舉首。苟云至公。身非己有。將敷徽猷。仰讚聖后。
義存急病。星駕路次。穆爾平心。不休不悴。險無矜容。原作務客。今從古逸本。商無淩氣。形與務動。志恬道味。

余與夫子。分以情照。如彼清風。應此朗嘯。契定一面。遂隆雅好。弛張雖殊。宫商同調。無湖之寓。家子之館。武昌之遊。繾綣夕旦。邂逅不已。同集海畔。宅仁懷舊。用忘僑歎。晏安難常。理有會乖。之子之性。當作往。惆悵低徊。子沖赤霄。我戢蓬黎。啓興歧路。慨矣增懷。我聞爲政。寬猛相革。體非太上。疇能全德。鑒彼韋弦。慎爾準墨。人望在兹。可不允塞。古人重離。必有贈遷。千金之遺。孰與片言。勖古逸本作勵。矣庾生。勉蹤前賢。何以將行。取諸斯篇。〇文館詞林百五十七。

答許詢詩九章

仰觀大造。俯覽時物。機過患生。吉凶相拂。智以利昏。識由情屈。野有寒枯。朝有炎鬱。失則震驚。得必充詘。

峩峩高門。鬼闚其庭。弈弈華輪。路險則傾。前輈摧軸。後鸞振鈴。將隊競奔。誨在臨頸。達人悟始。外身遺榮。

遺榮榮在。外身身全。卓哉先師。修德就閑。散以玄風。滌以清川。或步崇基。或恬蒙園。道足匈懷。神棲浩然。

咨余沖人。禀此散質。器不韜俗。才不兼出。斂衽告誡。敢謝短質。冥運超感。遘我玄逸。宅心遼廓。咀嚼妙一。

孔父有言。後生可畏。灼灼許子。挺奇拔萃。方玉比瑩。擬蘭等蔚。寄懷大匠。仰希遐致。將隆千仞。豈限一匱。

自我提攜。倏忽四周。契合一源。好結回流。泳必齊味。翔必俱遊。懽與時積。遂隆綢繆。一日不見。情兼三秋。

矧乃路遐。致兹乖違。爾託西隅。我滯斯畿。寂寂委巷。原作卷。今從適園本。寥寥閑扉。原作扇。今從適園本。淒風夜激。皓雪晨霏。隱机獨詠。賞音者誰。

貽我新詩。韻靈旨清。粲如揮錦。琅若叩瓊。既欣夢解。獨愧未冥。慍在有身。樂在忘生。余則異矣。無往不平。理苟皆是。何累於情。

□□□□。當作何累於情。戒以古人。邈彼巢皓。千載絶塵。山棲嘉遯。亦有負薪。量力守約。敢希先人。且戢讜言。永以書紳。○文館詞林百五十七。

贈謝安詩

緬哉冥古。邈矣上皇。夷明太素。結紐靈綱。不有其一。二理曷彰。幽源散流。玄風吐芳。芳扇則歇。流引則遠。朴以彫殘。實由英翦。捷徑交軫。荒塗莫踐。超哉沖悟。乘雲獨反。青松負雪。白玉經飈。鮮藻彌映。素質逾昭。凝神內湛。未醨一澆。遂從雅好。高跱九霄。洋洋浚泌。藹藹丘園。庭無亂轍。室有清絃。足不越疆。談不離玄。心憑浮雲。氣齊皓然。仰詠道誨。俯膺俗教。天生而静。物誘則躁。全由抱朴。灾生發竅。

成歸前識。孰能默覺。曖曖幽人。藏器掩曜。涉易知損。棲老測妙。交存風流。好因維縶。自我不遣。寒暑三襲。漢文延賈。知其弗及。戴生之黄。不覺長揖。與爾造玄。迹未偕入。鳴翼既舒。能不鶴立。整翰望風。庶同遥集。○文館詞林百五十七。

蘭亭詩二首 詩紀作右司馬孫綽二首。

春詠登臺。亦有臨流。懷彼伐木。帖作代水。宿帖作肅。詩紀云。一作肅。此良儔。修竹蔭沼。旋瀨縈丘。穿池激湍。帖缺湍字。連帖作漣。濫觴舟。○戲鴻堂帖十。詩紀三十三。

流風拂枉渚。停帖作亭。雲蔭九皋。鶯語輿地紀勝作羽。帖同。吟脩竹。帖作林。游鱗戲瀾濤。攜筆落雲藻。微言剖纖帖闕纖字。毫。時珍豈不甘。忘味在聞韶。○戲鴻堂帖十。詩紀三十三。廣文選九。又輿地紀勝十引濤一韻。

三月三日詩

姑洗斡運。首陽穆闡。嘉卉萋萋。詩紀作淒淒。温風暖暖。類聚作煖煖。韻補同。言滌長瀨。聊以游衍。縹萍類聚、詩紀作蓱。按即蓱之訛字。莢韻補作漢。流。綠柳蔭坂。羽從風飄。鱗隨浪轉。○類聚四。詩紀三十二。又吳棫韻補三引闡、煖二韻。坂、轉二韻。

秋日詩

蕭瑟仲秋月。廣文選作日。詩紀同。飂戾類聚作颼唳。廣文選、詩紀同。風雲高。山居感時變。遠客御覽作詠。興長謡。疏林積涼風。御覽作氣。虚岫結凝霄。湛御覽作零。露灑庭林。密葉辭榮條。撫菌類聚作葉。御覽作茵。悲先落。攀廣文選作鬱。詩紀同。又注。一作攀。松羨後凋。垂綸在林野。交情遠市朝。澹然古懷心。濠上豈伊遥。○廣文選十五。詩紀三十二。又類聚三、御覽二十五並作晉孫綽詩。引高、謡、霄、條、凋五韻。

詩

迢迢書鈔作超超。雲端月。的爍霞間星。清商書鈔作霜。激西牖。澄景至編珠作獨。按應是燭之訛。南檽。編珠作楹。○書鈔百五十四。杜公瞻編珠一。

詩

野馬閑於覊。澤雉屈於樊。神王自有所。何爲人世間。○御覽三百五十九。

情人碧玉歌二首

碧玉歌。一名千金意。晉孫綽所作。樂府詩集云宋汝南王作。

碧玉小家女。不敢攀貴德。感郎千金意。慚無傾城色。○玉臺新詠十。樂府詩集四十五。詩紀三十二。

碧玉破瓜時。相樂府作郎。詩紀同。爲情顛倒。感郎類聚作君。詩紀同。不羞赧。玉臺、類聚作難。樂府作郎。回身就郎抱。○玉臺新詠十。類聚四十三。樂府詩集四十五。詩紀三十二。

孫放

放。字齊莊。太原中都人。監軍孫盛次子。歷國子博士、長沙相。有集一卷。

詠莊子詩

巨細同一馬。物化無常歸。修鯤解長鱗。鵬起片雲飛。撫翼摶積風。仰凌垂天翬。○御覽九百四十。

數詩

一往縱神懷。矯跡步玄闈。○文選六十竟陵文宣王行狀注。

王獻之

獻之。字子敬。羲之子。起家州主簿。遷秘書丞。選尚新安公主。除建威將軍、吴興太守。徵拜中書令。太康十一年卒。年四十三。有集十卷。

桃葉歌三首

古今樂録曰。桃葉歌者。晉王子敬之所作也。桃葉。子敬妾名。緣於篤愛。所以歌之。

桃葉復桃葉。渡隋書、南史作度。江不用檝。但渡無所苦。我自迎接汝。南史作接迎汝。書鈔、類聚作楫迎汝。樂府作來迎接。注。一作我自迎接汝。詩紀作來迎接。注。藝文作我自迎接汝。○隋書二十二。南史陳後主紀。玉臺新詠十作情人桃葉歌。書鈔百三十八。類聚四十三。樂府詩集四十五。詩紀三十二。

桃葉復桃葉。桃葉樂府作樹。連桃根。相憐兩樂事。獨使我殷勤。類聚作纏綿。○玉臺新詠十。類聚四十三。樂府詩集四十五。詩紀三十二。

桃葉映紅花。無風自婀娜。春花映何限。感郎獨採我。〇樂府詩集四十五。〇逯案。樂府此爲第一首。

詩

客從北方來。言欲到交趾。遠行無他貨。唯有鳳凰子。百金不我鬻。千金難爲市。〇高似孫緯略七。

桃葉

桃葉。王獻之妾。

答王團扇歌三首

詩紀云。樂府以前二首作古辭。後二首作王金珠。

七寶畫團扇。燦爛明月光。與樂府作餉。郎卻暄暑。相憶莫相忘。〇玉臺新詠十。類聚四十三。初學記二十五。樂府詩集四十五作無名氏辭。詩紀三十七。

青青林中竹。可作白團扇。動搖郎玉手。因風託樂府作托。方便。〇玉臺新詠十。類聚四十三。樂府詩集四十五作無名氏辭。詩紀三十七。

團扇復團扇。類聚作向誰。持類聚作侍。許自障樂府作遮。面。憔悴無復理。羞與郎相見。〇玉臺新詠十。類聚四十三。樂府詩集四十五作無名氏辭。詩紀三十七。

團扇郎

手中白團扇。淨如秋團月。清風任動生。嬌聲任意發。詩紀云。聲一作香。任一作承。〇樂府詩集四十五作無名氏辭。詩紀三十七。

謝安

安。字安石。陳國陽夏人。歷桓温征西司馬、吴興太守。徵拜侍中。遷吏部尚書。孝武即位。爲尚書僕射。進中書監、録尚書事。封建昌縣公。苻堅入寇。加征討大都督。堅破。進拜太保。都督揚、江、荆、司、豫、徐、兗、青、冀、幽、并、寧、益、雍、梁十五州軍事。尋出鎮廣陵。太元十年卒。年六十六。

與王胡之詩 六章

鮮冰玉凝。遇陽則消。素雪珠麗。潔不崇朝。膏以朗煎。蘭由芳凋。哲人悟之。和任不摽。外不寄傲。内潤瓊瑶。如彼潛鴻。拂羽雪霄。

内潤伊何。亹亹仁通。拂羽伊何。高栖梧桐。頡頏應木。婉轉虵龍。我雖異跡。及爾齊蹤。思樂神崖。悟言機峰。

繡雲綺搆。丹霞增輝。濛汜仰映。扶桑散蕤。吾賢領儁。邁俗鳳飛。含章秀起。坦步遠遺。

余與仁友。不塗不笱。即笱字。適園本誤作苟。默匪巖穴。語無滯事。櫟不辭社。周不駭吏。紛動囂翳。領之在識。會感者圓。妙得者意。我鑒其同。物覩其異。

往化轉落。運萃勾芒。仁風虚降。與時抑揚。蘭栖湛露。竹帶素霜。蘂點朱的。薰流清芳。觸地儛雩。遇流濠梁。投綸同詠。褰褐俱翔。朝樂朗日。嘯歌丘林。夕翫望舒。入室鳴琴。五絃清激。南風披襟。醇醪淬慮。微言洗心。幽暢者誰。在我賞音。○文館詞林百五十七。

蘭亭詩二首 詩紀作瑯琊王友謝安二首。

伊昔先子。有懷春遊。契茲言執。寄傲林丘。森森連嶺。詩紀作領。茫茫原疇。迥霄垂霧。帖作模。凝泉散流。○戲鴻堂帖十。詩紀三十三。

相與欣佳節。率爾同褰裳。薄雲羅陽景。輿地紀勝作物景。詩紀作景物。微風翼輕航。醇醪陶丹帖作玄。府。兀若遊羲唐。萬殊混一理。帖作象。詩話同。安復覺彭殤。○戲鴻堂帖十。廣文選九。詩紀三十三。又輿地紀勝十引航一韵。詩話總龜後集十六引殤一韵。

謝萬

萬。字萬石。安弟。辟司徒掾。遷右西屬。不就。簡文帝作相。召爲輔軍從事中郎。遷豫州刺史、領淮南太守、監司豫冀并四州軍事、假節。軍潰。廢爲庶人。卒年四十二。有集十六卷。

蘭亭詩二首 詩紀作司徒左西屬謝萬二首。

肆眺崇阿。寓目高林。青蘿翳岫。修竹冠岑。谷流清響。條鼓鳴音。玄崿吐潤。霏霧帖作霞。成陰。○戲鴻堂帖十。詩紀三十三。

司冥卷陰旗。句芒舒陽旌。靈液被九區。光風扇鮮榮。碧林輝英翠。輿地紀勝作翠英。詩紀作翠蕚。紅葩擢新莖。翔禽撫翰游。騰鱗躍清泠。○戲鴻堂帖十。詩紀三十三。又輿地紀勝十引莖一韵。

孫統

統。字承公。太原中都人。征北將軍褚裒召爲參軍。不就。求爲鄞令。轉吴令。後爲餘姚令。有集九卷。

蘭亭詩二首詩紀作前餘杭令孫統二首。

茫茫大造。萬化齊軌。罔悟玄詩紀作云。又注。一作玄。同。競異摽旨。平勃運謀。黄綺隱几。凡我仰希。期山期水。○戲鴻堂帖一。詩紀三十三。

地主觀山水。仰尋幽人踪。帖作蹤。回沼激中逵。疏竹帖作竹柏、間修桐。因流轉輕觴。泠風飄落松。時禽吟長澗。萬籟吹連峯。帖作岑。○同上

孫嗣

嗣。綽子。位至中軍參軍。早亡。有集三卷。

蘭亭詩

望巖懷逸許。臨流想奇莊。誰云真帖作玄。風絶。千載挹餘帖作遺。詩紀云。一作遺。芳。○戲鴻堂帖十。詩紀三十三。○帖云。孫無四言詩。

郗曇

曇。字重熙。高平金鄉人。官至徐、兗二州刺史。升平五年卒。年四十二。

蘭亭詩

温風起東谷。和氣帖作風。振柔條。端坐興遠想。薄言遊近郊。○戲鴻堂帖十。詩紀三十三。帖云。郗無四言詩。

庾友

友。字惠彦。小字玉臺。潁川鄢陵人。歷中書郎、東陽太守。

蘭亭詩

馳心城帖作域。表。寥寥遠邁。理感則一。冥然玄詩紀作斯。會。○戲鴻堂帖十。詩紀三十三。○帖云。庾無五言詩。

庾蘊

蘊。潁川鄢陵人。冰子。官至廣州刺史。

蘭亭詩

仰想虚舟説。俯歎世上賓。朝榮雖云樂。夕弊詩紀作斃。理自因。○戲鴻堂帖十。詩紀三十三。○帖云。庾無四言詩。

曹茂之

茂之。字永世。彭城人。仕至尚書郎。

蘭亭詩詩紀作行參軍曹茂之。

時來誰不懷。寄散山林帖作水。間。尚想方外賓。迢迢有餘閑。○戲鴻堂帖十。詩紀三十三。○帖云。曹無四言詩。

華茂

茂。廣陵人。華譚子。嗣父爵封都亭侯。

蘭亭詩詩紀云。上虞令華茂。

林榮其鬱。浪激其隈。汎汎輕觴。載欣載懷。〇戲鴻堂帖十。詩紀三十三。〇帖云。華無五言詩。

桓偉

詩紀作滎陽桓偉。又曰。按晉書。桓偉。譙國龍亢人。玄之兄。玄爲荆州。以偉爲冠軍將軍。後加安西將軍、荆州刺史。此云滎陽。未知是否。

蘭亭詩

主人雖無懷。應物貴帖作寄。有尚。宣尼遨沂津。蕭帖作脩。然心神王。數子各言志。曾生發清帖作哥卽歌。唱。今我欣帖作歡。斯遊。慍情亦暫暢。〇戲鴻堂帖十。詩紀三十三。〇帖云。桓無四言詩。

袁嶠之

嶠之。爵里不詳。

蘭亭詩二首詩紀云。陳郡袁嶠之二首。

人亦有言。得意帖作意得。則歡。佳賓既詩紀作卽。臻。相與游盤。微詩紀云。一作徽。音迭詠。馥焉若蘭。苟齊一致。遐想揭竿。○戲鴻堂帖一。詩紀三十三。

四輿地紀勝作回。眺華林茂。俯仰晴帖及輿地紀勝作清。詩紀云。一作清。川渙。輿地紀勝誤作漁。激水帖作泉。流芳醪。豁爾累心散。遐想逸民軌。遺音帖作旨。良可翫。古人詠舞帖作無。雩。今也同斯歎。○戲鴻堂帖十。詩紀三十三。又輿地紀勝十引漁一韵。

王玄之

玄之。羲之長子。早卒。

蘭亭詩

松竹挺巖帖作玄。崖。幽澗激清流。消散肆情志。酣暢帖作觴。豁滯憂。○戲鴻堂帖十。詩紀三十三。○帖云。王無四言詩。

王凝之

凝之。字叔平。羲之第二子。歷江州刺史、左將軍、會稽内史。隆安三年。爲孫恩所殺。

蘭亭詩二首

莊浪濠津。巢步潁湄。冥心真寄。帖作心玄寄。千載同歸。○戲鴻堂帖十。詩紀三十三。

烟煴柔風扇。熙怡帖作恬。和氣淳。駕言興時遊。逍遥映通津。○同上

謝道韞

道韞。琅邪臨沂人。安西將軍奕女。王凝之妻。有集三卷。

泰山吟詩紀作登山。

峩峩東嶽高。秀極沖青類聚作清。天。巖中間虚宇。寂寞類聚作漠。幽以玄。非工復非匠。雲構發自然。器詩紀作氣。象爾何物。遂令我屢遷。逝將宅道藏作宕。斯宇。可以盡天年。○類聚七作謝氏詩。岱史。詩紀三十七。

擬嵇中散詠松詩

遥望山上松。隆冬不能凋。願想遊下憩。瞻彼萬仞條。騰躍未能升。頓足俟王喬。時哉不我與。大運所飄颻。○類聚八十八。詩紀三十七。

咏雪聯句

謝太傅安寒雪日内集。與兒女講論文義。俄而雪驟。公欣然唱韻。兄子胡兒及兄女道韞賡歌。公大笑樂。

白雪紛紛何所似。謝公 撒御覽作散。鹽空中差白帖或作乍。或作聊。可擬。胡兒 未若柳絮因風起。道韞○晋書王凝之妻謝氏傳。世説新語言語篇。類聚二。初學記二。白帖六。御覽十二、五百一十二。詩紀三十七。又白帖六引似、擬兩韻。

王肅之

肅之。字幼恭。羲之第四子。歷中書郎、驃騎諮議。有集三卷。

蘭亭詩二首

在昔暇日。味存林嶺。今我斯遊。神怡帖作恬。心静。○戲鴻堂帖十。詩紀三十三。

嘉會欣時遊。豁爾帖作朗。暢心神。吟詠曲水瀨。帖作轉曲瀨。淥波轉素鱗。輿地紀勝作林。○戲鴻堂十。詩紀三十三。又輿地紀勝十引林一韻。

王徽之

徽之。字子猷。羲之第五子。歷桓温大司馬參軍、桓沖車騎參軍、黄門侍郎。有集八卷。

蘭亭詩二首

散懷山水。蕭帖作翛。然忘羈。秀薄粲穎。疏松籠崖。遊羽扇霄。帖作香。鱗躍清池。歸帖作肆。目寄歡。帖作心帖作歡。冥二奇。○戲鴻堂帖十。詩紀三十三。

先師有冥藏。安用羈世羅。未若保沖真。齊契箕山阿。○同上

王渙之

蘭亭詩

去來悠悠子。披褐良足欽。超跡修獨往。真契齊古今。○詩紀三十三。戲鴻堂帖十引前三句。○帖云。王無四言詩。

王彬之

彬之曾爲殷浩僚佐。

蘭亭詩二首

丹崖竦立。葩藻暎林。渌水揚波。載浮載沈。○戲鴻堂帖十。詩紀三十三。

鮮葩映林薄。游鱗戲輿地紀勝作躍。清渠。臨川欣投釣。得意豈在魚。○戲鴻堂帖十。輿地紀勝十。詩紀三十三。

王藴之

藴之。一名藴。字叔仁。廣漢人。

蘭亭詩

散豁情志暢。塵纓忽已帖作以。捐。仰詠挹餘帖作遺。詩紀云。一作遺。芳。怡情帖作恬神。味重淵。帖作玄。○戲鴻堂帖十、詩紀三十三並作王藴。○帖云。王無四言詩。

王豐之

蘭亭詩詩紀云。行參軍王豐之。

肆眄巖岫。臨泉濯趾。感興魚鳥。詩紀作水。安居幽峙。○戲鴻堂帖十。詩紀三十三。○帖云。王無五言詩。

魏滂

蘭亭詩詩紀作郡功曹魏滂。

三春陶和氣。萬物齊一歡。明后欣時豐。帖作和。駕言映清瀾。亹亹德音暢。蕭蕭遺世難。望巖愧脱屣。臨川謝揭竿。○戲鴻堂帖十。詩紀三十三。○帖云。魏無四言詩。

虞説 戲鴻堂帖作悦。

蘭亭詩 詩紀作鎮軍司馬虞説。

神散宇宙内。形浪濠梁津。寄暢須臾歡。尚想味古人。○戲鴻堂帖十。詩紀三十三。○帖云。虞無四言詩。

謝繹

蘭亭詩 詩紀作郡五官謝繹。

縱觴詩紀作暢。任所適。回波縈遊鱗。千載同一朝。沐浴陶清塵。○戲鴻堂帖十。詩紀三十三。○帖云。謝無四言詩。

徐豐之

豐之。東海郯人。徐寧子。

蘭亭詩二首 詩紀作行參軍徐豐之二首。

俯揮素波。仰掇芳蘭。尚想嘉帖作冥。客。希風永歎。○戲鴻堂帖十。詩紀三十三。

清響擬絲竹。班荊對綺疏。零觴飛曲津。帖作水。歡然朱顏舒。○同上

曹華

蘭亭詩 詩紀作徐州西平曹華。

願與 帖作異。 達人游。解結遨濠梁。狂吟任所適。浪流無何鄉。○戲鴻堂帖十作華平。詩紀三十三。○帖云。華無四言詩。

晉詩卷十四

晉孝武帝司馬曜

曜。字昌明。簡文帝第三子。興寧三年。封會稽王。咸安二年。七月卽位。在位二十四年。太元二十一年爲張貴人所弑。年三十五。謚曰孝武皇帝。有集二卷。

示殷仲堪詩

晉書曰。殷仲堪爲黄門郎。孝武嘗示仲堪詩曰。

勿以己才。而笑不才。○晉書殷仲堪傳。御覽五百九十一。

袁宏

宏。字彦伯。小字虎。陳郡扶樂人。永和初。爲謝尚安西參軍。累遷桓温大司馬記室。後自吏部郎出爲東陽太守。太元初卒。年四十九。有後漢紀三十卷、正始名士傳三卷、竹林名士傳三卷、中朝名士傳若干卷、集二十卷。

從征行方頭山詩

峩峩太行。凌虚抗勢。天嶺交氣。窈然無際。澄流入神。玄谷應契。四象悟心。幽人來憩。○類聚七。詩紀三十二。

採菊詩

息足迴阿。圓坐長林。披榛即澗。藉草依陰。○御覽五十六。

詠史詩二首

續晉陽秋曰。虎少有逸才。文章絶麗。曾爲詠史詩。是其風情所寄。少孤而貧。以運租爲業。謝尚時鎮牛渚。乘秋佳風月。微服泛江。會虎在運租船中諷詠。聲既清會。辭又藻拔。非尚所曾聞。乃遣問訊。答曰。是袁臨汝郎誦詩。即其詠史之作也。

周昌梗槩臣。辭達不爲訥。汲黯社稷器。棟梁表天詩紀作天表。骨。陸賈厭解紛。廣文選作分。時與酒檮杌。婉轉將相門。一言和平勃。趨舍各有之。俱令道不没。○類聚五十五。廣文選十八。詩紀三十二。

無名困廣文選作因。螻蟻。有名世所疑。中庸難爲體。狂狷不及時。楊惲非忌貴。知及有餘辭。躬耕南山下。蕪穢不遑治。趙瑟奏哀音。秦聲歌新詩。吐音非凡唱。負此欲何之。○同上

擬古詩

高館百餘仞。迢遞虚中亭。文幌曜瓊扇。碧疏映綺欞。○類聚六十三。詩紀三十二。

詩

森森千丈松。磊砢非一節。雖無榱桷麗。較爲梁棟桀。○類聚八十八。詩紀三十二。

王彪之

彪之。字叔虎。琅邪臨沂人。初除著作郎。累遷吏部尚書。後爲鎮軍將軍、會稽内史。孝武卽位。遷尚書令。太元二年卒。年七十三。有集二十卷。

登會稽刻石山詩

隆山嵯峨。崇巒岧嶤。傍覿滄洲。仰拂玄霄。文命遠會。風淳道遼。秦皇遐巡。邁兹英豪。宅靈基阿。銘跡峻嶠。青陽曜景。時和氣淳。脩嶺增鮮。長松挺新。飛鴻振羽。騰龍躍鱗。○類聚八。詩紀三十二。

遊仙詩

遠遊絶塵霧。輕舉觀滄溟。蓬萊陰倒景。崐崘罩曾城。○文選二十二從遊京口北固應詔詩注。

與諸兄弟方山别詩

脂車總馳輪。汎舟理飛棹。絲染墨悲歎。詩紀誤作歎。路歧楊感悼。○初學記十八。詩紀三十二。

登治城樓詩

俯觀陋室。宇宙六合。譬如四壁。○文鏡秘府論西卷。

習鑿齒

鑿齒。字彦威。襄陽人。荆州刺史桓温辟爲從事。轉西曹從事、别駕治中。遷滎陽太守。以疾歸里。太元七年卒。有漢晉春秋四十七卷、集五卷。

詩

詩紀作燈。注云。一作詠燈籠。

煌煌閒夜燈。脩脩樹間亮。燈隨風煒燁。風與燈升降。○類聚八十。

嘲道安詩

晉書曰。習鑿齒詣釋道安。值衆僧齋。皆捨鉢斂衽。唯道安食不輟。鑿齒曰。

大鵬從南來。衆鳥皆戢翼。何忽當作物。凍老鴟。腩腩低頭食。○御覽九百二十七。

王珉

珉。字季琰。珣弟。歷著作散騎郎、國子博士、黄門侍郎、中書令。太元十三年卒。年三十八。有集十卷。

直中書詩

高閣臨雲日。險岑仰天居。○初學記十一。

謝芳姿

團扇歌二首

古今樂録曰。團扇歌者。晉中書令王珉捉白團扇。與嫂婢謝芳姿有愛。情好甚篤。嫂箠撻婢過苦。王東亭聞而止之。芳姿素善歌。嫂令歌一曲當赦之。應聲歌云云。珉聞更問之。汝歌何遺。芳姿卽改云云。

白團扇。辛苦五流連。是郎眼所見。○樂府詩集四十五。詩紀三十七。

白團扇。顦顇非昔容。羞與郎相見。御覽此下多願得從郎手。因風從方便二句。○樂府詩集四十五。御覽五百七十三。詩紀三十七。

蘇彦

彦。孝武帝時爲北中郎參軍。有蘇子七卷、集十卷。

七月七日詠織女詩

火流涼風至。少昊協素藏。織女思北沚。歲時雜詠作征。歲華紀麗、御覽同。書鈔作陸。牽牛嘆南陽。時來嘉慶集。整駕歲時雜詠作架。巾玉箱。瓊珮垂藻蕤。霧裾歲時雜詠作裙。御覽同。結雲裳。金翠耀華輜。軿輬御覽作軒。散流芳。釋轡紫微庭。解衿碧琳歲時雜詠作琳碧。堂。歡歲時雜詠作欣。御覽作忻。讌御覽作燕。未及究。晨暉照歲華紀麗作照。扶桑。仙童唱清道。御覽作道情。盤螭起騰驤。悵悵一歲時雜詠作三。宵御覽作霄。促。遲遲別日長。○古今歲時雜詠二十五。御覽三十一。詩紀三十六。又書鈔百五十五引藏、陽二韵。類聚四引陽、箱、裳、堂、桑、長六韵。歲華紀麗三引陽、箱、裳、長四韵。

西陵觀濤詩

洪詩紀云。一作江。濤奔逸勢。駭浪駕丘山。訇隱振宇宙。漰磕津雲連。○類聚九。詩紀三十六。

秋夜長

晨暉電流以西逝。閑宵漫漫其未央。牛女隔河以延佇。列宿雙景以相望。輕雲飄霏以籠朗。素月披躍而舒光。時禽鳴于庭柳。節蟲吟于户類聚作石。堂。零葉紛其交萃。初學記作華。落英飈初學記作飄。以散芳。覩遷化之遒邁。悲榮枯之靡常。貞松隆冬以擢秀。金菊吐翹以淩霜。○類聚二。又初學記三引堂一韵、芳一韵。

趙整

整。字文業。一名正。雒陽清水人。或曰濟陰人。年十八爲僞秦著作郎。遷黄門侍郎、武威太守。

酒德歌

前秦録曰。堅與羣臣飲酒。以秘書監朱彤爲酒正。令人以極醉爲限。整乃作酒德歌曰云云。堅大悦。命整書之。以爲酒戒。自是每宴羣臣。禮飲而已。

地列酒泉。天垂酒池。杜康妙識。儀狄先知。紂喪殷邦。桀傾夏國。由此言之。前危後則。○十六國春秋四十二。通鑑百四。文選補遺三十五。詩紀三十六。

又

前秦録曰。苻堅宴羣臣于釣臺。秘書侍郎趙整以堅頗好酒。因爲酒德之歌。

穫黍西秦。採麥東齊。春秘府略春下有秋字。封夏發。鼻納心迷。○十六國春秋四十二。御覽八百四十二。秘書略八百四十六引前秦録。

諷諫詩二首

高僧傳曰。正性好幾諫。無所迴避。苻堅末年。寵惑鮮卑。惰於治政。正因歌諫曰。昔聞孟津河。堅動容曰。是朕也。又歌曰。北園有一樹。堅笑曰。將非趙文業耶。

昔聞孟樂府作盟。津河。千里作一曲。此水本自清。是誰攪令樂府作亂使。濁。○高僧傳一。樂府詩集六十作琴歌。詩紀三十六。

北園有一樂府作棗。樹。高僧傳作棗。初學記或同。布葉垂重陰。詩紀作蔭。外雖饒類聚作多。初學記、樂府同。棘刺。內實有初學記作懷。赤心。○高僧傳一。類聚八十七。初學記二十八。樂府詩集六十作琴歌。詩紀三十六。又初學記二十八引陰一韵。

諫歌

晉孝武帝寧康二年冬十二月。秦王堅與慕容垂夫人段氏同輦遊於後庭。宦官趙整歌云云。堅改容謝之。命夫人下輦。

不見雀來入鷰室。但見浮雲蔽白日。○通鑑一百三。詩紀三十六。

琴歌

晉書載記曰。苻堅分氐户於諸鎮。趙整因侍，援琴而歌云云。堅笑而不納。乃敗於姚萇。果如整言。

阿得脂。阿得脂。博勞舊御覽作舅。父是仇綏。尾長翼短不能飛。遠徙種人留鮮卑。一旦緩急語阿誰。通鑑作當告誰。○晉書苻堅載記下。御覽九百二十三。通鑑一百四。樂府詩集六十。詩紀三十六。

王嘉

嘉。字子年。隴西安陽人。清虛服氣。不與人交游。石季龍之末。隱於終南山。苻堅累徵。不赴。及姚萇入長安。禮嘉如苻堅故事。後因事害之。

歌三首

金刀治世後遂苦。帝王昏亂天神怒。災異屢見戒人主。三分二叛失州土。三王九江一在吳。餘悉稚小早少孤。一國二主天所驅。○齊書符瑞志。

三禾摻摻林茂孳。金刀利刃齊刈之。○齊書符瑞志。

欲知其姓草肅肅。穀中最細低頭熟。鱗身甲體永興福。○齊書符瑞志。南史齊高帝紀。樂府詩集八十七。○逯案。詩紀所載三首。其一據金陵志爲帝諱昌明運當極。特申一期延其息。諸馬渡江百年中。當值卯金折其鋒四句。其二三據樂府詩集爲欲知其姓草肅肅三句及金刀利刃齊刈之一句。檢金陵志所載乃讖語而非歌。金刀利刃齊刈之亦隻而不全。今改從齊書符瑞志。列之如上焉。

歌

鳳皇鳳皇。何不高飛還故鄉。無故在此取滅亡。○魏書九十五。

皇娥歌

拾遺記曰。少昊以金德王。母曰皇娥。處璇宮而夜織。或乘桴木而晝遊。經歷窮桑滄茫之浦。時有神童。容貌絶俗。稱爲白帝之子。卽太白之精。降乎水際。與皇娥讌戲並坐。撫桐峯梓瑟。皇娥倚瑟而清歌云云。白帝子答歌云云。及皇娥生少昊。號曰窮桑氏。

天清地曠浩茫茫。萬象迴薄化無方。浛天蕩蕩望滄滄。乘桴摇拾遺記作輕。漾著日傍。當期何所至窮桑。心知和樂悦未央。○拾遺記一。詩紀前集一。○逯案。拾遺記。梁蕭綺撰。惟綺書乃據王嘉拾遺録。其中歌詩蓋嘉原作。今列此備考。

白帝子歌

四維八埏眇難極。驅光逐影窮水域。璇宮夜静當軒織。桐峯文梓千尋直。伐梓作器成琴瑟。清歌流暢樂難極。滄湄海浦來棲息。○拾遺記一。詩紀前集一。

采藥詩

拾遺記曰。闇河之北有紫桂成林。其實如棗。羣仙餌焉。韓終采藥四言詩云。

闇河之桂。實大如棗。類聚誤作粟。得而食之。後天而老。○拾遺記二。類聚八十九。詩紀前集八。

時俗四言詩

拾遺記曰。成王五年。因祗之國去王都九萬里。其丈夫勤於耕稼。一日鋤十頃之地。貢嘉禾一莖盈車。故時俗四言詩曰。

力勤十頃。能致嘉穎。〇拾遺記二。詩紀前集八。

殷顗

顗。字伯通。陳郡長平人。太元中。以中書郎爲南蠻校尉。蒞職清明。隆安二年卒。

應晴詩

景邏兮開明。〇書鈔百五十一。

王珣

珣。字元琳。珉兄。歷桓温主簿、給事黄門侍郎、秘書監、吴國内史、尚書右僕射。安帝即位。遷尚書令。隆安四年解職。歲餘卒。年五十二。有集十一卷。

秋懷詩

天悠雲際。風遼氣爽。〇書鈔百五十四。

袁山松

山松。陳郡陽夏人。爲吴郡太守。孫恩之亂。山松守滬瀆城。隆安五年。城陷。被害。

菊詩

靈菊植幽崖。擢穎陵寒飈。春露不染色。秋霜不改條。○類聚八十一。詩紀三十二。

白鹿山詩

白鹿詩序曰。荆門山臨江。皆絶壁峭峙。壁立百餘丈。互帶激流。禽獸所不能履。有一白鹿。忽然若飛。超岫而去。謂之白鹿山。詩曰。

白鹿乃在上林西苑中。射工尚復得脯臘之。黄鵠摩天極高飛。後宫尚得烹煮之。○類聚九十五。○逯案。此襲漢樂府烏生篇語。

顧愷之

愷之。字長康。晉陵無錫人。初爲桓温大司馬參軍。後爲殷仲堪參軍。年六十二卒於官。有啟夢記三卷、集二十卷。

神情詩 亦見陶淵明集。

春水滿四澤。夏雲多奇峯。秋月揚明輝。冬嶺秀寒松。類聚注云。摘句。○書鈔百五十作古詩。類聚三。詩紀三十二。

拜宣武墓詩

山崩溟海竭。魚鳥將何依。○世説新語言語篇。文鏡秘府論西卷。御覽四百八十七。

遠念羨昔存。撫墳哀今亡。○文選二十三廬陵王墓下作詩注。

詩

麗春絶衆卉。○草堂詩箋十八麗春詩注。

苻朗

朗。字元達。略陽臨渭氏人。苻堅從兄子。初爲堅鎮東將軍、青州刺史。後降晉。至揚州。太元中。王國寶譖而殺之。有苻子三十卷。

擬關龍逢行歌

苻子曰。桀觀炮烙于瑶臺。謂關龍逢曰。聽子諫。諫得。我改之。諫不得。我刑之。關龍逢曰。臣嘗觀君之冕。非其冕也。而冕危石。君之履。非其履也。而履春水。未有冠危石而不壓。蹈春冰而不陷者也。桀乃笑應之曰。是日亡。則與俱亡。子知我之亡。而不自知亡乎。子且就炮烙之刑。我觀子亡。龍逢布武而趨。行歌曰。

造化一作作。勞我以生。休一作息。我以炮烙。○御覽八十二、六百四十七。

臨終詩

四大起何因。聚散無窮已。既適一生中。又入一死理。冥心乘和暢。未覺有終始。如何箕山夫。奄焉處東市。曠此百年期。遠同嵇叔子。命也歸自天。委化任冥紀。○晉書苻朗載紀。詩紀三十六。

桓玄

玄。字敬道。譙國龍亢人。桓温第六子。襲爵南郡公。孝武末。拜太子洗馬。出補義興太守。安帝初。爲江州刺史。進後將軍、都督江荆襄雍秦梁益寧八州及揚州八郡、江荆二州刺史。元興初。舉兵入京。自加總百揆侍中、丞相、録尚書事、揚州牧。領徐州刺史。復讓丞相。自署太尉。封楚王。以元興二年受禪。改元永始。三年。劉裕等舉義旗。玄被誅。年三十六。有周易繫辭注二卷、集四十三卷、要集二十卷。

登荆山詩

理不孤湛。影比有津。曾是名岳。明秀超鄰。器栖荒外。命契響神。我之懷矣。巾駕飛輪。○類聚七。詩紀三十。

南林彈詩

散帶躡良駟。揮彈出長林。歸書鈔作飛。翮赴舊栖。喬木御覽作木末。轉御覽作囀。翔禽。輕丸承條源。纖繳截雲尋。落羽尋絶響。屢中轉應心。○書鈔百二十四引林、禽、尋三韵。類聚六十、御覽三百五十、詩紀三十六並引林、禽、心三韵。

詩

鳴鶴響長皐。○書鈔百三十。

殷仲文

仲文。字仲文。陳郡長平人。會稽王道子引爲驃騎參軍。轉諮議參軍。後爲元顯征虜長史。左遷新安太守。桓玄舉兵。以爲諮議參軍。領記室。進侍中。領左衛將軍。玄敗。投義軍。爲鎮軍長史。轉尚書。義熙三年謀反。伏誅。有集七卷。

南州桓公九井作詩

四運雖鱗次。理化各有準。獨有清秋日。能使高興盡。景氣多明遠。風物自凄緊。爽籟驚李善本文選作警。幽律。哀鑿叩虛牝。歲寒無早秀。浮榮甘夙隕。何以標貞脆。薄言寄松菌。哲匠感蕭晨。肅此塵外軫。廣筵散汎愛。逸爵紆勝引。伊余樂好仁。惑祛吝亦泯。猥首阿衡朝。將貽匈奴哂。○文選二十二。詩紀三十六。

送東陽太守詩

昔人深誠歎。臨水送將離。如何祖良遊。心事孱在斯。虛亭無留賓。東川緬逶迤。○類聚二十九。詩紀三十六。

入剡詩

野人雖云隔。超悟必有比。○文選六十齊竟陵文宣王行狀注。

謝混

混。字叔源。小字益壽。陳郡陽夏人。太傅安孫。尚孝武帝晉陵公主。官至中領軍、尚書左僕射。義熙八年。坐與劉毅善。爲劉裕所殺。有集五卷。

遊西池詩

悟彼蟋蟀唱。信此勞者歌。有來豈不疾。良遊常蹉跎。六臣本文選注云。五臣本無此二句。逍遥越城肆。願言屢經過。迴阡被陵闕。高臺眺飛霞。惠風蕩繁囿。白雲屯曾阿。景昃鳴禽集。水木湛清華。褰裳順蘭沚。徙倚引芳柯。美人愆歲月。遲暮獨如何。無爲牽所思。南榮戒李善本文選作誡。其多。○文選二十二。

誡族子詩

南史曰。混風格高峻。少所交納。惟與族子靈運、瞻、晦、曜以文義賞會。嘗居在烏衣巷。故謂之烏衣之遊。因宴飲之餘。爲韻語以獎勸。靈運等曰。

康樂誕通度。實有名家韻。若加繩染功。剖瑩乃瓊瑾。靈運宣明體遠識。穎達且沈儁。若能去方執。穆穆三才順。晦。字宣明。阿多標獨解。弱冠纂華胤。質勝誠無文。其尚又能峻。曜。小字多。通遠懷清悟。采采標蘭訊。直轡鮮南史、詩紀作解。不躓。抑用解偏吝。瞻。字通遠。微子基微尚。無倦由慕藺。勿輕一簣少。進往必宋書作將。千仞。微。即弘微。數子勉之哉。風流由爾振。如不犯所知。此外無所慎。靈運等並有誡勵之言。惟弘微獨盡褒美。○宋書謝弘微傳。南史謝密傳。詩紀三十六。

送二王在領軍府集詩

苦哉遠征人。將乖萃余室。明窗通朝暉。絲竹盛蕭瑟。樂酒輟今辰。離端起來日。○初學記十八引室、瑟二韻。引日一韻。詩紀三十六。

詩

昔爲烏衣遊。戚戚皆親姪。○宋書謝弘微傳。

秋夜長

秋夜長兮雖欣長而悼速。送晨暉于西嶺。迎夕景于東谷。夜既分而氣高。風入林而傷緑。燕翩翩以辭宇。雁邕邕而南屬。○類聚三。

劉毅

毅。字希樂。彭城沛人。桓玄篡位。與劉裕等起兵。事平。爲撫軍將軍、豫州刺史。封平南郡開國公。後轉荆州刺史。義熙八年。爲劉裕所殺。

西池應詔賦詩

晉書曰。毅征盧循敗歸。帝大宴於西池。有詔賦詩。毅詩云。

六國多雄士。正始出風流。○晉書本傳。

吴隱之

隱之。字處默。濮陽鄄城人。解褐輔國功曹。累遷晉陵太守、廣州刺史。後遷中領軍。義熙九年卒。

酌貪泉賦詩

晉書曰。隆安中。以隱之爲龍驤將軍、廣州刺史。未至州二十里。地名石門。有水曰貪泉。飲者懷無厭之欲。隱之至泉所酌而飲之。因賦此詩。及在州。清操逾厲。

古人云此水。世說注作石門有貪泉。初學記同。事類賦作嶺南有一水。一歃書鈔作飲。初學記、御覽同。懷書鈔或作重。或作直。類聚、初學記、御覽作重。千金。事類賦作號曰貪泉深。試類聚作若。白帖、御覽、事類賦同。使書鈔或作令。夷齊飲。終當不易心。

○晉書本傳。世說新語德行篇注。書鈔三十八、七十二。類聚五十。初學記八。御覽二百五十六。事類賦七。萬花谷六。詩紀三十六。又白帖七十七引心一韵。

劉程之

程之。字仲思。彭城人。初爲府參軍。歷宜昌、柴桑令。去職。與周續之、陶淵明皆不應徵命。號尋陽三隱。劉裕以其不屈。旌其號曰遺民。義熙十年卒。有玄譜一卷、集五卷。

奉和慧遠遊廬山詩

理神固超絶。涉麄罕不羣。孰至消煙外。曉然與物分。冥冥玄谷裏。響集自可聞。文峯無曠秀。交嶺有通雲。悟深婉沖思。在要開冥欣。中巖擁微興。□岫想幽聞。弱明反歸鑒。暴懷傅靈薰。永陶津玄匠。落照俟虚斤。○廬山記。

王喬之

喬之。爲江州刺史孟懷玉别駕。

奉和慧遠遊廬山詩

超遊罕神遇。妙善自玄同。徹彼虚明域。曖然塵有封。衆阜平寥廓。一岫獨凌空。霄景憑巖落。清氣與時雍。有標造神極。有客越其峯。長河濯茂楚。險雨列秋松。危步臨絶冥。靈壑映萬重。風泉調遠氣。遥響多喈嗈。遐麗既悠然。餘盼覿九江。事屬天人界。常聞清吹空。○廬山記。

張野

野。字萊民。南陽人。居柴桑。徵拜散騎常侍。不就。義熙十二年卒。

奉和慧遠遊廬山詩

覿嶺混太象。望崖莫由檢。器遠蘊其天。超步不階漸。朅來越重垠。一舉拔塵染。遼朗中大盼。迴豁遐瞻慊。乘此攄瑩心。可以忘遺玷。曠風被幽宅。妖塗故死滅。○廬山記。

王齊之

齊之。琅邪人。

念佛三昧詩四首

妙用在幽。廣弘明集云。元本作玆。明本作玆。云。一作幽。涉有覽無。神由昧徹。識以照麄。積微自引。因功本虛。泯彼三觀。忘廣弘明集作亡。注云。宋云。元明本忘。此毫廣弘明集作豪。注云。三本、宮本作毫。餘。○廣弘明集三十。詩紀三十六。

寂漠何廣弘明集作空漢河。注云。三本作寂寞何。始。理玄通微。融然忘適。乃廓靈暉。心悠廣弘明集注云。明本一作游。詩紀云。一作游。緬域。得不踐機。用之以沖。會之以希。○同上

神資廣弘明集云。明本姿。天凝。圓映朝雲。與化而感。與物斯羣。應不以方。受者自分。寂爾淵鏡。金水塵紛。○同上

慨自一生。夙乏惠廣弘明集作之慧。注云。三本、宮本作乏惠。識。託崇淵人。庶藉冥力。思轉毫廣弘明集作豪。注云。三本、宮本作毫。功。在深不測。廣弘明集作在測。注云。三本作不測。至哉之念。主廣弘明集作注。心西極。○同上

陶琬之

琬之。桓玄時爲江州主簿。

詩

我服既暉。我駟既閑。楊鑣警路。哀籥清綿。○御覽三百五十八引桓玄集。

羊徽

徽。字敬猷。泰山南城人。義熙初。爲劉裕記室參軍。遷中書郎。出爲河東太守。有集十卷。

贈傅長猷傅時爲太尉主簿入爲都官郎詩四章

赫赫宰朝。匪虬伊鸞。微微殆足。策駑末班。靡獲于心。有虔惟官。肅肅幽禁。孔邃且難。
孰寄斯誠。實惟舊要。自昔偕遊。聿來並朝。雖或戎阻。雖實氛囂。我有閑暇。與爾清謡。
物化交尋。聚散飄薄。有美一人。翻飛雲閣。離軫迎今。爀從謝昨。雖則匪遐。言覯彌索。
秋鴻泝節。商風厲時。肅彼具物。叩此幽司。違好獨羈。悵其悽而。言念斯盈。告勞惟詩。〇文館詞林百五十七。

答丘泉之詩七章

理屬有待。事過無期。自昔顧言。寢興伊思。爰遘懷人。載欽在茲。賞得意從。無闕惟時。
王路威夷。戎役孔勤。昔從經略。方難之殷。悠悠岱陰。滔滔江濆。綢繆成説。與子夷屯。
江之泳矣。載瀾載清。俛胄時暇。解顔舒誠。理既睦本。事亦敦情。永言契闊。實深平生。
自茲乖互。屬有逝止。余實無良。沈痾彌祀。孰是懷之。則惟吾子。豈微原作徽。今從古逸本。王事。驟駕無已。

疲殆既謝。惠澤是逢。顯列斯偕。厥司攸同。疇昔之歡。於焉克從。託曜春藻。慰此秋蓬。

雖則克從。遞來有乖。衡泌之娛。休沐末適園本作未。偕。冬日烈烈。飄風淒淒。對影華署。如何勿懷。

懷亦勤止。戢此餘蘭。惠以好言。深誡原作誠。今從古逸本。在翰。敢忘三折。敬思五難。君子攸贈。復之歲寒。

○文館詞林百五十七。

晉詩卷十五

湛方生

方生。爲衞軍諮議參軍。有集十卷。

廬山神仙詩

序曰。尋陽有廬山者。盤基彭蠡之西。其崇標峻極。辰光隔輝。幽澗澄深。積清百仞。若乃絶阻重險。非人跡之所遊。窈窕沖深。常含霞而貯氣。真可謂神明之區域。列真之苑囿矣。太元十一年。有樵採其類聚作之。陽者。于時鮮霞褰林。傾暉映岫。見一沙門。披法服獨在巖中。俄頃振裳揮錫。凌崖直上。排丹霄而輕舉。起九折而一指。既白雲之可乘。何帝鄉之足遠哉。窮目蒼蒼。翳然滅跡。詩曰。

吸風玄圃。飲露丹霄。室宅五岳。賓友松喬。○類聚七十八。詩紀三十六。

後齋詩

解纓復褐。辭朝歸藪。門不容軒。宅不盈畝。茂草籠庭。滋蘭拂牖。撫我子姪。攜我親友。茹彼園蔬。飲此春酒。開櫺攸瞻。坐對川阜。心焉孰託。託心非有。素構易抱。玄根難朽。卽之匪遠。可以長久。○類聚六十四。詩紀三十六。

帆帆扶泛切。入南湖詩

彭蠡紀三江。廬岳主衆阜。白沙淨川路。青松蔚巖首。此水何時流。此山何時有。人運互推遷。茲器獨長久。悠悠宇宙中。古今迭先後。○類聚二十七。廣文選十。詩紀三十六。

還都帆詩

高岳萬丈峻。長湖千里清。白沙窮年潔。林松冬夏青。水無暫停流。木有千載貞。寤言賦新詩。忽忘羈客情。○類聚二十七。詩紀三十六。詩紀云。一作旅。

天晴詩

屏翳寢神轡。初學記誤作變。飛廉收靈扇。青天瑩如鏡。凝津平初學記作奕。如研。落帆修江渚。初學記作湄。悠悠極長眄。清氣朗山壑。千里遙相見。○初學記二。詩紀三十六。

諸人共講老子詩

吾生幸凝湛。智浪紛競結。流宕失真宗。遂之弱喪轍。雖欲反故鄉。埋翳歸途絶。滌除非玄風。垢心焉能歇。大矣五千鳴。特爲道喪設。鑒之誠水鏡。塵穢皆朗徹。○初學記二十三。詩紀三十六。

詩

仲秋有秋色。始涼猶未淒。蕭蕭山間風。泠泠積石溪。○書鈔百五十四。

詩

發鞍踞平陸。秣馬青山阿。濁酒炙枯魚。鼎食何必過。○御覽五十六。

鼓棹行遊矚。○文選五十八褚淵碑文注。

懷歸謡

辭衡門兮至歡。懷生離兮苦辛。豈羈旅兮一慨。亦代謝兮感人。四運兮遒盡。化新兮歲故。氛慘慘兮凝晨。風悽悽兮薄暮。雨雪兮交紛。重雲兮四布。天地兮一色。六合兮同素。山木兮摧披。津壑兮凝沍。感羈旅兮苦心。懷桑梓兮增慕。胡馬兮戀北。越鳥兮依陽。彼禽獸兮尚然。況君子兮去故鄉。望歸塗兮漫漫。

眄江流兮洋洋。思涉路兮莫由。欲越津兮無梁。○類聚十九。詩紀三十六。

秋夜詩

悲九秋之爲節。物凋悴而無榮。嶺頽鮮而殞緑。木傾柯而落英。履代謝以惆悵。睹摇落而興情。信皐壤而感人。樂未畢而哀生。秋夜清兮何秋夕之轉長。夜悠悠而難極。月皦皦而停光。播商氣以清温。扇高初學記作凄。風以革涼。水激波以成漣。露凝結而爲霜。凡有生而必凋。情何感而不傷。苟靈符之未虚。孰兹戀之可忘。何天懸之難釋。思假暢之冥方。拂塵衿於玄風。散近滯於老莊。攬逍遥之宏維。總齊物之大綱。同天地於一指。等太山於毫芒。萬慮一時頓渫。情累豁焉都忘。物我泯然而同體。豈復壽夭於彭殤。○類聚三作秋夜。詩紀三十六。又初學記三作秋夜詞。引涼一韻。

白露霏以静降。○書鈔百五十四。

氣入肌以淒凛。風灑林而蕭索。○書鈔百五十四。

星傾暉以流素。○同上

遊園詠

諒兹境之可懷。究川皐之奇勢。水窮清以澈鑒。山鄰而無際。乘初霽之新景。登北館以悠矚。對荆門之孤阜。傍魚陽之秀岳。乘夕陽而含詠。杖輕策以行遊。襲秋蘭之流芬。幙長猗之森修。任緩步以升降。歷丘墟而四周。智無涯而難恬。性有方而易適。差一毫而遽乖。徒理存而事隔。故羈馬思其華林。籠雉想其皐澤。矧流客之歸思。豈可忘於疇昔。○類聚六十五。詩紀三十六。

袁光

詩

室有人應有候。要邊鳴佩誰佩之。○書鈔百二十八。

劉恢

恢。字道生。沛國人。歷車騎司馬、丹楊尹。有集二卷。

詩

東皐有一駿。名曰千金駒。絡首纏駿尾。養以甘露芻。○類聚九十三。詩紀三十二。

何瑾

瑾。一作瑾之。爲車騎參軍。有集十一卷。

悲秋夜

欣莫欣兮春日。悲莫悲兮秋夜。伊秋夜之可悲。增沉懷于遠情。歎授衣之豳詩。感蕭于宋生。天寥廓兮高褰。氣淒肅兮厲清。燕沂陰兮歸飛。雁懷傷兮寒鳴。霜盈條兮璀璀。類聚作漼漼。露沾葉兮泠泠。○類聚三。又御覽十四引末二句。

陸沖

沖。揚州從事。有集二卷。

雜詩二首

命駕遵長途。綿邈途難尋。我行一詩紀作亦。何艱。山川阻且深。洿澤無夷軌。重巒有層類聚作曾。古通。陰。零雨淹中路。玄雲蔽高岑。俯悼孤行獸。仰歎偏翔禽。空谷回悲響。流風漂哀音。羈旅淹留久。悵望愁我心。○廣文選十五。詩紀三十六。又類聚二十八作陸沖詩。引尋、深、陰、岑、禽、音六韻。

肆觀野原外。放心希太和。景嶽造天漢。豐林冒重阿。清芬乘風散。豔藻映淥波。○類聚二十八作陸沖詩。

陸彥聲

詩

相思心既勞。相望脰亦悁。〇文選二十五登臨海嶠詩注。

張奴

歌

高僧傳曰。外國名僧佉吒。寄名長干寺。有張奴者。不知何許人。不甚見食。而常自肥澤。冬夏常著單布衣。佉吒行見張奴。欣然而笑。佉吒曰。吾東見蔡𤜶。南訊馬生。北遇王年。今欲就杯度。乃與子相見耶。張奴乃題槐樹。爲歌曰。

濛濛大象内。照曜實顯彰。何事迷昏北山録作昏迷。子。縱惑自招殃。樂所北山録作處。少人往。苦道若翻囊。不有松柏志。高僧傳作操。何用擬風霜。閑豫紫烟北山録作雲。表。長歌出昊蒼。澄虚無色外。北山録作水。並注云。上善若水。應見有緣鄉。歲曜毗漢后。麗辰高僧傳作辰麗。北山録同。傅殷王。伊余非二仙。晦迹之高僧傳作於。九方。亦見流俗子。觸眼致酸傷。略謡觀有念。寧曰盡矜章。〇高僧傳十杯度傳。北山録三。詩紀三十七。

劉道民

詩

事有遠而合。蜀桐鳴吴石。〇水經注漸江水注。御覽五百八十二。

王升之

燕詩

春風轉節。萬物增傷。○書鈔百五十四。

包播

詩

冬日淒慘。玄雲避天。素冰彌澤。白雪依山。○書鈔百五十四。

卞裕

送桓竟陵詩

翰城將執寄。懷人應斯蒞。餞行臨初學記作陵。高阜。怡衿睦景氣。○初學記十八。詩紀三十六。

詩

余弟適東邁。眷戀將乖情。離別信吾事。悽心相纏嬰。○初學記十八。詩紀三十六。

馬岌

岌。初爲張茂參軍。張駿嗣位。以爲酒泉太守。張重華末。爲左長史。張祚僭號。爲尚書。

題宋纖石壁詩

晉書曰。宋纖。字令艾。敦煌人也。隱居酒泉南山。不應辟命。酒泉太守馬岌造焉。纖距而不見。岌歎曰。名可聞而身不可見。德可仰而形不可睹。今而後知先生人中之龍也。銘詩于石壁曰。

丹崖百丈。青壁萬尋。奇木蓊鬱。蔚若鄧林。其人如玉。維國之琛。室邇人遐。實勞我心。○晉書宋纖傳。御覽五百三。詩紀三十六。

伏系之

系之。字敬魯。平昌安丘人。歷黄門侍郎、侍中、尚書、光禄大夫。有集十卷。

詠椅桐詩

亭亭椅桐。鬱兹庭圃。翠微疏風。緑柯蔭宇。○類聚八十八。

仲長敖

敖。爵里未詳。有集二卷。

歌

敖作覈性賦。系此歌。

形生有極。嗜欲無限。達鼻耳。閉口眼。納衆惡。距羣善。方寸地。九折坂。爲人作嶮易。俄頃成此蹇。多謝悠悠子。悟之亦不晚。○類聚二十一。

殷融

融。字洪遠。陳郡人。歷爲太常、吏部尚書。

答孫興公詩

聊復放一曲。○世說新語排調篇。

王康琚

李善文選注曰。古今詩英華題云。晉王康琚。然爵里未詳也。

反招隱詩

小隱隱陵藪。大隱隱朝市。伯夷竄首陽。老聃伏柱史。昔在太平時。亦有巢居子。今雖盛明世。能無中林士。放神草堂詩箋作懷。青雲外。絶迹窮山裏。鵾鷄先晨鳴。哀風迎夜起。凝霜凋朱顏。寒泉傷玉趾。周才信衆人。偏智任諸己。推分得天和。矯性失至理。歸來安所期。與物齊終始。○文選二十二。詩紀三十六。又草堂詩箋三十三寫懷詩注引裏一韻。

招隱詩

登山招隱士。褰裳躡遺蹤。華條當圜室。翠葉代綺窗。○類聚三十六。詩紀三十六。

徐廣

廣。字野民。東莞姑幕人。歷謝玄兗州從事、譙王恬鎮北參軍。入爲秘書郎。轉員外散騎侍郎。隆安中。遷祠部郎。桓玄輔政。以爲大將軍、文學祭酒。義熙初。除鎮軍諮議參軍。領記室。封樂成侯。宋受禪。乞歸。元嘉二年卒。年七十四。有禮論答問八卷、又十三卷、禮答問十一卷、晉紀四十六卷、車服儀注一卷。

三日臨水詩

温哉令日。爰豫爰遊。輿言命駕。寄歡迴流。○初學記四。

王氏

劉和妻。

正朝詩

稔冉冥機運。迅矣四節經。太簇應玄律。青陽兆初正。○類聚四。詩紀三十七。

辛蕭

蕭。散騎常侍。傅統妻。有集一卷。

元正詩

元正啓令節。嘉書鈔作佳。慶肇自兹。咸奏萬年觴。小大同悦熙。○類聚四。古今歲時雜詠一。詩紀三十七。又書鈔百五十五引兹一韻。

李氏

陳新塗妻。

冬至詩

靈象尋數迴。四氣平運御覽作時。散。陰律鼓微陽。大明啓修御覽作將啓。旦。感與御覽作興。時來興。御覽作多。

心隨逝化歎。御覽作難。式宴集中堂。賓客御覽作賓。盈朝館。○類聚三。御覽二十八。詩紀三十七。

蘇若蘭

璇璣圖詩

前秦苻堅時。秦州刺史扶風竇滔妻蘇氏。陳留令武功蘇道賢第三女也。名蕙。字若蘭。智識精明。儀容妙麗。謙默自守。不求顯揚。年十六。歸於竇氏。滔甚敬之。然蘇氏性近於急。頗傷嫉妬。滔字連波。右將軍于爽之孫。朗之第二子也。神風偉秀。該通經史。允文允武。時論高之。苻堅委以心膂之任。備歷顯職。皆有政聞。遷秦州刺史。以忤旨謫戍燉煌。會堅克晉襄陽。慮有危偪。藉滔才略。詔拜安南將軍。留鎮襄陽。初滔有寵姬趙陽臺。歌舞之妙無出其右。滔置之別所。蘇氏知之。求而獲焉。苦加捶辱。滔深以爲憾。陽臺又專伺蘇氏之短。讒毁交至。滔益忿蘇氏。蘇氏時年二十一。萬曆本作三。及滔將鎮襄陽。邀蘇氏同往。蘇氏忿之。不與偕行。乃攜陽臺之任。絶蘇氏音問。蘇氏悔恨自傷。因織錦爲迴文。五綵相宣。瑩心輝目。縱廣八寸。題詩二百餘首。計八百餘言。縱橫反覆。皆爲文章。其文點畫無缺。才情之妙。超今邁古。名曰璇璣圖。然讀者不能悉通。蘇氏笑曰。裴徊宛轉。自爲語言。非我家人。莫能解之。遂發蒼頭齎至襄陽。滔覽之。感其妙絶。因送陽臺之關中。而具車從禮迎蘇氏。歸于漢南。恩好愈重。蘇氏所著文詞五千餘言。屬隋季喪亂。文字散落。追求勿獲。而錦字回文盛傳于世。朕聽政之暇。留心墳典。散帙之次。偶見斯圖。因述若蘭之多才。復美連波之悔過。遂製此文。聊示將來。如意元年五月一日。大周天册金輪皇帝製。

仁智懷德聖虞唐真妙顯華重榮萬曆本作雲。章臣賢惟聖配英皇倫匹離飄浮江湘津傷嗟情家明葩榮志庭
閨亂作人讒佞奸凶害我忠貞桑凶慈雍思恭基河慘歎中無鏡紛爲篤明難受消萬曆本作膚。原禍因所恃滋
極驕盈榆頑孝和淑自爲隔懷懷傷君朗光誰終榮苟不義姬班女婕妤辭輦漢成薄浸休家貞記孝塞慕所路
房容珠感誓城傾在戒后孽嬖趙氏飛燕寔生景讒退遠敦貞敬殊增離曠幃飾曜思窮熒猶炎盛興漸至大伐
用昭丹萬曆本作青。青昭愚謙危節所是山憂經遐清華英多蒼形未在慎萬曆本作謹。深慮微察遠禍在防萌西
滋蒙疑容持從梁心荒淫忘想感所欽岑幽巖峻嵯峩深淵重涯經網羅林光流電逝推生民堂妃闈飛衣誰追
何思萬曆本作恩。情時形寒歲識凋松徵居歎如陽移陂施爲祇差士萬曆本作生。空后中奮衰爲相如感傷在勞
貞物知終始咎獨懷何潛西不何誰神無感惟自節能我容聲將自萬曆本作顔。孜君想顔衰改華容是與女賤
曜日日激與通者曠思興厲不歌治同情寧孜側夢仁賢別行士念誰賤鄙翳白無憤將上採悲詠風樊歎發觀

羽纏龍旒容衣詩情明顯怨衰情時傾英殊衰殊身節菲路和周楚長雙華宮憂虎雕飾繡始琁璣圖義年勞歎
寄華年有志飭忘葑長音南鄭歌商流徵殷繁華觀曜終始心詩興感遠殊浮沈時盛意麗哀遺身藏召衛詠齊
曜情多文曜壯顏無平蘇氏理往憂歲異浮惟必心華惟下微摧伯女志興榮傷患藻榮麗充端此作麗辭日思
慕世異逝傾萬曆本作衰。違榮感體憫悲窈河遐碩翠感生嬰漫丁寃詩風興鹿鳴懷悲哀誰遊倏無一俯憂作
已聲寃廣路人粲我艱是漫是何桑翳感孟宣傷感情者頹然盈體仰情者處發淑思逶其威情惟憂何艱生時
盛昭業傾思永戚我流若不中容何成幽曲姿歸迤頎蕤悲苦懷思苦我章徽恨微玄悼歎戚知沙馳虧離儀貲
辭房秦王懷土眷舊鄉身加兼愁悴少精神遐幽曠遠離鳳麟龍昭德懷聖皇人商遊桑鳩揚仇傷榮身我乎集
殃愆辜何因備嘗苦辛當神飛文遺分歸賤絃西翳雙激好摧君深日潤浸愆思罪積怨其根難尋所明經殊孤
乖鴈爲激階陰巢水悲容仁均物品育生施天地德貴平原作乎。均勻專通身粲妾殊翔女楚步林燕清思發離
濱漢之步飄飄離微隔喬木誰陰一感寄飾散聲應有流東桃飛泉君歎殊心改者惑暱親聞遠離殊我同衾志
精浮光離哀傷柔清廂休翔流長愁方禽伯在誠故遺舊廢故君子惟新貞微雲輝羣悲春剛琴芳蘭凋茂熙陽
春牆面殊意惑故新霜冰原作水。齊潔志精萬曆本作清。純望誰思想懷所親

讀圖內詩括例

依五色所分章次讀之

仁智至慘傷　倫匹至榆桑　人賤至聖皇　春陽至殊方　欽岑至如何

已上七言。四十句。每句爲一首。每首反讀之計八十首。

詩風至表玄　人賢至凋松　光顔至虎龍　日往至寄傾

已上五言。十六句。以每句反讀之成三十二首。

周南至相追　年時至無差　讒佞至末形　牽辜至伯禽

已上四言。二十四首。作兩句分讀。就成一篇。

寧顔至勞形　懷憂至何寃　念是至如何　悼思至者誰　詩情至終始

已上四言。前四首以每句反讀。後一首每句反讀。成十首。

嗟歎至爲榮　凶頑至爲基　遊西至摧傷　神明至鴈歸

已上三言十二首。反讀成二十四首。

佞因至舊新　南鄭至遺身　舊聞至佞臣　遺哀至南音

已上七言。凡起頭退一字反讀之成四首。

廂挑至基津　嗟中至春親　春哀至嗟仁　基自至廂琴

已上七言。自角退一字斜讀之成四首。

再叙

回文詩圖。古無悉通者。予因究璇璣之義。如日星之左右行天。故布爲經緯。由中旋外。以旁循四旁。

於其交會。皆契韻句。巡還反復。窈窕縱横。各能妙暢。又原五采相宣之説。傅色以開其篇章。其在經緯者。始於璣蘇詩始四字。其在節會者。右旋而出。隨其所至。各成章什。外經則始於仁真。至於音深。中經自欽深至于身殷。内經自詩情至于終始。皆循方回文者也。四角之方。如仁、真、欽、心四韻。成章而回文者也。至其經緯之圖者。隨色自分。則外之四角。窈窕成文。而文皆六言也。四旁者相對成文。而文皆六言也。及交手成文。而文皆四言也。在中之四角者。一例横讀而四言。在中之四旁者。隨向横讀而五言。惟璇圖平氏四字不入章句。觀其宛轉反復。皆才思精深融徹。如契自然。蓋騷人才子所難。豈必女工之尤哉。詩編載馳。史美班扇。才女專静。用志不分。雖皆擅名。此爲精贍者也。聊隨分篇掇其一隅。以爲三隅之反。代久傳訛。頗有誤字。亦輒證改一二。其他闕謬。不欲以意足之。雖未能盡達玄思。抑庶幾不爲滯塞云。

經緯始於璣蘇詩始四字。

璣明别改知識深。峩嵯峻巖幽岑欽。所感想忘荒淫心。堂空惟思詠和音。詩興感遠殊浮沈。華英翳曜潛陽林。羅網經涯重淵深。峩嵯峻巖幽岑欽。

蘇作興感昭恨神。辜罪天離間舊新。霜冰齋潔志清純。望誰思想懷所親。凡三色讀不可回文。

外經

仁智懷德聖虞唐。真妙顯華重雲章。臣賢惟聖配英皇。倫匹離飄浮江湘。回讀。

傷慘懷慕增憂心。堂空惟思詠和音。藏摧悲聲發曲秦。商絃激楚流清琴。

中經

欽岑幽巖峻嵯峩。深淵重涯經網羅。林陽潛曜翳英華。沈浮異遊頹流沙。回讀。

何如將情纏憂慇。多患生艱惟苦身。加兼愁悴少精神。遐幽曠遠離鳳麟。

內經

詩情明顯。怨義興理。辭麗作此。端無終始。回讀。

始終無端。此作麗辭。理興義怨。顯明情詩。

四角之方

仁智懷德聖虞唐。真志篤終誓穹蒼。欽所感想忘淫荒。心憂增慕懷慘傷。回讀。

四角之間窈窕成文

嗟嘆懷所離經。遐曠路傷中情。家無君房幃清。華飾容朗鏡明。回讀。

四角在中者一例横讀

念是咎愆。誰與獨居。賤女懷歎。鄙賤何如。反讀窈窕成文。

愆咎是念。誰與獨居。歎懷女賤。鄙賤何如。

四旁相對成文文皆六言

讒人作亂闈庭。奸凶害我忠貞。禍原膚受難明。所恃滋極驕盈。

四旁相向横讀而成五言

寒歲識凋松。真物知終始。顔衰改華容。仁賢别行士。反讀窈窕成文。

士行别賢仁。容華改衰顔。終始知物真。松凋識歲寒。

交手成文文皆四言

讒佞奸凶。害我忠貞。禍因所恃。滋極驕盈。反讀。

用色分章止舉一隅。餘皆倣此。

横用色

嗟嘆懷所離經。遐曠路傷中情。十二字用粉紅。

家無君房幃清。華飾容朗鏡明。用緑。

葩紛光珠耀英。多思感誰爲榮。用白。

周風興自后妃。楚樊厲節中闈。周、楚二字用黄。外十字用緑。

長歎不能奮飛。雙發歌我衮衣。長、雙二字用黄。外十字用粉紅。

華觀冶容爲誰。宫羽同聲相追。華、宫二字用黄。外十字用青。

已上依此順讀成章

直用色

庭闈亂作人。明難受膚原。用緑。

榮苟不義姬。城傾在戒后。用粉紅。

熒猶炎盛興。形未在謹深。用青。

已上作兩句各添下字倒讀成章

恩感顔寧。孜孜傷情。時在君側。夢想勞形。用粉紅順讀。龍旂容衣。虎彫飾繡。八字用緑。

横用黄色

奸佞讒人。作亂閨庭。所因禍原。膚受難明。

右舉此爲例。餘可悉通。元祐三年九月。工部何公過麴院。見僕書几有此。驚曰。昨日於屯田陳侯所。觀書唐真本圖。宜皆可求一見。果得出示。凡六幅。右三爲若蘭所居重樓複屋。户牖間各作著思、練絲、識錦、遣使處。左三幅爲竇滔歸第。外爲車馬相迎。次女妓坐大氍毹。合樂其間。樓閣對飲處。圖中近上作遠水紅橋。竇臨高列騎擁旌旆以望。橋之西。氈車從數騎排引。見滔盛禮迎蘇。圖中近下左書武后序。右寫詩圖。徐視果有淡色。分其篇章。正與此同。乃知人心不甚相遠。而尤可怪矣。青、紅、緑旋所之方。皆不之差。蓋理之所在。陰陽五行色味。莫不相假。況情識之運。宜自冥合也。元豐四年四月。趙郡李公麟伯時再題。

又五色讀法詩紀云。見武功縣志。

四圍縱横。初行、八行、十五、廿二、廿九行及仁嗟斜至春親廊。琴斜至基津。以朱畫其形如圖。原本缺圖字。按讀法。此色凡九圖。餘四色。色各一圖。共字六百二十五。計以上七字原缺。今從萬曆本。詩三千七百五十二首。四隅嗟情至英多。遊桑至長愁。神飛至悲春。凶慈至持從。縱橫皆六字。以墨畫。正面妃闈至蕤悲。移陂至貲辭。縱六字。橫十三字。庭闈至防萌。身我至惟新。縱十三字。橫六字。以青畫。中方正面。龍旂至麗充。哀情至暮世。縱四字。橫五字。兩旁寒歲至行士。詩風至微玄。縱五字。橫四字。以紫畫。

中方四隅。思情至側夢。嬰漫至若我。愆居至賤鄙。懷悲至戚知。縱橫皆四字。又中縱各五字。詩情至顯怨。端比至麗辭。橫各五字。詩始至無端。怨義至理辭。空中心圖始平蘇氏詩心九字。以黃畫。

○詩類苑九十六。詩紀三十八。

無名氏四章。詩紀作蠶叢詩。

詩

華陽國志曰。其民質直好義。土風敦厚。有先民之流。故其詩曰。

川崖惟平。其稼多黍。旨酒嘉穀。可以養父。野惟阜丘。彼稷多有。嘉穀旨酒。可以養母。

惟月孟春。獺祭彼崖。永言孝思。享祀孔嘉。彼黍既潔。彼儀既澤。蒸命良辰。祖考來格。

日月明明。亦惟其名。誰能長生。不朽難獲。

惟德實寶。富貴何常。我思古人。令問令望。○華陽國志巴志。

雲中詩

晉書曰。時有人爲雲中詩以指斥朝廷曰云云。荆州謂王忱也。法護卽王珣。甯卽王恭。仙民卽徐邈字。安道。戴逵字。

相王沉醉。輕出教命。捕賊千秋。干豫朝政。王愷守常。國寶馳競。荆州大度。散誕難名。盛德之流。法護王甯。仲堪仙民。特有言詠。東山安道。執操高抗。何不徵之。以爲朝匠。〇晉書會稽文孝王道子傳。

晉詩卷十六

陶淵明

淵明。字元亮。入宋名潛。潯陽柴桑人。太尉長沙公侃之曾孫。少有高趣。親老家貧。起爲州祭酒。不堪史職。躬耕自資。義熙元年。爲劉裕鎮軍參軍。遷建威參軍。未幾求爲彭澤令。在官八十餘日。自解歸。宋受禪。不仕。元嘉三年卒。年六十三。顔延年誄之。謚曰靖節先生。有集八卷。

停雲詩四章

停雲。思親友也。罇湛新醪。園列初榮。願言不曾本云。一作弗。從。歎息曾本云。一作想。彌襟。蘇寫本此下有云爾二字。

靄靄停雲。濛濛時雨。八表同昏。平路伊阻。靜寄東軒。春醪獨撫。良朋悠和陶本作攸。注。一作悠。邈。搔首延佇。

停雲靄靄。時雨濛濛。八表同昏。平陸成江。有酒有酒。閑飲東窗。願言懷人。曾本云。一作仁。舟車靡從。

東園之樹。枝條曾本云。一作葉。再曾本作載。和陶本同。榮。競用新好。曾本云。一作朋新。一作競朋新好。蘇寫本同。焦本作競朋新好。注云。宋本一作競用新好。非。以怡焦本云。宋本一作招。非。又曾本云。一作怡。余情。人亦有言。日月于征。安得促席。説彼平生。

翩翩飛曾本云。一作輕。蘇寫本同。鳥。息我庭柯。斂翮閑止。曾本作上。注云。一作正。好聲相和。豈無他人。念子實多。願言不獲。抱恨如何。○本集。東坡先生和陶淵明詩四。詩紀三十四。

時運詩四章

時運。游暮春也。春服既成。景物斯和。偶影曾本、和陶本作景。曾本云。一作影。獨游。欣慨曾本云。一作然。交心。

邁邁曾本云。一作靄。一作藹。焦本云。一作靄靄。又作藹藹。時運。穆穆良朝。襲我春服。薄言東郊。山滌餘靄。曾本云。一作藹。宇曖微霄。曾本云。一作餘靄微消。焦本作餘靄微消。注。一作宇曖微霄。非。有風自南。翼彼曾本云。一作我。新苗。

洋洋平津。曾本作澤。注云。一作津。乃漱乃濯。曾本云。一作濯濯。邈邈遐景。載欣載矚。稱心而言。人和陶本作固。亦易足。焦本作人亦有言。稱心易足。注云。宋本一作稱心而言。人亦易足。非。曾本、蘇寫本云。一作人亦有言。稱心易足。揮茲一觴。陶曾本云。一作遥。然自樂。

延目中流。悠想曾本、蘇寫本、焦本作悠悠。曾本、焦本又注云。一作悠想。清沂。童冠齊業。閑詠以歸。我愛其靜。寤寐交揮。但恨曾本作悵。注。一作恨。陶詩彙注作憾。殊世。邈不可追。

斯晨斯夕。言息其廬。花曾本云。一作華。藥分列。林竹翳如。清琴横牀。曾本、蘇寫本云。一作膝。濁酒半壺。黄唐莫逮。慨獨在余。○本集。東坡先生和陶淵明詩四。詩紀三十四。

榮木詩四章

榮木。念將老也。日月推遷。已復有曾本、蘇寫本云。一作九。夏。總角聞道。白首無成。

采采榮木。結根于茲。晨耀曾本云。一作輝。其華。夕已喪之。人生若寄。顦顇有時。靜言孔念。中心悵曾本云。一作恨。而。

采采榮木。于茲託根。繁華朝起。慨暮不存。貞脆曾本云。一作慎。由人。禍福無門。匪道曷依。匪善奚敦。

嗟予小子。稟茲固陋。徂年既流。曾本云。一作遂往。蘇寫本同。業不增舊。志彼不曾本云。一作弗。蘇寫本作弗。詩紀同。舍。安此日富。我之懷矣。怛焉内疚。

先師遺訓。余豈云曾本作之。注。一作云。墜。四十無聞。斯不足曾本云。一作可。畏。脂我名焦本云。一作行。非。車。策我名驥。曾本云。一作鑣。千里雖遥。孰敢不至。曾本云。名車一作行車。○本集。詩紀三十四。

勸農詩六章

悠悠上古。厥初生民。曾本、焦本、詩紀俱作人。又曾本云。一作民。一作正人。傲然自足。抱朴含真。智巧既曾本云。一作未。萌。資待靡莫本云。一作無。因。誰其贍之。實賴哲人。

哲人伊何。時惟后稷。贍之伊何。實曰播植。焦本作殖。詩紀同。舜既躬耕。禹亦稼穡。遠若周典。八政始食。

熙熙令音。曾本、蘇寫本、和陶本俱作德。又曾本云。一作音。猗猗原陸。卉木繁榮。和風清穆。紛紛士女。趨時競逐。

桑婦宵興。蘇寫本、詩紀作征。曾本云。一作征。農夫野宿。氣節易過。和澤難久。冀缺携儷。沮溺結耦。曾本云。一作缺携尚植。沮溺猶耦。相彼賢達。猶曾本云。一作尤。勤壟畝。矧伊衆庶。曳裾拱手。

民生在勤。勤則不匱。宴曾本云。一作燕。安自逸。歲暮奚冀。擔焦本作儋。詩紀同。和陶本作甔。石不曾本云。一作弗。儲。飢寒交至。顧余蘇寫本、焦本、詩紀作爾。曾本云。一作爾。儔列。能不懷愧。

孔耽道德。樊須是鄙。董樂琴書。田園曾本云。一作園井。弗蘇寫本、焦本作不。詩紀同。曾本云。一作不。履。若蘇寫本作荀。能超然。投迹高軌。敢不斂衽。敬讚曾本、和陶本作贊。曾本又注。一作難讚。蘇寫本作歎。注。一作讚。德蘇寫本作厥。美。○本集。東坡先生和陶淵明詩四。詩紀三十四。

命子詩十章

悠悠我祖。爰自陶唐。邈爲册府作其。虞賓。歷世曾本作世歷。注云。一作歷世。重宋書、册府作垂。光。御龍勤夏。豕韋翼商。穆穆司徒。厥族以昌。

紛紛宋書、曾本作紛紜。曾本又注。一作紛紛。戰國。漠漠衰周。鳳隱于林。幽人在丘。逸虬遶蘇寫本作撓。宋書、册府同。雲。奔鯨駭流。天集有漢。眷余愍侯。

於赫愍侯。運當攀龍。撫劍夙焦本、蘇寫本作夙。宋書同。焦本又注。一作風。非。曾本云。一作夙。邁。顯茲武功。書曾本云。一作參。宋本作參。誓山河。曾本作河山。注。一作山河。啓土開封。亹亹丞相。允迪前蹤。

渾渾長源。鬱鬱蘇寫本作蔚蔚。宋書、詩紀同。洪柯。宋書作河。羣川載導。衆條載羅。時有語默。宋書作默語。運因宋書作固。隆窊。宋書作汙。在我中晉。業融長沙。

桓桓長沙。伊勳伊德。天子疇我。專征南國。功遂辭歸。臨寵不忒。宋書作惑。孰謂斯心。曾本、蘇寫本云。一作遠。而近可得。宋書作可近得。

肅矣我祖。慎終如始。直方二曾本云。一作三。臺。惠和千里。於穆蘇寫本作皇。宋書、詩紀同。曾本云。一作皇。仁册府作烈。考。淡焉虚止。寄迹風雲。宋書作夙運。冥曾本、蘇寫本作寘。詩紀同。曾本又注。一作冥。焦本云。一作寘。非。案冥。六朝寫作寘。形近寘。兹愠喜。

嗟余寡陋。瞻望弗宋書作靡。及。顧慚華鬢。負影隻立。曾本云。一作貧賤介立。三千之罪。無後爲宋書作其。急。曾本作無復其急。注云。一作無後爲急。一作後無其急。焦本云。一作無復其急。非。我誠念哉。呱聞爾泣。

卜云嘉日。占亦宋書作爾。曾本云。一作云。良時。名汝宋書作爾。曰儼。字汝蘇寫本、宋書作爾。求思。温恭朝夕。念兹在兹。尚想孔伋。庶其企而。

厲夜生子。遽而求火。凡百有心。奚特宋書作待。册府同。於我。既見其生。實欲其可。人亦有言。斯情無假。

日居月諸。漸免於孩。福不虚至。禍亦易來。夙興夜寐。願爾斯才。爾之不才。亦已焉哉。〇本集。宋書本傳。册府元龜八百十六。詩紀三十四。

贈長沙公各本公下有族祖二字。今從陶注本。詩四章

余於長沙公爲族各本作長沙公於余爲族。又曾本、焦本云。一作余於長沙公爲族祖。一無公字。文館詞林與曾本一作同。今從之。祖。同出大司馬。昭穆既遠。以文館詞林作已。蘇寫本、焦本同。曾本云。一作己。爲路人。經過潯陽。臨別贈此。文館詞林有詩字。

同源分流。人易世文館詞林作代。疏慨然文館詞林作矣。曾本云。一作矣。寤歎。念兹厥初。禮服遂悠。歲月眇徂。焦本作歲往月徂。曾本云。一作歲往月徂。感彼行路。眷然文館詞林作言。躊躇。曾本云。一作躕。

於穆令族。允構斯曾本云。一作新。焦本云。一作新。非。堂。諧氣冬暄。曾本作輝。蘇寫本作暉。並注云。宋本作暄。文館詞林作暉。焦本云。一作輝。非。映懷圭璋。爰采春花。文館詞林作言來春苑。曾本云。一作華。一作爰來春苑。載警文館詞林作敬。曾本云。一作散。又作驚。蘇寫本作驚。秋霜。曾本、蘇寫本云。一作爰采春苑。載散秋霜。我曰欽哉。實宗之光。

伊余云遘。在長忘同。曾本云。忘一作志。忘同又作同行。笑言蘇寫本作言笑。曾本云。一作言笑。未久。逝焉西東。遥遥三湘。文館詞林作遥遥湘渚。曾本作遥想湘渚。注云。一作遥遥三湘。滔滔九江。山川阻遠。行李時通。何以寫心。貽此曾本作兹。注。一作怡此。話言。進簣文館詞林作匱。雖微。曾本云。一作少。終焉曾本作在。注。一作焉。文館詞林作在。爲山。敬哉離人。臨路悽然。欸襟文館詞林作矜式。或遼。音問其文館詞林作時。先。〇本集。文館詞林百五十八。詩紀三十四。

酬丁柴桑詩

有客有客。爰來宦蘇寫本作官。曾本、焦本作爰。曾本又注。一作官。今從文館詞林。止。秉文館詞林作執。直司聰。惠于曾本、焦本作于惠。文館詞林于作爾。百里。飡勝如歸。聆文館詞林作善。曾本、焦本作矜。曾本又注。一作聆。善各本注。一作音。若始。

匪惟文館詞林作怍。莫本云。一作怍。曾本云。一作忤。也諧。曾本、蘇寫本作諧也。曾本又注。一作也諧。屢有良游。焦本云。宋本作遊。一作由。非。曾本作由。注。一作游。蘇寫本作由。載言載眺。蘇寫本作載馳載驅。注。一作載言載眺。曾本云。一作載馳。一作載馳載驅。以寫我憂。放歡一遇。既醉還休。實欣心期。方從詩紀云。一作同。我遊。○本集。文館詞林百五十八。詩紀三十四。

答龐參軍詩六章

龐爲衛軍參軍。從江陵使上都。過潯陽見贈。

衡門之下。有琴有書。載彈載詠。爰得我娛。豈無他好。樂是幽居。朝爲灌園。夕偃蓬廬。

人之所寶。尚或未曾本云。一作非。珍。不有同愛。焦本作好。注。一作愛。非。曾本云。一作好。云莫本作志。注。一作云。胡以曾本云。一作已。親。我求良友。曾本云。一作朋。實覯懷人。歡心孔洽。棟宇惟曾本云。一作爲。焦本云。一作爲非。鄰。

伊余懷人。欣德孜孜。我有旨酒。與汝樂之。乃陳好言。乃著新詩。一日不見。如何不曾本云。一作弗。思。

嘉遊未斁。曾本云。一作數。又作款。誓將離分。曾本誤作分離。送爾于路。銜觴無欣。依依舊楚。邈邈和陶本、曾本作藐藐。曾本同。又注。一作邈。西雲。之子之遠。良話曷聞。

昔我云曾本云。一作之。別。倉庚載鳴。今也遇之。霰雪詩紀作雪霰。飄零。大藩有命。作使上京。豈忘莫本作妄誤。宴曾本云。一作燕。安。王事靡寧。

慘慘寒日。肅肅其風。翩彼方舟。容裔蘇寫本作容與。曾本云一作與。一作融洩。江中。曾本云。一作沖沖。勗哉征人。在始思終。敬茲良辰。莫本云。一作晨。以保爾躬。○本集。東坡先生和陶淵明詩二。詩紀三十四。

歸鳥詩四章

翼翼歸鳥。晨去于林。遠之八表。近曾本云。一作延。憩雲岑。和風不曾本作弗。注云。一作不。洽。翻翮求心。顧儔相鳴。景庇清陰。

翼翼歸鳥。載翔載飛。雖不懷遊。見林情依。曾本云。一作飄零。案此當爲見林之異文。遇雲頡頏。相鳴曾本云。一作鳴景。而歸。遐路誠悠。性愛無遺。

翼翼歸鳥。馴曾本云。一作相。蘇寫本、焦本云。宋本作相。案原字當作循。音訛爲馴。形誤爲相。南史劉霽傳。常有雙白鶴。循翔廬側。梁書循作馴。林徘徊。豈思天路。欣反詩紀作及。曾本云。一作及。舊棲。雖無昔侶。衆聲每諧。日夕氣清。悠然其懷。

翼翼歸鳥。戢羽寒曾本云。一作寨。條。遊不曠林。宿不曾本、焦本作則。又曾本云。一作不。森標。晨風清興。好音時交。矰繳奚施。曾本作功。注。一作施。已卷詩紀注。卷與倦同。曾本、焦本作卷已。曾本又注。一作已卷。安勞。曾本、蘇寫本云。一作旦暮逍遥。○本集。詩紀三十四。

遊斜川詩

辛酉各本作丑。曾本云。一作酉。今從一作。又蘇寫本、和陶本有歲字。詩紀同。正月五日。天氣澄和。和陶本作穆。曾本云。一作穆。風物閑美。與二三蘇寫本作二二。鄰曲。同遊斜川。臨長流。望曾歲時雜詠作層。蘇寫本同。曾本云。一作層。案層與曾同。城。魴鯉躍鱗和陶本誤作鮮。於將夕。曾本云。一作魴鯢躍日將於夕。水鷗乘和以翻飛。彼南阜者。名實舊矣。不復乃爲嗟歎。歲時雜詠作咨嘆。若夫曾城。傍無依接。獨秀中皐。遥想靈山。有愛嘉名。欣對不足。率共各本作爾。又曾本云。宋本作共。一作共爾。蘇寫本云。一作共。歲時雜詠共上有爾字。今從宋本。賦詩。悲日月之遂往。悼吾年之不留。各疏年紀鄉里。以記和陶本作疏。其時日。

開歲倏五十。詩紀作日。曾本云。一作日。焦本云。一作日。非。吾生行歸休。念之動中懷。及辰和陶本作晨。曾本云。一作晨。爲兹遊。氣和天惟和陶本作維。曾本云。一作唯。一作候。澄。班坐依遠流。弱湍馳文魴。閑谷矯鳴鷗。迥澤散游目。緬然睇曾丘。雖微九重秀。顧瞻無匹儔。提壺接賓侶。歲時雜詠作客。引滿更獻酬。未知從今去。當復曾本云。一作得。如此不。歲時雜詠作否。焦本同。中觴焦本、蘇寫本、焦本作腸。焦本並注。宋本作腸。一作觴。非。縱遥情。忘彼千載憂。且極今朝樂。明日非所求。〇本集。東坡先生和陶淵明詩二。古今歲時雜詠三十三。詩紀三十四。

示周續之祖企謝景夷三郎時三人共莫本作同。在城北講禮校書詩

曾本、蘇寫本、和陶本並作示周掾祖謝。焦本作示周續之祖企謝景夷。詩紀作示周祖謝三郎。曾本云。一作示周續之祖企謝景夷三郎時三人共在城北講禮校書。今從之。

負痾頽簷下。終日無一欣。曾本云。一作終無一處欣。藥石有時閑。念我意中人。相去不尋常。道莫本作遊。路邈

何曾本云。一作無。又作所。蘇寫本云。一作無。因。周生述孔業。祖謝響然臻。道喪向千載。今朝復斯聞。馬隊非講肆。校書亦已勤。老夫有所愛。思與爾爲鄰。願言謝和陶本、焦本作誨。詩紀同。諸子。曾本作誨諸子。注云。一作客。一水勉諸生。一作但願還渚中。蘇寫本云。一作願言誨諸子。從我潁水濱。○本集。東坡先生和陶淵明詩四。詩紀三十四。

怨詩楚調示龐主簿和陶本簿下有及字。鄧治中詩紀於中下注龐遵二字。

天道幽且遠。鬼神茫昧然。結髮念善事。僶俛六九曾本、蘇寫本云。一作五十。樂府詩集作五十。年。弱冠逢世阻。始室喪其偏。炎火屢焚如。曾本云。一作和。螟蜮恣中田。風雨縱横至。收斂不盈廛。夏日抱長焦本云。一作長抱。曾本、蘇寫本作長抱。曾本又注。一作抱長。飢。寒夜無被眠。造夕思雞鳴。及晨願烏曾本云。一作景。又作烏。遷。在已何怨天。詩紀作何所怨。注。一作何怨天。離憂悽目前。曾本云。一作在己何所怨。天愛悽目前。吁嗟身後名。於我若浮煙。慷慨曾本云。一作慨然。獨曾本、蘇寫本云。一作激。樂府詩集作激。悲歌。鍾期信爲賢。○本集。東坡先生和陶淵明詩一。詩紀三十四。

答龐參軍詩

三復來貺。欲罷不能。自爾鄰曲。冬春再交。欸然良對。忽成舊游。俗諺曾本云。一作談。云。數面成親舊。和陶本無舊字。曾本云。或無舊字。況曾本云。一本又有其字。情過此者乎。人事好乖。便當語離。楊公曾本云。一作翁。所歎。豈惟常悲。吾抱疾多年。不復爲曾本云。一作屬。文。本既不豐。復曾本云。一本復作兼茲。老病繼之。輒依周禮曾本作孔。注。一作禮。蘇寫本云。一作孔。焦本作孔。詩紀同。往復之義。且爲別後相思之資。和陶本資下有平字。

相知何必舊。曾本云。一作旦。案旦是早之壞字。莫本云。一作早。傾蓋定前言。有客賞我趣。每每顧林園。談諧無俗調。所説聖人篇。或有數斗蘇寫本、和陶本作斗。詩紀同。曾本、和陶本云。一作㪷。酒。閑飲自歡然。我實幽居士。無復東西緣。物新人惟舊。曾本云。一作唯人舊。弱毫夕各本作多。惟曾本作夕。夕或少之别體字。所宜。情通曾本云。宋本作懷。蘇寫本云。一作懷。莫本作懷。注。一作通。萬里外。形跡滯江山。曾本云。一作江山前。君其曾本云。一作期。愛體和陶本云。一作禮。素。來會在何年。○本集。東坡先生和陶淵明詩四。詩紀三十四。

五月旦作和戴主簿詩

虛舟縱逸棹。回復遂無窮。發歲始焦本作若。曾本云。一作若。俛仰。星紀奄將中。南窗歲時雜詠作明圃。罕悴曾本云。一作萃時。和陶本誤作粹。物。焦本作明兩萃時物。注。從宋本。一作南窗罕悴物。非。北林榮且豐。神萍和陶本作萍光。蘇寫本同。又注。一作神淵。焦本作淵。曾本同。又注。一作萍光。今從歲時雜詠。寫時雨。晨色奏景風。既來孰不去。人理固有終。居常待蘇寫本誤作殆。其盡。曲肱豈傷沖。遷化或夷險。肆志無窊隆。卽事如已歲時雜詠作似。曾本、和陶本作以。注。一作己。高。何必升華嵩。○本集。東坡先生和陶淵明詩四。古今歲時雜詠四十四。詩紀三十四。

和劉柴桑詩

山澤久見招。胡事乃躊躇。直爲親舊故。未和陶本誤作米。忍言索居。良辰入奇懷。挈曾本云。一作策。杖還西廬。荒塗無歸人。時時見曾本云。一作有。廢墟。茅茨已就治。新疇復應和陶本作舊。畬。谷風轉淒薄。春曾本云。一作嘉。醪解飢劬。弱女雖非男。慰情良曾本云。一作殊。勝無。栖栖世中事。歲月共相疏。耕織稱其用。過此奚所須。去去百年外。身名同翳如。○本集。東坡先生和陶淵明詩二。詩紀三十四。

酬劉柴桑

窮居寡人用。時忘四運周。櫚蘇寫本作門。焦本作空。注。一作櫚。非。曾本云。一作門。又作空。或作簷。案紹興本作閭。庭多落葉。慨然知已秋。新葵鬱北墉。和陶本作牖。曾本、蘇寫本云。一作牖。嘉穟養和陶本作卷。蘇寫本同。焦本作眷。注。一作養。非。曾本云。一作卷。又作眷。南疇。今我不爲樂。知有來歲不。命室攜童弱。良日蘇寫本作曰。曾本云。一作曰。登遠遊。○本集。東坡先生和陶淵明詩四。詩紀三十四。

和郭主簿詩二首

藹藹堂前曾本云。一作北。林。中夏貯蘇寫本云。一作復。曾本云。一作復。又作駐。又作佇。清陰。凱風因時來。回飈開詩紀云。一作吹。我襟。曾本云。一作心。息交曾本云。一作友。遊閑業。卧起弄書琴。曾本云。一作息交逝閑卧。坐起弄書琴。逝一作誓。坐起一作起坐。焦本作息交逝閑卧。坐起弄書琴。注。一作息交遊閑業。卧起弄書琴。非。園蔬有餘滋。舊穀猶儲今。營己良有極。過足非所欽。舂曾本作春。秫作美酒。酒熟吾自斟。弱子戲我側。和陶本作前。曾本云。一作前。學語未成音。此事真復樂。聊用忘華簪。遥遥望白雲。懷古一何深。○本集。東坡先生和陶淵明詩二。詩紀三十四。

和澤曾本云。一作風。同各本作周。曾本云。一作同。今從一作。三春。清涼華蘇寫本、詩紀作素。焦本同。又注。一作華。非。秋節。

曾本作華華涼秋節。注。一作清涼華秋節。又作清涼素秋節。案華當是垂字之訛。露凝無游氛。天高風焦本作肅。詩紀同。曾本云。一作肅。景澈。曾本云。一作列。陵曾本云。一作淩。一作峻。岑聳逸峯。遥瞻皆奇絶。芳菊開林耀。青松冠巖列。懷此真秀姿。卓爲霜蘇寫本作山。注云。一作霜。下傑。銜觴念幽人。千載撫爾訣。檢曾本云。一作儉。陶詩彙注作簡。素不獲。展厭厭竟良曾本云。一作終。月。○同上

贈羊長史詩

左軍羊長史。銜使秦川。作此與之。曾本、蘇寫本注羊名松齡四字。和陶本注羊松齡三字。

愚生三季後。慨然念黄虞。得知千載外。蘇寫本作上。曾本云。一作上。正焦本作政。和陶本作上。曾本作上。注。一作政。賴古人書。賢聖留餘跡。事事在曾本云。一作有。中都。豈忘游心目。關河不可踰。九域甫已一。蘇寫本作爾去。曾本云。一作爾去。一作一邕。逝將理舟輿。聞君當和陶本作將。先邁。負痾不曾本云。一作弗。獲俱。路若經商山。爲我少躊躇。多謝綺與角。曾本云。一作園。案角與甪通。精爽今何如。紫芝誰復採。深谷久曾本云。一作又。應蕪。駟馬無貰患。貧賤有交娱。清謡結心曲。人乖各本作乘。運見疏。擁曾本云。一作唯。又作歎。懷累代下。言盡意不舒。○本集。東坡先生和陶淵明詩四。詩紀三十四。

歲暮和張常侍詩

市朝悽舊人。驟驥感悲泉。明旦非今日。歲暮余何言。素顔歛光潤。白髪一已繁。闊哉秦穆談。旅力豈未

慼。向夕長風起。寒雲没西山。厲厲焦本作冽冽。曾本云。一作冽冽。苏寫本、和陶本同。氣遂嚴。紛紛飛鳥還。民生鮮常和陶本誤作嘗。在。矧伊愁苦纏。屢闕清酤至。無以樂當年。窮通靡攸蘇寫本作欣。注。一作攸。曾本云。一作欣。慮。顦顇由化遷。撫己有深懷。履運增慨然。○本集。東坡先生和陶淵明詩二。詩紀三十四。

和胡西曹示顧賊曹詩

蕤賓五月中。清朝起南颸。不駛亦不遲。飄飄吹我衣。重雲曾本云。一作寒。案寒字當是重之異文。蔽白日。閑雨紛微微。流目視西園。曄曄蘇寫本作奕奕。榮紫葵。於今甚可愛。奈何當曾本云。一作後。蘇寫本云。一作行。復衰。曾本云。一作當奈行復衰。焦本云。一作當樂行復衰。非。感物願及時。每恨靡所揮。悠悠待秋稼。寥落將賒曾本云。一作奢。遲。逸想曾本云。一作相。不可淹。猖狂獨長悲。○本集。東坡先生和陶淵明集四。詩紀三十四。

癸卯歲十二月中作與從弟敬遠詩

寢迹衡門下。邈與世相絶。顧盼曾本作眄。莫誰知。荆扉晝常詩紀作長。閉。曾本、蘇寫本云。一作荆門終日閉。閉音必結反。詩紀必結切。淒淒曾本云。一作慘慘。歲暮風。翳翳經日焦本作夕。注。一作日。非。曾本、蘇寫本云。一作夕。雪。傾耳無希聲。在目皓曾本云。一作浩。已潔。曾本作結。勁氣侵襟袖。簞瓢謝屢設。蕭索空宇中。了無一可悦。歷覽千載書。時時見遺烈。高操非所攀。謬曾本、蘇寫本作深。注。宋本作謬。焦本云。宋本作謬。一作深。非。得固窮節。平津苟不由。曾本云。一作申。棲遲詎爲拙。寄意一言外。兹契誰能别。○本集。詩紀三十四。

與殷晉安別詩

殷先作晉安南府長史掾。因居潯陽。後作太尉參軍。移家東下。作此以贈。

遊好非少各本作久。曾本云。一作少。今從一作。長。詩紀作久長。注云。一作少長。一遇盡曾本云。一作定。殷勤。信宿酬清話。益復知爲親。去歲家南里。薄作少時鄰。負杖肆游從。淹留忘宵晨。語默自殊勢。亦知當乖分。未謂事已及。興言在兹春。飄飄西來風。悠悠東去曾本云。一作歸東。雲。山川千里外。言笑難爲因。良才詩紀作才華。注。集作良才。曾本、蘇寫本云。一作才華。不隱世。江湖多賤貧。脱有經過便。念來存故人。○本集。東坡先生和陶淵明詩四。詩紀三十四。

於王撫軍座送客詩曾本云。一作座上。案此當是。座一作座上。

秋曾本、蘇寫本、和陶本作冬。日凄且厲。百卉具已腓。爰以履霜節。登高餞將歸。寒氣冒山澤。游雲倏曾本云。一作永。無依。洲渚思和陶本云。一作四。緜曾本云。一作四緬。邈。風水互乖違。瞻夕欣曾本作欲。注。一作欣。和陶本、詩紀作欲。良讌。離言焦本作筵。聿云悲。晨鳥暮來還。曾本云。一作晨雞總來歸。懸車焦本作崖。蘇寫本同。又注云。一作車。曾本云。一作崖。斂餘暉。逝曾本作遊。注。一作逝。焦本云。一作遊。非。止判殊路。旋駕悵遲遲。目送回舟遠。曾本云。一作往。情隨萬化遺。○本集。東坡先生和陶淵明詩四。詩紀三十四。

始作鎮軍參軍經曲阿文選阿下有作字。詩紀同。詩

弱齡寄事外。委懷在琴書。被褐欣自得。屢空常曾本云。一作恒。晏如。時來苟冥文選作宜。曾本云。一作宜。又作且。會。踠文選作宛。和陶本作婉。轡曾本、蘇寫本、焦本作宛轡。注。一作踠轡。詩紀作宛轡。注。集作婉孌。憩通衢。投策命晨裝。暫與園田曾本云。一作田園。疏。眇眇孤舟逝。文選作遊。緜緜歸思紆。我行豈不遥。登降各本作陟。曾本云。一作降。六臣本文選注云。五臣作陟。千里餘。目倦川文選作脩。塗異。曾本云。一作脩塗永。心念山澤居。望雲慚高鳥。臨水愧遊魚。真想初在襟。蘇寫本、曾本云。一作在襟懷。誰謂形蹟文選作迹。曾本云。一作迹。詩紀作跡。拘。聊且憑化遷。終返文選作反。六臣本注云。五臣作及。班生廬。〇本集。文選二十六。東坡先生和陶淵明詩四。詩紀三十四。

庚子歲五月中從都還阻風於規林詩二首

行行循歸路。計日望舊居。一欣侍温顏。何校宜和本作清。蘇寫本云。一作清。曾本云。一作清。再喜見友于。鼓棹路崎詩紀作歧。曲。指景限西曾本、蘇寫本云。一作四。隅。江山豈不險。歸子念前塗。凱風負我心。戢枻曾本云。一作世。守窮湖。高莽眇無界。夏木獨森疏。誰言客舟遠。近瞻百里餘。延目識曾本、蘇寫本云。一作城。南嶺。空歎將焉如。〇本集。詩紀三十四。

自古歎行役。我今始知之。山川一何曠。巽坎難與期。崩浪聒天響。長風無息時。久遊戀所生。如何淹在兹。静念園林好。人間良可辭。當年詎有幾。縱心復何疑。〇同上

辛丑歲七月赴假還江陵夜行塗中詩文選作塗口。詩紀作塗口作。和陶本中下有作口號三字。

閑居三十載。遂曾本云。一作遠。與塵事冥。詩書敦宿好。林園和陶本作園林。類聚同。無俗文選作世。六臣本注云。五臣作俗。曾本云。一作世。情。如何捨此去。遥遥至南文選作西。詩紀云。一作西。荆。叩枻新秋月。六臣本文選作親月船。臨流别曾本云。一作引。友生。涼風起將夕。夜景湛虚明。昭昭天宇闊。皛皛川上平。懷役不遑寐。中宵尚孤曾本云。一作向南。征。商歌非吾事。依依在耦耕。投冠旋舊墟。曾本、蘇寫本云。一作廬。不爲好爵縈。文選作榮。詩紀云。一作榮。養真衡茅下。庶以善自名。〇本集。文選二十六。詩紀三十四。又類聚二十七作赴假還江陵夜行塗口作。引冥、情、生、明四韵。

乙巳歲三月爲建威參軍使都經錢溪詩

我不踐斯境。歲月好和陶本作耗。已積。晨夕看山川。事事悉如昔。微雨洗高林。清飇矯雲翮。眷彼品物存。義風曾本云。一作在義。都未隔。伊余曾本云。一作余亦。何爲者。勉勵從兹役。一形似有制。素襟不可易。園田日夢想。曾本云。一作想夢。安得久離析。曾本、蘇寫本云。一作拆。終懷在壑各本作歸。曾本、蘇寫本云。一作壑。詩紀同。焦本云。一作壑。非。舟。和陶本誤作州。諒哉宜曾本、蘇寫本云。一作負。焦本云。一作負。非。霜柏。〇本集。東坡先生和陶淵明詩四。詩紀三十四。

詠二疏詩

大象轉四時。功成者自去。借問衰曾本、蘇寫本云。一作商。周來。幾人得其趣。游目漢廷中。二疏復此舉。高嘯返舊居。長揖儲君傅。餞送傾皇朝。華軒盈道路。離別情所悲。餘榮何足顧。事勝感行人。賢哉豈常譽。厭厭閭里歡。所營非近曾本云。一作正。務。促席延故老。揮觴道平素。問金曾本云。一作爾。終寄心。清言曉未悟。放意樂餘年。遑恤身後慮。誰云其人亡。久而道彌著。○本集。東坡先生和陶淵明詩一。詩紀三十四。

詠三良詩

彈冠乘通津。但懼時我遺。服勤盡歲月。常恐功愈微。忠曾本、蘇寫本云。一作中。情謬獲露。遂爲君所私。出則陪文輿。入必侍丹帷。箴規嚮已從。計議初無虧。曾本云。一作物無。非。一朝長逝後。願言同此歸。厚恩固曾本、蘇寫本云。一作心。難忘。君曾本云。一作顧。命蘇寫本云。一作顧命。安可違。臨穴罔惟焦本作遲。曾本、蘇寫本云。一作遲。詩紀同。疑。投義志攸希。荆棘籠高墳。黄鳥聲正悲。良人不可贖。泫然沾我衣。○本集。東坡先生和陶淵明詩一。詩紀三十四。

詠荆軻詩

燕丹善養士。志在報和陶本作服。强嬴。招集百夫良。歲暮得荆卿。君曾本、蘇寫本云。一作之。子死知己。提劍出燕京。素驥鳴廣陌。慷慨送我行。雄髪指危冠。猛氣衝詩紀作充。長纓。飲餞易水上。四座列羣英。漸離擊悲筑。宋意唱高聲。蕭蕭哀風逝。曾本、蘇寫本云。一作起。淡淡寒波生。商音詩紀云。一作聲。更流涕。羽奏壯士驚。心曾本、蘇寫本作公。知去不歸。曾本、蘇寫本云。一作一去知不歸。且有後曾本、蘇寫本云。一作百。世名。登車何時顧。飛蓋入秦庭。凌厲越萬里。逶迤過千城。圖窮事自至。豪主正怔營。惜哉劍術疏。奇功遂不成。其人雖已没。千載有餘情。曾本、蘇寫本、焦本云。一作斯人久已没。千載有深情。○本集。東坡先生和陶淵明詩一。詩紀三十四。

桃花源詩并記○本集作桃花源記并詩。

晉太元類聚作康。中。武陵人捕魚爲業。緣溪行。類聚作從溪而行。忘路之遠近。忽逢桃花林。夾岸數百步。中無雜樹。曾本云。一作草。以上十四字類聚作桃花林夾兩岸數百步無雜木。芳華焦本作草。注。一作草。非。詩紀作草。鮮美。類聚作芬曖。落英繽紛。漁人甚異之。復前行。欲窮其林。林盡水源。便得一山。山有小口。髣髴若有光。便捨船從口入。初極狹。纔通人。復行數十步。類聚作行四五十步。豁然開朗。土地平曠。屋舍儼曾本云。一作晏。又作魚。然。有良田美池桑竹之屬。阡陌交通。雞犬相聞。其中往來種作。男女衣著悉如外人。黄髪垂髫。曾本云。一作髫齔。並怡然自樂。類聚作並足。見漁人。乃大驚。問所從來。具答之。便要還家。爲焦本無爲字。詩紀同。設酒殺雞作食。村中聞有此人。咸來問訊。自云。先世避秦時亂。時亂類聚只作難字。率妻子邑人來此絶境。不復出焉。遂與外人間隔。類聚作隔絶。問今是何世。乃不知有漢。無論魏晉。曾本、蘇寫本云。一本有等也二字。此人一一爲具言所聞。皆歎惋。餘人各復延至其家。皆出酒食。停數日。辭去。此中人語曾本、蘇寫本云。一本無語字。云。不足爲外人道也。既出。得其船。便扶和陶本作指。曾本、焦本、蘇寫本云。一作於。向路。處處誌之。及郡下。詣太守説如此。太守卽遣人隨其往。尋向所誌。遂迷不復得路。南陽劉子驥。高尚士也。聞之欣然規蘇寫本作親。詩紀同。焦本云。一作親。非。往。曾本、蘇寫本云。一本有遊焉二字。未果。尋病終。後遂無問津者。

嬴氏亂天紀。賢者避其世。黄綺之商山。伊人亦云逝。往迹浸復湮。來逕遂蕪廢。相命肆詩紀作肄。農耕。日入從所憩。桑竹垂餘蔭。菽稷隨時藝。春蠶收長曾本云。一作良。絲。秋熟靡王税。荒路曖交通。雞犬互鳴吠。俎豆猶古法。衣裳無新製。童孺縱行歌。斑白歡遊曾本、蘇寫本云。一作迎。詣。草榮識節和。木衰知風厲。雖無紀曆誌。四時自成歲。怡然有餘樂。于何勞智慧。奇蹤隱五百。一朝敞和陶本誤作敝。神界。諄薄既異源。旋復還幽蔽。曾本、焦本云。一作閉。借問遊方士。焉測塵囂外。曾本云。一作塵外地。蘇寫本云。宋本作塵外地。願言躡輕風。高舉尋吾契。○本集。東坡先生和陶淵明詩四。詩紀三十四。又類聚八十六引序文。

歸去來兮焦本無兮字。辭蘇寫本、和陶本有并序二字。

余家貧。耕植不足以自給。幼稚盈室。曾本云。一作兼稚子盈室。缾無儲粟。生生所資。未見其術。親故多勸余爲長吏。脱然有懷。求之靡途。會有四方之事。諸侯以惠愛爲德。家叔以余貧苦。遂見用爲焦本作於。小邑。于時風波未静。心憚遠役。彭澤去家百里。公田之利。曾本云。一作秫。足以爲酒。曾本云。一作過足爲潤。

故便求之。及少日。眷然有歸歟之情。何則。質性自然。非矯勵焦本作厲。所得。飢凍雖切。違己交病。嘗曾本云。一作曾。從人事。皆口腹自役。於是悵然慷慨。深愧平生之志。猶望一稔。當斂裳宵逝。尋程氏妹喪于武昌。情在駿奔。自免去職。仲秋至冬。在官八十餘日。因事順心。命篇曰歸去來兮。乙巳歲十一月也。

歸去來兮田園將蕪胡不歸。既自以心曾本云。一作身。爲形役。南史作既以自爲形役兮。奚惆悵而獨悲。悟已往之不諫。知來者之可追。實迷途其未遠。覺今是而昨非。舟遥遥宋書作超遥。以輕颺。風飄飄而吹衣。問征夫以前路。恨晨光之熹曾本云。一作晞。宋書、晉書作希。微。乃瞻衡宇。載欣載奔。僮僕歡晉書作來。迎。稚子候門。三逕就荒。松菊猶存。携幼入室。有酒盈宋書作停。罇。引壺觴以宋書作而。南史同。自酌。曾本云。一作適。眄宋書作盼。六臣本文選同。庭柯以怡顔。倚南窗以宋書作而。南史同。寄傲。審容膝之易安。園日涉以宋書、晉書作而。成趣。曾本云。一作逕。門雖設而常關。策扶老以晉書作而。流憩。宋書作愒。時矯晉書作翹。首而遐六臣本文選注云。五臣作游。觀。雲無心以晉書作而。出岫。鳥倦飛而知還。景翳翳以宋書、晉書、南史作其。將入。撫孤松而宋書作以。盤桓。歸去來兮。請息交以宋書作而。南史同。絶游。世與我而宋書作以。相遺。蘇寫本作違。焦本、南史同。復駕言兮焉求。悦親戚之情話。樂琴書以消憂。農人告余以春及。李善本文選作兮。曾本云。一無及字。一作暮春。又作仲春。宋書作上春。晉書作春暮。六臣本文選無及字。將有事於文選、晉書作乎。南史作兮。西疇。或命巾車。文選注作或巾柴車。或棹孤宋書作扁。南史同。舟。既窈窕以尋宋書作窮。南史同。壑。亦崎嶇而經曾本云。一作尋。丘。木欣欣以向榮。泉涓涓而始流。善萬物之得時。感吾生之行休。已矣乎。寓形宇内曾本内下有能字。注云。一無能字。復幾時。曷宋書作奚。不委心任去留。胡爲乎文選無乎字。宋書、南史同。遑遑和陶本作皇皇。兮蘇寫本無兮字。文選、宋書、晉書、南史同。曾本云。一無兮字。欲何之。富貴非吾願。帝鄉不可期。懷良辰以孤往。或植杖而耘耔。登東皋以舒嘯。臨清流而賦詩。聊乘化以晉書作而。歸盡。樂夫天命復奚疑。曾本云。一作爲。○本集。文選四十五。宋書陶潛傳。晉書陶潛傳。南史陶潛傳。又文選三十一雜體詩注引一句。

晉詩卷十七

陶淵明

形影神詩三首逯案。實爲三章。

貴賤賢愚。莫不營營以惜生。斯甚惑焉。故極陳形影之苦。言神辨自然以釋之。好事君子。共取其心焉。

形贈影

天地長不没。山川無改曾本、蘇寫本云。一作如故。時。草木得常理。霜露榮曾本云。一作憔。焦本云。一作顦。非。悴之。謂人最靈智。獨復不如蘇寫本作知。曾本同。又注。一作如。兹。適見在世中。奄去靡歸期。奚覺無一人。親識曾本云。一作戚。豈相思。曾本、蘇寫本云。一作相追思。但餘平生物。舉目情悽洏。我無騰化曾本云。一作雲。術。必爾不復疑。願君取曾本云。一作憶。君言。得酒莫苟辭。

影答形

存生不可言。衛生每苦拙。誠願游崑華。邈然茲道絶。與子相遇來。未嘗異悲悦。憩蔭曾本云。一作陰。若暫乖。止日終不别。曾本云。一作不擬别。此同既難常。黯曾本云。一作默。爾俱時滅。身没名亦盡。念之曾本云。一作此。五情熱。立善曾本云。一作命。有遺愛。胡可焦本作爲。不自竭。酒云能消憂。方此詎曾本云。一作誰。又作誠。蘇寫本云。一作誠。不劣。

神釋

大鈞無私力。萬物焦本、和陶本作理。曾本同。又注。一作物。自森著。人爲三才中。豈不以我故。與君雖異物。生而相依附。結託既喜各本作善惡。曾本、蘇寫本云。一作既喜。同。安得不相語。蘇寫本作與。詩紀同。曾本云。一作與。三皇大聖曾本云。一作德。人。今復在何處。彭祖愛和陶本、詩紀作壽。曾本同。又注。一作愛。焦本云。一作壽。非。永年。欲留不得住。老少同一死。賢遇無復和陶本作足。數。日醉或能忘。將非促齡具。立曾本云。一作主。莫本云。一作至。善常所欣。誰當爲汝譽。甚念傷吾生。正宜曾本云。一作目。委運去。縱浪大化中。不喜亦不懼。應盡便須曾本云。一作復。盡。無復曾本云。一作使。獨多慮。〇本集。東坡先生和陶淵明詩二。詩紀三十五。

九日閑居

余閑居愛重九之名。秋菊盈園。而持和陶本作時。醪靡由。歲時雜詠作時醪靡至。曾本云。一作時醪靡至。空服九歲時雜詠作陽。蘇寫本作其華。寄懷於言。歲時雜詠作時。

世短意恒焦本、和陶本作常。詩紀同。多。斯人樂久歲時雜詠作有。生。日月依辰至。舉俗愛其名。露淒暄風息。氣澈曾本云。一作清。又作潔。天象明。往曾本云。一作去。燕無遺影。來鴈有餘聲。酒能曾本云。一作常。祛和陶本作消。曾本云。一作消。百慮。菊爲焦本作解。注。宋本作解。一作爲。非。曾本云。宋本作解。蘇寫本云。一作解。制頽齡。如何蓬廬士。空視時運傾。塵爵恥虚罍。寒華和陶本作花。徒自榮。斂襟獨閑謡。緬焉起深情。棲遲固多娱。曾本云。一作虞。淹留豈無成。〇本集。東坡先生和陶淵明詩二。古今歲時雜詠三十三。詩紀三十五。

歸園田居詩五首

少無適俗韻。曾本云。一作願。性本愛丘山。誤落塵網中。一去三十年。羈曾本作覊。鳥戀曾本云。一作眷。舊林。池魚思故淵。開荒南野曾本云。一作畝。焦本云。一作畝。非。際。守拙歸園田。方宅類聚誤作澤。十餘畝。草屋曾本云。一作舍。八九間。榆柳蔭後簷。和陶本作圃。曾本云。一作簷。焦本云。宋本作簷。一作園。非。桃李藝文類聚作竹。羅堂前。曖曖遠人村。依依墟里煙。狗吠深巷中。鷄鳴桑樹巔。户庭無塵雜。虚室有餘閑。久在樊籠裏。復曾本、和陶本云。一作安。得返自然。〇本集。東坡先生和陶淵明詩一。詩紀三十五。又類聚六十五作雜詩。引田、間、前三韵。

野外罕人事。窮巷寡蘇寫本云。一作鮮。曾本云。一作解。輪鞅。白日掩荆和陶本作柴。扉。虚室曾本、焦本云。一作對酒。絶塵想。時復墟里人。各本作曲中。曾本、焦本云。一作里人。今從一作。披草曾本、焦本云。一作衣。共來往。想見無雜和陶本作別。言。但道桑麻長。桑麻日已長。我土蘇寫本作志。曾本云。一作志。詩紀云。一作志。誤。日已廣。常恐霜霰至。零落同草莽。○本集。東坡先生和陶淵明詩一。詩紀三十五。

種豆南山下。草盛豆苗稀。晨興蘇寫本作侵晨。和陶本同。曾本云。一作侵晨。理荒穢。帶曾本云。一作戴。月荷鋤歸。道狹草木和陶本作不。長。夕露沾我衣。衣沾曾本云。一作我衣。不足惜。但使願無曾本云。一作莫。違。○同上

久去山澤游。浪莽林野娱。試攜子姪輩。披榛步荒墟。徘徊丘壠間。依依昔人居。井竈有遺處。曾本云。一作所。桑竹曾本云。一作麻。殘朽株。曾本云。一作樹木殘根株。焦本云。一作樹木殘根株。非。借問採薪者。此人皆焉如。薪者向我言。死没無復餘。一世異朝市。此語和陶本作言。曾本云。一作言。真不虚。人生似幻化。終當歸空曾本云。一作虚。焦本云。一作虚。非。無。○同上

悵和陶本作恨。恨獨策還。崎嶇歷榛曲。山澗蘇寫本作澗水。曾本云。一作澗水。清且淺。遇焦本作可。注。一作遇。非。曾本云。一作可。以濯吾足。漉曾本云。一作撥。又作掇。又作擠。我新熟酒。隻雞招近局。焦本作屬。注。一作局。非。曾本云。一作屬。日入室中闇。荆薪代曾本作繼。明燭。歡來苦夕短。已復至天旭。○同上

乞食詩

飢來驅我去。曾本、蘇寫本云。一作出。不知竟何之。行行至斯里。叩門拙言辭。主人解和陶本作諧。蘇寫本云。一作諧。曾本作諧。注云。一作解。余意。和陶本作音。遺贈豈和陶本作赴。虚來。詩紀作副虚期。曾本云。一作副虚期。一作豈虚期。案此乃後人不悉古韵妄改所致。先改來爲期。不辭。又改豈爲副。談諧蘇寫本作談話。詩紀同。和陶本作談語。曾本云。一作諧語。終日夕。

和陶本作久。觴至曾本云。一作舉。輒傾杯。詩紀作巵。曾本云。一作巵。案此亦後人妄改。情欣新知歡。曾本作勸。注。一作歡。言詠焦本作興言。曾本云。一作興言。遂賦詩。感子漂母惠。愧我非韓才。蘇寫本作韓才。非。曾本云。一作韓才。非。銜戢曾本云。一作戴人。莫本云。一作戴。知何謝。冥報以相貽。○本集。東坡先生和陶淵明詩四。詩紀三十五。

諸人共遊周家墓柏下詩

今日天氣佳。清吹與鳴彈。曾本云。一作蟬。感彼柏下人。安得不爲歡。清歌散曾本、蘇寫本云。一作發。新聲。綠曾本云。一作時。酒開芳顔。未知明日事。余襟曾本云。一作懷。良已殫。○本集。東坡先生和陶淵明詩四。詩紀三十五。

連雨獨飲詩曾本云。一作連雨人絶獨飲。

運生會歸盡。終古爲之然。世界有松喬。於今定何間。詩紀作聞。曾本云。一作聞。故老贈余酒。乃言飲得仙。試酌百情遠。重觴忽忘天。天豈去此哉。蘇寫本作天際去此幾。注。一作天豈去此哉。曾本云。一云天際去此幾。詩紀同。任真無所先。雲鶴曾本云。一作鴻。有奇翼。八表須臾還。自曾本云。一作顧。蘇寫本、詩紀作顧。我抱兹獨。僶俛四十年。形骸久已化。曾本云。一作形體憑化遷。又云。形神久已死。心在和陶本作在心。曾本云。一作在心。復何言。○本集。東坡先生和陶淵明詩四。詩紀三十四。

移居詩二首

昔欲居南村。非爲卜其宅。聞多素心人。樂與數晨夕。懷此曾本云。一作兹。頗有年。今日從兹役。弊莫本作敝。

廬何必廣。取足蔽牀席。鄰曲時時來。抗曾本云。一作話。言談在昔。奇文共曾本云。一作互。欣賞。疑義相與析。曾本云。一作斥。○本集。東坡先生和陶淵明集二。詩紀三十五。

春秋多佳日。登高賦新詩。過門更相呼。有酒斟酌之。農務各自歸。閑暇輒相思。相思則披曾本云。一作拂。衣。言笑無厭時。此理將不勝。無爲忽去兹。衣食當須紀。焦本作幾。注。一作紀。非。曾本、和陶本云。一作幾。力耕不吾焦本作吾不。曾本云。一作吾不。欺。○同上

癸卯歲始春懷古田舍詩二首

在昔聞南畝。當年竟未踐。屢空既有人。春興豈自免。夙晨裝吾駕。啓塗情已緬。鳥弄歡新節。泠和陶本作冷。風送餘善。曾本、焦本云。一作鳥弄新節令。風送餘寒善。曾本又云。令一作冷。寒草蘇寫本云。一作竹。餘本均作竹。又曾本云。一作草。焦本云。一作草。非。案草舊寫作艸。故訛竹。被荒蹊。地爲罕曾本、蘇寫本云。一作幽。焦本云。一作幽。非。人遠。是以植杖翁。悠然不復返。卽理愧通識。所保詎乃曾本云。一作成。淺。○本集。東坡先生和陶淵明詩四。詩紀三十五。

先師有遺訓。曾本云。一作成誥。憂道不憂貧。瞻望曾本云。一作仰瞻。邈難逮。轉欲患蘇寫本作思。詩紀作志。曾本云。一作志。又作思。焦本作志。注。一作患。非。長勤。秉耒歡蘇寫本作力。曾本云。一作力。時務。解顔勸農人。平疇交遠風。良苗亦懷新。雖未量歲功。卽事多所欣。耕種蘇寫本作者。注。一作種。曾本云。一作者。有時息。行者無問津。日入曾本云。一作田人。相與歸。壺漿勞近鄰。長吟掩柴門。聊爲隴畝民。曾本云。一作人。○同上

還舊居詩

疇昔家曾本、蘇寫本云。一作居。上京。六曾本云。一作十。焦本云、一作十。非。載去還歸。今日始復來。惻愴多所悲。阡陌不移舊。邑屋或時非。履歷周故居。鄰老罕復遺。步步尋往迹。有處特曾本云。一作時。依依。流幻百年中。寒暑日相推。曾本云。一作追。常恐大化盡。氣力不及衰。撥曾本、蘇寫本云。一作廢。置且莫曾本云。一作且莫。蘇寫本云。一作旦暮。念。一觴聊可曾本云。一作一。揮。○本集。東坡先生和陶淵明詩四。詩紀三十五。

戊申歲六月中遇火詩

草廬寄窮巷。甘以辭華軒。正夏長風急。曾本云。一作至。林詩紀云。一作隣。室頓燒燔。一宅無遺宇。舫舟蔭門前。迢迢新秋夕。亭亭月將圓。果菜曾本、蘇寫本云。一作藥。始復生。驚鳥尚未還。中宵竚遥念。一盼周九天。總髮抱孤介。焦本云。宋本作介。一作念。非。曾本作念。注。一作諸孤念。又作介。蘇寫本作念。注。一作諸孤。奄出四曾本云。一作門。十年。形迹憑化往。靈府長獨閑。貞剛自有曾本云。一作在。質。玉石乃非堅。仰想東户時。餘糧宿中田。鼓腹無所思。曾本云。一作且無慮。朝起暮歸眠。既已不遇兹。且遂灌西各本作我。詩紀云。一作我。園。○本集。詩紀三十五。

己酉歲九月九日歲時雜詠日下有作字。詩

靡靡歲時雜詠作靡靡。秋已夕。淒淒風露交。歲時雜詠作調。蔓草不復榮。歲時雜詠作盛。園木歲時雜詠作林。蘇寫本同。

又注。一作木。曾本云。一作林。空自凋。清氣歲時雜詠作風。曾本云。一作光。澄餘滓。歲時雜詠作澤。杳曾本云。一作遥。然天界高。哀蘇寫本作衆。曾本云。一作衰。蟬無留蘇寫本、詩紀作歸。曾本同。又注。一作留。焦本云。宋本作留。一作歸。非。響。叢歲時雜詠作征。曾本作燕。注。一作叢。焦本云。一作燕。非。鴈鳴雲歲華紀麗作南。霄。萬化相尋繹。歲時雜詠作異。曾本云。一作異。人歲時雜詠作民。生豈不勞。從歲時雜詠作自。古皆有没。念之中歲時雜詠作使。曾本云。一作令。心焦。何以稱歲時雜詠作報。我情。濁酒且曾本云。一作思。自陶。千載非所知。聊以永今朝。○本集。古今歲時雜詠三十三。詩紀三十五。

庚戌歲九月中於西田穫早稻詩

人生歸有道。曾本、蘇寫本云。一作事。衣食固其曾本云。一作無。端。孰曾本、蘇寫本云。一作執。是詩紀云。一作云。都不營。而以求自安。開春曾本、蘇寫本云。一作春事。案春事當是春理異文。理常業。歲功聊可觀。晨出肆和陶本作肄。微勤。日和陶本作景。入負禾焦本作耒。注。一作禾。非。蘇寫本作耒。注。一作禾。曾本云。一作耒。還。山中饒霜露。風氣亦先寒。田家豈不苦。弗獲曾本作穫。注。一作獲。辭此難。四體誠乃焦本作已。曾本云。一作已。疲。庶蘇寫本作交。無異患干。曾本云。一作我患。案我患當是異患異文。盥濯曾本云。一作灌。案灌當是盥之異文。息簷下。斗酒散襟曾本作⿰忄禁。注。一作劬。又作矜。又作襟。焦本云。一作劬。非。顔。遥遥沮溺心。千載乃相關。但願長如此。躬耕非所歎。○本集。東坡先生和陶淵明集四。詩紀三十五。

丙辰歲八月中於下潠田舍穫詩詩紀云。潠。蘇困切。

貧居依焦本云。一作事。非。稼穡。曾本、蘇寫本云。一作事耕稼。勠力東林隈。不言春作苦。常曾本云。一作當。恐負所懷。司田眷有秋。寄和陶本作奇。聲與我諧。飢者歡初飽。束帶候和陶本作俟。曾本云。一作俟。鳴雞。揚檝越平湖。汎隨清壑迴。鬱鬱和陶本作釂酒。曾本云。一作嚼嚼。荒山裏。猿聲閑且哀。悲風愛靜夜。曾本云。一作夜靜。焦本云。一作夜靜。非。林鳥喜晨開。日余作此來。三四星火頹。姿年逝已老。其事未云乖。遥謝荷蓧翁。聊得從君栖。焦本作棲。○本集。東坡先生和陶淵明詩四。詩紀三十五。

飲酒詩二十首

余閑居寡歡。兼比曾本云。一作秋。夜已長。偶有名酒。無夕不飲。曾本云。一作傾。顧影獨盡。忽焉復醉。既醉之後。輒曾本云。一作與。題類聚作以。數句自娱。紙墨遂多。辭無詮次。聊命故人書之。以爲歡類聚作談。笑爾。和陶本作耳。類聚作也。○本集。東坡先生和陶淵明詩一。詩紀三十五。又類聚七十二引既醉以後數句。

衰榮無定在。曾本、蘇寫本云。一作所。彼此更共之。邵生瓜田中。寧似東陵時。寒暑有代曾本云。一作换。謝。人道每如茲。達人解其會。曾本、蘇寫本云。一作趣。焦本云。一作趣。非。逝將不復疑。忽與一觴酒。日夕歡相持。曾本云。一作自持。又作相遲。和陶本作相歡持。○本集。東坡先生和陶淵明詩四。詩紀三十五。

積善云有報。夷叔在曾本云。一作飢。焦本云。一作飢。非。西山。善惡苟不應。何事空立詩紀作立空。曾本云。一作立空。言。九十行帶索。飢寒況曾本、蘇寫本云。一作抱。當年。不賴固窮節。百世當誰傳。○同上

道喪曾本、蘇寫本云。一作衰。向千載。人人惜其情。有酒不肯飲。但和陶本作唯。曾本云。一作惟。顧曾本、詩紀云。一作

顧。世間名。所以貴我身。豈不在一生。一生復能幾。倏如流電驚。曾本、蘇寫本云。一作倏忽若晨星。鼎鼎曾本云。一作訂訂。百年内。持此欲何成。○同上

栖栖焦本作棲棲。北窗炙輠録引作凄凄。失羣鳥。日暮猶獨飛。徘徊無定止。夜夜聲轉悲。厲響思清晨。北窗炙輠録引作越。注。顧刻作遠。遠去何所依。焦本云。一作厲響思清遠。去來何依依。非。曾本、蘇寫本、和陶本作厲響思清遠。去來何依依。注。一作厲響思清晨。遠去何所依。曾本又云。何所依又作求何依。詩紀與曾本等正文相同。因詩紀作自。值北窗炙輠録作植。誤。孤生松。斂翮遥曾本云。一作更。又作終。蘇寫本云。一作終。來歸。勁曾本云。一作動。風無榮木。此蔭蘇寫本作蔭。獨曾本云。一作交。不衰。託身已得所。千載不北窗炙輠録作莫。曾本云。一作莫。相違。○本集。東坡先生和陶淵明詩一。北窗炙輠録上。詩紀三十五。

結廬在人境。而無車馬喧。問君何能曾本、蘇寫本云。一作爲。爾。心遠地自偏。採菊東籬下。悠然曾本云。一作時時。見文選作望。類聚同。曾本云。一作望。南山。山氣北窗炙輠録作色。日夕佳。飛鳥相與還。此還焦本作中。詩紀同。和陶本作間。蘇寫本作中。注。一作還。曾本云。一作中。有真意。欲辨已曾本、蘇寫本云。一作忽。忘言。○本集。文選三十。東坡先生和陶淵明詩一。北窗炙輠録上。詩紀三十五。又類聚六十五作雜詩。引喧、偏、山三韵。

行止千萬端。誰知非與是。是非苟相形。雷同共譽毁。三季多此事。達士曾本云。一作人。似不爾。咄咄俗中愚。蘇寫本、和陶本作惡。詩紀同。曾本作惡。注。一作愚。焦本云。宋本作愚。一作惡。非。且當從黄綺。○本集。東坡先生和陶淵明詩四。詩紀三十五。

秋曾本云。一作霜。菊有佳色。裛露掇其英。汎此忘憂物。遠我遺曾本云。一作達。類聚作達。世情。一觴雖曾本云。一作聊。焦本云。一作聊。非。獨進。杯盡壺自傾。日入羣動息。歸鳥趨林鳴。嘯傲東軒下。聊復得此生。○本集。文選三十。東坡先生和陶淵明詩四。詩紀三十五。又類聚六十五作雜詩。引英、情二韵。

青松在東園。衆草没歲華紀麗作混。其曾本云。一作奇。詩紀作奇。注。一作其。姿。歲華紀麗作其奇。凝曾本、蘇寫本云。一作晨。霜殄異類。卓然見高枝。連曾本、蘇寫本云。一作叢。林人不覺。和陶本作見。獨樹衆乃奇。曾本、蘇寫本云。一作知。提壺撫焦本、和陶本作挂。蘇寫本、曾本作挂。注。一作撫。詩紀同。今從一作。寒柯。遠望時復爲。曾本、蘇寫本云。一作復何爲。吾生和陶本作年。夢幻間。和陶本作去。何事紲塵羈。曾本作羇。注。一作羈。蘇寫本作羇。○本集。東坡先生和陶淵明詩一。詩紀三十五。又歲華紀麗三無題。引奇、枝二韻。

清晨聞叩門。倒裳往自開。問子爲誰歟。田父有好懷。壺漿遠見候。疑我與時乖。繿縷茅簷下。未足爲高栖。一蘇寫本、和陶本作舉。曾本云。一作舉。世皆尚同。願君汩其泥。深感父老言。稟氣寡曾本、蘇寫本云。一作少。所諧。紆轡誠可學。違己詎非迷。且共歡此飲。吾駕不可回。○本集。東坡先生和陶淵明詩一。詩紀三十五。

在和陶本作我。昔曾遠遊。直至東海隅。道路迥且長。風波阻曾本、蘇寫本云。一作起。焦本云。一作起。非。中塗。此行誰使然。似爲飢所驅。傾身營一飽。少許便有餘。恐此非名計。息駕歸閑居。○同上

顔生稱爲仁。榮公言有道。屢空不獲年。長飢至於曾本、蘇寫本云。一作檠。老。雖留身後名。一生亦枯槁。死去何所和陶本作可。知。稱心固爲好。客蘇寫本云。一作容。焦本云。一作各。非。曾本云。一作各。又作容。養千金軀。臨曾本、蘇寫本云。一作幻。化消和陶本作銷。其寶。曾本云。一作臨死鎮真寶。裸葬何必惡。人當解意和陶本作其。表。蘇寫本云。一作其表。曾本作其表。注。一作意表。○同上

長公曾一仕。壯節忽失時。杜蘇寫本作松。曾本云。一作松。案舊書杜、松易混。門不復出。終身與世辭。仲理歸大澤。高風始焦本云。一作如。非。曾本、蘇寫本云。一作如。但誤置在字下。在兹。一往詩紀作去。便當已。何爲復狐疑。去去當奚道。世俗久相欺。擺落悠悠談。請從余所之。○同上

有客常同止。趣舍曾本、蘇寫本、李本、焦本作取捨。邈異境。類聚作景。一士長獨醉。一夫終年醒。醒醉還曾本、蘇寫本云。一作遞。相類聚作大。笑。發言各不領。規規一何愚。兀傲差若曾本云。一作差無。穎。寄言酣中客。日没燭當炳。焦本云。宋本作獨何炳。一作燭當秉。非。曾本作獨何炳。注。一作當秉。又作燭當炳。蘇寫本作可炳。注。一作何炳。詩紀云。一作秉。〇本集。東坡先生和陶淵明詩一。詩紀三十五。又類聚七十二引景、醒、領三韻。

故人賞我趣。挈壺相與至。班荆坐松下。數斟已復醉。父老雜亂言。觴酌失行次。不覺知有我。安知物爲貴。悠悠和陶本作咄咄。曾本、蘇寫本云。一作咄咄。迷所留。曾本、蘇寫本云。一作之。酒中有深味。和陶本作固多味。曾本、蘇寫本云。一作固多味。〇本集。東坡先生和陶淵明詩一。詩紀三十五。

貧居乏人工。灌曾本、蘇寫本云。一作卉。木荒余宅。班班有翔鳥。寂寂無行跡。宇宙一何悠。焦本作何悠悠。注。一作一何悠。非。曾本、蘇寫本云。一作何悠悠。人生少至百。歲月相催逼。焦本作從過。注。宋本作從過。一作催逼。非。曾本云。宋本作從過。蘇寫本云。一作從過。鬢邊早已白。若不委窮達。素抱曾本云。一作懷。深可惜。〇同上

少年罕人事。遊好在六經。行行向不惑。淹留遂曾本、蘇寫本作自。注。一作遂。無成。竟抱固窮曾本、焦本、和陶本作窮苦。曾本又云。一作固窮。節。飢寒飽所更。弊廬交悲風。荒草没前庭。披和陶本作被。褐守長夜。晨雞不肯鳴。孟公不在兹。終以曾本云。一作已。翳吾情。〇同上

幽蘭生前庭。含薰待清風。清風脱然曾本、蘇寫本云。一作若。至。見別蕭艾中。行行失故路。任道或能通。曾本云。一作前道。或能窮。覺悟當念還。鳥盡廢良弓。〇同上

子雲性嗜酒。家貧無由得。時賴好事人。載醪袪所惑。觴來爲之盡。是諮曾本云。一作語。無不塞。有時不肯

言。豈不在伐國。仁者用其心。何嘗失顯默。○同上

疇昔苦長飢。投耒去學仕。將養不得節。凍餒固曾本、蘇寫本云。一作故。纏己。是時向和陶本作而。立年。志意多所和陶本作尚多。恥。遂盡介然分。終死焦本作拂衣。注。宋本作拂衣。一作終死。非。曾本、蘇寫本云。一作拂衣。歸田里。冉冉星氣流。亭亭復一紀。世路廓悠悠。楊朱和陶本作歧。焦本云。一作生。非。所和陶本作何。曾本云。一作疎。以止。蘇寫本云。一作楊歧何以止。曾本云。一作楊歧何以止。又作楊生何以止。雖無揮金事。文選注。作雖欲揮手歸。濁酒聊和陶本作猶。可恃。○本集。東坡先生和陶淵明詩一。詩紀三十五。又文選三十一雜體詩注引恃一韵。

羲農去我久。舉世少復真。汲汲曾本云。一作波波。魯中叟。彌縫使其淳。鳳鳥雖不至。禮樂暫得曾本、蘇寫本云。一作時。新。洙泗輟微響。漂流逮曾本云。一作待。狂秦。詩書復何罪。一朝成和陶本作作。灰塵。區區諸老翁。爲事誠殷勤。如何絶世下。六籍無一親。終日馳車走。不見所問曾本、蘇寫本云。一作憑。津。若復不快飲。空負頭上巾。但曾本云。一作所。恨多謬誤。君當恕醉人。○本集。東坡先生和陶淵明詩一。詩紀三十五。

止酒

居止次城邑。逍遥自閑止。坐止高蔭下。步曾本、蘇寫本云。一作行。止蓽門裏。好味止園葵。大曾本、蘇寫本云。一作天。歡止稚子。平生不止酒。止酒情曾本、蘇寫本云。一作懼。無喜。暮止不安寢。晨止不能起。日日欲止之。營衛止不理。徒知止不樂。未知曾本、蘇寫本、焦本、和陶本作信。焦本注。一作知。非。止利己。始覺止爲善。今朝真止矣。從此一止去。將止扶桑涘。清顔止宿容。曾本、蘇寫本云。一作客。奚止千萬祀。○本集。東坡先生和陶淵明詩三。

詩紀三十五。

述酒詩

儀狄造。杜康潤色之。〇以上小注。焦本、詩紀無。

重離照南陸。鳴鳥聲相聞。秋草雖未黄。融風久已分。素礫皛曾本云。宋本作襟輝。蘇寫本云。一作襟輝。修渚。南嶽無餘雲。豫章抗高門。重華固靈曾本、蘇寫本云。一作虚。墳。流淚抱中歎。傾耳聽司晨。神州獻嘉粟。西靈曾本、蘇寫本云。一作雲。又作零。爲我馴。諸梁董師旅。芊焦本作羊。曾本同。又注。一作芊。蘇寫本云。一作羊。非。勝喪其身。山陽歸下國。成名猶不勤。卜生善斯牧。安樂不爲君。平王曾本、蘇寫本作生。去舊京。峽中納遺薰。雙陽各本作陵。曾本、蘇寫本云。一作陽。今從一作。甫云育。三趾顯奇文。王子愛清吹。日曾本云。一作星。中翔河汾。朱公練九齒。閑居離詩紀作雜。世紛。峨峨西嶺曾本、蘇寫本云。一作四顧。内。偃息常蘇寫本作得。曾本云。一作得。所親。天容曾本云。一作客。自永固。彭殤非等倫。〇本集。詩紀三十五。

責子詩

曾本、蘇寫本題下有注云。舒儼、宣俟、雍份、端佚、通佟。凡五人。舒、宣、雍、端、通皆小名。詩紀同。又曾本注。俟。一作俣。佟。一作俗。蘇寫本云。俟。一作俣。

白髮被兩鬢。肌膚不復實。雖有五男兒。總不好紙筆。阿舒已二八。曾本云。一作十六。懶惰曾本云。一作放。故曾本云。一作固。無匹。阿宣行志學。而不好曾本、蘇寫本、焦本作愛。文術。雍端年十三。不識六與七。通子垂九曾本云。一作六。齡。但覓蘇寫本作念。注。一作覓。曾本云。宋本作念。梨與栗。天運苟如此。且進杯中物。○本集。詩紀三十五。

有會而作詩

舊穀既没。新穀未登。頗爲老農。而值年災。日月尚悠。爲患未已。登歲之功。既不可希。朝夕所資。煙火裁通。旬日已來。始曾本云。一作日。念飢乏。歲云夕矣。慨然永懷。今我不述。後生何聞哉。

弱年逢家乏。老至詩紀云。一作歲。更長飢。菽麥實所羨。孰敢慕甘肥。惄如亞九曾本、蘇寫本云。一作惡無。飯。當暑厭寒衣。歲月將欲暮。如何辛苦曾本、蘇寫本云。一作足新。悲。常善粥者心。深恨何校宣和本作念。曾本云。一作念。蒙袂非。嗟來何足吝。徒没空自遺。斯濫豈攸各本作彼。又曾本、蘇寫本云。一作攸。今從何校宣和本。志。固窮夙所歸。餒也已矣夫。在昔余多師。○本集。詩紀三十五。

蜡日

風雲送餘運。無妨時已和。梅柳夾門植。一條有佳花。曾本云。一作葩。我唱爾言得。酒中適何多。未能曾本云。一作知。明多少。章山有奇歌。○本集。詩紀三十五。

擬古詩九首

榮榮窗下曾本云。一作後窗。蘭。密密堂前柳。初與君别時。不謂行當久。出門萬里客。中道逢嘉友。未言心先各本作相。醉。曾本云。一作解。不在接杯酒。蘭枯曾本云。一作空。柳亦衰。遂令此言負。曾本、蘇寫本云。一作時没身還朽。焦本云。一作時没身還朽。非。多謝諸少年。相知不中焦本作忠。詩紀同。焦本又云。一作相。非。和陶本作在。注。一作中。曾本云。一作相。又作中。厚。蘇寫本云。一作相厚。意氣傾人命。離隔復何有。○本集。東坡先生和陶淵明詩三。詩紀三十五。

辭家夙嚴駕。當往志蘇寫本作至。曾本云。一作至。無終。問君今何行。非商復非戎。聞有田子泰。曾本、焦本、蘇寫本作春。詩紀同。曾本云。一作泰。節義爲士雄。斯人久已死。鄉里習其風。生有高世名。既没傳無窮。不學狂曾本、蘇寫本云。一作驅。焦本云。一作驅。非。馳子。直在百年中。○同上

仲春遘時雨。始雷發歲華紀麗作鳴。東隅。衆蟄各潛駭。草木從横曾本云。一作此。又作是。蘇寫本云。一作此。和陶本云。一作是。焦本云。一作此。非。舒。翩翩新來燕。雙雙入我廬。先巢故尚在。相將還舊居。自從分别來。門庭日荒蕪。我心固匪石。君情定何如。○本集。東坡先生和陶淵明詩三。詩紀三十五。又歲華紀麗二引隅一韻。

迢迢百尺樓。分明望四荒。暮作歸雲宅。朝爲飛鳥堂。山河滿目中。平原獨焦本作轉。曾本云。一作轉。茫茫。古時功名士。慷慨争此場。一旦百歲後。相與還北邙。松柏爲人伐。高墳互低昂。頽基無遺主。遊魂在何方。榮華誠足貴。亦復可憐傷。○本集。東坡先生和陶淵明詩三。詩紀三十五。

東方有一士。被服常不完。三旬九遇曾本云。一作過。食。十年著一冠。辛苦曾本、焦本作勤。曾本又云。一作苦。無此比。常有好容顔。我欲觀其人。晨去越河關。青松夾路生。白雲宿簷端。知我故來意。曾本云。一作時。案時當爲來字異文。取琴爲曾本云。一作與。我彈。上絃驚别鶴。下絃操孤鸞。願留就君住。從今至歲寒。○同上

蒼蒼谷中樹。冬夏常如兹。年年見霜雪。誰謂不知時。厭聞世上語。結友和陶本作交。曾本云。一作交。到臨淄。

稷下多談士。指彼蘇寫本作往。曾本、和陶本云。一作往。決吾曾本云。一作狐。疑。曾本云。一作柏社決五疑。裝束既有日。已與家人辭。行行停出門。還坐更自思。不怨道里長。但畏人我欺。萬一不合意。永爲世笑之。焦本作嗤。注。一作之。非。曾本云。一作嗤。伊懷難具蘇寫本作誰與。注。一作難具。道。爲君作此詩。○同上

日暮天無雲。春風扇微和。佳人美清夜。達曙酣且歌。歌竟長歎息。特此感人多。皎皎文選、玉臺作明明。詩紀云。一作明明。雲間月。灼灼葉中華。和陶本作花。文選、玉臺同。豈無一時好。不久當如何。○本集。文選三十。玉臺新詠三。東坡先生和陶淵明詩三。詩紀三十五。

少時詩紀云。一作年。壯且厲。撫劍獨行遊。誰言行遊曾本云。一作道。近。張掖至幽州。飢食首陽薇。渴飲易水流。不見相知人。惟見各本云。一作純是。和陶本作純見。古時丘。路邊兩高墳。伯牙與莊周。此士難再得。吾行欲何求。○本集。東坡先生和陶淵明詩三。詩紀三十五。

種桑長江邊。三年望當採。枝條始欲茂。忽值山河曾本、蘇寫本云。一作川。改。柯葉自摧折。根株浮滄海。春蠶既無食。寒衣欲誰待。本不植高原。今日復何悔。○同上

雜詩十二首

人生無根蔕。飄如陌上塵。分散逐風轉。此已非常身。落地爲蘇寫本作流落成。曾本云。一作流落成。焦本云。一作流落成。非。兄弟。何必骨肉親。得歡當作樂。斗酒聚比鄰。盛年不重來。一日難再晨。及時當勉勵。歲月不待人。○本集。東坡先生和陶淵明詩三。詩紀三十五。

白日淪西河。何校宣和本作阿。曾本云。一作阿。素月出東嶺。遥遥萬里暉。曾本、焦本作輝。詩紀同。蕩蕩曾本云。一作迢迢。空中景。風來入房户。夜中蘇寫本作中夜。曾本云。一作中夜。枕席冷。氣變悟時易。曾本、蘇寫本云。一作異。不眠知夕和陶本作夜。永。欲言無予曾本云。一作或。又作餘。和。揮杯勸孤影。日月擲曾本云。一作榆。又作擲。人去。有志不獲騁。念此懷悲悽。終曾本作中。注。一作終。曉不能静。○同上

榮華難久居。盛衰不可量。昔爲三春蕖。曾本云。一作英。今作秋蓮房。嚴霜結野草。枯悴未遽央。日月有環周。焦本作環復周。注。宋本環復周。一作有環周。非。曾本云。一作復。又作環復周。蘇寫本云。一作復。我去不再陽。眷眷往昔時。憶此斷人腸。○同上

丈夫志四海。我願不知老。親戚共一處。子孫還相保。觴絃肆朝日。罇中酒不燥。緩帶盡歡娱。起晚眠常早。孰若當世士。冰炭滿懷抱。百年歸曾本、蘇寫本云。一作掃。焦本云。一作掃。丘壟。曾本云。一作掃壟。用此空名道。○同上

憶我曾本云。一作爲。又作昔。蘇寫本云。一作昔。少壯時。無樂自和陶本作亦。欣豫。猛志逸四海。騫曾本、蘇寫本云。一作輕。翮思遠翥。荏苒歲月頹。此心稍已去。值歡無復娱。每每多憂慮。氣力漸衰損。轉覺日不如。壑舟無須臾。引我不得住。前塗當幾許。未知止泊曾本、蘇寫本云。一作宿。處。古人惜寸陰。念此使人懼。○同上

昔聞長者和陶本作老。曾本、蘇寫本云。一作老。言。掩耳每曾本云。一作常。不喜。奈何五十年。忽已親此事。求我盛年曾本、蘇寫本云。一作時。歡。一毫無復意。去去轉欲遠。此生豈焦本作難。注。一作豈。非。曾本、蘇寫本云。一作難。再值。傾家持曾本、蘇寫本、和陶本作時。詩紀同。又曾本云。一作特。又作特此。案特此當是持作異文。作蘇寫本作時。注云。一作持

此。樂。竟和陶本作競。此歲月駛。有子不留金。何用身後置。蘇寫本云。宋本作事。曾本云。一作事。〇同上

日月不肯遲。四時相催迫。寒風拂枯條。落葉掩曾本、蘇寫本云。一作滿。長陌。弱質與曾本作輿。焦本云。一作輿。非。運頹。曾本云。一作頹齡。玄鬢早已白。素標插人曾本云。一作君。頭。前塗漸就窄。家爲逆旅舍。我如當去客。去去欲何之。南山有舊宅。〇同上

代耕本非望。所業在田桑。躬親和陶本作耕。未曾替。寒餒蘇寫本作餧。常糟糠。豈期過曾本云。一作遇。滿腹。但願和陶本作就。曾本云。一作就。飽粳糧。御冬足曾本云。一作禦冬乏。大布。麤絺以應陽。正蘇寫本、焦本作政。曾本云。一作政。和陶本作止。爾不能得。哀哉亦可傷。人皆盡獲宜。拙生失其方。理也可奈何。且焦本云。一作足。非。爲陶一觴。〇同上

遥遥從羇役。一心處兩端。掩淚汎東逝。順流追時遷。日没星與昴。勢翳西山巔。蕭條隔天涯。惆悵念常詩紀作長。注。一作常。飡。慷慨思南歸。路遐無由緣。關梁難虧替。絶音寄斯篇。〇同上

閑居執蕩志。時駛不可稽。驅役無停曾本、蘇寫本云。一作休。息。軒裳逝曾本云。一作遊。東崖。泛舟擬董司。各本作沈陰擬薰麝。又曾本云。一作泛舟擬董司。寒氣激我懷。曾本、蘇寫本云。一作泛舟董司寒。悲風激我懷。焦本云。一作沉陰擬薰麝。寒氣激我懷。注。一作泛舟擬董司。悲風激我懷。歲月有常御。我來淹已彌。慷慨憶綢繆。此情久曾本云。一作少。已離。荏苒經十載。暫爲人所羈。庭宇翳餘木。倏忽日月虧。〇同上

我行未云遠。回顧慘風涼。春燕應節起。高飛拂塵梁。邊曾本云。一作鳧。案六朝人寫邊爲邉。遂誤鳧字。雁悲曾本云。一作照。無所。代謝歸北鄉。離鵾鳴清池。涉暑曾本云。一作暮。經秋霜。愁人難爲辭。遥遥春曾本云。一作喜。

夜長。〇同上

娟娟松標崖。詩紀作雀。曾本云。一作雀。婉孌柔童子。年始三五間。喬柯何可倚。蘇寫本云。一作柯條何滓滓。曾本、焦本同。曾本、焦本又云。又作華柯真可寄。養色含精曾本、蘇寫本、焦本作津。氣。粲然有心理。詩紀注。和陶本無此篇。〇同上

詠貧士詩七首

萬族各初學記作皆。有託。孤雲獨無依。曖曖空初學記作虚。中滅。何時見餘初學記作殘。暉。文選作輝。朝霞開宿霧。衆鳥相與飛。遲遲出林翮。未夕蘇寫本作久。曾本云。一作久。復來歸。曾本、蘇寫本云。一作已復歸。焦本云。一作已復歸。非。量力守故轍。豈不寒與飢。知音苟不存。已矣何所悲。曾本、蘇寫本云。一作當告誰。〇本集。文選三十。東坡先生和陶淵明詩二。詩紀三十五。又初學記十八引依、暉二韵。

淒厲曾本云。一作戾。初學記作戾。歲云初學記作將。暮。擁曾本云。一作短。焦本云。一作短。非。褐曝前初學記誤作抱南。軒。南初學記作前。圃無遺秀。枯條盈北園。傾壺絶曾本云。一作弛餘瀝。闚竈不見煙。詩書塞座外。日昃不遑研。初學記作白日去不還。閑居非陳厄。竊有愠見言。何以慰吾懷。賴古多此賢。〇本集。東坡先生和陶淵明詩二。詩紀三十五。又初學記十八引軒、園、煙、還四韵。

榮叟老帶曾本、蘇寫本云。一作縈。索。欣然方彈琴。原生納決履。曾本、蘇寫本作屨。注云。一作履。和陶本作屨。清歌暢商焦本云。宋本商。一作高。非。蘇寫本、和陶本、詩紀作高。音。重華去我久。曾本云。一作去我重華久。貧士世相尋。弊襟初學記作斂袂。不掩肘。藜羹常初學記作乏恒。乏斟。豈忘襲輕裘。苟得非所欽。賜也徒能辨。乃不見吾心。〇本集。

東坡先生和陶淵明詩二。詩紀三十五。又初學記十八引琴、音、斟、欽四韻。

安貧守賤者。自古有黔婁。好爵吾不縈。曾本、蘇寫本、和陶本作榮。詩紀同。類聚作弗營。厚饋曾本云。一作餽。吾不酬。一旦壽命盡。蔽覆曾本、蘇寫本、焦本作弊服。詩紀同。仍焦本作乃。類聚同。詩紀云。一作乃。曾本、蘇寫本云。一作蔽覆乃。焦本云。一作蔽覆乃。非。不周。豈不知其極。非道故無憂。從來將千載。未復見斯和陶本作茲。儔。朝與仁義生。夕死復何求。○本集。東坡先生和陶淵明詩二。詩紀三十五。又類聚三十五引婁、酬、周、憂四韻。

袁安困蘇寫本作門。曾本云。一作門。積雪。邈然不可干。阮公見錢入。即日棄其官。芻藁和陶本作藘蒿。曾本、蘇寫本云。一作藘蒿。有常温。採莒和陶本作之。曾本、蘇寫本云。一作采之。足朝飡。豈不實辛苦。所懼非飢寒。貧富常交戰。道勝無戚曾本、蘇寫本云。一作厚。焦本云。一作厚。非。顏。至德冠邦和陶本作鄉。閭。清節映西關。○本集。東坡先生和陶淵明詩二。詩紀三十五。

仲蔚愛窮居。遶宅和陶本作屋。初學記同。生蒿蓬。翳然絶交游。賦詩頗能工。舉世無知者。和陶本作音。曾本云。一作音。焦本云。一作音。非。止曾本云。一作正。有一劉龔。此士胡獨然。實由罕所同。介焉安其業。曾本云。一作棄本安其末。所樂非初學記誤作相。窮通。人事固以蘇寫本、和陶本、初學記作已。曾本云。一作已。拙。聊得長相初學記作自。從。○本集。東坡先生和陶淵明詩二。詩紀三十五。又初學記十八引蓬、工、通、從四韻。

昔在曾本、蘇寫本云。一作有。黄子廉。彈冠佐名州。一朝辭吏歸。清貧略難儔。年飢感仁妻。曾本、蘇寫本云。一作人事。泣涕向我流。丈夫雖有志。固爲兒女曾本、蘇寫本云。一作孫。憂。惠孫一晤歎。腆贈竟莫酬。誰云固窮難。曾本、蘇寫本云。一作節。邈哉此前脩。○本集。東坡先生和陶淵明詩二。詩紀三十五。

讀山海經詩十三首

孟夏草木長。遶屋樹扶疏。衆鳥欣有託。吾亦愛吾廬。既耕亦曾本云。一作且。已種。時文選作且。類聚同。還讀我書。窮巷隔深轍。頗迴故人車。歡然焦本、和陶本作言。詩紀同。焦本又云。一作然。酌春酒。摘我園中蔬。微雨從東來。好風與之俱。汎覽周王傳。曾本云。一作典。流觀山海圖。俯仰終宇宙。不樂復曾本云。一作將。何如。○本集。文選三十。東坡先生和陶淵明詩二。詩紀三十五。又類聚五十五引書、圖、如三韵。

玉臺曾本、蘇寫本作堂。注。一作臺。焦本云。一作堂。非。凌霞秀。王和陶本作生。母怡曾本、蘇寫本云。一作積。妙顏。天地共俱生。不知幾何年。靈化無窮已。館宇非一山。高酣發新謡。寧效俗中言。○本集。東坡先生和陶淵明詩二。詩紀三十五。

迢遞槐曾本、蘇寫本云。一作櫆。和陶本云。一作淮。江嶺。是謂玄圃丘。西南望崑墟。曾本、蘇寫本云。一作崙。焦本云。一作崙。非。光氣難與儔。亭亭明玕照。落落清瑶流。恨不及周穆。託乘一來游。○同上

丹木生何許。乃在密焦本、詩紀作峚。音密。山陽。黄花復朱實。食之壽命長。白玉凝素液。瑾瑜發奇曾本云。一作光。豈伊君子寶。見重我軒黄。曾本、蘇寫本云。一作皇。○同上

翩翩三青鳥。毛色奇曾本、蘇寫本、焦本云。一作甚。可憐。朝爲王母使。暮歸和陶本作登。三危山。我欲因此鳥。具曾本云。一作期。又作且。蘇寫本云。一作且。向王母言。在世無所須。曾本云。一作願。唯酒與長年。曾本、蘇寫本云。一作惟願此長年。詩紀同○同上

逍遥蕪皐上。杳然望扶木。洪柯百萬尋。森散覆暘谷。靈人侍曾本、蘇寫本云。一作待。按侍字六朝常寫作待。丹池。朝朝爲日浴。神景曾本云。一作願。一登天。何幽不見燭。○同上

粲粲三株樹。寄生赤水陰。亭亭凌風桂。八榦共成林。靈鳳撫雲舞。初學記作儀。神鸞調初學記作垂。玉音。雖非世上寶。初學記作實。爰得王母曾本云。一作子。心。○本集。東坡先生和陶淵明詩二。詩紀三十五。又初學記三十引音、心二韵。

自古皆有没。何人得曾本、蘇寫本云。一作河氏獨。靈長。不死復曾本云。一作亦。不老。萬歲如平常。赤泉給我飲。員丘足我糧。方與三辰游。壽考曾本云。一作老。豈渠央。○本集。東坡先生和陶淵明詩二。詩紀三十五。

夸父誕宏志。乃與日競走。俱至虞淵曾本云。一作泉。下。似若無勝負。神力既殊妙。傾河焉足有。餘迹寄鄧林。功竟在身後。○同上

精衛銜微木。將以填滄海。形夭無焦本作刑天舞。詩紀同。干戚。曾本、蘇寫本、和陶本作千歲。猛志故常在。同物既無慮。化去不復曾本、蘇寫本云。一作何復。悔。徒設曾本云。一作役。又作使。蘇寫本云。一作役。在昔心。良晨詎可待。○同上

臣危各本作巨猾。曾本云。一作危。蘇寫本同。和陶本云。一作自危。案。目。臣之訛。猾。危之訛。肆威暴。欽駓和陶本云。一作飲鴆。違帝旨。窫窳强能變。祖江遂獨死。明明上天鑒。爲惡不可履。長枯固已劇。鵕鶚曾本、蘇寫本、和陶本作鵝。注云。一作鵕鶚。豈足恃。○同上

鵃曾本、蘇寫本作鵩。和陶本作鵬。鵝焦本云。當作鵾鵝。曾本、蘇寫本云。一作鳴鵠。見城邑。其國有放士。念彼曾本云。一作

昔。懷王和陶本作玉。世。曾本云。一作母。當時曾本云。一作亦得。數來止。蘇寫本云。一作念彼懷王時。亦得數來止。青丘有奇鳥。自和陶本作目。言獨見爾。和陶本作理。注。一作尔。曾本、蘇寫本云。一作理。本爲迷者生。不以喻君子。○同上

巖巖曾本、蘇寫本、和陶本云。一作悠悠。顯朝市。帝者慎曾本、蘇寫本云。一作善。用才。何以廢和陶本作放。共鮌。重華爲之來。仲父蘇寫本作文。曾本云。一作文。獻誠言。姜公乃見猜。臨没告飢渴。當復何及哉。○同上

悲從弟仲蘇寫本作敬。德詩

銜哀過舊宅。悲淚應心零。借問爲誰悲。懷人在九冥。禮服名羣從。恩愛若同生。門前執手時。何意爾先傾。在數曾本作毁。注。一作數。竟不焦本作未。詩紀同。曾本云。一作未。免。爲山不及成。慈母沈哀疚。二胤纔數齡。雙位曾本作泣。注。一作位。委空館。朝夕無哭聲。流塵集虚坐。宿草旅曾本、蘇寫本云。一作依。前庭。階除曠遊迹。園林獨餘情。翳然乘化去。終天不復形。遲遲將回步。惻惻悲襟盈。曾本、蘇寫本、焦本云。一作衿涕盈。○本集。詩紀三十五。

擬挽歌辭三首

有生必有死。早終非命促。昨暮同爲人。今旦在曾本云。一作作。鬼録。魂氣曾本、蘇寫本云。一作魄。散何之。枯形寄空木。嬌兒索父啼。御覽作號。良友撫樂府作拊。我哭。得失不復知。是非安能覺。千秋萬歲後。誰知榮與辱。但恨在世時。飲酒不得足。曾本、蘇寫本云。一作常不足。樂府詩集作恒不足。○本集。樂府詩集二十七。詩紀三十五。又御覽

五百五十二引促、録、木、哭四韵。

在昔無酒飲。今但焦本作旦。注。宋本旦。一作但。曾本云。一作旦。樂府云。一作但恨。湛空觴。春醪生浮蟻。何時更曾本、蘇寫本云。一作復。能嘗。肴案盈樂府云。一作列。我前。親舊樂府作戚。注。一作舊。哭我傍。欲語口無音。欲視眼無光。昔在高堂寢。今宿荒草鄉。樂府此下有荒草無人眠。極視正茫茫。曾本、蘇寫本云。一本有荒草無人眠。極視江茫茫。詩紀同。曾本、蘇寫本又云。極又作直。一朝詩紀云。一作相送。出門去。曾本云。一作易。歸來樂府作家。注。一作來。夜各本作良。樂府同。未央。○本集。樂府詩集二十七。詩紀三十五。

荒草何茫茫。白楊亦蕭蕭。嚴霜九月中。送我出曾本云。一作來。遠郊。四面無人居。高墳正嶕嶢。馬爲仰天鳴。樂府作鳥爲動哀鳴。注。一作馬爲仰天鳴。風爲詩紀云。一作聲。御覽作日。自蕭條。曾本云。一曰鳥爲動哀鳴。林爲結風飈。蘇寫本、焦本同。幽室一已閉。千年不復朝。千年不復朝。賢達無詩紀作將。注。一作無。奈何。向來相送人。各自文選作已。曾本、蘇寫本云。一作已。樂府作以。注。一作已。初學記作亦。御覽同。還文選作歸。御覽同。其家。親戚或餘悲。他人亦已歌。死去何所道。託體同山阿。○本集。文選二十八。初學記十四。樂府詩集二十七。御覽五百五十二。詩紀三十五。

聯句

鳴鴈乘風飛。去去當何極。念彼窮居士。如何不歎息。淵明

雖欲騰九萬。扶摇竟何曾本、蘇寫本云。一作無。力。遠招王子喬。曾本云。一作胥。雲駕庶可飭。愔之

顧侣正徘徊。曾本云。一作離離。又作争飛。離離翔天側。曾本云。一作附羽天池側。蘇寫本云。一作顧侣正離離。附羽天池側。霜露豈不切。焦本作霜露不切肌。曾本、蘇寫本云。一作霜露不切肌。徒愛

雙飛翼。曾本、蘇寫本、詩紀作務從忘愛翼。曾本、蘇寫本又云。一作徒愛雙飛翼。循之高柯擢條幹。遠眺同天色。思絶慶未看。徒使生迷惑。淵明〇曾本、蘇寫本無淵明二字。〇本集。詩紀三十五。

晉詩卷十八

雜歌謡辭

歌辭

宣城民爲陶汪歌

陶氏家傳曰。陶注。咸康中爲宣城内史。君從父猷先爲之。君到郡。乃招隱逸。廣開學舍。以此教民。民有向方者。則辟爲掾史。百姓歌之曰。

人當勤學得主簿。誰使爲之陶明府。○類聚六。

石頭民爲庾亮歌二首

晉書曰。庾亮。初鎮武昌。出至石頭。百姓於岸上歌之。後連徵不入。及薨於鎮。以喪還都葬。皆如謡言。

庾公上武昌。翩翩如飛鳥。庾公還揚州。白馬牽旒旐。○晉書五行志。宋書五行志。世説新語傷逝篇注引靈鬼志謡徵。樂府詩集八十七、詩紀四十三並作庾公歌二首。

庾公初上時。翩翩如飛烏。世説注作鵶。庾公還揚州。白馬牽流蘇。詩紀云。一作旒車。世説注作旒車。○同上

升平中童歌

晉書曰。穆帝升平中。兒童輩忽歌於道曰阿子聞。曲終輒云云。無幾而帝崩。太后哭之曰云。

阿子汝聞不。○晉書五行志。宋書五行志。

升平末民歌

晉書曰。升平末。俗間忽作廉歌。有扈謙者聞之曰。廉者。臨也。歌云云。内外悉臨。國家其大諱乎。少時而穆帝晏駕。

白門廉。宮庭廉。○晉書五行志。宋書五行志。

太和中百姓歌

晉書曰。晉海西公太和中。民爲此歌。白者。金行。馬者。國族。紫爲奪正之色。明以紫間朱也。海西公尋廢。三子非海西公之子。縊以馬韁。死之明日。南方獻甘露焉。

青青御路楊。白馬紫游韁。汝非皇太子。那得甘露漿。○晉書五行志。宋書五行志。樂府詩集八十七、詩紀四十三並作御路楊歌。

鳳凰歌

宋書曰。晉海西公生皇子。百姓歌之。其歌甚美。其旨甚微。海西公不男。使左右向龍與内侍接。生子。以爲己子。

鳳凰生一雛。天下莫不喜。本言是馬駒。今定成龍子。○晉書五行志。宋書五行志。樂府詩集八十五。詩紀四十三。

荆州百姓歌

晉書曰。桓石民爲荆州。鎮上明。百姓忽歌曰。黄曇子。曲終又云云。頃之而桓石民死。王忱爲荆州。黄曇子乃是王忱字也。忱小字佛大。是大佛來上明也。

黄曇英。揚州大佛來上明。○晉書五行志。宋書五行志。世説新語忿狷篇注。詩紀四十四作黄曇謡。

歷陽百姓歌

晉書曰。庾楷鎮歷陽。百姓歌之。後楷南奔桓玄。爲玄所殺。

重羅黎。重羅黎。使君南上無還時。○晉書五行志。宋書五行志。樂府詩集八十七、詩紀四十三並作歷陽歌。

桓玄篡時小兒歌

吴均續齊諧記曰。桓玄篡位後。朱雀門中忽見兩小兒。通身如墨。相和作籠歌云云。路邊小兒從而和之者數十人。聲甚哀楚。日既夕。二小兒入建康縣。至閤下。遂成雙漆鼓槌。明年春而桓敗。車無軸。倚孤木。桓字也。荆州送玄首。用敗籠茵包之。又芒繩束縛其屍。沈諸江中。悉如所歌焉。

芒籠茵。繩縛腹。車無軸。倚孤木。○太平廣記三百六十八。詩紀四十三。

司馬休之從者歌

續安帝紀曰。司馬休之兄尚爲桓玄所敗。休之奔淮泗。頗得彼之人心。從者爲之歌曰。

可憐司馬公。作性甚温良。憶昔水邊戲。使我不能忘。○類聚十九。詩紀四十三作從者歌。

苻堅時關隴人歌

晉書曰。苻堅時。關隴清宴。百姓豐樂。自長安至於諸州。皆夾路樹槐柳。二十里一亭。四十里一驛。旅行者取給於途。工商貿販於道。百姓歌之。崔鴻前秦録曰。王猛化洽六州。人移風變。百姓歌之。

長安大街。夾樹御覽或作路。楊類聚或作兩邊樹。類聚及御覽或作兩邊種。槐。下走朱輪。上有鸞棲。御覽或作棲鸞。英彦雲集。誨我萌御覽或作人。黎。○晉書苻堅載記上。類聚十九引車頻秦書。類聚八十八。御覽四百六十五引前秦録。御覽九百十六引車頻秦書。詩紀四十三作關隴歌。又御覽九百五十四引槐、棲二韵。

苻堅時鳳凰歌

前秦録曰。苻堅時。鳳凰集于東闕、歌之曰。

鳳凰于飛。其羽翼翼。淵哉十六國春秋作翊我。聖后。饗御覽或作其。齡萬億。○御覽四百六十五、九百十五。十六國春秋三十六。詩紀四十三。

苻堅時長安爲慕容沖歌

晉書曰。苻堅既滅燕。慕容沖姊。僞清河公主。年十四。有殊色。堅納之。寵冠後庭。沖年十二。亦有龍陽之姿。堅又幸之。姊弟專寵。宮人莫進。長安歌之。咸懼爲亂。王猛切諫。堅乃出沖。後竟爲沖所敗。

一雌復一雄。雙飛入紫宮。○晉書苻堅載記下。魏書慕容暐傳。北史燕慕容暐傳。御覽五百七十、事類賦歌賦注並引漢書曰。李延年善歌。帝幸之。時人語曰云。詩紀九作紫宮諺。編入漢詩。

平原爲太守索稜歌

後秦録曰。索稜。字孟則。燉煌人。好學博聞。姚萇甚重之。委以機密。文章詔檄皆稜之文也。後爲平原太守。以德化民。民畏而愛之。歌曰。

懿矣明守。庶績允釐。剖符作宰。實獲民十六國春秋作我。思。○十六國春秋六十一。

越謡歌

風土記曰。越俗性率樸。意親好合。卽脱頭上手巾。解腰間五尺刀以與之。爲交拜親跪妻。定交有禮。俗皆當於山間大樹下封土爲壇。祭以白犬一、丹雞一、雞子三。名曰木下雞。犬五。其壇地人畏不敢犯也。祝曰云。○此祝。樂府詩集、詩紀皆作越謡歌。編入先秦。逯案。風土記。晉周處著。其所謂越。指當時山越。非春秋時代越人也。今編之晉雜歌謡辭中。

卿雖乘車我戴笠。後日相逢下車揖。我雖御覽或無雖字。步行卿乘馬。他御覽作後。日相逢卿當下。樂府作君乘車。我戴笠。他日相逢下車揖。君擔簦。我跨馬。他日相逢爲君下。文選補遺、詩紀同。○初學記十八。御覽四百六。樂府詩集八十七。詩紀前集二。又御覽五百四十三、七百六十五並引笠、揖二韵。

隴頭歌

郭仲産秦州記曰。隴山東西百八十里。登隴。東望秦川四五百里。極目泯然。墟宇桑梓。與雲霞一色。其上有懸溜。吐于山中。匯爲澄潭。名曰萬石潭。流溢散下皆注乎渭。山東人行役升此而瞻顧者。莫不悲思。故其歌曰。

隴頭流御覽作泉。寰宇記作之。水。流後漢書注作分。寰宇記同。離四御覽作西。下。念我行役。飄然曠野。登高望遠。後漢書注作遠望。寰宇記同。涕零雙墮。初學記作落。○後漢書郡國志漢陽郡下。初學記十五。寰宇記三十五。御覽五十引周地圖記。詩紀八。

同前

辛氏三秦記曰。隴渭西關。其阪九迴。不知高幾許。欲上者七迴。上有水。可容百餘家。上有清水四注下。俗歌云。

隴頭流水。鳴聲幽書鈔、御覽或作嗚。咽。御覽或作噎。事類賦同。遥望秦川。肝腸御覽或作心肝。事類賦同。斷絶。○書鈔百六。書鈔百五十七。初學記十五。白帖二作隴頭歌。御覽五十、五十六、百六十四、五百七十二。寰宇記三十二。事類賦歌賦注。詩紀八。○以上二歌。詩紀列入漢詩。逯案。郭仲産。晉人。辛氏較郭氏更晚。列入漢詩似不妥。今依著者時代列此俟考。

淫豫歌

詩紀云。以下世代莫詳。古今樂録曰。晉、宋以後有淫預歌。樂府云。酈道元水經注曰。白帝山城水門之西。江中有孤石。名淫豫石。水冬出二十餘丈。夏則没。亦有裁出焉。江水東逕廣溪峽。乃三峽之首也。峽中有瞿塘、黄龕二灘。夏水回復。沿泝所忌。國史補曰。蜀之三峽。最號峻急。四月五月尤險。故行者歌之。淫或作灩。預或作豫。

灩預大北夢瑣言作小。猗覺寮雜記無大字。如馬。瞿塘不可猗覺寮雜記不可作莫。下。灩預大如牛。瞿塘不可流。國史補作留。廣博物志同。○國史補上。樂府詩集八十六。北夢瑣言七。猗覺寮雜記上。詩紀四十三。

同前

淫預大如馬。瞿唐不可下。淫預大如象。瞿唐不可上。○古詩類苑十五。詩紀四十三。○逯案。古謡諺引峽程記灩澦堆語有云。灩澦大如象。瞿塘不敢上。灩澦大如馬。瞿塘不可下。與此稍同。而次序顛倒。又古謡諺據藝林伐山及廣博物志補灩澦大如鼈。瞿塘行舟絶二句。灩澦大如龜。瞿塘不可窺二句。據樂府詩集補灩澦大如服。瞿塘不可觸二句。逯案。藝林伐山、廣博物志所引時代或較後。未必晉時歌謡。至樂府所載原作梁簡文帝淫澦歌。其下尚有金沙浮轉多。桂浦忌經過二句。古謡諺删取首二句。非是。梁簡文帝作。詩紀亦列爲晉歌。並引升菴詩話爲説。亦非是。

巴東三峽歌二首

酈道元水經注曰。巴東三峽。謂廣溪峽、巫峽、西陵峽也。三峽七百里中。兩岸連山。略無闕處。重巖疊嶂。隱蔽天日。非亭午夜分。不見曦月。宜都山川記曰。自黄牛灘東入西陵界。至峽口。一百許里。山水紆曲。林木高茂。猿鳴至清。山谷傳響。泠泠不絶。行者聞之。莫不懷土。故漁者歌曰。

巴東三峽巫峽長。猿鳴三聲淚沾裳。○水經注江水注。文選十二江賦注、御覽五十三並引盛弘之荆州記。樂府詩八十六。詩紀四十三。

巴東三峽猿鳴悲。猿鳴三聲淚沾衣。○類聚九十五。御覽五百七十二、九百十並引宜都山川記。樂府詩集八十六。詩紀四十三。○逯案。宜都山川記。晉袁山崧所著。

同前見水經注。

灘頭白勃堅相持。倏忽淪没别無期。○水經注江水注。詩紀四十三。

武陵人歌

黄閔武陵記曰。有绿蘿山。側巖垂水。懸蘿百里許。得明月池。碧潭鏡澈。百尺見底。素巖若雪。松如插翠。流風叩阿。有絲桐之韻。土人爲之歌曰。

仰兹山兮迢迢。層石構兮嵯御覽作峩。峨。朝日麗兮陽巖。落景梁詩紀云。一作陽。兮陰阿。鄣壑兮生音。吟籟兮相和。敷芳兮绿林。恬淡兮潤波。樂兹潭兮安流。緩爾書鈔作子。櫂兮詠歌。○御覽五百七十二引黄閞五陵記。廣博物志五引水經注。桃花源志七引黄閔武陵記。詩紀四十三。又書鈔百六引黄閔五陵記引迢、峨、流、歌四韵。○逯案。隋志地理類有神壤記。黄閔撰。武陵記作者。當卽此人。書鈔桃花源志所載是也。今從之。御覽作黄閞。詩紀作黄闓。皆誤。

閭里爲消腸酒歌

拾遺記曰。張華爲九醖酒。若大醉。不可叫笑摇蕩。令人肝腸消爛。俗人謂爲消腸酒。或云醇酒可爲長宵之樂。兩説同而事異也。閭里歌曰云云。言耽此美酒。以悦一時。何用保守靈而取長久。

寧得醇酒消腸。不與日月齊光。○拾遺記九。

謠辭

咸康二年童謠

晉書曰。咸康二年十二月。河北謠言。後如其言。

麥入土。殺石虎。晉書作武。詩紀同。○晉書五行志。宋書五行志。詩紀四十四。

成帝末童謠

晉書曰。成帝之末童謠。少日而宮車晏駕。

礚礚苦蓋反。何隆隆。駕車入梓宮。○晉書五行志。宋書五行志。詩紀四十四。

荆楚謠

蓮社高賢傳曰。尋陽陶侃刺廣州。漁人見海中有神光。網之。得金像文殊。誌云。阿育王所造。侃以送武昌寒溪寺。主僧珍常住夏口。夜夢寺焚。而此像室獨有神護。馳還。寺果焚。像室果存。及侃移督江州。迎像將還。至舟而溺。荆楚爲之謠曰。

陶惟劍雄。高賢傳作椎。像以神標。法苑珠林作摽。雲翔泥宿。邈何遥遥。可以誠致。難以力招。○蓮社高賢傳。法苑珠林十三。廬山記。

吴中童謡

宋書曰。晉庾義在吴郡時。吴中童謡。無幾而庾義、王洽相繼亡。按晉史。穆帝時。庾羲爲吴興内史。王洽爲爲吴郡内史。徵拜領軍後。皆卒於官。義疑卽羲也。

寧食下湖荇。不食湖上蓴。庾吴没命喪。復殺王領軍。○宋書五行志。樂府詩集八十九。詩紀四十四。

哀帝隆和初童謡

晉書曰。哀帝隆和初童謡曰云云。朝廷聞而惡之。改年曰興寧。民復歌曰。雖復改興寧。亦復無聊生。哀帝尋崩。

升平五年。而穆帝崩。不滿斗。不至十年也。

升平不滿斗。隆和那得久。桓公入石頭。陛下徒跣走。○晉書五行志。宋書五行志。樂府詩集八十八。詩紀四十四。

太和末童謡

晉書曰。太和末童謡云云。及海西公被廢。百姓耕其門。以種小麥。

犁牛耕御路。白門種小麥。○晉書五行志。宋書五行志。樂府詩集八十八。詩紀四十四。

京口民間謡二首

晉書曰。王恭在京口。民間忽有此謡。按黄字上恭字頭也。小字恭字下也。尋如謡言。

黃頭小人晉書作兒。欲作賊。阿公在城下指縛得。○晉書五行志。宋書五行志。詩紀四十四。

黃頭小人欲作亂。賴得金刀作蕃扞。○同上

京口謡

晉書曰。王恭鎮京口。誅王國寶。百姓爲此謡。按昔年食白飯。言得志也。今年食麥䴸。麥䴸麤穢。其精已去。明將敗也。天公將加譴謫而誅之也。捻嚨喉。氣不通。死之祥也。敗復敗。丁寧之辭也。恭尋死。京都人行咳疾。而喉並喝焉。

昔年食白飯。今年食麥䴸。天公誅謫汝。教汝捻嚨喉。嚨喉喝復喝。京口敗復敗。○晉書五行志。宋書五行志。詩紀四十四。

同前

劉謙之晉紀曰。王恭誅。童謡曰。

昔年食麥屑。今年食䔲豆。䔲豆不可食。使我枯嚨喉○御覽八百五十三。○逯案。此當爲前謡之一部分。

孝武帝太元末京口謡

晉書曰。孝武帝太元末。京口謡。尋王恭起兵誅王國寶。旋爲劉牢之所敗。故言拉颯棲也。

黃雌雞。莫作雄父啼。一旦去毛衣。衣被拉颯棲。○晉書五行志。宋書五行志。樂府詩集八十八。詩紀四十四。

荆州童謡

晉書曰。殷仲堪在荆州時。童謡。未幾而仲堪敗。桓玄遂有荆州。

芒籠目。繩縛腹。殷當敗。桓當復。○晉書五行志。宋書五行志。樂府詩集八十九。詩紀四十四。

洪水謡

亦見崔鴻前秦録。晉書曰。苻洪。字廣世。略陽臨渭氐人也。先是隴右大雨。百姓苦之。謡云云。故因名洪。自稱大單于三秦王。死僞謚惠武帝。

雨若不止。洪水必起。○晉書苻洪載記。魏書苻健傳。御覽百二十一、四百六十五並引前秦録。詩紀四十四。

隴上童謡

前秦録曰。苻健皇始二年十二月。丞相雄攻王擢於隴上。敗之。擢單馬奔涼州。雄還屯隴東。初有童謡曰云云。至是而擢敗。

十斗二升沙。誰爲書鈔爲上有謂字。王擢書鈔擢下有屬字。家。○十六國春秋三十四。書鈔百五十九引三十國春秋。

苻生時長安謡二首

晉書曰。苻生。洪之孫。嗣父健位。僭稱帝。初。生夢大魚食蒲。又長安謡云云。東海。苻堅封地。時爲龍驤將軍。第在洛門之東。生不知是堅。以謡言之故。誅其侍中魚遵及其子孫。時又謡云云。於是悉壞空城以禳之。

東海大魚化爲龍。男便御覽或無便字。爲王女爲公。問在何所洛門御覽或作城。東。○晉書苻生載記。魏書苻健傳附苻生傳。御覽百二十一、四百六十五並引前秦録。御覽九百二十九。詩紀四十四。

百里望空城。鬱鬱何青青。瞎兒不知法。仰不見天星。生闕一目。○晉書苻生載紀。魏書苻健傳附苻生傳。詩紀四十四。

苻堅時長安謡

晉書曰。苻堅時長安有此謡。堅以鳳凰非梧桐不棲。非竹實不食。乃植桐竹數十萬株於阿房城以待之。沖小字鳳皇。至是。終爲堅賊。入止阿房城焉。

鳳皇鳳皇類聚不重鳳皇二字。止阿房。○晉書苻堅載記。魏書慕容暐傳。類聚八十八引三秦記。御覽九百五十六。樂府詩集八十九。詩紀四十四。

苻堅初童謡

晉書曰。苻堅初有此童謡。及堅敗於淝水。爲姚萇所殺。在僞位凡三十年。

阿堅連牽。三十年。後若載記作若後。欲敗時。載記無時字。當在江湖邊。載記作淮間。○晉書五行志。宋書五行志。樂府詩集八十九。詩紀四十四。

苻堅時童謡

晉書載記曰。苻堅彊盛之時。國有童謡云云。堅聞而惡之。每征伐。戒軍候云。地有名新城者。避之。後因壽陽之敗。其國大亂。竟死於新城佛寺。

河水清復詩紀云。一作且。清。苻詔晉書及宋書五行志作堅。死新城。○晉書苻堅載記。晉書二十八。宋書三十一。樂府詩集八十九。詩紀四十四。

同前

晉書曰。有謡云云。魚。羊鮮也。田。斗卑也。堅自號秦。言滅之者鮮卑矣。其羣臣諫堅。令盡誅鮮卑。堅不從。及淮南初爲慕容沖所攻。又爲姚萇所殺。身死國滅。

魚羊田斗當滅秦。○晉書五行志。宋書五行志。詩紀四十四。

苻堅時長安謡

晉書曰。秦之末亂也。長安謡云云。秦人呼鮮卑爲白虜。慕容垂之起於關東。歲在癸未。

長鞘馬鞭擊左股。太歲南行當復初學記作遝。御覽同。詩紀云。一作遝。虜。○晉書苻堅載記。魏書慕容永傳。初學記二十二、御覽三百五十九並引前秦録。詩紀四十四。

涼州爲張氏謡

魏書曰。昭成末。苻堅遣將苟萇伐涼州。破之。天錫降於萇。初駿時。謡曰云云。是時姑臧及諸郡國童兒皆歌之。謂劉曜、石虎並伐涼州不克。至堅而降之也。

劉新婦簸米。石新婦吹糝粃。蕩滌簸張兒。張兒食之口正披。○魏書私署涼州牧張天錫傳。

長安民謡

晉書曰。時長安大飢。堅與沖戰。各有勝負。城中有書曰古符傳賈録。載帝出五將久長得。先是。又謡曰云云。堅大信之。告其太子宏曰。脱如此言。天或導予。今留汝兼總戎政。朕當出隴收兵運糧以給汝。於是率騎數百出如五將。堅至五將山。姚萇遣將軍吴忠圍之。執堅以歸新平。萇乃縊堅於新平佛寺中。

堅入五將山寰宇記作久。御覽無山字。長得。○晉書苻堅載記。魏書苻堅傳。御覽四十四、太平寰宇記三十並引十六國春秋。

苻堅國中謡

晉書曰。初。桓豁聞苻堅國中謡云云。有子二十人皆以石爲名。御覽引晉書曰。謝玄破堅於淮淝。先是有童謡云云。

誰謂爾堅。石打碎。御覽作破。○晉書桓豁傳。御覽三百六十二引晉書。

朔馬謡

晉書曰。孝武太元十四年。苻堅故將吕光僭即三河王位。光徙西海郡人於諸郡。至是謡云云。頃之。遂相扇動。復徙之於西河。

朔馬心何悲。念舊中心勞。燕雀何徘徊。意欲還故巢。○晉書吕光載記。詩紀四十四。

燕童謡

晉書曰。慕容熙爲政暴虐。其將馮跋、張興。皆坐事奔亡。結盟推慕容雲爲主。因熙出城。閉門距守。熙夜至龍城。

攻北門不剋。爲雲所執。弒之。時義熙二年也。初童謡云云。藁字上有草。下有禾。兩頭然。則禾草俱盡而成高字。雲父名拔。小字秃頭。三子。而雲季也。熙竟爲雲所滅。

一束藁。兩頭然。秃頭小兒來滅燕。○晉書慕容熙載記。詩紀四十四。

大風謡

晉書曰。慕容寶嗣位。以慕容德爲都督冀、兖六州諸軍事。鎮鄴。會魏師入中山。寶出奔於薊。時有謡云云。於是德之羣臣勸德僭號稱元。

大風蓬勃揚塵埃。八井三刀卒起來。四海鼎沸中山頽。惟有德人據三臺。○晉書慕容德載記。詩紀四十四。

安帝元興初童謡

宋書曰。晉桓玄既篡。有此童謡。及玄敗。走至江陵。五月中。誅如其期焉。按帝紀。桓玄篡位在安帝元興二年十二月也。

草生及馬腹。烏詩紀作鳥。啄桓玄目。○晉書五行志。宋書五行志。樂府詩集八十九。詩紀四十四。

同前

又曰。桓玄時民謡語云云。征鍾至穢之服。桓四體之下稱。玄目下居上。猶征鍾之厠歌謡。下體之詠民口也。而云落地。墜地之祥。迸走之言。其驗明矣。

征鍾落地桓迸走。○晉書五行志。宋書五行志。詩紀四十四。

安帝元興中童謡

宋書曰。晉安帝元興中。桓玄既得志。而有童謡。及玄敗走。諸桓悉誅焉。郎君。司馬元顯也。

長干巷。巷長干。今年殺郎君。明桓玄傳作後。年斬諸桓。○宋書五行志。晉書桓玄傳。樂府詩集八十九。詩紀四十四。

安帝義熙初童謡

晉書曰。安帝義熙初。童謡曰云云。時宦養盧龍。寵以金紫。奉以名州。養之已極。而龍不能懷我好音。舉兵内伐。遂成讐敵也。及敗。斬伐其黨。如草木之成積焉。按列傳。盧循。小字元龍。元興二年。寇廣州。逐刺史吴隱。自攝州事。號平南將軍。安帝乃假循征虜將軍。廣州刺史。義熙中。劉裕破循於豫章。循走交州。爲刺史杜慧度所殺。

官家養蘆化成御覽作作。荻。蘆生不止自成積。○晉書五行志。宋書五行志。御覽一千引晉中興書徵祥説。樂府詩集八十九。詩紀四十四。

安帝義熙初謡二首

晉書曰。盧龍據有廣州。民間有謡云云。後擁上流數州之地。内逼京輦。應天半之言。時復有謡云云。龍後果敗。不得入石頭。

蘆生漫漫竟天半。○晉書五行志。宋書五行志。樂府詩集八十九。詩紀四十四。

蘆晉書、樂府作盧。橙橙。逐水流。東風忽如起。那得入石頭。○同上

晉世京師謡

異苑曰。盧龍將寇亂。京師謡言曰云云。未幾而敗。

十丈瓦屋八九間。下三字原本無。據古今風謡補。蘆作柱。薙作欄。○異苑四。類聚八十二。

義熙中童謡

異苑曰。義熙中童謡云云。及十一年晉大軍至洛。修復園林。時封琅琊王也。

長有掃箒樞作杷。掃除洛中迎琅琊。○開元占經百十三。

時人爲龐世謡

趙書曰。燕人龐世爲光禄勳。案奏豪强。苛尅人物。咸懼疾之。及卒。門無弔客。時人爲之謡曰。

龐家之巷。車馬轔轔。御覽作轔轔。泥丸之日無弔賓。弔賓不來南燕録作至。何所因。由性苛尅寡所親。○御覽四百六十五。十六國春秋六十五南燕録。

三峽謡

水經注曰。峽中有灘名曰黄牛灘。南岸重嶺疊起。最外高崖間。有色。如人負刀牽牛。人黑牛黄。成就分明。既人跡所絶。莫得究焉。此巖既高。加江湍紆廻。雖途逕信宿。猶望見此物。故行者謡云云。言水路行深。廻望如一矣。

朝發詩紀作見。黃牛。暮宿詩紀作見。黃牛。三朝類聚作日。御覽或同。三暮。御覽或作夜。黃牛如故。○水經注三十四江水篇。類聚七、御覽五十三、六十九、太平寰宇記百四十七並引盛弘之荆州記。詩紀四十四。

葛洪引諺

抱朴子曰。凡爲道。合藥及避亂隱居者。入山不知法者。多遇禍害。故諺有之曰。

太華之下。白骨狼藉。○抱朴子登涉篇。

葛洪引諺

抱朴子曰。書字人知之。猶尚寫之多誤。故諺曰云云。此之謂也。

書三寫。魚成魯帝遐覽篇作虚。成虎。○抱朴子遐覽篇。意林四。

干寶引語

搜神記曰。南陽宗定伯。夜行逢鬼。定伯誑之。化爲一羊。便賣之。恐其變化。唾之。得錢千五百乃去。時人語曰。

宗搜神記無宗字。定伯賣鬼。得錢千五百。搜神記無百字。○搜神記十六。類聚九十四。

時人爲習主簿語

晉書曰。習鑿齒。字彦威。爲桓温荆州主簿。親遇隆密。時語曰。

徒三十年看儒書。不如一詣習主簿。○御覽二百六十五。○逯案。二句晉書作桓温語。

桓温府爲郗超王珣語

晉書曰。桓温與超言。常謂不能測。傾意禮待。超亦深自結納。時王珣爲温主簿。亦爲温所重。府中語曰云云。超髯珣短故也。

髯參軍。短主簿。能令公喜。書鈔作憙。能令公怒。○晉書郗超傳。世説新語賞譽篇注引續陽秋。書鈔六十五引晉陽秋。類聚十九、御覽二百四十九、四百六十五並引世説。白帖二十一。

時人爲謝安郗超王坦之語

續晉陽秋曰。超少有才氣。越世負俗。不循常檢。爲一代盛譽。時人語曰。

大才槃槃。謝家安。江東獨步。王文度。盛德日新。郗嘉賓。○世説新語賞譽篇注。詩紀四十四作郗王謡。

時人爲郗超王坦之語

晉書曰。王坦之。字文度。弱冠與郗超俱有重名。時人爲之語云云。嘉賓。超小字也。

盛德絶倫。郗嘉賓。江東獨步。王文度。○晉書王坦之傳。御覽四百九十五。詩紀四十四作郗王謡。

同前

世説曰。諺曰。

揚州獨步。王文度。後來出人。郗嘉賓。御覽作景興。○世説新語賞譽篇。御覽二百四十九引晉中興書。

時人爲王廙語

張懷瓘書斷曰。王廙。字世將。琅邪臨沂人。逸少之叔父。工於草隸飛白。祖述張衛遺法。自過江。右軍之前。世將書與荀勗畫爲明帝師。其飛白志氣極古。垂雕鶚之翅羽。類旌旗之卷舒。時人云云。永昌元年卒。年四十七。

王廙飛白。右軍之亞。○法書要録八。

時人爲王珉王珣語

晉書曰。王珣。字元琳。法護。珣小字也。珣弟珉。字季琰。少有才藝。善行書。名出珣右。時人爲之語曰云云。僧彌。珉小字也。

法護非不佳。僧御覽或作阿。彌世説注作珍。詩紀同。難爲兄。○晉書王珉傳。世説新語規箴篇注引續晉陽秋。御覽四百九十五、五百十六引續晉陽秋。詩紀四十四。

時人爲李始語

十六國春秋蜀李雄録曰。異母兄始。字敬伯。爲太保。善撫士衆。衆多歸之。時人爲之語曰。

欲養老。屬太保。○御覽二百六。十六國春秋七十九。

長安爲苻堅語

晉書曰。堅每令百姓有怨者舉煙于城北。觀而録之。長安爲之語曰。

欲得必存。當舉煙。○晉書苻堅載記。魏書慕容永傳。

時人爲梁氏兄弟語

崔鴻前秦録曰。梁讜。字伯言。博學有儁才。與弟熙。俱以文藻清麗見重一時。人爲之語曰。

關東堂堂。二申兩房。未若二梁。瓌文綺章。○御覽四百九十五。十六國春秋四十二前秦録。詩紀四十四。

祈嘉夜聞人呼語

晉書曰。嘉。字孔賓。酒泉人也。少清貧。好學。年二十餘。夜聞窗中有聲呼曰云云。旦而逃去。西至敦煌。遂西游海渚。

祈孔賓。祈孔賓。上二句白帖只作祈嘉。御覽不疊句。隱去來。隱去來。白帖不疊句。御覽同。修飾白帖作節。人間。晉書作世。甚苦不可諧。所得未白帖作如。毛銖。所喪如山崖。○晉書祈嘉傳。白帖十。御覽五百三。○逯案。祈孔賓句。白帖作祈嘉。較勝。

南燕人爲公孫氏語

晉書曰。慕容超時。公孫五樓爲侍中、尚書。專總朝政。王公内外。無不憚之。尚書都令史王儼。諂事五樓。遷尚書郎。出爲濟南太守。入爲尚書左丞。時人爲之語曰。

欲得侯。事五樓。○晉書慕容超載記。詩紀四十四。

西州爲麴氏游氏語

晉書曰。麴允。金城人也。與游氏世爲豪族。西州爲之語曰。

麴與游。牛羊不數頭。南開朱門。北望青樓。○晉書麴允傳。詩紀四十三作麴游歌。

西州諺

晉書曰。尹氏。李玄盛后。玄盛之創業也。謀謨經略。多所毗贊。故西州諺曰。

李尹主敦煌。○晉書涼武昭王李玄盛后尹氏傳。

釋道安引諺

二教論曰。諺曰。

紫實昧朱。狂斯濫哲。○廣弘明集八。

時人爲釋道安語

高僧傳曰。釋道安遇佛圖澄。澄講安覆。疑難鋒起。安挫鋭解紛。行有餘力。時人語云。

漆道人。驚四隣。○高僧傳五釋道安傳。

東山諺

高僧傳曰。于法開有弟子法威。清悟有樞辯。開嘗使威出都。經過山陰。支遁正講小品。往復多番。遁遂屈。故東山諺云。

深量深思。林談識記。○高僧傳四于法開傳。

時人爲卑羅語

高僧傳曰。卑摩羅義。罽賓人。以僞秦弘始八年達自關中。及羅什棄世。南適江陵。於新寺夏坐。開講十誦。道場慧觀。深括宗旨。記其所制内禁輕重。撰爲二卷。送聞京師。僧尼披習。競相傳寫。時聞者諺曰云云。今猶行於世。爲後生法矣。

卑羅鄙語。慧觀才録。都人繕寫。紙貴如玉。○高僧傳二卑摩羅義傳。

王子年引世語

拾遺記曰。帝堯在位。聖德光洽。羽山之北。有善鳴之禽。人面鳥喙。八翼一足。毛色如雉。行不踐地。名曰青鸐。其聲似鐘磬笙竽也。世語曰。

青鸐鳴。時太平。○拾遺記一。

晉詩卷十九

清商曲辭

清商樂。一曰清樂。清樂者。九代之遺聲。其始卽相和三調是也。並漢、魏已來舊曲。其辭皆古調。晉馬南渡。其音亡散。宋武定關中。收其聲伎。南朝文物。斯爲最盛焉。後魏孝文宣武。相繼南伐。得江左所傳舊曲及江南吴歌荆楚西聲。總謂之清商。至於殿庭饗宴。則兼奏之。隋平陳。文帝聽之。善其節奏。曰。此華夏正聲也。乃微更損益。以新定律吕。因於太常置清商署以管之。謂之清樂。隋室喪亂。日益淪缺。唐貞觀中。用十部樂。清樂亦在焉。至武后長安已後。朝廷不重古曲。工伎廢弛於吴音轉遠矣。曲之存者。僅有子夜、上聲、歡聞、前溪、阿子、丁督護、讀曲、神弦等曲。俱列於吴聲。而西曲則石城樂、烏夜啼、烏棲曲、估客、莫愁、襄陽、江陵、共戲、壽陽等曲。或舞曲。或倚歌。則雜出於荆、郢、樊、鄧之間。以其方俗。故謂之西曲。及梁天監中。武帝改西曲。製江南弄爲龍笛、採蓮、採菱曲。沈約製鳳笙等曲。與西曲總列於清商云。詩紀云。按清商曲古辭雜出各代。子夜爲晉時人。故以繫晉。其他如宋碧玉、華山畿、讀曲、壽陽樂、齊共戲樂、楊叛兒、梁攀楊枝歌。有世代可考者。各從其世。無可考證。如黄生、黄鵠等曲。併附於晉。從其始也。

吴聲歌曲

子夜歌四十二首晉、宋、齊辭。

唐書樂志曰。子夜歌者。晉曲也。晉有女子名子夜。造此聲。聲過哀苦。樂府解題曰。後人更爲四時行樂之詞。謂之子夜四時歌。又有大子夜歌、子夜警歌、子夜變歌。皆曲之變也。

落日出前門。瞻矚見子度。冶容多姿鬢。芳香已盈路。○樂府詩集四十四。詩紀四十一。

芳是香所爲。冶容不敢當。天不奪人願。故使儂見郎。○同上

宿昔不梳頭。絲髮被兩肩。婉伸郎膝下。樂府作上。何處不可憐。○同上

自從别歡來。奩器了不開。頭亂不敢理。粉拂生黄衣。○同上

崎嶇相怨慕。始獲風雲通。玉林詩紀云。一作牀。語石闕。悲思兩心同。詩紀云。石闕。漢碑名。○同上

見娘善樂府作善。注云。一作善。詩紀云。一作喜。容媚。願得結金蘭。空織無經緯。求匹理自難。○同上

始欲識郎時。兩心望如一。理絲入殘機。何悟不成匹。○同上

前絲斷纏樂府云。一作成。綿。意欲結交情。春蠶易感化。絲子已復生。○同上

今日樂府作夕。已歡别。合會在何時。明燈照空局。悠然未有期。○同上

自從别郎來。何日不咨嗟。黄蘗鬱成林。當奈苦心多。○同上

高山種芙蓉。復經黄蘗塢。果得一蓮時。流離嬰辛苦。○同上

朝思出前門。暮思還後渚。語笑向誰道。腹中陰憶汝。○同上

擥枕北窗卧。郎來就儂嬉。小喜多唐突。相憐能幾時。○同上

駐筯不能食。蹇蹇步闈裏。投瓊著局上。終日走博子。○同上

郎爲傍人取。負儂非一事。攡門不安横。無復相關意。○同上

年少當及時。蹉跎日就老。若不信儂語。但看霜下草。○同上

緑攬迮題錦。雙裙今復開。已許腰中帶。誰共解羅衣。○同上

常慮有貳意。歡今果不齊。枯魚就濁水。長與清流乖。○同上

歡愁儂亦慘。郎笑我便喜。不見連理樹。異根同條起。○同上

感歡初殷勤。歎子後遼落。打金側瑇瑁。外豔裏懷薄。○同上

别後涕流連。相思情悲滿。憶子腹糜爛。肝腸尺寸斷。○同上

道近不得數。遂致盛寒違。不見東流水。何時復西歸。○同上

誰能思不歌。誰能饑不食。日冥當户倚。惆悵底不憶。○同上

擥裙未結帶。約眉出前窗。羅裳易飄颺。小開罵春風。○同上

舉酒待相勸。酒還盃亦空。願因微觴會。心感色亦同。○同上

夜覺百思纏。憂歎涕流襟。徒懷傾筐情。郎誰明儂心。○同上

儂年不及時。其於作乖離。素不知樂府作如。浮萍。轉動春風移。○同上

夜長不得眠。轉側聽更鼓。無故歡相逢。使儂肝腸苦。○同上

歡從何處來。端然有憂色。三喚不一應。有何比松柏。○同上

念愛情慊慊。傾倒無所惜。重簾持自鄣。誰知許厚薄。○同上

氣清明月朗。夜與君共嬉。郎歌妙意曲。儂亦吐芳詞。○同上

驚風急素柯。白日漸微濛。郎懷幽閨性。儂亦恃春容。○同上

夜長不得眠。明月何灼灼。想聞散喚聲。虛應空中諾。○同上

人各既疇匹。我志獨乖違。風吹冬簾起。許時寒薄飛。○同上

我念歡的的。子行由豫情。霧露隱芙蓉。見蓮不分明。○同上

儂作北辰星。千年無轉移。歡行白日心。朝東暮還西。○同上

憐歡好情懷。移居作鄉里。桐樹生門前。出入見梧子。○同上

遺信歡不來。自往復不出。金桐樂府作銅。作芙蓉。蓮子何能實。樂府作貴。○同上

初時非不密。其後日不如。回頭批櫛脱。轉覺薄志疏。○同上

寢食不相忘。同坐復俱起。玉藕金芙蓉。無稱我蓮子。○同上

恃愛如欲進。含羞未肯前。朱口樂府作口朱。發豔歌。玉指弄嬌弦。詩紀云。亦見子夜警歌。○同上

朝日照綺錢。光風動紈素。巧笑倩兩犀。美目揚雙蛾。○同上

子夜四時歌七十五首晉、宋、齊辭。

春歌二十首

春風動春心。流目矚山林。山林多奇采。陽鳥吐清詩紀作青。音。○樂府詩集四十四。詩紀四十一。

綠荑帶長路。丹椒重紫荆。樂府作莖。流吹出郊外。共歡弄春英。○同上

光風流月初。新林錦花舒。情人戲春月。窈窕曳羅裾。○同上

妖冶顔蕩駘。景色復多媚。温風入南牖。織婦懷春意。○同上

碧樓冥初月。羅綺垂新風。含春未及歌。桂酒發清容。○同上

杜鵑竹裏鳴。梅花落滿道。燕女遊春月。羅裳曳芳草。○同上

朱光照綠苑。丹華粲羅星。那能閨中繡。獨無懷春情。○同上

鮮雲媚朱景。芳風散林花。佳人步春苑。繡帶飛紛葩。○同上

羅裳迮紅袖。玉釵明月璫。冶遊步春露。豔覓同心郎。○同上

春林花多媚。春鳥意多哀。春風復多情。吹我羅裳開。○同上

新燕弄初調。杜鵑競晨鳴。畫眉忘注口。遊步散春情。○同上

梅花落已盡。柳花隨風散。歎我當春年。無人相要唤。○同上

昔別鴈集渚。今還燕巢梁。敢辭歲月久。但使逢春陽。○同上

春園花就黄。陽池水方淥。酌酒初滿杯。調絃始成樂府作終。詩紀云。成一作終。曲。○同上

娉婷揚袖舞。阿那曲身輕。照灼蘭光在。容冶春風生。○同上

阿那曜姿舞。逶迤唱新歌。翠衣發華洛。回情一見過。○同上

明月照桂林。玉臺作朝日照北林。初花錦繡色。誰能不相思。玉臺作春不思。獨在機中織。○玉臺新詠十。樂府詩集四十四。

崎嶇與時競。不復自顧慮。春風振榮林。常恐華落去。○樂府詩集四十四。

思見春花月。含笑當道路。逢儂多欲擿。可憐持自誤。○同上

自從別歡後。歎昔樂府作音。不絶響。黄蘗向春生。苦心隨日長。○同上

夏歌二十首

高堂不作壁。招取四面風。吹歡羅裳開。動儂含笑容。○樂府詩集四十四。詩紀四十一。

反覆華簟上。屏帳了不施。郎君未可前。待我整容儀。○同上

開春初無歡。秋冬更增淒。共戲炎暑月。還覺兩情諧。○同上

春別猶春戀。夏還情更久。羅帳爲誰褰。雙枕何時有。○同上

疊扇放牀上。企想遠風來。輕袖拂華妝。窈窕登高臺。○同上

含桃已中食。郎贈合歡扇。深感同心意。蘭室期相見。○同上

田蠶事已畢。思婦猶苦身。當暑理絺服。持寄與行人。○同上

朝登涼臺上。夕宿蘭池裏。乘風樂府作月。採芙蓉。夜夜得蓮子。○同上

暑盛静無風。夏雲薄暮起。攜手密葉下。浮瓜沈朱李。○同上

鬱蒸仲暑月。長嘯北樂府作出。湖邊。芙蓉始玉臺作如。結葉。抛樂府作花。豔未成蓮。○玉臺新詠十。樂府詩集四十四。

適見載樂府作戴。青幡。三春已復傾。林鵲改初調。林中夏蟬鳴。○樂府詩集四十四。詩紀四十一。

春桃初發紅。惜色恐儂擿。朱夏花落去。誰復相尋覓。○同上

昔别春風起。今還夏雲浮。路遥日月促。非是我淹留。○同上

青荷蓋渌水。芙蓉葩紅鮮。郎見欲採我。我心欲懷蓮。○同上

四周芙蓉池。朱堂敞無壁。珍簟鏤玉牀。繾綣任懷適。○同上

赫赫盛陽月。無儂不握扇。窈窕瑶臺女。冶遊戲涼殿。○同上

春傾桑葉盡。夏開蠶務畢。晝夜理機絲。樂府作縛。知欲早成匹。○同上

情知三夏熱。今日偏獨甚。香巾拂玉席。共郎登樓寢。○同上

輕衣不重綵。飈風故不涼。三伏何時過。許儂紅粉妝。○同上

盛暑非遊節。百慮相纏綿。汎舟芙蓉湖。散思蓮子間。○同上

秋歌十八首

風清覺時涼。明月天色高。佳人理寒服。萬結砧杵勞。○樂府詩集四十四。詩紀四十一。

清露凝如玉。涼風中夜發。情人不還卧。冶遊步明月。○同上

鴻鴈搴南去。乳樂府闕此字。燕指北飛。征人難爲思。願逐秋風歸。○同上

開窗秋樂府一作取。月光。滅燭解羅裳。含笑帷幌裏。舉體蘭蕙香。○同上

適憶三陽初。今已九秋暮。追逐泰始樂。不覺華年度。○同上

飄飄初秋夕。明月耀秋輝。握腕同遊戲。庭含媚素歸。○同上

秋夜涼風起。天高星月明。蘭房競妝飾。綺帳待雙情。○同上

涼風樂府作秋。開窗寢。斜月垂光照。中宵無人語。羅幌有雙笑。○同上

金風扇素節。玉露凝成霜。登高去來鴈。惆悵客心傷。○同上

草木不常一作長。榮。顦顇爲秋霜。今遇泰始世。年逢九春陽。○同上

自從別歡來。何日不相思。常恐秋葉零。無復蓮條時。○同上

掘作九州池。盡是大宅裏。處處種芙蓉。婉轉得蓮子。○同上

初寒八九月。獨纑自絡絲。寒衣尚未了。郎喚儂底爲。○同上

秋愛兩兩鴈。春感雙雙燕。蘭鷹接野雞。雉落誰當見。○同上

仰頭看桐樹。桐花特可憐。願天無霜雪。梧子解千年。○同上

白露朝夕生。秋風淒長夜。憶郎須寒服。乘月擣白素。○同上

秋風樂府作夜。入窗裏。羅帳起飄颺。仰頭看明月。寄情千里光。○玉臺新詠十。樂府詩集四十四。詩紀四十一。

別在三陽初。望還九秋暮。惡見東流水。終年不西顧。○樂府詩集四十四。詩紀四十一。

冬歌十七首

淵冰厚三尺。素雪覆千里。我心如松柏。君情玉臺作君心。復何似。○玉臺新詠十。樂府詩集四十四。詩紀四十一。

塗澀無人行。冒寒往相覓。若不信儂時。但看雪上跡。○樂府詩集四十四。詩紀四十一。

寒鳥依高樹。枯林鳴悲風。爲歡顦顇盡。那得好顏容。○同上

夜半冒霜來。見我輒怨唱。懷冰闇中倚。已寒不蒙亮。○同上

躡履步荒林。蕭索悲人情。一唱泰始樂。枯草銜花生。○同上

昔別春草緑。今還墀雪盈。誰知相思老。玄鬢白髮生。○同上

寒雲浮天凝。積雪冰川波。連山結玉巖。修庭振瓊柯。○同上

炭鑪却夜寒。重袍樂府作抱。坐疊褥。與郎對華榻。弦歌秉樂府云。一作炳。蘭燭。○同上

天寒歲欲暮。朔風舞飛雪。懷人重衾寢。故有三夏熱。○同上

冬林葉落盡。逢春已復曜。葵藿生谷底。傾心不蒙照。○同上

朔風灑霰雨。緑池蓮水結。願歡攘皓腕。共弄初落雪。○同上

嚴霜白草木。寒風晝夜起。感時爲歡歎。霜鬢不可視。○同上

何處結同心。西陵柏樹下。晃蕩無四壁。嚴霜凍殺我。○同上

白雪停陰岡。丹華耀陽林。何必絲與竹。山水有清音。○同上

未嘗經辛苦。無故彊相矜。欲知千里寒。但看井水冰。○同上

果欲結金蘭。但看松柏林。經霜不墮樂府云。一作墜。地。歲寒無異心。詩紀云。此首一作梁武作。○同上

適見三陽日。寒蟬已復鳴。感時爲歡歎。白髮緑鬢生。○同上

大子夜歌二首

歌謡數百種。子夜最可憐。慷慨吐清音。明轉出天然。○樂府詩集四十五。詩紀四十一。

絲竹發歌響。假器揚清音。不知歌謡妙。聲勢出口心。○同上

子夜警歌二首

鏤椀傳緑酒。雕爐薰紫煙。誰知苦寒調。共作白雪絃。○樂府詩集四十五。詩紀四十一。

恃愛如欲進。含羞出不前。朱口發豔歌。玉指弄嬌絃。○同上

子夜變歌三首

宋書樂志曰。六變諸曲。皆因事制歌。古今樂録曰。子夜變歌。前作持子送。後作歡娱我送。子夜警歌無送聲。仍作變。故呼爲變頭。謂六變之首也。

人傳歡負情。我自未嘗樂府作常。見。三更開門去。始知子夜變。○樂府詩集四十五。詩紀四十一。

歲月如流邁。春盡秋已至。熒熒條上花。零落何乃駛。○同上

歲月如流邁。行已及素秋。蟋蟀吟堂前。惆悵使儂愁。○同上

上聲歌八首晉、宋、齊辭。

古今樂録曰。上聲歌者。此因上聲促柱得名。或用一調。或用無調名。如古歌辭所言。謂哀思之音不及中和。梁武因之改辭。無復雅句。

儂本是蕭草。持作蘭桂名。芬芳頓交盛。感郎爲上聲。○樂府詩集四十五。詩紀四十一。

郎作上聲曲。柱促使弦哀。譬如秋風急。觸遇傷儂懷。○同上

初歌子夜曲。改調促鳴筝。四座暫寂静。聽我歌上聲。○同上

三鼓染烏頭。聞鼓白門裏。擎裳抱履走。何冥不輕紀。○同上

三月寒暖適。楊柳可藏雀。未言涕交零。如何見君隔。○同上

新玉臺作留。衫繡兩襠。樂府作端。注云。一作襠。詩紀云。一作端。迮著玉臺作置。羅裙玉臺作裳。裏。行玉臺作微。步動微玉臺作輕。塵。羅裙玉臺作衣。隨風起。○玉臺新詠十。樂府詩集四十五。詩紀四十一。

裲襠與郎著。反繡持貯裹。汗汙莫濺浣。持許相存在。○樂府詩集四十五。詩紀四十一。

春月�何太。生裙迮羅襪。曖曖日欲冥。從儂門前過。○同上

歡聞歌

古今樂録曰。歡聞歌者。晉穆帝升平初。歌畢輒呼歡聞不。以爲送樂。後因此爲曲名。今世用莎持乙子代之。語稍訛異也。

遥遥天無柱。流漂萍無根。單身如熒玉臺、樂府作螢。火。持底報郎恩。○玉臺新詠十。樂府詩集四十五。詩紀四十一。

歡聞變歌六首

古今樂録曰。歡變歌者。晉穆帝升平中。童子輩忽歌於道曰。阿子聞。曲終輒云阿子汝聞不。無幾而穆帝崩。褚太后哭阿子汝聞不。聲既悽苦。因以名之。

金瓦九重牆。玉壁珊瑚柱。中夜來相尋。喚歡聞不顧。○樂府詩集四十五。詩紀四十一。

歡來不徐徐。陽窗都鋭户。耶婆樂府作婆。尚未眠。肝心如椎櫓。○同上

張罾不得魚。不櫓罾空樂府缺空字。歸。君非鸕鷀鳥。底爲守空池。○同上

刻木作班鵻。有翅不能飛。摇著帆檣上。望見千里磯。○同上

鍥臂飲清血。牛羊持祭天。没命成灰土。終不罷相憐。○同上

駛風何曜曜。帆上牛渚磯。帆作繖子張。船如侶馬馳。○同上

前溪歌七首

宋書樂志曰。前溪歌者。晉車騎將軍沈玩所制。郗昂樂府解題曰。前溪。舞曲也。

憂思出門倚。逢郎前溪度。莫作流水心。引新都捨故。○樂府詩集四十五。詩紀四十一。

爲家不鑿井。擔瓶樂府作檐瓨。下前溪。開穿亂漫下。但聞林鳥啼。○同上

逍遥獨桑頭。北望東武亭。黄瓜被山側。春風感郎情。○同上

黄葛生爛熳。誰能斷葛根。寧斷嬌兒乳。不斷郎殷勤。○同上

黄葛玉臺作蔦。結蒙籠。生在洛溪邊。花落逐水玉臺作流。去。何當順流還。玉臺作何見逐流還。還亦不復鮮。玉臺無末一句。○玉臺新詠十。樂府詩集四十五。詩紀四十一。

逍遥獨桑頭。東北無廣親。黄瓜是小草。春風何足樂府云。一作處。歎。憶汝涕交零。○同上

前溪滄浪映。通波澄渌清。聲弦傳不絶。千載寄汝名。永與天地并。○同上

阿子歌三首

宋書樂志曰。阿子歌者。亦因升平初歌云。阿子汝聞不。後人演其聲爲阿子、歡聞二曲。樂苑曰。嘉興人養鴨兒。鴨兒既死。因有此歌。未知孰是。

阿子復阿子。念汝好顔容。風流世希有。窈窕無人雙。○樂府詩集四十五。詩紀四十一。

春月故鴨啼。獨雄顛倒落。工知悦弦死。故來相尋博。○同上

野田草欲盡。東流水又暴。念我雙飛鳧。饑渴常不飽。○同上

團扇郎六首

古今樂録曰。團扇郎歌者。晉中書令王珉捉白團扇。與嫂婢謝芳姿有愛。情好甚篤。嫂捶撻婢過苦。王東亭聞而止之。芳姿素善歌。嫂令歌一曲。當赦之。應聲歌曰。白團扇。辛苦五流連。是郎眼所見。珉聞更問之。汝歌何遺。芳姿即改云。白團扇。顦顇非昔容。羞與郎相見。後人因而歌之。

七寶畫團扇。燦爛明月光。餉玉臺作與。郎却暄暑。相憶莫相忘。○玉臺新詠十作桃葉答王團扇歌。樂府詩集四十五。詩紀四十一。

青青林中竹。可作白團扇。動摇郎玉手。因風托方便。○玉臺新詠十作桃葉答王團扇歌。樂府詩集四十五。詩紀四十一。

犢車薄不乘。步行耀玉顔。逢儂都共語。起欲著夜半。○樂府詩集四十五。詩紀四十一。

團扇薄不摇。窈窕摇蒲葵。相憐中道罷。定是阿誰非。○同上

御路薄不行。窈窕決横塘。團扇鄣白日。面作芙蓉光。○同上

白練薄不著。趣欲著錦衣。異色都言好。清白爲誰施。○同上

同前

團扇復團扇。持許自遮玉臺作障。面。憔悴無復理。羞與郎相見。○玉臺新詠十作桃葉答王團扇歌。詩紀四十一。樂府詩集四十五。

七日夜女郎歌九首

三春怨離泣。九秋欣期歌。駕鸞行日時。月明濟長河。○樂府詩集四十五。詩紀四十一。

長河起秋雲。漢渚風涼發。含欣出霄路。可笑向明月。○同上

金風起漢曲。素月明河邊。七章未成匹。飛燕樂府云。一作鸞。詩紀同。起長川。○同上

春離隔寒暑。明秋暫一會。兩歎別日長。雙情苦樂府作者。饑渴。○同上

婉孌不終夕。一別周年期。桑蠶不作繭。晝夜長懸絲。○同上

靈匹怨離處。索居隔長河。玄雲不應雷。是儂啼歎歌。○同上

振玉下金堦。拭眼矚星蘭。惆悵登雲軺。悲恨兩情殫。○同上

風驂不駕纓。翼人立中庭。簫管且停吹。展我敍離情。○同上

紫霞烟翠蓋。斜月照綺窗。銜悲握離袂。易爾還年容。○同上

長史變歌三首

宋書樂志曰。長史變歌者。晉司徒左長史王廞臨敗所制也。

出儂呉昌門。清水緑碧色。徘徊戎馬間。求罷不能得。○樂府詩集四十五。詩紀四十一。

日樂府作口。和狂風扇。心故清白節。朱門前世榮。千載表忠烈。○同上

朱桂結貞根。芬芳樂府作芳芬。註。一作菲。溢帝庭。陵霜不改色。枝葉永流榮。○同上

黄生曲三首

黄生無誠信。冥彊將儂期。通夕出門望。至晩竟不來。○樂府詩集四十五。詩紀四十一。

崔子信桑條。餒去多樂府作都。餒還。爲歡復摧折。命生絲髮間。○同上

松柏葉青蒨。石榴花葳蕤。迮置前後事。歡今定憐誰。○同上

黄鵠曲四首

列女傳曰。魯陶嬰者。魯陶明之女也。少寡。養幼孤。無彊昆弟。魯人或聞其義將求焉。嬰乃作歌。明己之不更二庭也。魯人聞之。不敢復求。按黄鵠本漢横吹曲名。

黄鵠參天飛。半道鬱徘徊。腹中車輪轉。君知思憶誰。○樂府詩集四十五。詩紀四十一。

黄鵠參天飛。半道還哀鳴。三年失羣侶。生離傷人情。○同上

黄鵠參天飛。凝翮樂府作疑翮。詩紀作融。今從汲古閣本樂府。争風回。高翔入玄闕。時復乘雲頹。○同上

黄鵠參天飛。半道還後渚。欲飛復不飛。悲鳴覔羣侶。○同上○逯案。此歌似爲漢代佚篇。

桃葉歌三首

古今樂録曰。桃葉歌者。晉王子敬之所作也。桃葉。子敬妾名。緣於篤愛。所以歌之。

桃葉映紅花。無風自婀娜。春花映何限。感郎獨採我。○樂府詩集四十五。詩紀四十一。

桃葉復桃葉。桃樹玉臺作葉。連桃根。相憐兩樂事。獨使我殷勤。○玉臺新詠十作王獻之情人桃葉歌。樂府詩集四十五。

桃葉復桃葉。渡江不用檝。但渡無所苦。我自來迎接。玉臺作迎接汝。樂府云。一作我自迎接汝。詩紀同。○玉臺新詠十。樂府詩集四十五。

同前

桃葉復桃葉。渡江不待櫓。風波了無常。没命江南渡。詩紀云。彤管新編作桃葉。○樂府詩集四十五。詩紀四十一。

長樂佳七首

小庭春映日。四角佩琳瑯。樂府作琅。玉枕龍鬚席。郎暝首何當。○樂府詩集四十五。詩紀四十一。

睢鳩不集林。體潔好清流。貞節曜奇世。長樂戲汀洲。○同上

鴛鴦翻碧樹。皆以戲蘭渚。寢食不相離。長莫過時許。○同上

比翼交頸遊。千載不相離。偕情欣歡念。長樂佳。○同上

欲知長樂佳。中樂府作仲。下同。陵羅淑女。媚蘭雙情諧。○同上

欲知長樂佳。中陵羅睢鳩。美死兩心齊。○同上

欲知長樂佳。中陵羅背林。前溪長相隨。○同上

同前

紅羅複斗帳。四角垂珠玉臺、樂府作朱。璫。玉枕龍鬚席。郎眠何處牀。○玉臺新詠十。樂府詩集四十五。詩紀四十一。

懽好曲三首

淑女總角時。喚作小姑子。容詩紀作空。豔初春花。人見誰不愛。○樂府詩集四十五。詩紀四十一。

窈窕上頭懽。那得及破瓜。但看脱葉蓮。何如芙蓉花。○同上

逶迤總角年。華豔星間月。遥見情傾處。樂府詩紀作廷。今從古樂府。不覺喉中噦。○樂府詩集四十五。古樂府六。詩紀四十一。

懊儂歌十四首

古今樂録曰。懊儂歌者。晉石崇緑珠所作。唯絲布澀難縫一曲而已。後皆隆安初民間訛謡之曲。

絲布澀難縫。令儂十指穿。黄牛細犢車。遊戲出孟津。○樂府詩集四十五。詩紀四十一。

江中白布帆。烏布禮中帷。潭樂府作撢。如陌上鼓。許是儂歡歸。○同上

江陵去揚州。三千三百里。已行一千三。所有二千在。○同上

寡婦哭城頹。此情非虚假。相樂不相得。抱恨黄泉下。○同上

内心百際起。外形空殷勤。既就頹城感。敢言浮花言。○同上

我與歡相憐。約誓底言者。常歎負情人。郎今果成詐。○同上

我有一所歡。安在深閤裏。桐樹不結花。何有樂府作由。得梧子。○同上

長檣鐵鹿子。布帆阿那起。詫儂安在間。一去三千里。○同上

暫薄牛渚磯。歡不下延板。水深沾儂衣。白黑何在浣。○同上

愛子好情懷。傾家料理亂。攬裳未結帶。落托行人斷。○同上

月落天欲曙。能得幾時眠。悽悽下牀去。儂病不能言。○同上

髮亂誰料理。託儂言相思。還君華豔去。催送實情來。○同上

山頭草。歡少四面風。趨使儂顛倒。○同上

懊惱奈何許。夜聞家中論。不得儂與汝。○同上

神弦歌十一首

古今樂録曰。神弦歌十一曲。一曰宿阿。二曰道君。三曰聖郎。四曰嬌女。五曰白石郎。六曰清溪小姑。七曰湖就

姑。八日姑恩。九日采菱童。十日明下童。十一日同生。

宿阿曲

蘇林開天門。趙尊閉地户。神靈亦道同。真官今來下。○樂府詩集四十七。詩紀四十一。

道君曲

中庭有樹自語。梧桐推枝布葉○同上

聖郎曲

左亦不佯佯。右亦不翼翼。仙人在郎傍。玉女在郎側。酒無沙糖味。爲他通顔色。○同上

嬌女詩二曲

北遊臨河海。遥望中菰菱。芙蓉發盛華。渌水清且澄。弦歌奏聲節。髣髴有餘音。

蹀躞越橋上。河水東西流。上有神仙樂府云。一作仙聖。詩紀同。居。下有西流魚。行不獨自去。樂府無去字。三三兩兩俱。○樂府詩集四十七。詩紀四十一。

白石郎曲二曲

白石郎。臨江居。前導江伯後從魚。

積石如玉。列松如翠。郎豔獨絶。世無其二。詩紀無其二二字。○樂府詩集四十七。詩紀四十一。

青溪小姑曲

按干寶搜神記曰。廣陵蔣子文。嘗爲秣陵尉。因擊賊傷而死。吴孫權時。封中都侯。立廟鍾山。異苑曰。青溪小姑。蔣侯第三妹也。

開門白水。側近橋梁。小姑所居。獨處無郎。○樂府詩集四十七。詩紀四十一。

湖就姑曲二曲

赤山湖就頭。孟陽二三月。緑蔽責荇藪。

湖就赤山磯。大姑大湖東。仲姑居湖西。○樂府詩集四十七。詩紀四十一。

姑恩曲二曲

明姑遵八風。蕃謁雲日中。前導陸離獸後從。朱鳥麟鳳凰。

苕苕山頭柏。冬夏葉不衰。獨當被天恩。枝葉華葳蕤。○樂府詩集四十七。詩紀四十一。

採蓮童曲二曲

泛舟採菱葉。過摘芙蓉花。扣檝命童侶。齊聲採蓮歌。

東湖扶菰童。西湖採菱芰。不持歌作樂。爲持解愁思。○樂府詩集四十七。詩紀四十一。

明下童曲二曲

走馬上前阪。石子彈馬蹄。不惜彈馬蹄。但惜馬上兒。

陳孔驕赭白。陸郎乘班騅。徘徊射堂頭。望門不欲歸。○樂府詩集四十七。詩紀四十一。

同生曲二曲

人生不滿百。常抱千歲憂。早知人命促。秉燭夜行遊。

歲月如流邁。行已及素秋。蟋蟀鳴空堂。感悵令人憂。○樂府詩集四十七。詩紀四十一。○逯按。子夜變歌第三首與此同。惟令人作令儂。此襲用文士之作。

西曲歌

三洲歌三曲

唐書樂志曰。三洲。商人歌也。古今樂録曰。三洲歌者。商客數遊巴陵三江口往還。因共作此歌。其舊辭云。啼將別共來。梁武帝問法雲。聞法師善解音律。此歌何如。法雲曰。應歡會而有別離啼將別。可改爲歡將樂。故其歌和云。三洲斷江口。水從窈窕河。傍流歡將樂。共來長相思。

送歡板橋灣。樂府作彎。相待三山頭。遥見千幅帆。知是逐風流。

風流不暫停。三山隱行舟。願作比目魚。隨歡千里遊。

湘東醽樂府作酃。醁酒。廣州龍頭鐺。玉樽金鏤椀。與郎雙杯行。○樂府詩集四十八。詩紀四十二。

採桑度　七曲

採桑度一曰採桑。唐書樂志曰。採桑因三洲曲而生此聲苑也。採桑度。梁時作。水經曰。河水過屈縣西南爲採桑津。春秋僖公八年。晉里克敗狄于采桑。是也。按古今樂録曰。採桑度。舊舞十六人。梁八人。卽非梁時作矣。

蠶生春三月。春桑正含緑。女兒採春桑。歌吹當春曲。

冶遊採桑女。盡有芳春色。姿容應春媚。粉黛不加飾。

繫條採春桑。採葉何紛紛。採桑不裝鉤。牽壞紫羅裙。

語歡稍養蠶。一頭養百塸。奈當黑瘦盡。桑葉常不周。

春月採桑時。林下與歡俱。養蠶不滿百。那得羅繡襦。

採桑盛陽月。緑葉何翩翩。攀條上樹表。牽壞紫羅裙。

僞蠶化作繭。爛熳不成絲。徒勞無所獲。養蠶持底爲。○樂府詩集四十八。詩紀四十二。

江陵樂四曲

古今樂録曰。江陵樂。舊舞十六人。梁八人。

不復蹋踶人。踶地地欲穿。盆隘歡繩斷。蹋壞絳羅裙。

不復出場戲。踶場生青草。試作兩三回。踶塲方就好。

陽春二三月。相將蹋百草。逢人駐步看。揚聲皆言好。

暫出後園看。見花多憶子。烏鳥雙雙飛。儂歡今何在。○樂府詩集四十九。詩紀四十二。

青陽度三曲

古今樂録曰。青陽度。倚歌。凡倚歌悉用鈴鼓。無弦有吹。

隱機倚不織。尋得爛熳絲。成匹郎莫斷。憶儂經絞時。

碧玉擣衣砧。七寶金蓮杵。高舉徐徐下。輕擣只爲汝。

青荷蓋緑水。芙蓉披玉臺作發。紅鮮。下有並根藕。上生並頭玉臺作同心。蓮。樂府作目連。○樂府詩集四十九。詩紀四十二。又玉臺新詠十引末一曲作青陽歌。

青驄白馬八曲

古今樂録曰。青驄白馬。舊舞十六人。

青驄白馬紫絲韁。可憐石橋根柏梁。

汝忽千里去無常。願得到頭還故鄉。

繫馬可憐著長松。遊戲徘徊五湖中。

借問湖中採菱婦。蓮子青荷可得否。

可憐白馬高纏鬉。著地躑躅多徘徊。

問君可憐六萌車。迎取窈窕西曲娘。

問君可憐下都去。何得見君復西歸。

齊唱可憐使人惑。晝夜懷歡何時忘。○樂府詩集四十九。詩紀四十二。○逯案。可憐白馬曲以下。皆無韻歌詞。

安東平五曲

古今樂録曰。安東平。舊舞十六人。梁八人。

淒淒烈烈。北風爲雪。船道不通。步道斷絶。

吴中細布。闊幅長度。我有一端。與郎作袴。

微物雖輕。拙手所作。餘有三丈。爲郎別厝。

制爲輕巾。以奉故人。不持作好。與郎拭塵。

東平劉生。復感人情。與郎相知。當解千齡。○樂府詩集四十九。詩紀四十二。

女兒子二曲

古今樂録曰。女兒子。倚歌也。

巴東三峽猿鳴悲。夜鳴三聲淚沾衣。

我欲上蜀蜀水難。蹋蹀珂頭腰環環。○樂府詩集四十九。詩紀四十二。

來羅四曲

古今樂録曰。倚歌也。

鬱金黄花標。下有同心草。草生日已長。人生日就老。

君子防未然。莫近嫌疑邊。瓜田不躡履。李下不正冠。

故人何怨新。切少必求多。此事何足道。聽我歌來羅。

白頭不忍死。心愁皆敖然。遊戲泰始世。一日當千年。○樂府詩集四十九。詩紀四十二。

那呵灘六曲

古今樂録曰。那呵灘。舊舞十六人。梁八人。其和云。郎去何當還。多叙江陵及揚州事。那呵。蓋灘名也。

我去只如還。終不在道邊。我若樂府作苦。在道邊。良信寄書還。

沿江引百丈。一濡多一艇。上水郎擔篙。何時至江陵。

江陵三千三。何足特樂府作持。作遠。書疏數知聞。莫令信使斷。

聞歡下揚州。相送江津灣。願得篙櫓折。交郎到頭還。

篙折當更覓。櫓折當更安。各自是官人。那得到頭還。

百思纏中心。顦顇爲所歡。與子結終始。折約在金蘭。○樂府詩集四十九。詩紀四十二。

孟珠二曲。一曰丹陽孟珠歌。

古今樂録曰。孟珠十曲。二曲倚歌。八曲舊舞十六人。梁八人。

人言孟珠富。信實金滿堂。龍頭銜九花。玉釵明月璫。

陽春二三月。草與水同色。攀條摘香花。言是歡氣息。○樂府詩集四十九。詩紀四十二。

同前八曲

人言春復著。我言未渠央。暫出後湖看。蒲菰如許長。

揚州石榴花。摘插雙襟中。葳蕤當憶我。莫持豔他儂。

陽春二三月。草與水同色。道逢遊冶郎。恨不早相識。

望歡四五年。實情將懊惱。願得無人處。回身與郎抱。

陽春二三月。正是養蠶時。那得不相怨。其再許樂府缺此字。詩紀原本同。今從萬曆本詩紀。儂來。

將歡期三更。合冥歡如何。走馬放蒼鷹。飛馳赴郎期。

適聞梅作花。花落已成子。杜鵑繞林啼。思從心下起。

可憐景陽山。苕苕百尺樓。上有明天子。麟鳳戲中州。詩紀云。一作遊。樂府作遊。○樂府詩集四十九。詩紀四十二。

翳樂三曲

古今樂録曰。翳樂。一曲倚歌。二曲舊舞十六人。梁八人。

人生歡愛時。少年新得意。一旦不相見。輒作煩寃思。○樂府詩集四十九。詩紀四十二。

同前二曲

陽春二三月。相將舞翳樂。曲曲隨時變。持許豔郎目。

人言揚州樂。揚州信自樂。總角諸少年。歌舞自相逐。○樂府詩集四十九。詩紀四十二。

月節折楊柳歌十三首

正月歌

春風尚蕭條。去故來如樂府作入。新。苦心非一朝。折楊柳。愁思滿腹中。歷亂不可數。○樂府詩集四十九。詩紀四十二。

二月歌

翩翩烏入鄉。道逢雙燕飛。勞君看三陽。折楊柳。寄言語儂歡。尋還不復久。○同上

三月歌

汎舟臨曲池。仰頭看春花。杜鵑緯林啼。折楊柳。雙下俱徘徊。我與歡共取。○同上

四月歌

芙蓉始懷蓮。何處覓同心。俱生世尊前。折楊柳。捻香散名花。志得長相取。○同上

五月歌

菰生四五尺。素身爲誰珍。盛年將可惜。折楊柳。作得九子粽。思想勞歡手。○同上

六月歌

三伏熱如火。籠窻開北牖。與郎對榻詩紀作蹋。坐。折楊柳。同樂府作銅。墟貯蜜漿。不用水洗溴。○同上

七月歌

織女遊河邊。牽牛顧自歎。一會復周年。折楊柳。攬結長命草。同心不相負。○同上

八月歌

迎歡裁衣裳。日月如流樂府作流如。水。白露凝庭霜。折楊柳。夜聞擣衣聲。窈窕誰家婦。○同上

九月歌

甘菊吐黄花。非無杯觴用。當奈許寒何。折楊柳。授歡羅衣裳。含笑言不取。○同上

十月歌

大樹轉蕭索。天陰不作雨。嚴霜半夜落。折楊柳。林中與松柏。歲寒不相負。○同上

十一月歌

素雪任風流。樹木轉枯悴。松柏無所憂。折楊柳。寒衣履薄冰。歡詎知儂否。○同上

十二月歌

天寒歲欲暮。春秋及冬夏。苦心停欲度。折楊柳。沈亂枕席間。纏綿不覺久。○同上

閏月歌

成閏暑與寒。春秋補小月。念子時無樂府作無時。開。折楊柳。陰陽推我去。那得有定主。〇樂府詩集四十九。

雜曲歌辭

西洲曲 詩紀云。樂府作古辭。玉臺新詠作江淹。非也。

憶梅下西洲。折梅寄江北。單衫杏子紅。雙鬢鴉雛色。西洲在何處。兩槳橋頭渡。日暮伯勞飛。風吹烏臼廣文選作柏。樹。樹下卽門前。門中露翠鈿。開門郎不至。出門採紅蓮。採蓮南塘秋。蓮花過人頭。低頭弄蓮子。蓮子青如水。置蓮懷袖中。蓮心徹底紅。憶郎郎不至。仰首望飛鴻。鴻飛滿西洲。望郎上青樓。樓高望不見。盡日欄干頭。欄干十二曲。垂手明如玉。卷簾天自高。海水摇空緑。海水夢悠悠。君愁我亦愁。南風知我意。吹夢到西洲。〇樂府詩集七十二。詩紀四十三。廣文選十二。

長干曲

逆浪故相邀。菱舟不怕摇。妾家楊子住。便弄廣陵潮。詩紀作朝。誤。〇樂府詩集七十二。詩紀四十三。

休洗紅二首

休洗紅。洗多紅色淡。不惜故縫衣。記得初按茜。人壽百年能幾何。後來新婦今爲婆。〇詩紀四十三。

休洗紅。洗多紅在水。新紅裁作衣。舊紅番作裏。廻黄轉緑無定期。世事返復君所知。〇同上

邯鄲歌

詩紀云。以下二首。詩彙列在晉。

回顧灞陵上。北指邯鄲道。短衣妾不傷。南山爲君老。○詩紀四十三。

雜詩

玉釵玉臺作釧。色未分。衫輕似露腕。舉袖欲障羞。迴持理髮亂。○玉臺新詠十作近代雜詩。詩紀四十三。

吴趨行

璽滿蓋重簾。唯有遠相思。藕葉清朝釧。何見早歸樂府云。一作還。時。○樂府詩集六十四次陸機詩後。詩紀二十四作陸機。

曲池歌

曲池何淡澹。芙蓉蔽清源。榮華盛壯時。見者誰不歡。一朝光采落。見者不迴顏。○古樂苑三十五。

郊廟歌辭

晉江左宗廟歌十三首

曹毗

晉書樂志曰。永嘉之亂。海内分崩。伶官樂器。皆没於劉、石。江左初立宗廟。以無雅樂器及伶人。省太樂并鼓吹令。是後頗得登歌、食舉之樂。明帝又詔阮孚等增益之。成帝復置太樂官。鳩集遺逸。而尚未有金石也。庾亮爲荆州。與謝尚修復雅樂。未具而亮薨。及慕容儁平冉閔。鄴下樂人頗有來者。永和十一年。謝尚鎮壽陽。採拾樂人。以備太樂。并制石磬。雅樂頗具。太元中。破苻堅。獲其樂工楊蜀等。閑習舊樂。於是四廂金石始備。使曹毗、王珣等增造宗廟歌詩。然郊祀遂不設樂。

歌高祖宣皇帝

於赫高祖。德協靈符。應運撥亂。釐整天衢。勳格宇宙。化動八區。肅以典刑。陶以玄珠。神石吐瑞。靈芝自敷。肇基天命。道均唐虞。○宋書樂志。晉書樂志。樂府詩集八。詩紀三十九。

歌世宗景皇帝

景皇承運。纂隆洪緒。皇維重抗。天暉再舉。蠢矣二寇。擾我揚楚。乃整元戎。以膏齊斧。亹亹神算。赫赫王旅。鯨鯢既平。功冠帝宇。○同上

歌太祖文皇帝

太祖齊聖。王猷誕融。仁教四塞。天基累崇。皇室多難。嚴清紫宫。威厲秋霜。惠過春風。平蜀夷楚。以文

以戎。奄有參墟。聲流無窮。○同上

歌世祖武皇帝

於穆武皇。允襲欽明。應期登禪。龍飛紫庭。百揆時序。聽斷以情。殊域既賓。僞吴亦平。晨流甘露。宵映朗星。野有擊壤。路垂頌聲。○同上

歌中宗元皇帝

運屯百六。天羅解貫。元皇勃興。網羅晉書作籠。樂府同。江漢。仰齊七政。俯平禍亂。化若風行。澤猶雨散。淪光更耀。宋書、晉書作曜。金輝復煥。德冠千載。蔚有餘粲。○同上

歌肅宗明皇帝

明明肅祖。闡弘帝祚。英風夙發。清暉載路。姦逆縱忒。罔式皇度。躬振朱旗。遂豁天步。宏猷淵晉書作允。塞。高羅雲布。品物咸寧。洪基永固。○同上

歌顯宗成皇帝

於休顯宗。道澤玄播。式宣德音。暢物以和。邁德蹈仁。匪禮弗晉書作不。過。敷以純風。濯以清波。連理映

阜。鳴鳳棲柯。同規放勛。義蓋山河。○同上

歌康皇帝

康皇詩紀作帝。穆穆。仰嗣洪德。爲而不宰。雅音四塞。閑樂府作閉。邪以誠。鎮物以默。威静區宇。道宣邦國。○同上

歌孝宗穆皇帝

孝宗夙哲。休音允臧。如彼晨離。曜景扶桑。垂訓華幄。流潤八荒。幽讚玄妙。爰該典章。西平僭蜀。北静舊疆。高猷遠暢。朝有遺芳。○宋書樂志。樂府詩集八。詩紀三十九。

歌哀皇帝

於穆哀皇。聖心虚遠。雅好玄古。大庭是踐。道尚無爲。治存易簡。化若風行。民晉書作時。猶草偃。雖曰登遐。徽音彌闡。愔愔雲韶。盡美盡善。○宋書樂志。晉書樂志。樂府詩集八。詩紀三十九。

歌太宗簡文皇帝

王珣

王珣。字元琳。丞相導之孫。少以清秀稱。大司馬桓温。辟爲主簿。從討袁真。封東亭侯。孝武時。累遷尚書令。

皇矣簡文。於昭于天。靈明若神。周淡如淵。晉書作川。沖應其來。實與其還。亹亹宋書作娓娓。心化。日用不言。易而有親。簡而可傳。觀流彌遠。求本逾玄。○宋書樂志。晉書樂志。樂府詩集八。詩紀三十九。

歌烈宗孝武皇帝　王珣

天鑒有晉。欽哉烈宗。同規文考。玄默允龔。晉書作恭。威而不詩紀作能。猛。約而能通。神鉦一震。九域來同。道積淮海。雅頌自東。氣陶淳晉書作醇。露。化協時雍。○同上

四時祠祀歌　曹毗

肅肅清廟。巍巍聖功。萬國來賓。禮儀有容。鐘鼓振。金石熙。宣兆祚。武開基。神斯樂兮。理管絃。有來斯和。說功德。吐清歌。神斯樂兮。洋洋玄化。潤被九壤。民無不悅。道無不往。禮有儀。樂有式。詠九功。永無極。神斯樂兮。○同上

晉詩卷二十

釋氏

康僧淵

西域人。生於長安。晉成帝時過江。後遇陳郡殷浩。由是改觀。於豫章山立寺講説。卒於寺中。

代答張君祖詩 詩紀據廣弘明集編入陳詩。今改列於此。説見前。

忘廣弘明集作志。注云。三本、宮本作忘。省贈法頵詩。經通妙遠。亹亹清綺。雖云言不盡意。殆亦幾矣。夫詩者。志之所之。意迹之所寄也。妙玄解。神無不暢。夫未能冥達玄通者。惡得不有仰鑽之詠哉。吾想茂得之形容。雖棲守殊塗。標寄玄同。仰代答之。未足盡美。亦各言其志也。其辭曰。

真朴運既判。萬象森已形。精靈感冥會。變化靡不經。波浪生死徒。彌綸始無名。捨本而逐末。悔吝生有情。胡不絕可欲。反宗歸無生。達觀均有無。蟬蜕豁朗明。逍遥衆妙津。棲凝於玄冥。大慈順變通。化育曷常停。幽閑自有所。豈與菩薩并。摩詰風微指。權遒廣弘明集作道。注。明本云。一作遒。多所成。悠悠滿天下。孰識秋露情。○廣弘明集三十、詩紀一百七並作庾僧淵。

又答張君祖詩

遥望華陽嶺。紫霄籠三辰。瓊巖朗璧廣弘明集云。三本、宫本作壁。室。玉潤當作澗。瀝靈津。丹谷挺樛樹。季穎奮暉薪。融飈衝天籟。逸響互相因。鸞鳳翔迴儀。虬龍灑飛鱗。中有沖漠士。耽道玩妙均。高尚凝玄寂。萬物息廣弘明集作忽。注云。三本、宫本作息。自賓。棲峙遊方外。超世絶風塵。翹想晞眇蹤。矯步尋若人。咏嘯舍之去。榮麗何足珍。濯志八解淵。遼朗豁冥神。研幾廣弘明集作機。注云。元本、明本作幾。通微妙。遺覺忽忘身。居士成有黨。顧眄廣弘明集作眄。非疇親。借問守廣弘明集注云。宫本作良。常徒。何以知反真。○廣弘明集三十、詩紀一百七並作庾僧淵。

佛圖澄

澄。西域人。本姓帛氏。少出家。清真務學。以晉永嘉四年來適洛陽。值劉曜寇洛。澄投石勒大將軍郭黑略。勒登位已後。事澄彌篤。石虎遷都於鄴。傾心事澄。晉永和四年卒。年一百一十七。

吟

晉書曰。石季龍大享羣臣於太武前殿。澄吟曰云云。季龍令發殿石下視之。有棘生焉。冉閔。小字棘奴。○逯案。諸石滅於冉閔。

殿乎殿乎。棘子成林。將壞人衣。○晉書佛圖澄傳。高僧傳竺佛圖澄傳。

支遁

支遁。字道林。本姓關氏。陳留人。或云河東林慮人。隱居餘杭山。年二十五出家。後入剡。於沃州小嶺立寺行道。晉哀帝即位。遣使徵請出都。止東安寺講道。後歸剡山。以晉太和元年終。有集三十卷。

四月八日讚佛詩

三春迭云謝。首夏含朱明。祥祥令詩紀云。一作今。廣弘明集云。宋本、元本作今。日泰。朗朗玄夕清。菩薩彩靈和。眇然因化生。四王應期來。矯掌承玉形。飛天鼓弱羅。騰擢散芝英。緑廣弘明集作緣。瀾頹龍首。縹廣弘明集作漂。注云。三本作縹。蘂翳流泠。廣弘明集作冷。芙廣弘明集云。宋本、宮本作扶。蕖育神廣弘明集作紳。注云。三本作神。葩。傾柯獻朝榮。芬廣弘明集作芳。注云。明本云。一作芳。津霈四境。甘露凝玉瓶。珍祥盈四八。玄黄曜紫庭。感降廣弘明集作隆。注云。三本作降。非情想。恬怕泊同。無所營。玄根泯廣弘明集作民。注云。明本作泯。靈府。神條秀形名。圓光朗東旦。金姿艷春精。含和總八音。吐納流芳廣弘明集注云。三本、宮本作芬。馨。跡隨因溜廣弘明集作儨。注云。三本作儨。宮本作溜。浪。心與太虚冥。六度啓窮俗。八解濯世纓。慧澤融無外。空同忘廣弘明集作妄。注云。三本、宮本作忘。化情。○廣弘明集三十。詩紀三十七。

詠八日詩三首

大塊揮冥樞。昭昭兩儀映。萬品誕遊華。澄清凝玄聖。釋迦乘虛廣弘明集作靈。注云。三本、宮本作虛。會。圓神秀機正。交養衞恬和。廣弘明集注云。宮本作如。靈知溜性命。動爲務下尸。寂爲無中鏡。〇廣弘明集三十。詩紀三十七。

真人播神化。流渟良有因。龍潛兜術邑。漂景閻浮濱。佇駕三春謝。飛轡朱明旬。八維披重藹。廣弘明集作靄。注云。宋本、明本、宮本作藹。九霄落芳津。玄祇廣弘明集作祗。獻萬舞。般遮奏伶倫。淳白凝神宇。蘭泉渙色身。投步三才泰。揚聲五道泯。不爲故爲貴。忘奇故奇神。〇同上

緬哉玄古思。想託因事生。相與圖靈器。像也像彼形。黄裳羅帕廣弘明集注云。宋本、宮本作怕。質。元服拖緋青。神爲恭者惠。跡爲動者行。虛堂陳藥餌。蔚然起奇榮。疑似垂巘廣弘明集作巇。注云。三本、宮本作巘。微。我諒作者情。於焉遺所尚。肅心擬太清。〇同上

五月長齋詩

炎精育仲氣。朱離吐凝陽。廣漢潛涼廣弘明集作源。注云。三本作涼。變。凱風乘和翔。令月肇清齋。德澤潤無疆。廣弘明集注云。宋本作彊。四部欽嘉期。潔己升雲廣弘明集作虛。注云。三本作雲。宮本作靈。堂。靜晏和春暉。夕惕厲秋霜。蕭條詠林澤。恬愉味城傍。逸容研沖賾。綵綵運宮商。匠者握神標。乘風吹玄芳。淵汪道行深。婉婉化理長。亹亹維摩虛。德音暢遊方。罩牢廣弘明集作牢。妙傾玄。絶致由近藏。廣弘明集作臧。注云。明本作藏。略略

微容簡。八言振道綱。掇煩練陳句。臨危折婉章。浩若驚飇散。冏若揮夜光。寓言豈所託。意得筌自喪。霑濡妙習融。靡靡輕塵亡。蕭索情牖頹。寥郎神軒張。誰謂冥津遐。一悟可以航。廣弘明集作抗。注云。三本、宫本作航。願爲海遊師。櫂栧入滄浪。騰波濟廣弘明集作滲。注云。三本、宫本作濟。漂客。玄歸會道場。○廣弘明集三十。詩紀三十七。

八關齋詩三首并序

間與何驃騎期。當爲合八關齋。以十月二十二日。集同意者在吴縣土山墓下。三日清晨爲齋始。道士白衣凡二十四人。清和肅穆。莫不静暢。至四日朝。衆賢各去。余既樂野室之寂。又有掘藥之懷。遂便獨住。於是乃揮手送歸。有望路之想。静拱虚房。悟外身之真。登山採藥。廣弘明集無藥字。注云。三本作採藥。集巖水之娱。遂援筆染翰。以慰廣弘明集作尉。注云。三本、宫本作慰。二三之情。

建意營法齋。里仁契朋廣弘明集作揳明。注云。三本作契朋。儔。廣弘明集作疇。注云。元、明本作儔。相與期良晨。沐浴造閑丘。穆穆升堂賢。皎皎清心修。窈窕八關客。無楗廣弘明集注云。宋本、宫本作揵。自綢繆。寂默五習真。亹亹勵廣弘明集作糲。注云。元、明本作勵。心柔。法鼓進三勸。激切清訓流。悽愴願弘濟。闔堂皆同舟。明明玄表聖。應此童蒙求。存誠夾室裏。三界讚清休。嘉祥歸宰相。藹若慶雲浮。○廣弘明集三十。詩紀三十七。

三悔啓前朝。雙懺暨中夕。鳴禽戒朗旦。備禮寢玄役。蕭索庭賓離。飄飄隨風適。踟蹰歧路嵎。揮手謝内析。廣弘明集作中析。注云。三本作内析。輕軒馳中田。習習陵電擊。息心投佯步。零零振金策。引領望征人。悵

恨孤思積。咄矣形非我。外物固已寂。吟詠歸虛房。守真玩幽蹟。雖非一往遊。且以閑自釋。○同上

靖一潛蓬廬。愔愔詠初九。廣漠排林篠。流飈灑隙牖。從容遐想逸。採藥登祟阜。崎嶇升千尋。蕭條臨萬廣弘明集注云。宋、元、宮本作方。按方乃万之訛。磧沙本正作万。畝。望山樂榮松。瞻澤哀素柳。解帶長陵岐。廣弘明集作岥。注云。三本、宮本作岥。婆娑清川右。泠廣弘明集作冷。風解煩懷。寒泉濯温手。寥寥神氣暢。欽若盤廣弘明集作磐。注云。三本、宮本作盤。春藪。達度冥三才。恍廣弘明集云。三本、宮本作怳。惚喪神偶。遊觀同隱丘。愧無連化肘。○同上

詠懷詩五首

傲兀乘尸素。日往復月旋。弱喪困風波。流浪逐物遷。中路高韻益。廣弘明集作溢。注云。明本作益。窈窕欽重玄。重玄在何許。採真遊理間。苟廣弘明集注云。三本作茍。簡為我養。逍遥使我閑。寥亮心神瑩。含虛映自然。亹亹沈情去。彩彩廣弘明集作綵綵。注云。三本、宮本作彩彩。沖懷鮮。踟躕觀象物。未始見牛全。毛鱗有所貴。所貴在忘筌。○廣弘明集三十。詩紀三十七。

端坐鄰孤影。眇罔玄思劬。偃蹇收廣弘明集作牧。注云。三本收。神轡。領略綜名書。涉老咍詩紀云。一作怡。廣弘明集作哈。注云。宋、元、宮三本作咍。明本作怡。雙玄。披莊玩太初。詠發清風集。觸思皆恬愉。俯欣質文蔚。仰悲二匠徂。蕭蕭柱下迥。寂寂蒙廣弘明集作濛。注云。三本、宮本作蒙。邑虛。廓矣千載事。消液歸空無。無矣復何傷。萬殊歸一塗。道會貴冥想。罔象掇玄珠。悵怏濁水際。廣弘明集作澄。注云。三本作際。宮本作瀫。幾忘映清渠。反鑒

歸澄漠。容與含道符。心與理理密。形與物物疏。蕭索人事去。獨與神明居。○同上

晞陽熙春圃。悠緬歎時往。感物思所託。蕭條逸韻上。尚想天台峻。髣髴巖階仰。冷廣弘明集作泠。風灑蘭林。管瀨廣弘明集作籟。注云。三本、宮本作瀨。奏清響。霄崖育靈藹。神蔬廣弘明集作疏。含潤長。丹沙映翠瀨。芳芝曜五爽。苕苕重岫深。寥寥石室朗。中有尋化士。外身解世網。抱朴鎮有心。揮玄拂無想。隗隗廣弘明集注云。宮本作峗峗。形崖頹。冏冏神宇敞。宛轉元廣弘明集作無。注云。三本作元。造化。縹瞥鄰大廣弘明集作人。注云。明本作大。象。願投若人蹤。高步振策杖。○同上

閑邪託静室。寂寥虚且真。逸想流巖阿。朦朧廣弘明集作曚曨。注云。元本、明本作朦朧。望幽人。慨矣玄風濟。廣弘明集作濕。注云。三本作濟。宮本作澡。明本作滋。詩紀云。一作滋。皎皎離染純。廣弘明集作沌。注云。三本、宮本作純。時無問道睡。行歌將何因。靈溪無驚浪。四岳無埃塵。余將遊其嵎。解駕輟廣弘明集作掇。注云。三本、宮本作輟。飛輪。芳泉代甘醴。山果兼時珍。修林暢輕跡。石宇庇微身。崇虚習本照。損無歸昔神。曖曖煩情故。零零沖廣弘明集作仲。注云。三本、宮本作沖。氣新。近非域中客。遠非世外臣。憺廣弘明集作惔。怕廣弘明集注。明本云。一作澹泊。詩紀云。一作淡泊。爲無德。廣弘明集作爲。注云。三本、宮本作德。孤哉自有鄰。○同上

坤基葩簡廣弘明集云。宋本、宮本作蘭。秀。乾光流易穎。神理速不疾。道會無陵騁。廣弘明集作逞。注云。三本、宮本作騁。超超介廣弘明集云。宋、元本、宮本作分。詩紀云。一作分。石人。握玄攬機領。余生一何散。分不諮天挺。沈無冥到韻。變不揚蔚炳。冉冉年往逡。廣弘明集云。宋本、宮本作返。悠悠化期永。翹首希玄津。想登故未正。生途廣弘明集作塗。注云。宋本、宮本作徒。元、明本作途。雖十三。日已造死境。願得無身廣弘明集云。明本作生。道。廣弘明集作理。注

云。三本、宫本作道。高栖廣弘明集作道高。注云。三本、宫本作高栖。沖默靖。○同上

述懷詩二首

翔鸞鳴崑崿。逸志騰冥虚。惚怳廣弘明集作恍。注云。三本、宫本作怳。迴靈翰。息廣弘明集作色。注云。三本、宫本作息。肩棲南嵎。濯足戲廣弘明集作虧。注云。三本作戲。流瀾。採練銜神蔬。廣弘明集作疏。注云。三本作疏。高吟漱廣弘明集云。宋、元、宫本作瀨。芳醴。頡頏登神梧。蕭蕭猗廣弘明集作椅。注云。明本作猗云。一作椅。詩紀云。一作椅。明翩。眇眇育清軀。長想玄運夷。傾首俟靈符。河清誠可期。戢翼令人劬。○廣弘明集三十。詩紀三十七。

悤角敦大道。弱冠弄廣弘明集云。宫本作算。雙玄。逡巡釋長羅。高步尋帝先。妙損階玄老。忘懷浪濠川。達觀無不可。吹累皆自廣弘明集云。宋本作音。宫本作息。然。窮理增廣弘明集作曾。注云。三本、宫本作增。靈薪。昭昭神火傳。熙怡安沖漠。優游樂静閑。膏腴無爽味。婉孌非雅絃。恢心委形度。亹亹隨化遷。○同上

詠大德詩

遐想存玄哉。沖風一何敞。品物緝榮熙。生塗連惚怳。既喪大澄真。物誘則智蕩。昔聞庖丁子。揮戈在廣弘明集作任。注。明本云。一作任。詩紀云。一作任。神往。苟能嗣沖音。攝生猶指掌。乘彼來物間。投此默照朗。邁度推卷舒。忘懷附罔象。交廣弘明集云。明本云。一作天。詩紀云。一作天。樂盈胸襟。神會流俯仰。大同羅萬殊。蔚若

充甸網。寄旅海漚廣弘明集作軀。注云。宋、元、宮本作軀。明本作漚。鄉。委化同天壤。○廣弘明集三十。詩紀三十七。

詠禪思道人詩并序

孫長樂作道士坐禪之像。并而讚之。可謂因俯對以寄誠心。求廣弘明集云。明本作來。參焉於衡軛。廣弘明集云。宋、元、宮本作扼。圖巖林之絕勢。想伊人之在茲。余精其制作。美其嘉文。不能默已。聊著詩一首。以繼于左。其辭曰。

雲岑竦太荒。落落英岊廣弘明集作㠖。注云。三本、宮本作岊。布。迴壑佇蘭泉。秀嶺攢嘉樹。蔚薈微遊禽。廣弘明集作㹖。注云。三本、宮本作禽。崢嶸絕蹊路。中有沖希子。端坐摹廣弘明集注。明本云。一作摩。詩紀云。一作摩。太素。自强敏天行。弱志慾廣弘明集作欲。注云。三本、宮本作慾。無欲。廣弘明集作去。注云。宋、元、宮本作欲。喻音。明本作欲。音喻玉質凌風霜。淒淒厲清趣。指心契寒松。綢繆諒歲暮。會衷兩息間。綿綿進禪務。投一滅官知。攝二由神遇。承蜩累危丸。廣弘明集云。元本作九。累十亦凝廣弘明集云。宋本、宮本作疑。注。懸想元廣弘明集作心無。注云。三本作想元。宮本作想無。氣地。研幾廣弘明集作妙研。注云。三本作研幾。革麤慮。冥懷夷震驚。怕然肆幽度。曾筌攀六净。空同浪廣弘明集作泿。注云。元、明本作浪。七住。逝虛乘有來。永爲有待馭。○廣弘明集三十。詩紀三十七。

詠利城山居

五嶽盤廣弘明集作磐。注云。三本、宮本作盤。神基。四瀆涌蕩津。動求目廣弘明集云。宋、明及宮本作自。方智。默守標静仁。苟不宴出處。託好有常因。尋元存終古。洞往想逸民。玉潔箕廣弘明集作其。巖下。金聲瀨廣弘明集作漱。注云。三本、宮本作瀨。沂濱。捲華藏紛霧。振褐拂埃塵。跡從尺廣弘明集作道。注云。三本、宮本作尺。蠖屈。道與騰龍伸。峻無單豹伐。廣弘明集云。宋本、宮本作代。分非首陽真。長嘯歸林嶺。廣弘明集云。宋、元、宮本作領。瀟灑廣弘明集作條。注云。三本、宮本作灑。任陶鈞。廣弘明集作均。注云。三本、宮本作鈞。○廣弘明集三十。詩紀三十七。

鳩羅摩什

天竺人。秦苻堅遣將呂光伐龜兹致之。堅爲姚萇所害。什留光所。姚興西破呂隆。迎什至長安。晉義熙五年卒。

十喻詩

一喻以喻空。空必待此喻。借言以會意。意盡無會處。既得出長羅。住此無所住。若能映斯照。萬象無來去。○類聚七十六。詩紀三十七。

釋道安

道安。俗姓衛。常山扶柳人。年十二出家。歷石虎、冉閔、慕容儁世。後避亂襄陽。撰集衆經録目。襄陽陷入秦。居長安五里寺。苻堅建元二十一年卒。

答習鑿齒嘲

晉書曰。道安曰。

猛虎當道食。不覺蚊虻來。○御覽九百四十五。○逯案。習氏嘲道安曰。大鵬從南來。衆鳥皆戢翼。何忽凍老鴟。腩腩低頭食。則此乃道安答什。

釋慧遠

慧遠。雁門樓煩人。本姓賈氏。年二十一遇釋道安。以爲師。後隨道安襄陽。孝武初。襄陽陷。移居廬山。江州刺史桓伊爲起東林寺。義熙十二年卒。年八十三。有集十二卷。

廬山東林雜詩 詩紀云。一作遊廬山。

崇岩吐清氣。幽岫棲神跡。希聲奏羣籟。響出山溜滴。有客獨冥遊。徑然忘所適。揮手撫雲門。靈闗安足闢。流升菴詩話作留。詩紀云。一作留。心叩玄扃。廬山記作聽。感至理弗隔。孰是騰九霄。不奮沖天翮。妙同趣自均。廬山記作构。一悟超三益。○廬山記。升菴詩話。詩紀三十七。

廬山諸道人

遊石門詩并序

石門在精舍南十餘里。一名障山。基連大嶺。體絶衆阜。闢三泉之會。並立而開流。傾巖玄映其上。蒙形表於自然。故因以爲名。此雖廬山之一隅。實斯地之奇觀。皆傳之於舊俗。而未覩者衆。將由懸瀨險峻。人獸迹絶。逕迴曲阜。路阻行難。故罕經焉。釋法師以隆安四年仲春之月。因詠山水。遂杖錫而遊。于時交徒同趣三十餘人。咸拂衣晨征。悵然增興。雖林壑幽邃。而開塗競進。雖乘危履石。並以所悦爲安。既至則援木尋葛。歷險窮崖。猿臂相引。僅乃造極。於是擁勝倚巖。詳觀其下。始知七嶺之美藴奇於此。雙闕對峙其前。重巖映帶其後。巒阜周迴以爲障。崇巖四營而開宇。其中則有石臺石池。宫館之象。觸類之形。致可樂也。清泉分流而合注。渌淵鏡淨於天池。文石發彩。焕若披面。檉松芳草。蔚然光目。其爲神麗。亦已備矣。斯日也。衆情奔悦。矚覽無厭。遊觀未久。而天氣屢變。霄霧塵集。則萬象隱形。流光迴照。則衆山倒影。開闔之際。狀有靈焉。而不可測也。乃其將登。則翔禽拂翮。鳴猿厲響。歸雲迴駕。想羽人之來儀。哀聲相和。若玄音之有寄。雖髣髴猶聞。而神以之暢。雖樂不期歡。而欣以永日。當其沖豫自得。信有味焉。而未易言也。退而尋之。夫崖谷之間。會物無主。應不以情而開興。引人致深若此。豈不以虚明朗其照。閒邃篤其情耶。並三復斯談。猶昧然未盡。俄而太陽告夕。所存已往。乃悟幽人之玄覽。達恆物之大情。其爲神趣。豈山水而已哉。於是徘徊崇嶺。流目四矚。九江如帶。丘阜成垤。因此而推。形有巨細。智亦宜然。乃喟然嘆。宇宙雖遐。古今一契。靈鷲邈矣。荒途日隔。不有哲人。風跡誰存。應深悟遠。慨焉長懷。各欣一遇之同歡。感良辰之難再。情發於中。遂共詠之云爾。

超興非有本。理感興自生。忽聞石門遊。奇唱發幽情。褰裳思雲駕。望崖想曾城。馳步乘長岩。不覺質有輕。矯首登靈闕。眇若凌太清。端坐運虚論。轉彼玄中經。神仙同物化。未若兩俱冥。〇古詩類苑百二。詩紀三十七。

廬山諸沙彌

觀化決疑詩

謀始創大業。問道叩玄篇。妙唱發幽蒙。觀化悟自然。觀化化已及。尋化無間然。生皆由化化。化化更相纏。宛轉隨化流。漂浪入化淵。五道化爲海。孰爲知化仙。萬化同歸盡。離化化乃玄。悲哉化中客。焉識化表年。○古詩類苑百一。詩紀三十七。

史宗

史宗。不知何許人。常著麻衣。世號麻衣道士。

詠懷詩

高僧傳曰。宗常在廣陵白土埭。溌埭謳唱。引絃以自欣暢。得直隨以施人。時高平檀祇爲江都令。聞而召來。應對機捷。無所拘滯。博達稽古。辨説玄儒。乃賦詠懷詩一首。檀祇知非常人。遣還所在。遺布二十疋。悉以乞人。

有欲苦不足。無欲亦詩話作卽。無憂。未若清虚者。帶索被詩話作披。高僧傳注云。三本、宫本作披。玄裘。浮遊一世間。詩話作州。泛若不繋舟。方詩話作要。當畢塵累。詩話作慮。栖志詩話作息。老山丘。○高僧傳本傳。詩話總龜四十五。

詩紀三十七。

帛道猷

本姓馮。山陰人。居若邪山。少以篇牘著稱。性率素。好丘壑。一吟一詠。有濠上之風。

陵峯採藥觸興爲詩

釋氏古詩題云。寄道壹。有相招之意。高僧傳曰。猷與道壹經有講筵之遇。後與一書。因贈詩云。

連峯數千里。修林帶平津。雲過遠山翳。風至梗荒榛。茅茨隱不見。雞鳴知有人。閒步踐其徑。處處見遺薪。始知百代下。故有上皇民。○高僧傳道壹傳。詩紀三十七。

竺僧度

本姓王。名晞。字玄宗。東莞人。

答苕華詩

高僧傳曰。度少孤獨。與母居。求同郡楊德慎女。女字苕華。未及成禮。苕父母繼亡。度母亦卒。度覩世代無常。乃捨俗出家。改名僧度。苕華服畢。自惟三從之義。無獨立之道。乃與度書並贈詩。度答書報詩。於是專精佛法。後不知所終。

機運無停住。倏忽歲時過。巨石會當竭。芥子豈云多。良由去不息。故令川上嗟。不聞榮啓期。皓首發清歌。布衣可暖身。誰論飾綾羅。今世雖云樂。當奈後生何。罪福良由已。寧云已恤他。○高僧傳竺僧度傳。詩紀三十七。

楊苕華

贈竺度詩

大道自無窮。天地長且久。巨石故叵消。芥子亦難數。人生一世間。飄若風高僧傳作忽若。注云。三本、宫本作若風。過牖。榮華豈不茂。日夕就彫朽。川上有餘吟。日斜思鼓缶。清音可娱耳。滋味可適口。羅紈可飾軀。華冠可耀首。安事自剪削。躭空以害有。不道妾區區。但令君恤後。○同上

釋道寶

本姓王。琅邪人。晉丞相導之弟。

詠詩

高僧傳曰。弱年信悟。避世辭榮。親舊諫止。莫之能制。香湯澡浴。將就下髮。乃詠曰。

安知萬里水。初發濫觴時。○高僧傳竺法崇傳。

竺法崇

詠詩

高僧傳曰。後還剡之葛峴。茅庵飲澗。取欣東甌。學者競往湊焉。與隱士魯國孔淳之相遇。每盤遊極日。輒信宿忘歸。後淳之别游。崇詠曰。

皓高僧傳注。明本作浩。然之氣。猶在心目。山林之士。往而不反。當作復。○高僧傳竺法崇傳。

竺曇林

襄陽道人。

爲桓玄作民謡詩二首

宋書曰。司馬元顯時民謡詩。此詩云襄陽道人竺曇林所作。多所道行於世。孟顗釋之曰。十一口者。玄字象也。木亘。桓也。桓氏當悉走入關洛。故云浩浩鄉也。金刀。劉也。倡義諸公多姓劉。娓娓。美盛貌也。

當有十一口。當爲兵所傷。木亘當北度。走入浩浩鄉。○宋書五行志。

金刀既以刻。娓娓金城中。○同上

晉詩卷二十一

仙道

葛洪

洪。字稚川。丹楊句容人。吴方士玄從孫。曾參廣州刺史嵇含軍事。含遇害。還鄉。元帝爲丞相。辟爲掾。以功賜爵關内侯。咸和初。求爲句漏令。刺史鄧嶽表爲東官太守。不就。卒。年八十一。有抱朴子内篇二十一卷、外篇五十一卷、神仙傳十卷、肘後方六卷、神仙服食藥方一卷。

洗藥池詩

池在贑州興國縣。洪過境。見山靈水秀。遂結廬築壇。鑿池洗藥。留四言詩一首。

洞陰泠泠。風佩清清。仙居永劫。花木長榮。〇金陵玄觀志。詩紀三十二。〇逯案。詩殆後人僞託。

法嬰玄靈之曲二首

漢武帝内傳曰。元封元年七月七日。西王母降於漢宫。王母自設天厨。精妙非常。酒觴數徧。王母命諸侍玉女作樂。命法嬰歌玄靈之曲。乃遣侍女招上元夫人。夫人至。自彈雲琳之琴。歌步玄之曲。

大象雖寥廓。御覽作云寥。無上秘要同。我把天地無上秘要作九天。户。披雲沉御覽作泌。靈輿。無上秘要作汎八景。倏内傳作儵。御覽同。忽適下土。空洞成玄音。至精不容冶。太御覽作泰。真噓御覽作靈。中唱。無上秘要作唱扶宫。始知無上秘要作何悟。風塵苦。頤神三田中。納御覽作約。精六闕下。遂乘萬龍楯。馳騁眄詩紀作盼。九野。○漢武帝内傳。詩紀外集一。又御覽五百七十二引户、土、苦、下四韵。無上秘要二十引户、土、苦三韵。○逯案。漢武帝内傳乃葛洪撰。余嘉錫四庫提要辨證已有説明。而其所載歌辭。題材思想風格尤與晉人其他降真詩同。蓋葛洪所造也。

玄圃遏北臺。五城焕嵳峩。啓彼無涯津。泛此織女河。仰止内傳作上。升絳庭。下遊月御覽作日。窟阿。顧眄内傳作眄。八落外。指招御覽作遠指。九雲御覽作空。遐。忽已不覺勞。詩紀作忽不覺心勞。豈悟詩紀作吾。少與多。撫内傳作無。璈命衆女。詠歌發内傳作發感。中和。妙暢自然樂。爲此玄雲歌。韶盡至韻存。真音辭無邪。○漢武帝内傳。詩紀外集一。又御覽五十六引阿、遐二韵。

上元夫人步玄之曲

漢武帝内傳曰。上元夫人自彈雲林之璈。鳴絃駭調。清音靈朗。玄鳳四發。迺歌步玄之曲。辭曰。

昔御覽作黄。涉玄真道。騰步登太霞。負笈造天關。借問太上家。忽過紫微垣。御覽作圃。真人列如麻。渌景清飈起。雲蓋映朱葩。蘭宫類聚作房。御覽同。敞類聚作闕。御覽同。琳詩紀作朱。闕。諸真歌頌作珠扇。碧空起内傳作落。瑶類聚作啓瓊。御覽、諸真歌頌同。沙。丹臺結空構。諸真歌頌作棣。暐曄内傳作暐。生光華。飛鳳踶甍峙。燭龍倚委蛇。玉胎來絳芝。九色紛相挐。挹景練仙骸。萬刼方童牙。誰詩紀作唯。言壽御覽作終。有諸真歌頌作有壽前。終。扶桑不爲查。○漢武帝内傳。雲笈七籤九十六。諸真歌頌。詩紀外集一。又類聚四十三引葩、沙二韵。御覽五百七十二引霞、家、麻、葩、沙、華、查七韵。

四非歌

漢武帝内傳曰。王母又命侍女四非答歌曰。

晨登太霞宫。挹此八詩紀作枇杷。王諸真歌頌作王。御覽作玉水。蘭。夕入玄元御覽作圃。闕。采蕊掇雲笈七籤作掇。諸真歌頌同。琅玕。濯足匏御覽作瓠。瓜河。織女立津盤。吐納挹御覽作抱。景雲。味之當一餐。紫微何濟濟。璚雲笈七籤作瓊。諸真歌頌同。輪服内傳作復。朱丹。朝發汗漫府。暮宿勾御覽作鈎。陳垣。去去雲笈七籤作之。諸真歌頌同。道不同。且各詩紀作吝。體所安。二儀設内傳作没。雲笈七籤、諸真歌頌作復。猶存。奚疑億萬椿。莫與世人説。行尸言此難。○漢武帝内傳。雲笈七籤九十六。諸真歌頌。詩紀外集一。又御覽五百七十二引蘭、玕、盤、飡、垣、難六韵。○逯案。四非。御覽作田四非。雲笈七籤等作田四妃。

曹毗

杜蘭香贈詩

杜蘭香傳曰。晉太康中。蘭香降張碩。爲詩贈碩云云。摩奴是香御車奴。曾忤其旨。是以自御。碩説如此。

縱轡代摩奴。須臾就尹喜。○御覽五百。

杜蘭香作詩

杜蘭香别傳曰。杜蘭香。自稱南陽人。以建興四年春數詣張傳。傳年十七。望見其車在門外。婢通言。阿母所生。遣授配君。君可不敬從。傳先改名碩。碩呼女前視。可十八九。説事邈然久遠。有婢子二人。大者萱枝。小者松枝。鈿車青牛。上飲食皆備。作詩曰云云。至其年八月旦來。復作詩曰云云。出薯豫子三枚。大如雞子。云食此令君不畏風波。辟寒温。碩食二枚。留一。香令碩盡食。言本爲君作妻。情無曠遠。以年命未合。有小乖。太歲東方卯。當還求君。

阿母處靈岳。時遊雲霄際。衆女侍羽儀。不出墉詩紀誤作墉。宫外。飈類聚作飄。搜神記同。輪送我來。豈復耻塵穢。從我與福俱。嫌我與禍會。○類聚七十九。搜神記一。詩紀外集四。

復作詩

逍遥雲霧搜神記作漢。間。呼吸類聚作嗟。發九嶷。游女類聚作流汝。搜神記同。不稽路。弱水何不之。○同上○詩紀云。曹毗傳曰。桂陽張碩。爲神女杜蘭香所降。毗因以一篇詩嘲之。並續杜蘭香歌詩十篇。甚有文彩。○逯案。此傳及詩出類聚。不著作者。詩紀直題曹毗杜蘭香别傳。必有所據。今查書鈔、類聚、御覽等所引。或作曹毗神女杜蘭香傳。或作曹毗杜蘭香傳。或只作杜蘭香别傳。或只作杜蘭香傳。以各佚文校之。知皆爲曹毗所傳也。又搜神記所引與類聚略同。惟起首曰漢時杜蘭香者。自稱南康人。以建業四年春數詣張傳云云。殊爲可怪。蓋此事既出於晉代。古今亦無建業之年號。搜神記此條當是後人羼入妄改者。又書鈔、類聚、御覽等引此傳佚文不下十餘則。所言飲食男女、悲歡離合甚繁。與陶宏景之真誥極爲類似。所載仙詩靈唱。實當時師巫道士受符書章以眩惑士庶之故技也。

郭文

文。字文舉。河内軹人。不娶。游歷名山。洛陽陷。乃步擔入吴興餘杭大辟山中。不飲酒食肉。區種菽麥。採竹葉木實。貿鹽以自供。王導遣人迎之。置之西園。七年未嘗出入。後逃歸臨安。卒。

金雄詩

神仙拾遺云。郭文。字文舉。晉書有傳。歸隱鰲亭山。得道而去。後人於其卧牀席下得蒻書金雄詩、金雌詩。其言皆當時讖辭。其脱如蛇也。

大火有心水抱之。悠悠百年是其時。○宋書符瑞志。

金雌詩

云出而兩漸欲舉。短如之何乃相岨。交哉亂也當何所。唯有隱巖殖禾黍。西南之朋困桓父。○同上

羊權

權。字道輿。泰山南城人。簡文帝時爲黄門郎。

萼緑華贈詩

真誥曰。萼緑華者。自云是南山人。年可二十上下。青衣。顔色絶整。以升平三年十一月十日夜降羊權。自此往來。一月之中輒六過來耳。云本姓楊。贈權詩一篇。神女語權。君慎勿泄我。泄我則彼此獲罪。訪問此人。云是九嶷山中得道女羅郁也。

神嶽排霄起。飛峯鬱千尋。寥籠靈谷虛。瓊林蔚蕭森。羊生標美秀。弱冠流清音。棲情莊惠真誥作慧。津。超形象魏林。揚彩朱門中。内有邁俗心。○真誥運象篇一。雲笈七籤九十七。諸真歌頌。詩紀外集一。

我與夫子族。源冑同淵池。宏宗分上業。於今各異枝。蘭金因好著。三益方覺彌。○同上

靜尋欣斯會。雅綜彌齡祀。真誥作杞。誰云幽鑒難。得之方寸裏。翹想樊籠真誥作籠樊。外。俱爲山巖士。無令騰虛翰。中隨驚風起。遷化雖由人。藩真誥作蕃。羊未易擬。所期豈朝華。歲暮於吾子。○同上

楊羲

羲。字義和。吴人。幼有通靈之鑒。與許邁、許穆結交。許穆薦之相王。用爲公府舍人。簡文即位後卒。或謂太元十二年卒。

九華安妃見降口授作詩

真誥曰。興寧三年。歲在乙丑。六月二十五日夜。紫微王夫人見降。又與一神女俱來。紫微夫人曰。此是太虛上真元君。金臺李夫人之少女也。太虛元君昔遣詣龜山學上清道。道成。受太上書。署爲紫清上宫九華真妃者也。於是賜姓安。名鬱嬪。字紫簫。真妃坐良久。問某年幾。是何月生。某登答言三十六。庚寅歲九月生也。真妃又曰。今日得叙因緣。歡願於冥運之會。依然有松蘿之纏矣。某乃稱名答曰。沈湎下俗。塵染其質。唯蒙啓訓。以祛其闇。濟某兀兀。宿夜所願也。真妃曰。敬作一紙文相贈。便因君以筆。運我鄙意。當可爾乎。某答奉命。即襞紙染筆。登口見授。作詩如左。詩曰。

雲闕豎空上。瓊臺聳雲笈七籤作竦。鬱羅。紫宫乘緑景。靈觀藹嵯峩。琅軒朱房内。上德焕絳霞。俯漱雲瓶津。仰掇碧柰花。濯足玉女真誥作天。雲笈七籤同。池。鼓枻牽牛河。遂策景雲駕。落龍轡玄阿。振衣塵滓際。褰裳步濁波。願爲山澤結。剛柔順以和。相攜雙清内。上真道不邪。紫微會良謀。唱納享福多。○真誥運象篇一。雲笈七籤九十七。詩紀外集二。○逯案。真誥各詩。雲笈七籤、詩紀外編皆曾重加編次。詩紀編次佳。惟尚未言爲道士之所僞造。又據真誥運題象。各詩之涉及許穆等者。亦出楊手。則僞造者乃楊羲一人耳。

紫微夫人授詩

真誥曰。紫微夫人曰。我復因爾作一紙文以相曉者。以示善事耳。某又襞紙染筆。夫人見授詩云云。書訖。紫微夫人取視。視畢曰。以此贈爾。我去矣。明日當復與真妃俱來詣爾也。覺下牀而失所在也。真妃少留在後。取某手而執之。而自下牀。未出户之間。忽然不見。

二象内外泮。玄氣果中分。冥會不待駕。所期貴得真。南嶽鑄明金。眇觀傾笈帉。良德飛霞照。遂感靈霄人。乘飈儔衾寢。齊牢攜絳雲。悟歎天人際。數中自有緣。上道誠不邪。塵滓非所聞。同目咸恒象。高唱爲爾因。〇真誥運象篇一。詩紀外集二。

雲林與衆真吟詩十首

詩紀曰。真誥翼真檢云。併衿接景楊安亦灼然顯説。凡所與有待無待諸詩及辭喻諷旨。皆是雲林應降。嬪仙侯事義。並亦表著。而南真自是訓授之師。紫微則下教之匠。並不關儔結之例。但中侯昭靈亦似别有所在。既事未一時。故不正的爾。其餘男真。或陪從所引。或職司所任。至如二君。最爲領據之主。今人讀此辭事。若不悟斯理者。永不領其旨。故略標大意。宜共密之。

駕欻敖雲笈七籤作遨。八虚。迴真誥作徊。詩紀作佪。宴東華房。阿母延軒觀。朗嘯躡靈風。我爲有待來。故乃越滄浪。右英王夫人歌。〇真誥運象篇三。雲笈七籤九十八作雲林右英夫人喓楊真人許長史。詩紀外集二。又上清道類事相二作妃玉觀香歌。引房、風二韵。

乘飈遡九天。息駕三秀嶺。有待徘徊眄。真誥作眄。無待故當淨。諸真歌頌作静。滄浪奚足勞。孰若越玄井。右紫微夫人答英歌。〇真誥運象篇三。雲笈七籤九十七紫微王夫人詩一十七首之一。諸真歌頌作紫微王夫人詩。詩紀外集二。

寫我金庭館。解駕三秀畿。夜芝披華峰。真誥作鋒。注云。謂應作峰字。咀嚼充長飢。高唱無逍遥。冬興有待歌。空同酬靈音。無待將如何。右桐柏山真人歌。〇真誥運象篇三。詩紀外集二。又上清道類事相一引畿、飢二韵。

朝遊鬱絶山。夕偃高暉堂。振轡步靈鋒。真誥注云。謂應作峰字。無近於滄浪。玄井三仞際。我馬無津梁。儵欻九萬間。八維已相望。有待非至無。靈音有所喪。右清靈真人歌。○真誥運象篇三。詩紀外集二。

龍旂舞太虚。飛輪五岳阿。所在皆逍遥。有感輿冥歌。無待愈雲笈七籤作喻。諸真歌頌同。有待。相遇故得和。滄浪奚足遼。玄井不爲多。鬱絶尋步間。俱會四海羅。豈若絶明外。三劫方一過。右中候夫人歌。○真誥運象篇三。雲笈七籤九十七作中候王夫人詩。諸真歌頌作中候王夫人詩。仙歌品引真迹經與九華安妃歌連爲一首。詩紀外集二。

縱酒觀羣惠。雲笈七籤作慧。諸真歌頌同。儵忽雲笈七籤作倐欻。諸真歌頌同。四落周。不覺所以然。實非有待遊。相遇皆歡樂。不遇亦不憂。縱影玄空中。兩會自然疇。右昭靈李夫人歌。○真誥運象篇三。雲笈七籤九十七作方丈臺昭靈李夫人詩。諸真歌頌作方丈臺昭靈李夫人詩。詩紀外集二。

駕欻發西華。無待有待間。或眄詩紀作盻。五嶽峯。或濯仙歌品作躍。天河津。釋輪尋虚舟。所在皆纏綿。芥子忽萬頃。中有須彌雲笈七籤、諸真歌頌作崑崙。仙歌品作蓬萊。山。大小固無殊。遠近同一緣。彼作有待來。我作無待親。仙歌品作觀。右九華安妃歌。○真誥運象篇三。雲笈七籤九十七作九華安妃贈楊司命詩。諸真歌頌作九華安妃贈楊命詩。仙歌品引真迹經與中候夫人歌連爲一首。詩紀外集二。

無待太無中。有待太仙歌品作大。有際。大小同一波。遠近齊一會。鳴絃玄霄顛。吟嘯仙歌品作金蕭。運八氣。奚不酣靈液。仙歌品作酒。眄目娱九裔。有無得玄運。二待亦相蓋。右太虚南岳真人歌。○真誥運象篇三。仙歌品引真迹經。詩紀外集二。

偃息東華静。揚軿運八方。俯眄丘垤間。莫覺五嶽崇。靈阜齊淵泉。大小忽相從。長短無少多。大椿須臾終。奚不委天命。縱神任空洞。右方諸青童君歌。○真誥運象篇三。詩紀外集二。

控飇扇太真誥作大。虚。八景飛高清。仰浮紫塵外。俯看絶落冥。雲笈七籤作溟。玄心空同間。上下弗流停。無待兩際中。有待無所營。體無則能死。體有則攝生。東賓會高唱。二待奚雲笈七籤作何。足争。○真誥運象篇三。雲笈七籤九十七作南極王夫人授楊羲詩。諸真歌頌作南極王夫人授楊羲詩。仙歌品引真迹經。詩紀外集二。

命駕玉錦輪。儛轡仰徘徊。朝遊朱火宫。真誥作中。夕宴夜光池。浮景清霞杪。八龍正參差。我作無待遊。有待輙見隨。高會佳人寢。二待互是非。有無非有定。待待各自歸。右南極紫微夫人歌。○真誥運象篇三。雲笈七籤九十七作南極王夫人授楊羲詩。諸真歌頌作南極王夫人授楊羲詩。詩紀外集二。

中候王夫人詩三首

詩紀曰。東華夫人紫清内傳。妃領東宫中候真夫人。晉興寧三年乙丑。降金壇楊羲家云。

八塗會無宗。乘運觀囂羅。化浮塵中際。解衿有道家。騁諸真歌頌作眄。煙忽未傾。攜真造靈阿。虚景盤瓊軒。玄鈞作鳳歌。適路無軌滯。神音儛雲波。齊德秀玉景。真誥作京。何用世間多。○真誥運象篇四。雲笈七籤九十七。諸真歌頌。詩紀外集二。

又

坦夷觀雲笈七籤作但觀夷。諸真歌頌同。天真。去累縱衆情。體寂廢機駟。崇有則攝生。焉得齊真誥作齋。物子。委運任所經。○同上

六月二十三日夜中候夫人作

登軿發東華。扇飈真誥作歘。諸真歌頌同。儛太玄。飛轡騰九萬。八落亦已均。暫眄山水際。窈窕靈岳間。同風自齊氣。道合理亦親。龍芝永遐齡。内觀攝天真。東岑可長淨。何爲物所纏。○同上

方丈臺昭靈李夫人詩三首

詩紀云。方丈臺東宫昭靈夫人者。北元中玄道君李慶賓之女。太保玉郎李靈飛之妹也。受書爲東宫昭靈夫人。治方丈臺。第十三朱館中。東晉哀帝興寧三年乙丑八月二十二日夜。與上元夫人、紫微夫人、右英夫人諸真同降真人楊羲家。作詩曰。

雲墉帶天構。諸真歌頌作棣。七氣焕天馮。雲笈七籤作憑。諸真歌頌同。瓊扉真誥作扇。啟晨鳴。九音絳樞中。紫霞興雲笈七籤作舆。諸真歌頌同。朱門。香煙生緑窗。四駕舞虎旂。青軿擲玄空。華蓋隨雲列。真誥作倒。落鳳控六龍。策景五嶽阿。三素眄君房。適聞臊穢氣。萬濁污真誥作蕩。我胸。臭物薰精神。囂塵互相衝。明玉真誥作王。皆璀真誥作摧。爛。何獨盛德雲笈七籤作得。諸真歌頌同。躬。高揖苦不早。坐地自生蟲。○真誥運象篇三。雲笈七籤九十七。諸真歌頌。詩紀外集二。

臨去吟

心勿欲亂。神勿淫役。道易不順。災重不逆。永喪其真。遂棄我適。○真誥運象篇三。詩紀外集二。

十二月一日夜方丈左臺昭靈李夫人作與許玉斧

詩紀云。真誥翼真檢云。二許雖玄挺高尚。而質撓世迹。故未得接真。今所授之事。多事爲許立辭。悉楊受旨疏以許爾。○受旨之受原作授。疑誤。

飛輪高晨臺。控轡玄𪁉隅。手攜紫皇袂。諸真歌頌作被。倏忽真誥作儵欻。八風驅。玉華翼緑幃。青帬扇翠裾。雲笈七籤作裙。誤。冠軒焕崔嵬。珮玲帶月珠。薄入風塵中。塞鼻逃當塗。臭腥彫我氣。百阿真誥作痾。令心徂。真誥作殂。何不飈然起。蕭蕭步太虚。○真誥運象篇三。雲笈七籤九十九。諸真歌頌。詩紀外集二。

紫微王夫人詩一十七首

詩紀云。紫微夫人。名青娥。字愈音。王母第二十女也。晉興寧三年乙丑六月。降楊羲之家。時與太元真人、桐柏真人、右英夫人、南岳夫人同降。言夫人位爲紫微宫左夫人。鎮羽野玄隴之山上宫主教。當成真人者。

七月二十六日夕紫微夫人喻作令與許長史

高興希林虚。遐遊無員方。蕭條象數外。有無自冥同。亹亹德韻和。飄飄步太空。盤桓任波浪。振鈴散風中。内映七道觀。可以得兼忘。何必反覆酬。待此世文通。玄心自冥真誥作宜。悟。默耳必高蹤。○真誥運象篇二。詩紀外集二。

歌

龜闕鬱巍巍。墉臺落真誥作絡。月珠。列坐九靈房。叩璈吟太無。玉簫和我神。金醴釋我憂。○真誥運象篇三。雲笈七籤九十七。諸真歌頌。詩紀外集二。

歌

宴酣東華内。陳鈞千百真誥作萬。聲。青君呼我起。折腰希林庭。羽帔扇翠暉。玉佩何鏗零。俱指高晨寢。雲笈七籤作殿。諸真歌頌同。相期象中冥。○同上

玄𪓿之遊真誥作玄𪓿紫微作。

超舉步絳霄。飛飇北𪓿庭。神華映仙臺。圓曜隨風傾。啓暉挹丹元。扇景滄月精。交上清道類事象作拂。袂諸真歌頌作被。雲林宇。浩真誥作浩。上清道類事象作結。軫真誥注謂應作皓𩕳。上清道類事象作𩕳。還童嬰。蕭蕭寄無宅。是非豈能營。世網真誥作陣上。自攖競。安可語養生。○真誥運象篇三。雲笈七籤九十七。諸真歌頌。詩紀外集二。又上清道類事象四玄𪓿紫微作。引嬰、營二韻。

九月六日夕紫微夫人喻作示許長史并與同學同學謂郗回也。

解輪太霞上。斂轡造紫丘。手把八空雲笈七籤作天。諸真歌頌同。氣。縱身雲中浮。一眄造化綱。真誥作剛。再視

索高疇。道要既已足。雲笈七籤作是。諸真歌頌同。可以解千憂。求真得良真誥作真。友。不去復何求。○真誥運象篇三。雲笈七籤九十七。諸真歌頌。詩紀外集二。

九月九日紫微夫人喻作因許示郗

紫空朗玄真誥作明。詩紀同。景。玄宮帶絳河。濟濟上清房。雲詩紀作靈。注云。一作雲。臺焕嵯峩。八輿造朱池。羽蓋傾霄柯。震風迴三晨。真誥作辰。金鈴散玉華。七轡降真誥作絡。九垓。晏詩紀作宴。眄不必家。借問求道子。何事坐塵波。豈能棲東秀。養真收太和。○同上

十月十八日紫微夫人作

左把玉華蓋。飛景躡七元。三晨真誥作辰。諸真歌頌同。焕紫輝。真誥作暉。竦眄撫明真。變踊期須臾。四面皆已神。靈發無涯際。勤思上清文。何事坐真誥作生。横涂。令爾感不專。陰鴟禁痾烏賀反此應作喑啞。言其速也。失玄真誥作去。機。不覺年歲分。○同上

紫微吟此再三

玄清眇眇觀。落景出東渟。願得絶塵友。蕭蕭罕世營。○真誥運象篇四。雲笈七籤九十七。諸真歌頌。詩紀外集二。

紫微詩

靈人隱玄峰。真神韜雲采。雲笈七籤作來。諸真歌頌同。玄唱非無期。妙應自有待。豈期真誥作謂。虛空寂。至韻故常在。攜襟登羽宮。同宴廣寒裏。借問朋人誰。所存唯玉子。雲笈七籤作女。諸真歌頌同。○同上

紫微夫人歌此詩紀云。考真誥當是丙寅二月三十日。

褰裳濟淥真誥作緑。河。遂見扶桑公。高會太林墟。賞真誥作寢。宴玄華宮。信道苟淳篤。何不棲東峯。○同上

紫微夫人作

控景始暉雲笈七籤作揮。諸真歌頌同。津。飛飈登上清。雲臺鬱峩峩。閶闔秀玉城。晨風鼓丹霞。朱煙灑金庭。緑蘂諸真歌頌作葉。粲玄峯。紫華雲笈七籤作芝。諸真歌頌同。巖下生。慶雲纏丹爐。錬真誥作練。玉飛八瓊。晏雲笈七籤作宴。詩紀同。眄廣寒宮。萬椿愈童嬰。龍旂啟靈電。虎旗徵朱兵。高真迴九曜。洞觀均潛明。誰能步幽道。尋我無窮齡。○同上

紫微作

翳藹紫微館。鬱臺散景飈。鸞唱華蓋間。鳳鈞導龍軺。八狼攜絳旌。素虎吹角簫。雲勃寫靈宮。來適塵中囂。解轡佳人寢。雲笈七籤、諸真歌頌作所。詩紀同。同氣自相招。尋宗須臾頃。萬靈乃一朝。椿期會足衰。詩紀作哀。刼往豈足遼。真真乃相目。莫令心徂瘀。側交反。雲笈七籤、諸真歌頌作抄。虛刀詩紀作刃。揮至空。鄙滯五神

愁。○同上

四月十四日紫微夫人作二首真誥連爲一篇。

朝啓東晨暉。飛軿越滄淵。雲笈七籤作溟。諸真歌頌同。山波振青涯。八風扇玄煙。廻眄易遷房。有懷真感人。三金可遊盤。東岑宜永甄。紛紛當塗中。孰能步生津。○同上

飄飄八霞嶺。徘徊飛晨蓋。紫軿騰太空。矖真誥作麗。眄九虛外。玉簫激景雲。靈煙絶幽藹。高仙宴太真。清唱無涯際。去來山岳庭。何事有待邁。○同上

四月二十三日夜紫微夫人作

神玉曜靈津。七元煥神扉。虛真誥作靈。詩紀同。遷方寸裹。一躍登大微。妙音乘和唱。高會亦有機。齊此天人眄。協彼景晨飛。總轡六合外。寧有傾與危。○同上

紫微夫人作詩紀云。考真誥當是閏月三日。

薄宴塵飈領。雲笈七籤作嶺。諸真歌頌同。代謝緣還歸。奚識靈刼期。顧眄令人悲。○同上

又

雲草Ⓐ玄方。仰感旋曜精。詵詵繁茂萌。重德必克昌。○同上

雲林右英夫人詩二十五首

詩紀云。雲林右英夫人。名媚蘭。字申林。王母第十三女也。受書爲雲林宫右英夫人。治滄浪山。晉興寧三年乙丑七月。諸真同降於楊君。因受。

右英吟

寓言必可用。不用是無情。焉得駕歘迹。尋此空中靈。微音良有旨。當用慎勿輕。事事應神機。雲笈七籤作事應神機會。保爾見太平。○真誥運象篇二。雲笈七籤九十八。詩紀外集二。

七月十八日夕雲林右英夫人授詩此詩與許長史。兼及掾事。

轡景落滄浪。騰躍青真誥作清。海津。絳煙亂太陽。羽蓋傾九天。雲輿浮空洞。雲笈七籤作同。倏忽風波雲笈七籤作滄浪。間。來尋冥雲笈七籤作真。中友。相攜侍帝晨。王雲笈七籤作玉。子協明德。齊首招玉賢。下眄八阿雲笈七籤作河。宫。上寢希林顛。漱此紫霞腴。方知穢塗辛。佳人將安在。勤心乃得親。○同上

右英夫人所喻七月二十六日

絳闕排真誥作扉。廣霄。披丹登景房。紫旗振雲霞。羽晨儛真誥作撫。八風。停蓋濯景谿。採秀月支峯。咀嚼三

臺華。吐吸九神芒。椿數無絶紀。協日積童蒙。攜袂明真館。仰期無上皇。北鈞唱羽人。玉賢粲賢衆。云何波浪宇。得失爲我鍾。引領嚚庭内。開心擬璣衡。習適榮辱域。罕躡希林宫。一静安足苦。試去視滄浪。○同上

七月二十八日夕右英夫人授書此詩以與許長史

世珍芬複交。道宗玄霄會。振衣尋冥雲笈七籤作真。疇。迴軒風塵際。良德映靈雲笈七籤作玄。暉。穎根雲笈七籤作拔。詩紀同。粲革蔚。密言多儻雲笈七籤作儻。詩紀同。福。冲淨雲笈七籤作静。詩紀同。尚真貴。咸恒當象順。雲笈七籤作恒當二象順。攜手同襟詩紀云。一作衾。真誥作衾。帶。何爲人事間。日焉生患害。○同上

九月三日夕雲林王夫人喻作令示許長史

騰躍雲景轅。浮觀霞上空。霄軿縱横舞。紫蓋託靈方。朱煙纏旍真誥作旌。詩紀云。一作旌。旄。羽帔扇香風。電號真誥作嘷。猛獸攫。雷雲笈七籤作電。吟奮玄龍。鈞籟昆庭響。金筑真誥作笙。唱神鍾。採芝滄浪阿。掇華八渟峯。朱顏日以真誥作愈。新。刼往方嬰童。養形静東岑。七神自相通。風塵有憂哀。隕我白髮翁。長冥遺遐歎。恨不早逸蹤。○同上

右英吟

停駕望舒移。迴輪返滄浪。未覩若人遊。偶想安得康。良因俟青春。以敍中懷忘。○同上

九月六日夕雲林喻作與許侯

控晨浮紫煙。八景觀沠雲笈七籤作汾。流。羽童捧瓊漿。王華餞琳腴。相期白水涯。揚我萎蕤珠。○同上

又真誥倂上爲一篇。

滄房煥東霞。紫造浮絳晨。真誥作辰。雙德秉道宗。作鎮真伯藩。八臺可眄真誥作眄。目。北看乃飛元。清淨雲中視。眇眇躡景遷。吐納洞嶺真誥作領。秀。藏暉隱東山。久安人事上。日也無虚閒。豈若易翁質。反此孩中顔。○同上

九月九日雲林右英夫人喻作

晨闕太霞構。玉室起霄清。領略三奇觀。浮景翔絶宾。丹華中有真。雲笈七籤作丹華空中有。金映育挺精。八風鼓錦披。真誥作被。碧樹曜四靈。華蓋廕蘭暉。紫轡策緑軿。結信通神交。觸類率天誠。何事外象感。須覩瑶玉瓊。○同上

九月十八日夜雲林右英夫人作

三真誥作二。景秀鬱玄。霄映朗八方。丹雲浮高宸。真誥作晨。逍遥任靈風。鼓翼真誥作翮。詩紀云。一作翮。乘素

飈。竦眄瓊臺中。綠蓋入協晨。青軿擲空同。右揖東林帝。上朝太虚皇。玉賓剖鳳腦。嗷酣飛蘂漿。雲鈞廻曲寢。千音何琅琅。錦旌雲笈七籤作旍。詩紀同。召猛獸。華幡正低昂。香母折腰唱。紫煙排棟梁。總轡高清闕。解駕佳人房。昔運挺未兆。靈化順氣翔。心眇玄涯感。年隨積椿崇。形垢甘真誥作甘垢。臭味。動静失滄浪。我友實不爾。榮辱昨已忘。○同上

九月二十五日夜雲林右英夫人授作

絳景浮玄晨。紫軒乘煙征。仰超綠闕内。俯眄朱火城。東霞啓廣暉。神光焕七靈。翳映汎真誥作汜。三燭。流任自齊冥。風纏空洞宇。香上清道類事相作靈。音觸節生。手攜織真誥作熾。注云。謂應作織字。女儛併衿匏瓜庭。左徊青羽旗。華蓋隨雲傾。晏雲笈七籤作宴。詩紀同。寢九度表。是非不我營。抱真栖大寂。金姿真誥作恣。愈日嬰。豈似慾穢中。慘慘無聊生。○真誥運象篇三。雲笈七籤九十八。上清道類事象四。詩紀外集二。

十月十七日雲林夫人作與許侯

四旌真誥作旍。曜明空。朱軒飛靈丘。玉蓋廕七景。鼓翼真誥作翩。霄上浮。九音朗紫空。玉璈洞太無。宴詠三晨真誥作辰。宫。唱嘯呼我儔。不覺春真誥作椿。已來。詩紀作老。豈知二景流。佳人雖兼忘。而未放百憂。長林真可静。巖中多自娱。○真誥運象篇三。雲笈七籤九十八。詩紀外集二。

十月二十日授二首亦應是右英喻長史也。

北登玄真闕。攜手結高羅。香煙散八景。玄風鼓絳波。仰超琅園津。俯眄霄陵阿。玉簫雲上唱。鳳鳴動真誥作洞。九遐。乘氣真誥作雲。浮太空。曷爲躡山河。雲笈七籤作阿。金節命羽靈。徵兵折萬魔。齊挹二晨暉。千春真誥作椿。方嬰牙。喪真投競室。不解可奈何。○同上

仰眄太霞宮。金閣曜紫清。華房映太素。四軒皆朱瓊。擲輪空同津。總轡儛緑軿。玉華飛雲蓋。西妃運錦旍。真誥作旌。翻然塵濁真誥作濁塵。涯。倏欻真誥作忽。佳人庭。宿感應期降。所招已在冥。乘風奏霄晨。共酣丹琳雲笈七籤作林。罌。公侯徒眇眇。安知真人靈。○同上

右英作詩紀云。考真誥次。當是十二月一日。

清晨挹真誥作揖。絳霞。總氣霄上遊。徊軿躡曲波。遂覩世人憂。辭旨蔚然起。不散三秀㠥。何若巡玄鄉。撫璈爲爾娱。君心安真誥作安有。有際。我願有中無。○同上

二月九日夜雲林作詩紀云。此後入丙寅年事。

轡景登霄晨。遊宴滄浪宮。綵雲繞丹霞。靈真誥作靄。藹散八空。上真吟瓊室。高仙歌琳房。九鳳唱朱籟。虚節錯羽鐘。交栖真誥作頸。金庭内。結我冥中朋。俱挹玉醴津。倏忽真誥作倏欻。已嬰童。云何當路躊。愆

痾隨日祟。○同上

二月十六日右英作

晨遊太素宮。控軿觀玉河。夕宴鬱絶宇。朝採圓景華。彈璈北寒臺。七靈暉紫霞。濟濟高仙舉。紛紛塵中羅。盤桓囂藹内。愆累不當多。○同上

二月三十日夜右英作

駕風雲笈七籤作氣。騁雲軿。晨登太渟丘。絳津連岑振。清波鼓浚流。步空觀九緯。八綱真誥作剛。皆已遊。暫宴三金秀。來觀建志儔。勤懈不相掩。真誥作淹。是以積百憂。○同上

右英吟

陵波越滄浪。忽然造金山。四顧終日遊。罕我雲中人。○同上

右英夫人作

紫闕構虚上。玄館衡絶飈。琳瑯敷靈囿。真誥作圃。華生結瓊瑶。騁軿滄浪津。八風激雲韶。披羽扇北翳。握節鳴金簫。鳳籟和千鍾。西詩紀作四。童歌晨朝。心豁虚無外。神襟何詩紀作和。朗寥。廻僊太空嶺。六氣運重

幽。我塗豈能尋。使爾不終彫。○同上

四月十四日夕右英夫人吟歌此曲

玄波振滄濤。洪津鼓萬流。駕景眄六虛。思與佳人遊。妙唱不我對。清音與誰雲笈七籤作誰可。投。雲中騁瓊輪。何爲塵中趨。○同上

右英作

松柏生玄嶺。鬱爲寒林桀。繁葩盛嚴冰。未肯懼白雪。亂世幽重岫。巡生道常潔。飛此逸轡輪。投彼遐人轍。公侯可去來。何爲不能絶。○同上

閏月三日夜右英作示許長史案晉曆丙寅年閏四月也。

清静願東山。蔭景栖靈穴。愔愔閑庭虛。翳薈青林密。圓曜映南軒。朱風真誥作鳳。扇幽室。拱袂閑房内。相期啓妙術。寥朗遠想玄。蕭條神心逸。○同上

右英吟

縱心空洞真誥作同。津。竦真誥作總。詩紀云。一作總。轡策朱軿。佳人來何遲。道德何時成。○同上

又

有心許斧子。言當采五芝。芝草不必得。汝亦不能來。汝來當可得。芝草與汝食。此兩得及來並戲作吴音。○同上

右英吟

三轡抗紫軒。傾雲東林阿。○真誥運象篇三。
駕景遊賢良。促轡東圃下。○同上

夢蓬萊四真人作詩四首

真誥曰。興寧三年四月九日夜。夢北行登高山。覺憶登山半日許至頂。有大宫室數千間。某左有一老翁。某問翁何人來登此宇。公答我蓬萊仙公洛廣休。此蓬萊山。以待真仙張誘世、石慶安、許玉斧、丁瑋寧。久許。四人並東來。張誘世年可五十。石慶安甚童蒙。年可十三四。許玉斧年如今日所見。丁瑋寧年可三十四五許。公因語四人言君並可各作一篇詩以見府君。老子亦願聞文筆之美言也。

石慶安作

靈山造太霞。豎巖絶霄峯。紫煙散神州。乘飈駕白龍。相攜四賓人。東朝桑林公。廣休年雖前。壯真誥作所。

氣何蒙蒙。實未下路讓。惟諸真歌頌作推。年以相崇。〇真誥握真符一。雲笈七籤九十六。諸真歌頌。詩紀外集三。

張誘世作

北遊太漠外。來登蓬萊闕。紫雲構真誥作遘。諸真歌頌同。靈宮。香煙何鬱鬱。美哉洛真誥作樂。廣休。久在論道位。羅併真人坐。齊觀白龍邁。離世雲笈七籤諸真歌頌、詩紀作式。四人用。何時共解帶。有懷披襟友。欣欣高晨會。〇同上

許玉斧作

遊觀奇山峙。雲笈七籤作巇。諸真歌頌同。漱濯滄流清。遥觀雲笈七籤作覩。諸真歌頌同。蓬萊間。屹屹真誥作巇。衝霄冥。五真誥作紫。芝被絳巖。四階植琳瓊。真誥作璠。紛紛靈華散。晃晃焕神庭。從容七覺外。任我攝天生。自足方寸裹。何用白龍榮。〇同上

丁瑋寧作

玄山構滄浪。金房映靈軒。洛公挺奇尚。從容有無間。形沉北寒宇。三神棲雲笈七籤作接。諸真歌頌同。九天。同寮相率往。推我高勝年。弱冠石慶安。未肯崇尊賢。嘲笑蓬萊公。呼此廣休前。明公將何以。却此少年翰。〇同上

十月十五日右英夫人説詩令疏四首

青童大君常吟詠

欲植真誥作殖。滅度根。當拔生死栽。沉吟墮九泉。但坐惜形骸。○真誥運象篇三。雲笈七籤九十六。諸真歌頌。詩紀外集三。

太虛真人常吟詠

觀神載形時。亦如車從馬。車敗馬奔亡。牽連一時假。哀世莫雲笈七籤、諸真歌頌作但。詩紀同。識此。但是惜風火。種罪天網真誥作綱。上。受毒地獄下。○同上

西域真人王君常吟詠

形真誥作神。爲渡真誥作度。神真誥作形。舟。薄雲笈七籤、諸真歌頌作泊。岸當別去。形非神常宅。神非形常載。徘徊生死輪。但苦心猶豫。○同上

小有真人王君常吟詠

失道從死津。三魂迷生道。生生日已遠。死死日已早。悲哉苦痛客。真誥作容。根華已顛倒。起就零落生。焉

知反枯老。○同上

方諸宮東華上房靈妃歌曲

真誥注曰。按楊君記云。東方赤氣中有言曰。小鮮未亨鼎。言我巖下悲。當以此事諮啓司命。故答稱此詩。仍及後篇也。

紫桂植瑶園。朱華聲悽悽。月宫生蘂淵。日中有瓊池。左拔員靈曜。右掣丹霞暉。流金焕絳庭。八景絶煙迴。緑蓋浮明朗。控節命太微。鳳精童華顔。琳腴充長飢。控晨揖太素。乘飆詩紀作歘。翔玉墀。真誥作階。吐納六虚真誥作靈。氣。玉嬪把雲笈七籤作梠。巾隨。彈璈南雲扇。香風鼓錦披。叩商百獸舞。六天攝神威。倏歘億萬春。齡紀鬱巍巍。小鮮未亨鼎。言我巖下悲。○真誥運象篇三。雲笈七籤九十七。諸真歌頌。詩紀外集三。

太微玄清左夫人北渟宫中歌曲

鬱藹非真墟。真誥作虚。雲笈七籤同。太無真誥作旡。雲笈七籤、諸真歌頌作元。爲我館。玄公豈有懷。諸真歌頌作瓌。縈蒙孤所難。落鳳控紫霞。矯雲笈七籤作嬌。諸真歌頌同。轡登晨岸。雲笈七籤作巘。諸真歌頌同。寂寂無濠涯。暉暉空中觀。隱芝秀鳳丘。逡巡瑶林畔。龍胎嬰爾形。八瓊迴素旦。琅華繁玉宫。結真誥作綺。雲笈七籤同。葩凌巖粲。鵬扇絶億領。雲笈七籤作嶺。諸真歌頌同。撫翮凌霄翰。西庭詩紀云。一作度。命長歌。雲璈乘虚彈。八風纏緑宇。叢煙豁然散。靈童擲流金。太微啓璧雲笈七籤作辭。諸真歌頌作火微啓辭。案。三光折腰舞。真誥作起折腰。紫皇揮袂讚。

朗朗扇景曜。雲笈七籤作暉。諸真歌頌同。曄曄長庚焕。超軿竦諸真歌頌作聳。詩紀同。明刃。下眄真誥作盼。雲笈七籤同。使我惋。顧哀地仙輩。何爲棲林澗。○真誥運象篇三。雲笈七籤九十七。諸真歌頌。詩紀外集三。○真誥云。十二月十七日夜。太元真人司命君書出此詩。云是青童宮中内房曲。恒吟讚此和神。雲笈七籤題云晉興寧三年乙丑十二月十七日與太元真人衆真降於句曲、金壇真人之室。

魏夫人與衆真吟詩二首

詩紀云。夫人任城人。晉司徒劇陽文康公舒之女。名華存。字賢安。幼而好道。精默恭介。讀老莊三傳。味真耽玄。常欲別真閑處。父母不許。二十四適太保掾南陽劉文。生二子。乃離隔室宇。齋于別寢。後得道仙去。時年八十三。晉成帝咸和九年也。

興寧四年丙寅四月二十七日夜降楊羲家作

玄感妙象外。和聲自相仙歌品作理自。招。靈雲鬱紫晨。蘭風扇緑軺。上真宴瓊臺。邈爲地仙標。所期貴遠邁。故能秀穎翹。翫彼八素翰。道成初不遼。人事胡可豫。詩紀作預。使爾形氣銷。仙歌品作消。○真誥運象篇四。雲笈七籤九十九。仙歌品引真迹經。詩紀外集一。

十二月一日夜南岳夫人作與許長史

靈谷秀蘭榮。雲笈七籤作縈。藏身栖巖京。被褐均衮龍。帶索雲笈七籤作素。齊玉鳴。形盤幽遼裏。擲神太霞庭。霄上有陛賢。空中有真聲。抑雲笈七籤作仰。我曲晨飛。案此詩紀作北。緑軒軿。下觀八度内。俯歎風塵縈。解脱遺波浪。登此眇眇清。雲笈七籤作身。擾競雲笈七籤作憂竟。三津渴。奔馳割爾齡。○真誥運象篇四。雲笈七籤九十九。詩紀外集一。

南極王夫人詩

詩紀云。南極王夫人。王母第四女也。名林。字容真。晉興寧四年丙寅六月二十三日降楊羲家。與真人同會。因吟授羲曰。

林振須類感。雲蔚待龍吟。玄數自相求。觸節皆有音。飛軿出西華。總轡忽來尋。八遐非無娛。同詠理自欽。悼此四維真誥作羅。内。百憂常在心。俱遊北寒臺。神風開爾襟。○真誥運象篇四作六月二十三日夜南極夫人作。雲笈七籤九十七、諸真歌頌俱作南極王夫人授楊羲詩。詩紀外集二。

辛玄子贈詩三首

真誥曰。辛玄子自叙并詩曰。玄子。字延期。隴西定谷人。漢明帝時諫議大夫。上洛、雲中、趙國三郡太守辛隱之子。玄子少好道。享年不永。遂没命於長梁之津。近得度名南宫。定策朱陵方列爲仙。而大帝今且見差領東海侯。代庾生。庾生者。晉庾太尉也。又見選補禁元中郎將爲吴越鬼神之司。故來相從。今贈詩三篇。以叙推情之至也。其辭曰。○原注云。楊君既爲吴越司命。董統鬼神。玄子職隸。方應相聞。故先造此詩陳情。

疇昔入冥鄉。順駕應靈招。神隨空無散。炁與慶雲消。形非明玉質。玄匠安能彫。蹀足吟幽唱。仰手真誥作首。翫鳴條。林室有逸歡。絶此軒外交。遺景附圓曜。嘉音何寥寥。此篇敍事迹之本志也。○真誥闡幽微一。雲笈七籤九十六。諸真歌頌。詩紀外集三。

寂通寄興感。玄炁攝動音。高輪雖參差。萬仞故來尋。蕭蕭研道子。合神契靈衿。委順浪世化。心標窈窕林。同期理外遊。相與靜東岑。真誥作衣。此篇申情寄之來緣也。○同上

命駕廣酆阿。逸跡幽真誥作超。鄉。空中自有物。有中亦無常。悟言有無際。相與會濠梁。目擊玄解了。鬼神理自忘。此篇論人鬼之幽致也。○同上

紫微夫人授乞食公歌

真誥曰。紫微夫人喻曰。楚莊王時。市長宋來子恒灑掃一市。久時有一乞食公入市。經日乞。恒歌曰云云。一市人無解歌者。宋來子忽悟。疑是仙人。手爲天馬。鼻下爲山源。

天庭發雙華。山源彰陰邪。清晨按天馬。來詣太真家。真人無那隱。又以滅百魔。○真誥協昌期一。詩紀外集一作乞食公歌。

南嶽夫人授太上宫中歌

手把八雲氣。英明守二童。太真握明鏡。鑒合日月鋒。雲儀拂高闕。開括泥丸宫。萬響入百關。驕女坐玄

房。愈行愈鮮盛。英靈自爾通。〇真誥協昌期一。詩紀外集一作太上宫中歌。

大洞真經詩

真誥曰。楊書右大洞真經中篇。今鈔數行。

扶晨始暉生。紫雲映玄阿。焕洞圓光蔚。晃朗濯曜羅。眇眇靈景元。森灑空清華。九天館玉賓。金房煙霄歌。外國呼日爲濯曜羅。〇真誥協昌期一。詩紀外集三。

八月十六日夕清靈真人授詩晉興寧三年。

擬駕東岑人。停景招隱静。仁德乘波來。俱會三秀嶺。靈芝信可食。使爾無終永。噏真獻金漿。不待百丈井。〇真誥運象篇二。詩紀外集三。

諺謡

真誥曰。是故君姓於楊。我得爲安。諺謡云云。正我等之謂耳。君省此意少愈乎。

楊君大安。董真命神。〇真誥運象篇二。

内經真諺

真誥曰。眉後小穴居。爲上元六合之府。主化生眼暉。和瑩精光。長珠徹童。保鍊目神。是真坐起之上道。一名曰真人常居。内經真諺曰。

子欲夜書。當修常居。○真誥協昌期九。詩紀外集三。

太平酒諺

真誥曰。楊羲夢遊蓬萊山。會蓬萊仙公洛廣休。既下山半。見許主簿。相逢於夾石之間。公語主簿曰。吾爲汝置酒四升在山上。可往飲之。此太平家酒。治人腸也。諺曰。

欲得長生。飲太平。○真誥極真輔十七。詩紀外集三。

許穆

穆。一名謐。字思玄。丹楊句容人。少仕郡主簿、功曹史。選補太學博士。出爲餘姚令。入爲尚書郎、郡中正、護軍長史、給事中、散騎常侍。修真學。密授教記。太元元年卒。年七十二。

詩

真誥曰。長史既聞啓告。賦詩一篇。本注云。此卽酬釋夢之旨也。長史自書。

微誠因理感。積精洞幽真。斐斐乘雲綵。靈象憑紫煙。眇眇濯圓羅。佛佛駕飛輪。玄翰啓蒙昧。顧景思自新。○真誥協昌期二。詩紀外集三作答詩。

許翽

翽。字道翔。小名玉斧。許穆少子。郡舉上計掾、主簿。並不赴。居雷平山下。願早遊洞室。不欲久停人世。太和五年卒。年三十。

茅保命吟

朝華煥晨井。九蓋傾青雲。前此珪璋庸。不識萬流椿。解落儵欻頃。寅客何必人。原注。或云是誠。誠則能改。○真誥甄命授三。詩紀外集三。

郭四朝叩船歌四首

真誥曰。掾寫今舍前有塘。乃郭四朝所造也。高其牆岸。蓋水得深。但歷代久遠。塘牆頹下耳。四朝常乘小船遊戲其中。每叩船而歌曰云云。定録言。又曰。四朝。燕國人也。兄弟四人。並得道。四朝是長兄也。真法其司三官者六百年。○詩紀云苻秦時人。見雲笈七籤。逯案。此人乃道士所假託。雲笈七籤引洞仙傳。謂四朝秦時得道。非苻秦人。

清池帶靈岫。長林鬱青葱。玄鳥翔真誥作藏。幽野。悟真誥作晤。言出從容。鼓楫乘神波。稽首希洞仙傳作乘。晨風。未獲解脱期。逍遥丘茅山志作兵。山中。○真誥稽神樞三。茅山志八。洞仙傳。雲笈七籤九十六。詩紀外集三。

浪神九垓外。研道遂全真。戢此靈鳳羽。藏我華龍鱗。高舉方寸物。萬吹皆垢塵。顧哀朝生蟪。真誥作惠。洞

仙傳作輩。詩紀云。一作輩。孰盡汝車輪。○同上

遊空落飛飈。靈步無形方。圓景焕明霞。九鳳唱朝陽。揮翮扇天津。晻真誥作菴。藹茅山志作靄。慶茅山志作卿。雲翔。遂造太真誥作大。茅山志同。微宇。洞仙神作户。挹此金梨漿。逍遥玄陔表。不存亦不亡。○同上

駕飈洞仙傳作欻。雲笈七籤、詩紀同。舞神霄。披真誥作振。茅山志同。霞帶九日。高皇齊龍輪。遂造九真誥作北。茅山志、雲笈七籤同。華室。神虎洞瓊林。風雲洞仙傳作香風。詩紀云。一作香風。合成一。開闔幽門户。靈變玄迹滅。○同上

杜廣平歌吟

真誥曰。杜契者。字廣平。京兆杜陵人。建安之初。來渡江東。依孫策。後爲孫權作立信校尉。黄武二年學道。隱居華陽。

淳景翳廣林。曖日真誥作暖暖。東霞升。晨風儛六煙。勃鬱八道騰。五嶽何必秀。名山亦足陵。矯首真誥作手。諸真歌頌同。攝詩紀作躡。洞阜。棲心潛中興。吐納胎精氣。玄白誰能勝。○真誥稽神樞三。諸真歌頌作保命仙君告許虎牙杜廣平常喜歌。雲笈七籤九十六、詩紀外集三並作杜廣平常喜歌。

夢詩

真誥曰。四月二十七日夜半。夢見一女子。著上下青綾衣。與吾相見。自稱云。我是王眉壽之小妹也。相見時。似如在山林之間。云明日可暫出西門外。有犢車。白牛皮巾裹僕御頭者是我車也。後別相詣於貴解。因口喻作詩而别。

乘炁涉淥津。採藥中山顛。披心煥靈想。蕭蕩無悟言。願與盛德遊。驂駟騁因緣。榮塵何足尋。疾急君清玄。苟能攝妙觀。吐納可長年。原注。王眉壽之小妹。卽中候夫人也。○真誥握真輔二。詩紀外集三。

附

丁令威歌

搜神後記曰。遼東城門有華表柱。忽有一白鶴集柱頭。時有少年學弓欲射之。鶴乃飛。徘徊空中而言曰云云。遂高上衝天。今遼東諸丁云。其先世有昇仙者。不知名字。

有鳥有鳥雲笈七籤只作我是二字。丁令威。去家千年雲笈七籤作歲。詩紀同。今來搜神後記作始。詩紀同。歸。城郭如故雲笈七籤作舊。人民非。何不學仙冢纍纍。詩紀作壘壘。雲笈七籤作離塚纍。○搜神後記一。類聚七十八引搜神記。雲笈七籤百十引洞仙傳。詩紀外集一。

鬼神

紫玉歌

搜神記曰。吴王夫差小女名紫玉。童子韓重有道術。女悦重。欲嫁之不得。乃結氣而死。重遊學歸。往弔之。玉魂從墓出。見重流涕。乃左顧宛頸而歌曰。○逯案。此故事或不始於晉時。然以歌飾説。當在晉時。今姑附此俟考。

南山有烏。吴地記、詩紀作鳥。北山張羅。烏既高飛。羅將奈何。詩紀無此二句。意欲御覽作志欲。詩紀云。一作志願。從君。讒言孔多。悲結成疹。搜神記作生疾。御覽同。吴地記作成疾。没命吴地記作身。詩紀云。一作身。黄壚。命之不造。寃如之何。羽族之多。名爲鳳凰。一日失雄。三年感傷。雖有衆鳥。不爲匹雙。故見鄙姿。逢君輝光。身遠心近。詩紀云。一作邇。何當詩紀作曾。注。一作當。御覽作甞。暫忘。○搜神記十六。詩紀外集四。又御覽五百七十三引羅、何、多、壚、何、凰、傷、光八韻。吴地記引羅、何、多、壚四韻。

廬山夫人女婉撫琴歌

祖台之志怪曰。建康小吏曹著。爲廬山君迎至廟。廟門外置一大甕。可受數百斛。常有風雷出其中。廬山夫人命女婉出見。容色甚麗。著大悦。夫人命婢瓊林令取琴。命婉鼓之。婉撫琴歌曰云云。歌畢。即趨入。廬山君即以婉妻著。居頃之。著求還。婉泫然賦詩爲别。贈以織成褑袴。

登廬山兮鬱嵯峨。晞陽風兮拂紫霞。招若人兮濯靈波。欣良運兮暢雲柯。彈鳴琴兮樂莫過。雲龍會兮登御覽作樂。詩紀同。太和。○廬山紀事。御覽五百七十三。詩紀外集四。

陳阿登彈琴歌

搜神後記曰。漢時。會稽勾章人至東野。還莫。不及至家。見路旁小屋燃火。因投宿止。有一少女。不欲與丈夫共宿。呼隣人家女自伴。夜共彈箜篌。問其姓名。女不答。彈絃而歌曰云云。明至東郭外。有賣食母在肆中。此人寄坐。因説昨所見。母聞阿登。驚曰。此是我女。近亡。葬於郭外。

連綿葛上藤。一緩搜神後記作綏。注云。一作緩。復一絙。欲知我姓名。御覽或作汝欲知我姓。姓陳名阿登。○搜神後記六。御覽五百七十三引幽明録。御覽八百八十四引續搜神記。法苑珠林四十引續搜神記。太平廣記三百十六引靈怪集。詩紀外集四。

王敬伯劉妙容歌詩

續齊諧記曰。晉有王敬伯者。會稽餘姚人。少好學。善鼓琴。年十八仕於東宮。爲衛佐。休假還鄉。過吳。維舟中者。登亭望月。悵然有懷。乃倚琴歌泫露之詩。俄聞户外有嗟賞聲。見一女子。雅有容色。謂敬伯曰。女郎悦君之琴。願共撫之。敬伯許焉。既而女郎至。姿質婉麗。綽有餘態。從以二少女。一則向先至者。女郎乃撫琴揮弦。韵調哀雅。類今之登歌。曰古所謂楚明君也。唯嵇叔夜能爲此聲。自茲已來。傳習數人而已。復鼓琴歌遲風之詞。因歎息久之。乃命大婢酌酒。小婢彈箜篌。作宛轉歌。女郎脱頭上金釵。扣琴弦而和之。意韻繁諧。歌凡八曲。敬伯唯憶二曲。將去。留錦卧具、繡香囊並佩一雙。以遺敬伯。敬伯報以牙火籠玉琴軫。女郎悵然不忍別。且曰。深閨獨處。十有六年矣。邂逅旅館。盡平生之志。蓋冥契非人事也。言竟便去。敬伯船至虎牢戍。吳令劉惠明者。有愛女早世舟中。亡卧具。於敬伯船獲焉。敬伯具以告。果於帳中得火籠琴軫。女郎名妙容。字雅華。大婢名春條。年二十許。小婢名桃枝。年十五。皆善彈箜篌及宛轉歌。相繼俱卒。〇以上樂府詩集引。樂府又云。唐李端又有王敬伯歌。亦出於此。逯案。續齊諧記。梁吳均撰。然檢御覽、事類賦引此或謂出晉書。或謂出世説。似王劉歌詩晉世已有記載。今列此俟考。

王敬伯泫露詩

低當作泫。泫易訛爲低。露下深幕。垂月照孤琴。空絃益宵御覽作霄。淚。誰憐此夜心。〇御覽五百七十七引晉書。事類賦琴賦注引世説。

劉妙容宛轉歌二首

月既明。西軒琴復清。寸心斗酒争芳夜。千秋萬歲同一情。歌宛轉。宛轉淒以哀。願爲星與漢。光影共徘徊。○樂府詩集六十。詩紀外集四。

悲且傷。參差淚成樂府云。一作幾。詩紀同。行。低紅掩翠方無色。金徽玉軫爲誰鏘。歌宛轉。宛轉情復悲。願爲煙與霧。氛氳對容姿。○同上

又一首

宛轉情復哀。願爲煙與霧。氛氳君子御覽作同共。懷。○御覽五百七十七引晉書。事類賦琴賦注。○逯案。此蓋上歌第二首佚文。

宋詩卷一

王叔之

叔之。字穆仲。琅邪人。晉、宋間處士。有莊子義疏三卷、集十卷。

遊羅浮山詩

菴藹靈岳。開景神封。綿界盤址。中天舉峯。孤樓側挺。層岫迴重。風雲秀體。卉木媚容。〇類聚七。詩紀五十四。

擬古詩

客從北方來。言欲到交趾。遠行無他貨。惟有鳳皇子。百金我不欲。千金難爲市。〇類聚九十作晉王叔之。詩紀五十四。

伍輯之

輯之。仕晉。官爵未詳。入宋爲奉朝請。有從征記若干卷、集十二卷。

勞歌二首

幼童輕歲月。謂言文苑作爲。注云。一作言。可久長。一朝見零悴。歎息向秋霜。文苑作愁荒。注云。一作秋霜。迍邅已窮極。疢痾文苑作疹痾。復不康。每恐先朝露。不見白日光。文苑作每恐死及我。朝露見日光。注云。一作每恐先朝露。不見白日光。庶及文苑作幾。注云。一作及。盛年時。暫遂文苑作驚逐。情所望。文苑作忘。注云。一作暫逐情所望。吉辰既乖越。文苑作乊。注云。一作越。按乊當卽互字。來期眇未央。促促歲月盡。窮年空悲文苑作怨。樂府同。又注。一作悲。傷。○文苑英華二百三。樂府詩集八十六。詩紀五十四。

女蘿依附松。終已冠高枝。浮萍生託水。至死不枯萎。傷哉抱關士。獨無松與期。月色似冬草。居身苦且危。幽生重泉下。窮年冰與澌。多謝負郭生。無所事六奇。勞爲社下宰。時無魏無知。○樂府詩集八十六。

春芳詩

桃柳發葇榮。丹緑粲郊邑。○初學記三。

卞伯玉

伯玉。濟陰人。仕晉。官爵未詳。入宋爲東陽太守、黄門郎。有繫辭注二卷、集五卷。

赴中書郎詩

大方信苞容。初學記作含。優渥遂不已。躍鱗龍鳳池。揮翰紫宸裏。○書鈔五十七作赴中書詩。初學記十一作中書郎詩。詩紀六十二。又初學記十一引第三句。

謝瞻

瞻。字宣遠。一名檐。字通遠。陳郡陽夏人。晉元興元年。爲安西將軍桓偉參軍。歷楚臺祕書郎、劉柳建威長史、武帝鎮軍參軍、琅邪王大司馬參軍。轉主簿、安城相、宋國中書、侍郎、相國從事中郎。出爲豫章太守。文章與從叔混、族弟靈運相抗。永初二年卒。年三十九。有集三卷。○宋書及南史本傳俱言卒年三十五。嚴可均全宋文云。考瞻卒於永初二年。年三十五。靈運誅於元嘉十年。年四十九。則靈運長於瞻二歲。疑有一誤。逯案。靈運生卒無誤。瞻卒年三十五當爲三十九之訛。瞻永初年卒。時如爲三十九。則長於靈運二歲。元興元年任桓偉參軍爲十九歲。如爲三十五歲。則元興元年僅十五歲。以常例衡之。不應是時卽爲參軍也。

九日從宋公戲馬臺集送孔令詩

風至授寒服。霜降休百工。繁林收陽彩。六臣本文選注云。五臣本作揚綵。密苑解華叢。巢幕無留燕。遵渚有歸李善本文選作來。類聚、詩紀同。鴻。輕霞冠秋日。迅商御覽誤作適。薄清穹。聖心眷嘉歲時雜詠作佳。節。揚類聚作鳴。初學記、御覽同。鑾戾行宮。四筵御覽誤作延。霑芳醴。御覽誤作體。中堂起絲桐。扶光迫西汜。歡餘初學記作餘歡。歲時雜詠同。宴有窮。逝矣將歸客。養素克有終。臨流怨莫從。歡心歎飛蓬。○文選二十。古今歲時雜詠三十三。詩紀四十九。又類聚四、初學記四、御覽三十二並引工、鴻、穹、宫、桐、窮六韵。

答康樂秋霽詩文選作答靈運。詩紀同。

夕霽風氣涼。閑房有餘清。開軒滅華燭。月露皓六臣本文選注云。五臣作浩。已盈。獨夜無物役。寢者亦云寧。忽獲愁霖唱。懷勞奏所誠。李善本文選作成。歎彼行旅艱。深兹眷言情。伊余雖寡慰。殷憂暫爲輕。牽率酬嘉藻。長揖愧吾生。○文選二十五。詩紀四十九。

於安城答靈運詩五章

條繁林彌蔚。波清源愈六臣本文選作逾。注云。善作愈。濬。華宗誕吾秀。之子紹前胤。綢繆結風徽。烟熅吐芳訊。鴻漸隨事變。雲六臣本文選作靈。注云。善作雲。臺與年峻。

華萼相光飾。嚶鳴李善本文選作嚶嚶。悦同響。親親子敦余。李善本文選作予。賢賢五爾賞。比景後鮮輝。方年類聚作云當。一日長。萎葉愛榮條。涸流好河廣。

狥李善本文選作殉。六臣本注云。五臣作徇。業謝成操。復禮愧貧樂。幸會果代耕。符守江南六臣本文選注云。五臣作南江。曲。履運傷荏苒。遵塗歎緬邈。布懷存所欽。我勞一何篤。

肇允雖同規。翻飛各異槩。迢遞封畿外。窈窕承明內。尋塗塗既暌。卽理理已六臣本文選注云。五臣作亦。對。絲路有恆悲。矧迺在吾愛。

跬行安步武。鎩翮周數仞。豈不識高遠。違方往有吝。歲寒霜雪嚴。過半路愈峻。六臣本注云。五臣作逾峻。量己畏友朋。勇退不敢進。行矣勵令猷。寫誠酬來訊。○文選二十五。詩紀四十九。又類聚二十一作答靈運詩。引第二章。

王撫軍庾西陽集别時爲豫章太守庾被徵還東詩

集曰。謝還豫章。庾被徵還都。王撫軍送至溢口南樓作。

祗召旋北京。守官反六臣本文選注云。五臣作及。南服。方舟析李善本文選作新。舊知。對筵曠明牧。舉觴矜六臣本文選注云。五臣作務。飲餞。指途念出宿。來晨無定端。别晷有成速。頹陽照通津。夕陰曖平陸。榜人理行艫。輶軒命歸僕。分手東城闉。發櫂西江隩。離會雖相雜。李善本文選作親。逝川豈往復。誰謂情可書。盡言非尺牘。○文選二十。詩紀四十九。○逯案。六臣本只作王撫軍庾西陽集别。

經張子房廟詩

王風哀以思。周道蕩無章。卜洛易隆替。興亂罔不亡。力政吞九鼎。苛慝暴三殤。息肩纏民思。靈鑒集朱光。伊人感類聚作咸。代工。聿來扶興王。婉婉幙中畫。輝輝天業昌。鴻門銷薄蝕。垓下隕欃槍。爵仇建蕭宰。定都護儲皇。肇允契幽叟。翻飛指帝鄉。惠心奮千祀。清埃播無疆。神武睦三正。裁成被八荒。明兩燭河陰。慶霄薄汾陽。鑾旍六臣本文選注云。五臣作旌。歷頹寢。飾像薦嘉嘗。聖心豈徒甄。惟德在無忘。逝者如可作。揆子慕周行。濟濟屬車士。粲粲翰墨場。瞽夫違盛觀。竦踊企一方。四達雖平直。蹇步愧無良。飡和忘微遠。延首詠太康。○文選二十一作張子房詩。詩紀四十九。又類聚三十八引王、昌、槍、皇、鄉、疆六韵。

遊西池詩

逍遥越郊肆。願言屢經過。迴阡被陵闕。高臺眺飛霞。惠風蕩繁囿。白雪騰曾阿。褰裳順蘭沚。徙倚引芳柯。美人愆歲月。遲暮獨如何。○類聚二十八。

孔欣

欣。會稽山陰人。仕晉。入宋爲國子博士。景平中。會稽太守褚淡之以爲參軍。有集九卷。

置酒高堂上

置酒宴友生。高會臨疏櫺。芳俎列嘉樂府作佳。肴。山罍滿春青。廣樂充堂宇。絲竹横兩楹。邯鄲有名倡。承閒奏新聲。八音何寥亮。四座同歡情。舉觴發湛露。銜盃詠鹿鳴。觴謡可相娱。揚詩紀作楊。解意何榮。顧歡來義士。暢哉矯天誠。朝日不夕盛。川流常宵征。生猶懸水溜。死若波瀾停。當年貴得意。何能競虚名。○樂府詩集三十一。詩紀五十四。

相逢狹路間

相逢狹路間。道狹正踟蹰。如何不羣士。行吟戲路衢。輟步相與言。君行欲焉如。淳朴久已凋。榮利迭相驅。流落尚風波。人情多遷渝。勢集堂必滿。運去庭亦虚。競趨嘗不暇。誰肯眷桑樞。無爲肆獨往。只將困淪胥。未若及初九。攜手歸田廬。躬耕東山畔。樂道詠玄書。狹路安足遊。方外可寄娱。○樂府詩集三十四。廣文選十四。詩紀五十四。

猛虎行

飢不食邪蒿菜。倦不息無終里。邪蒿乖素尚。無終喪若始。○文選四十六王文憲集序注。

祠太廟

束帶從王事。結纓奉清祀。肅肅禁闈内。翳然絶塵軌。峨峨高堂上。層構鬱雲起。明發修薦享。矜悚不遑止。罄折階廊間。棲棲常靡已。○初學記十三。萬花谷後十七。詩紀五十四。

宋文帝劉義隆

義隆。小字車兒。武帝第三子。晉義熙十一年。封彭城縣公。歷徐州、司州、荆州刺史。宋受禪。封宜都王。鎮湘江。景平二年八月卽位。改元元嘉。三十年。爲太子劉劭所弑。年四十七。宋孝武帝定亂。謚曰文皇帝。有集十卷。

元嘉七年以滑臺戰守彌時遂至陷没乃作詩

逆虜亂疆埸。邊將嬰寇仇。堅城效貞節。攻戰無暫休。覆瀋不可食。離機難復收。勢謝歸塗單。於焉見幽囚。烈烈制邑守。舍命蹈前修。忠臣表年暮。貞柯見嚴秋。楚莊投袂起。終然報强仇。去病辭高館。卒獲舒國憂。戎事諒未殄。民患焉得瘳。撫劍懷感激。志氣若雲浮。願想凌扶摇。弭旆拂中州。爪牙申威靈。帷幄騁良籌。華裔混殊風。率土浹王猷。惆悵懼遷逝。北顧涕交流。○宋書索虜傳。

北伐詩

宋書曰。元嘉二十三年。詔羣臣曰。吾少覽篇籍。頗愛文義。自纓紼世務。情兼家國。徒存日昃。終有慚德。而區宇未一。師饉代有。永言斯瘼。彌干其慮。屬思之功。與事而廢。殘虐遊魂。齊民塗炭。乃眷北顧。無忘私拯。思總羣謀。掃清逋逆。感慨之來。遂成短韵。卿等體國情深。亦當義篤其懷也。詩曰。

季父鑒禍先。辛生識機始。崇替類聚作眷。詩紀同。又注。疑作替。非無徵。興廢要有以。自昔淪類聚作論。中畿。倏焉盈百祀。不覩南雲陰。但見胡塵宋書作風。起。亂極治方宋書作必。形。塗泰由積否。方欲滌類聚作徐。詩紀作除。遺氛。類聚作遺氣。矧乃穢邊鄙。眷言悼斯民。納隍良在己。逝將振宏羅。詩紀作綱。又注。一作羅。一麾同文軌。時乎豈再來。河清難久俟。駘駟安局步。騏驥志千里。梁傅畜義心。伊相抱深耻。賞契將誰寄。要之二三子。無令齊晉朝。取愧鄒魯士。○宋書索虜傳。又類聚五十九、詩紀四十五並引始、以、祀、起、否、鄙、己、軌八韵。

登景陽樓詩

崇堂臨萬雉。層樓跨九成。瑶軒籠翠幌。組幙翳雲屏。階上曉露潔。林下夕風清。蔓藻嬛緑葉。芳蘭媚紫莖。極望周天險。留察浹神京。交渠紛綺錯。列植發華英。○類聚六十三。詩紀四十五。士女眩街里。軒冕曜都城。萬軫楊金鑣。千軸樹蘭旌。○御覽三百五十八。○逯案。兩篇當爲一首。

宗炳

炳。字少文。南陽涅陽人。晉義熙中。武帝領荆州。辟主簿。後召爲太尉參軍。辟太尉掾。宋受禪。徵太子舍人。文帝卽位。徵通直郎。皆不就。有集十六卷。

登半石山詩

清晨陟阻崖。氣志洞蕭洒。嶰谷崩地幽。窮石淩天委。長松列竦肅。萬樹巉巖詭。上施神農蘿。下凝堯時髓。○類聚七。詩紀三十六。

登白鳥山詩

我徂白鳥山。因名感昔擬。仰升數百仞。俯覽眇千里。杲杲羣木分。岌岌衆巒起。○類聚七。詩紀三十六。

孔甯子

甯子。會稽山陰人。義熙初爲武帝太尉主簿。永初中爲文帝鎮西諮議參軍。文帝卽位。以爲黄門侍郎。領步兵校尉。進侍中。元嘉二年卒。有集十五卷。

櫂歌行

君子樂和節。品物待陽時。上位樂府作祖。降繁祉。元巳命水嬉。倉武戒橋梁。旄人樹羽旗。高檣抗飛帆。羽蓋翳華枝。佽飛激逸響。娟娥吐清辭。泝洄緬無分。欣流愴有思。仰瞻翳雲繳。俯引沈泉絲。委羽漫通渚。鮮染中塡坻。鷁鳥感樂府作威。江使。揚波駭馮夷。夕影雖已西。□□終無期。○樂府詩集四十。詩紀五十三。

前緩聲歌

供帳設玄宫。衆仙胥□亞。炤炤二儀曠。雍容風雲暇。北伐太行鼓。南整九疑駕。笙歌興洛川。鳴簫起秦榭。鈞天異三代。廣樂非韶夏。滿堂皆人靈。列筵必羽化。烏可循日留。兔自延月夜。弱水時一濯。扶桑聊蹔舍。兆旬方履端。千齡□八蜡。○樂府詩集六十五。詩紀五十三。

傅亮

亮。字季友。北地靈州人。晉義熙中爲中書黄門侍郎。武帝受禪。加尚書僕射。後與徐羨之、謝晦同廢少帝。奉迎文帝即位。元嘉三年被誅。年五十三。有集三十一卷。

從武帝平閩中詩

鞠旅揚城。大蒐徐方。旅旌首路。元戎啓行。弭詩紀云。一作擊。楫洪河。總轡崇芒。詩紀作岡。〇類聚五十九。詩紀五十三。〇逯案。宋武帝有平關中姚秦事。無平閩中事。閩。關之訛。

從征詩

息徒西楚。佇楫舊鄉。止猶岳立。動則雲翔。烈烈羣師。星言啓行。汎舟掩河。秣馬登芒。〇類聚五十九。詩紀五十三。

奉迎大駕道路賦詩

詩紀云。宋書本傳曰。亮初奉迎大駕。道路賦詩三首。其一篇有憂懼之辭。按本傳。宋少帝廢。亮率行臺至江陵奉迎文帝。疑即此時作也。

夙櫂發皇邑。有人祖我舟。餞離不以幣。贈言重琳球。知止道攸貴。懷禄義所尤。四牡倦長路。君轡可以收。張邴結晨軌。疏董頓夕輈。東隅誠已謝。西景逝不留。性命安可圖。懷此作前修。敷衽銘篤誨。引帶佩嘉謀。迷寵非予志。厚德良未酬。撫躬愧疲朽。三省慙爵浮。重明照蓬艾。萬品同率由。忠誥豈假知。式微發直謳。○宋書本傳。詩紀五十三。

冬至

星昴殷仲冬。短晷窮南陸。柔荔迎時萋。芳芸應節馥。○初學記四。古今歲時雜詠三十九。詩紀五十三。

謝晦

晦。字宣明。陳郡陽夏人。初爲武帝太尉參軍。武帝受命。封武昌縣公。少帝即位。加中書令。文帝即位。加使持節。進號衛將軍。元嘉三年被誅。年三十七。

彭城會詩

宋書曰。晦爲宋武帝太尉主簿。從征關洛。帝於彭城大會。命紙筆賦詩。晦恐帝有失。起諫帝。即代作曰。

先蕩臨淄穢。却清河洛塵。華陽有逸驥。桃林無伏輪。○宋書本傳。御覽五百九十一作宋高祖。詩紀五十三。

悲人道

宋書曰。晦敗。乃攜其弟遯、兄子世基等七騎北走。遯肥壯。不能騎馬。晦每待之。行不得速。至安陸延頭。爲戍主光順之所執。順之。晦故吏也。檻送京師。於路作悲人道。其詞曰。

悲人道兮悲人道之實難。哀人道之多險。傷人道之寡安。懿華宗之冠冑。固清流而遠源。樹文德於庭户。立操學於衡門。應積善之餘祐。當履福之所延。何小子之凶放。實招禍而作愆。值革變之大運。遭一顧於聖皇。參謀猷於創物。贊帝制於宏綱。出治戎於禁衞。入關言於帷房。分河山之珪組。繼文武之龜章。稟顧命於西殿。受遺寄於御牀。伊懦劣其無節。實懷此而不忘。荷隆遇於先主。欲報之於後王。憂託付之無効。懼愧言於存亡。謂繼體其嗣業。能增輝於前光。居遏密之未幾。越禮度而湎荒。普天壤而殞氣。必社稷之淪喪。矧吾儕之體國。實啓處而匪遑。藉億兆之一志。固昏極而明彰。諒主尊而民晏。信卜祚之無疆。國既危而重構。家已衰而載昌。獲扶顛而休否。冀世道之方康。朝褒功以疏爵。祇命服於西蕃。奏簫管之嘈囋。擁朱旄之赫煌。臨八方以作鎮。響文武之桓桓。厲薄弱以爲政。實忘食於日旰。豈中甫之敢慕。庶惟宋之屏翰。甫逾歷其三稔。實周回其未再。豈有慮於內□。□□□其云裁。痛夾輔之二宰。並加辟而靡貸。哀弱息之從禍。悲發中而心痗。伊荆漢之良彦。逮文武之子民。見忠貞而弗亮。覩理屈而莫申。皆義概而同憤。咸荷戈而競臻。浮舳艫之奕奕。陳車騎之轔轔。觀人和與師整。謂兹兵其誰陳。庶亡魂之雪怨。反涇渭於彝倫。齊輕舟於江曲。殄鋭敵其皆湮。勒陸徒於白水。寇無反於隻輪。氣有捷而益壯。威既肅而彌振。嗟時哉之不與。迕風雨以踰旬。我謀戰而不克。彼繼奔其躡塵。乏智勇之奇正。忽孟明而是遵。苟成敗其有數。豈怨天而尤人。恨矢石之未竭。遂摧師而覆陳。誠得喪之所遭。固當之其無吝。痛同懷之弱子。横遭罹之殃釁。智未窮而事傾。力未極而莫振。誓同盡於鋒鏑。我怯劣而愆信。愍弟姪之何辜。實五咎之所嬰。謂九夷之可處。思致免以全生。嗟性命之難遂。乃窘絀於邊亭。亦何忤於天地。

備艱危而是丁。我聞之於昔誥。功彌高而身蹶。霍芒刺而幸免。卒傾宗而滅族。周歎貴於獄吏。終下蕃而靡鞠。雖明德之大賢。亦不免於殘戮。懷今憚而忍人。忘向惠而莫復。績無賞而震主。將何方以自牧。非砌石之圓照。孰違禍以取福。箸殷鑑於自古。豈獨嘆於季叔。能安親而揚名。諒見稱於先哲。保歸全而終孝。傷在余而皆缺。辱歷世之平素。忽盛滿而傾滅。惟烝嘗與灑埽。痛一朝而永絶。問其誰而爲之。實孤人之險戾。罪有踰於丘山。雖百死其何雪。羈角偃兮衡閭。親朋交兮平義。雖履尚兮不一。隆分好兮情寄。俱憚耕兮從禄。覩世道兮艱詖。規志局兮功名。每謂之兮爲易。今定謚兮闔棺。慚明智兮昔議。雖待盡兮爲恥。嗟厚顔兮靡寘。長揖兮數子。謝爾兮明智。百齡兮浮促。終焉兮斟克。卧盡兮斧斤。理命兮同得。世安彼兮非此。豈曉分兮辨惑。御莊生之達言。請承風以爲則。○宋書本傳。

連句詩

宋書曰。晦被誅。世基坐從。其將刑。爲連句詩曰云云。謝晦續之曰。

功遂侔昔人。保退無智力。既涉太行險。斯路信難陟。○宋書本傳。南史謝世基傳。詩紀五十三。

謝世基

連句詩

宋書曰。世基。晦之從子也。有才氣。晦被誅。世基坐從。其將刑。爲連句詩曰。

偉哉横海鯨。壯矣垂天翼。一旦失風水。翻爲螻蟻食。○宋書謝晦傳。南史謝世基傳。詩紀五十三。

鄭鮮之

鮮之。字道子。開封人。初仕晉。爲輔國主簿。武帝受禪。遷太常、都官尚書。元嘉三年。爲尚書右僕射。四年卒。時年六十四。有集二十卷。

行經張子房廟詩

七雄裂周紐。道盡鼎亦淪。長風晦崑溟。潛龍動泗濱。紫煙翼丹虬。靈媪悲素鱗。○類聚三十八。詩紀五十三。

范泰

泰。字伯倫。南陽順陽人。晉豫章太守甯子。晉太元初爲太學博士。出爲天門太守。義熙初。荆州刺史司馬休之以爲長史、南郡太守。入爲黄門郎、御史中丞。出爲東陽太守。累遷尚書兼司空。宋受禪。拜金紫光禄大夫。元嘉三年。進侍中、左光禄大夫、國子祭酒。五年卒。年七十四。有集二十卷。

經漢高廟詩

嘯吒英豪萃。指揮類聚作撝。五岳分。乘彼道消勢。遂廓宇宙氛。重瞳豈不偉。奮臂騰羣雄。壯力拔高山。猛氣烈迅風。恃勇終必撓。道勝業自隆。○類聚三十八。詩紀五十三。

鸞鳥詩

昔罽賓王結罝峻卯之山。獲一鸞鳥。王甚愛之。欲其鳴而不致也。乃飾以金樊。饗以珍羞。對之愈戚。三年不鳴。其夫人曰。嘗聞鳥見其類而後鳴。何不縣鏡以映之。王從其意。鸞覩形悲鳴。哀響沖霄。一奮而絶。嗟乎。玆禽何情之深。昔鍾子破琴於伯牙。匠石韜斤於郢人。蓋悲妙賞之不存。慨神質於當年耳。矧乃一舉而殞其身者哉。悲夫。乃爲詩曰。

神鸞棲高梧。爰翔霄漢際。軒翼颺輕風。清響中天厲。外患難預謀。高羅掩逸勢。明鏡懸高堂。顧影悲同契。一激九霄音。響流形已斃。○類聚九十。詩紀五十三。

九月九日詩

勁風肅林阿。鳴雁驚時候。籬菊熙寒藂。竹枝不改茂。○書鈔百五十五。

詩

詩紀作詠老。並注云。藝文云梁范泰作。考梁無此名。附于此。然不得卽以爲伯倫作也。

枉生竟何豫。未云倏已老。華髮飄悴容。若慮棲懷抱。疇昔少年時。皆以歸大造。○類聚八十。詩紀五十三。

詠雪詩

玉山亘野。瓊林分道。○書鈔百五十二。

贈袁湛謝混詩

晉書曰。湛。字士深。少有操植。以沖粹自立而無文華。故不爲流俗所重。時謝混爲僕射。范泰贈湛及混詩云。

亦有後出隽。離羣頗騫翥。○晉書袁湛傳。

宋詩卷二

謝靈運

靈運。小名客兒。陳郡陽夏人。晉車騎將軍謝玄孫。太元末。襲封康樂公。爲琅邪王大司馬參軍。劉毅鎮姑熟。以爲撫軍記室參軍。毅鎮江陵。又以爲衛軍從事中郎。毅誅。武帝版爲太尉參軍。宋國建。遷相國從事中郎。宋受禪。降爵爲侯。起爲散騎常侍。轉太子左衛率。少帝卽位。出爲永嘉太守。文帝卽位。徵爲秘書監。遷侍中。尋引病東歸。以游宴免官。起爲臨川内史。後爲有司所糾。興兵叛。禽付廣州。元嘉十年。詔就廣州棄市。年四十九。有晉書三十六卷、集二十卷。

樂府

善哉行以下四言。

陽谷躍升。虞淵引落。景曜樂府作躍。東隅。晼晚西薄。三春燠敷。樂府作敍。九秋蕭索。涼來温謝。寒往暑却。居德斯頤。積善嬉謔。陰灌陽叢。凋華墮類聚作墜。萼。歡去易慘。悲至難鑠。擊節樂府作激湍。當歌。對酒當類聚作親。酌。鄙哉愚人。戚戚懷瘼。善哉達士。滔滔處樂。○樂府詩集三十六。廣文選十四。詩紀四十七。又類聚四十一作謝惠連。引却、萼、酌、瘼、樂五韵。

隴西行

昔在老子。至樂府作志。注云。一作至。理成篇。柱小傾大。綆短絶泉。鳥之棲遊。林檀樂府作壇。是閑。韶樂牢膳。豈伊攸便。胡爲乖枉。從表方圓。耿耿僚志。慊慊丘園。善歌以詠。言理成篇。○樂府詩集三十七。詩紀四十七。

日出東南隅行以下五言。

柏梁冠南山。桂宮燿北泉。晨風拂幨幌。朝日照閨軒。美人卧屏席。懷蘭秀瑶璠。皎潔秋松氣。淑德春景暄。○類聚四十一。樂府詩集二十八。詩紀四十七。

長歌行

倏爍夕星流。昱奕朝露團。粲粲烏有停。泫泫豈暫安。徂齡速飛電。頽節騖驚湍。覽物起悲緒。顧已識憂端。朽貌改鮮色。悴容變柔顔。變改苟催促。容色烏盤桓。亹亹衰期迫。靡靡壯志闌。既慚臧孫慨。復愧楊子歎。寸陰果有逝。尺素竟無觀。幸賒道念戚。且取長歌歡。○樂府詩集三十。廣文選十四。詩紀四十七。

苦寒行

歲歲層冰合。紛紛霰雪落。浮陽減類聚一作滅。樂府同。清暉。寒禽叫悲壑。饑爨煙不興。渴汲水枯涸。○類聚四十一。樂府詩集三十三。詩紀四十七。

又

樵蘇無夙飲。鑿冰煮朝飡。悲矣採薇唱。苦哉有餘酸。〇初學記七。

豫章行

短生旅長世。恆覺白日欹。覽鏡睨頹容。華顏豈久期。苟無迴戈術。坐觀落崦嵫。〇類聚四十一。樂府詩集三十四。詩紀四十七。

相逢行

詩紀云。樂府作惠連。今從藝文作靈運。

行行即長道。道長類聚作長道。息班草。邂逅賞心人。與我傾懷抱。夷世信難值。憂來傷人。類聚無憂來傷人四字。平類聚作浮。生不可保。　陽華與春渥。陰柯長秋槁。心慨榮去速。情苦憂來早。日華難久居。憂來傷人。諄諄亦至老。　親黨近卹庇。昵君不常好。九族悲素霰。三良怨黃鳥。邇朱白即頳。憂來傷人。近縞樂府誤作繡。潔必造。　水流理就濕。火炎同歸燥。賞契少能諧。斷金斷可寶。千計莫適從。詩紀云。當有憂來傷人四字。萬端信紛繞。　巢林宜擇木。結友使心曉。心曉形迹𡿨。𡿨邇誰能了。相逢既若舊。憂來傷人。片言代紵縞。

〇樂府詩集三十四作謝惠連。詩紀四十七。又類聚四十一引草、抱、保三韵。

折楊柳行

原二首。按第一首鬱鬱河邊樹。乃魏文帝詞。今删。

騷屑出穴風。揮霍見日雪。颼颼無久摇。皎皎幾時潔。未覺泮春冰。已復謝秋節。空對尺素遷。獨視寸陰滅。否桑未易繫。泰茅難重拔。桑茅樂府作苧。迭生運。語默寄前哲。○樂府詩集三十七。廣文選十四。詩紀四十七。

泰山吟

岱岱史作泰。宗秀維岳。崔崒詩紀作萃。初學記作摧卒。刺雲天。岝崿既嶮巇。初學記作巘。岱史同。觸石輒芊岱史作遷。綿。樂府作千眠。登封瘞崇壇。降禪藏肅然。石閭何晻藹。明堂祕靈篇。○初學記五。岱史。樂府詩集四十一。詩紀四十七。又初學記十三引天、然二韵。

君子有所思行

總駕越鍾陵。還顧望京畿。躑躅周名都。遊目倦樂府云。一作卷。詩紀云。一作眷。忘歸。市鄽無阨樂府云。一作夾。詩紀同。室。世族有高闈。密親麗華苑。軒甍飾通逵。孰是金張樂。諒由燕趙詩。長夜恣酣飲。窮年弄音徽。盛往速露墜。衰來疾風飛。餘生不歡娱。何以竟暮歸。寂寥曲肱子。瓢飲療朝飢。所秉自天性。貧廣文選作貴。富豈相譏。○樂府詩集六十一。廣文選十四。詩紀四十七。

悲哉行

詩紀云。陸士衡集亦載此詩。誤也。陸別有一首。

萋萋春草生。王孫遊有情。差池鷰始飛。夭裊桃類聚、廣文選作柳。樂府同。又注。一作桃。詩紀云。一作柳。非。始類聚作初。榮。廣文選作縈。灼灼桃悅色。飛飛鷰弄聲。檐上雲結陰。澗下風吹清。幽樹雖改觀。終始在初生。松蔦歡蔓延。樛葛欣虆縈。眇然遊宦子。晤言時陸集作來。未幷。鼻感改朔氣。眼陸集作心。樂府、詩紀並云。一作心。傷變節榮。侘傺豈徒然。澶樂府云。一作緬。詩紀同。漫絶音形。風來不可託。鳥去豈爲聽。○樂府詩集六十二。陸士衡文集七。廣文選十四。詩紀四十七。又類聚四十一引情、榮二韻。

會吟行

六引緩清唱。三調佇繁音。列筵皆靜寂。類聚作寂寂。咸共聆會吟。會吟自有初。請從文命敷。敷績壺冀始。刊木至江汜。列宿炳天文。負海横地理。連峰競千仞。背流各百里。滮池樂府作地。溉粳稻。輕雲曖松杞。兩京愧佳麗。三都豈能似。層臺指中天。高墉積崇雉。飛燕躍廣途。鷁首戲清沚。肆呈窈窕容。三謝詩作客。六臣本文選注云。五臣作客。路曜娙娟子。自來彌世文選作年。六臣本注云。五臣作世。詩紀云。一作年。代。賢達不可紀。句踐善廢興。越叟類聚作王。識行止。范蠡出江湖。梅福入城市。東方就旅逸。梁鴻去桑梓。牽綴書士風。辭殫意未已。○文選二十八。樂府詩集六十四。三謝詩。詩紀四十七。又類聚四十二作吳會行。引音、吟、敷、汜、止、市六韻。

綏歌行

飛客結靈友。凌空萃丹丘。習習和風起。采采彤雲浮。詩紀云。一作流。娥皇發湘浦。霄類聚作宵。明出河洲。宛宛連螭轡。裔裔振龍旒。詩紀云。一作斾。○類聚四十二。樂府詩集六十五。詩紀四十七。

燕歌行七言

孟冬初寒萬花谷作節。節萬花谷作寒。氣成。悲風入閨霜依庭。秋蟬噪柳燕辭樂府作棲。廣文選同。楹。念君行役怨邊城。萬花谷作廷。君何崎嶇久徂征。豈無膏沐感鶴鳴。對君不樂淚沾纓。闢窗開幌弄秦箏。調絃促柱多哀聲。遥夜明月鑒帷屏。誰知河漢淺且清。展轉思服悲明星。○樂府詩集三十二。廣文選十四。詩紀四十七。又萬花谷後四十引成、庭、楹、廷四韵。

鞠歌行以下雜言。

德不孤兮必有鄰。唱和之契冥相因。譬如虬虎兮來風雲。亦如形聲影響陳。心歡賞兮歲易淪。隱玉藏彩疇識真。叔牙顯。夷吾親。郢既殁。匠寢斤。覽古籍。信伊人。永言知己感良辰。○樂府詩集三十三。詩紀四十七。

順東西門行

出西門。眺雲間。揮斤扶木墜虞泉。信道人。鑒徂川。思樂暫捨誓不旋。閔九九。傷牛山。宿心載違徒昔言。競落運。務頹年。招命儕好相追牽。酌芳酤。奏繁絃。惜寸陰。情固然。○樂府詩集三十七。詩紀四十七。

上留田行

薄遊出彼東道。上留田。薄遊出彼東道。上留田。循聽一何矗矗。上留田。澄川一何皎皎。上留田。悠哉逿廣文選作瘍。下同。矣征夫。上留田。悠哉逿矣征夫。上留田。兩服上阪電遊。上留田。舫舟下遊颷驅。上留田。此别既久無適。上留田。此别既久無適。上留田。寸心繫在萬里。上留田。尺素遵此千夕。上留田。秋冬迭相去就。上留田。秋冬迭相去就。上留田。素雪紛紛鶴委。上留田。清風飈飈入袖。上留田。歲云暮矣增憂。上留田。歲云暮矣增憂。上留田。誠知運來詎抑。上留田。熟視年往莫留。上留田。○樂府詩集三十八。廣文選十四。詩紀四十七。

詩

三月三日侍宴西池詩四言

詳觀記牒。鴻荒莫傳。降及雲鳥。曰聖則天。虞承唐命。周襲商艱。江之永矣。皇心惟眷。矧乃暮春。時物芳衍。濫觴逶迤。周流蘭殿。禮備朝容。樂闋夕宴。○類聚四。廣文選八。詩紀四十七。又初學記四、古今歲時雜詠十六並引衍、殿、宴三韵。

贈從弟弘元詩六章

從弟弘元。爲驃騎記室參軍。義熙十一年十月十日。從鎮江陵。贈以此詩。

毖彼明泉。馥矣芳荑。揚暐神皐。澂清靈谿。灼灼吾秀。徽美是諧。譽必德昭。志由業棲。

憩鳳于林。養龍在泉。捨潛就躍。假雲翔天。餌以味變。台以明宣。言辭戚朝。聿來鼎藩。

昔爾同事。謂予偕征。睽合無朕。聚散有情。我端北署。子騰南溟。申非授乖。飲淚悽聲。

緬邈荆巫。杳翳江湍。三千既曠。繇役實難。想像微景。延佇音翰。因雲往情。感風來歎。

寢處譕說。指辰忌薄。仳離未幾。節至采穫。静念霜繁。長懷景落。人道分慮。前期靡託。

視聽易狎。沖用難本。違真一差。順性誰卷。顔子悔傷。蘧生化善。心愧雖厚。行迷未遠。平生結誠。久要罔轉。警掉候風。側望雙反。〇文館詞林百五十二。

答中書詩八章

懸圃樹瑶。崑山挺玉。流采神皐。列秀華岳。休哉美寶。擢穎昌族。灼灼風徽。采采文牘。

伊昔昆弟。敦好閭里。我暨我友。均尚同恥。仰儀前修。綢繆儒史。亦有暇日。嘯歌宴喜。

聚散無期。乖仳易端。之子名揚。鄙夫忝官。素質成漆。巾褐懼蘭。遷流推薄。云胡不歎。

中予備列。子讚時庸。偕直東署。密勿遊從。彼美顯價。煌煌逸蹤。振迹鼎朝。翰飛雲龍。

嗟兹飄轉。隨流如萍。台岳崇觀。僚士惟明。璅璅下陪。從公于征。遡江踐漢。自徐徂荆。
契闊北京。劬勞西郢。守官末局。年月已永。孰是疲劣。逢此多□。當是眚字。厚顔既積。在志莫省。
悽悽離人。惋乖悼己。企佇好音。傾渴行李。矧乃良朋。貽我瓊玘。久要既篤。平生盈耳。申復情言。欣歎
乎(古互字)適園本作平。誤。起。何用託誠。寄之吾子。
在昔先師。任誠師天。刻意豈高。江海非閑。守道順性。樂兹丘園。偕友之唱。敬悦在篇。霜露荏苒。日月
如捐。相望式遄。言歸言旋。○文館詞林百五十二。

贈從弟弘元時爲中軍功曹住京詩五章

於穆冠族。肇自有姜。峻極誕靈。伊源降祥。貽厥不已。歷代流光。邁矣夫子。允迪清芳。
昔聞蘭金。載美典經。曾是朋從。契合性情。我違志槩。顯藏無成。疇鑒予心。託之吾生。
維翰孔務。明時勞止。我求髦俊。以作僚士。僉曰爾諧。俾蕃是紀。逝將去我。言念北鄙。
契闊羣從。繾綣遊娱。歷時閲歲。寒暑屢徂。接席密處。同軫修衢。孰云異對。翔集無殊。
子既祗命。餞此離襟。良會難期。朝光易侵。人之執情。忝景悼心。分手遵渚。傾耳淑音。○文館詞林百五
十二。

贈安成詩七章

時文前代。徽猷係從。於邁吾子。誕俊華宗。明發迪吉。原作古。今從適園本。因心體聰。微言是賞。斯文以崇。

用舍誰階。賓名相傳。祕丘發軫。千里知賢。撫翼宰朝。翰飛戚蕃。佐道以業。淑問聿宣。
相彼景響。有比形聲。始云同宗。終焉友生。棠棣隆親。頍弁鑒情。緬邈歲月。繾綣平生。
明政敦化。矜恤載懷。用掇良彥。循我人黎。江既永矣。服亦南畿。解袂告離。雲往風飛。
揮手未幾。鑽燧推斥。青春屏轡。素秋係迹。娟彼時漁。戀此分拆。我勞行久。實獲予慼。
昔在先道。垂誥亨鮮。亦曰于豹。調和韋弦。清靜有默。平正無偏。欽隆令績。慰沃願言。
駑不逮駿。蕕不間薰。三省朽質。再沾慶雲。仰慚蓼蕭。俯惕惟塵。將拭舊褐。竭來虛汾。疇咨亮款。敬告在文。〇文館詞林百五十二。

答謝諮議詩八章

玉衡迅駕。四節如飛。急景西馳。奔浪赴沂。英華始歇。落葉已稀。惆悵衡臯。心焉有違。
告離甫爾。荏冉迴周。懷風感遷。思我良疇。豈其無人。莫與好仇。孰曰晏安。神往形留。
感昔戎行。遠暨西垠。僶俛于役。不敢告勤。爾亦同事。契闊江濆。庶同支離。攘臂解紛。
鳴鵠在陰。自幽必顯。既曰有聲。因風易演。透迤雲閣。司帝之典。蔚彼遺蕕。如瑩如洗。
齊仲善交。在久彌敬。自我之遣。一遇而定。於穆謝生。以和繕性。有言屬耳。有文在詠。
寡弱多幸。逢玆道泰。荷榮西荒。晏然解帶。翦削前識。任此天籟。人既遇矣。何懼何害。
搔首北眷。清對未從。瞻雲累歎。思□御風。良願易違。嘉樂難逢。微我無衣。温涼誰同。

古人善身。實畏斯名。緣督何貴。卷耀藏馨。九言之贈。實由未冥。片音或重。璵璠可輕。○文館詞林百五十八。

述祖德詩二首以下五言。

序曰。太元中。王父龕定淮南。負荷世業。專文選作尊。主隆人。逮賢相徂謝。君子道消。拂衣蕃岳。考卜東山。事同樂生之時。志期范蠡之舉。

達人貴自我。高情屬天雲。兼抱濟物性。而不纓垢氛。段生蕃詩紀作藩。注云。通作藩。魏國。展季救魯民。文選作人。三謝詩、詩紀同。弦高犒晉詩紀云。舊作晉。誤。文選、三謝詩作晉。師。仲連卻六臣本文選作却。三謝詩同。秦軍。臨組乍三謝詩作作。不緤。對珪寧肯分。惠物辭所賞。勵志故絶人。苕苕歷千載。遥遥播清塵。清塵竟誰嗣。明哲垂文選作時。三謝詩同。經綸。委講輟文選、三謝詩作綴。詩紀同。又注。當作輟。道論。改服康世屯。屯難既云康。尊主隆斯民。○文選十九。三謝詩。詩紀四十七。○逯案。蘇聯學士院藏唐寫本文選魯人作魯民。綴作輟。皆較勝。今從之。

中原昔喪亂。喪亂豈解已。崩騰永嘉末。逼迫太元始。河外無反正。江介有蹙圮。萬邦咸震懾。横流賴君子。拯溺由道情。龕暴資神理。秦趙欣來蘇。燕魏遲文軌。賢相謝世運。遠圖因事止。高揖七州外。拂衣五湖裏。隨山疏濬潭。傍巖藝枌梓。遺情捨塵物。貞觀丘壑美。○同上

九日從宋公戲馬臺集送孔令詩

季秋邊朔類聚作朔邊。苦。旅鴈違霜雪。淒淒書鈔作悽悽。陽卉腓。皎皎寒潭絜。良辰感聖心。雲寰宇記作靈。旗

興暮節。鳴葭御覽作笳。寰宇記同。戾朱三謝詩作宋。宮。蘭巵獻時哲。歲時雜詠作折。餞宴光有孚。和樂隆歲時雜詠作信。六臣本文選注云。五臣本作信。所缺。在宥天下理。吹萬羣方歲時雜詠作芳。悅。歸客遂類聚作逐。初學記同。海隅。李善本文選作嵎。脫冠謝朝列。弭棹薄枉初學記作桂。渚。指景待樂闋。初學記作闕。河御覽作東。流有急瀾。浮驂無緩御覽或作蹊。轍。豈伊川途念。宿心愧將別。彼美丘園道。喟焉杜詩注作然。傷薄劣。○文選二十。古今歲時雜詠三十三。三謝詩。詩紀四十七。又書鈔百五十五引雪、潔二韻。類聚四引雪、潔、節、哲、列、轍六韻。初學記十八引列、闕二韻。黃氏集千家註杜工部詩史補遺一獨酌詩注引劣一韻。御覽三十二引雪、潔、節、哲、列、轍六韻。七百七十六引轍、別二韻。

彭城宮中直感歲暮詩

草草眷徂物。初學記作物徂。契契矜歲殫。類聚作蟬。楚艷起行初學記作行復。戚。吳趨絕歸初學記作感絕。歎。修帶緩舊裳。素鬢改朱顏。晚暮悲獨坐。類聚作非獨己。鳴鶗歇春蘭。○類聚三。初學記三。詩紀四十八。

從遊京口北固應詔詩

玉璽戒誠信。黃屋示崇高。事爲名教用。道以神理超。昔聞汾水遊。今見塵外鑣。鳴笳發春渚。稅鑾登山椒。張組眺倒景。列筵矚歸潮。遠巖映蘭薄。白日麗江皋。原隰荑綠柳。墟囿散紅桃。皇心美陽澤。萬象三謝詩作泉。咸光昭。顧己枉維縶。撫志慚場苗。工拙各所宜。終以反林巢。曾是縈舊想。覽物奏長謠。○文選二十二。三謝詩。詩紀四十七。

永初三年七月十六日之郡初發都詩

述職期闌暑。類聚作蘭署。理棹變金素。秋岸澄類聚作沉。夕陰。火旻類聚作昊。團朝露。辛苦誰爲情。遊子値頽暮。愛似莊念昔。久敬曾存故。如何懷土心。持此謝遠度。李牧愧長袖。郤克慚躧步。良時不見遺。醜狀不成惡。曰余亦支離。依方早有慕。生幸休明世。類聚作時。親蒙英達顧。空班趙氏璧。類聚作聖。徒乖魏王瓠。從來漸二紀。始得傍歸路。將窮山海迹。永絶賞心悟。六臣本文選注云。五臣作晤字。○文選二十六。三謝詩。詩紀四十七。又類聚二十七引素、露、暮、顧、瓠、路、悟六韻。

鄰里相送至方山詩

祗役出皇邑。相類聚、初學記作指。六臣本文選注云。五臣作指。期憩甌越。解纜及流潮。懷舊不能發。析析類聚作折折。就衰林。皎皎明秋月。含情易爲盈。遇物難可歇。積痾謝生慮。寡欲罕所闕。資此草堂詩箋作志。永幽棲。豈伊年歲别。各勉日新志。音塵慰寂蔑。李善本文選注云。蔑一作滅。○文選二十。三謝詩。詩紀四十七。又類聚二十九引越、發、月、歇四韻。初學記十八引越、發、月、歇四韻。草堂詩箋八崔駙詩注引别一韻。

過始寧墅詩

束髮懷耿介。逐物遂推遷。違志似如昨。二紀及兹年。緇磷謝清曠。疲薾慚貞堅。拙疾相倚薄。還得靜者便。六臣本文選注云。五臣無此二句。剖竹守滄海。枉帆過舊山。山行窮登頓。水涉盡洄沿。巖峭草堂詩箋作峭。嶺稠疊。洲縈渚連綿。白雲抱幽石。緑篠媚清漣。葺宇臨迴江。築觀基曾巔。揮手告鄉曲。三載期歸旋。且爲樹枌檟。無令孤願言。○文選二十六。三謝詩。文章正宗二十九。詩紀四十七。又草堂詩箋十五秦州詩注引一句。

富春渚詩

宵濟御覽作朝發。寰宇記同。漁浦潭。旦及御覽作暮宿。寰宇記同。富春郭。定山緬雲霧。赤亭無淹韵語陽秋作滯。輿地紀勝作安。薄。御覽作泊。寰宇記、輿地紀勝同。遡流觸驚急。臨圻阻參錯。亮乏伯昏分。險過呂梁壑。洊至宜便習。兼山貴止託。平生協幽期。淪躓困微弱。久露干禄請。始果遠遊諾。三謝詩作翻始果遠諾。六臣本文選注云。五臣作翻始果遠諾。宿心漸申寫。萬事俱零落。懷抱既昭曠。外物徒龍蠖。○文選二十六。三謝詩。詩紀四十七。又御覽四十六、寰宇記九十一並引郭、泊二韵。韵語陽秋十三引薄一韵。輿地紀勝二引泊一韵。

七里瀨詩

羈心積秋晨。晨積展遊眺。孤客傷逝湍。徒旅苦奔峭。石淺水潺湲。日落山照曜。荒林紛沃若。哀禽相叫嘯。遭物悼遷斥。存期三謝詩作其。六臣本文選注云。五臣作其。得要妙。既秉上皇心。三謝詩作情。六臣本文選注云。五臣作情。豈屑末代誚。目覩嚴子瀨。想屬任公釣。誰謂古今殊。異代可同調。○文選二十六。三謝詩。詩紀四十七。

晚出西射堂詩

步出西城類聚作掖。寰宇記、三謝詩同。永嘉縣志或同。詩紀云。集作掖。門。遥望城西岑。連鄣疊巘崿。青翠杳深沈。曉霜楓葉丹。夕曛嵐氣陰。節往慼李善本文選作戚。不淺。感來念類聚作恨。已深。羈雌戀舊侣。迷鳥懷故林。含情尚勞永嘉縣志或作縈。愛。如何離賞心。撫鏡華緇鬢。類聚誤作賓。攬類聚作覽。帶緩促衿。安排徒空言。幽獨賴鳴琴。〇文選二十二。類聚二十八。三謝詩。永嘉縣志二、二十一。詩紀四十七。又寰宇記九十九引岑、沈二韵。

登池上樓詩

潛虯三謝詩作虬。媚幽姿。飛鴻響遠音。薄霄愧雲浮。棲川怍淵沈。進德智所拙。退耕力不任。狥類聚作殉。禄反窮海。臥痾對空林。衾枕昧節候。褰開暫窺臨。李善本文選無此二句。傾耳聆波瀾。舉目眺嶇嶔。初景革緒風。新陽改故陰。池塘生春草。園柳變三謝詩作雙。鳴禽。祁祁傷豳歌。萋萋感楚吟。索居易永久。離羣難處心。持操豈獨古。無悶徵在類聚作於。今。〇文選二十二。三謝詩。文章正宗二十九。永嘉縣志二十一。詩紀四十七。又類聚二十八引林、嶔、陰、禽、心、今五韵。

遊南亭詩

時竟按李善注文選竟應作雨。大雨時行與下文昏墊苦相應。作時竟與日西重複。夕澄霽。雲歸日西馳。密林含餘清。遠歲華紀麗作廷。峰隱半規。久痗昏墊苦。旅館眺郊歧。澤蘭漸被徑。芙蓉始發池。未厭永嘉縣志作饜。青春好。已覩李善本文選作觀。朱明移。慼慼詩紀作戚戚。感物歎。星星白髮垂。藥餌情草堂詩箋作隨。所止。衰疾忽在斯。逝將候秋水。息景偃舊崖。我志誰與亮。賞心惟良知。○文選二十二。三謝詩。永嘉縣志二十一。詩紀四十七。又草堂詩箋三十六曉發詩注引斯一韵。歲華紀麗四引規一韵。

遊赤石進帆海詩

首夏猶清和。芳草亦未歇。水宿淹晨暮。陰霞屢興没。周覽倦瀛壖。況乃陵六臣本文選作凌。三謝詩、永嘉縣志同。窮髮。川后時安流。天吴静不發。揚帆採石華。草堂詩箋作花。掛席拾海初學記作明。月。溟漲無端倪。虚舟有超越。仲連輕齊組。子牟眷魏闕。矜名道不足。適己物可忽。請附任公言。終然謝天伐。○文選二十二。初學記六。三謝詩。永嘉縣志三十三。詩紀四十七。又草堂詩箋四苦雨詩注引月一韵。

登江中孤嶼詩

江南倦歷覽。江北曠周旋。懷新文選作雜。六臣本注云。五臣作新。道轉迥。類聚作迴。尋異景不延。亂流趨孤嶼。文選、詩紀作正絶。並注云。五臣作孤嶼。孤嶼媚中川。雲日相輝映。空水共澄鮮。表靈物莫賞。藴真誰爲永嘉縣志作與。傳。想像三謝詩作象。六臣本文選注云。五臣作象。崑山姿。緬邈區中緣。始信安期術。得盡養生年。○文選二十六。三謝詩。永嘉縣志二。詩紀四十七。又類聚二十八引旋、延、川、鮮、傳五韵。

登永嘉緑嶂山詩

裹糧杖輕策。永嘉縣志作挈。懷遲上幽室。行源逕轉遠。距陸情未畢。澹瀲結寒姿。寰宇記作波。團欒潤霜質。澗委寰宇記作洞秀。水屢迷。林迥寰宇記作迴。巖逾密。眷西謂初月。顧東疑落日。踐永嘉縣志作殘。廣文選同。詩紀云。一作殘。夕奄昏曙。蔽翳皆周悉。蠱上貴不事。履二美貞吉。幽人常坦步。高尚永嘉縣志作寄。邈難匹。頤阿竟何端。寂寂寄抱永嘉縣志作抱高。一。恬如既已交。繕性自此出。○永嘉縣志二。廣文選九。詩紀四十七。又寰宇記九十九引質、密二韻。

郡東山望溟海詩

開春獻初歲。白日出悠悠。蕩志將愉樂。瞰海庶忘憂。策馬步蘭皐。緤控廣文選作鞚。息椒丘。采蕙遵大薄。搴若廣文選作茖。履長洲。白花皜類聚作華縞。陽林。紫虈廣文選作翹。詩紀云。一作翹。曄春流。非徒不弭忘。覽物情彌廣文選作弭。遒。萱蘇始無慰。廣文選作畏。寂寞終可求。○類聚二十八作東山望海詩。永嘉縣志二。廣文選九作東山望海詩。詩紀四十七。

遊嶺門山詩

西京誰修政。龔汲稱良吏。君子豈定所。清塵慮不嗣。早蒞建德鄉。民懷虞芮意。海岸常寥寥。空館盈清思。協以上冬月。晨遊肆所喜。千圻邈不同。萬嶺狀皆異。威摧三山峭。瀄汩兩江駛。漁舟詩紀云。一作商。豈安流。樵拾謝西芘。人生誰云樂。貴不屈所志。○廣文選九。詩紀四十七。

石室山詩

清旦索幽異。放寰宇記作方。舟越坰郊。莓莓蘭渚急。藐藐苔嶺高。石室冠寰宇記作穿。林陬。飛泉發山椒。寰宇記作樹梢。虚泛徑千載。峥嶸非一朝。鄉村絶聞見。樵蘇限風霄。微戎當作我。無遠覽。總笄羨升喬。靈域久韜隱。如與心賞交。合歡不容言。摘芳弄寒條。○永嘉縣志二。詩紀四十七。又寰宇記九十九引郊、梢二韵。

登石室飯僧詩

迎旭凌絶嶝。映泫歸溆浦。鑽燧斷山木。掩岸墐石户。結架非丹甍。藉田資宿莽。同遊息心客。曖然若可睹。清霄永嘉縣志作宵。颺浮煙。空林響法鼓。忘懷狎鷗鯈。永嘉縣志作鰷。攝生馴兕虎。望嶺眷靈鷲。延心念淨土。若類聚作庶。乘四等觀。永拔三界苦。○永嘉縣志二作過瞿谿山飯僧詩。又類聚七十六、詩紀四十八並作過瞿溪石室飯僧詩。引鼓、苦二韵。寰宇記九十九引浦、莽二韵。

登上戍石鼓山詩

旅人心長久。憂憂自相接。故鄉路遥遠。川陸不可涉。汩汩莫與娱。發春托登躡。歡願既無並。戚慮庶有協。詩紀云。一作怯。極目睞左闊。迴顧眺右狹。日末澗增波。雲生嶺逾疊。白芷競新苕。詩紀作苕。緑蘋齊初葉。摘芳芳靡諼。愉樂樂不燮。佳期緬無像。永嘉縣志作緣。騁望誰云愜。○永嘉縣志二。廣文選九。詩紀四十七。

石壁立招提精舍詩

四城有頓躓。三世無極已。浮歡昧眼前。沈照貫終始。壯齡緩前期。頹年迫詩紀作追。暮齒。揮霍夢幻頃。飄忽風電起。良緣迨未謝。時逝不可俟。敬擬靈鷲山。尚想祇洹軌。絶溜飛庭前。高林映窗裏。禪室栖空觀。講宇析妙理。○類聚七十六。詩紀四十八。

石壁精舍還湖中作詩

昏旦變氣候。山水含清暉。清暉能娛人。游子憺寰宇記作澹。六臣本文選作澹。注云。五臣作憺。忘歸。出谷日尚早。入舟陽已微。林文鏡秘府作溪。壑斂暝色。雲霞收夕霏。芰荷迭映蔚。類聚作曖。蒲稗相因依。披拂趨南逕。愉悅偃東扉。慮澹物自輕。意愜理無違。寄言攝生客。試用此道推。○文選二十二。三謝詩。文章正宗二十九。永嘉縣志三十三。詩紀四十八。又文鏡秘府論天卷引霏一韵。類聚九引暉、歸、微、霏、依、扉六韵。寰宇記百十一引暉、歸二韵。永嘉縣志二引暉、歸、微、霏、依、違、推七韵。

登石門最高頂詩

晨策尋絶壁。夕息廬山紀事作宿。類聚同。在山棲。疏峰抗三謝詩作枕。六臣本文選注云。五臣作枕。高館。對嶺臨廻溪。

六臣本文選作谿。長林羅戸穴。三謝詩、廬山記作庭。詩紀云。一作庭。六臣本文選作庭。注云。善本作穴。積石擁階基。文選作基階。類聚、三謝詩同。連巖覺路塞。密竹使徑迷。來人忘新術。去子惑廬山記作或。故蹊。活活類聚作聒聒。廬山紀事同。夕流駛。噭噭夜猿啼。沈冥豈別理。守道自不攜。心契九秋榦。目廬山記作日。翫三春荑。居常以待終。處順故安排。廬山記作擠。惜無同懷客。共登青雲梯。○文選二十二。廬山記四。三謝詩。詩紀四十八。又類聚八引棲、溪、階、迷、蹊、啼、攜、荑、梯九韻。廬山紀事十二引棲、溪、基、迷、蹊、啼、攜、荑、梯九韻。○逯案。文選集注引文選鈔曰。靈運遊名山志云。石門在永嘉。永嘉縣志亦言及石門。則此詩乃永嘉時作。廬山記、廬山紀事皆收此詩。蓋後人以意爲之。不足據。

石門新營所住四面高山迴溪六臣本文選注云。五臣作磎。石瀨茂林脩竹李善本文選作脩竹茂林。詩

躋險築幽居。披六臣本文選作被。雲卧石門。苔滑誰能步。葛弱豈可捫。嫋嫋秋風過。萋萋春草繁。美人遊不還。佳期何由敦。芳塵凝瑶席。清醑滿金罇。洞庭空波瀾。桂枝徒攀翻。結念屬霄漢。孤景莫與諼。俯濯石下潭。三謝詩作潭。六臣本文選注云。五臣作潭。俯看條上猿。早聞夕飇急。晚見朝日暾。崖傾光難留。林深響易奔。感往慮有復。理來情無存。庶持六臣本文選作特。注云。五臣作持。乘日車。三謝詩作用。六臣本文選同。得以慰營魂。匪爲衆人説。冀與智者論。○文選三十。三謝詩。詩紀四十八。

從斤竹澗越嶺溪行詩

猿鳴誠知曙。谷幽光未顯。巖下雲方合。花上露猶泫。逶迤傍隈隩。迢文選作苕。遞陟陘峴。過澗既厲急。登棧亦陵緬。川渚屢徑復。乘流翫迴轉。蘋萍泛沈深。類聚作深沉。菰蒲類聚作蒲菰。冒清淺。企石挹飛泉。攀林摘葉卷。想見山阿人。薜蘿類聚作蘿薜。若在眼。握蘭勤徒結。折麻心莫展。情用賞爲美。事昧竟誰辨。詩紀作辯。觀此遺物慮。一悟得所遣。○文選二十二。三謝詩。詩紀四十八。又類聚三十六引顯、泫、峴、淺、卷、眼六韵。

過白岸亭詩

拂衣遵沙垣。緩步入蓬屋。近澗涓密石。遠山映疏木。空翠難强名。漁釣易爲曲。援蘿臨廣文選作聆。詩紀同。青崖。春心自相屬。交交止栩黄。呦呦食萍鹿。傷彼人百哀。嘉爾承筐樂。榮悴迭去來。窮通成休慼。未若長疏散。萬事恆抱朴。○永嘉縣志二十一。廣文選十。詩紀四十八。

石門岩上宿詩

詩紀作夜宿石門詩。注云。拾遺作石門岩上宿。

朝搴苑中蘭。畏彼霜下歇。暝還雲際宿。弄此石上月。鳥廬山紀事作烏。鳴識夜棲。木落知風發。異音同至類聚作致。廬山紀事同。聽。殊響俱清越。妙物莫爲賞。芳醑誰與伐。美人竟不來。陽阿廣文選作鳴珂。徒晞髮。○廣文選十、詩紀四十八並作夜宿石門詩。又類聚八、廬山紀事十二並引歇、月、發、越、髮五韵。○逯案。唐丘丹奉使過石門觀瀑詩序云。謝康樂宋景平中爲永嘉守。有石門巖上宿詩。余六代叔祖梁中書侍郎天監中有過石門瀑布詩。後亦爲此郡。小子大曆中奉使。竊有繼作。雖不足克紹祖德。追踪昔賢。蓋造奇懷感之志也。

行田登海口盤嶼山詩

羈苦孰云慰。觀海藉朝風。莫辨洪波極。誰知大壑東。依稀採菱歌。彷彿含嚬容。遨遊碧沙渚。遊衍丹山峯。○廣文選十。詩紀四十七。

白石巖下徑行田詩

小邑居易貧。災年民無生。知淺懼不周。愛深憂在情。舊業詩紀原作蓄。今從萬曆本。橫海外。蕪穢積頹齡。饑饉不可久。甘心務經營。千頃帶遠堤。萬里瀉長汀。洲流涓澮合。連統塍埒并。雖非楚宮化。荒闕亦黎萌。雖非鄭白渠。每歲望東京。天鑒儻不孤。來茲驗微誠。○廣文選十。詩紀四十七。

齋中讀書詩

昔余遊京華。未嘗廢丘壑。矧乃歸山川。心跡雙寂寞。李善本文選作漠。三謝詩同。虛館絶諍訟。空庭來鳥雀。卧疾豐暇豫。翰墨時間作。懷抱觀古今。寢食展戲謔。既笑沮溺苦。又哂子雲閣。執戟亦三謝詩作已。六臣本文選注云。五臣作已。以疲。耕稼豈云樂。萬事難並歡。達生幸可託。○文選三十。文章正宗二十九。三謝詩。詩紀四十七。

讀書齋詩

春事日已歇。池塘曠幽尋。殘紅被徑隧。初綠雜淺深。偃仰倦芳褥。頻步憂新陰。謀春不及竟。夏物遽見侵。〇永嘉縣志二十一。

命學士講書詩

卧病同淮陽。宰邑曠武城。弦歌愧言子。清淨謝伏生。古人不可攀。何以報恩榮。時往歲易周。聿來政無成。曾是展予心。招學講羣經。鑠金既云刃。凝土亦能鉶。望爾志尚隆。遠嗣竹箭聲。敢謂荀氏訓。且布詩紀云。一作有。蘭陵情。待罪豈久期。禮樂俟賢明。〇永嘉縣志三十三。詩紀四十七。

種桑詩

詩人陳條柯。亦有美攘剔。前修爲誰故。後事資紡績。常佩知方誡。廣文選作智方誡。愧微富教益。浮陽騖嘉月。藝桑迨閒隙。疏欄發近郛。長行達廣場。廣文選作埸。曠流始毖泉。湎塗猶跬跡。俾此將長成。慰我海外役。〇永嘉縣志三十三。廣文選十四。詩紀四十七。

宋詩卷三

謝靈運

初去郡詩

彭薛裁知恥。貢公未遺榮。或可優貪競。豈足稱達生。伊余六臣本文選作予。秉微尚。拙訥謝浮名。廬園當棲巖。卑位代躬耕。顧己雖自許。心迹猶未并。無庸方文選作妨。三謝詩、文章正宗同。周任。有疾像三謝詩作象。六臣本文選注云。五臣作象。長卿。畢娶類尚子。薄遊似邴生。恭承古人意。促三謝詩作俶。六臣本文選注云。五臣作俶。裝返柴荆。牽絲及元興。解龜在景平。負心二十載。於今廢將迎。理棹遄還期。三謝詩作朝。遵渚鶩修坰。遡溪六臣本文選作谿。三謝詩同。終水涉。登嶺始山行。野曠沙岸淨。類聚作静。天高秋月類聚作日。明。憩石挹飛泉。攀林搴落英。戰勝臞者肥。鑒文章正宗作監。止文選作止監。六臣本云。五臣作鑒。流歸停。即是羲唐化。獲我擊壤情。

○文選二十六。三謝詩。文章正宗二十九。詩紀四十八。又類聚五十作去永嘉郡詩。引英、明二韵。

北亭與吏民別詩

刀筆愧張杜。棄繻慙終軍。貴史寄子長。愛賦託子雲。昔值休明初。以此預人羣。常呼城旁道。更歌憂逸民。猶抱見素樸。兼勉擁來勸。定自懲伐檀。亦已驗惟塵。晚末牽餘榮。憩泊甌海濱。時易速還周。德乏勸濟振。眷言徒矜傷。靡術謝經綸。矧乃卧沈痾。鍼石苦微身。行久懷邱窟。景昃感秋旻。旻秋有歸棹。昃景無淹津。前期寰宇記作程。眇已往。後會邈無因。貧者闕所贈。風寒護爾身。○永嘉縣志二十二。寰宇記九十九引因一韵。

田南樹園激流植楥詩

樵隱俱在山。由來事不同。不同非一事。養痾亦三謝詩作丘。文章正宗同。六臣本文選注云。五臣作丘。園中。中園六臣本文選作園中。三謝詩同。詩紀云。一作園中。屏氛雜。清曠招遠風。卜室倚北阜。啓扉面南江。激澗代汲井。插槿當列墉。羣木既羅户。衆山亦當六臣本文選作對。注云。善作對。窗。靡迤趨下田。三謝詩作岫。六臣本文選注云。五臣作岫。迢遞瞰高峯。寡欲不期勞。即事罕人功。唯開蔣生徑。永懷求羊蹤。賞心不可忘。妙善冀能三謝詩作皆。六臣本文選注云。五臣作皆。同。○文選三十。三謝詩。文章正宗二十九。詩紀四十八。

於南山往北山經湖中瞻眺詩

朝旦發陽崖。景落憩陰峯。舍舟眺迴文選作迥。渚。停策倚茂松。側逕既窈窕。環洲亦玲瓏。俛視喬木杪。仰聆大壑淙。李善本文選作灇。石横水分流。林密蹊絶蹤。解作竟何感。升長皆丰永嘉縣志作半。容。初篁苞緑籜。新蒲含紫茸。海鷗戲春岸。天鷄弄和風。撫化心無厭。覽物眷彌重。不惜去人遠。但恨莫與同。孤遊非情歎。文選注作款。賞廢理誰通。○文選二十二。三謝詩。永嘉縣志三十三。詩紀四十八。又文選二十六贈郭桐廬詩注引一句。

南樓中望所遲客詩

杳杳日西頹。漫漫長路迫。登樓爲誰思。臨江遲來客。與我別所期。期在三五夕。圓景早已滿。佳人殊三謝詩作猶。李善本文選作猶。六臣本注云。五臣作猶。未適。即事怨睽攜。感物方悽慼。孟夏非長夜。晦明如歲隔。瑤華未堪折。蘭苕已屢摘。路阻莫贈問。云何慰離析。搔首訪行人。引領冀良覿。○文選三十。三謝詩。詩紀四十八。又文選二十二從斤竹澗越嶺溪行詩注作南樓中望所知遲客詩。引樋一韵。

山家詩

中爲天地物。今爲鄙夫有。○梁書周捨傳。

廬陵王墓下作詩

曉月類聚作晚日。發雲陽。落日次朱方。含悽泛廣川。灑淚眺連岡。眷言懷君子。沈痛切文選作結。中腸。道消結憤懣。運開申悲涼。神期恆若存。李善本文選作在。德音初不忘。徂謝易永久。松柏森已行。延州協心許。楚老惜蘭芳。解劍竟何及。三謝詩作以。撫墳徒自傷。平生疑若人。通蔽互相妨。理感心文選作深。三謝詩同。情慟。定非識所將。脆促良可哀。夭枉特兼常。一隨往化滅。安用空名揚。舉聲泣已漣。文選作灑。六臣本注云。五臣作灑。類聚誤作歷。長歎不成章。○文選二十三。三謝詩。詩紀四十八。又類聚四十作經廬陵王墓詩。引方、岡、腸、涼、忘、行、揚、章八韻。

初至都詩

卧病雲高心。愛閑宜静處。寢憩託林石。巢穴順寒暑。○書鈔百五十八。

還舊園作見顔范二中書詩

辭滿豈草堂詩箋作空。多秩。謝病不待年。偶與張邴合。久欲還東山。聖靈昔迴眷。微尚不及宣。何意衝飆激。烈火縱炎煙。焚玉發崑峰。餘燎遂見遷。投沙理既迫。如卬願亦愆。長與懽愛别。永絶平生緣。浮舟千仞壑。總轡萬尋巔。流沫不足險。石林初學記作牀。萬花谷同。豈爲艱。閩中安可處。日夜念歸旋。事躓兩如直。心愜三避賢。託身青雲上。棲巖挹飛泉。盛明盪氛昏。貞休康屯邅。殊方感三謝詩作咸。成貸。微物豫采甄。感深操不固。質弱易扳李善本文選作版。纏。曾是反昔園。語往實欵然。曩基卽先築。故池不更穿。果木有舊行。壤石無遠延。雖非休憩地。聊取永日閑。衛生自有經。息陰謝所牽。夫萬花谷作天。誤。子照類聚作昭。初學記同。清三謝詩作情。類聚、萬花谷同。素。探懷授往初學記、萬花谷作佳。誤。篇。○文選二十五。三謝詩。詩紀四十八。又類聚六十五、初學記二十四、萬花谷後集二十五並引顛、艱、篇三韻。草堂詩箋六渼陂詩注引年、山二韻。

入東道路詩

整駕辭金門。命旅惟詰朝。懷居顧歸雲。指塗泝行飆。屬値清明節。榮華感和韶。陵隰繁綠杞。墟囿粲紅桃。鷕鷕翬方雊。纖纖麥垂苗。隱軫邑里密。緬邈江海遼。滿目皆古事。心賞貴所高。魯連謝千金。延州權去朝。行路既經見。願言寄吟謡。○類聚二十七。廣文選十。詩紀四十八。

酬從弟惠連詩五章

詩紀云。惠連西陵遇風獻康樂詩見本集。

寢瘵謝人徒。滅迹入雲峯。巖壑寓耳目。歡愛隔音容。永絶賞心望。長懷莫與同。末路値令弟。開顔披心胸。

心胸既云披。意得咸在斯。凌澗尋我室。散帙問所知。夕慮曉月流。朝忌曛日馳。悟對無厭歇。說文繫傳作倦。聚散成分離。

分離别西川。迴景歸東山。别時悲已甚。别後情更延。傾想遲嘉音。果枉濟江篇。辛勤風波事。欵曲洲渚言。

洲渚既淹時。風波子行遲。務協華京想。詎存空谷期。猶復惠來章。祇足攪余思。儻若果歸言。共陶暮春時。

暮春雖未交。仲春善遊遨。山桃發紅萼。野蕨漸紫苞。嚶鳴李善本文選作鳴嚶。三謝詩同。已悦豫。幽居猶鬱陶。夢寐佇歸舟。釋我吝與勞。○文選二十五。三謝詩。詩紀四十八。又文選三十一雜體詩注引幽居復鬱陶一句。御覽九百八十作古詩。引苞一韵。說文繫傳日部晤下作謝惠連詩。引一句。

登臨海嶠初發疆中作與從弟惠連可見羊何共和之詩 四章○詩紀云。集作登臨海嶠與從弟惠連。

杪秋尋遠山。山遠行不近。與子別山阿。含酸赴脩畛。李善本文選作軫。中流袂就判。欲去情不忍。顧望脰未悁。汀曲舟已隱。

隱汀絶望舟。騖棹逐詩紀云。一作逾。驚六臣本文選作驚。流。欲抑一生歡。并奔千里遊。日落當棲薄。繫纜臨江樓。豈惟夕情斂。憶爾共淹留。

淹留昔時歡。復增今日歎。茲情已分慮。況乃協悲端。秋泉鳴北澗。哀猿響南巒。戚戚新別心。悽悽久念攢。

攢念攻別心。旦發清溪六臣本文選作谿。三謝詩同。陰。暝投剡中宿。明登天姥岑。高高入雲霓。還期那可尋。儻遇浮丘公。長絶子徽音。○文選二十五。三謝詩。詩紀四十八。

答謝惠連詩

懷人行千里。我勞盈十旬。別時花灼灼。別後葉蓁蓁。○類聚二十九。詩紀四十八。

初發石首城詩

白珪尚可磨。斯言易（類聚作以。）爲緇。遂（類聚作雖。）抱中孚爻。猶勞貝錦詩。寸心若不亮。微命察如絲。日月垂光景。成貸遂兼兹。出宿薄京畿。晨裝摶曾（文選作魯。六臣本注云。五臣作曾。）颸。重經平生别。再與朋知辭。故山日已遠。風波豈還時。迢迢（李善本文選作苕苕。類聚作遥遥。）萬里帆。茫茫終何之。遊當羅浮行。息必廬霍期。越海陵三山。遊湘歷九嶷。（六臣本文選注云。五臣作疑。類聚作疑。）欽聖若旦暮。懷賢亦悽（杜詩注作凄。）其。皎皎明發心。不爲歲寒欺。○文選二十六。三謝詩。詩紀四十八。又類聚二十七引緇、詩、絲、兹、颸、辭、時、之、其、欺十韵。又作往臨川發石頭城詩。引疑其二韵。黄氏集千家注杜工部詩史補遺八晚登詩注引一句。

道路憶山中詩

采菱調易急。江南歌不緩。楚人心昔絶。越客腸今斷。斷絶雖殊念。俱爲歸慮欵。存鄉爾思積。憶山我憤懣。追尋棲息時，偃卧任縱誕。得性非外求。自已爲誰纂。不怨秋夕長。常（三謝詩作恒。文選同。六臣本注云。善作常字。詩紀云。一作恆。）苦夏日短。濯流激浮湍。息陰倚密竿。懷故（六臣本文選注云。五臣作故懷。）叵新歡。含悲忘春暖。悽悽明月吹。惻惻廣陵散。殷勤訴危柱。慷慨命促管。○文選二十六。三謝詩。詩紀四十八。

夜發石關亭詩

隨山踰千里。浮溪將十夕。鳥歸息舟楫。星闌命行役。亭亭曉月映。泠泠朝露滴。○類聚二十七。詩紀四十八。

入彭蠡湖口詩

客遊倦水宿。風潮難具論。洲島驟迴合。圻岸屢崩奔。乘月聽哀狖。浥露馥芳蓀。春晚緑野秀。巖高白雲屯。千念集日夜。萬感盈朝昏。攀崖照石鏡。御覽作境。牽葉入松門。三江事多往。九派理空存。靈李善本文選作露。物悉珍怪。異人祕精魂。金膏滅明光。水碧綴六臣本文選注云。五臣作輟。流温。徒作千里曲。絃絶念彌敦。○文選二十六。三謝詩。廬山記四。詩紀四十八。又御覽四十八引門一韵。

入華子岡是麻源第三谷詩

南州實炎德。桂樹陵類聚作凌。寒山。銅陵映碧澗。李善本文選作潤。石磴瀉類聚作寫。紅泉。既枉隱淪客。亦棲肥遁賢。險徑無測度。天路非術阡。遂登羣峯首。邈若升類聚作騰。雲煙。羽人絶髣髴。丹丘徒空筌。類聚作荃。圖牒復磨文選作摩。滅。碑版誰聞傳。莫辨詩紀作辯。百代文選作世。後。安知千載前。且申獨往意。乘月弄潺湲。恆充俄頃用。豈爲古今然。○文選二十六。三謝詩。詩紀四十八。又類聚六引山、泉、賢、烟、荃、傳、前、湲八韵。

發歸瀨三瀑布望兩溪詩

我行乘日垂。放舟候月圓。沫廣文選作末。江免風濤。涉清弄漪漣。積石竦兩溪。飛泉倒三山。亦既窮登陟。永嘉縣志作涉。荒藹横目前。窺巖不覩景。披林豈見天。陽烏尚傾翰。幽篁未爲邅。退尋平常時。安知巢穴難。

風雨非攸恡。擁志誰與宣。倘有同枝條。此日卽千年。○永嘉縣志三十三。廣文選十。詩紀四十八。

初往新安至桐廬口詩

絺綌雖淒其。授衣尚未至。感節良已深。懷古亦云類聚或作徒役。詩紀云。一作徒役。思。不有千里棹。孰申百代意。遠協尚子心。遥得許生計。類聚作忌。既及泠風善。又卽秋水駛。江山共開類聚或作閑。詩紀云。一作閑。曠。雲日相照媚。景夕羣物清。對玩咸可憙。類聚或作喜。○類聚二十八。又二十七作初往新安桐廬口詩。引思、意、駛、媚、憙五韵。詩紀四十八。

登廬山絶頂望諸嶠詩

山行非前期。彌遠不能輟。但欲淹昏旦。遂復經盈缺。捫壁窺龍池。攀枝瞰乳穴。積峽書鈔作狹。忽復啟。書鈔作起。平塗俄已閉。廬山記作閉。詩紀同。巒隴有合沓。往來無蹤轍。晝夜蔽日月。冬夏共霜雪。○書鈔百五十八作登山絶頂詩。引穴、閉二韵。類聚七、詩紀四十八並引閉、轍、雪三韵。廬山記一作登絶頂望諸嶠。引閉、轍、雪三韵。文選三十一雜體詩注作登廬山詩。引輟、缺二韵。○巵林七詮鍾登廬山詩條云。詩歸載謝靈運登廬山望諸嶠詩曰云云。鍾云。六句質奥。是一短記。譚云。他人數十句寫來。必不能如此朴妙。又云。如此大題目。肯作三韵。立想不善。詮曰。江淹雜體詩注引謝登廬山詩曰。山行非前期。彌遠不能輟。但欲淹昏旦。遂復經盈缺。蓋卽是篇發端也。不經昭明所選。代久篇殘。何知雪後更無數十句乎。耳目雖遍。胸臆易生。亦論古之大病也。又康樂遊覽詩絶無寂寥數語者。讀其集自得之。逯案。巵林説是。今爲湊成殘篇如上。詩歸從詩雋載積峽忽復啟以下三韵六句。而以完篇論之。自不免貽譏後人。

初發入南城詩

弄波不輟手。玩景豈停目。雖未登雲峯。且以歡水宿。〇類聚二十七。詩紀四十八。

登孤山詩

迴曠沙道開。威紆山徑折。波□青密林。□映丹穴壁。〇書鈔百五十八。

入竦溪詩

平明發風穴。投宿憩雪巘。初時當薄木。迄今草已搴。〇書鈔百五十八。

送雷次宗詩

符瑞守邊楚。感念悽城壕。志苦離念結。情傷日月慆。〇初學記十八。

詩

照澗疑陽水。潛穴□陰□。雖知視聽外。用心不可無。〇書鈔百五十八。

七夕詠牛女詩

火逝首秋節。新明類聚作明經。弦月夕。月弦光照初學記或作入。户。秋首風入初學記或作遠。隙。凌峰類聚作陵風。步曾崕。類聚作岑。憑雲肆遥脉。當作脈。徙倚西北庭。竦踊東南覿。紈綺無報章。河漢有駿初學記作駿。軛。○類聚四。初學記四。古今歲時雜詠二十五。詩紀四十八。又初學記四作七夕詩。引隙一韵。

歲暮詩

殷憂不能寐。苦此夜難頽。明月照積雪。朔風勁且初學記作清。哀。運往無淹物。年逝覺易詩紀作已。注云。藝文作易。催。○類聚三。初學記三。詩紀四十八。

擬魏太子鄴中集詩八首并序

建安末。余時在鄴宫。朝遊夕讌。究歡愉之極。天下良辰美景。賞心樂事。四者難并。今昆弟友朋。二三諸彦。共六臣本文選注云。五臣作備。盡之矣。古來此娱。書籍未見。何者。楚襄王時。有宋玉、唐景。梁孝王時。有鄒、枚、嚴、馬。遊者美矣。而其主不文。漢武帝時。李善本文選無時字。詩紀同。徐、樂諸才。備應對之能。而雄猜多忌。豈獲晤言之適。不誣方將。庶必賢於今日爾。歲月如流。零落將盡。撰文懷人。感往增愴。其辭曰。

魏太子

百川赴巨海。衆星環北辰。照灼爛霄漢。遥裔起長津。天地中横潰。家王六臣本文選注云。五臣作皇。三謝詩作皇。

拯生民。區宇既蕩滌。羣英必來臻。忝此欽賢性。由來常懷仁。況值衆君子。傾心隆日新。論物靡浮說。析理實敷陳。羅縷豈闕辭。窈窕究天人。澄觴滿金罍。連榻設華茵。急絃動飛聽。清歌拂梁塵。莫文選作何。六臣本注云。五臣作莫。言相遇易。此歡信可珍。○文選三十。三謝詩。詩紀四十八。

王粲

家本秦川。貴公子孫。遭亂流寓。自傷情多。

幽厲昔崩亂。桓靈今板蕩。伊洛既燎煙。函崤没無象。李善本文選作像。詩紀同。整裝辭秦川。秣三謝詩誤作林。馬赴楚壤。沮漳自可美。客心非外獎。常歎詩人言。式微何由往。上宰奉皇靈。侯伯咸宗長。雲騎亂漢南。宛李善本文選作紀。郢皆掃盪。排霧屬盛明。披雲對清朗。慶泰欲重疊。公子特先賞。不謂息肩願。一旦值明兩。並載遊鄴京。方舟汎河廣。綢繆清讌娱。寂寥梁棟響。既作長夜飲。豈顧乘日養。○同上

陳琳

袁本初書記之士。故述喪亂事多。

皇漢逢迍文選作屯。三謝詩同。邅。天下遭六臣本文選注云。五臣作逢。氛慝。董氏淪關西。袁家擁河北。單民六臣本文選注云。五臣作人。易周章。窘身就羈勒。豈意事乖己。永懷戀故國。相公實勤王。信能定蝥賊。復覩東都輝。重見漢朝則。餘生幸已多。矧迺值明德。愛客不告疲。飲讌遺景刻。夜聽極星爛。三謝詩作闌。六臣文選注云。五

臣作闌。朝遊窮曛黑。哀哇動梁埃。急觴文選作觴。盪幽默。且盡一日娛。莫知古來惑。○同上

徐幹

少無宦情。有箕潁之心事。故仕世多素辭。

伊昔家臨淄。提攜弄齊三謝詩作秦。六臣本文選注云。五臣作秦。瑟。置酒飲膠東。淹留憩高密。此歡謂可終。外物始難三謝詩作歎。畢。搖蕩箕濮情。窮年迫憂慄。末塗幸休明。棲集建薄質。已免負薪苦。仍三謝詩作乃。六臣本文選注云。五臣作乃。游椒蘭室。清論事究萬。美話信非一。行觴奏悲歌。永夜繫三謝詩作繼。六臣本文選注云。五臣作繼。白日。華屋非蓬居。時髦豈余匹。中飲三謝詩作期。顧昔心。悵焉若有失。○同上

劉楨

卓犖偏人。而文最有氣。所得頗經奇。

貧居晏里閈。少小長東平。河兗當衝要。淪飄三謝詩作漂。六臣本文選注云。五臣作漂。薄許京。廣川無逆流。招納厠羣英。北渡黎陽津。南登宛文選作紀。六臣本注云。五臣作宛。郢城。既覽古今事。頗識治亂情。歡友相解達。敷奏究平生。矧荷明哲顧。知深覺命輕。朝遊牛羊下。暮坐括揭鳴。終歲非一日。傳巵弄清文選作新。三謝詩同。聲。辰事既難諧。歡願如今并。唯羨肅肅翰。繽紛戾高冥。○同上

應瑒

汝潁之士。流離世故。頗有飄薄之歎。

嗷嗷雲中鴈。舉翩自委羽。求涼弱水湄。違寒長沙渚。顧我梁六臣本文選注云。五臣作涼。川時。緩步集潁許。一旦逢世難。淪薄恆羈旅。天下昔未定。託身早得所。官渡文選作度。六臣本注云。五臣作渡。厠一卒。烏林預艱阻。晚節值衆賢。會同庇天宇。列坐廕華榱。金樽盈清醑。始奏延露曲。繼以蘭夕語。調笑輒酬答。嘲謔無六臣本文選注云。五臣作非。慚沮。傾軀無遺慮。在心良已敍。○同上

阮瑀

管書記之任。故有優渥之言。

河洲多沙塵。風悲黄雲起。金羈相馳逐。聯翩何窮已。慶雲惠優渥。微薄攀多士。念昔渤海時。南皮戲清沚。今復河曲遊。鳴葭六臣本文選作笳。汎蘭汜。躧步陵丹梯。並坐侍君子。妍談既愉心。哀音文選作弄。六臣本注云。五臣作音。詩紀云。一作弄。信睦耳。傾酤係芳醑。酌言豈終始。自從食蓱來。唯見今日美。○同上

平原侯植

公子不及世事。但美遨遊。然頗有憂生之嗟。

朝遊登鳳閣。日暮集華沼。傾柯引弱枝。攀條摘蕙草。徙倚窮騁望。目極盡所討。西顧太行山。北眺邯鄲道。平衢脩且直。白楊信裊裊。李善本文選作褭褭。副君命飲宴。歡娱寫懷抱。良遊匪晝夜。豈云晚與早。衆賓悉精妙。清辭灑蘭藻。六臣本文選注云。五臣作蒲。三謝詩作蘭蒲藻。哀音下迴鵠。餘哇徹清昊。中山不知醉。飲德方覺飽。願以黄髮期。養生念將老。○同上

東陽溪中贈答詩二首

可憐誰家婦。緣流洒詩紀云。一作洗。素足。明月在雲間。迢迢玉臺作苕苕。不可得。○玉臺新詠十。西溪叢話下。

可憐誰家郎。緣流乘素舸。但問情若爲。西溪叢話作何。月就雲中墮。○同上

作離合詩

古人怨信次。十日眇未央。加我懷繾綣。口脉類聚作詠。情亦傷。劇哉歸遊客。處子忽相忘。○類聚五十六。

詩

宋書本傳曰。靈運爲孟顗所表。帝惜其才不罪。以爲臨川内史。在郡游放。不異永嘉。爲有司所糾。司徒遣隨州從事收之。靈運興兵叛逸。爲詩曰。

韓亡子房奮。秦帝魯連恥。本自江海人。忠義感魏書作動。君子。○宋書本傳。南史本傳。魏書孝靖帝紀。北齊書文襄帝

紀。類聚二十六。御覽六百五十一。

臨終詩

梁書本傳曰。靈運既被擒。文帝以謝玄勳參微、管。宜宥及後嗣。降死徙廣州。又爲有司所奏。請依法收治。詔於廣州棄市。臨刑作詩曰。

龔勝無餘廣弘明集作遺生。季宋書作李。南史同業有終廣弘明集作窮盡。嵇公廣弘明集作叟理既迫。霍生廣弘明集作子命亦殞。悽悽廣弘明集云。宮本作萋萋後詩紀云。一作淩霜柏。宋書作陵霜葉納納宋書作網網衝廣弘明集云。三本、宮本作衡風菌。邂逅竟幾廣弘明集作既。注云。三本作無時。詩紀云。一作幾何修短非所愍。恨我君子志。不獲巖下宋書作上。廣弘明集同泯。送心正宋書作自覺前。斯痛久已忍。唯願乘來生。怨親同心朕。○廣弘明集三十。詩紀四十八。又宋書本傳引盡、殞、菌、愍、忍、泯六韻。南史本傳引盡、殞二韻。

衡山詩

嵓下一老翁。四五年少者。衡山採藥人。路迷糧亦絶。遇息嵓下坐。正見相對説。一老四五少。仙隱不可別。其書非世教。其人必賢哲。○初學記五。

詩

朝發悲猿。暮宿落石。○御覽五十二。

宋詩卷四

王韶之

韶之。字休泰。琅邪臨沂人。晉義熙中。除著作郎。武帝受禪。加驍騎將軍。少帝時。出爲吴興太守。元嘉十年。徵爲祠部尚書。加給事中。十二年。又出守吴興。其年卒。年五十六。有集二十四卷。

贈潘綜吴逵舉孝廉詩六章

東寶惟金。南木有喬。發煇曾崖。竦幹重霄。美哉兹土。世載英髦。育翮幽林。養音九皋。

唐后明敭。漢宗蒲輪。我皇降鑒。思樂懷人。羣臣競薦。舊章惟新。余亦奚貢。曰義與仁。

仁義伊在。惟吴惟潘。心積純孝。事著艱難。投死如歸。淑問若蘭。吴實履仁。心力偕單。固此苦節。易彼歲寒。霜雪雖厚。松柏丸丸。

人亦有言。無善不彰。二子徽猷。彌久彌芳。拔叢出類。景行朝陽。誰謂道遐。弘之則光。咨爾庶士。無然怠荒。

江革奉摯。慶禄是荷。姜詩入貢。漢朝咨嗟。勗哉行人。敬爾休嘉。俾是下國。炤煇京華。

伊余朽駘。竊服懼盜。無能禮樂。豈暇聲教。順彼康夷。懿德是好。聊綴所懷。以贈二孝。○宋書潘綜傳。詩紀四十五。

詠雪離合詩

霰先集兮雪乃零。御覽作霏霏。散輝素兮被簷庭。曲室寒兮朔風厲。州陸涸兮羣羣字原缺。從萬曆本。御覽作百。事類賦同。籟鳴。○御覽十二。事類賦雪賦注。詩紀四十五。

謝惠連

惠連。丹陽尹方明子。謝靈運族弟。元嘉元年爲彭城王義康法曹參軍。十年卒。年三十七。有集六卷。

秋胡行二章○以下四言。

春日遲遲。桑何萋萋。紅桃含夭。類聚、樂府作妖。緑柳舒荑。邂逅粲者。游詩紀云。一作遵。渚戲蹊。華顔易改。良願難諧。

係風捕影。類聚作景。誠知不得。念彼奔波。意慮廻惑。漢女倏忽。洛神飄揚。空勤交甫。徒勞陳王。○類聚四十一。樂府詩集三十六。詩紀四十九。

隴西行

運有榮枯。道有舒屈。潛保黄裳。顯服朱黻。誰能守静。棄華辭榮。窮谷是處。考槃是營。千金不迴。百代傳名。厥包者柚。忘憂者萱。何爲有用。自乖中原。實摘柯摧。葉殞條煩。○類聚四十一。樂府詩集三十七。廣文選十四。詩紀四十九。

隴西行

未若蔽牛。永保液瞞。嗟我君子。勖爾何言。○吴棫韵補二。

豫章行以下五言。

軒帆遡遥路。薄送瞰遐江。舟車理殊緬。密友將遠從。九里樂同潤。二華念分峯。集歡豈今發。離歎自古鍾。促生靡緩期。迅景無遲蹤。緇髮迫多素。憔悴謝華茸。婉娩寡留晷。窈窕閉淹龍。如何阻行止。憤慍結心胸。既微達者度。歡戚誰能封。願子保淑慎。良訊代徽容。○樂府詩集三十四。詩紀四十九。

塘上行

芳萱廣文選作革。秀陵阿。菲質不足營。幸有忘憂用。移根託君庭。垂穎臨清池。擢彩仰華甍。霑渥雲雨潤。葳蕤吐芳馨。願君眷類聚作春。樂府、詩紀同。傾葉。留景惠餘明。○類聚四十一。樂府詩集三十五。廣文選十四。詩紀四十九。

却東西門行

慷慨類聚、樂府作愷。發相類聚作想。思。惆悵戀音徽。四節競闌候。六龍引頹機。人生隨時變。遷化焉可祈。百年難必保。千慮盈懷之。○類聚四十一作都東西門行。樂府詩集三十七。詩紀四十九。

長安有狹邪行

紀郢有通逵。通逵並軒車。帝帝類聚作奕奕。雕輪馳。軒軒翠蓋舒。撰策之五尹。振轡從三閭。推劍馮類聚作憑。前軾。鳴佩專後輿。○類聚四十一。樂府詩集三十五。詩紀四十九。

從軍行

趙騎馳四牡。吴舟浮三翼。弓矛有恒用。殳鋋無暫息。○御覽三百五十三。

燕歌行七言

四時推遷迅不停。三秋蕭瑟葉辭莖。樂府作解輕。廣文選、詩紀同。飛霜被野鴈南征。念君客遊羇類聚作羈。思盈。何爲淹留無歸聲。愛而不見傷心情。朝日潛輝華燈明。林鵲同棲渚鴻并。接翮偶羽依蓬瀛。仇依旅類相和鳴。余獨何爲志無成。憂緣樂府誤作緑。物感淚沾纓。○樂府詩集三十二作謝靈運。廣文選十四。詩紀四十九。又類聚四十二引停、莖、征、盈、聲、情六韵。

猛虎行以下雜言。

貧不攻九嶷類聚、樂府作疑。下同。玉。倦不憩三危峰。九嶷有惑類聚作或。樂府同。又注云。當作惑。號。三危無安容。美物標貴用。志士勵類聚作厲。奇蹤。如何祇類聚作抵。遠役。王命宜肅恭。伐鼓功未著。振旅何時從。○類聚四十一。樂府詩集三十一。詩紀四十九。

猛虎潛深山。長嘯自生風。人謂客行樂。　客行苦心傷。○樂府三十一。詩紀四十九。

鞠歌行

翔馳騎。千里姿。樂府無千里姿三字。廣文選同。伯樂不舉誰能知。南荆璧。萬金貲。卞和不斲與石離。年難留。時易隕。厲志莫賞徒勞疲。沮齊音。溺趙吹。匠石善運郢不危。古綿眇。理參差。單心慷慨雙淚垂。○樂府詩集三十三。廣文選十四。詩紀四十九。

前緩聲歌一作後緩聲歌。

羲和纖阿去嵯峨。覩物知命。使余轉欲悲歌。憂戚人心胸。處山勿居峯。在行勿爲公。　居峯大阻鋭。爲公遇讒蔽。雅樂府作邪。琴自疏越。雅韻能揚揚。滑滑相混同。終始福禄豐。○樂府詩集六十五。詩紀四十九。

順東西門行

哀朝菌。類聚作困。閔類聚作愍。頹力。遷化常然焉肯息。及壯齒。遇世直。酌酩樂府作酪。詩紀同。華堂集親識。舒情盡懽遣悽惻。○類聚四十一。樂府詩集三十七。詩紀四十九。

三月三日曲水集詩一作上巳曲水集。○以下五言。

四時著平歲時雜詠作半。分。三春禀融爍。遲遲和景婉。夭夭園桃灼。攜朋適類聚作斯。廣文選同。郊野。昧爽類聚作旦。廣文選同。辭鄽廓。類聚作郭。歲時雜詠同。蜚類聚作斐。初學記、歲時雜詠同。廣文選誤作裘。雲輿翠嶺。芳飇起華薄。解轡偃崇丘。藉草繞迴壑。際渚羅時簌。託波汎輕爵。○類聚四。初學記四、古今歲時雜詠十六並作上巳詩。廣文選九作曲水集詩。詩紀四十九。

汎南湖至石帆詩

軌息陸塗初。枻鼓川路始。漣漪繁波漾。參差層峰峙。類聚作跱。蕭疏野趣生。逶迤白雲起。登陟苦跋涉。睇眄樂心耳。卽翫翫有竭。在興興無已。○類聚九。詩紀四十九。○逯案。太平寰宇記九十九引永嘉記云。永嘉南岸有石帆。乃堯時神人以破石爲帆。將入惡溪。道次置之溪側。又引永嘉郡國志云。東海信都。神破石爲帆。藝文類聚八引謝靈運遊名山志曰。破石溪南二百餘里。又有石帆。惠連未曾至永嘉。不得有此詩。作惠連者。乃靈運之誤。

西陵遇風獻康樂詩五章

我行指孟春。春仲尚未發。趣途遠有期。念離情無歇。成裝候良辰。漾舟陶嘉月。瞻塗意少悰。還顧情多闕。

哲兄感仳別。相送越坰林。飲餞野亭館。分袂澄湖陰。悽悽留子言。眷眷浮客心。迴塘隱艫栧。類聚作枻。遠望絶形音。

靡靡卽長路。戚戚抱遥悲。悲遥但自弭。路長當語三謝詩作問。六臣本文選注云。五臣作問。誰。行行道轉遠。去去情彌遲。昨發浦陽汭。今宿浙江湄。

屯雲蔽曾嶺。驚風涌飛流。零雨潤墳澤。落雪灑林丘。浮氛晦崖巘。積素惑三謝詩作或。六臣本文選注云。五臣作或。原疇。曲汜薄停旅。六臣本文選注云。五臣作依。通川絶行舟。

臨津不得濟。佇楫阻風波。蕭條洲渚際。氣色少諧和。西瞻三謝詩作矚。六臣本文選注云。五臣作矚。興游歎。東睇起悽三謝詩作悽。六臣本文選注云。五臣作悽。歌。積憤成疢痗。無萱將如何。三謝詩作何如。詩紀同。〇文選二十五。三謝詩。詩紀四十九。又類聚二十九作西陵獻康樂詩。引第二章。

代古詩一作擬客從遠方來。

客從遠方來。贈我鵠白帖作鶴。御覽、合璧事類同。文綾。貯以相思篋。緘以同心繩。裁爲親身服。著以俱御覽作便。寢興。別來經年歲。歡心不同凌。瀉玉臺作寫。酒置井中。誰能辨斗升。合如杯中水。誰能判淄澠。〇玉臺新詠三。詩紀四十九。又白帖二引綾一韵。御覽四百七十八引綾、興二韵。合璧事類外集六十四作謝靈運。引綾一韵。

秋懷詩

平生無志意。少小嬰憂患。如何乘宋本類聚作辛。御覽作平生懷。苦心。矧復值秋晏。皎皎天月明。奕奕河宿爛。蕭瑟含風蟬。寥御覽作嘹。唳三謝詩作戾。度雲雁。寒商動清閨。孤燈曖幽幔。耿介繁慮積。展轉長宵半。夷險難豫六臣本文選作預。韵補同。謀。倚伏昧前算。雖好相如達。不同韵補作比。長卿慢。頗悅鄭生偃。無取白衣宦。未知古人心。且韵補作但。從性所翫。韵補作玩。賓至可命觴。朋來當染翰。高臺驟登踐。清淺三謝詩作波。六臣本文選注云。五臣作波。時陵亂。頹魄不再圓。傾羲無兩旦。金石終銷文選作消。韵補同。毁。丹青暫彫煥。各勉玄髮歡。無貽白首歎。因歌遂成賦。聊用布親串。○文選二十三。文章正宗二十九。三謝詩。詩紀四十九。又類聚三作懷秋詩。引患、晏、爛、雁、幔、半、算、翫、翰、旦、煥、歎十二韵。御覽二十五引晏、爛、鴈、幔四韵。韵補四引筭、慢二韵。宦、玩二韵。煥、串二韵。○逯案。此詩當爲靈運所作。蓋誤入惠連集中。詩發端謂少小離憂患。指親喪大故。據宋書。惠連父方明元嘉三年卒。年四十七。惠連元嘉十年卒。年三十七。則方明卒時。惠連年已三十。不得言少小離憂患。據晉書謝玄傳、宋書謝靈運傳。晉太元十三年。祖玄卒。靈運年四歲。靈運父奂又早玄卒。是靈運孩提喪父。與此少小離憂患相合也。又詩言夷險難預謀。倚伏昧前算。頗悅鄭生偃。無取白衣宦。與靈運出處合。雖好相如達。不同長卿慢。與靈運性格合。而皆與惠連不侔。然文選歸之惠連。詩品亦稱惠連秋懷。訛亂已久。故仍編此。

擣衣詩

衡紀無淹度。晷運倏如催。白露滋園菊。秋風落庭槐。肅肅莎玉臺作沙。雞羽。烈烈類聚作冽冽。寒螿啼。夕陰結空幕。宵御覽作霄。六臣本文選注云。五臣作宵。月皓中類聚作空閨。美人戒御覽訛作式。裳玉臺作常。御覽同。服。端飾玉臺作飭。相招攜。簪玉出北房。鳴金步南階。櫚玉臺作欄。類聚、御覽作簷。高砧類聚作碪。響發。楹六臣本文選作檻。長杵聲哀。微芳起類聚作發。兩袖。輕汗類聚作汙。染雙題。紈素既已成。君子行未玉臺作不。歸。裁用笥中刀。縫爲萬里衣。盈篋自余玉臺作予。手。幽緘俟李善本文選作候。君開。腰帶準疇昔。不知今是非。○文選三十。玉臺新詠三。三謝詩。詩紀四十九。又類聚六十七引催、槐、啼、閨、攜、階、哀、題八韻。又御覽二十五引催、槐、啼、閨、攜、階、哀七韻。

泛湖歸出樓中望月詩

日落泛澄瀛。星羅遊輕橈。憩榭面曲汜。臨流對迴潮。輟策共駢筵。並坐相招要。哀鴻鳴沙渚。悲猿響山椒。亭亭映江月。飂飂文選作瀏瀏。六臣本注云。五臣作飂飂。出谷飈。斐斐氣冪文選作幕。六臣本注云。五臣作冪。岫。泫泫露盈條。近矚祛幽蘊。遠視蕩諠囂。晤李善本文選作悟。言不知罷。從夕至清朝。○文選二十二。三謝詩。詩紀四十九。

七月七日夜玉臺無夜字。詠牛女詩

落日隱櫩玉臺作簷。類聚、初學記、歲時雜詠、御覽同。楹。升月照簾玉臺作房。櫳。團團滿三謝詩作滋。苕溪叢話作洒。葉露。析析類聚作淅淅。初學記、歲時雜詠、御覽同。振條風。蹀足循廣除。瞬目矚曾穹。雲漢有靈匹。三謝詩作恠。彌年闕相從。遐川阻暱愛。脩渚曠清容。弄初學記作投。杼不成藻。玉臺作彩。聳轡騖玉臺作驚。歲時雜詠作鶩。前蹤。昔離秋已兩。御覽作雨。今聚夕無雙。傾河易回斡。歲時雜詠作幹。御覽同。欵情李善本文選作顏。類聚同。難久悰。沃若靈駕旋。寂寥初學記作寞。歲時雜詠、御覽同。雲幄空。留情顧華寢。遥心逐奔龍。沈吟爲爾感。情深意彌重。○文選三十。玉臺新詠三。古今歲時雜詠二十六。三謝詩。詩紀四十九。又類聚四、初學記四並作七夕詠牛女詩引櫳、風、穹、從、容、蹤、雙、悰、空、龍十韵。初學記三引風一韵。御覽三十一引櫳、風、從、容、蹤、雙、悰、空、龍九韵。苕溪漁隱叢話後集一引櫳、風二韵。

喜雨詩

朱明振炎氣。溽暑扇温飈。羨彼明月輝。離畢經中宵。思此西郊雲。既雨盈崇朝。上天愍憔悴。商羊自吟謡。○類聚二。詩紀四十九。

詠冬詩

詩紀云。藝文新本字譌作靈運。考舊本正之。○逯案。宋本藝文類聚作謝惠連。

七宿乘運曜。三星與時滅。履霜冰彌堅。積寒風愈切。繁雲起重陰。廻飈流輕雪。園林粲斐皓。庭除秀皎潔。墀瑣有凝汗。類聚作汗。詩紀云。一作沍。逵類聚作達。衢無通轍。○類聚三。詩紀四十九。

讀書詩

賁園奚足慕。下帷故宜遵。山成由一簣。崇積始微塵。虞軒雖眇莽。顏隰亦何人。○類聚五十五。詩紀四十九。

夜集歎乖詩

詩人詠踟蹰。騷者詩紀作首。歌離別。誠哉曩日歡。展矣今夕切。吾生赴遥命。詩紀作進令。質明即行轍。在貧故宜言。贈子保温惠。曷用書諸紳。久要亮有誓。○類聚二十九。詩紀四十九。

與孔曲阿别詩

淒淒類聚作悽悽。乘蘭秋。言餞千里舟。塗屆雲陽邑。邑宰有昔遊。行人雖念路。爲爾暫淹留。○類聚二十九。詩紀四十九。

詠螺蚌詩

輕羽不高翔。自用絃網羅。纖鱗惑芳餌。故爲釣所加。螺蚌非有心。沉迹在泥沙。文無雕飾用。味非鼎俎和。○類聚九十七。詩紀四十九。

離合詩二首

放棹遵遥塗。方與情人别。嘯歌亦何言。肅爾凌霜節。各○類聚五十六。詩紀四十九。

夫人皆薄離。二友獨懷古。思篤子衿詩。山詩紀云。當作三。川何足苦。念○同上

夜集作離合詩

四坐宴嘉賓。一客自遠臻。九言何所戒。十善故宜遵。○類聚五十六。詩紀四十九。

詩

有客被褐前。投心自詢寫。自言擅聲名。不謝嬴甘賈。　減否同消滅。誰能窮薪火。鄺生無文章。西施整妖冶。胡爲空耿介。悲哉君志瑣。○吴棫韵補三。

詩

夕坐苦多慮。行歌踐閨中。房櫳引傾月。步檐結春風。○類聚二十六。詩紀四十九。

詩

挂鞍長林側。飲馬脩川湄。○初學記二十二。

悽悽留子言。眷眷浮客心。○草堂詩箋三十一翫月詩注。

三日詩

弱柳蔭脩衢。○初學記三。

王微

微。字景玄。琅邪臨沂人。初爲始興王友。除南平王諮議參軍。歷中書侍郎。元嘉二十年卒。年二十九。有集十卷。

雜詩二首

桑妾獨何懷。傾筐未盈把。自言悲苦多。排却不肯捨。妾悲叵陳訴。填憂不銷冶。寒鴈歸所從。半塗失憑假。壯情抃驅馳。猛氣捍朝社。常懷雲玉臺作雪。漢漸。常欲復周雅。重名好銘勒。輕軀願圖寫。萬里度沙漠。懸師蹈朔野。傳聞兵失利。不見來歸者。奚處埋旍麾。何處喪車馬。拊心悼恭人。零淚覆面下。徒謂久別離。不見長孤寡。寂寂掩高門。茶經作閣。寥寥空廣厦。待君竟不歸。收顏茶經作領。今就檟。○玉臺新詠三。詩紀五十三。又茶經下引厦、檟二韵。

思婦臨高臺。長想憑華軒。弄絃不成曲。哀歌送苦玉臺作者送。言。箕帚留江介。良人處雁門。詎憶無衣苦。但六臣本文選注云。五臣作粗。知狐白溫。日暗牛羊下。野雀滿空園。孟冬寒風起。東壁正中昏。朱火獨照人。抱景自愁怨。誰知心思玉臺作曲。亂。所思不可論。○文選三十。玉臺新詠三。詩紀五十三。

四氣詩

蘅若首春華。梧楸當夏翳。鳴笙起秋風。置酒飛冬雪。○類聚五十六。詩紀五十三

詠愁詩

自予抱羈思。眇與日月長。載離非宋遠。誰謂河難航。憂隨積霖密。慨因朗旭彰。負之苦不勝。即之竟無方。如彼引鯤魚。待盡守空梁。天地豈私貧。運至豈固當。既悟非形兆。兹數詎可攘。○類聚三十五作王徽。詩紀五十三。

七襄怨詩

藻帳越星波。玉飾渡雲川。○初學記四。

何長瑜

長瑜。東海人。爲臨川王義慶王國侍郎。歷平西記室參軍。除曾城令。元嘉二十年。廬陵王紹鎮尋陽。請爲南中郎行參軍。行至板橋。溺死。有集八卷。

嘲府僚詩

宋書曰。何長瑜爲臨川王記室參軍。嘗於江陵寄書與族人何勗。以韻語序臨川州府僚佐云云。如此五六句。輕薄少年遂演而廣之。一時人士並爲品目。盡加劇言苦句。其文流行。臨川怒以白太祖。除爲廣州曾城令。

陸展染鬢詩紀云。一作白。髮。欲以媚側室。青青不解久。星星行復出。○宋書謝靈運傳。御覽三百七十三。詩紀五十三。

離合詩

宜然悦今會。且怨明晨别。肴蔌不能甘。有難不可雪。○類聚五十六。詩紀五十三。

荀雍

雍。字道雍。潁川人。官至員外散騎郎。有集四卷。

臨川亭詩

目極依春路。披裼懷良辰。明發戒徒御。臨流餞歸人。○初學記十八。詩紀五十三。

臨川王劉義慶

義慶。長沙王道憐子。爲臨川王道規後。永初元年襲封。元嘉初。遷丹陽尹。出爲荆州刺史。十六年。爲江州刺史。次年。轉南兖州刺史。鎮廣陵。二十一年卒。年四十二。有世説八卷、集八卷。

烏夜啼

籠窗一不開。烏夜啼。夜啼望郎來。○黄氏集千家註杜工部詩史補遺九。

遊鼉湖詩

喧景轉諧淑。草木日滋長。梅花覆樹白。桃杏發榮光。○初學記二十八。詩紀四十五。

范曄

曄。字蔚宗。泰子。義熙末爲武帝相國掾。彭城王義康冠軍參軍。宋受禪。隨府轉右軍參軍。召爲秘書丞。遷尚書吏部郎。文帝即位。左遷宜城太守。歷鎮軍後軍長史。遷左衛將軍太子詹事。元嘉二十二年。與孔熙先等謀立彭城王義康。事泄。棄市。時年四十八。有後漢書九十七卷、集十五卷。

樂遊應詔詩

崇盛歸朝闕。虚寂在川岑。山梁六臣本文選注云。五臣本作陽。協孔性。黄屋非堯心。軒駕時未六臣本文選注云。五臣本作來。肅。文囿降照初學記作昭。六臣本文選注云。五臣本作昭。臨。流雲起行蓋。晨風引鑾音。原薄信平蔚。臺澗備曾深。蘭池清夏氣。修帳含秋陰。遵渚攀蒙密。隨山上嶇嶔。睇六臣本文選注云。五臣本作瞻。目有極覽。遊情無近尋。聞道雖已積。年力互頹侵。探己謝丹黻。六臣本文選注云。五臣本作艧。詩紀云。一作艧。感事懷長林。○文選二十。詩紀五十三。又初學記十三引臨、音二韵。

臨終詩

禍福本無兆。性命歸有極。必至定前期。誰能延一息。在生已可知。來緣憻無識。好醜共一丘。何足異枉直。豈論東陵上。寧辨首山側。雖無嵇生琴。庶同夏侯色。寄言生存子。此路行復卽。○宋書本傳。南史本傳。詩紀五十三。

范廣淵

廣淵。泰少子。爲司徒祭酒。世祖撫軍諮議參軍。元嘉二十二年。坐曄事從誅。有集一卷。逯案。南史范曄傳、隋書經籍志皆作范廣。蓋避唐諱省淵字。

征虜亭餞王少傅

挂冠東門闥。歸褐西唐足。結轍塵高衢。祖供懸長麓。韓卿辭輦路。疏傅知殆辱。素德燭光塵。玄軌芳前覺。○初學記十八作范廣泉。詩紀三十六。○逯案。泉字乃避唐諱改。

孔法生

征虜亭祖王少傅

昔人鑒殆辱。解紱揚歸舲。真感屬神慮。高興襲天情。○初學記十八。

陸凱

贈范曄詩

荆州記曰。陸凱與范曄交善。自江南寄梅花一枝。詣長安與曄。兼贈詩曰。

折花事類賦作梅。逢御覽或作奉。驛御覽或作奉秦。使。寄與隴頭人。江南無所有。御覽或作得。萬花谷作別信。詩紀云。一作別信。聊贈御覽或作寄。一枝春。○歲華紀麗一。御覽十九、四百九、九百七十。事類賦梅賦。萬花谷七。詩紀五十四。

何承天

承天。東海剡人。晉隆安中爲南蠻校尉桓偉參軍。義熙初。長沙公陶延壽辟爲輔國府參軍。宋受禪。領著作郎。官至御史中丞。元嘉二十四年卒。年七十八。有禮論三百卷、集三十二卷。

鼓吹鐃歌十五首

宋書樂志曰。鼓吹鐃歌十五篇。何承天晉義熙中私造。

朱路篇

朱路揚和鸞。翠蓋燿金華。玄牡飾樊纓。流旌拂飛霞。雄戟闢曠塗。班劍翼高車。三軍且莫喧。聽我奏鐃歌。清鞞驚短簫。朗鼓節鳴笳。人心惟愷豫。茲音亮且和。輕風起紅塵。渟瀾發微波。逸韻騰天路。積響結城阿。仁聲被八表。威震廣文選作靈振九遐。嗟嗟介冑士。勗哉念皇家。○宋書樂志。樂府詩集十九。廣文選十二。詩紀四十五。

思悲公篇

思悲公。懷衮衣。東國何悲公西歸。公西歸。流二叔。幼主既悟偃禾復。偃禾復。聖志申。營都新邑從斯民。從斯民。德惟明。制禮作樂興頌聲。興頌聲。致嘉祥。鳴鳳爰集萬國康。萬國康。猶弗已。握髮吐餐下羣士。惟我君。繼伊周。親睹盛世復何求。○同上

雍離篇

雍士多離心。荆民懷怨情。二凶不量德。搆難稱其兵。王人銜朝命。正辭糾不庭。上宰宣九伐。萬里舉長旌。樓船掩江濆。駟介飛重英。歸德戒後夫。賈勇尚先鳴。逆徒既不濟。愚智亦相傾。霜鋒未及染。鄢郢忽

已清。西川無潛鱗。北渚有奔鯨。淩威致天府。一戰夷三城。江漢被美化。宇宙歌太平。惟我東郡民。曾是深推誠。○宋書樂志。樂府詩集十九。詩紀四十五。

戰城南篇

戰城南。衝黄塵。丹旌電烻鼓雷震。勍敵猛。戎馬殷。横陣宋書作陳。亘野若屯雲。仗大順。宋書作從。是。應三靈。義之所感士忘生。長劍擊。繁弱鳴。飛鏑炫晃亂奔星。虎騎躍。華眊旋。朱火延起騰飛煙。驍雄斬。高旗搴。長角浮叫響清天。夷羣寇。殪逆徒。餘黎霑惠詠來蘇。奏愷樂。歸皇都。班爵獻俘邦國娱。○同上

巫山高篇

巫山高。三峽峻。青壁千尋。深谷萬仞。崇巖冠靈林冥冥。山禽夜響。晨猿相和鳴。洪波迅澓。載逝載停。悽悽商旅之客。懷苦情。在昔陽九皇綱微。李氏竊命。宣武耀靈威。蠢爾逆縱。復踐亂機。王旅薄伐。傳首來至京師。古之爲國。惟德是貴。力戰而虐宋書作虛。民。鮮不顛墜。矧乃叛戾。伊胡能遂。咨爾巴子無放肆。○同上

上陵者篇

上陵者。相追攀。被服纖麗振綺紈。攜童幼。升崇巒。南望城闕鬱盤桓。王公第。通衢端。高甍華屋列朱

軒。臨濬谷。掇秋蘭。士女悠奕映隰原。指營丘。感牛山。爽鳩既没景君歎。嗟歲聿。逝不還。志氣衰沮玄鬢斑。宋書作班。野莽宿。墳土乾。顧此纍纍中心酸。生必死。亦何怨。取樂今日展情歡。○同上

將進酒

將進酒。慶三朝。備繁禮。薦嘉肴。榮枯換。霜霧交。緩春帶。命朋僚。車等旗。馬齊鑣。懷温克。樂林濠。士失志。愠情勞。思旨酒。寄遊遨。敗德人。甘醇醪。耽長夜。或詩紀作惑。淫妖。興屢舞。厲哇謡。形傞傞。聲號呶。首既濡。志亦荒。性命夭。國家亡。嗟後生。節酣觴。匪酒辜。孰爲殃。○宋書樂志。樂府詩集十九。廣文選十二。詩紀四十五。

君馬篇

君馬麗且閑。揚鑣騰逸姿。駿足躡流景。高步追輕飛。冉冉六轡柔。奕奕金華暉。輕霄翼羽蓋。長風靡淑旂。願爲范氏驅。雝容步中畿。豈效詭遇子。馳騁趣危機。鉛陵策良駟。造父爲之悲。不怨吴坂峻。但恨伯樂稀。赦彼岐山盜。實濟韓原師。奈何漢魏主。縱情營所私。疲民甘藜藿。廄馬患盈肥。人畜貿樂府作貿。厥養。蒼生將焉歸。○宋書樂志。樂府詩集十九。詩紀四十五。

芳樹篇

芳樹生北庭。豐隆正徘徊。翠穎陵冬秀。紅葩迎春開。佳人閑幽室。惠心婉以諧。蘭房掩綺幌。緑草被長

階。日夕遊雲際。歸禽命同棲。皓月盈素景。涼風拂中闈。哀絃理虛堂。要妙清且凄。宋書、樂府並作悽。嘯歌流激楚。傷此碩人懷。梁塵集丹帷。微飈揚羅袿。豈怨嘉時暮。徒惜良願乖。○同上

有所思篇

有所思。思昔人。曾閔二子善養親。和顏色。奉昏晨。宋書作晨昏。至誠烝烝通明神。鄒孟軻。爲齊卿。稱身受禄不貪榮。道不用。獨擁楹。三徙既誶禮義明。飛鳥集。猛獸附。功成事畢乃更娶。哀我生。遘凶旻。幼羅荼毒樂府作酷。備艱辛。慈顏絶。見無因。長懷永思託丘墳。○同上

雉子遊原澤篇

雉子遊原澤。幼懷耿介心。飲啄雖勤苦。不願棲園林。古有避世士。抗志青霄岑。浩然寄卜肆。揮棹通川陰。逍遥宋書作消揺。風塵外。散髮撫鳴琴。卿相非所眄。何況於千金。功名豈不美。寵辱亦相尋。冰炭結六府。憂虞纏胸襟。當世須大度。量已不克任。三復泉流誡。自驚良已深。○同上

上邪篇

上邪下難正。衆枉不可矯。音和響必清。端影廣文選作形。緣直表。大化揚仁風。齊人猶偃草。聖王既已没。誰能弘至道。開春湛柔露。代終肅嚴霜。承平貴孔孟。政弊俟申商。孝公明賞罰。六世猶克昌。李斯肆濫

刑。秦氏樂府作民。詩紀同。所以亡。漢宣隆中興。魏祖寧三方。譬彼鍼與石。效疾而稱良。行葦非不厚。悠悠何詎央。琴瑟時未調。改絃當更張。矧乃治天下。此要安可忘。〇宋書樂志。樂府詩集十九。廣文選十二。詩紀四十五。

臨高臺篇

臨高臺。望天衢。飄然輕舉陵太虛。攜列子。超帝鄉。雲衣雨帶乘風翔。肅龍駕。會瑶臺。清暉浮景溢蓬萊。濟西樂府作四。海。濯洧盤。佇立雲嶽結幽蘭。馳迅風。遊炎州。願言桑梓思舊遊。傾霄蓋。靡電旌。降彼天塗積窈冥。辭仙族。歸人羣。懷忠抱義奉明君。任窮達。隨所遣。何爲遠想令心勞。〇同上

遠期篇

遠期千里客。肅駕候良辰。近命城郭友。具爾惟懿親。高門啓雙闈。長筵列嘉賓。中唐儛六佾。三廂羅樂人。簫管激悲音。羽毛揚華文。金石響高宇。絃歌動梁塵。脩標多巧捷。丸宋書誤作九。劍亦入神。遷善自雅調。成化由清均。主人垂隆慶。羣士樂亡身。願我聖明君。邇期保萬春。〇宋書樂志。樂府詩集十九。詩紀四十五。

石流篇

石上流水。湔湔其波。發源幽岫。永歸長河。瞻彼逝者。歲月其偕。子在川上。惟以增懷。嗟我殷憂。載勞

寤寐。遘此百罹。有志不遂。行年倏忽。長勤是嬰。永言没世。悼兹無成。幸遇開泰。沐浴嘉運。綏宋書、樂府作綏。帶安寢。亦又何愠。古之爲仁。自求諸己。虚情遥慕。終於徒已。○宋書樂志。樂府詩集十九。廣文選十二。詩紀四十五。

何承嘉

雪詩

飄飄乘虚。紛綸隨風。○書鈔百五十四。

宋詩卷五

袁淑

淑。字陽源。陳郡陽夏人。元嘉中爲祭酒。累遷尚書吏部郎。轉御史中丞。遷太子左衛率。三十年。爲劉劭所害。年四十六。有集十一卷。

效曹子建白馬篇

劍騎初學記作騎劍。何翩翩。長安五陵間。秦地天下樞。八方湊才賢。荆魏多壯士。宛洛富少年。意氣深自負。詩紀云。一作許。肯事郡邑權。藉藉李善本文選作籍籍。樂府同。關外來。車徒傾國鄽。五侯競書幣。羣公亟爲言。義分明於霜。信行直如弦。交歡池陽下。留宴汾陰西。一朝許人諾。何能坐相捐。彯節去函谷。投珮出甘泉。嗟此務遠圖。心爲四海懸。但營身意遂。豈校耳目前。俠烈良有聞。古來共知然。○文選三十一。樂府詩集六十三作白馬篇。詩紀五十三。又初學記五作效白馬篇。引間、賢二韵。

效古詩

誶李善本文選作訊。此倦遊士。本家自遼東。昔隸李將軍。十載事西戎。結車高闕下。極望見雲中。四面各千里。從橫起嚴風。寒燠豈如節。霜雨多異同。夕寐北河陰。夢還甘泉宮。勤役未云已。壯年徒爲空。迺知古時人。所以悲轉蓬。○文選三十一。詩紀五十三。

詠冬至詩

連星貫初曆。令月歲時雜詠作今日。臨首歲。薦樂行陰政。登金歲時雜詠作歌。詩紀云。一作歌。贊陽滯。收涼降天德。萌華宣地惠。司瑞記初學記作紀。歲時雜詠同。夜晞。書雲掌朝誓。○初學記四。古今歲時雜詠三十九。詩紀五十三。

種蘭詩

南史曰。袁淑從母兄劉湛。欲淑附己。而淑不爲改意。由是大相乖失。淑乃賦詩曰云云。尋以病免。

種御覽作植。蘭忌當門。懷璧莫向楚。楚少別玉人。門非植蘭所。○南史袁淑傳。御覽九百八十三引宋書。詩紀五十三。

登宣城郡詩

悵焉訊舊老。茲前乃楚居。十代闕州記。百祀絕方書。○類聚二十八。詩紀五十三。

詠寒雪詩

渚幽寒兮石煙聚。日華收兮山氣深。邊亭哀兮夜燧滅。孫枝振兮空岫吟。魚戢鱗兮鳥矜翰。虹蟄火兮龍藏金。○御覽三十四作七言詠雪。又書鈔百五十四作七言詠寒。引金一韵。

凌霰交兮高冰合。浮波梗兮悲風流。○書鈔百五十六。

霜雪滯兮潛天陽。浮澌結兮悲海陰。○同上

啄木詩百三家集注云。集左氏。

南山有鳥。自名啄木。飢則啄木。暮則巢宿。無干於人。唯志所欲。性清者榮。性濁者辱。○百三家集袁陽源集。○逯案。此詩類聚引作宋袁淑排諧集左氏詩。御覽引作裴諧集左氏詩。已據詩紀編入左芬集。然左氏亦不必即爲左芬。故此又依百三家集附之袁淑集。

南平王劉鑠

鑠。字休玄。文帝第四子。元嘉十六年封南平王。三十年。元凶弒立。爲征虜將軍、開府儀同三司。孝武定亂。進司空。賜藥死。有集五卷。

三婦豔詩

大婦裁霧縠。中婦牒冰練。小婦端清景。含歌登玉殿。丈人且徘徊。臨風傷流霰。○樂府詩集三十五。詩紀四十五。

白紵曲

僊僊徐動何盈盈。玉腕俱凝若雲行。佳人舉袖輝類聚作曜。樂府作耀。詩紀云。玉臺作耀。青蛾。摻摻擢手映鮮羅。狀似明月汎雲河。體如輕風動流波。○類聚四十三作白紵舞曲。樂府詩集五十三。詩紀四十五。

擬行行重行行詩

宋書本傳曰。鑠未弱冠。擬古三十餘首。時人以爲亞迹陸機。

眇眇陵長玉臺作羨。道。遥遥五臣本文選作摇摇。行遠之。回車背京里。詩紀云。玉臺作邑。揮手從玉臺作於。此辭。堂上流塵生。庭中緑草滋。寒蠻翔水曲。秋兔依山基。芳年有華月。佳人無還期。日夕涼風起。對酒長相思。悲發江南調。憂委子衿詩。卧看明鐙晦。坐見輕紈緇。淚容不可飾。玉臺作曠不飭。幽鏡難復治。詩紀云。一作持。願垂薄暮景。照妾桑榆時。○文選三十一作擬古。玉臺新詠三作雜詩代行行重行行。詩紀四十五。

擬明月何皎皎詩

落宿半文鏡秘府作日下。遥城。浮雲藹層闕。玉宇來清風。羅帳延文鏡秘府作迎。秋月。結思想伊人。沈憂懷明發。誰爲六臣本文選注云。五臣作謂。玉臺作謂。客行久。玉臺作行客遊。屢見流芳歇。河廣川無梁。山高路難越。○文選三十一作擬古。玉臺新詠三作雜詩代明月何皎皎。詩紀四十五。又文鏡秘府論西引闕、月二韵。

擬孟冬寒氣至詩

白露秋風始。秋風明月初。明月照高樓。白露歲時雜詠作露冷。詩紀作露落。注云。一作白露。皎玄除。迨歲時雜詠作追。及涼風起。歲時雜詠作舉。行見寒林疏。客從遠方至。贈我千里書。先敍懷舊愛。末歲時雜詠作未。陳久離居。一章意不盡。三復歲時雜詠作幅。詩紀云。一作幅。情有餘。願遂平生志。玉臺作眷。歲時雜詠同。無使甘言虚。○玉臺雜詠三。古今今歲時雜詠四十六。詩紀四十五。

擬青青河邊草詩

淒淒含露臺。肅肅迎風館。思女御櫺軒。哀心詩紀云。一作聲。徹雲漢。端撫悲絃泣。獨對明燈嘆。良人久徭詩紀作遥。役。耿介終昏旦。楚楚秋水歌。依依采菱彈。○玉臺新詠三。詩紀四十五。

代收淚就長路詩

聳轡高陵曲。揮袂廣川濆。黄塵昏白日。悲風詩紀云。一作荒塞。起浮雲。蕭條萬里別。契闊三秋分。時往從朝露。年來驚夕氲。徘徊去芳節。依遲從遠軍。○類聚二十九。詩紀四十五。

過歷山湛長史草堂詩

兹嶽藴虚詭。憑覽趣亦贍。九峯相接連。五渚逆縈浸。層阿疲且引。絶巖暢方禁。溜衆夏更寒。林交晝常蔭。伊余久緇湼。復得味恬淡。願逐安期生。於焉愜高枕。〇古詩類苑十一。詩紀四十五。

七夕詠牛女詩

秋動清風玉臺作氛。扇。火移炎氣歇。廣簷玉臺作欄。含夜陰。高軒通夕月。安步巡芳歲時雜詠作芳。林。傾望極雲闕。組幕縈歲時雜詠作雲。漢陳。龍駕淩霄初學記作宵。發。誰云長河遥。頗劇詩紀作覺。促筵越。詩紀作悦。沈情未申寫。飛光已飄忽。來對眇難期。今歲時雜詠作合。歡自茲没。〇玉臺新詠三。詩紀四十五。又類聚四、初學記四並引歇、月、闕、發、忽、没六韻。

歌詩

昊初學記作旻。天晴且御覽作旦。高。秋氣發初涼。白露下微津。明月流素光。凝煙汎城闕。淒風入軒房。朱華先零落。緑草就芸黄。纖羅還笥篋。輕紈改衣裳。〇類聚三。御覽二十五。事類賦秋賦注。詩紀四十五作秋歌。又初學記三、萬花谷後三並引涼、光、房三韻。

丘淵之

淵之。字思玄。吴興烏程人。位侍中、都官尚書。卒於太常。有新集目録三卷。逯案。世説新語注引其新集録。唐志新集目録撰者作丘深之。

贈記室羊徽其屬疾在外詩六章

趣以冥感。契以情運。譬彼金蘭。堅芳互訓。郢夫寢斤。濠津闕問。孰是超賞。非爾殆藴。

婉晚閑暑。契闊二方。連鑣朔野。齊棹江湘。冬均其温。夏共其涼。豈伊多露。情深踐霜。

神武遐滌。大衢方揮。屠耒晏業。介焉靡違。閑苑敝徑。觴弦湛徽。欣彼二仲。與子俱歸。

願言無必。欣慨屢造。爾疾既纓。余憂用老。搔首匪勤。寔纏中抱。言念佳人。祇增心攪。

天道雖緬。福善可期。今唯吾子。久應在茲。乘理載遂。沖衿自怡。三折既履。五德宜思。

予業弗高。屢羈塵役。勉彼儉勤。忝此墳籍。識以榮期。顔以厚積。庶憑納汙。佇規三益。○文館詞林百五十八作丘泉之。○逯案。泉之、深之皆避唐諱。

荀昶

昶。字茂祖。元嘉初。以文義仕至中書郎。有集十五卷。

擬相逢狹路間

朝發邯鄲邑。暮宿井陘間。井陘一何狹。車馬不得旋。邂逅相逢值。崎嶇交一言。一言不容多。伏軾問君家。君家誠易玉臺作難。知。易玉臺作難。知復易博。南面平原居。北趣相如閣。飛樓臨名玉臺作夕。樂府同。都。通門枕華郭。入門無所見。但見雙棲鶴。棲鶴數十雙。鴛鴦羣相追。大兄珥金璫。玉臺作鐺。中兄振纓緌。樂府云。一作中兄纓玉蕤。伏臘一玉臺作二。來歸。鄰里生光輝。小弟無所爲。玉臺作作。鬬雞東陌逵。大婦織紈綺。中婦縫羅衣。小婦無所作。挾瑟弄音徽。丈人且却坐。梁塵將欲飛。○玉臺新詠三。樂府詩集三十五作長安有狹邪行。詩紀五十四。

擬青青河邊草

熒熒山上火。苕苕隔隴左。隴左不可至。精爽通寤寐。寤寐衾裯玉臺作幬。樂府同。同。忽覺在他邦。他邦各異邑。相逐不相及。迷墟在望煙。木落知冰堅。升朝各自進。誰肯相攀牽。客從北方來。貽我端弋綈。命僕開弋綈。中有隱起珪。長跪讀隱珪。詞苦聲亦悽。上言各努力。下言長相懷。○玉臺新詠三。樂府詩集三十八作青青河畔草。詩紀五十四。

宋孝武帝劉駿

駿字休龍。小字道民。文帝第三子。元嘉十二年封武陵王。劉劭弑逆。舉兵入討。三十年五月卽位。在位十一年。大明八年卒。年三十五。謚曰孝武皇帝。有集三十一卷。

丁督護歌六首一曰阿督護。

宋書樂志曰。督護歌者。彭城内史徐逵之爲魯軌所殺。宋高祖使府内直督護丁旿收斂殯埋之。逵之妻高祖長女也。呼旿至閤下。自問殮送之事。每問輒歎息曰。丁督護。其聲哀切。後人因其聲廣爲曲焉。唐書樂志曰。丁督護。晉、宋間曲也。今歌是宋孝武帝所製云。

督護北征去。前鋒無不平。朱門垂高蓋。永世揚功名。○樂府詩集四十五。詩紀四十五。

洛陽數千里。孟津流無極。辛苦戎馬間。別易會難得。○同上

督護北征去。相送落星墟。帆檣如芒檉。督護今何渠。○同上

聞歡去北征。相送直瀆浦。只有淚可出。無復情可吐。○同上

督護初征時。玉臺作上征去。儂亦惡玉臺作思。聞許。願作石尤風。四面斷行旅。○玉臺新詠十。樂府詩集四十五。詩紀四十五。

黄河流無極。洛陽數千里。坎坷戎旅玉臺作我途。間。何由見歡子。○玉臺新詠十。樂府詩集四十五作玉金珠。詩紀四十五。

自君之出矣詩紀云。一云擬室思。玉臺作許瑶。

自君之出矣。金翠闇無精。思君如日月。回還晝夜生。○玉臺新詠十作擬徐幹。類聚三十二作擬室思。樂府詩集六十九。詩紀四十五。

遊覆舟山詩

束髮好怡衎。弱冠頗流薄。素想終勿傾。聿來果丘壑。層峯亘天維。曠渚綿地絡。逢皐列神苑。遭壇類聚作坛。樹仙閣。松墱含青暉。荷源熠彤爍。川界泳遊鱗。巖庭響鳴鶴。○類聚七。詩紀四十五。

登作樂山詩

脩路軫孤轡。竦石頓飛轅。遂登千尋首。表裏望丘原。屯煙類聚誤作因。擾風穴。積水溺類聚作漏。雲根。漢潦吐新波。楚山帶舊苑。類聚作宛。壤草凌故國。拱木秀頹垣。目極情無留。類聚作屆。客思空已繁。○類聚七。詩紀四十五。

登魯山詩

解帆憩通渚。息徒憑椒丘。粤值風景和。升高從遠眸。紀郢類聚作郢。窮西路。湘夢極南流。杳哉漢陰永。詩紀作水。浩焉江界修。○類聚七。詩紀四十五。

濟曲阿後湖詩

宵登毗陵路。旦類聚作且。過雲陽郛。平湖曠津濟。菰渚迭明蕪。和風翼歸采。夕氛晦山嵎。驚瀾翻魚藻。頹霞照桑榆。〇類聚九。詩紀四十五。

與廬陵王紹別詩

連歲矜離心。今茲幸良集。信宿窮晨暮。開顔披所戢。未盡歡娱類聚作晤。懷。已傷歧路及。舳艫引江介。飛旌背爾邑。悄擾徒旅戒。團欒流景入。遲遲分手念。泫泫登路泣。〇類聚二十九。廣文選八。詩紀四十五。

幸中興堂餞江夏王詩

送行悵川逝。離酌偶歲陰。陰雲掩歡緒。江山起别心。〇初學記十八。詩紀四十五。

拜衡陽文王義季墓詩

昧旦憑行軾。濡露及山庭。投步矜履蹈。舉目增淒清。軺路滅歸軫。淪闥負重扃。深松朝已霧。幽隧晏未明。長楊敷晚素。宿草披初青。哀往起沈泉。追愛慟中情。竹帛憑年遠。世範隨伏傾。〇類聚四十。詩紀四十五。

七夕詩二首

白日傾晚歲時雜詠作晚。照。弦月升初光。炫炫葉露滿。肅肅莕溪叢話作蕭蕭。庭風揚。瞻言媚天漢。幽期濟河梁。服箱從奔軺。紈綺闕成章。解帶遽迴軫。誰云歲時雜詠作云誰。秋夜長。愛聚雙情欵。念離兩心傷。〇初學記四。古今歲時雜詠二十五。詩紀四十五。又苕溪漁隱叢話後一引光、揚二韵。

秋風發離願。明月照雙心。偕歌有遺調。别歎無殘音。開庭鏡天路。餘光不可臨。沿初學記作迎。風披初學記作被。詩紀同。弱初學記作練。縷。迎輝御覽作曜。初學記作向月。貫玄針。斯御覽作薄。藝成無取。時物歲時雜詠作務。御覽同。聊可尋。○玉燭寶典七引心、音、臨、針四韵。古今歲時雜詠二十五、御覽三十一並引臨、針、尋三韵。初學四引針一韵。詩紀四十五。

夜聽妓詩

寒夜起聲管。促席引靈寄。深心屬悲絃。遠情逐流吹。勞襟憑苦詩紀作若。辰。誰謂懷忘易。○類聚四十二。詩紀四十五。

詠史詩

聶政憑驍氣。荆軻擅美風。孤刃駭韓庭。獨步震秦宫。懷音豈若始。捐軀在命終。雄姿列往志。流聲固無窮。○類聚五十五。詩紀四十五。

初秋詩

夏盡炎氣微。火息涼風生。緑草未傾色。白露已盈庭。遠視秋雲發。近聽寒蟬鳴。運移矜物化。川上感餘類聚作余。情。○類聚三。詩紀四十五。

秋夜詩

局景薄西隅。升月照東垂。肅肅風盈幕。泫泫露傾枝。側聞飛壺急。坐見河宿移。睹辰念節變。感物矜乖離。○類聚三。詩紀四十五。

四時詩

南史曰。孝武狎侮羣臣。各有稱目。柳元景、桓護之雖並北人。而王玄謨獨受老傖之目。嘗爲玄謨作四時詩。

堇茹宋書作荼。供春膳。粟漿御覽作飧。充夏飡。爮御覽作瓠。醬調秋菜。白醝南史作鹺。解冬寒。○宋書王玄謨傳。南史王玄謨傳。詩紀四十五。又御覽九百七十六、八百五十六引宋書作文帝爲王玄謨作四時詩。引飡一韵。又八百六十五引寒一韵。

齋中望月詩

褰幕蕩暄詩紀誤作喧。氣。入夜漸流清。微微風始發。曖曖月初明。思因往物深。悲以歸雲盈。○類聚一。詩紀四十五。

北伐詩

表裏跨原隰。左右御川梁。月羽皎素魄。皇旗艶赤光。○類聚五十九。詩紀四十五。

之江州詩

山曲蒙幽雨。江路結流寒。○文選二十七出新林浦向板橋詩注。

歌華林園清暑殿賦系此。

山懷風兮谷吐泉。清潭邃兮遠氣宣。符深情兮應遥心。促千里兮測雲天。○類聚六十二。

離合詩

霏雲起兮汎濫。雨靄昏而不消。意氣悄以無樂。音塵寂而莫交。守邊境以臨敵。寸心厲於戎昭。閣盈圖記。門滿賓僚。仲秋始戒。中園初凋。池育秋蓮。水滅寒漂。旨歸塗以易感。日月逝而難要。分中心而誰寄。人懷念而必謡。悲客他方。○類聚五十六。詩紀五十四。

華林都亭曲水聯句效栢梁體詩

九宫盛事予旒纊。帝 三輔務根誠難亮。揚州刺史江夏王義恭 策拙枌鄉慙恩望。南徐州刺史竟陵王誕 折衝類聚、廣文選誤作衡。莫效興廣文選誤作與。民謗。領軍將軍元景 侍禁衛儲恩踰量。太子右率暢 臣謬叨寵九流曠。吏部尚書莊 喉脣廢職方思讓。侍中偃 明筆直繩天威諒。御史中丞顔師伯○類聚五十六。廣文選十五。詩紀五十四。

顏延之

延之。字延年。琅邪臨沂人。晉義熙中。後將軍吴國内史劉柳以爲行參軍。轉主簿。歷豫章公劉裕世子參軍。宋受禪。補太子舍人。少帝卽位。以正員郎兼中書郎。出爲始安太守。元嘉初。徵爲中書侍郎。尋領步兵校尉。出爲永嘉太守。未行。免。元凶弒立。以爲光禄大夫。孝武卽位。以爲金紫光禄大夫。領湘東王師。孝建三年卒。年七十三。謚曰憲子。有集三十卷、逸集一卷。

應詔讌曲水作詩八章○以下四言。

宋書曰。文帝元嘉十一年三月丙申。禊飲于樂遊苑。且祖道江夏王義恭、衡陽王義季。有詔會者賦詩。

道隱未形。治彰既亂。帝迹歲時雜詠作匪。懸衡。皇流共貫。惟王創物。永錫洪算。仁固開周。義高登漢。

祚融世哲。業光列聖。太上正位。天臨海鏡。制以化裁。歲時雜詠作制翰花裁。樹之形性。惠浸萌生。信及翔泳。歲時雜詠誤作朔冰。

崇虛非徵。歲時雜詠作微。積實莫尚。豈伊人和。寔靈所貺。日完其朔。月不掩望。航琛越水。輦賮逾嶂。李善本文選作障。

帝體麗明。儀辰作貳。君類聚作居。彼東朝。金昭六臣本文選注云。五臣本作韶。按作韶是。玉粹。歲時雜詠作輝。德有潤身。禮不愆器。柔中淵映。芳猷蘭祕。

昔在文昭。今惟武穆。於赫王宰。方旦居叔。有睟叡蕃。爰履奠牧。寧極和鈞。歲時雜詠作均。屏京維服。

朏魄雙交。月氣參變。開榮灑澤。舒虹爍電。化際無間。皇情爰眷。伊思鎬飲。每惟類聚作懷。初學記同。洛宴。

郊餞有壇。六臣本文選注云。五臣本作疆。類聚作疆。初學記、歲時雜詠同。君舉有禮。幙初學記作暮。歲時雜詠同。帷類聚作帳。初學記同。蘭甸。畫初學記作晝。歲時雜詠同。流高陛。分庭薦樂。析波浮醴。豫初學記作預。同夏諺。初學記作肆。歲時雜詠同。事兼出濟。

仰閲歲時雜詠作窺。豐施。降惟歲時雜詠作帷。微物。三妨歲時雜詠作辰。儲隸。五塵朝黻。途泰命屯。恩充報屈。有悔可悛。歲時雜詠作跧。滯瑕難拂。李善本文選注云。一作弗。〇文選二十。古今歲時雜詠十六。詩紀四十六。又類聚四作詔宴曲水詩。引亂、貫、算、漢、聖、鏡、貳、粹、器、電、宴、物、黻、屈、拂十五韻。初學記四引算、漢、電、宴、物、黻、屈、拂八韻。

皇太子釋奠會作詩九章

宋畧曰。文帝元嘉二十年三月。皇太子劭釋奠于國學。

國尚師位。家崇儒門。稟道毓德。講藝立言。浚初學記作俊。明爽曙。達初學記作逵。義兹昏。永初學記作來。瞻先覺。顧惟後昆。

大人長物。繼天接聖。時屯必亨。運蒙則正。偃閉武術。闡揚文令。庶士傾風。萬流仰鏡。

虞庠飾館。睿圖炳睟。懷六臣本文選注云。五臣本作深。仁憬初學記作暻。集。抱智麕六臣本文選注云。五臣作麏。初學記作睿。至。踵門陳書。躡屩李善本文選作蹻。初學記作履。獻器。澡身玄淵。初學記作深。宅心道秘。

伊昔周儲。聿光往記。思皇世哲。體元作嗣。資此夙知。降從經六臣本文選注云。五臣作繼。詩紀云。一作繼。類聚作輕。志。遏彼前文。規周矩值。

正殿虛類聚作張。筵。司初學記作同。分簡日。尚席類聚作度。函丈。丞類聚作承。六臣本文選注云。五臣作杖承。疑奉帙。初學記作職。侍初學記作傳。言稱辭。初學記作訶。當是詞之訛。惇史秉筆。妙識幾音。王載有述。

肆六臣本文選注云。五臣作肆。議芳訊。大教克明。敬躬祀典。告奠聖靈。禮屬觀盥。樂薦歌笙。昭事是肅。俎實非馨。

獻終襲吉。卽宮廣讌。堂設象筵。庭宿金懸。台保兼徽。皇戚比彥。類聚誤作音。肴乾酒澄。端服整弁。

六官視李善本文選作眡。命。九賓相儀。纓笏帀序。巾卷充街。都莊六臣本文選注云。五臣作莊都。雲動。野馗風馳。

倫周伍漢。超哉邈猗。

清暉在天。容光必照。物任文選作性。六臣本注云。五臣作任。其情。理宣其奧。妄先國胄。側聞邦教。徒愧微冥。終謝智效。○文選二十。詩紀四十六。又類聚三十八作侍皇太子釋奠宴。引記、嗣、志、日、帙、宴、懸、音、弁九韵。初學記十四引第一、三、五各章。又明、靈、笙三韵。

三月三日詔宴西池詩

河嶽曜圖。聖時利見。於赫有皇。升中納禪。載貞其恆。載通其變。大哉人文。至矣天睠。昭哉儲德。靈慶攸繁。明兩紫宸。景物乾元。帝宗菴藹。惟城惟蕃。衮衣善職。彤弓受言。飾館春宮。税鑣青輅。長筵逶迤。浮觴沿泝。○類聚四。廣文選八。詩紀四十六。

爲皇太子侍宴餞衡陽南平二王應詔詩

大廣文選作太。儀在御。皇聖居貞。廣文選作真。旁緝民紀。仰緯天經。物資感變。神以瑞形。川無遁寶。山不閟靈。亦既戒裝。皇心載遠。夕悵亭皐。晨儀禁苑。神行景騖。發自靈闥。對宴感分。瞻秋悼晚。○類聚二十九。廣文選八。詩紀四十六。

從軍行以下五言。

苦哉遠征人。畢力幹類聚作輪。時艱。秦初略揚類聚作陽。越。漢世争陰山。地廣旁無界。嵒阿上虧天。嶠霧下高鳥。冰沙固流川。秋飈冬未至。春液夏不涓。閩烽詩紀誤作蜂。指荆吴。胡埃屬幽燕。横海咸飛驪。絶漠皆控弦。馳檄發章表。軍書交塞邊。接鏑赴陣首。卷甲起行前。羽驛馳無絶。類聚作羽檄旦暮急。旌旗晝夜懸。卧伺金柝響。起候詩紀作堠。亭燧燃。樂府作烟。詩紀同。逖類聚作悲。矣遠征人。惜類聚作苦。哉私自憐。○樂府詩集三十二。廣文選十四。詩紀四十六。又類聚四十一引艱、山、懸、燃、憐五韵。

秋胡行九章○樂府作九首。非是。

椅梧傾高鳳。寒谷待鳴律。影響豈不懷。自遠每相匹。婉彼幽閑女。作嬪君子室。峻節貫秋霜。明豔侔朝日。嘉運既我從。欣願自此畢。

燕居未及好。樂府作歡。六臣本文選注云。五臣作歡。良人顧有違。脱巾玉臺作晚申。千里外。結綬登王畿。戒徒在昧旦。左右來相樂府作相來。依。驅車出郊郭。行路正威遲。存南史作生。爲久離别。没本事詩作歿。爲長不歸。嗟余怨行役。三陟窮晨暮。嚴駕越風寒。解鞍犯霜露。原隰多悲涼。迴飆卷高樹。離獸起荒蹊。驚鳥縱六臣本文選注云。五臣作從。横去。悲哉遊宦子。勞此山川路。

超玉臺作迢。遥詩紀作摇。行人遠。宛轉年運徂。良時樂府作人。六臣本文選注云。五臣作人。爲此别。日月方向除。孰知寒暑積。僶俛見玉臺作是。榮枯。歲暮臨空房。涼風起坐隅。寢興日已寒。白露生庭蕪。

勤役從歸願。玉臺作顧。反路遵山河。昔辭李善本文選作醉。秋未素。今也歲載華。蠶月觀詩紀云。一作歡。時暇。桑野多經過。佳人從所李善本文選作此。務。窈窕援高柯。傾城誰不顧。弭節停中阿。

年往誠思勞。路玉臺作事。李善本文選同。遠闊音形。雖爲五載别。相玉臺誤作褐。與昧玉臺作時。平生。捨車遵往路。鳧藻馳目成。南金豈不重。聊自意所輕。義心多苦調。密比類聚、樂府作此。六臣本文選注云。五臣作此。金玉聲。

高節難久淹。朅來空復辭。遲遲前塗盡。依依造門基。上堂拜嘉慶。入室問何之。日暮行采詩紀作來。歸。物色桑榆時。美人望昏至。慚歎前相持。

有懷誰能已。聊用申苦難。離居殊年載。玉臺作歲。一别阻河關。春來無時豫。秋至恆玉臺作應。草堂詩箋作常。早寒。明發動愁心。閨中起樂府作夜。長歎。慘悽歲方晏。日落遊子顔。

高張生絶絃。聲急由調起。自昔枉光塵。結言固終始。如何久爲别。百行諐文選作愆。詩紀同。諸己。君子失明玉臺作時。義。誰與偕没齒。愧彼行露詩。甘之長川汜。類聚作涘。○文選二十一作秋胡詩一首。玉臺新詠一作秋胡詩一首。

樂府詩集三十六。詩紀四十六。又南史謝莊傳引離一韵。本事詩引離一韵。類聚十八作秋胡詩。引違、畿、依、過、柯、阿、輕、聲、己、涘十韵。

挽歌

令龜告明兆。撤揚州本作撤。奠在方昏。戒徒赴幽穸。祖駕出高門。行行去城邑。遥遥首丘園。息鑣竟平隧。稅駕列巖根。○御覽五百五十二。

應詔觀北湖田收詩

集曰。元嘉十年也。

周御窮轍跡。夏載歷山川。蓄軫豈明懋。善遊皆聖仙。帝暉膺順動。清蹕巡廣廛。樓觀眺豐穎。金駕映松山。飛奔互流綴。緹縠代迴環。神行埒浮景。争光草堂詩箋作交映。六臣本文選注云。五臣作交映。溢中天。開冬眷徂物。殘悴盈化先。陽陸團精氣。陰谷曳寒煙。攢素既森藹。積翠亦葱芊。李善本選作阡。息饗詩紀作響。報嘉歲。通急戒無年。温渥浹輿隸。和惠屬後筵。觀風久有作。陳詩愧未妍。疲弱謝陵遽。取累非纆牽。○文選二十二。詩紀四十六。又草堂詩箋二十一。玉臺詩注作應詔詩。引天、芊二韵。

車駕幸京口侍遊蒜山作詩

集曰。元嘉二十六年也。

元天高北列。日觀臨詩紀作靈。東溟。入河起陽峽。踐華因削成。巖險去漢宇。襟衛徙吴京。流池自化造。山關固神營。園縣極方望。邑社總地靈。宅道炳星緯。誕曜應辰明。睿思纏故里。巡駕帀類聚作匝。舊坰。陟峯騰輦路。尋雲抗瑶甍。春江壯風濤。蘭野茂荑六臣本文選注云。善作稊。英。宣遊弘下濟。窮遠凝聖情。嶽濱有和會。祥習在卜征。周南悲昔老。留滯感遺氓六臣本文選作萌。注云。五臣作氓。空食疲廊肆。反税事巖耕。

○文選二十二。詩紀四十六。又類聚八引坰、甍、英、情四韻。

車駕幸京口三月三日侍遊曲阿後湖作詩

集曰。元嘉二十六年也。

虞風載帝狩。夏諺頌王遊。春方動宸李善本文選作辰。駕。望幸傾五州。山祇蹕嶠路。水若警類聚作驚。滄流。神御出瑶軫。天儀降藻舟。萬軸胤行衛。千翼汎飛浮。彫類聚作雕。雲麗璇蓋。祥飈被綵斿。江南進荆豔。河激類聚作徼。獻趙謳。金練照海浦。笳鼓震溟洲。藐眄李善本文選作盼。覯青崖。衍漾觀綠疇。民李善本文選作人。靈騫都野。鱗翰聳淵丘。德禮既普洽。川嶽徧懷柔。○文選二十二。詩紀四十六。又類聚四引遊、州、流、舟、浮、斿、謳七韻。

拜陵廟作詩

周德恭明祀。漢道遵文選作尊。光靈。哀敬隆祖廟。崇樹加園塋。逮事休命始。投迹階王庭。陪厠迴天顧。朝讌流聖情。早服身義重。晚達生戒輕。否來王澤竭。泰往人悔形。敕躬慙積素。復與昌運并。恩合非漸漬。榮會在逢迎。夙御嚴清制。朝駕守禁城。束紳入西寢。伏軾文選詩紀作軫。出東坰。衣冠終冥漠。陵邑轉葱青。松風遵路急。山煙冒壠生。皇心憑容物。民思被歌聲。萬紀載絃吹。千歲李善本文選作載。託旒旌。未殊帝世遠。已同淪化萌。幼壯困孤介。末暮謝幽貞。發軔喪夷易。歸軫慎崎傾。○文選二十二。詩紀四十六。○文選旁證云。六臣本軫作軾。李注引莊子以注伏軾。其作軫者。但傳寫誤。

贈王太常僧達詩王僧達答詩別見。

玉水記方流。璇源載圓折。蓄寶每希聲。雖秘猶彰徹。類聚作澈。聆龍暩音砌。九淵。類聚作州。廣文選同。六臣本文選注云。善作泉。聞鳳窺丹穴。歷聽豈多士。李善本文選作工。歸文選作唯。類聚、廣文選同。然覯時李善本文選作世。哲。舒文廣國華。敷言遠朝列。六臣本文選注云。五臣作烈。類聚、廣文選作烈。德輝灼邦懋。芳風被鄉耋。側同草堂詩箋作聞。幽人居。類聚作閭。郊扉常晝閉。林閭時晏開。亟迴長者轍。庭昏見野陰。山明望松雪。靜惟浹羣化。徂生入窮節。豫往誠歡歇。類聚作聚。廣文選同。悲來非樂闋。屬美謝繁翰。遙懷具短札。○文選二十六。類聚三十一。廣文選十作答王僧達。詩紀四十六。又草堂詩箋二十三春日詩注引閉一韵。

夏夜呈從兄散騎車長沙詩

炎天方埃鬱。暑晏闋塵紛。獨靜闕偶坐。臨堂對星分。側聽風薄木。遙睇月開雲。夜蟬堂夏急。陰蟲先秋聞。歲候初過半。荃蕙豈久芬。屏居惻物變。慕類抱情殷。九逝非空思。七襄無成文。○文選二十六。詩紀四十六。

直東宮答鄭尚書道子詩

皇居體環李善本文選作寰。類聚、初學記同。極。設險祇天工。類聚作協天功。兩閨阻通軌。對禁限類聚作阻。清風。跂予旅東館。徒歌屬南墉。寢興鬱無已。起觀辰漢中。流雲藹青闕。皓月鑒丹宫。踟蹰清防密。徙倚恆漏窮。君子吐芳訊。感物惻初學記作側。余衷。惜無丘園秀。景行彼高松。初學記作嵩。知言有誠貫。一作實。美價難克充。何以銘嘉貺。言樹絲與桐。○文選二十六作直東宫答鄭尚書。詩紀四十六。又類聚三十一引功、風二韻。初學記十一作直東宫答鄭尚書。引工、風、墉、中、宫、窮、衷七韻。

和謝監靈運詩

弱植慕端操。窘步懼先迷。寡立非擇方。刻意藉窮棲。伊昔遘多幸。秉筆侍兩閨。初學記作闈。雖慙丹雘施。未謂玄素睽。徒遭良時詖。初學記作諷。王道奄昏霾。入神幽明絶。朋好雲雨乖。弔屈汀洲浦。謁帝蒼山蹊。倚巖聽緒風。攀林結留荑。跂予初學記作子。間衡嶠。曷月瞻秦稽。皇聖昭天德。豐澤振沈泥。惜無雀李善本文選作爵。雉化。何用充海淮。去國還故里。幽門樹蓬藜。采茨葺昔宇。翦棘開舊畦。物謝時既晏。年往志不偕。親仁敷情昵。興玩李善本文選作賦。究辭悽。李善本文選作棲。芬馥歇蘭若。清越奪琳珪。盡言非報章。聊用布所懷。○文選二十六。初學記十二。詩紀四十六。

北使洛詩

沈約宋書曰。延之爲豫章世子中軍行參軍。義熙十二年。高祖北伐。有宋公之授。府遣一使慶殊命參起居。延之至洛陽。道中作詩一首。文辭藻麗。爲謝晦、傅亮所賞。集曰。時年三十二。

改服飭徒旅。首路跼險艱。李善本文選作難。振楫發吴洲。秣馬陵楚山。塗出梁宋郊。道由周鄭間。前登陽城路。日類聚作旦。夕望三川。在昔輟期運。經始闊聖賢。伊瀔李善本文選作榖。類聚作洛。絶津濟。臺館無尺椽。宫陛類聚作階。多巢穴。城闕生雲煙。王猷升八表。嗟行方暮年。陰風振涼野。飛雲李善本文選作雪。瞀窮天。臨塗未及引。置酒慘無言。隱憫徒御悲。威遲良馬煩。遊役去芳時。歸來屢徂諐。蓬心既已矣。飛薄殊亦然。〇文選二十七。詩紀四十七。又類聚二十七作北使主洛。引山、間、川、椽、烟五韻。

還至梁城作詩

眇默軌路長。憔悴征戍勤。昔邁先徂師。今來後歸軍。振策睠東路。傾側不及羣。息徒顧將夕。極望梁陳分。故國多喬木。空城凝寒雲。丘壟填郛郭。銘誌滅無文。木石扃幽闥。黍苗延高墳。惟彼雍門子。吁嗟孟嘗君。愚賤同堙滅。尊貴誰獨聞。曷爲久游客。憂念坐自殷。〇文選二十七。詩紀四十六。

始安郡還都與張湘州登巴陵城樓作詩

江漢分楚望。衡巫奠南服。三湘淪洞庭。七澤藹荆牧。經塗延舊軌。登闉訪川陸。水國周地險。河山信重複。李善本文選作復。却倚雲夢林。前瞻京李善本文選云。京或作荆。詩紀云。一作荆。臺囿。清雰李善本文選作氛。霽岳陽。曾暉薄瀾澳。悽矣自遠風。傷哉千里目。萬古陳往還。百代勞起伏。存没竟何人。炯介在明淑。請從上世人。歸來蓺桑竹。〇文選二十七。詩紀四十六。又類聚二十八作罷郡還與張湘川登巴陵城樓詩。引服、牧、目、伏四韵。

五君詠五首

阮步兵

阮公雖淪跡。識密鑒亦洞。沈醉似埋照。寓辭類託諷。長嘯若懷人。越禮自驚衆。物故不可論。略出金籯作論舊。途窮能無慟。略出金籯作寧不哀。〇文選二十一。文章正宗二十九。詩紀四十六。又鳴沙石室略出金籯引哀一韵。

嵇中散

中散不偶世。本自餐霞人。形解驗默仙。吐論知凝神。立俗迕流議。尋山洽隱淪。鸞翮有時鎩。龍性誰能馴。〇文選二十一。文章正宗二十九。詩紀四十六。

劉參軍

劉伶李善本文選作靈。善閉關。懷情滅聞見。鼓鍾不足歡。榮色豈能眩。韜精日沈飲。誰知非荒宴。頌酒雖短章。深衷自此見。〇同上

阮始平

仲容青雲器。實稟生民六臣本文選注云。五臣作人。秀。達音何用深。識微在金奏。郭奕已心醉。山公非虚覯。

屢薦不入官。一麾乃出守。○同上

向常侍

向秀甘淡薄。深心託毫文選作豪。素。探道好淵玄。觀書鄙章句。交呂既鴻軒。攀嵇亦鳳舉。流連河裏遊。惻愴山陽賦。○同上

爲織女贈牽牛詩

婺女儷初學記作麗。御覽同。經星。姮玉臺作常。娥玉臺誤作娍。棲御覽作接。飛月。慙無二御覽作一。媛靈。託身侍天闕。閶闔殊御覽誤作閶殊闔。未暉。御覽作央。咸池御覽作銀河。豈沐髮。漢玉臺作隡。陰不夕玉臺作久。張。御覽作帳。長河爲誰越。歲時雜詠作誰可越。詩紀云。歲時作誰是越。雖有促讌御覽作有促讌歸。期。方須御覽作萬頃。涼風發。虛計雙曜周。歲時雜詠作同。空遲三星没。非怨杼玉臺誤作杅。軸御覽作柚。勞。但念芳菲歇。○玉臺雜詠四。古今歲時雜詠二十五。詩紀四十六。又初學記四引月一韻。御覽三十一引月、闕、髮、越、發、歇六韻。

歸鴻詩

昧旦濡和風。霑露踐朝暉。萬有皆同春。類聚作奉。鴻鴈獨辭歸。相鳴去澗汜。長引發江畿。嗷潔登雲侶。連綿千里飛。長懷河朔路。緬與湘漢違。○類聚九十。詩紀四十六。

除弟服詩

徂没離二秋。掩泣備三冬。往辰緬難紀。來算忽易窮。升没淹朞晦。灑掃易禮容。縞衣變余體。長逝歸爾躬。○類聚三十四。詩紀四十六。

辭難潮溝詩

徘徊眷郊甸。俛仰引單襟。一塗苟不豫。百慮畢來侵。永懷交在昔。有願僁瑟琴。寫言勞者事。將用慰亡簪。○類聚三十四。詩紀四十六。

侍東耕詩

題封經地域。辰角麗天部。詩紀作郶。浮藹起青壇。沈腴發紺耦。草服薦同穗。黄冠獻嘉壽。○類聚三十九。詩紀四十六。

登景陽樓詩

風觀要春景。月榭迎秋光。沿波被華若。隨山茂貞芳。○類聚二十八。詩紀四十六。

白雪詩

翩若珪屑。晰如瑤粒。○書鈔百五十二。

獨秀山詩

桂林風土記曰。獨秀山在城西北一百步。直聳五百餘尺。周廻一里。平地孤拔。下有洞穴。凝垂乳竇。路通山北。旁廻百餘丈。豁然明朗。宋光禄卿顏延年牧此郡。常於北石室中讀書。遺跡猶存。嘗賦詩云云是也。

未若獨秀者。嵯峨郭邑開。○御覽四十九。

詩

太微凝帝宇。瑤光正神縣。○海録碎事一。

詩

旦泛桂水潮。映月游海澨。○海録碎事三。

詩

信矣勞物化。憂襟未能整。○海録碎事九。

宋詩卷六

何偃

偃。字仲弘。廬江人。元嘉中。位太子中庶子。孝武時。累遷吏部尚書、侍中。大明二年卒。時年四十六。有集十九卷。

冉冉孤生竹

流萍依清源。孤鳥宿深沚。樂府作親宿止。蔭幹相經縈。樂府作縈。風波能終始。草生有日月。婚年行及紀。思欲侍衣裳。關山分萬里。徒作春夏期。空望良人軌。芳色宿昔事。誰見過時美。涼鳥臨樂府云。一作散。秋竟。歡願亦云已。豈意倚君恩。坐守零落耳。○樂府詩集七十四。詩紀五十四。

王僧達

僧達。琅琊臨沂人。元嘉中爲始興王後軍參軍。孝武時。歷尚書僕射、吴郡太守、臨淮太守。徙大宰長史。遷中書令。大明二年。下獄死。年三十六。有集十卷。

釋奠詩

時泰道暢。禮備樂脩。啓庠選俊。博教深求。異人鱗萃。淑美雲浮。師尊訓浹。嘉敬載柔。○初學記十四。詩紀五十三。

答顏延年詩

長卿冠華陽。仲連擅海陰。珪璋既文府。精理亦道心。君子聳高駕。塵軌實爲林。崇情符遠跡。清氣溢素襟。結遊署年義。篤顧棄浮沈。寒榮共偃曝。六臣本文選注云。五臣作暴。春醖時獻斟。聿來歲序暄。輕雲出東岑。麥壟多秀色。楊園流好音。歡此乘日暇。忽忘逝景侵。幽衷何用慰。翰墨久謡吟。棲鳳難爲條。淑貺非所臨。誦以永六臣本文選注云。五臣作詠。詩紀云。一作詠。周旋。匣以代兼金。○文選二十六。詩紀五十三。

和琅琊王依古詩

少年好馳俠。旅宦遊關源。既踐終類聚作經。古跡。聊訊類聚作平。詩紀云。一作許。興亡言。隆周爲藪澤。皇漢成山樊。久没離宫地。安識壽陵園。仲秋邊風起。孤蓬卷霜根。白日無精景。黄沙千里昏。顯軌莫殊轍。幽塗豈異魂。聖賢良已矣。抱命復何怨。○文選三十一。詩紀五十三。又類聚三十三作依古詩。引源、言、魂三韵。

七夕月下詩

遠山斂氛玉臺作雰。祲。廣歲時雜詠作黄。庭揚月歲時雜詠作霄。波。氣往風集隙。秋還露歲時雜詠作雲。泫柯。節期類聚作氣。詩紀同。既已孱。初學記作屏。歲時雜詠同。詩紀云。一作節期既已屏。中宵玉臺作霄。歲時雜詠同。振綺歲時雜詠作綺振。羅。來歡詎終夕。收淚泣分河。○玉臺新詠四。類聚四。初學記四。古今歲時雜詠二十五。詩紀五十三。

詩

初櫻初學記作鶯。動時豔。擅藻類聚作蟬噪。灼初學記作爍。輝芳。緗葉未開蕋。初學記作蕚。紅葩已發光。初學記誤作光被。○類聚八十六。初學記二十八。詩紀五十三作朱櫻。

顏竣

竣。字士遜。延之子。初爲孝武撫軍主簿。孝武即位。累遷吏部尚書。大明三年下獄賜死。有集十四卷。

皇后廟登歌

載我聖文。奄有四海。外刑家邦。內貽女則。○初學記十。

七廟迎神辭

敬恭明祀。孝道感通。合樂維和。展禮有容。六舞肅列。九變成終。神之來思。享茲潔衷。靈之往矣。綏我家邦。○初學記十三。詩紀五十三。

淫思古意詩

春風飛遠方。紀轉流思堂。貞節寄君子。窮閨妾所藏。裁書露微疑。千里問新知。君行過三稔。故心久當移。○樂府詩集七十四。詩紀五十三。

擣衣詩

透迤失棠茇。旅燕又穴飛。○書鈔百五十八。

顔測

測。竣弟。官至江夏王義恭傳、大司徒録事參軍。早卒。有集十一卷。

七夕連句詩

雲扃息遊彩。漢渚起遥光。○初學記四。

九日坐北湖聯句詩

亭席斂徂蕙。澄酒汎初蘭。○初學記四。

江智淵

智淵。濟陽考城人。爲隨王誕後軍參軍。遷從事中郎將。除中書侍郎。出爲新安王長史。大明七年卒。年四十六。有集九卷。

宣貴妃挽歌

禮襚來塵寂。筵俎竟虚存。雲松方霣露。風草已聲原。○初學記十四。詩紀五十四。

湯惠休

惠休。字茂遠。初入沙門。名惠休。孝武命使還俗。位至揚州刺史。有集四卷。

怨詩行

明月照高樓。含君千里光。巷中情思滿。斷絶孤妾腸。悲風盪帷帳。瑶翠坐自傷。妾心依天末。思與浮雲長。嘯歌視秋草。幽葉豈再揚。暮蘭不待歲。離華能幾芳。願作張女引。流悲繞君堂。君堂嚴且秘。絶調徒飛揚。○樂府詩集四十一。詩紀五十四。

江南思

幽客海陰路。留戍淮陽津。垂情向春草。知是故鄉人。○樂府詩集二十六。詩紀五十四。

楊花曲三首

葳蕤華結情。宛轉風含思。掩涕守春心。折蘭還自遺。○樂府詩集七十七。詩紀五十四。

江南相思引。多歎不成音。黄鶴西北去。銜我千里心。○同上

深堤下生草。高城上入雲。春人心生思。思心長爲君。○同上

白紵歌三首

琴瑟未調心已悲。任羅勝綺彊自持。忍思一舞望所思。將轉未轉恆如疑。桃花水上春風出。舞袖逶迤鸞照日。徘徊鶴轉情豔逸。君爲迎歌心如一。○樂府詩集五十五。詩紀五十四。

少年窈窕舞君前。容華豔豔將欲然。爲君嬌凝復遷延。流目送笑不敢言。長袖拂面心自煎。願君流光及盛年。○同上

秋風嫋嫋入曲房。羅帳含月思心傷。蟋蟀夜鳴斷人腸。長夜思君心飛揚。他人相思君相忘。錦衾瑶席爲誰芳。○類聚三作歌詩。初學記三作歌詩。御覽二十五作白紵舞歌詩。樂府詩集六十作秋風。詩紀五十四。又初學記三作白紵詩。引房、傷二韵。○逯案。詩紀從樂府詩集作秋風。注云。一作秋歌。今從初學記及御覽。

秋思引

秋寒依依風過河。白露蕭蕭洞庭波。思君末光光已滅。眇眇悲望如思何。〇類聚三。詩紀五十四。

楚明妃曲

瓊臺彩楹。桂寢雕甍。金閨流耀。玉牖含英。香芬幽藹。珠彩珍榮。文羅秋翠。紈綺春輕。驂駕鸞鶴。往來仙靈。含姿綿視。微笑相迎。結蘭枝。送目成。當年爲君榮。〇樂府詩集五十八。詩紀五十四。

贈鮑侍郎詩

玳枝兮金英。緑葉兮金莖。不入君王杯。低彩還自榮。想君不相豔。酒上視塵生。當令芳意重。無使盛年傾。〇鮑氏集八。詩紀五十四。

庾徽之

徽之。字景猷。潁川鄢陵人。大明中爲御史中丞。出爲新安王子鸞北中郎長史、南東海太守。

昭君辭

聯雪隱天山。崩風盪河澳。朔障裂寒笳。冰原嘶代馱。〇文選十四顏白馬賦序注。

顏師伯

師伯。竣族兄。初隨孝武爲徐州主簿。帝踐阼。累遷侍中。轉吏部尚書。廢帝立。轉爲左僕射。奪其京尹。師伯懼。與柳元景謀廢立。永光元年被誅。年四十七。

自君之出矣

自君之出矣。芳帷低不舉。思君如回雪。流亂無端緒。○類聚三十二作擬詩。樂府詩集六十九。詩紀五十三。

沈慶之

慶之。字弘先。吴興武康人。文帝時。累以戰功加建威將軍。後爲孝武撫軍中兵參軍。孝武即位。以爲領軍將軍、兗州刺史。封南昌縣公。以年滿七十固辭就第。廢帝即位。加侍中太尉。

侍宴詩

南史云。孝武嘗歡飲。普令羣臣賦詩。慶之粗有口辯。手不知書。上逼令作詩。慶之曰。臣請口授師伯。上令顏師伯執筆。慶之口授云云。上甚悦。衆坐並稱其辭意之美。

微生宋書作命。遇宋書作值。廣記同。多幸。得逢時運昌。朽老御覽作老朽。廣記作衰朽。筋力廣記作骨。盡。徒步還南岡。辭榮此聖世。御覽、廣記作代。何媿張子房。○宋書本傳。南史本傳。御覽二百七十七。太平廣記百四十二。詩紀五十四。

江夏王劉義恭

義恭。武帝子。元嘉元年。封江夏王。孝武即位。授侍中太尉。前廢帝即位。除太尉録尚書事。永光元年。以謀廢立被殺。有集十五卷。

豔歌行

江南遊湘妃。窈窕漢濱女。淑問流古今。蘭音媚鄭楚。瑤顔映長川。善服照通滸。求思望襄澨。歎息對衡渚。中情未相感。搔首增企予。悲鴻失良匹。俯仰戀儔侶。徘徊忘寢食。羽翼不能舉。傾首佇春鷰。爲我津辭語。○樂府詩集三十九。詩紀四十五。

遊子移

三河遊蕩子。麗顔邁荆寶。擕持玉柱箏。懷挾忘憂草。綢繆甘泉中。馳逐邯鄲道。春服候時製。秋紈迎涼造。珍魄暉素腕。玉跡滿襟抱。常歎樂日晏。恆悲歡不早。揮吹傳舊美。趨謡盡新好。仲尼爲輟餐。秦王足傾倒。○樂府詩集六十七。詩紀四十五。

自君之出矣

自君之出矣。笥錦廢不開。思君如清風。曉夜常類聚作嘗。徘徊。○類聚三十二。樂府詩集六十九。詩紀四十五。

登景陽樓詩

丹墀設金屏。瑤樹陳玉牀。温宫冬開燠。清殿夏含霜。弱蘂布遐馥。輕葉振遠芳。彌望少無際。肆睇周華疆。象闕對馳道。飛廉矚方塘。邸寺送暉曜。槐柳自成行。通川溢輕艫。長街盈方箱。顧此爝火微。胡顏厠天光。○類聚二十八。廣文選九。詩紀四十五。

彭城戲馬臺集詩

騁鶩辭南京。弭節憩東楚。懿蕃重遐望。興言集僚侶。于役未云淹。時遷變溽暑。眷戀江水流。迴首獨延佇。○類聚二十八。詩紀四十五。

温泉詩

秦都壯温谷。漢京麗湯泉。炎德潛遠液。暄波起兹源。○初學記七。詩紀四十五。

擬古詩

束甲辭京洛。負戈事烏孫。後軍濟太河。築壘黎陽屯。旦聞羽檄飛。夕見邊驛奔。○御覽三百二十八。

丹徒宫集詩

昭化景俗。玄教凝神。○文選四十六三月三日曲水詩序注。

夜雪詩

屯雲閉星月。飛瓊集庭。○初學記三。海録碎事一。

擬陸士衡詩

緑柳蔚通衢。青槐蔭脩堈。○初學記二十八。

詩

大明總神武。乘時以御天。金牒封梁甫。玉簡禪岱山。○初學記五。詩紀四十五。

詩

飛流界桂道。深林昌蘭術。○初學記二十四。

詩

垂賁華林園。柿味滋殊絶。○合璧事類别集四十八。

謝莊

莊。字希逸。陳郡陽夏人。靈運從子。文帝時爲始興王濬後軍法曹參軍。轉太子舍人、廬陵王文學、太子洗馬。又轉隨王誕記室。遷太子中庶子。孝武即位。除侍中。遷左衛將軍。拜吏部尚書。歷廣陵太守、臨淮太守。明帝時爲散騎常侍、光禄大夫。轉中書令。加金紫光禄大夫。泰始二年卒。年四十六。謚曰憲子。有集十九卷。

烝齋應詔詩以下五言。

霜露凝宸感。肅僾動天引。西郊滅湮揜。詩紀云。一作烟弇。東溟起昭晉。舞風泛龍常。輪霞浮玉軔。合璧事類作勒。紫階協笙鏞。金途展應棘。初學記作轉應。方見六詩和。永聞九德潤。觀生識幸渥。睇服慙輶初學記作輴。詩紀云。一作輴。恪。○初學記十三。詩紀四十六。又合璧事類外集三引勒一韵。

和元日雪花應詔詩

從候昭神世。息燧應頌道。玄化盡天秘。凝功畢地寶。笙鏞流七始。玉帛承三造。委霰下璇歲時雜詠作璿。蕤。疊雪翻瓊藻。積曙境寓明。聯萼千里杲。掩映順雲歲時雜詠作雪。懸。摇裔從風掃。發貺燭侄歲時雜詠作□姪。前。騰瑞光歲時雜詠作光□。圖表。澤厚見身末。恩踰悟生眇。歲時雜詠作眇。竦誠岱駕肅。側志梁鑾矯。

○古今歲時雜詠一作謝玉。詩紀四十六。

七夕夜詠牛女應制詩

輟機起春暮。停箱動秋衿。璇居歲時雜詠作車。御覽作琥車。照漢右。芝駕肅河陰。容裔泛星道。逶迤濟煙潯。陸離迎宵佩。倏爍望昏簪。俱傾環氣怨。共歇浹年心。珠殿釭未沫。歲時雜詠作殊。御覽作暗。瑤庭露歲時雜詠作路。詩紀同。已深。夕歲時雜詠作夜。御覽同。清豈淹歲時雜詠作掩。拂。御覽作抑。弦輝無久類聚作人。臨。○類聚四。詩紀四十六。又古今歲時雜詠二十七、御覽三十一並引襟、陰、深、臨四韵。

侍宴蒜山詩

龍旌拂紆景。鳳蓋起流雲。轉蕙方因委。層華正氛氲。煙竟山郊遠。霧罷江天分。調石飛延露。裁金起承雲。○類聚八。詩紀四十六。

侍東耕詩

肅鑣奉晨發。恭帶厠朝聞。仙鄉降朱靄。神郊起青雲。陰臺承寒彩。陽樹近初熏。觀德欣臨藉。瞻道樂遊汾。○類聚三十九。詩紀四十六。

遊豫章西觀洪崖井詩

幽願平生積。野好歲月彌。捨簪神區外。整褐靈鄉垂。林遠炎天隔。山深白日虧。游陰騰鵠嶺。飛清起鳳池。隱曖松霞被。容與澗煙移。將遂丘中性。結駕終在斯。○類聚二十八。詩紀四十六。

自潯陽至都集道里名爲詩

山經亟類聚作函。旋覽。水牒勸敷尋。稽榭誠淹留。類聚作流。煙臺信遐臨。翔州凝寒氣。秋浦結清陰。眇眇高湖曠。遥遥南陵深。青溪如委黛。黄沙似舒金。觀道雷池側。訪德茅堂陰。魯顯闕微跡。秦良滅芳音。訊遠博望崖。採賦梁山岑。崇館非陳宇。茂苑豈舊林。○類聚五十六。詩紀四十六。

北宅秘園詩

夕天霽晚氣。輕霞澄暮陰。微風清幽幌。餘日照青林。收光漸牕歇。窮園自荒深。綠池翻素景。秋槐響寒音。伊人儻同愛。絃酒共棲尋。○類聚六十五。詩紀四十六。

喜雨詩

燕起知風舞。礎潤識雲流。洌泉承夜湛。零雨望晨浮。合穎行盛茂。分穗方盈疇。○類聚二。詩紀四十六。

江都平解嚴詩

肅旗簡類聚作蘭。廟律。聳鉞暢乾靈。朝晏推物泰。通渥抃身寧。擊轅歌至世。撫壤頌惟馨。〇類聚五十九。詩紀四十六。

從駕頓上詩

中權臨楚路。前茅望吴雲。冀馬依風蹀。邊簫當夜聞。〇類聚五十九。詩紀四十六。

八月侍華林曜靈殿八關齋詩

玉桴乘夕遠。金枝終夜舒。澄淳玄化闡。希微寂理孚。〇類聚七十六。詩紀四十六。

懷園引以下雜言。

鴻飛從帖無從字。續古文苑同。萬里。飛飛河代類聚作岱。詩紀同。起。辛懃越霜霧。聯翩遡江汜。去舊國。違舊鄉。舊山類聚無舊山二字。舊海悠且長。迴首瞻東路。延翮向秋方。登楚都。入楚關。楚地蕭瑟楚山寒。歲去冰未已。春來鴈不還。風肅幌兮露濡庭。漢水初綠柳葉青。朱光藹藹類聚作靄靄。詩紀同。雲英英。新類聚作離。詩紀同。禽喈喈又晨鳴。菊有秃兮松有蕤。憂來年去容髮衰。流陰逝景不可追。臨堂危坐悵欲悲。軒帛池鶴戀階墀。豈忘河渚捐江湄。試託意兮向帖作紐。續古文苑同。芳蓀。心綿綿兮屬荒樊。想緑蘋兮帖無兮字。續古文苑同。既冒沼。念幽蘭兮帖無兮字。續古文苑同。已盈園。夭桃帖作梅。續古文苑同。晨暮發。春鶯旦夕喧。青苔蕪石路。宿草塵蓬門。邅吾遊夫鄢郢。路脩遠以縈紆。羌故園之在目。江與漢之不可踰。目還流而附音。候歸煙帖作烜。而託書。還流兮潺湲。歸煙容裔去不旋。念衛風於河廣。懷邶詩於毖泉。漢女悲而歌飛鵠。楚客傷而奏南絃。武巢陽而望越。亦依陰而慕燕。詠零雨而卒歲。吟秋風以永年。○戲鴻堂帖四。續古文苑四。又類聚六十五、詩紀四十六並引里、起、汜、鄉、長、方、闕、寒、還、庭、青、英、鳴、蕤、衰、追、悲、蓀、樊、門、喧、門二十二韵。

山夜憂

庭光盡。山明帖作羽。續古文苑同。歸。松昏解。渚幌稀。流風乘軒卷。明月緣河飛。迺榦西栧亂幽澨。出藥嶼而淹留。過香潭而一憩。嶼側兮初薰。潭垂兮莅葚。或傾華而閟景。亦轉綵而途雲。雲轉兮四岫沈。景閟兮雙路深。草將濡而坰晦。樹未飈而澗音。澗鳥鳴兮夜蟬清。橘露靡兮蕙煙輕。淩別浦兮值泉躍。經喬林詩紀作木。兮遇猨驚。躍泉屢環照。驚猨亟啼嘯。徒芳酒而生傷。友塵琴而自弔。弔琴兮悠悠。影慼兮心妯。逢鏤山之既渥。承潤海之方流。身無厚於蜩毳。恩有重於嵩丘。仰絶炎而締愧。謝淚河而軫憂。夜永兮憂綿綿。晨寒起長淵。南皐別鶴佇行詩紀作行佇。漢。東鄰孤管入青天。沈痾白髮共急日。朝露過隟詎賒年。年詩紀有既字。去兮髮不還。金膏玉瀝類聚作液。詩紀同。豈留顏。迴舲祏類聚作拓。詩紀作柘。縋户。收棹掩荆關。○戲鴻堂帖四。續古文苑四。又類聚七、詩紀四十六並引歸、飛、清、輕、驚、天、年、還、顔、關十韵。

瑞雪詠 大明元年詔勑作。

玄管洽。豳詩平。火洲滅。日壑清。龍闕沙蒸。河徼雲驚。晷未沉而井閟。寓方霾而海溟。上二字。帖及續古文苑只作曳字。山飛白雪。叶中符而掩皇州。降千□而瑞神世。始苤莒以蕤轉。終徘徊而煙曳。狀素鏡之晨光。寫金波之夜晰。晰景兮便娟。冠集靈兮藹望仙。溢迎風兮湛承露。亘臨華兮被通天。羃遥途而界遠綺。麗青墀而鏡列錢。及其流綵猶摶。凝明亟積。郊隰均映。江巒齊奕。審伊宫之踰丈。信銒初學記作銅。阿之盈尺。洞秋方之玉園。果仙京之珠澤。若夫貞性貢道。潤德暉經。載塗演其林。同雲宣其靈。既昭化於衞術。亦闡義於齊庭。結秋竹之麗響。引幽蘭之微馨。竊惟鴻化遠洎。玄風遐施。浹緯稱祥。磬埏作瑞。調露之樂既興。大闉之歌已被。春光兮冬澤。長無愆於平施。○戲鴻堂帖四。續古文苑四。又類聚二作雜言詠雪。引清、驚、溟、曳、晰五韵。初學記二作瑞雪詠。引尺、澤二韵。

長笛弄

月起悠悠。當軒孤管流。□鬱顧慕含羇。含楚復含秋。青苔蔓。熒火飛。騷騷落葉散衣。夜何長。君吹勿近傷。夜長念緜緜。吹傷減人年。○戲鴻堂帖四。續古文苑四。

詩

誕發蘭儀。光啓玉度。○海録碎事六。

宋詩卷七

鮑照

照。字明遠。東海人。元嘉中。臨川王義慶以爲國侍郎。孝武時。爲太學博士。中書舍人。宋孝武帝方以文章自高。頗多忌。由是賦述不敢盡其才。出爲秣陵令。轉永嘉令。除臨海王子項前軍參軍。泰始二年。子項起兵敗。照爲亂兵所殺。年五十餘。有集十卷。

樂府

采桑

季春梅始落。女工本集、樂府、詩紀作工女。事蠶作。本集云。一本有明鏡分淨桂。光顔畢苕蕚二句。采桑淇洧樂府作澳。間。還戲上宮閣。早蒲時結陰。晚篁樂府、詩紀云。一作竹。初解籜。藹藹霧滿集作洒。詩紀云。集作灑。閨。融融景盈幕。乳燕逐草蟲。巢蜂拾花蕚。本集作藥。玉臺、樂府同。是節最暄樂府作喧。妍。佳服又新爍。綿玉臺作歛。樂府作欽。歎對迴玉臺作回。樂府、詩紀同。途。揚歌弄場藿。抽琴樂府作琴抽。試抒玉臺作佇。樂府作紓。思。薦佩果成託。承君郢中美。服義久心諾。衞風古愉豔。鄭俗舊浮薄。靈玉臺作虛。願悲渡湘。宓玉臺作空。賦笑瀍樂府云。一作景。洛。盛明難重來。淵意爲誰涸。君其且調絃。桂酒妾行酌。○本集五。玉臺新詠四。樂府詩集二十八。詩紀五十。

代蒿里行

同盡無貴賤。殊願有窮伸。本集作申。馳波催永夜。零露逼短晨。樂府云。一作漏馳催永夜。露宿逼短晨。結我幽山駕。去此滿堂親。虚容遺劍佩。實樂府作美。注云。一作實。貌戢衣巾。斗酒安可酌。尺書誰復陳。年代稍推遠。懷抱日幽淪。人生良自劇。天道與何人。齎我長恨意。歸爲狐兎塵。○本集三。樂府詩集二十七。文選補遺三十四。廣文選十四。詩紀五十。

代挽歌

獨處重冥下。憶昔登高臺。傲岸平生中。不爲物所裁。埏門只復閉。白樂府誤作日。蟻相將來。生時芳蘭體。小蟲今爲災。玄鬢無復根。枯髏依青苔。憶昔好飲酒。素盤進青梅。彭韓及廉藺。疇昔已成灰。壯士皆死盡。餘人安在哉。○本集七。樂府詩集二十七。廣文選十四。詩紀五十。

代東門行

傷禽惡類聚作見。弦驚。本集云。一作驚弦。倦客惡離聲。離聲斷客情。賓御皆涕零。涕零心斷絶。將去復還訣。一息不相知。何況異鄉別。遥遥征駕遠。杳杳白文選作落。類聚、文章正宗同。樂府云。一作落。日晚。居人掩閨卧。行子夜類聚作野。中詩紀云。作中夜。飯。野風吹秋樂府作草。詩紀同。木。行子心腸斷。食梅常苦酸。衣葛常苦寒。絲竹徒滿座。憂人不解顔。長歌欲自慰。彌起長恨端。○文選二十作東門行。本集三。樂府詩集三十七作東門行。詩紀五十。又類聚四十一作驅馬上東門行。所引缺斷一韵。

代放歌行詩紀云。歌録曰孤子生行。古辭曰放歌行。

蓼蟲避葵堇。習苦不言非。本集作排。六臣本文選注云。五臣作排。樂府云。一作排。類聚作良可哀。小人自齷齪。安知曠士懷。雞鳴洛城裏。禁門平旦開。冠蓋縱横至。車騎四方來。素帶曳長飇。華纓結遠埃。日中安能止。鍾鳴猶未歸。夷世不可逢。賢君信六臣本文選注云。五言作言。愛才。明慮自天斷。不受外嫌猜。一言分珪爵。片善辭草類聚作蒿。萊。豈伊白璧賜。文選集注作貺。將起黄金臺。今君有何疾。臨路獨遲迴。○本集三。文選二十八作放歌行。文選集注五十六作放歌行。樂府詩集三十八作放歌行。詩紀五十。又類聚四十二引哀、懷、開、來、才、萊、臺、廻八韵。

代陳思王京洛篇詩紀云。玉臺作煌煌京洛行。

鳳樓類聚作臺。十二重。四户八綺窗。繡桷類聚作桷。初學記誤作角。金蓮花。桂柱玉盤龍。珠簾無隔露。樂府、廣文選作路。羅幌不勝風。寶帳三千所。玉臺作萬。爲爾一朝容。揚芬紫煙上。垂綵緑雲中。春吹回白日。霜歌落塞鴻。但懼秋塵起。盛愛逐衰蓬。坐視青苔滿。卧對錦筵空。琴瑟玉臺、類聚作筑。縱横散。舞衣不復縫。古來共玉臺作皆。樂府誤作兵。歇薄。君意豈廣文選作良。獨濃。惟見雙黄鵠。千里一相從。○本集三。玉臺新詠四作代京雒篇。樂府詩集三十九、廣文選十四並作煌煌京洛行。詩紀五十。又類聚四十二作代京洛篇。引窗、龍、風、鴻、蓬、空、縫七韵。初學記十八作代京洛篇。引重、窗、龍、風、容五韵。

代門有車馬客行

門有車馬客。問客樂府作君。何鄉士。捷步往相訊。本集作訙。果得樂府云。一作遇。舊鄰里。悽悽聲中情。慊慊增下俚。本集作理。注云。一作俚。語昔有故悲。論今無新喜。清晨相訪慰。日暮不能已。歡戚競尋緒。樂府作諸。注云。一作敍。談調何終止。辭端竟廣文選作境。未究。忽唱分途始。前悲尚未弭。後感樂府作戚。方復起。嘶聲盈我口。談言在君樂府作我。耳。手跡可傳心。願爾篤本集作駑。注云。一作篤。行李。○本集三。樂府四十、廣文選十四並作門有車馬客行。詩紀五十。

代櫂歌行

羇本集作羈。客離嬰時。飄颻無定所。昔秋寓江介。茲樂府、詩紀並云。一作今。春客河滸。往戢于役身。願言永懷樂府作願令懷水。楚。泠泠儵本集作絛。疏潭。邕邕鴈循渚。飂戾長風振。摇曳樂府云。一作飄遥。高帆舉。驚波無留連。舟人不躊竚。○本集三。樂府詩集四十作櫂歌行。詩紀五十。○逯案。離嬰時當作嬰離時。又黄氏集千家註杜工部詩史補遺四嚴氏溪放歌行注引鮑明遠櫂歌行云。漂泊無定所。戚戚忍羈旅二句。今傳鮑集無下一句。

代白頭吟

直如朱絲繩。清鳴沙類書殘卷作持。如玉壺冰。御覽誤作水。何慙宿昔意。猜恨坐相仍。人情賤恩舊。世議玉臺作義。樂府作路。逐衰興。毫髮一爲瑕。丘山不可勝。食苗實碩鼠。點文選作玷。六臣本注云。五臣作點。白信蒼蠅。鳧鵠遠成美。薪芻類聚作蒭。前見陵。玉臺作凌。樂府同。申黜褒玉臺作裒。女進。班去趙姬昇。樂府作升。文章正宗、詩紀同。周王日淪惑。漢帝益嗟稱。心賞猶樂府作固。難恃。貌恭豈易憑。古來共如此。非君獨撫膺。○本集三。文選二十八作白頭吟。玉臺新詠四作擬樂府白頭吟。樂府四十一作白頭吟。詩紀五十。又類聚四十一作白頭行吟。引冰、仍、興、勝、陵、升、膺七韻。鳴沙石室古籍叢殘類書人才門作古詩。引冰一韻。御覽七百六十七引水一韻。

代東武吟

主人且勿諠。賤子歌一言。僕本寒鄉士。出身蒙漢恩。始隨樂府云。一作逢。張校尉。占本集作召。類聚、御覽、樂府同。六臣本文選注云。五臣作召。詩紀云。一作召。募類聚誤作慕。到河源。後逐李輕車。追虜窮本集作出。樂府同。塞垣。密塗亘萬里。寧歲猶七奔。肌力盡鞍甲。心思歷涼温。將軍既下類聚作卽。草堂詩箋同。世。部曲亦罕存。時事一朝異。孤績本集云。一作憤。誰復論。少壯辭家去。窮老還入門。腰鐮刈葵藿。倚杖牧六臣本文選作收。注云。五臣作牧。韵補作收。詩紀云。一作收。雞豚。文選作豘。韵補、文章正宗同。昔如韝上鷹。今似檻中猿。徒結詩紀云。一作積。千載恨。空負百年怨。棄席思君幄。疲馬戀君軒。願垂晉主惠。不愧田子魂。○本集三。文選二十八作東武吟。樂府詩集四十一作東武吟行。文章正宗二十九作東武吟。詩紀五十。又北齊書文襄紀作鮑明遠詩。引存一韻。類聚四十一所録缺温一韻。草堂詩箋二十三哭嚴詩注引存一韻。御覽三百二十八作東武吟。引源、垣二韻。韵補二作東武吟。引豘、猨二韻。

代別鶴操

雙鶴俱起時。徘徊滄海間。長弄若天漢。輕軀似雲懸。幽客時結侶。提攜遊樂府云。一作到。三山。青繳凌瑤臺。丹羅樂府作蘿。籠紫煙。海上悲樂府作疾。風急。三山多雲霧。散亂一相失。驚孤不得住。緬然日月馳。遠樂府云。一作已。矣絶音儀。有願而不遂。無怨以生離。鹿鳴在本集作隱。深草。蟬鳴隱高枝。心自有所存。樂府作懷。注云。一作存。詩紀云。一作懷。文鏡秘府作疑。旁人那得知。○本集三。樂府詩集五十八作別鶴操。詩紀五十。又文鏡秘府論地卷作鮑照詩。引枝、知二韻。

代出自薊北門行

羽檄起邊亭。烽火入咸陽。徵師文選作騎。本集、類聚、文章正宗同。草堂詩箋作募騎。屯廣武。分兵救朔方。嚴秋筋樂府作筯。竿文選音決作幹。勁。虜陣精且强。天子按劍怒。使者遥相望。雁行緣石徑。魚貫度本集作渡。飛梁。簫鼓流漢思。羣書拾補作颸。詩紀云。當作颸。文章正宗作月。旌文選集注作旍。甲被胡霜。疾風衝塞起。沙礫自飄揚。馬毛縮如蝟。角弓不可張。時危見臣節。世亂識忠良。投軀報明主。身死爲國殤。○本集三。文選二十八。類聚四十一。樂府詩集六十一、文章正宗二十九皆作出自薊北門行。詩紀五十。又草堂詩箋十五秦州詩注作出自薊北門行。引方、殤二韻。文選集注五十六注引音決。

代陸平原君子有所思行

西上本集作出。文選同。文選集注云五家出爲上。類聚作山。登雀類聚作舊。臺。東下望雲闕。層類聚誤作屑。閣樂府作闕。肅天居。類聚作君。馳道直如髮。繡甍結飛霞。璇題納行樂府作明。注。一作行。廣文選作明。月。築山擬蓬壺。穿池類溟渤。選色遍齊代。本集作岱。是。徵聲匝卭越。陳鍾陪夕讌。笙歌類聚作歌笙。待文選集注作侍。注云。今案五家陸善經本侍爲待。明發。年貌不可還。類聚、樂府作留。身意會盈歇。蟻壤漏山阿。李善本文選作河。樂府同。詩紀云。善作河。文選集注云。五家本河作阿。絲淚毁金骨。器惡含滿欹。物忌厚生没。智哉衆多士。服理辨昭韵補作明。昧。樂府作晰。廣文選同。詩紀云。一作晰。○本集三。文選三十一、文選集注六十一並作代君子有所思行。樂府詩集六十一、廣文選十四並作君子有所思行。詩紀五十。又類聚四十一作代君子有所思行。引闕、髮、月、發、歇五韵。韵補五引歇、昧二韵。

代悲哉行

羇人感淑節，緣感欲回轍。樂府作泬。我行詎幾時。華實驟舒結。覩實情有悲。瞻華意無悦。覽物懷同志。如何復乖别。翩翩翔禽羅。關關鳴鳥列。翔鳴樂府作禽。尚儔本集作疇。樂府作常疇。偶。所歎獨乖絶。○本集三。樂府詩集六十二作謝惠連。詩紀五十。○逯案。樂府當誤。

代陳思王白馬篇

白馬騂角弓。鳴鞭乘類聚作垂。北風。要途問邊急。雜虜入雲中。閉壁自往夏。清野徑樂府作逐。廣文選同。還冬。僑裝多闕絶。旅服少裁縫。埋身守漢境。本集作節。樂府、詩紀並云。一作節。沈命對胡封。薄暮塞類聚作雪。樂府云。一作雪。雲起。飛沙被本集作披。樂府同。遠松。含悲望兩都。楚歌登四墉。丈夫設計誤。懷恨逐邊戎。棄本集作罷。樂府云。一作罷。别中國愛。要本集作邀。詩紀云。一作邀。冀胡馬功。去來今何道。卑本集、樂府作單。賤生所鍾。廣文選作終。但令塞上兒。知我獨爲雄。○本集三。樂府詩集六十三作白馬篇。廣文選十四作白馬篇。詩紀五十。又類聚四十二引風、中、松、功、雄五韻。

代昇天行

家世宅關輔。勝帶宦六臣本文選注云。五臣作官。王城。備聞十帝事。委曲兩都情。倦見物興衰。驟覩俗屯類聚誤作此。平。翩翻樂府云。一作翩翩。若文選作類。樂府同。詩紀云。一作類。回掌。怳樂府作恍。惚似朝榮。窮途悔短計。晚志六臣本文選注云。五臣作至。重樂府作愛。詩紀云。一作愛。長生。從師入遠嶽。結友事仙靈。五圖樂府作芝。詩紀云。一作芝。發金記。九籥隱丹經。風餐委松宿。文選集注云。或爲柏。草堂詩箋作柏。雲卧恣天行。冠霞登樂府作金。綵閣。解玉飲樂府云。一作隱。椒庭。蹔遊越萬里。少文選、類聚、樂府作近。詩紀云。一作近。别數千齡。鳳臺無還駕。簫管有遺聲。何時樂府、詩紀並云。一作當。與汝文選作爾。樂府同。曹。啄腐共吞腥。○本集三。又文選二十八。文選集注五十六、樂府詩集六十三並作昇天行。詩紀五十。又類聚四十二作昇天行。引平、生、靈、行、齡五韻。草堂詩箋一遊龍詩注作昇天行。引行一韻。

松柏篇并序

余患脚上氣四十餘日。知舊先借傅玄集。以余病劇。遂見還。開袠。適見樂府詩龜鶴篇。於危病中見長逝詞。惻然酸懷抱。如此重病。彌時不差。呼吸乏喘。舉目悲矣。火藥間闕而擬之。

松柏受命獨。歷代長不衰。人生浮且脆。鴥若晨風悲。東海迸逝川。西山導樂府作道。落暉。南郊樂府作郭。詩紀作廓。注云。一作郊。悦籍短。蒿里收永歸。諒無疇昔時。百病起盡期。志士惜牛刀。忍勉自療治。傾家行藥事。顛沛去迎醫。徒備火石苦。詩紀作若。誤。奄至不得辭。龜齡安可獲。岱宗限詩紀作恨。注云。一作限。已迫。睿聖不得留。爲善何所益。捨此赤縣居。就彼黄壚宅。永離九原親。長與三辰隔。屬纊生望盡。闔棺世業埋。事痛存人心。恨結亡者懷。祖葬既云及。壙墜亦已開。室族内外哭。親疏同共哀。外姻遠近至。名列通夜臺。扶輿出殯宫。低回戀庭室。天地有盡期。我去無還日。居者今已盡。人事從此畢。火歇煙既没。形銷聲亦滅。鬼神來依我。生人永辭訣。大暮杳悠悠。長夜無時節。鬱湮樂府作烟。重冥下。煩寃難具説。安寢委沈寞。戀戀念平生。事業有餘結。刊樂府誤作形。述未及成。資儲無擔石。兒女皆孩嬰。一朝放捨去。萬恨纏我情。追憶世上事。束教以本集作已。詩紀同。自拘。明發靡怡悆。詩紀作愈。夕詩紀作久。歸多憂虞。撤閑晨逕流。詩紀作荒。輟詩紀作轍。宴式酒濡。樂府作儒。誤。知今瞑目本集作日。詩紀同。苦。恨失爾時娱。遥遥遠民居。獨埋深壤中。墓前人跡滅。冢上草日豐。空牀詩紀作林。響鳴蜩。高松結悲風。長寐無覺期。誰知逝本集作遊。者窮。本集作躬。生存處交廣。連榻舒華茵。樂府作裀。已没一何苦。楛哉不容身。昔日平居時。晨夕對六親。今日掩奈何。一見無諧因。禮席有降殺。三齡速過隙。几筵就收撤。室宇改疇昔。行女遊歸途。仕子復王役。家世本平常。獨有亡者劇。時祀望歸來。四節静塋丘。孝子撫墳號。父子知來不。欲還心依戀。欲見絶無由。煩寃荒隴側。肝心盡崩抽。○本集八。樂府詩集六十四。詩紀五十。

代苦熱行

赤阪横西阻。火山赫御覽作燃。南威。身熱頭且痛。鳥墜文選作墮。類聚、御覽、樂府同。魂來御覽作未。樂府同。歸。湯泉發雲潭。類聚、御覽作澤。焦煙起石圻。御覽作沂。樂府作磯。本集云。一作磯。日月有恒昏。雨露御覽作霧。未嘗晞。丹蛇踰百尺。玄蜂盈十圍。含沙射流影。吹蠱病文選作痛。六臣本注云。五臣作病。行暉。瘴李善本文選作鄣。六臣本注云。五臣作瘴。氣晝熏體。菵御覽作茵。露夜霑衣。飢猿莫下御覽作暇。食。晨禽不敢飛。毒涇本集作涇。文選、樂府同。尚多死。度本集作渡。文選同。瀘寧具腓。六臣本作肥。注云。五臣作腓。生軀蹈文選集注作陷。注云。五家陸善經本蹈爲陷。死地。昌志登樂府云。一作高。禍機。戈船榮既薄。伏波賞亦微。爵文選作財。六臣本注云。五臣作爵。類聚作君。輕君尚惜。士重安可希。○本集三。又文選二十八、文選集注五十六、樂府詩集六十五並作苦熱行。詩紀五十。又類聚四十一作苦熱行。引威、歸、圻、圍、暉、微、希七韵。御覽三十四作苦熱行。引威、歸、沂、晞、圍、暉、衣、飛、腓、機十韵。

代朗月行

朗月出東山。照我綺窗前。窗中多佳人。被服妖且妍。靚粧坐帳樂府作帷。詩紀云。一作帷。裏。當户弄清絃。鬢奪衛女迅。體絶飛燕先。爲君歌一曲。當作朗月篇。樂府云。一作堂上朗月篇。酒至顔自解。聲和心亦宣。千金何足重。所存意氣間。○本集三。樂府詩集六十五作朗月行。廣文選十四作朗月行。詩紀五十。

代堂上歌行

四坐且莫樂府、詩紀並云。一作勿。諠。聽我堂上歌。昔仕京洛時。高門臨長河。出入重宮裏。結友本集作交。曹與何。車馬相馳逐。賓朋好容華。陽春廣文選作和。孟春月。朝光散流霞。輕步逐芳風。言笑弄丹葩。暉暉朱顏酡。紛紛織女梭。滿堂皆美人。初學記作女。御覽同。目成御覽作我。本集作自我。初學記同。對湘初學記作姮。娥。雖謝侍樂府作詩。誤。君閑。明粧帶綺羅。箏笛更彈吹。高唱好相和。萬曲不關心。樂府作情。注云。一作心。詩紀云。一作情。一曲動情多。欲知情厚薄。更聽此聲初學記作又聽聲相。過。○本集三。樂府詩集六十五作堂上歌行。詩紀五十。又初學記十九作堂上行。引酡、梭、娥、和、多、過六韵。御覽三百八十一作堂上行。引梭、娥、和三韵。

代結客少年場行

驄馬金絡頭。錦帶佩吴鉤。失意杯酒間。白刃起相讎。追兵一旦至。負劍遠行遊。去鄉三十載。復得還舊丘。升本集作昇。高臨四關。類聚作野。樂府云。一作塞。表裏望皇州。九塗類聚、樂府作衢。詩紀云。一作衢。平若水。雙闕似雲浮。扶宫羅將相。夾道列王侯。日中市朝滿。車馬若川流。擊鍾陳鼎食。方駕自相求。今我獨何爲。埳壈樂府作轗軻。懷百憂。○本集三。文選二十八。類聚四十一、樂府詩集六十六並作結客少年場行。詩紀五十。又御覽四百七十三作古詩。引讎一韵。

扶風歌

昨辭金華殿。今次鴈門縣。寢卧握秦戈。棲息抱越箭。忍悲別親知。行泣隨征傳。寒煙空徘徊。朝日乍舒卷。○樂府詩集八十四。詩紀五十。○逯案。此詩本集不載。風格類齊梁人作。樂府詩集殆有訛誤。

代少年時至衰老行

憶昔少年時。馳逐好名晨。當作辰。結友草堂詩箋作交。多貴門。出入富兒鄰。綺羅豔華風。車馬自揚塵。歌唱青齊本集作琴。詩紀同。今從羣書拾補。女。彈筝燕趙人。好酒多芳氣。餚味厭時新。今日每想念。此事邈無因。寄語後生子。作樂當及春。○本集三。詩紀五十。又草堂詩箋三奉贈詩注作鮑照詩。引鄰一韵。

代陽春登荆山行本集云。荆一作京。

旦登荆山頭。崎嶇道難遊。早行犯霜露。苔滑不可留。極眺入雲表。窮目盡帝州。方都列萬室。層城帶高樓。奕奕朱軒馳。紛紛縞本集作高。衣流。日氛本集作氣。映山浦。暄霧逐風收。花木亂平原。桑柘盈本集作綿。詩紀云。一作綿。平疇。攀條弄紫莖。藉露折芳柔。遇物雖成趣。念者不解憂。且共傾春酒。長歌登山丘。○本集三。詩紀五十。

代貧賤苦愁行

湮没雖死悲。貧苦卽生劇。長歎至天曉。愁苦窮日夕。盛顔當少歇。鬢髮先老白。親友四面絶。朋知斷三益。空庭慙樹萱。藥餌愧過客。貧年忘日時。黯顔就人惜。俄頃不相酬。恧怩面已赤。或以一金恨。便成百年隙。心爲千條計。事未見一獲。運圮津塗塞。遂轉死溝洫。以此窮百年。不如還窀穸。○本集三。詩紀五十。

代邊居行

少年遠京本集、詩紀並云。一作荆。陽。遥遥萬里行。本集作方。陋巷絶人徑。茅屋摧山岡。不覩車馬跡。但見麋鹿場。長松何落落。丘隴無復行。邊地無高木。蕭蕭多白楊。盛年日月盡。一去萬恨長。悠悠世中人。争此錐刀忙。不憶貧賤時。富貴輒相忘。紛紛徒滿目。何關慨予傷。不如一畝中。高會挹清漿。遇樂便作樂。莫使候朝光。○本集三。詩紀五十。

代邽街行本集云。一本作去邪行。

竚立出門衢。遥望轉蓬飛。蓬去舊根在。連翩逝不歸。念我捨鄉俗。親好久乖違。慷慨懷長想。惆悵戀音徽。人生隨事本集作時。變。遷化焉可祈。百年難必果。千慮易盈虧。○本集三。詩紀五十。

簫史曲

詩紀云。樂府作鮑照。藝文作張華。然此詩詞格不類晉人。當以樂府爲正。

簫史愛長本集、樂府作少。詩紀云。一作少。年。嬴女厺童顔。火粒願排棄。霞霧好登攀。樂府作霞好忽登攀。龍飛逸本集作送。類聚作竟。詩紀云。一作竟。天路。鳳起出秦關。身去長不返。簫聲時往還。○本集六。類聚七十八作晉張華詠蕭史詩。樂府詩集五十一。詩紀五十。

王昭君

既事轉蓬遠。心隨鴈路絶。霜鞞本集誤作輝。旦夕驚。邊笳中夜咽。○本集七。樂府詩集二十九。詩紀五十。

吴歌三首

夏口樊城岸。曹公却月戍。但觀流水還。識是儂流下。○樂府四十四。詩紀五十。

夏口樊城岸。曹公却月樓。觀見流水還。識是儂淚流。○本集七。樂府詩集四十四。詩紀五十。

人言荆江狹。荆江定自闊。五兩樂府作兩。詩紀同。了無聞。風聲那得達。○同上

採菱歌七首

鶩舲馳桂浦。息棹偃椒潭。簫弄澄湘北。菱歌清漢南。樂府云。一作弄弦瀟湘北。歌菱清漢南。○本集六。樂府詩集五十一。詩紀五十。

弭榜搴蕙荑。停唱紉樂府作納。薰若。含傷拾泉花。縈詩紀作榮。念採雲蕚。○同上

睽闊逢暄新。悽怨值妍華。愁心不可盪。樂府作殊不那。注云。一作秋心不可蕩。春思亂如麻。○同上

要豔雙嶼裏。望美兩洲間。褭褭風出浦。容容樂府作沈沈。日向山。○同上

煙噎樂府作曀。越嶂深。箭迅楚江急。空抱琴中樂府作心。悲。徒望近關樂府作弦開。泣。○同上

緘歎凌珠淵。收慨上金堤。春芳行歇落。是人方未齊。○同上

思今懷近憶。望古懷遠識。懷古復懷今。長懷無終本集作終無。極。○同上

幽蘭五首

傾輝引暮色。孤景留思本集作恩。樂府作流恩。顏。梅歇春欲罷。期渡往不還。○本集四。樂府詩集五十八。詩紀五十。

簾委蘭蕙露。帳含桃李風。攬帶昔何道。坐令芳節終。○同上

結珮徒分明。抱梁輒乖忤。本集、樂府作互。華落知不終。空愁坐相誤。樂府作悞。○同上

眇眇蛸挂網。漠漠蠶弄絲。空慚不自信。怯與君晝樂府作盡。注云。一作劃。期。○同上

陳國鄭東門。古今共所知。長袖暫徘徊。駟馬停路歧。○同上

中興歌十首

千冬遲樂府作逢。詩紀云。一作逢。一春。萬夜視朝日。生平樂府作年。值中興。歡起百憂樂府作年。畢。○本集七。樂府詩集八十六。詩紀五十。

中興太平運。化清四海樂。祥景類聚作星星。照玉臺。紫煙遊鳳閣。○本集七。類聚四十三。樂府詩集八十六。詩紀五十。

碧樓含夜月。紫殿争朝光。綵墀詩紀作池。散蘭麝。風起自生芳。○同上

白日照前窗。玲瓏綺羅中。美人掩輕扇。含思歌春風。○本集七。樂府詩集八十六。詩紀五十。

三五容色滿。四五妙華類聚作容。歇。已輸春日歡。類聚作觀。分隨秋光没。本集作設。○本集三。類聚四十三。樂府詩集

八十六。詩紀五十。

北出湖邊戲。前還苑中遊。飛轂繞長松。馳管逐波流。○本集七。樂府詩集八十六。詩紀五十。

九月秋水清。三月春花滋。千金逐良日。皆競中興時。○同上

窮泰已有分。壽夭復屬天。既見中興樂。莫持憂自煎。○同上

襄陽是小地。壽陽非帝城。今日中興樂。遥治本集、樂府作治。在上京。○同上

梅花一時豔。竹葉千年色。願君松柏心。採照無窮極。○同上

代白紵舞歌詞四首奉始興王命作。○并啓

侍郎臣鮑照啓。被教作白紵舞歌詞。謹竭庸陋。裁爲四曲。附啓上呈。識方洪悴。思塗猥局。言既無雅。聲未能文。不足以宣贊聖旨。抽拔妙實。謹遣簡餘。慚隨悚盈。謹啓。詞曰。

吳刀楚製爲佩褘。纖羅霧縠垂羽衣。含商咀徵歌露晞。珠履樂府作屣。注云。一作履。詩紀云。一作屣。颯沓紈袖飛。

凄風夏起素雲迴。車怠馬煩客忘歸。蘭膏明燭承夜暉。○本集三。樂府詩集五十五。廣文選十四。

桂宫柏寢廣文選作梁。樂府云。一作梁。擬天居。朱爵文窓韜綺本集作碧。類聚同。疏。象牀瑶席鎮犀渠。雕屏匼本集作合。樂府作鉿。注云。一作匼。匝組帷類聚作帳。詩紀云。一作帳。舒。秦箏趙瑟挾笙竽。垂璫散珮類聚作綏。樂府云。一作綏。盈玉除。停觴不御類聚作語。樂府、廣文選同。欲誰須。○本集三。樂府詩集五十五。廣文選十四。詩紀五十。又類聚四十三作白紵辭歌。引居、疏、舒、竽、除、須六韵。

三星參差本集作池。露詩紀作霧。霑濕。絃悲管清月將入。寒光蕭條候蟲急。荆王流歎楚妃泣。紅顔難長時易戢。凝華結藻本集作綵。詩紀云。一作綵。樂府云。一作彩。久延立。非君之故豈安本集作妄。集。○本集三。樂府詩集五十五。廣文選十四。詩紀五十。

池中赤鯉庖所捐。琴高乘去樂府作雲。廣文選同。騰本集作飛。樂府、詩紀並云。一作飛。上天。命逢福世丁溢恩。樂府、詩紀並云。一作徼命逢福丁溢恩。簪金藉綺升曲筵。恩厚德深樂府作思君厚德。廣文選同。詩紀云。一作思君厚德。委如山。潔誠洗志期暮年。烏白馬角寧足言。○同上

代白紵曲二首

朱唇動。素腕本集作袖。類聚、文選補遺、廣文選同。樂府云。一作袖。舉。洛陽少童本集、文選補遺、廣文選並云。一作年。邯鄲女。古稱淥本集作緑。玉臺同。水今白紵。催絃急管爲君舞。窮秋九月荷葉黄。北風驅雁類聚誤作鷹。天雨霜。夜長酒多樂未央。○本集三。玉臺新詠九作代白紵歌辭。類聚四十三作代白紵辭歌。樂府詩集五十五作白紵歌。文選補遺三十四。廣文選十四作白紵歌。詩紀五十。

春風澹蕩俠玉臺作使。類聚同。思多。天色淨緑類聚作淥。詩紀同。氣妍本集作研。和。桃含本集作含桃。類聚、廣文選同。紅萼蘭樂府云。一作連。紫芽。本集作牙。玉臺、樂府、廣文選同。朝日灼爍發園華。玉臺作花。類聚、樂府同。卷幌玉臺作横。結帷羅玉筵。齊謳秦吹盧女絃。千金雇玉臺作顧。樂府同。詩紀作一。笑買芳年。○同上

代鳴鴈行

邕邕樂府作雝雝。鳴鴈鳴始樂府作正。旦。齊行草堂詩箋作飛。命侶入雲漢。中夜相失羣離亂。留連徘徊不忍散。憔悴容儀君不知。辛苦風霜樂府作霜雪。注云。一作風霜。亦何爲。○本集三。樂府詩集六十八作鳴雁行。詩紀五十。

擬行路難十八首詩紀云。樂府詩集作十九首。分第十三首亦云朝悲泣閑房以下別作一首。○以下雜言。

奉君金巵樂府作巵。注云。一作匜。之美酒。玉臺作酒盌。瑇瑁玉匣之雕琴。七綵玉臺作彩。芙蓉之羽帳。九華蒲萄之錦衾。紅顏零落歲將暮。寒光玉臺作花。宛轉時欲沉。願君裁悲且減玉臺作滅。思。聽我抵節行路吟。不見柏梁銅雀上。寧聞古時清吹音。○本集八。玉臺新詠九作行路難。樂府詩集七十作行路難。文選補遺三十四。廣文選十四作行路難。詩紀五十。

洛陽名工鑄爲金博山。千斲復樂府無復字。萬鏤。上刻秦女攜手仙。承君清夜之歡娛。樂府云。一作娛樂。列置幃裏明燭前。外發龍鱗之丹綵。內含麝樂府作蘭。芬之紫煙。如今君心一朝異。對此長歎終百年。○本集八。樂府詩集七十。文選補遺三十四。詩紀五十。

璿本集作璇。樂府、文選補遺同。閨玉墀上椒文選補遺作徽。閣。文窗繡户垂羅玉臺作綺。樂府同。幕。中有一人字金蘭。被服纖羅蘊詩紀作采。樂府云。一作采。玉臺作藴。芳藿。春燕差池風散梅。開幃玉臺作帷。對景玉臺作影。弄禽本集作春。詩紀同。樂府云。一作春。雀。本集作爵。樂府、文選補遺、詩紀同。含歌攬涕恒抱愁。玉臺作淚不能言。人生幾時得爲樂。

寧作野中之雙鳧。玉臺作雙飛鳧。不願雲間之別鶴。樂府云。一作鵠。玉臺作別翅鶴。○本集八。玉臺新詠九。樂府詩集七十。文選補遺三十四。詩紀五十。

瀉本集作寫。水置平地。各自東西南北流。人類聚作民。生亦有命。安能行歎復坐愁。酌酒以類聚作小。自寬。舉杯斷絶歌類聚歌下有行字。是。路難。心非木石豈無感。吞聲躑躅不敢言。○本集八。類聚三十作行路難。樂府詩集七十。文選補遺三十四。廣文選十四。詩紀五十。

君不見河邊草。冬時枯死春滿道。君不見城上日。今暝没盡樂府作山。去。類聚作没西山。明朝復更出。今我何時當得然。類聚作得自然。一去永滅類聚作一滅永罷。入類聚作歸。黄泉。人生苦多歡樂少。意氣敷腴在盛年。且願得志數相就。牀當作杖。頭恒有沽酒錢。功名竹帛非我事。存亡貴賤付類聚作委。樂府同。皇天。○本集八。類聚二十。樂府七十。文選補遺三十四。詩紀五十。

對案不能食。拔劍擊柱長歎息。丈夫生世會樂府作能。注云。一作會。文選補遺作曾。幾時。安能蝶躞樂府作疊燮。垂羽翼。棄置樂府作檄。罷官去。還家自休息。朝出與親辭。暮還在本集作往。文選補遺同。親側。弄兒牀前戲。看婦機中織。自古聖賢盡貧賤。何況我輩孤且直。○本集八。樂府詩集七十。文選補遺三十四。詩紀五十。

愁思忽而至。跨馬出北門。舉頭四顧望。但見松柏樂府有園字。詩紀同。荆棘鬱樽樽。樂府作蹲蹲。詩紀同。中有一鳥名杜鵑。言是古時蜀帝魂。聲音哀苦鳴不息。羽毛憔悴似人髡。飛走樹間啄本集作逐。文選補遺誤作豖。蟲蟻。詩式作螘。豈憶往日詩式作時。天子尊。念此死生變化非常理。中心惻愴不能言。○本集八。樂府詩集七十。文選補遺三十四。苕溪漁隱叢話七。詩紀五十。又釋皎然式所引缺門一韵。

中庭五株桃。草堂詩箋作樹。一株先作花。陽春妖冶本集作沃若。樂府、文選補遺同。二三月。樂府云。一作二月中。從風簸蕩落西家。西家思婦見悲玉臺作之。樂府云。一作見之。惋。零淚霑衣撫心歎。初送我樂府作初我送。君出户時。何言淹留節迴換。牀席生塵明鏡垢。纖腰瘦削髮蓬亂。人生不得恒玉臺作常。稱意。惆悵徙倚至夜半。○本集八。玉臺新詠九。樂府詩集七十。文選補遺三十四。又草堂詩箋二十五題桃詩注引花一韵。

剉蘗文選補遺云。一作檗。染黄絲。黄絲歷亂不可治。昔我樂府作我昔。文選補遺、廣文選、詩紀同。與君始相值。爾時自謂可君意。結帶與我詩紀作君。言。死生好惡不相置。樂府云。一作結帶與君同。死生好惡不擬相棄置。今日見我顔色衰。意中索寞樂府云。一作錯亂。詩紀云。一作錯漠。與先異。還文選補遺作遠。君金玉臺作玉。詩紀云。一作玉。釵瑇瑁簪。不忍見之本集作此。詩紀云。一作此。益愁玉臺作悲。思。○本集八。玉臺新詠九。樂府詩集七十。文選補遺三十四。廣文選十四。詩紀五十。

君不見舜華不終朝。須臾淹冉零落銷。盛年妖豔浮華輩。不久亦當詣冢頭。一去無還期。千秋萬歲無音詞。孤魂煢煢空隴間。獨魄徘徊遶墳基。但聞風聲野鳥吟。豈憶平生盛年時。爲此令人多悲悒。君當縱意自熙怡。○本集八。樂府詩集七十。詩紀五十。

君不見枯籜走階庭。何時復青著故莖。君不見亡靈蒙享祀。何時傾杯竭壺罌。君當見此起憂思。寧及得與時人争。人生樂府作生人。倏忽如絶電。華年盛德幾時見。但令縱意存高尚。旨酒嘉餚相胥讌。持此從朝竟夕暮。差得亡憂消愁怖。胡爲惆悵不能已。難盡此曲令君忤。○本集八。樂府詩集七十。

今年陽初花滿林。明當作去。年冬末雪盈岑。推移代謝紛交轉。我君邊戍獨稽沈。執袂分别已三載。邇來寂淹樂府作淹寂。無分音。朝悲慘慘遂成滴。暮思遶遶最傷心。膏沐芳餘久不御。蓬首亂鬢不設簪。徒飛輕埃舞空帷。粉筐黛器靡復遺。自生留世苦不幸。心中惕惕恒懷悲。○同上

春禽喈喈旦暮鳴。最傷君子憂思情。我初辭家從軍僑。榮志溢氣干雲霄。流浪漸冉經三齡。忽有白髮素髭生。今暮臨水拔已盡。明日對鏡復已盈。但本集無但字。樂府同。恐羇死爲鬼客。本集無鬼客二字。樂府同。客思寄滅生空精。每懷舊鄉野。念我舊人多悲聲。忽見過客問何我。寧知我家在南城。答云我曾居君鄉。知君遊宦在此城。我行離邑已萬里。今方羇役去遠征。來時聞君婦。閨中孀居獨宿有貞名。亦云悲朝樂府作朝悲。泣閑房。又聞暮思淚霑裳。形容憔悴非昔悅。蓬鬢衰顔不復粧。見此令人有餘悲。當願君懷不暫忘。○同上

君不見少壯從軍去。白首流離不得還。故鄉窅窅日夜隔。音塵斷絶阻河關。朔風蕭條白雲飛。胡笳哀急邊氣寒。聽此愁人兮奈何。登山遠望得留顔。將死胡馬跡。寧見妻子難。男兒生世轗軻欲何道。綿憂摧抑起長歎。○同上

君不見柏梁臺。今日丘墟生草萊。君不見阿房宮。寒雲澤雉棲其中。歌妓舞女今誰在。高墳壘壘本集作疊疊。文選補遺同。滿山隅。長袖紛紛徒競世。非我昔時千金軀。隨酒逐樂任意去。莫令含歎下黄壚。○本集八。樂府詩集七十。文選補遺三十四。詩紀五十。

君不見冰樂府作水。上霜。表裏陰且寒。雖蒙朝日照。信得幾時安。民生故如此。誰令摧折强相看。年去年來自如削。白髮零落不勝冠。草堂詩箋作簪。○本集八。樂府詩集七十。詩紀五十。又草堂詩箋九春望詩注引一句。

君不見春鳥初至時。百草含青俱作花。寒風蕭索一旦至。竟得幾時保光華。日月流邁不相饒。令我愁思怨恨多。○本集八。樂府詩集七十。詩紀五十。

諸君莫歎貧。富貴不由人。丈夫四十彊而仕。余當二十弱冠辰。莫言草木委冬樂府作大。雪。會應蘇息遇陽春。對酒叙長篇。窮途運命委皇天。但願樽中九醖滿。莫惜牀當作杖。頭百個錢。直得樂府作須。詩紀云。一作須。優游卒一歲。何勞辛苦事百年。○本集八。樂府詩集七十。詩紀五十。○世説新語任誕篇云。阮宣子常步行。以百錢挂杖頭。至酒店便獨酣。雖當世貴盛。不肯詣也。百錢用此。

梅花落

中庭雜樹多。偏爲梅咨嗟。問君何獨然。念其霜中能作花。露中能作實。摇蕩春風媚春日。念爾零落逐寒風。樂府作風飆。徒有霜華無霜質。○本集七。樂府詩集二十四。詩紀五十。

代淮南王二首

淮南王。好長生。服食類聚作藥。鍊氣讀仙經。琉璃藥詩紀作作。椀牙作盤。金鼎玉匕合神丹。合合字本集作神丹。神丹。戲類聚作賜。樂府、廣文選同。紫房。紫房綵玉臺作彩。女弄明璫。鸞歌鳳舞斷君腸。○本集三。玉臺新詠九。樂府詩集五十五、廣文選十四並作淮南王。詩紀五十。又類聚四十二引生、經、盤、丹、房、璫六韵。

朱城九門樂府作朱門九重。注云。一作朱城九門。詩紀云。一作朱門九重。門九開。本集作閨。樂府、廣文選、詩紀同。類聚此句作朱城九圍外。顧逐明月入君懷。入君懷。結君佩。怨君恨君恃君愛。築城思堅劍思利。同盛同衰莫相棄。○本集三。玉臺新詠九。樂府詩集五十五。廣文選十四。詩紀五十。又類聚四十二引懷、配、愛三韵。

代雉朝飛

雉朝飛。振羽翼。專場挾雌本集作兩。注云。一本下有雌字。詩紀云。一作兩。類聚挾雌作俠兩雌。恃强力。媒已驚。翳又類聚作已。逼。蒿本集作黃。類聚同。間潛轂盧矢直。刎繡頸。碎錦臆。絶命君前無怨色。握君手。執杯酒。意氣相傾死何有。○本集三。樂府詩集五十七。詩紀五十。又類聚九十作鮑照詩。引翼、力、逼、直、臆、色六韵。

代北風涼行

北風涼。雨雪雱。京洛女兒多嚴詩紀作妍。粧。遥艷帷中自悲傷。沈吟不語若有樂府作爲。注云。一作有。詩紀云。一作爲。忘。問君何行何當歸。苦使妾坐自傷悲。慮年至。樂府云。一作去。慮顔衰。情易復。本集作遠。恨難追。○本集三。樂府詩集六十五作北風行。詩紀五十。

代空城雀

雀乳四鷇。空城之阿。朝食類聚作拾。樂府同。野粟。夕飲冰類聚作清。河。樂府作阿。高飛畏鴟鳶。下飛畏網羅。辛傷伊何言。怵迫良已多。誠不及青鳥。類聚作雀。遠食玉山禾。猶勝吴宫燕。無罪得焚窠。賦命有厚薄。長歎欲如何。〇本集三。又樂府詩集六十八、廣文選十四並作空城雀。詩紀五十。又類聚九十二作空城雀詩。引阿、河、羅、禾、窠、何六韵。

代夜坐吟

冬夜沈沈夜坐吟。含聲樂府作情。注云。一作聲。未發已知心。霜入幕。風度林。朱燈滅。朱顏尋。體君歌。逐君音。不貴聲。貴意深。〇本集三。樂府詩集七十六作夜坐吟。詩紀五十。

代春日行三言

獻歲發。樂府發下有春字。吾將行。春山茂。春日明。園中鳥。多嘉聲。梅始發。桃樂府作柳。詩紀云。一作柳。始榮。樂府作青。汎舟艫。齊櫂驚。奏採菱。歌鹿鳴。風微起。波微生。樂府云。一作微波起。微風生。絃亦發。酒亦傾。入蓮池。折桂枝。芳袖動。芬葉披。兩相思。兩不知。〇本集三。樂府詩集六十五作春日行。詩紀五十。

宋詩卷八

鮑照

詩

侍宴覆舟山詩二首敕爲柳元景作。○以下五言。

息雨清上郊。開雲照中縣。遊軒越丹居。暉燭集涼殿。凌高躋飛楹。追焱起流宴。柆本集作拉。案卽抵字。苑含靈群。嵓庭藏物變。明輝爍神都。麗氣冠華甸。目遠幽情周。醴洽深恩遍。○本集八。詩紀五十一。

繁霜飛玉闥。愛景麗皇州。清蹕戒類聚作式。詩紀云。一作式。案式乃戎之殘。馳路。羽蓋佇宣游。神居既崇盛。嵓嶮類聚作巖險。同。信環周。類聚作周流。禮俗陶德聲。昌會溢民謳。慚無勝化質。謬從雲雨浮。詩紀云。一作遊。○類聚三十九。本集八。詩紀五十一。

從拜陵登京峴詩

孟冬十月交。殺盛陰草堂詩箋作隱。欲終。風烈御覽作列。無勁草。寒甚有凋松。軍井冰晝結。士馬氈夜重。晨登峴山首。霜雪御覽作霧。凝未通。息鞍循隴上。支劍望雲峰。表裏觀地險。昇降究天容。東岳覆如礪。瀛海安足窮。傷哉良永矣。馳光不再中。衰賤謝遠願。疲老還舊邦。深德竟何報。徒令田陌空。○本集五。詩紀五十一。又草堂詩箋十七發秦詩注引終一韵。御覽二十七引終、松、重、通四韵。

蒜山被始興王命作詩

暮冬霜朔嚴。地閉泉不流。玄武藏木陰。丹烏本集、詩紀並云。一作鳥。還養羞。勞農澤既周。役車時亦休。高薄符本集、詩紀並云。一作浮。好蒨。本集、詩紀並云。一作清。藻駕及時遊。鹿苑豈淹睇。兔園不足留。升嶠眺日軌。臨迥望滄洲。雲生玉堂裏。風靡銀臺陬。陂石類星懸。嶼木似煙浮。形勝信天府。珍寶麗皇州。白日廻清景。芳醴詩紀作艶。洽歡柔。參差出寒吹。飈戾江上謳。王德愛文雅。飛翰灑鳴球。美哉物會昌。衣道服光猷。○本集八。詩紀五十一。

登廬山詩二首

懸裝亂水區。薄旅類聚作旅薄。廬山記同。次山楹。千巖盛廬山記作狀。阻類聚作狀岨。積。萬壑勢廻縈。巃嵸高昔貌。紛亂本集作純。詩紀云。一作純。襲前名。洞澗本集作問。窺地脉。聳類聚作踈。廬山記同。樹隱天經。松磴上迷密。雲竇下縱横。陰冰實夏結。炎樹信冬榮。嘈囋晨鵾思。叫嘯夜猿清。深崖伏化跡。穹岫閟長靈。乘此樂山性。重以遠遊情。方躋羽人途。永與煙霧并。○本集八。詩紀五十一。又類聚七、廬山記四並引楹、縈、名、經、横、榮六韵。

訪世失隱淪。從山異靈士。明發振雲冠。升嶠遠棲趾。高岑類聚作峯。隔半天。長崖斷千里。氛本集作飛。霧承星辰。潭壑洞江汜。嶄絶類虎牙。巑岏象熊耳。埋冰或百年。韜樹必千祀。鷄鳴清類聚作青。澗中。猨嘯白雲裏。瑶波逐穴開。霞石觸峯起。廻互非一形。參差悉本集作反。相似。傾聽鳳管賓。緬望釣龍子。松桂盈膝前。如何穢城市。○本集八。詩紀五十一。又類聚七作登廬山望石門詩。引趾、里、裏、起、似五韻。

從登香爐峯詩

辭宗盛荆夢。登歌美凫繹。徒收杞梓饒。曾非羽人宅。羅景藹雲扃。沾光扈龍策。御風親列涂。乘山窮禹跡。含嘯對霧岑。延蘿倚峯壁。青冥摇煙樹。穹跨負天石。霜崖滅本集作減。土膏。金澗測泉脉。旋淵抱星漢。乳竇通海碧。谷館駕鴻人。巖棲咀丹客。殊物藏珍怪。奇心隱仙籍。高世伏音華。綿古遁精魄。蕭瑟生哀聽。參差遠驚覿。慙無獻賦才。洗汙奉毫帛。○本集七。詩紀五十一。

從庾中郎遊園山石室詩

荒塗趣山楹。雲崖隱靈本集、詩紀並云。一作虚。室。岡澗紛縈抱。林障沓重密。昏昏磴路深。活活梁水疾。幽隅秉晝燭。地牖窺朝日。怪石似龍章。瑕璧麗錦質。洞庭安可窮。漏井終不溢。沈空絶景聲。崩危坐驚慄。神化豈有方。妙象竟無述。至哉鍊玉人。處此長自畢。○本集六。詩紀五十一。

登翻車峴詩

高山絶雲霓。深谷斷無光。晝夜淪霧雨。冬夏結寒霜。淖坂既馬領。本集作嶺。磧路又羊腸。畏塗疑旅人。忌轍覆行箱。升岑望原陸。四眺極川梁。遊子思故居。離客遲新鄉。新知本集作知新。有客慰。追故遊子傷。○本集六。詩紀五十一。

登黄鶴磯詩

木落江渡寒。鴈還風送秋。臨流斷商絃。瞰川悲棹謳。適郢無東轅。還類聚作過。夏有西浮。三崖隱丹磴。九派引滄類聚作蒼。流。淚竹感湘別。弄類聚作判。珠懷漢遊。豈伊藥餌泰。得奪旅人憂。○本集七。詩紀五十一。又類聚二十七作登黄鵠圻詩。引浮、遊、流三韵。

登雲陽九里埭詩本集云。一作塚。

宿心不復歸。流年抱衰疾。既成雲雨人。悲緒終不一。徒憶江南聲。空録齊后瑟。方絶縈絃思。豈見繞梁日。○本集六。詩紀五十一。

自礪山東望震澤詩

瀾漫潭洞波。合沓崿嶂雲。漲島遠不測。岡澗近難分。幽篁愁暮見。思鳥傷夕聞。以此藉沈痾。棲跡別人羣。結言非盡書。有念豈敷文。○本集六。詩紀五十一。

三日遊南苑詩

採蘋及華月。追節逐芳雲。騰倩歲時雜詠作芳。溢林疏。麗日曄歲時雜詠作華。山文。清潭圓翠會。花薄緣本集作綠。綺紋。合樽遽景斜。折榮忝組芬。○本集八。古今歲時雜詠十六。詩紀五十一。

贈故人馬子喬詩六首

躑躅城上羊。攀隅食玄草。俱共日月輝。昏明獨何早。夕風飄野籜。飛塵被長道。親愛難重陳。本集作見。懷憂坐空老。○本集六。詩紀五十一。

寒灰滅更燃。夕華晨更鮮。春冰雖暫解。冬水玉臺作冰。復還堅。佳人捨我去。賞愛長絶緣。歡至不留日。玉臺作時。感物玉臺作每感。輒傷年。○本集六。玉臺新詠四作贈故人。詩紀五十一。

松生隴坂上。百尺下無枝。東南望河尾。西北隱崑崖。野風振山籟。朋鳥夜驚離。悲涼貫年節。葱翠恆若斯。安得草木心。不怨寒暑移。○本集六。詩紀五十一。

種橘南池上。種杏北池中。池北既少露。池南又多風。早寒逼晚歲。衰恨滿秋容。湘濱有靈鳥。其字曰鳴鴻。一挹繒繳痛。長别遠無雙。○同上

皎如川上鵠。赫似握中丹。宿心誰不欺。明白古所難。憑楹觀皓露。灑酒盪憂顔。永念平生意。窮光不忍還。淹留本集作流。徒攀桂。延佇空結蘭。○同上

雙劍將别離。本集作離别。文選補遺、廣文選、詩紀同。先在匣中鳴。煙雨交將夕。從此遂本集作忽。廣文選同。分形。雌沈吴江裏。玉臺作水。雄飛入楚城。吴江深無底。楚闕玉臺作城。詩紀作闕。注云。一作闕。有崇扃。一爲天地别。豈

直限玉臺作阻。幽明。神物終不隔。千祀儻還并。○本集六。玉臺新詠四。文選補遺三十六。廣文選十。詩紀五十一。又類聚六十、御覽三百四十四並作鮑照詩。引鳴、城、扃、明、并五韵。

答客詩

幽居屬有念。含意未連詞。會客從外來。問君何所思。澄神自惆悵。嘿慮久迴疑。謂賓少安席。方爲子陳之。我以筆門士。負學謝前基。愛賞好偏越。放縱少矜持。專求遂性樂。不計緝名期。歡至獨斟酒。憂來輒賦詩。聲交本集云。一作交友。稍希歇。此意更堅滋。浮生急馳電。物道險絃絲。深憂寡情謬。進伏兩暌時。願賜卜身要。得免後賢嗤。○本集五。詩紀五十一。

和王丞詩

限生歸有窮。長意本集、詩紀並云。一作憶。無已年。秋心日迥絶。春思坐連綿。銜協曠古願。斟酌高代賢。遯跡俱浮海。採藥共還山。夜聽橫石波。朝望宿巖煙。明澗子本集作予。沿越。飛蘿予本集作子。縈牽。性好必齊遂。本集作逐。跡幽非妄傳。滅志身世表。藏名琴酒間。○本集五。詩紀五十一。

日落望江贈荀丞詩

旅人乏愉樂。薄暮增思深。日落嶺雲歸。延頸望江陰。亂流瀠大壑。長霧匝高林。林際無窮極。雲邊不可尋。惟見獨飛鳥。千里一揚音。推其感物情。則知遊子心。君居帝京內。高會日揮金。豈念慕羣客。咨嗟戀景沈。〇本集五。廣文選十。詩紀五十一。

秋日示休上人詩

枯桑類聚作枝。葉易本集作未。零。初學記作落。疲客心易驚。今兹亦何早。已聞絡緯鳴。迴風滅且起。卷蓬息復征。愴愴類聚作悽悽。簟上寒。悽悽類聚作慄慄。初學記、御覽作凄凄。帳裏清。物色延暮思。霜露逼初學記作遍。朝榮。臨堂觀秋草。東西望楚城。白楊本集作百物。御覽、詩紀同。方蕭瑟。坐類聚作長。御覽同。歎從此生。〇本集八。詩紀五十一。又類聚三、初學記三並作秋日詩。引驚、鳴、征、清、榮、生六韵。御覽二十五作答湯惠休詩。引驚、鳴、征、清、榮、生六韵。

答休上人菊詩

酒出野田稻。菊生高岡草。味貌復何奇。能令君傾倒。玉椀徒自羞。爲君慨初學記作愧。詩紀云。一作愧。此秋。金蓋覆牙柈。何爲初學記作解。心獨愁。〇本集八作答休上人。初學記二十七。詩紀五十一。

吳興黄浦亭庚中郎別詩

風起洲渚寒。雲上日無輝。連山眇煙霧。長波迥難依。旅鴈方南過。浮客未西歸。已經江海別。復與親眷違。奔景易廣文選作亦。有窮。離袖安可揮。懽觴爲悲酌。歌服成泣衣。温念終不渝。藻志遠存追。役人多牽滯。顧路慙奮飛。昧心附遠翰。炯言藏佩韋。○本集六。廣文選八。詩紀五十一。

與伍侍郎別詩

民生如野鹿。知愛不知命。飲齕具攢聚。翹陸歘驚迸。傷我慕類心。感爾食蘋性。漫漫鄢郢途。渺渺淮海逕。子無金石質。吾有犬馬病。憂樂安可言。離會孰能定。欽哉慎所宜。砥德乃爲盛。貧游不可忘。久交念敦敬。○本集六。詩紀五十一。

送別王宣城詩

發郢流楚思。涉淇興衛情。既逢青春獻。復值白蘋生。廣望周千里。江郊藹微明。舉本集作簾。爵自惆悵。歌管爲誰清。潁陰騰前藻。淮陽流昔聲。樹道慕高華。屬路佇深馨。○本集六。詩紀五十一。

送從弟道秀別詩

參差生密念。躑躅行思悲。本集作悲。悲本集作疑。注一作悲。思戀光景。密念盈本集、詩紀並云。一作彌。歲時。歲時多阻折。光景乏安怡。以此苦風情。日夜驚懸旗。登山臨朝日。揚袂別所思。浸淫且潮廣。瀾漫宿雲滋。天陰懼先發。路遠常早辭。篇詩後相憶。杯酒今無持。游子苦行役。冀會非遠期。○本集六。詩紀五十一。

贈傅都曹別詩

輕鴻戲江潭。孤鴈集洲沚。邂逅兩相親。緣類聚作同。初學記同。念共無已。風雨好東西。一隔類聚作隅。初學記同。頓萬初學記作千。里。追憶初學記作想。棲宿時。聲容滿心耳。落日川渚寒。愁雲繞天起。短類聚作楊。翮不能翔。徘徊煙霧裏。○本集六。廣文選八。詩紀五十一。又類聚二十九作鮑照詩。引沚、已、里、耳、裏五韵。初學記十八作贈別傅都曹。引沚、已、里、耳、裏五韵。

和傅大農與僚故別詩

絶節無緩響。傷鴈有哀音。非同年歲意。誰共詩紀云。集作異。別離心。伊昔謬通塗。詩紀云。一作望。冠屣預人林。浮江望南嶽。登潮窺海陰。孰謂游居淺。慕美久相深。萋萋春草秀。嚶嚶喜候禽。辰物盡明茂。尊盛獨幽沈。之子安所適。我方栖舊岑。墜歡豈更接。明愛邈難尋。○本集六。詩紀五十一。

送盛侍郎餞候亭詩

霑霜襲冠帶。驅駕越城闉。北臨出塞道。南望入鄉津。高墉宿寒霧。平野起秋塵。君爲坐堂子。我乃負羈廣文選作覊。人。欣悲豈等志。甘苦誠異身。結涕園中草。憔悴悲此春。○本集六。廣文選八。詩紀五十一。

與荀中書別詩

勞舟厭長浪。疲旆倦行風。連翩感孤志。契闊傷賤躬。親交篤離愛。眷戀置酒終。敷文勉征念。發藻本集作罷落。慰愁容。思君吟本集作哥。涉洧。撫己謡渡江。慙無黄鶴翅。安得久相從。願遂宿知意。不使舊山空。○本集六。詩紀五十一。

從過舊宫詩

肅裝屬雲初學記作廬。旅。奉軔承末塗。嚴恭履桑梓。加敬覽枌榆。靈命藴川瀆。帝寶伏篇圖。虎變由石紐。龍翔自鼎湖。功冠生民始。道妙神器初。宫陛留前本集、詩紀並云。一作昔。制。歌思溢今衢。餘祥見雲物。遺像存陶漁。泉流信清泌。原野實甘荼。豈伊愛酆鄗。天險兼上腴。東秦邦北門。非親誰克居。仁聲日月懋。惠澤雲雨敷。盧令美何詩紀作阿。歇。唐風久不渝。微臣逢世慶。征賦備人徒。空費行葦德。采束謝生芻。○本集五。初學記十七。詩紀五十一。

從臨海王上荆初發新渚詩

客行有苦樂。但問客何行。扳類聚作攀。龍不待翼。附驥絶塵冥。梁珪分楚牧。羽鷁指全荆。雲艫掩江汜。千里被連旌。戾戾旦風遒。嘈嘈晨鼓鳴。收纜辭帝郊。揚棹發皇京。狐兔懷窟志。犬馬戀主情。撫襟同太息。相顧俱涕零。奉役塗未啓。思歸思已盈。○本集七。詩紀五十一。又類聚二十七作從臨海王西鎮發新亭詩。引行、冥、荆、情四韵。

還都道中詩三首

悦懌遂還心。踊躍貪至勤。鳴鷄戒征路。暮息落日分。急流騰飛沫。回風起江濆。孤獸啼夜侶。離鴻噪霜羣。物哀詩紀作衰。心交横。聲切思紛紜。歎慨訴同旅。美人無相聞。○本集五。詩紀五十一。

風急訊灣浦。裝高偃檣舳。夕聽江上波。遠極千里目。寒律驚類聚作警。窮蹊。爽氣起喬木。隱隱日没岫。瑟瑟風發谷。鳥還暮林諠。潮上水詩紀作冰。結洑。夜分霜下淒。悲端出遥陸。愁來攢人懷。羇心苦獨宿。○本集五。詩紀五十一。又類聚二十七作還都在路詩。引目、木二韵。

久宦迷遠川。川廣每多懼。薄止閭邊亭。關歷險程路。霳霸冥寓岫。濛昧江上霧。時涼籟争吹。流洊浪奔趣。本集、詩紀並云。一作注。惻焉增愁起。搔首東南顧。茫然荒野中。舉目皆凜素。回風揚江泌。寒□詩紀作□寒。棲動樹。太息終晨漏。企我歸飈遇。○本集五。詩紀五十一。

上潯陽還都道中作詩

昨夜宿南陵。今旦入蘆洲。客行惜日月。崩波不可留。侵星赴早路。畢景逐前儔。鱗鱗夕雲起。獵獵晚李善本文選作曉。詩紀云。一作曉。風遒。騰沙鬱黄霧。翻浪揚白鷗。登類聚作發。艫眺淮甸。掩泣望荆流。類聚作州。絶目盡平原。時見遠煙浮。倏忽文選作悲。坐還合。俄思甚兼秋。未嘗違户庭。安能千里遊。誰令乏古節。貽此越鄉憂。○本集五。文選二十七作還都道中作。詩紀五十一。又類聚二十七作還都道中詩。引洲、留、儔、州、浮五韵。

還都至三山望石頭城詩

泉源安首流。川末澄遠波。晨光被水族。曉氣歇林阿。兩江皎平逈。三山鬱駢羅。南帆望越嶠。北榜指齊河。闗扃繞天邑。襟帶抱尊華。長城非壑嶮。峻岨似荆芽。攢樓貫白日。摛堞隱丹霞。征夫喜觀國。遊子遲見家。流連入京引。躑躅望鄉歌。彌前歎景促。逾近勸路多。偕萃猶如兹。弘易將謂何。○本集五。詩紀五十一。

還都口號詩

分壤蕃帝華。列正藹皇宫。禮讌及年暇。朝奏因歲通。維舟歇金景。結棹俟昌風。鉦歌首寒物。歸吹踐開冬。陰沈煙塞合。蕭瑟凉海空。馳霜急歸節。幽雲慘天容。旌鼓貫玄塗。羽鷁被長江。君王遲京國。遊子思鄉邦。恩世共渝洽。身願兩扳逢。勉哉河濟客。勤爾尺波功。○本集五。詩紀五十一。

行京口至竹里詩

高柯危且竦。鋒石横復仄。複澗隱松聲。重崖伏雲色。冰閉寒方壯。風動鳥傾翼。斯志逢凋嚴。孤遊值曛逼。兼塗無憩鞍。半菽不遑食。君子樹令名。細人効命力。不見長河類聚作波。水。清濁俱不息。○本集六。詩紀五十一。又類聚二十七作至竹里詩。引色、力、息三韵。

發後渚詩

江上氣早寒。仲秋始霜雪。從軍乏衣糧。方冬與家别。蕭條背鄉心。悽愴清渚發。涼埃晦平皐。飛潮隱脩樾。孤光獨徘徊。空煙視昇滅。塗隨前峰遠。意逐後雲結。華志分馳年。韶顔慘驚節。推琴三起歎。聲爲君斷絶。○本集五。詩紀五十一。

陽岐守風詩

差池玉繩高。掩藹本集、詩紀並云。一作映。瑶井没。廣岸屯宿陰。懸崖棲歸月。役人喜先馳。軍令中早發。洲迥寰宇記作迴。風正悲。江寒霧未歇。飛雲日東西。别鶴方楚越。塵衣孰揮澣。蓬思亂光髮。○本集七、詩紀五十一並作岐陽守風。又寰宇記百四十六引悲一韻。○寰宇記荆州石首縣條云。陽岐山在縣西一百步。

發長松遇雪詩

土本集作出。牛既送寒。蓂陵本集、詩紀並云。一作冥陸。方浹馳。振風摇地局。封雪滿空枝。江渠合爲陸。天野浩無涯。飲泉本集作兼。凍馬骨。斲冰傷役疲。昆明豈不慘。黍谷寧可吹。○本集八。詩紀五十一。

詠史詩

五類聚作王。都矜財雄。三川養聲利。百金不市死。明經有高位。京城十二衢。飛甍各鱗次。仕子彯類聚作飄。

華纓。游客竦輕轡。明星晨六臣本文選作辰。類聚同。未稀。詩紀作晞。軒蓋已雲至。賓御紛颯沓。鞍馬光照地。寒暑在一時。繁華及春媚。君平獨寂寞。文選作漠。類聚同。身世類聚作勢。兩相棄。○本集六。文選二十一。類聚五十五。詩紀五十一。

蜀四賢詠司馬相如、王褒、嚴君平、揚雄。

渤渚水浴鳧。春山玉抵鵲。皇漢方盛明。羣龍滿階閣。君平因世閒。得還守寂寞。閉簾注道德。開封述天爵。相如達生旨。能屯復能躍。陵令無人事。毫墨時灑落。褒氣有逸倫。雅續信炳博。如令聖納賢。金璫易羈絡。良遮神明遊。豈伊覃思作。玄經不期賞。蟲篆散憂詩紀作憂散。樂。首路或參差。投駕均遠託。身表既非我。生內任本集云。一作甚。豐薄。○本集八。詩紀五十一。

宋詩卷九

鮑照

擬古詩八首

魯客事楚王。懷金襲丹素。既荷主人恩。又蒙令尹顧。日晏詩紀作宴。罷朝歸。輿李善本文選作鞍。馬塞衢路。宗黨生初學記作先。光輝。文選作華。類聚、初學記同。詩紀云。一作華。賓僕遠傾慕。富貴人所欲。道得李善本文選作德。亦何懼。南國有儒生。迷方獨淪誤。伐木清李善本文選作青。江湄。設罝守毚兔。○本集四。文選三十一。詩紀五十二。又類聚三十三引路、慕、懼三韵。初學記十八引素、顧、路、慕、懼五韵。黄氏集千家註杜工部詩史補遺三作懷古詩。引誤一韵。

十五諷詩書。篇翰靡不通。弱冠參多士。飛步游秦類聚作春。廣文選同。宮。側覩君子論。預見古人風。兩説窮舌端。五車摧筆鋒。羞當白璧貺。耻受聊城功。晚節從世六臣本文選注云。五臣作時。務。乘障遠和戎。解佩襲犀渠。卷衷奉盧弓。始願力不及。安知今所類聚作命不。廣文選同。終。○本集四。文選三十一。類聚二十六、廣文選十五並作雜詩。詩紀五十二。

幽并重騎射。少年好馳逐。氈帶佩雙鞬。象弧插彫服。獸肥春草短。飛鞚越平陸。朝遊鴈門上。對牀夜語作山。暮還樓煩宿。石梁有餘勁。驚雀文選集注作爵。無全目。漢虜方未和。邊城屢廣文選作累。翻覆。留我一白羽。

將以分虎詩紀作符。六臣本文選注云。五臣作符。竹。○本集四。文選三十一。文選集注六十一。廣文選十五。詩紀五十二。對牀夜語鮑照詩引宿一韵。

鑿井北陵隈。百丈不及泉。生事本瀾漫。何用獨精堅。幼壯重寸陰。衰暮反詩紀作及。輕年。放駕息朝歌。提爵止中山。詩紀云。一作仙。日夕登城隅。周迴視洛川。街衢積凍草。城郭宿寒煙。繁華悉何在。宮闕久崩填。空謗齊景非。徒稱夷叔賢。○本集四。詩紀五十二。

伊昔不治業。倦遊觀五都。海岱饒壯士。蒙泗多宿儒。結髮起躍馬。垂白對講書。呼我升上席。陳觶發瓢壺。管仲死已久。墓在西北隅。後面崔嵬者。桓公舊冢壚。君來誠既晚。不覩崇明初。玉琬徒見傳。交友義漸疏。○同上

束薪幽篁裏。刈黍寒澗陰。朔風傷我肌。號鳥驚思心。歲暮井賦訖。程課相追尋。田租送函谷。獸藁輸上林。河渭冰未開。關隴雪正深。笞擊官有罰。呵辱吏見侵。不謂乘軒意。伏櫪還至今。○同上

河畔草未黄。胡雁已矯翼。秋蛩本集作蛬。詩紀作螢。挾本集作扶。詩紀同。户吟。寒婦成玉臺作晨。夜織。去歲征人還。流傳舊相識。聞君上隴時。東望久歎息。宿昔改衣帶。玉臺作衣帶改。旦暮本集作朝旦。詩紀同。異容色。念此憂如何。夜長憂向本集作愁更。詩紀同。多。明鏡塵匣中。寶詩紀作瑶。瑟本集作琴。生網羅。○本集四。玉臺新詠四。詩紀五十二。

蜀漢多奇山。仰望與雲平。陰崖積夏雪。陽谷散秋榮。朝朝見雲歸。夜夜聞猿鳴。憂人本自悲。孤客易傷情。臨堂設樽酒。留酌思平生。石以堅爲性。君勿慙本集詩紀並云。一作輕。素誠。○本集四。詩紀五十二。

紹古辭七首詩紀云。橘生湘水側一首。藝文作張華。外編作漢古辭。皆非也。

橘生湘水側。菲陋人莫傳。逢君金華宴。得在玉几類聚作机。前。三川窮名利。京洛富妖妍。恩榮難久恃。隆寵易衰偏。觀席妾悽愴。覩翰君泫然。徒抱忠孝志。猶爲葑菲遷。○本集四。詩紀五十二。又類聚八十六作張華詩。引傳、前二韵。

昔與君别時。蠶妾初獻絲。何言年月駛。寒衣已擣治。緗繡多廢亂。篇帛久塵緇。離心壯爲劇。飛念如懸旗。石席我不爽。德音君勿欺。○同上

瑟瑟涼海風。竦竦寒山木。紛紛羇思盈。慊慊夜弦促。訪言山海路。千里歌别鶴。紘絶空咨嗟。形音誰賞録。辛苦異人狀。美貌改如玉。徒畜巧言鳥。不解心款曲。○同上

孤鴻散江嶼。連翩遵渚飛。含斷衡桂浦。馳顧河朔畿。攢攢勁秋木。昭昭淨冬暉。窗前滌歡爵。帳裏縫舞衣。芳歲猶自可。日夜望君歸。○同上

憑楹翫夜月。迥眺出谷雲。還山路已遠。往海不及羣。徘徊清淮汭。顧慕廣江濆。物情乖喜歇。守操古難聞。三越豐少姿。容態傾動君。○同上

開黛覩容本集、詩紀並云。一作朝。顔。臨鏡訪遥塗。君子事河源。彌祀闕還書。春風掃地起。飛塵生綺疏。文袿爲誰設。羅帳空卷舒。不怨身孤寂。但念星隱隅。○同上

暖歲節物早。萬萌迎春達。春風夜嬗娟。春霧朝晻靄。軟蘭葉可采。柔桑條易捋。怨咽對風景。悶瞀守閨

闔。天傳愁民命。含生但契闊。憂來無行伍。歷亂如覃葛。〇同上

學古詩本集云。一作北風雪。

北風十二月。雪下如亂巾。實是愁苦節。惆悵憶本集、詩紀並云。一作別。情親。會得兩少妾。同是洛陽人。嬛緜好眉目。閑麗美腰身。凝膚皎若雪。明淨色如神。驕愛生盼矚。聲媚起朱唇。衿服雜緹績。首飾亂瓊珍。調絃俱起舞。爲我唱梁塵。人生貴得意。懷願待君申。幸值嚴冬暮。幽夜方未晨。齊衾久兩設。角枕已雙陳。願君早休息。留歌待三春。〇本集四。詩紀五十二。

古辭

容華不待年。何爲客遊梁。九月寒陰合。悲風斷君腸。歎息空房婦。幽思坐自傷。勞心結遠路。惆悵獨未央。〇本集七。詩紀五十二。

擬青青陵上柏詩

涓涓亂江泉。綿綿橫海煙。浮生旅昭世。空事歎華年。書翰幸閒暇。我酌子縈絃。飛鑣出荆路。鶩服指本集作入。御覽同。秦川。渭濱富皇居。鱗館匝河山。輿童唱秉椒。櫂女歌采蓮。孚愉鸞閣上。窈窕鳳楹前。娛生信非謬。安用求多賢。〇本集四。詩紀五十二。又御覽三百五十八引川一韵。

學劉公幹體詩五首

欲宦乏王事。結主遠恩私。爲身不爲名。散書徒滿帷。連冰上冬月。披雪拾園葵。聖靈燭區外。小臣良見遺。○本集四。詩紀五十二。

噎噎寒野霧。蒼蒼陰山柏。樹迥霧縈集。山寒野風急。歲物盡淪傷。孤貞爲誰立。賴樹自能貞。不計跡幽濊。○同上

胡風吹朔雪。千里度龍山。集君瑶臺上。文選作裏。類聚同。初學記作下。飛舞兩楹前。茲晨文選作辰。自爲美。當避豔陽天。文選作年。初學記同。豔陽桃李節。皎潔不成妍。○本集四。文選三十一作學劉公幹。初學記二作斆劉公幹。詩紀五十二。又類聚二作詠雪詩。引山、前二韵。

荷生淥泉中。碧葉齊如規。迴風蕩流霧。珠水逐條垂。彪炳類聚作照灼。此金塘。藻耀君王類聚作玉。池。不愁世賞絶。但畏盛明移。○本集四。類聚八十二作張華荷詩。詩紀五十二。

白日正中時。天下共明光。廣文選作光明。北園有細草。當晝正含霜。乖榮頓如此。何用獨芬芳。抽琴爲爾歌。廣文選作聲。絃斷不成章。○本集四。廣文選十五。詩紀五十二。

擬阮公夜中不能寐詩

漏分不能卧。酌酒亂繁憂。惠氣憑夜清。素景緣隟流。鳴鶴時一聞。千里絶無儔。佇立爲誰久。寂寞空自愁。○本集四。廣文選十五。詩紀五十二。

學陶彭澤體詩奉和王義興。

長憂非生意。短願不須多。但使尊酒滿。朋舊數相過。秋風七八月。清露潤綺羅。提琴本集作琴。當户坐。歎息望天河。保此無傾動。寧復滯風波。〇本集四。廣文選十五。詩紀五十二。

數名詩

一身仕對牀夜語作事。關西。家族滿山東。二年從車駕。齋祭甘泉宫。三朝國慶畢。休沐還舊邦。四牡曜本集作輝。長路。輕蓋若飛鴻。五侯相餞送。高會集新豐。六樂陳廣坐。組帳揚春風。七盤起長袖。庭下列歌鍾。八珍盈彫俎。綺餚紛錯重。九族共類聚作咸。瞻遲。賓友仰徽容。十載學無就。善宦一朝通。〇本集五、文選三十並作數詩。類聚五十六。對牀夜語一。詩紀五十二。

建除詩

建旗出燉煌。西討屬國羌。除去徒與類聚作輿。騎。戰車羅萬箱。滿山又填谷。投鞍合營牆。平原亘千里。旗類聚作旌。鼓轉相望。定舍後未休。候騎敕前類聚作前勑。裝。執戈無暫頓。本集作傾。文選補遺同。彎弧不解張。破滅西零國。生虜郅支王。危亂悉平蕩。萬里置關梁。成軍類聚作車。入玉類聚誤作王。門。士女獻類聚作女獻玉。壺漿。收功在一時。歷世荷餘光。開壤襲朱紱。左右佩金章。閉帷草太玄。兹事殆愚狂。〇本集五。類聚五十六。文選補遺三十六。詩紀五十二。

白雲詩

探靈喜解骨。測化善騰天。情高不戀俗。厭世樂尋仙。鍊金宿明館。屑玉止瑶淵。鳳歌出林闕。龍駕戾本集作渡。蓬山。淩崖采三露。攀鴻戲五煙。昭昭景臨霞。湯湯風媚泉。命娥雙月際。要媛兩星間。飛虹眺卷河。汎霧弄輕絃。笛聲謝廣賓。神道不復傳。一逐白雲去。千齡猶未旋。○本集五。詩紀五十二。

臨川王服竟還田里詩

送舊本集作往。禮有終。事君本集作居。慚懦薄。稅駕罷朝衣。歸志願巢壑。尋思邈無報。退命愧天爵。捨耨將十齡。還得守場藿。道經盈竹笥。農書滿塵閣。愴愴秋風生。戚戚寒緯作。豐霧粲草華。高月麗雲崿。屏跡勤躬稼。衰疾倚芝藥。顧此謝人羣。豈直止商洛。○本集五。詩紀五十二。

行藥至城東橋詩

雞鳴關吏起。伐鼓早通晨。嚴車臨迥陌。延瞰歷城闉。蔓草緣高隅。修楊夾廣津。迅風首旦發。平路塞類聚作寒。飛塵。擾擾遊宦子。營營市井人。類聚作民。懷金近從利。撫劍遠辭親。争先類聚作知。萬里塗。各事百年身。開芳及稚節。含綵吝驚春。尊賢永照文選作昭。灼。孤賤長隱淪。容華坐銷歇。端爲誰苦辛。○本集五作行樂至城東橋。文選二十二。詩紀五十二。又類聚二十八引塵、民、親、身四韵。

園中秋散詩

負疾固無豫。晨衿悵已單。氣交蓬門疏。風數園草殘。荒墟半晚色。幽庭憐夕寒。既悲月户清。復切夜蟲酸。流枕商聲苦。騷殺年志闌。臨歌不知調。發興誰與歡。儻結弦上情。本集作延上清。豈孤林下彈。○本集八。詩紀五十二。

觀圃人藝植詩

善賈笑蠶漁。巧宧賤農牧。遠養遍關市。深利窮海陸。乘軺實金羈。當壚信珠服。居無逸身伎。安得坐粱肉。徒承屬生幸。政緩吏平睦。詩紀作陸。春畦及耘藝。秋場早芟築。澤閱既繁高。山營又登熟。抱鍤壠上餐。結茅野中宿。空識詩紀作織。己尚淳。寧知俗翻覆。○本集五。詩紀五十二。

過銅山掘黄精詩

土初學記作玉。昉詩紀作肪。閟中經。水類聚作求。芝韜内策。初學記作籍。詩紀云。一作籍。寶餌緩童年。命藥駐衰曆。類聚作歷。矧蓄終古初學記作始。情。重拾初學記作掩。煙霧跡。羊角棲斷雲。榼初學記作墻。口流隘石。銅溪晝森沈。乳竇夜涓類聚作瀝。滴。既類風門磴。復像天井壁。初學記作璧。蹀蹀寒葉離。瀁瀁秋水積。松色隨野深。

月露依草白。空守江海思。豈愧初學記作貴。梁鄭客。得仁初學記作仁愛。古無怨。順道今何惜。○本集五。初學記二十。詩紀五十二。又類聚八十一作遇銅山採藥詩。引策、歷、滴、積、白五韵。

賣玉器者詩并序

見賣玉器者。或人欲買。疑其是珉。不肯成市。聊作此詩。以戲買者。

涇渭不可雜。珉玉當早分。子實舊楚客。蒙俗謬前聞。安知理孚采。豈識質明温。我方歷上國。從洛入函轘。揚光十貴室。馳譽四豪門。奇聲振朝邑。高價服鄉村。寧能與爾曹。瑜瑕稍辨論。○本集七。詩紀五十二。

懷遠人

哀樂生有端。離會起無因。去事難重念。恍惚似如神。屬期眇已詩紀作起。遠。後遇邈無辰。馳風掃遥路。輕蘿含夕塵。思君成首疾。欲息眉不伸。○本集八。詩紀五十二。

夢歸鄉詩

銜淚出郭門。撫劍無人逵。沙風暗塞本集作空。詩紀同。起。離心眷鄉畿。夜分就孤枕。夢想暫言歸。孀婦當户歎。玉臺作笑。繅本集作搔。玉臺同。絲詩紀云。外編作搔首。復鳴機。慊款論久别。相將還綺闈。玉臺作幃。歷歷玉臺作靡靡。簷下凉。朧朧帳玉臺作窻。裏輝。刈蘭争芬芳。采菊競葳蕤。開奩奪玉臺作集。香蘇。探袖解纓徽。寐詩紀作夢。中長路近。覺後大江違。驚起空歎息。恍惚神魂飛。白水漫浩浩。高山壯巍巍。波瀾玉臺作潮。異往復。風霜本集作雲。改榮衰。此土非吾土。慷慨當告玉臺作訴。誰。○本集七。玉臺新詠四。詩紀五十二。

春羈詩

征人歎道遐。去鄉惕路邇。佳期每無從。淮陽非尺咫。春日起游心。勞情出徙倚。岫遠雲煙綿。谷屈泉靡迤。風起花四散。露濃條旖旎。二字本集、詩紀原缺。從羣書拾補補入。暄妍正在茲。摧抑多嗟思。嘶聲名本集作召。邊堅。豈我箱中紙。染翰餉君琴。新聲憶解子。○本集八。詩紀五十二。

歲暮悲詩

霜露迭濡潤。草木互榮落。日夜改運周。今悲復如昨。晝色苦沈陰。白雪夜迴薄。皦潔冒霜鴈。飄揚出風鶴。天寒多顏苦。妍容逐丹壑。絲罥本集作係罥。千里心。獨宿乏然諾。歲暮美人還。寒壺與誰酌。○本集八。詩紀五十二。

在江陵歎年傷老詩

五難未易夷。三命戒淵抱。方瞳起松髓。頳髮疑桂腦。役生良自休。大患安足保。開簾窺景夕。備屬雲物好。翾翾燕弄風。嫋嫋柳垂道。池濆亂蘋萍。園楥美花草。節如驚灰異。零落就衰老。○本集七。詩紀五十二。

夜聽妓詩二首

夜來坐幾時。銀漢傾露落。澄滄入閨景。葳蕤被園藿。絲管感暮情。哀音遶梁作。芳盛不可恆。及歲共爲樂。天明坐當散。琴酒駛弦酌。○本集七。

蘭膏消耗夜轉多。亂筵雜坐更弦歌。傾情逐節寧不苦。特爲盛年惜容華。○同上

翫月城西門解中詩解字李善本文選作解。

始見六臣本文選作出。注云。善作見。詩紀云。一作出。西南樓。纖初學記作纎。誤。纖如玉鉤。末本集作未。六臣本文選、御覽同。映東初學記作西。事類賦同。北墀。娟娟似蛾玉臺作娥。下同。眉。蛾眉蔽珠櫳。玉臺作籠。玉鉤隔事類賦作映。瑣玉臺作綺。事類賦同。御覽作璅。詩紀作瑣。窗。三五二八時。千里與君同。夜移衡漢落。徘徊帷本集作入。六臣本文選注云。五臣作入。事類賦作庭。幌本集作户。文選、御覽、事類賦同。玉臺作櫎。中。歸長慶集作離。華先委露。别葉早長慶集作乍。辭風。客遊厭苦辛。玉臺作辛苦。仕子倦飄塵。休澣自公日。宴玉臺作晏。慰及私辰。蜀琴抽玉臺作擂。白雪。郢曲發玉臺作繞。六臣本文選注云。五臣作繞。陽春。餚乾酒未闋。玉臺作缺。文選同。六臣本注云。五臣作闋。金壺啟夕淪。玉臺作輪。迴軒駐輕蓋。留酌待情人。○本集七。文選三十。玉臺新詠四作翫月城西城。詩紀五十二。又類聚一作翫月詩。引窗、同、中三韵。初學記一作鮑照詩。引樓、鈎、墀、眉四韵。御覽四、事類賦四並作翫月詩。引鈎、眉、窗、同、中五韵。

喜雨詩奉敕作。

營社逹羣陰。屯雲類聚作宫。拚類聚作掩。積陽。河井起龍蒸。日魄斂游光。族雲飛泉室。震風沈羽鄉。升雰浹地維。傾潤瀉天潢。平灑周海嶽。曲潦溢川莊。驚雷鳴桂渚。迴涓流玉堂。珍類聚誤作彌。木抽翠條。炎卉濯類聚作耀。詩紀作擢。朱芳。闤市欣九賦。京廩開萬箱。無謝堯爲君。何用知柏皇。本集作篁。〇本集六。詩紀五十一。又類聚二引陽、鄉、潢、芳、箱五韵。

苦雨詩

連陰積澆灌。滂沱下霖亂。沈雲日夕昏。驟雨望類聚作淫。朝旦。蹊濘走獸稀。類聚作希。林類聚作枝。寒鳥飛晏。密霧冥下溪。聚雲屯高岸。野雀無所依。羣雞聚空館。川梁日已廣。懷人邈渺漫。徒酌相思酒。空急促明彈。〇本集八。詩紀五十二。又類聚二引亂、旦、晏、岸四韵。

詠白雪詩

白珪誠自白。不如雪光妍。工隨物動氣。當作氛。能逐勢方圓。無妨玉顏媚。不奪素繒鮮。投心障苦節。隱跡避榮年。蘭焚石既斷。何用恃芳堅。〇本集八。詩紀五十二。

三日詩

氣暄動思心。柳青起春懷。時豔憐花藥。服歲時雜詠作眼。淨悅本集作俛。詩紀同。登臺。提觴野中飲。愛心歲時雜詠作心愛。詩紀云。一作心愛。煙未開。露色染歲時雜詠作霑。春草。泉源潔冰苔。泥泥歲時雜詠作苊苊。濡露條。嫋嫋承風栽。歲時雜詠作裁。鳧雛掇歲時雜詠作惙。苦薺。黃鳥銜歲時雜詠誤作御。櫻梅。解衿欣景預。臨流競覆杯。美人竟何在。浮心空自摧。〇本集八。古今歲時雜詠十六。詩紀五十二。

詠秋詩

秋蘭徒晚綠。流風漸不親。飆我垂思幕。本集作暮。驚此梁上塵。沈陰安可久。豐景將遂淪。何由忽靈化。暫見別離人。〇本集八。詩紀五十二。

秋夕詩

慮涕擁心用。夜默發思機。幽閨溢涼吹。閒庭滿清暉。紫蘭花已歇。青梧葉方稀。江上淒海戾。漢曲驚朔霏。髮斑悟壯晚。物謝知歲微。臨宵嗟獨對。撫賞怨情違。躊躇空明月。惆悵徒深帷。〇本集八。詩紀五十二。

秋夜詩二首

夜久膏既竭。啓明旦未央。環情倦始復。空闈本集作闇。注云。一作閣。詩紀云。一作閣。起晨裝。幸承天光轉。曲影本集作景。入幽堂。徘徊集通隟。宛轉燭迴梁。帷風自卷舒。簾露視成行。歲役急窮晏。生慮備温涼。絲紈夙染濯。綿綿夜裁張。冬雪旦夕至。公子乏衣裳。華心愛零落。非直惜容光。願君翦衆念。且共覆前觴。○本集五。詩紀五十二。

遁跡避紛喧。貨本集作貿。農棲寂寞。荒徑馳野鼠。空庭聚山雀。既遠人世歡。還賴泉卉樂。折柳樊場圃。負綆汲潭壑。霽旦見雲峯。風夜聞海鶴。江介早寒來。白露先秋落。麻壟方結葉。瓜田已掃籜。傾暉本集作揮。忽西下。迴景思華幕。攀蘿席中軒。臨觴不能酌。終古自多恨。幽悲共淪鑠。○同上

和王護軍秋夕詩

散漫秋雲遠。蕭蕭霜月寒。驚飆御覽作風。西北起。孤鴈夜往還。開軒當户牖。取琴試一彈。停歌不能和。終曲久辛酸。金氣方勁殺。隆御覽作降。陽微且單。御覽作殫。泉涸甘井竭。節徙芳歲殘。生事各多少。誰共知易難。投章心藴結。本集、詩紀原缺結字。今從萬曆本詩紀。千里途輕紈。願託孤老暇。觴思暫開餐。○本集八。詩紀五十二。又御覽二十五引寒、還、殫、殘四韻。

和王義興七夕詩

宵月向掩扉。夜霧方當白。寒機思孀婦。秋堂泣征客。匹命無單年。偶影有雙夕。暫交金石心。須臾雲雨隔。○本集八。古今歲時雜詠二十五。詩紀五十二。

冬至詩

舟遷莊甚笑。水流孔急歎。本集作難。歲時雜詠同。景移風度改。日至晷迴初學記作遷。歲時雜詠、御覽同。换。眇眇負霜本集作雪。鶴。皎皎帶雲本集作霜。鴈。長河結御覽作夜。瓓玕。本集作蘭紆。歲時雜詠同。御覽作闌干。萬花谷同。層冰類聚誤作水。如玉岸。萬花谷誤作炭。哀哀古老容。慘顔愁歲晏。御覽誤作暮。催促時節歲時雜詠作好。過。逼迫聚離散。美人還未央。鳴筝誰與彈。○本集八。古今歲時雜詠三十九。詩紀五十二。又類聚三引换、鴈、岸三韵。初學記四引换、鴈二韵。御覽二十八引换、鴈、岸、暮四韵。萬花谷四引炭一韵。

冬日詩

嚴雲詩紀作風。亂山起。歲華紀麗作起亂山。白日欲還次。曛類聚作重。霧蔽窮天。夕陰晦寒地。煙霾有氛氲。精光無明異。風急野田空。飢禽稍相棄。含生共通閉。懷賢孰詩紀作敦。爲利。天規詩紀作窺。苟平圓。寧得已偏媚。瀚本集作寫。萬花谷作澣。詩紀作瀉。海有歸潮。衰容不還稚。類聚作穉。君今類聚作令君。萬花谷同。初學記作今君。且安萬花谷作高。歌。無念老方類聚作將。至。○本集六。詩紀五十二。又類聚三引次、地、穉、至四韵。初學記三引次、地、稚、至四韵。歲華紀麗四引次一韵。萬花谷後二作鮑照詩。引次、地、稚、至四韵。

望水詩

刷鬢垂秋日。登高觀水長。千澗無別源。萬壑共一廣。流駛本集作鈌。巨石轉。湍迴急沫上。苕苕嶺岸高。照照寒洲爽。東歸難忖惻。日逝本集、詩紀並作世。今從萬曆本詩紀。誰與賞。臨川憶古事。目孱千載想。河伯自矜大。海若沈渺莽。○本集八。詩紀五十二。

望孤石詩

江南多暖谷。雜樹茂寒峯。朱華抱白雪。陽條熙朔風。蚌節流綺本集作騎。藻。輝石亂煙虹。泄雲去無極。馳波往不窮。嘯歌清漏畢。徘徊朝景終。浮生會當幾。歡酌每盈衷。○本集七。詩紀五十二。

山行見孤桐詩

桐生叢石類聚作叢谷。裏。根孤地寒陰。上倚崩岸勢。下帶洞阿深。奔泉冬激射。霧雨夏霖淫。未霜葉已肅。不風條自吟。昏明積苦思。晝夜叫哀禽。棄妾望掩淚。逐臣對撫心。雖以慰單危。悲涼不可任。幸類聚作不。願見雕斲。爲君堂上琴。○本集六。詩紀五十二。又類聚八十八引陰、吟、琴三韵。

詠雙燕詩二首

雙燕戲雲崖。羽翰玉臺作翮。類聚同。始差池。出入南閨裏。經過北堂陲。玉臺作垂。意欲巢君幕。層楹不可窺。沈吟芳歲晚。徘徊韶景移。悲歌辭舊愛。銜淚覓新類聚作所。知。○本集五。玉臺新詠四作詠燕。類聚九十二。詩紀五十二。

可憐雲中燕。旦去暮來歸。自知羽翅弱。不與鵠爭飛。寄聲謝飛鵠。往事子毛衣。瑣心誠貧薄。回㕯節榮衰。陰山饒苦霧。危節多勁威。豈但避霜雪。當本集、詩紀並云。一作復。儆野人機。○本集五。詩紀五十二。

酒後詩

晨節無兩淹。年意不俱處。自非羽酌歡。何用慰愁旅。○本集七。詩紀五十二。

講易詩

雲澤翔羽姬。橫蓋招益人。賁園無金尚。履道易書紳。○本集七。詩紀五十二。

可愛詩

風帷閃本集作闕。珠帶。月幌垂霧羅。魏粲縫秋裳。趙豔習春歌。○本集七。詩紀五十二。

夜聽聲詩

辭鄉不覺遠。歡寡憂自繁。何用慰秋望。清燭視夜翻。○本集七。詩紀五十二。

在荆州與張使君李居士聯句

橋磴支吾轍。篁路拂輕鞍。三尹無喜色。一適或垂竿。○本集七。詩紀五十二。

與謝尚書莊三連句

霞輝兮澗朗。日静兮川澄。風輕桃欲開。露重蘭未勝。水光溢兮松霧動。山煙疊兮石露凝。掩映晨物綵。連綿夕羽興。○本集七。詩紀五十二。

月下登樓連句

鬖髿蘿本集作拂。月光。繽紛篁霧陰。樂來亂憂念。酒至歇憂心。鮑博士露入覺牖高。螢蜚本集作芳深。測苑深。清氣澄永夜。流吹不可臨。王延秀密峯集浮碧。疏瀾道瀛尋。本集作潯。嗽玉延幽性。攀本集作扳。桂藉知音。荀原之辰意事淪晦。良歡戒勿諼。昭景有遺本集作遣。馳。疏賈無留金。荀中書萬秋○本集七。詩紀五十二。

字謎三首

二本集作一。類聚同。形一體。四支八頭。四八一八。飛泉仰流。井○本集七。類聚五十六。詩紀五十二。

頭如刀。尾如鉤。中央横廣。四角六抽。右面負兩刃。左邊雙屬牛。龜○同上

乾之一九。隻類聚作從。立無偶。坤類聚作巛。之二六。宛然雙宿。土○同上

贈顧墨曹詩

昏明易遠。離會難揆。雲轍類聚作撤。泉分。西艫東軌。○類聚三十一。詩紀五十二。

擬古詩

中坐溢朱組。步欄篁瓊弁。禮登佇眷情。樂闋延皇眄。○韵補四。

詩

豎儒守一經。未足識行藏。○南史吉士瞻傳。

鮑令暉

令暉。鮑照妹。

擬青青河畔草詩

裊裊臨窗竹。藹藹垂門桐。灼灼青軒女。泠泠高堂玉臺作臺。詩紀云。一作臺。中。明志逸秋霜。玉顏掩玉臺作豔。春紅。人生誰不別。恨君早從戎。鳴絃慚夜月。紺黛羞春風。○玉臺新詠四。詩紀五十四。

擬客從遠方來詩

客從遠方來。贈我漆鳴琴。木有相思文。絃有別離音。終身執此調。歲寒不改心。願作陽春曲。宮商長相尋。○玉臺新詠四。廣文選十五。詩紀五十四。

代葛沙門妻郭小玉作詩二首

明月何皎皎。垂幌玉臺作橫。照羅茵。若共相思夜。知同憂怨晨。芳華豈矜貌。霜露不憐人。君非青雲逝。飄跡事咸秦。妾持一生淚。經秋復度春。○玉臺新詠四。詩紀五十四。

君子將遥玉臺作徭。役。遺我雙題錦。臨當欲去時。復留相思枕。題用常著心。枕以憶同寢。行行日已遠。轉覺思彌甚。○同上

題書後寄行人詩

自君之出矣。臨軒不解顔。砧杵夜不發。高門晝恒玉臺作常。文苑作恒晝。注云。一作晝恒。關。帳文苑作幃。注云。一作帷。樂府作帷。中流文苑作浮。注云。一作帳中流。熠燿。玉臺作耀。文苑、詩紀同。庭前華紫蘭。物詩紀作楊。枯識節異。鴻來文苑作歸。樂府、詩紀同。知客寒。遊用樂府作取。暮冬文苑作秋。樂府作春。盡。除春文苑作餘思。詩紀同。待君文苑作春。注云。一作思。還。詩紀云。樂府作遊取暮春盡。餘思待君還。○玉臺新詠四。又文苑英華二百二、樂府詩集六十九並作自君之出矣。詩紀五十四。又類聚三十一引顔、關、蘭、寒四韵。

寄行人詩

桂吐兩三枝。蘭開四五葉。是時君不歸。春風徒笑妾。○類聚三十一。詩紀五十四。

古意贈今人詩

寒鄉無異服。衣氈詩紀作氈褐。代文練。日月望君歸。年年不解綖。類聚作線。詩紀同。荆揚春早和。幽冀猶霜霰。北類聚作地。樂府同。寒妾已知。南心君不見。誰爲道辛苦。寄情雙飛燕。形迫杼煎絲。顔落風催電。容華一朝盡。詩紀作改。惟餘心不變。○玉臺新詠四。詩紀五十四。又類聚四十二、樂府詩集六十並作吴邁遠秋風曲。引練、線、霰、見四韵。

宋詩卷十

王素

素。字休業。琅邪臨沂人。初爲廬陵王國侍郎。泰始中。徵太子中舍人。不就。七年卒。年五十四。有集十六卷。

學阮步兵體詩

沈情發遐慮。紆鬱懷所思。髣髴聞簫管。鳴鳳接嬴姬。聯綿共雲翼。嬿婉相攜持。寄言芳華士。寵利不常期。涇渭分清濁。視彼谷風詩。○玉臺新詠四。詩紀五十三。

吴邁遠

邁遠。曾任江州從事。好爲篇章。宋明帝聞而召之。及見。曰。此人聯絶之外。無所復有。好自誇而嗤鄙他人。每作詩得稱意語。輒擲地呼曰。曹子建何足數哉。宋元徽二年。坐桂陽之亂誅死。有集八卷。

飛來雙白鵠

可憐雙白鵠。文苑作鶴。雙雙絶塵氛。連翩弄光景。交頸遊文苑作想。注云。一作遊。青雲。逢羅復逢繳。雌雄一旦分。哀聲流海曲。廣文選作内。孤叫出樂府作去。廣文選作絶。詩紀云。一作絶。江濆。豈不慕前侣。爲爾不及羣。步步一零淚。千里猶待君。樂哉新相知。悲來玉臺作矣。廣文選作哉。生詩紀作新。别離。持玉臺作恃。此百年命。共逐寸陰移。譬如空山草。零落心自知。○玉臺新詠四。文苑英華二百六作飛來雙白鶴。樂府詩集三十九。廣文選十四作雙鵠篇。詩紀五十三。

櫂歌行

十三爲漢使。孤劍出皐蘭。西南窮天險。東北畢地闌。岷山高以峻。燕水清且寒。一去千里孤。邊馬何時還。遥望烟嶂外。障萬曆本詩紀作瘴。氣鬱雲端。始知身死處。平生從此殘。○樂府詩集四十。廣文選十四。詩紀五十三。

陽春歌

百里望咸陽。知是帝京域。廣文選作邑。詩紀同。文苑云。一作國。緑樹摇雲光。春城起風色。佳人愛華景。玉臺作景華。廣文選同。流靡園塘側。妍姿豔月映。羅衣飄蟬翼。宋玉歌陽春。巴人長歎息。雅鄭不同賞。那令君愴惻。

生平重愛惠。類聚作生重愛惠輕。文苑同。又注。愛一作受。樂府作生重受惠輕。私自憐何極。○玉臺新詠四作陽春曲。文苑英華百九十三。樂府詩集五十一。廣文選十四。詩紀五十三。又類聚四十二作陽春曲。引色、側、息、極四韻。

胡笳曲

輕命重意氣。古來豈但今。緩頰獻一説。揚眉受千金。邊風落寒草。鳴笳墜飛禽。越情結楚思。漢耳聽胡音。既懷離俗傷。復悲朝光侵。日當故鄉没。遥見浮雲陰。○類聚四十二。樂府詩集五十九。詩紀五十三。

長相思

晨有行路類聚作遠道。客。依依造門端。人馬風塵色。知從河類聚作關。廣文選作何。塞還。時我有同棲。結宦遊邯鄲。將不異客子。分飢復共寒。煩君尺帛類聚作錦。書。寸心從此殫。玉臺作單。遣類聚作道。詩紀云。玉臺作道。妾長憔悴。豈類聚作無。復歌笑顔。簷類聚作欄。隱千霜樹。庭枯十載蘭。經春不舉袖。秋落寧復看。一見願道意。君門已九關。虞卿棄相印。擔簦詩紀云。玉臺作笠。爲同歡。閨陰欲早霜。何事空盤桓。○玉臺新詠四。樂府詩集六十九。廣文選十四。詩紀五十三。又類聚四十二作長相思詩。引端、還、殫、顔、蘭、看六韻。

長别離

生離不可聞。況復長相思。如何與君别。當我盛樂府作少。廣文選同。年時。蕙華每摇蕩。妾心空文苑、樂府作長。

並注云。一作空。廣文選作長。自持。榮乏草木歡。悴極文苑作劇。霜露悲。富貴貌樂府云。一作身。難變。文苑作老。注云。一作難變。玉臺作身難老。貧賤顔玉臺作年。易衰。持此斷君腸。君亦宜詩紀作且。注云。一作宜。自疑。淮陰有逸將。折樂府作析。廣文選誤作柝。翮文苑作羽。樂府、廣文選同。謝翻文苑作不曾。樂府、廣文選同。飛。楚有玉臺作亦。扛鼎士。出門不得歸。正爲隆準公。仗劍入紫微。君才定何如。文苑作如何。白日下争暉。○玉臺新詠四。文苑英華二百二。樂府詩集七十二。廣文選十四。詩紀五十三。又類聚四十二作長離別詩。引思、時、持三韵。

杞梁妻

燈竭從初明。蘭凋猶廣文選作由。早薰。扼腕非一代。千載炳遺文。貞夫淪莒役。杜弔結齊君。驚心眩白日。長洲崩秋雲。精微貫穹旻。高城爲隤墳。行人既迷徑。飛鳥亦失羣。壯哉金石軀。出門形影分。一隨塵壤消。聲譽誰共論。○樂府詩集七十三。廣文選十四。詩紀五十三。

楚朝曲

白雲縈藹荆山阿。洞庭縱横日生詩紀云。一作生白。波。幽芳遠客悲如何。繡被掩口越人歌。壯年流瞻襄成和。清貞空情感電過。初同末異憂愁多。窮巷惆愴沈汨羅。延思萬里挂長河。翻驚漢陰動湘娥。○樂府詩集五十八。詩紀五十三。

秋風曲

寒鄉無異服。衣氈詩紀作氈褐。代文練。月月望君歸。年年不解綖。類聚作線。樂府同。荆揚春早和。幽冀猶霜霰。北類聚作地。樂府同。寒妾已知。南心君不見。誰爲道辛苦。寄情雙飛燕。形迫杼煎絲。顔落風催電。容華一朝盡。詩紀作改。唯餘心不變。○玉臺新詠四作鮑令暉古意贈今人。詩紀五十三作古意贈今人。又類聚四十二、樂府詩集六十並引練、線、霰、見四韵。

遊廬山觀道士石室詩 詩紀云。詩彙作江總者非。

蒙葺衆山裏。往來行跡稀。尋嶺達仙居。道士披雲歸。似著南康府志作作。周時冠。狀披漢時衣。安知世代積。服古人不衰。得我宿昔情。知我道無爲。○類聚六十四。南康府志。詩紀五十三。

臨終詩

傷歌入松路。斗酒望青山。誰非一丘土。參差前後間。○初學記十四。詩紀五十三。

徐爰

爰。字長玉。初名瑗。南琅邪開陽人。仕晉爲琅邪王大司馬府中典軍。宋元嘉中。累遷殿中侍御史。孝建初。補尚書水部郎。轉殿中郎、尚書右丞。遷左丞。大明中。領著作郎。泰始初。領長水校尉兼尚書左丞。後廢帝卽位。爲南濟陰太守、中散大夫。元徽三年卒。年八十二。有宋書六十五卷、集十卷。

華林北澗詩

總長潭兮括遠源。下沈溜兮起輕泉。迴溪浚兮曲沼阻。衝波激兮瀨淺淺。貫九谷兮積靈芝。飛清濤兮潔澄連。詩紀云。一作川。○類聚九、詩紀五十四並作徐謖。

詠牛女詩

結綵彪天路。頹芳菲靈臺。○初學記四。

袁粲

粲。字景倩。淑兄子。孝武即位。遷尚書吏部郎、太子右衛率。歷任侍中、吏部尚書、司徒左長史、南東海太守、尚書僕射、中書監。順帝昇明元年。爲蕭道成所害。

五言詩

南史曰。粲負才尚氣。愛好虛遠。雖位任隆重。不以事務經懷。嘗作五言詩言云云。蓋其志也。

訪跡雖中宇。循寄乃滄洲。○南史本傳。

劉俁

俁。彭城人。

詩

南史曰。俁。彦節子也。嘗賦詩云云。後彦節與袁粲謀誅齊高帝。不尅死。俁亦被害。

城上草。植根非不高。所恨風霜早。○南史長沙景王道憐傳。詩紀五十四。

卞彬

彬。字士蔚。濟陰冤勾人。仕宋爲西曹主簿、奉朝請、員外郎。

自爲童謡

南齊書曰。宋元徽末。四貴輔政。彬謂太祖曰。外間童謡云云。公頗聞不。時王藴居父憂。與袁粲同死。故念尸著服也。服者。衣也。褚字邊衣也。孝除子以代日者。謂褚淵也。列管。簫也。彬退。太祖笑曰。彬自作此。

可憐可念尸著服。孝子不在日代哭。列簫暫鳴死列族。○南齊書本傳。

任豫

雪詩

寒鳶響雲書鈔作雪。嘯。悲鴻哀文選注作竟。夜號。箕飈振地作。畢陰駭曾高。○書鈔百五十六。又文選二十二宿東園詩注作任預。引嗷一韵。

夏潦省宅詩

風棹出天街。星言指沈室。頓楫俄毁垣。惻然悼窮陌。春爲發大道。夏爲潡潮拆。貴者陋懷居。鄙人安朝夕。生長數十載。幸祐見衰白。堂遺孤孩音。庭餘笄齔跡。入似聚族慰。出爲里仁惜。○類聚六十四作梁任豫。

袁伯文

伯文爲中書郎。有集十一卷。

楚妃歎

玉墀滴凄露。羅幌已依霜。逢春每先絶。争秋欲幾芳。○樂府詩集二十九。詩紀五十四。

述山貧詩

慵滌倦閭閈。耕牧僽松丘。製荷依露蛪。搴若逗霜洲。鬢垂驚年素。膚耗盈帶憂。幸有深棲性。幽山可以留。○初學記十八。詩紀五十四。

湛茂之

茂之爲司徒左長史。

歷山草堂應教南平王鑠有過歷山湛長史草堂詩。

閉户守玄漠。無復車馬跡。衰廢歸丘樊。歲寒見松柏。身慚睢陽老。名忝梁園客。習隱非朝市。追常在山澤。離離插天樹。磊磊間雲石。持此怡一生。傷哉詩話作感。駒度隙。○古詩類苑十一。詩紀五十四。升菴詩話作湛方生酬南平王。又全唐詩丘丹經湛長史草堂詩序引栢一韵。

賀道慶

道慶。會稽山陰人。

離合詩

促席宴閒夜。足歡不覺疲。詠歌無餘願。永言終在斯。信○類聚五十六。詩紀五十四。

王歆之

歆之。字叔道。河東人。曾祖愆期。有名晉世。官至南蠻校尉。歆之位至左民尚書光禄大夫。卒官。

效孫皓爾汝歌

南史曰。河東王歆之。嘗爲南康劉邕相。素輕邕。後歆之與邕俱與元會並坐。邕謂歆之曰。卿昔見臣。今能見勸一杯酒否。歆之因效孫皓歌答之。

昔爲汝作臣。今與御覽作爲。汝比肩。既不勸汝酒。亦不願汝年。○宋書劉穆之傳。南史劉穆之傳。御覽八百四十六。詩紀五十四。

蕭璟

貧士詩

四時迭來往。苦辛隨事迫。三冬泣牛衣。初學記作被。五月披裘客。遲遲春日永。憂來安所適。季秋授衣節。

荷裳竟不易。班超棄筆硯。婁敬脱挽輅。雖云丈夫志。終涉自媒跡。賢哉顏氏子。飲水常怡懌。○初學記十八。詩紀五十四。

張公庭

春遊詩

勾芒御春正。衡紀運玉瓊。明庶起祥春。和氣翕來征。慶雲蔭八極。甘雨潤四坰。昊天降靈澤。朝日耀華精。嘉苗布原野。百卉敷時榮。鳩鵲與鶯黄。間關相和鳴。菉萍覆靈沼。香花揚芳馨。春遊誠可樂。感此白日傾。休否有終極。落葉思本莖。臨川悲逝者。節變動中情。○廣文選九。

漁父

答孫緬歌

南史曰。漁父者。不知姓名。亦不知何許人。太康。孫緬爲潯陽太守。落日逍遥渚際。見一輕舟凌波隱顯。俄而漁父至。神韻蕭灑。垂綸長嘯。緬甚異之。褰裳涉水與之論用世之道。漁父曰。僕山海狂人。不達世務。未辨賤貧。無論榮貴。乃歌云云。於是悠然鼓棹而去。

竹竿籊籊。河水浟浟。南史作悠悠。御覽同。相忘爲樂。貪餌吞鈎。非夷非惠。聊以忘憂。○南史孫緬傳。御覽五百五、八百三十四引宋書。詩紀五十四。

雜歌謡辭諺語附

時人爲檀道濟歌

南史曰。檀道濟有威名。爲敵所畏。宋王疑而殺之。時人哀而作歌曰。

可憐白浮鳩。枉殺檀江州。○南史檀道濟傳。詩紀五十五作宋人歌。

時人爲檀道濟歌

異苑曰。檀道濟元嘉中鎮尋陽。十二年入朝。與家分別。顧瞻城闕。歔欷愈深。識者是知道濟之不南旋也。故時人爲其歌曰。

生人作死別。茶毒當奈何。○御覽八百八十五。

讀曲歌

宋書曰。讀曲歌者。民間爲彭城王義康所作也。其歌云。

死罪劉領軍。誤殺劉第四。○宋書樂志。樂府詩集四十六。

劉敬叔引詩

異苑曰。朱文繡與羅子鍾爲友。俱仕於梁。繡既死。鍾哀哭之。其夜俱亡。梁南七里有雞山。葬繡於其中。北九里有雉澗。埋鍾於其内。繡神靈變爲雞。鍾魂魄化爲雉。清鳴哀響。來往不絶。故詩云。

雞山别飛響。雉澗和清音。〇御覽九百十八。

民間爲謝靈運謡

宋書曰。陳郡謝靈運。每出入。自扶接者常數人。民間謡曰云云。此蓋不肅之咎。後坐誅。

四人挈衣裙。三人捉坐席。〇宋書五行志。

元嘉中魏地童謡

南史曰。宋元嘉二十七年。魏太武帝圍汝南戍。文帝遣臧質北救。至盱眙。太武已過淮。自廣陵返攻盱眙。就質求酒。質封溲便與之。且報書云。不聞童謡言邪。虜馬飲江水。佛狸死卯年。冥期使然。非復人事。爾智識及衆豈能勝苻堅邪。頃年展爾陸梁者。是爾未飲江。太歲未卯耳。時魏地有童謡。故質引之云。

軺車北來如穿雉。不意虜馬飲江水。虜主北歸石濟死。虜欲渡江天不徙。〇宋書臧質傳。南史臧質傳。詩紀五十五。

臧質引童謡

虜馬渡江水。佛狸死卯年。〇宋書臧質傳。

元嘉末童謡

高僧傳曰。曇爽立寺。名新亭精舍。後孝武帝南下伐凶。鑾旆至此寺。及登禪。復幸禪堂。故元嘉末童謡云云。乃禪堂之謂。故中興禪房猶有龍飛殿焉。

錢唐出天子。○高僧傳竺法義傳。○逯案。宋書符瑞志云。元嘉中謡言錢唐當出天子。與此小異。今以僧傳爲主。

民間爲奚顯度謡

南史曰。大明中。有奚顯度者爲員外散騎侍郎。孝武嘗使主領人功。而苛虐無道。動加捶撻。暑雨寒雪。不聽暫休。人不堪命。時建康縣考囚。或用方材壓額及踝脛。故民間有此謡。又相戲曰。勿反顧。付奚度。其暴酷如此。

寧得建康壓額。不能受奚度拍。○宋書戴法興傳。南史戴明寶傳。詩紀五十五作大明中謡。

泰始中童謡

南齊書曰。宋泰始中童謡云云。故明帝殺建安王休仁。蘇侃云。後順帝自東城即位。論者謂應之。乃是武進縣上所居東城里也。

東城出天子。南史作天子出。○南齊書祥瑞志。南史齊高帝紀。

永光初謡言

宋書曰。前廢帝永光初。又謡言云云。幼主欲南幸湘川以厭之。既而湘東王卽尊位。是爲明帝。

湘州御覽作中。出天子。○南書符瑞志。御覽一百二十八。

元徽中童謡

齊書曰。元徽中童謡。後沈攸之反。雍州刺史張敬兒襲江陵。殺攸之子元琰等。

襄陽白銅蹄。郎殺荆州兒。○南齊書五行志。詩紀五十五。

東陽爲釋慧約謡

高僧傳曰。釋慧約姓婁氏。年二十始遊於剡。遠會素心。多究經典。故東陽謡曰。

少達妙理婁居士。○高僧傳釋慧約傳。

時人爲劉劭劉駿語

魏書曰。義隆太子劭及始興王休明等斬義隆。劭弟駿討之。擒劭、休明並梟首大桁。男女一皆從戮。時人爲之語曰。

遥望建康城。江水逆流縈。前見子殺父。後見弟殺兄。○魏書島夷劉義隆傳。

麥城俗諺

寰宇記曰。麥城東有驢城。沮水之西有磨城。犄角麥城。昔伍子胥造此二城以攻麥城。假驢磨之名。俗諺云。

東驢西磨。麥城自寰宇記無自字。破。〇水經注沮水注。寰宇記百四十六。

顏延之引諺

宋書曰。延之爲庭誥之文曰。富厚貧薄。事之懸也。諺曰。

富則盛。貧則病。〇宋書顏延之傳。

清溪諺

異苑曰。檀道濟居青溪。第二兒夜忽見人來縛己。欲呼不得。至曉乃解。猶見繩痕。先是吴將步闡所居。諺云云云。青溪。青揚是也。自步及檀。皆被誅。

揚州青。是鬼營。〇太平廣記三百二十四。

釋慧通引諺

弘明集曰。釋慧通駁顧道士夷夏論曰。諺曰。

指南爲北。自謂不惑。指西爲東。自謂不蒙。〇弘明集七。

時人爲丁旿語

宋書武帝紀曰。諸葛長民貪淫驕縱。帝每優容之。劉毅既誅。長民懼禍。及將謀作亂。帝自江陵還。長民到門。引前却人閒語。帝已密命左右丁旿自幔後於坐拉焉。死牀側。輿屍付廷尉。旿驍勇有力。時人語曰。

勿跋扈。付丁旿。○宋書武帝紀。御覽四百九十五。詩紀五十五作跋扈。

南豫州軍士爲王玄謨宗越語

宋書曰。玄謨性嚴尅少恩。而將軍宗越御下更苛酷。軍士爲之語曰。

寧作五御覽或無五字。年徒。不逢南史作逐。御覽、詩紀同。王御覽或無王字。玄謨。玄謨猶御覽無猶字。尚宋書作自。可。宗越更御覽無更字。殺我。○宋書王玄謨傳。宋書宗越傳。南史宗越傳。御覽四百九十二。詩紀五十五作將士謡。又四百九十五引前兩句。

鼓山俗語

宋永初古今山川記曰。鼓山有石鼓形二所。南北相當。俗語云。

南鼓北鼓。相去十五。○寰宇記五十六。

京邑爲何勗孟靈休語

宋書曰。時安成公何勗。无忌之子也。臨汝公孟靈休。昶之子也。並各奢豪。與湛之共以餚膳器服車馬相尚。京邑爲之語曰。

安成食。臨汝飾。○宋書徐湛之傳。

時人爲王延之王僧虔語

南齊書曰。齊高帝輔政。朝野之情。人懷彼此。延之與尚書令王僧虔中立無所去就。時人語曰云云。高帝以此善之。

二王居南齊書作持。平。不送不迎。○南齊書王延之傳。南史王延之傳。御覽二百十一。詩紀五十五作二王謡。

京師爲東安門場二寺僧語

宋書曰。慧嚴、慧義道人並在安東寺。學行精整。爲道俗所推。時門場寺多禪僧。京師爲之語曰。

門場禪師窟。東安談義林。○宋書天竺傳。南史天竺傳。

時人爲胡母顥語

南史曰。宋明帝時。阮佃夫、楊運長、王道隆皆擅威權。言爲詔敕。郡守令長。一缺十除。内外混然。官以賄命。王阮家富於公室。中書舍人胡母顥專權。奏無不可。時人語云云。禾絹謂上也。

禾絹閉眼諾。胡母大張槖。○南史宋明帝紀。詩紀五十五作禾絹謡。

百姓爲袁粲褚彦回語

南史曰。袁粲謀舉兵誅齊高帝。褚淵發其謀。粲兵敗遇害。而淵獨輔政。于時百姓語曰。

可憐石頭城。寧爲袁粲死。不作褚淵南史作彦回。生。〇南史袁粲傳。詩紀五十五作石城謡。

齊宋以來民間語

南齊書曰。齊、宋以來民間語云云。明帝初。誅害蕃戚。京師危駭。

擾攘建武上。〇南齊書五行志。

時人評八僧語

高僧傳曰。宋長安龍光寺有竺道生。本姓魏。鉅鹿人也。性廣機警。神氣清穆。初生與叡公及嚴觀同學齊名。故時人評曰。

生叡發天真。嚴觀窪流得。慧義彭亨進。寇淵千默塞。〇高僧傳竺道生傳。

時人爲釋道經慧静語

高僧傳曰。釋慧静姓王。東阿人。容甚黑。而機悟清遠。時洛中有沙門道經。亦解邁當時。與慧静齊名。而耳甚長大。故時人語曰。

洛下長大耳。東阿黑如墨。有問無不酬。有酬無不塞。〇高僧傳慧静傳。

宋詩卷十一

清商曲辭

古辭

詩紀云。清商曲古辭一卷。已入晉詩。其題解係宋人作者。别載於此。如碧玉歌。汝南王作。讀曲民間爲彭城王義康作。石城樂。臧質作。烏夜啼。臨川王義慶作。襄陽樂。隨王誕作。壽陽樂。南平穆王作。西烏夜飛。沈攸之作。今所傳辭類與本旨不同。蓋其題義雖各有所始。而詞或非其舊也。郭茂倩樂府題下不書名氏。左克明直作古辭。今各仍其舊云。齊詩倣此。

吴聲歌曲

碧玉歌三首

詩紀云。左克明作古辭。樂苑曰。碧玉歌者。宋汝南王之所作也。碧玉。汝南王妾名。以寵愛之甚。所以歌之。

碧玉破瓜時。郎爲情顛倒。芙蓉陵霜榮。秋容故尚好。○樂府詩集四十五。詩紀五十五。

碧玉小家女。不敢攀貴德。感郎千金意。慚無傾城色。○玉臺新詠十作孫綽情人碧玉歌。樂府詩集四十五。詩紀五十五。

碧玉小家女。不敢貴德攀。感郎意氣重。遂得結金蘭。○樂府詩集四十五。詩紀五十五。

華山畿二十五首

古今樂録曰。華山畿者。宋少帝時懊惱一曲。亦變曲也。少帝時。南徐一士子從華山畿往雲陽。見客舍有女子。年十八九。悦之無因。遂感心疾。母問其故。具以啓母。母爲至華山尋訪。見女。具說。女聞感之。因脱蔽膝。令母密置其席下。卧之當已。少日果差。忽擧席。見蔽膝而抱持。遂吞食而死。氣欲絶。謂母曰。葬時車載從華山度。母從其意。比至女門。牛不肯前。打拍不動。女曰。且待須臾。妝點沐浴。既而出歌曰。華山畿。君既爲儂死。獨活爲誰施。歡若見憐時。棺木爲儂開。棺應聲開。女遂入棺。家人叩打。無如之何。乃合葬。呼曰神女冢。

華山畿。君既爲儂死。獨活樂府作生。詩紀云。一作生。爲誰施。歡若見憐時。棺木爲儂開。○樂府詩集四十六。詩紀五十五。

聞歡大養蠶。定得幾許絲。所得何足言。奈何黑瘦爲。○同上

夜相思。投壺不得樂府作停。箭。憶歡作嬌時。○同上

開門枕水渚。三刀治一魚。歷亂傷殺汝。○同上

未敢便相許。夜聞儂家論。不持儂與汝。○同上

懊惱不堪止。上牀解要繩。自經屏風裏。○同上

啼著曙。淚落枕將浮。身沈被流去。○同上

將懊惱。石闕晝夜題。碑淚常不燥。○同上

別後常相思。頓書千丈闕。題碑無罷時。○同上

奈何許。所歡不在間。嬌笑向誰緒。○同上

隔津歡。樂府作歎。牽牛語織女。離淚溢河漢。○同上

啼相憶。淚如漏刻水。晝夜流不息。○同上

著處多遇羅。的的往年少。豔情何能多。○同上

無故相然我。路絶行人斷。夜夜故望汝。○同上

一坐復一起。黄昏人定後。許時不來已。○同上

摩可濃。樂府作儂。巷巷相羅截。終當不置汝。○同上

不能久長離。中夜憶歡時。抱被空中啼。○同上

腹中如湯灌。肝腸寸寸斷。教儂底聊賴。○同上

相送勞勞渚。長江不應滿。是儂淚成許。○同上

奈何許。天下人何限。慊慊只爲汝。○同上

郎情難可道。歡行豆挾心。見荻多欲繞。○同上

松上蘿。願君如行雲。時時見經過。○同上

夜相思。風吹窗簾動。言是所歡來。○同上

長鳴雞。誰知儂念汝。獨向空中啼。○同上

腹中如亂絲。憒憒適得去。愁毒已復來。○同上

讀曲歌八十九首

宋書樂志曰。讀曲歌者。民間爲彭城王義康所作也。其歌云。死罪劉領軍。誤殺劉第四。是也。古今樂録曰。讀曲歌者。元嘉十七年。袁后崩。百官不敢作聲歌。或因酒讌。止竊聲讀曲細吟而已。

花釵芙蓉髻。双鬟如浮雲。春風不知著。好來動羅裙。○樂府詩集四十六。詩紀五十五。

念子情難有。已惡動羅裙。聽儂入懷不。○同上

紅藍與芙蓉。我色與歡敵。莫案石榴花。歷亂聽儂摘。○同上

千葉紅芙蓉。照灼緑水邊。餘花任郎摘。慎莫罷儂蓮。○同上

思歡久。不愛獨枝蓮。只惜同心藕。○同上

打壞木棲牀。誰能坐相思。三更書石闕。憶子夜啼碑。○同上

奈何不可言。朝看莫牛跡。知是宿蹄痕。○同上

娑拖何處歸。道逢播掿郎。口朱脱去盡。花釵復低昂。○同上

所歡子。蓮從胸上度。刺憶庭欲死。○同上

攬裳踱。跣把絲織履。故交白足露。○同上

上知所。所歡不見憐。憎狀從前度。○同上

思難忍。絡璺語猶樂府作酒。壺。倒寫儂頓盡。○同上

上樹摘桐花。何悟枝枯燥。迢迢空中落。遂爲梧子道。○同上

桐花特可憐。願天無霜雪。梧子解千年。○同上

柳樹得春風。一低復一昂。誰能空相憶。獨眠度三陽。○玉臺新詠十作獨曲。樂府詩集四十六。詩紀五十五。

折楊柳。百鳥園林啼。道歡不離口。○樂府詩集四十六。詩紀五十五。

縠衫兩袖裂。花釵鬢邊低。何處分別歸。西上古餘啼。○同上

所歡子。不與他人別。啼是憶郎耳。○同上

披被樹明燈。獨思誰能忍。欲知長寒夜。蘭燈傾壺盡。○同上

坐起歎汝好。願他甘叢香。傾筐入懷抱。○同上

通樂府作逋。髮不可料。顦顇爲誰睹。欲知相憶時。但看裙帶緩幾許。○同上

憶歡不能食。徘徊三路間。樂府作問。因風覓消息。○同上

朝日光景開。從君良燕遊。願如卜者策。長與千歲龜。○同上

所歡子。問春花可憐。摘插裲襠裏。○同上

芳萱初生時。知是無憂草。雙眉畫未成。那能就郎抱。○同上

百花鮮。誰能懷春日。獨入羅帳眠。○同上

聞歡得新儂。四支懊如垂。烏散放行路。井中百翅不能飛。○同上

憐歡敢喚名。念歡不呼字。連喚歡復歡。兩誓不相棄。○同上

奈何許。石闕生口中。銜碑不得語。○同上

白門前。烏帽白帽來。白帽郎是儂。良不知烏帽郎是誰。○同上

初陽正二月。草木鬱青青。躡履步前園。時物感人情。○同上

青幡起御路。緑柳蔭馳道。歡贈玉樹箏。儂送千金寶。○同上

桃花落已盡。愁思猶未央。春風難期信。託情明月光。○同上

計約黄昏後。人斷猶未來。聞歡開方局。已復將誰期。○同上

自從别郎後。臥宿頭不舉。飛龍落藥店。骨出只爲汝。○同上

日光没已盡。宿鳥縱横飛。徙倚望行雲。躞蹀待郎歸。○同上

百度不一回。千書信不歸。春風吹楊柳。華豔空徘徊。○同上

音信闊弦朔。方悟千里遥。朝霜語白日。知我爲歡消。○同上

合冥過藩來。向曉開門去。歡取身上好。不爲儂作慮。○同上

五鼓起開門。正見歡子度。何處宿行還。衣被有霜露。○同上

本自無此意。誰交郎舉前。視儂轉邁邁。不復來時言。○同上

自我别歡後。歎詩紀作歡。音不絶響。茱萸持捻泥。龕有殺子像。○同上

家貧近店肆。出入引長事。郎君不浮華。誰能呈實意。○同上

念日行不遇。道逢播掿郎。查滅衣服壞。白肉亦黯瘡。○同上

歔欷闇中啼。斜日照帳裏。無油何所苦。但使天明爾。○同上

黄絲咡素琴。泛彈弦不斷。百弄任郎作。唯莫廣陵散。○同上

思歡不得來。抱被空中語。月没星不亮。持底明儂緒。○同上

詐我不出門。冥就他儂宿。鹿轉方相頭。丁倒欺人目。○同上

歡但且還去。遺信相參伺。契兒向高店。須臾儂自來。○同上

欲行一過心。誰我道相憐。摘菊持飲酒。浮華著口邊。○同上

語我不遊行。常常走巷路。敗橋語方相。欺儂那得度。○同上

闊面行負情。詐我言端的。畫背作天圖。子將負星曆。○同上

君行負憐事。那得厚相於。麻紙語三葛。我薄汝麤疏。○同上

黄天不滅解。甲夜曙星出。漏刻無心腸。復令五更畢。○同上

打殺長鳴雞。彈去烏臼鳥。願得連冥不復曙。一年都一曉。○同上

空中人。住在高檣深閤裏。書信了不通。故使風往爾。○同上

儂心常慊慊。歡行由豫情。霧露隱芙蓉。見蓮詎分明。○同上

非歡獨慊慊。儂意亦驅驅。雙燈俱時盡。奈許兩無由。○同上

誰交彊纏綿。常持罷作慮。作生隱藕葉。蓮儂在何處。○同上

相憐兩樂事。黄作無趣怒。合散無黄連。此事復何苦。○同上

誰交彊纏綿。常持罷作意。走馬織懸簾。薄情奈當駛。○同上

執手與歡别。合會在何時。明燈照空局。悠然未有期。○同上

百憶却欲噫。兩眼常不燥。蕃師五鼓行。離儂何太早。○同上

含樂府作合。笑來向儂。一抱不能置。領後千里帶。那頓誰多媚。○同上

歡相憐。今去何時來。裲襠别去年。不忍見分題。○同上

歡相憐。題心共飲血。流樂府作梳。頭入黄泉。分作兩死計。○同上

嬌笑來向儂。一抱不能已。湖燥芙蓉萎。蓮汝藕欲死。○同上

歡心不相憐。慊苦竟何已。芙蓉腹裏萎。蓮汝從心起。○同上

下帷掩燈燭。明月照帳中。無油何所苦。但使天明儂。○同上

執手與歡别。欲去情不忍。餘光照已藩。坐見離日盡。○同上

種蓮長江邊。藕生黄蘗浦。必得蓮子時。流離經辛苦。○同上

人傳我不虚。實情明把納。芙蓉萬層生。蓮子信重沓。○同上

聞乖事難懷。況復臨别離。伏龜語石板。方作千歲碑。○同上

鈐盪與時競。不得尋傾慮。春風扇芳條。常念花落去。○同上

坐倚無精魂。使我生百慮。方局十七道。期會是何處。○同上

暫出白門前。楊柳可藏烏。歡作沈水香。儂作博山鑪。○同上○亦見楊叛兒曲。

十期九不果。常抱懷恨生。然燈不下炷。有油那得明。○同上

自從近日來。了不相尋博。竹簾裲襠題。知子心情薄。○同上

下帷燈火盡。朗月照懷裏。無油何所苦。但今天明爾。○同上

近日蓮違期。不復尋博子。六籌翻雙魚。都成罷去已。○同上

一夕就郎宿。通夜語不息。黄蘗萬里路。道苦真無極。○同上

登店賣三葛。郎來買丈餘。合匹與郎去。誰解斷麤疏。○同上

儂亦粗經風。罷頓葛帳裏。敗許麤疏中。○同上

紫草生湖邊。悞落芙蓉裏。色分都未獲。空中染蓮子。○同上

閨閣斷信使。的的兩相憶。譬如水上影。分明不可得。○同上

逍遥待曉分。轉側聽更鼓。明月不應停。特爲相思苦。○同上

罷去四五年。相見論故情。殺荷不斷藕。蓮心已復生。○同上

辛苦一朝歡。須臾情易厭。行膝點芙蓉。深蓮非骨念。○同上

慊苦憶儂歡。書作後非是。五果林中度。見花多憶子。○同上

西曲歌

石城樂五曲

左云。古辭。唐書樂志曰。石城樂者。宋臧質所作也。石城在竟陵。質嘗爲竟陵郡。於城上眺矚。見羣少年歌謡通暢。因作此曲。古今樂録曰。石城樂。舊舞十六人。

生長石城下。開窗玉臺作門。對城樓。城中諸少年。玉臺作美年少。出入見依投。

陽春百花生。摘插環髻前。捥指蹋忘愁。相與及盛年。

布帆百餘幅。環環在江津。執手雙淚落。何時見歡還。

大艑載三千。漸水丈五餘。水高不得渡。與歡合生居。

聞歡遠行去。相送方山亭。風吹黄蘖藩。惡聞苦籬樂府作離。聲。○樂府詩集四十七。詩紀五十五。又玉臺新詠十引第一曲。

莫愁樂二曲

唐書樂志曰。莫愁樂者。出於石城樂。石城有女子名莫愁。善歌謡。石城樂和中復有忘愁聲。因有此歌。古今樂録曰。莫愁樂。亦云蠻樂。舊舞十六人。梁八人。樂府解題曰。古歌亦有莫愁洛陽女。與此不同。

莫愁在何處。莫愁石城西。艇子打兩槳。催送莫愁來。

聞歡下揚州。相送楚山頭。探手抱腰看。江水斷不流。○樂府詩集四十八。

烏夜啼八曲

左云。古辭。唐書樂志曰。烏夜啼者。宋臨川王義慶所作也。元嘉十七年。徙彭城王義康於豫章。義慶時爲江州。至鎮。相見而哭。文帝聞而怪之。徵還。慶大懼。伎妾夜聞烏夜啼聲。扣齋閤云。明日應有赦。其年更爲南兗州刺史。因此作歌。故其和云。夜夜望郎來。籠窗窗不開。今所傳歌。似非義慶本旨。古今樂録曰。烏夜啼。舊舞十六人。○

臨川王義慶。當作彭城王義康。

歌舞諸少年。玉臺作年少。娉婷無種迹。菖蒲花可憐。聞名不曾識。

長樯鐵鹿子。布帆阿那起。詫儂安在間。一去數千里。

辭家遠行去。儂歡獨離居。此日無啼音。裂帛作還書。

可憐烏臼鳥。彊言知天曙。無故三更啼。歡子冒闇去。

烏生如欲飛。飛飛各自去。生離無安心。夜啼至天曙。

籠窻窻不開。蕩户户不動。歡下葳蕤籥。交儂那得往。

遠望千里煙。隱當在歡家。欲飛無兩翅。當奈獨思何。

巴陵三江口。蘆荻齊如麻。執手與歡别。痛切當奈何。○樂府詩集四十七。詩紀五十五。

襄陽樂九曲

左云。古辭。古今樂録曰。襄陽樂者。宋隨王誕之所作也。誕始爲襄陽郡。元嘉二十六年。仍爲雍州刺史。夜聞諸女歌謡。因而作之。所以歌和中有襄陽來。夜樂之語也。舊舞十六人。梁八人。

朝發襄陽城。暮至大堤宿。大堤諸女兒。花豔驚郎目。

上水郎擔樂府作檐。篙。下水摇雙櫓。四角龍子幡。環環江當柱。

江陵三千三。西塞陌中央。但問相隨否。何計道里長。

人言襄陽樂。樂作非儂處。乘星冒風流。還儂揚州去。

爛漫女蘿草。結曲繞長松。三春雖同色。歲寒非處儂。

黄鵠參天飛。中道鬱徘徊。腹中車輪轉。歡今定憐誰。

揚州蒲鍛環。百錢兩三叢。不能買將還。空手攬抱儂。

女蘿自微薄。寄託長松表。何惜負霜死。貴得相纏繞。

惡見多情歡。罷儂不相語。莫作烏集林。忽如提儂去。○樂府詩集四十八。詩紀五十五。又玉臺新詠十引第一曲。

壽陽樂九曲

左云。古辭。古今樂録曰。壽陽樂者。宋南平穆王爲豫州所作也。舊舞十六人。梁八人。○詩紀云。按其歌辭。蓋敍傷别望歸之思。南平穆王卽劉鑠也。

可憐八公山。在壽陽。别後莫相忘。

東臺百餘尺。凌風雲。别後不忘君。

梁長曲水流。明如鏡。雙林與郎照。

辭家遠行去。空爲君。明知歲月駛。

籠窗取涼風。彈素琴。一歎復一吟。

夜相思。望不來。人樂我獨愁。

長淮何爛漫。路悠悠。得當樂忘憂。

上我長瀨橋。望歸路。秋風停欲度。

銜淚出傷門。壽陽去。必還當幾載。○樂府詩集四十九。詩紀五十五。

西烏夜飛五曲

左云。古辭。古今樂録曰。西烏夜飛者。宋元徽五年。荆州刺史沈攸之所作也。攸之舉兵。發荆州東下。未敗之前。思歸京師。所以歌和云。白日落西山。還去來。送聲云。折翅烏。飛何處。被彈歸。

日從東方出。團團雞子黄。夫婦樂府作歸。恩情重。憐歡故在傍。

暫請半日給。徙倚娘店前。目作宴瑱飽。腹作宛惱饑。

我昨憶歡時。攬刀持自刺。自刺分應死。刀作雜樂府作離。樓僻。

陽春二三月。諸花盡芳盛。持底喚歡來。花笑鶯歌詠。

感郎崎嶇情。不復自顧慮。臂繩雙入結。遂成同心去。○樂府詩集四十九。詩紀五十五。

宋詩卷十二

郊廟歌辭

宋南郊登歌三首

顔延之

宋書樂志曰。文帝元嘉二十二年。詔顔延之造天地郊夕牲、迎送神、饗神雅樂登歌三篇。

夕牲歌

夤威寶命。嚴恭帝祖。初學記作祀。表海炳岱。文選作炳海表岱。系唐冑楚。靈鑒濬文選作叡。文。民屬睿武。奄受敷錫。宅中拓宇。亘初學記作宜。地稱皇。罄初學記作饗。天作主。月竁來賓。日際奉土。開元正首。宋書、文選、初學記、樂府作首正。禮交初學記或作具。樂舉。六典聯事。九官列序。有牷在滌。初學記作有牲在脩。有潔在俎。以初學記作式。虔李善本文選作薦饗。六臣本注云。善作薦饗字。王衷。宋書誤作哀。以答神祜。○宋書樂志。文選二十七。樂府詩集一。詩紀五十五。又初學記四引舉、序二韵。十三引祖、宇、主、土、舉、序、俎、祜八韵。

迎送神歌

維聖饗帝。維孝饗樂府作養。親。皇乎備矣。有事上春。禮行宗祀。敬達郊禋。金枝中樹。廣樂四陳。陟配在京。降德在民。奔精照文選作昭。六臣本注云。五臣作照。夜。高燎煬詩紀作煬。晨。陰明浮爍。沈禜音詠。深淪。告成大報。受釐元神。月御按節。星驅扶宋書作扶。輪。遥興宋書作輿。遠駕。詩紀云。樂府作轝。曜曜振振。〇宋書樂志。文選二十七。樂府詩集一。詩紀五十五。

饗神歌

營泰畤。定天衷。思心睿。謀筮從。建表蕝。設郊宫。田燭置。爟宋書作權。火通。曆元旬。律首吉。飾紫壇。坎列室。中星兆。六宗秩。乾宇晏。地區謐。大孝昭。祭禮供。牲日展。盛自躬。具陳器。備禮容。形僻綴。被歌鍾。望帝閽。聳神蹕。靈之來。辰光溢。潔粢酌。娭太一。明煇夜。華晢日。祼既始。獻又終。煙燎邕。報清穹。饗宋德。祚宋書作胙。王功。休命永。福履充。〇宋書樂志。樂府詩集一。廣文選十一。詩紀五十五。

宋明堂歌九首　　謝莊

通典曰。孝武建元元年。使謝莊造郊廟舞樂、明堂諸樂歌詩。南齊書樂志曰。明堂祠五帝。漢郊祀歌皆四言。宋孝武使謝莊造辭。莊依五行數。木數用三。火數用七。土數用五。金數用九。水數用六。周頌我將祀文王言皆四。其一句五。一句七。莊歌太祖亦無定句。

迎神歌

宋書曰。依漢郊祀。四句一轉韻。後送神歌做此。

地紐謐。乾樞回。華蓋動。紫微開。旌蔽日。車若雲。駕六龍。宋書、樂府作氣。乘絪緼。曄帝京。輝天邑。聖祖降。五靈集。構瑶戺。聳珠簾。漢拂幌。月棲檐。舞綴暢。鍾石宋書缺石字。融。駐飛景。鬱行風。懋粢盛。潔牲。百禮肅。羣司虔。皇德遠。大孝昌。貫九幽。洞三光。神之安。解玉鑾。景福至。萬寓歡。○宋書樂志。樂府詩集二。廣文選十一。詩紀五十五。

登歌

雍臺辨朔。澤宮練辰。樂府、廣文選作服。詩紀云。一作服。潔火夕照。明水朝陳。六瑚賁室。八羽華庭。昭事先聖。懷濡上靈。肆夏戒敬。升歌發德。永固鴻基。以綏萬國。○宋書樂志。樂府詩集二。廣文選十一。詩紀五十五。

歌太祖文皇帝

宋書曰。依周頌體。

維天爲大。維聖祖是宋書作言。則。辰居萬宇。綴旒下國。内靈八輔。外光四瀛。蒿宫仰蓋。日館希旌。複殿留景。重檐結風。刮楹接緯。達嚮承虹。設業設虡。在王庭。肇禋祀。克配乎靈。我將我享。維孟之春。以孝以敬。以立我烝民。○宋書樂志。樂府詩集二。廣文選十一。詩紀五十五。

歌青帝三言。依木數。

參映宋書作昳。夕。駟照類聚作昭。晨。靈乘震。司青春。雁將向。桐始蕤。柔風舞。暄光遲。萌動達。萬品新。潤無際。澤無垠。○宋書樂志。樂府詩集二。廣文選十一。詩紀五十五。又類聚四十三引晨、春、新、垠四韵。

歌赤帝七言。依火數。

龍精初見大火中。朱光北至圭景同。帝在在離寔司衡。水雨方降木槿榮。庶物盛長咸殷阜。恩覃四冥被九有。○宋書樂志。樂府詩集二。廣文選十一。詩紀五十五。又類聚四十三引中、同、阜、有四韵。

歌黄帝五言。依土數。

履建類聚作艮。詩紀云。宋書作艮。宅中宇。司繩御類聚作揔。詩紀云。宋作總。四方。裁化遍寒燠。類聚作燭。布政周炎涼。景麗條可結。霜明冰樂府作水。可折。凱風扇朱辰。白雲流素節。分至乘結宋作淫。晷。啓閉集文選補遺作乘。恒度。帝運緝萬有。皇靈澄國文選補遺作百。步。○宋書樂志。樂府詩集二。文選補遺三十四。廣文選十一。詩紀五十五。又類聚四十三引方、涼、折、節四韵。

歌白帝九言。依金數。

百川如鏡。天地爽且明。雲沖氣舉。德盛在素精。宋書闕精字。木葉初下。洞庭始揚波。夜光徹地。翻霜照懸河。庶類收成。文選補遺作功。歲功行欲寧。浹地奉渥。罄宇承秋詩紀云。宋作帝。靈。○宋書樂志。樂府詩集二。文選補遺三十四。廣文選十一。詩紀五十五。又類聚四十三引明、精二韵。

歌黑帝六言。依水數。

歲月既晏方馳。類聚作歲既暮日既馳。靈乘坎德司規。玄雲合晦鳥類聚作歸。詩紀云。一作歸。路。白雲類聚作雪。詩紀云。一作雪。繁亘天涯。雷在地。時未樂府作木。光。飾國典。閉關梁。四節遍。萬物殿。福九域。祚八鄉。晨晷促。夕漏延。太陰極。微陽宣。鵲將巢。冰已解。氣濡水。風動泉。○宋書樂志。樂府詩集二。廣文選十一。詩紀五十五。

又類聚四十三引馳、規、歸、涯四韵。

送神歌

蘊禮容。餘樂度。靈方留。景欲暮。開九重。肅五達。鳳參差。龍已秣。雲既動。河既梁。萬里照。四空香。神之車。歸清都。琁庭寂。玉殿虛。濬宋書、樂府作睿。化凝。孝風熾。顧靈心。結皇思。○宋書樂志。樂府詩集二。廣文選十一。詩紀五十五。

宋宗廟登歌八首

王韶之

宋書樂志曰。武帝永初中。詔廟樂用王韶之所造七廟登歌七首。又有七廟享神登歌一首。並以歌章太后。其辭亦韶之造。

北平府君歌

綿綿遐緒。明昭宋書作昭明。載融。漢德未遠。堯有遺風。於穆皇祖。永世克隆。本支惟慶。貽厥靡窮。○宋書樂志。樂府詩集八。詩紀五十五。

相國掾府君歌

乃立清廟。清廟肅肅。乃備詩紀云。一作脩。禮容。禮容穆穆。顯允皇祖。昭是嗣服。錫茲繁祉。聿懷多福。○同上

開封府君歌

四縣既序。簫管既舉。堂獻六瑚。庭萬八羽。先王有典。克禋皇祖。不顯洪烈。永介休祐。○同上

武原府君歌

鏞鼓喤喤。威儀將將。温恭禮樂。致宋書作敬。詩紀云。一作敬。享曾皇。邁德垂仁。係軌重光。天命純嘏。惠我無疆。○同上

東安府君歌

鑠矣皇祖。帝度其心。永言配命。播茲詩紀作此。徽音。思我茂猷。如玉如金。駿奔在陛。是鑒是歆。○同上

孝皇帝歌

烝哉孝皇。齊聖廣淵。發祥誕慶。景祚宋書作胙。自天。德敷金石。道被管絃。有命既集。徽風永宣。○同上

高祖武皇帝歌

惟天有命。眷求上哲。赫矣聖武。撫運桓撥。功並敷土。道均汝墳。止戈曰武。經緯稱文。烏龍失紀。雲火代名。受終改物。作我宋京。至道惟王。大業有劭。降德兆民。升歌清廟。○同上

七廟享神歌并以歌章太后廟。

奕奕寢廟。奉璋在庭。笙籥既列。犧象既盈。黍稷匪芳。明祀惟馨。樂具禮充。潔羞薦誠。神之格思。介以休禎。濟濟羣辟。永觀厥成。○宋書樂志。樂府詩集八。詩紀五十五。

宋世祖廟歌二首

謝莊

世祖孝武皇帝歌

帝錫二祖。長世多祜。於穆睿考。龔宋書作襲。聖承矩。玄極弛馭。乾紐墜緒。闢我皇維。締我宋詩紀作宗。注

云。一作宋。宇。刷定四海。肇構神京。復禮輯樂。散馬墮一作隳。城。澤牣九有。化浮八瀛。慶雲承掖。甘露飛甍。肅肅清廟。徽徽閟宫。舞蹈象德。笙磬陳風。黍稷非盛。明德惟崇。神其歆止。降福無窮。○宋書樂志。樂府詩集八。詩紀五十五。

宣太后歌

稟祥月輝。毓德軒光。嗣徽嬀汭。思媚周姜。母臨萬寓。訓藹紫房。朱玄玉籥。式載瓊芳。○同上

宋章廟樂舞歌十五首

殷淡

宋書樂志曰。章廟樂舞雜歌悉同用太廟辭。唯三后别撰。○梁天監元年。周捨議曰。周禮。王出入奏王夏。大祭祀與朝會同。而漢制皇帝在朝奏永至。朝會别奏皇夏。二樂有異。于禮爲乖。乃除永至。還用皇夏。蓋秦、漢以來稱皇。故變王夏爲皇夏也。又禮。尸出入奏肆夏。賓入大門奏肆夏。牲出入奏昭夏。宋季失禮。神入廟門遂奏昭夏。乃以牲牢之樂。用接祖考之靈。斯皆前代之深疵。當今所宜改也。

殷淡。字夷遠。陳郡長平人。歷黄門吏部郎、太子中庶子、步兵校尉。大明中。以文章見知。爲當時才士。

肅咸樂二章。夕牲賓出入奏。

彝承孝典。恭事嚴聖。浹天奉賷。罄壤齊慶。司儀具序。羽容夙彰。芬宋書作分。枝颺烈。黼構周張。助寶奠

軒。酎珍充庭。瑑縣凝會。琄宋書作涓。朱苧聲。先期選禮。樂府云。一作會。肅若有承。祇對靈祉。皇慶昭膺。尊事威儀。輝容昭敘。迅恭神明。粢宋書、樂府作粱。盛牲俎。肅肅嚴宮。藹藹崇基。皇靈降祉。百祇具司。戒誠望夜。端列承朝。依微昭旦。物色輕宵。樂府云。一作口。鴻慶遐鬯。嘉薦令芳。翊帝明德。永祚流光。○宋書樂志。樂府詩集八。詩紀五十五。

引牲樂牲出入奏。

維誠潔饗。維孝奠靈。敬芬黍稷。敬滌犧牲。騂繭在豢。載溢載豐。以承宗祀。以肅皇衷。蕭芳四舉。華火周傳。神監孔昭。嘉是柔牷。○同上

嘉薦樂薦豆呈毛血奏。

肇禋戒祀。禮容咸舉。六典飭宋書作飾。文。九司昭序。牲柔既昭。犧剛既陳。恭滌惟清。敬事惟神。加籩再御。兼俎重薦。節動軒越。聲流金縣。奕奕閟幄。亹亹宋書作娓娓。嚴闈。潔誠夕鑒。端服晨暉。聖靈戾止。翊我皇則。上綏四宇。下洋萬國。永言孝饗。孝饗有容。儐僚贊列。肅肅雍雍。齊樂亦用此。分奕奕以下爲一章。○同上

昭夏樂迎神奏。

閟宮𪑳𪑳。復殿微微。璿樂府作琁。除肅炤。釭璧彤煇。黼帟神凝。玉堂嚴馨。圜詩紀作圓。火夕燿。樂府作輝。方

水朝清。金枝委樹。翠鐙竚縣。渟波澄宿。華漢浮天。恭事既夙。虔心有慕。仰降皇靈。俯寧休祚。○同上

永至樂皇帝入廟北門奏。

皇朝宋書作明。邕矣。孝容以昭。鑾華羽迾。拂漢涵霄。宋書作滈。申申嘉夜。翊翊休朝。行金景送。步玉風韶。師承祀則。肅對禋祧。○同上

登歌二章。太祝祼地奏。

帝容承祀。練時涓日。九重徹關。四靈賓室。肅唱宋書作倡。函音。庶旄委佾。休靈告饗。嘉薦尚芬。玉瑚飾列。桂篚昭陳。具司選禮。翼翼振振。

祼崇祀典。酎恭孝時。禮無爽物。信靡媿辭。精華孚邕。誠監昭通。升歌翊節。下管調風。皇心履變。敬明尊親。大哉孝德。至矣交神。○同上

章德凱容樂章太后室。

幽瑞浚靈。表彰嬪聖。翊載徽文。敷光崇慶。上緯纏祥。中維飾詠。永屬煇猷。聯昌景命。○同上

昭德凱容樂昭太后室。

宋明帝劉彧

彧。字休景。文帝子。在位七年。

表靈躔象。纘儀緯風。膺華丹耀。登瑞紫穹。訓形霄宇。武彰宸宮。騰芬金會。寫德聲容。○同上

宣德凱容樂宣太后室。

天樞凝耀。地紐儷輝。聯光騰世。炳慶翔機。薰藹中宇。景躔上微。玉頌鏤德。金籥傳徽。○同上

嘉胙樂皇帝還東壁受福酒奏。

殷淡

禮薦洽。福時詩紀云。齊作祚。昌。皇聖膺嘉祐。帝業凝休祥。居極乘景運。宅德瑞中王。澄明臨四表。精華延八鄉。洞海周聲惠。徹宇麗乾光。靈慶纏世祉。鴻烈永無疆。○同上

昭夏樂二章。送神。

大孝備。盛禮豐。神安留。嘉樂充。旋駕聳。汎青穹。延八虛。闢四空。藹流景。肅行風。

昭融教。緝風度。戀皇靈。結深慕。解羽縣。輟華樹。背樂府作偝。琁除。端玉輅。流汪濊。慶國步。○同上

休成樂皇帝詣便殿奏。

漢書樂志曰。登歌再終。下奏休成之樂。美神明既饗也。

醽醴具登。嘉俎咸薦。饗洽誠陳。禮周樂徧。祝辭罷祼。序容輟縣。蹕動端庭。鑾回嚴殿。神儀駐景。華漢

亭虛。八靈案衛。三祇解途。翠蓋燿澄。詩紀云。齊書作澄燿。罼奕凝宸。詩紀云。齊作凝晨。玉鑣息節。金輅懷音。式誠達樂府作遠。孝。底心肅感。追憑皇鑒。思承淵範。神錫懋祉。四緯昭明。仰福帝徽。俯齊庶生。

○同上

燕射歌辭

宋四廂樂歌五首

王韶之

宋書樂志曰。武帝永初元年。有司奏。依舊正旦設樂。參詳屬三省改太樂諸歌舞詩。黄門侍郎王韶之立三十二章。合用。宜施行。詔可。

肆夏樂歌四曲

宋書樂志曰。王韶之造四廂樂五篇。一曰肆夏樂歌四章。客入。四廂振作於鑠曲。皇帝當陽。四廂振作將將曲。皇帝入變服。四廂振作於鑠、將將二曲。又黄鍾、太簇二廂作法章、九功二曲。古今樂録曰。按周禮云。王出入奏王夏。賓出入奏肆夏。肆夏本施之於賓。帝王出入。則不應奏肆夏也。

於鑠我皇。體仁包元。齊明日月。比量乾坤。陶甄百王。稽則黄軒。訏謨定命。辰告四蕃。

將將蕃后。翼翼羣僚。盛服待晨。明發來朝。饗以八珍。樂以九韶。仰祇天顔。厥猷孔昭。

法章既設。初筵長舒。濟濟列辟。端委皇除。飲和無盈。威儀有餘。温恭在位。敬終如初。

九功既歌。六代惟時。被德在樂。宣道以詩。穆矣大和。品物咸熙。慶積自遠。告成在兹。○宋書樂志。樂府詩集十四。詩紀五十五。

大會行禮歌二曲

宋書樂志曰。姑洗廂作。

大哉皇宋。長發其祥。纂系在漢。統源伊唐。德之克明。休有烈光。配天作極。辰居四方。

皇矣我后。聖德通靈。有命自天。誕受休禎。龍飛紫極。造我宋京。光宅宇宙。赫赫明明。○同上

王公上壽歌一曲

宋書樂志曰。黄鍾廂作。

獻壽爵。慶聖皇。靈祚窮二儀。休明等三光。○同上

殿前登歌三曲

宋書樂志曰。别有金石。

明明大宋。緝熙皇道。則天垂化。光定天保。天保既定。肆覲萬方。禮繁樂富。穆穆皇皇。

沔彼流水。朝宗天池。洋洋貢職。抑抑威儀。既習威儀。亦閑禮容。一人有則。作孚萬邦。

烝哉我皇。固天誕聖。履端惟始。對越休慶。如天斯久。如日斯盛。介兹景福。永固駿命。○同上

食舉歌十曲

宋書樂志曰。王韶之造食舉歌十章。黄鍾、太簇二廂更作。黄鍾作晨羲、體至和、王道、開元辰、禮有容五曲。太簇作五玉、懷荒裔、皇猷緝、惟永初、王道純五曲。

晨羲載曜。萬物咸覩。嘉慶三朝。禮樂備舉。元正肇始。典章暉明。萬方畢來賀。華裔充皇庭。多士盈九位。俯仰觀玉聲。恂恂俯仰。載爛其輝。鼓鍾震天區。禮容塞皇闈。思樂窮休慶。福履同所歸。

五玉既獻。三帛是薦。爾公爾侯。鳴玉華殿。皇皇聖后。降禮南面。元首納嘉禮。萬邦同歡願。休哉。君臣嘉燕。建五旗。列四縣。樂有文。禮無倦。融皇風。窮一變。

體至和。感陰陽。德無不柔。繁休祥。瑞徽璧。應嘉鍾。舞靈鳳。躍潛龍。景星見。甘露墜。木連理。禾同穗。玄化洽。仁澤敷。極禎瑞。窮靈符。

懷荒裔。綏齊民。荷天祐。靡不賓。靡不賓。長世弘盛。昭明有融。繁嘉慶。繁嘉慶。熙帝載。合氣咸宋書作成。和。蒼生欣戴。三靈協瑞。惟新皇代。

王道四達。流仁布德。窮理詠乾元。垂訓順帝則。靈化侔四時。幽誠通玄默。德澤被八紘。乾寧軌萬國。

皇猷緝。咸熙泰。禮儀焕帝庭。要荒服遐外。被髮襲纓冕。左宋書作在。袵回衿帶。天覆地載。流澤汪濊。聲教布護。德光大。

開元辰。畢來王。奉貢職。朝后皇。鳴珩珮。觀典章。樂王度。悦宋書作説。徽芳。陶盛化。遊太康。丕昭明。永克昌。

惟永初。德丕顯。齊七政。敷五典。彝倫序。洪化闡。王澤流。太平始。樹聲教。明皇紀。和靈祇。恭明祀。衍景祚。膺嘉祉。

禮有容。樂有儀。金石陳。干宋書作牙。羽施。邁武護。均咸池。歌南風。舞德稱。文武焕。頌聲興。

王道純。德彌淑。寧八表。康九服。道禮讓。移風俗。移風俗。永克融。歌盛美。造成功。詠徽烈。邈無窮。

○同上

鼓吹曲辭

宋鼓吹鐃歌三首

無名氏

宋書樂志曰。今鼓吹鐃歌四篇。今唯有上邪等三篇。其一篇闕。古今樂録曰。上邪曲四解。晚芝曲九解。漢曲有遠期。疑是也。艾如張三解。沈約云。樂人以音聲相傳。訓詁不可復解。凡古樂録皆大字是辭。細字是聲。聲辭合寫。故致然爾。

上邪曲

大竭夜烏自云何來堂吾來聲烏奚姑悟姑尊盧聖子黄尊來餽清嬰烏白日爲隨來郭吾微令吾一解

應龍夜烏由道何來直子爲烏奚如悟姑尊盧雞子聽烏虎行爲來明吾微令吾二解

詩則夜烏道禄何來黑洛道烏奚悟如尊爾尊盧起黄華烏伯遼爲國日忠雨詩紀作兩。令吾三解伯遼夜烏若國何來日忠雨詩紀作兩。烏奚如悟姑尊盧面道康尊籙樂府作録。龍永烏赫赫福祚宋書作胙。詩紀云。一作胙。夜音微令吾四解○宋書樂志。樂府詩集十九。詩紀五十五。

晚芝曲

幾令吾幾令諸韓亂發正令吾一解

幾令吾諸韓從聽心令吾若里洛何來韓微令吾二解

尊盧忌盧文盧子路子路爲路雞如文盧烱烏諸祚宋書作胙。微令吾三解

幾令諸韓或公隨令吾四解

幾令吾幾諸或言隨令吾黑洛何來諸韓微令吾五解

尊盧安成隨來免路路子爲吾路奚如文盧烱烏諸祚宋書作胙。微令吾六解

幾令吾幾諸或言隨令吾七解

幾令吾諸或言幾苦黑洛何來諸韓微令吾八解

尊盧公汫隨來免路子子路子爲路奚姑文盧烱烏諸祚微令吾九解○同上○逯案。宋書缺七、八、九解。

艾如張曲

幾令吾呼歷舍居執來隨咄武子邪令烏銜鋮相風其右其右一解

幾令吾呼羣議破葫執來隨吾咄武子邪令烏令烏今朧入海相風及後二解

幾令吾呼無公赫吾執來隨吾咄武子邪令烏無公赫吾娿立諸布始布三解○同上

舞曲歌辭

宋前後舞歌二首

王韶之

宋書樂志曰。武帝永初元年。改晉正德舞曰前舞。大豫舞曰後舞。并蕤賓廂作。孝武孝建二年九月。建平王宏議以爲祖有功而宗有德。故漢高祖廟樂稱武德。太宗廟樂曰昭德。魏制武始舞武廟。制咸熙舞文廟。則祖宗之廟。别有樂名。晉氏之樂正德、大豫。及宋不更名。直爲前、後二舞。依據昔代。義舛事乖。宜釐改權稱。以凱容爲韶舞。宣烈爲武舞。祖宗廟樂。總以德爲名。若廟非不毁。則樂舞别稱。猶漢高、文、武。咸有嘉號。惠、景二主。樂無餘名。章皇太后廟。唯奏文樂。明婦人無武事也。郊祀之樂。無復别名。仍同宗廟而已。詔如宏議。古今樂録曰。宋孝武改前舞爲凱容之舞。後舞爲宣烈之舞。

前舞歌

齊書云。前舞凱容歌。

於赫景明。詩紀云。一作命。天監是臨。樂來伊陽。禮作惟陰。歌自德富。舞由功深。庭列宫縣。陛羅瑟琴。翿籥繁會。笙磬諧音。簫韶雖古。九成詩紀云。一作奏。在今。導宋書作道。志和聲。德音孔宣。光我帝基。協靈配乾。儀刑宋書作形。六合。化穆自然。如彼雲漢。爲章于天。熙熙萬類。陶和當年。擊轅中韶。永世弗騫。○宋書樂志。樂府詩集五十二。詩紀五十五。

後舞歌

齊書云。後舞凱容歌。

假樂聖后。寔天誕德。積美自中。王猷四塞。龍飛在天。儀刑宋書作形。萬國。欽明惟神。臨朝淵默。不言之化。品物咸德。詩紀云。一作得。告成于天。銘勳是勒。翼翼厥猷。亹亹宋書作娓娓。其仁。順命創制。因定和神。海外有截。九圍無塵。冕旒司契。垂拱臨民。乃舞大豫。詩紀云。一作凱容。欽若天人。純嘏孔休。萬載彌新。○同上

白紵舞歌詩

無名氏

宋書樂志曰。白紵舞歌詩。舊新合三篇。二篇與晉辭同。其一篇異。

高舉兩手白鵠翔。輕軀徐起何洋洋。凝停善睞容儀光。宛若龍轉乍低昂。隨世而變誠無方。如推若引留且行。宋世方昌樂未央。舞以盡神安可忘。愛之遺誰贈佳人。質如輕雲色如銀。袍以光軀巾拂塵。制以爲袍餘作巾。四座歡樂胡可陳。清歌徐舞降祇神。按此本晉辭。錯其文爾。○宋書樂志。樂府詩集五十五。詩紀五十五。

宋泰始歌舞曲十二首

皇業頌

明帝

皇業沿德建。帝運資勳融。胤唐重盛軌。胄楚載休風。堯帝兆深祥。元王衍遐慶。積善傳上業。祚宋書作胙。

福啓英宋書作聖。聖。衰數隨金禄。登曆昌永宋書作水。樂府同。命。維宋垂光烈。世美流舞咏。○宋書樂志。樂府詩集五十六。詩紀五十五。

聖祖頌

聖祖惟高德。積勳代晉曆。永建享鴻基。萬古盛音册。睿文纘宸馭。廣運崇帝聲。衍德被仁祉。留化洽民靈。孝建締孝業。允協天人謀。宇内齊政軌。宙表燭威流。鍾管騰列聖。彝銘賁重猷。○同上

明君大雅

虞龢

虞龢。餘姚人。少居貧好學。明帝時。歷中書令。

明君應乾數。撥亂紹頹宋書、樂府並作紐穨。基。民慶來蘇日。國頌薰風詩。天步或暫艱。宋書作難。列蕃扇迷慝。廟勝敷九代。樂府作伐。神謨洞七德。文教洗昏俗。武誼清祲埏。英勳冠帝則。萬壽永齊宋書作衍。天。○同上

通國風

明帝

開寶業。資賢昌。謨明盛。弼諧光。烈武惟略。景王勳。南康華容。變政文。猛績爰者。有左軍。三王到氏。文武贊。丞相作輔。厲伊旦。沈柳宗侯。皆殄亂。泰始開運。超百王。司徒驃騎。勳德康。江安謨宋書作謀。效。殷誠彰。劉沈承規。功名揚。慶歸我后。祚宋書作胙。無疆。○同上

天符頌

天符革運。世誕英皇。在館神炫。既壯龍驤。六鍾集表。四緯騈光。於穆配天。永休厥祥。○同上

明德頌

明德孚教。幽符麗紀。山鼎見奇。醴液涵祉。鳷鵲耀儀。騶虞遊趾。福延億祚。宋書作胙。慶流萬祀。○同上

帝圖頌

帝圖凝遠。瑞美昭宣。濟流月鏡。鹿毳霜鮮。甘露降和。花雪表年。孝德載衍。芳風永傳。○同上

龍躍大雅

龍躍戎府。宋書作式符。玉耀宋書作王燿。蕃宮。歲淹豫野。宋書闕野字。璽屬嬪中。江波澈映。石柏開文。觀毓花蕋。樓凝景雲。白烏三獲。甘液再呈。嘉穟表沃。連理協成。德充動物。道積通神。宋業允大。靈瑞方臻。○同上

淮祥風

淮祥應。賢彦生。翼贊中興致太平。○同上

宋世大雅

虞龢

宋世寧。在泰始。醉酒歡。飽德喜。萬國朝。上壽酒。帝同天。惟長久。○同上

治兵大雅

明帝

王命治兵。有征無戰。巾拂以淨。醜類革面。玉宋書、樂府作王。儀振旅。載戢在辰。中虚巾拂。四表静塵。○同上

白紵篇大雅

在心曰志發言詩。聲成于文被管絲。手舞足蹈欣泰時。移風易俗王化基。琴角揮韻白雲舒。簫韶協音神鳳來。拊擊和節詠在初。章曲乍畢情有餘。文同軌一道德行。國靖民和禮樂成。四縣庭響美勳英。八列陛唱宋書作倡。貴人聲。舞飾麗華樂容工。羅裳映宋書作皎。樂府云。一作皎。日袂隨風。金翠列輝蕙麝豐。淑姿秀宋書作委。樂府云。一作委。體允帝衷。○同上

宋鳳凰銜書伎辭

隋書樂志曰。鳳凰銜書伎。自宋、齊以來有之。三朝用之。南齊書樂志曰。蓋魚龍之流也。元會日。侍中於殿前跪取

其書。以授舍人。舍人受書。升殿跪奏。宋世有辭。齊初詔江淹改造。至梁武帝普通中。下詔罷之。

大宋興隆膺靈符。鳳鳥感和銜素書。嘉樂之美通玄虛。惟新濟濟邁唐虞。巍巍蕩蕩道有餘。○樂府詩集五十六。詩紀五十五。

鬼神附

青溪小姑歌二首

續齊諧記曰。會稽趙文韶。宋元嘉中爲東扶侍。廨在青溪中橋。秋夜步月。悵然思歸。乃倚門唱烏飛曲。忽有青衣。年可十五六許。詣門曰。女郎聞歌聲有悦人者。逐月遊戲。故遣相問。文韶都不之疑。遂邀暫過。須臾。女郎至。年可十八九許。容色絶妙。謂文韶曰。聞君善歌。能爲作一曲否。文韶卽爲歌草生盤石下。聲甚清美。女郎顧青衣取箜篌鼓之。冷冷似楚曲。又令侍婢歌繁霜。自脱金簪扣箜篌和之。婢乃歌曰云云。留連宴寢。將旦别去。以金釵遺文韶。文韶亦贈以銀盌及瑠璃匕。明日。於青溪廟中得之。乃知昨所見青溪神女也。異苑曰。青溪小姑。蔣侯第三妹也。○逯案。此亦賈氏故技。託爲鬼神耳。

日暮風吹。葉落依枝。丹心寸意。愁君未知。○續齊諧記。詩紀外集四。

歌闋夜已久。繁霜侵曉幕。何意空相守。坐待繁霜落。○同上

郭長生吹笛歌

幽明録曰。永嘉中。太山民巢氏先爲相縣令。居在晉陵。家婢採薪。忽有一人追隨婢還家。不使人見。與婢宴飲。輒

吹笛而歌。歌云。

閑夜寂已太平廣記作以。事類賦同。清。長笛亮且事類賦作以。鳴。若欲知我者。姓郭名長生。○類聚四十四。御覽五百八十。太平廣記三百二十四。事類賦笛賦注。詩紀外集四。

聶包鬼歌

異苑曰。臨川聶包。死數年。忽詣南豐相沈道襲共飲。其歌笑甚有倫次。歌云。

花初學記花下有上字。盈盈。正閒行。當歸不聞死復生。○異苑六。初學記十五。御覽五百七十三。詩紀外集四。

陵欣歌

異苑曰。建康陵欣。景平中死於揚州作部。尅辰當葬。作部督夢欣曰。今爲獄公姥。祖夕有期。莫由自反。勞君解謝。令得放遣。督不信。夜後又夢。言辭轉切。因歌一切云云。督覺爲謝神。從此便絶。

生時世上人。死作獄中鬼。不得還墳墓。灰没有餘罪。○御覽六百四十三。

鬼謡歌

異苑曰。勾章吴平州門前。忽生一株青桐。樹上有謡歌之聲。平惡而砍殺。平隨軍北虜。首尾三載。死桐欻自隨立於故根上。聞聲樹巔。空中歌曰云云。平尋歸如鬼謡。

死樹今更青。吴平尋當歸。適聞殺此樹。已復有光輝。○異苑六。類聚八十八。詩紀外集四。

鬼歌

異苑曰。安定梁清。字道修。爲揚武將軍、北魯郡太守。在郡少時。夜中。其婢松羅見威儀器械人衆數十。一人戴幘。送書粗紙有七十餘字。又歌云。

坐詩紀作登阿。儂孔雀樓。遥聞鳳凰鼓。下我鄒頭山。彷彿見梁魯。○異苑六。

犬妖歌

述異記曰。嘉興縣朱休之有一弟。宋元嘉中。兄弟對坐。家有一犬。來向休之蹲。偏視二人。遂摇頭而笑曰云云。其家驚懼。斬犬。標首路側。至來歲。梅花時。兄弟相鬥。弟奮戰傷兄。官收治。並被囚繫。經歲得免。至夏。舉家時疾。母及兄弟皆死。

言我不能歌。聽我歌梅花。今年故復可。奈太平廣記作那。汝明年御覽或作明年當奈。何。○類聚八十六。御覽八百八十五、九百五。太平廣記四百三十八。詩紀外集四。

鶴吟

異苑曰。晋懷帝永嘉中。徐奭出行田。見一女子。姿色鮮白。就奭言調。女因吟曰云云。奭情既諧。欣然延至一屋。女施設飲食而多魚。遂經日不返。兄弟追覓至湖邊。見與女相對坐。兄以籐杖擊女。即化成白鶴。翩然高飛。奭恍惚年餘乃差。

疇昔聆好音。日月心延佇。如何遇良人。中懷邈無緒。○太平廣記四百六十。

齊詩卷一

齊高帝蕭道成

道成。字紹伯。小名鬬將。南蘭陵武進人。宋元嘉末爲左軍中兵參軍。孝武即位。歷大司馬參軍、太宰、員外郎、直閤中書舍人、建康令。泰始初爲右軍將軍。除征北司馬、南東海太守、行南徐州事。遷南兗州刺史。入拜散騎常侍、太子左衛率。泰豫末爲右衛將軍。領衛尉。元徽中。加侍中、尚書左僕射。尋弑蒼梧王。迎立順帝。進侍中、司空、録尚書事、驃騎大將軍。封竟陵郡公。領揚州牧。昇明三年三月。進相國。總百揆。封齊公。四月。進爵爲王。受禪。改元建元。建元四年卒。年五十六。謚曰高皇帝。

塞客吟

詩紀云。此詩見蘇侃傳。外編、逸軌皆作侃詩。非也。齊書曰。高帝在淮上。以蘇侃爲冠軍録事參軍。是時新失淮北。遣帝北戍。每歲秋冬間。邊淮騷動。帝廣遣偵候。安集荒餘。又營繕城府。帝在兵中久。見疑於時。乃作塞客吟以喻志。侃達此旨。更自勸勵。委以府事。深見知待。

寶緯紊宗。神經越南史作淡。序。德晦河晉。力南史作歷。宣江楚。雲雷兆壯。天山繇武。直髮指河南史作秦。詩紀云。一作秦。闕。凝精越漢渚。秋風起。塞草衰。鵰鴻思。邊馬悲。平原千里顧。但見轉蓬飛。星嚴海淨。月徹河明。清輝映幕。素液凝庭。金笳夜厲。羽轊晨征。斡南史作幹。晴潭而悵泗。枻松洲而悼情。蘭涵南史作含。風而瀉豔。菊籠泉而散英。曲繞首燕之歎。吹軫絶越之聲。欷園琴之孤弄。想庭藿之餘馨。青關望斷。白日西斜。恬源靚霧。壟首暉霞。戒旋鷁。躍還南史作遠。波。情綿綿而方遠。思裊裊而遂多。粤擊秦中之筑。因爲塞上之歌。歌曰。朝發兮江泉。日夕兮陵山。驚飆兮瀄汨。淮流兮潺湲。胡埃兮雲聚。楚旆兮星懸。愁墉兮思宇。惻愴兮何言。定寰中之逸鑒。審雕陵之迷泉。悟樊籠之或累。悵遐心以棲玄。○南齊書蘇侃傳。南史蘇侃傳。詩紀五十六。

羣鶴詠

南史曰。齊高帝鎮淮陰。爲宋明帝所疑。被徵爲黃門郎。深懷憂慮。見平澤有羣鶴。命筆詠之。

八風儛遥翮。九野弄清音。一摧雲間御覽誤作門。志。爲君苑御覽誤作死。中禽。○南史荀伯玉傳。御覽九百十六引宋書。詩紀五十六。

齊武帝蕭賾

賾。字宣遠。高帝長子。仕宋歷尋陽國侍郎、州西曹書佐、贛令、尚書庫部郎、征北中兵參軍、南東莞太守、襄陽太守、廣興相、江夏内史、江州刺史。封聞喜縣侯。進爵爲公。齊國建。爲齊公世子。進爵王太子。高帝受禪。爲皇太子。以建元四年三月卽位。明年改爲永明。永明十一年卒。年五十四。諡曰武皇帝。逯案。南史。賾生於元嘉二十七年。則至永明十一年實止四十四歲。與本紀賾言行年六十之言不合。若依五十四歲之數上溯。則賾生於元嘉十七年。考元嘉十七年蕭道成僅十四歲。十四歲生子。亦似有問題也。

估客樂

古今樂録曰。估客樂者。齊武帝之所製也。帝布衣時嘗遊樊鄧。登阼以後。追憶往事而作歌。使樂府令劉瑶管絃被之教習。卒遂無成。有人啓釋寶月善解音律。帝使奏之。旬日之中。便就諧合。敕歌者常重爲感憶之聲。猶行於世。寶月又上兩曲。帝數乘龍舟。遊五城江中放觀。以紅越布爲帆。緑絲爲帆。綷鍮石爲篙足。篙榜者悉著鬱林布。作淡黄袴。列開。使江中衣出。五城殿猶在。齊舞十六人。梁八人。唐書樂志曰。梁改其名爲商旅行。

昔經樊鄧役。阻潮梅根渚。感憶追往事。意滿辭不叙。○樂府詩集四十八。詩紀五十六。

王延

延當卽延之。字希季。琅邪臨沂人。建元二年。鎮江州。進號鎮南將軍。四年。遷中書令。右光禄大夫、本州大中正、左僕射。永明二年卒。年六十四。

別蕭諮議詩

霏雲承永夜。皓燭鶩離軒。執酒愴誰與。舉袖默無言。忍兹君爲別。如此歲方暄。年深北岫時。鳥思南國園。江上愁別日。階下樹芳蓀。〇古文苑九。

王儉

儉。字仲寶。琅邪臨沂人。宋孝武時。襲爵豫寧縣侯。明帝選尚陽羨公主。拜駙馬都尉。官至侍中。後輔齊高帝受禪。改封南昌郡公。累遷侍中、尚書令。永明七年卒。年三十八。有弔儀十卷、古書儀十卷、百家集譜十卷、元徽元年四部書目録四卷、今書七志七十卷、集六十卷。

侍太子九日宴玄圃詩

明明儲后。沖默其量。徘徊禮樂。優游風尚。廣文選作亮。微言外融。幾神內王。就日齊暉。儀雲等望。本茂條榮。源澄流潔。漢稱間平。周云魯衛。咨我藩華。方軼類聚作軌。前軌。類聚作軼。秋日在房。鴻鴈來翔。寥寥清景。靄靄初學記作藹藹。歲時雜詠同。微霜。草木摇落。幽蘭獨芳。眷言淄苑。尚想濠梁。既暢旨酒。亦飽徽猷。有來歲時雜詠作冬。斯悦。無遠不柔。〇類聚四。廣文選八。詩紀五十六。又初學記四作侍皇太子九日玄圃宴四言詩。引翔、霜、芳、梁、猷、柔六韻。歲時雜詠三十三引翔、霜、芳、梁、猷、柔六韻。

侍皇太子釋奠宴詩

南齊書禮志曰。永明三年。皇太子講孝經。親臨釋奠。車駕幸聽。

禮惟國幹。義實民初學記作人。端。身由業湶。世以教安。金鎔乃器。水術伊瀾。漸芳則馥。履冰固寒。晉宗務時。頖宮善誘。洛此含生。躋彼仁壽。淳移雅缺。歷茲永久。遊藝莫師。獨學誰友。三兆戒辰。八鸞警詩紀作驚。旦。風動蒿宮。雲棲參館。禮邁仁周。樂超英漢。神保爰格。祝史斯贊。鬱鬯既終。德馨是與。降冕上庠。升宴東序。槐宰金貞。藩維玉譽。時彥莘莘。國冑楚楚。○類聚三十八引端、安、瀾、寒、誘、壽、久、友、旦、漢、贊十一韻。初學記十四引端、安、瀾、寒、館、漢、贊、與、序、譽、楚十一韻。詩紀五十六。

贈徐孝嗣詩

婉婉遊龍。載遊載東。靡靡行雲。並躍齊蹤。無類不感。有來斯雍。之子云邁。嗟我莫從。歲云暮止。述職戒行。崇蘭罷秀。孤松獨貞。悲風宵遠。乘雁晨征。撫物遐想。念別書情。○類聚三十一。詩紀五十六。方軌叔茂。追清彥輔。柔亦不茹。剛亦不吐。○南齊書徐孝嗣傳。南史徐孝嗣傳。

春日家園詩

徙倚未云暮。陽光忽已收。羲和無停晷。壯士豈淹留。冉冉類聚作苒苒。詩紀云。一作荏苒。老將至。功名竟不脩。稷契匡虞夏。伊呂翼商周。撫躬謝太平廣記作己媿。先哲。解紱太平廣記作斂袵。歸山丘。○類聚六十五。詩紀五十六。又南史本傳引稷契匡虞。伊呂翼周二句。太平廣記百七十三引談藪引周、邱二韻。

春詩二首

蘭生已匝苑。萍開欲半池。輕風揺雜蘤。細雨亂叢枝。○初學記三。詩紀五十六。

風光承露照。霧色點蘭暉。青荑結翠藻。黄鳥弄春飛。○同上

春夕詩

露華方照歲。雲彩復經春。虚閨稍疊草。幽帳日凝塵。○初學記三。詩紀五十六。

後園餞從兄豫章詩

茲夕竟何夕。念别開曾軒。光風轉蘭蕙。流月汎虚園。○類聚二十九。詩紀五十六。

王僧祐

僧祐。字胤宗。微從子。舉秀才。爲驃騎法曹。仕至太子中舍人。

贈王儉詩

南史曰。僧祐。儉之從弟也。儉嘗鳴笳列騶至僧祐門。僧祐輒稱疾不出。儉曰。此吾之所望於若人也。世皆推儉之

愛名德。而重僧祐之不趨勢也。

汝家在市門。我家在南郭。汝家饒賓侶。我家多鳥雀。○南史王宏傳附僧祐傳。詩紀五十六。

文惠太子蕭長懋

長懋。字雲喬。武帝長子。宋昇明三年。出爲雍州刺史。齊建元元年。封南郡王。進號征虜將軍。永明十一年卒。年三十六。有集十一卷。

擬古詩

磊磊落落玉山崩。○南史沈顗傳。

顧歡

歡。字景怡。吴興人。隱於天台山。開館教授。晚節服食。不與人通。齊高帝輔政。徵爲揚州主簿。及踐阼。上表東歸。永明元年。徵爲太學博士。不就。永明末。以壽終。有集三十卷。

臨終詩

南史曰。歡知將終。賦詩言志。

五塗無恒宅。三清有常舍。精氣因天行。游魂隨物化。鵬鶚適大海。蜩鳩之桑柘。達生任去留。善死均日夜。委命安所乘。何方不可駕。翹心企前覺。融然從此謝。〇南史本傳。詩紀六十二。

竟陵王蕭子良

子良。字雲英。武帝第二子。仕宋歷邵陵王左軍參軍。轉主簿、安南記室參軍、輔國將軍、會稽太守。高帝受禪。封聞喜縣公。爲征虜將軍、丹陽尹。武帝即位。封竟陵郡王。歷鎮北將軍、南徐州刺史、征北將軍、南兗州刺史。入爲護軍將軍。進號車騎將軍、司徒。領尚書令。徙揚州刺史。加中書監。鬱林王即位。進太傅。督南徐州。隆昌元年卒。年三十五。有集四十卷。

九日侍宴詩

月殿風轉。層臺氣寒。高雲斂色。遥露已團。式詔司警。言戾秋巒。輕觴時薦。落英可飡。〇類聚四。詩紀五十六。

侍皇太子釋奠宴詩

霜輕流日。風送夕雲。雕檐結綵。綺井生文。四璉合旨。八簋舒芬。〇類聚三十八。詩紀五十六。

遊後園

託性本禽魚。棲情閑物外。蘿徑轉連綿。松軒方杳藹。丘壑每淹留。風雲多賞會。○類聚六十五。詩紀五十六。

行宅詩并序

余稟性端疏。屬愛閑外。往歲羈役浙東。備歷江山之美。名都勝境。極盡登臨。山原石道。步步新情。迴池絶澗。往往舊識。以吟以詠。聊用述心。

訪宇北山阿。卜居西野外。幼賞悦禽魚。早性羡蓬艾。○類聚六十四。詩紀五十六。

登山望雷居士精舍同沈右衛過劉先生墓下作詩并序○一作同隨王經劉先生墓下作。

沛國劉子珪。學優未謝集作來。是。仕。跡遁心遐。履信謝集作言。體仁。古之遺德。潛舟迅景。滅賞淪輝。言念芳猷。式懷嗟述。屬舍弟隨郡。有示來篇。彌縝久要之情。益深宿草之歎。升望西山。率爾爲答。雖因事雷生。實申悲劉子云爾。詩紀云。劉瓛。字子珪。沛郡相人。南史有傳。

漢陵謝集作嘆。淹類聚作掩。館蕪。晉殄謝集作彌。詩紀云。一作彌。洙風缺。五都聲論空。三河類聚作阿。文義絶。興禮邁前英。談玄踰往哲。明情日夜深。徽音歲時滅。垣類聚作柏。井謝集作并。總已類聚作忽以。平。煙雲從容裔。爾歎牛山悲。我悼驚川逝。○謝宣城詩集四。詩紀五十六。又類聚四十作同隨王經劉先生墓詩。引缺、絶、哲、裔、逝五韵。

後湖放生詩

釋焚曾林下。解細平湖邊。迅翮摶清漢。輕鱗浮紫淵。○玉燭寶典五。

隨郡王蕭子隆

子隆。字雲興。武帝第八子。初爲荆州刺史。歷侍中、中軍大將軍。明帝輔政。隆昌元年被害。年二十一。有集七卷。

經劉瓛墓下詩

升堂子不謬。問道余未窮。如何辭白日。千載隔音通。山門一已類聚誤作已一。絶。長夜緬難終。初松切暮鳥。新楊催曉類聚作晚。風。榛闗向蕪密。泉途轉銷空。〇謝宣城詩集四。詩紀五十六。又類聚四十引窮、通、終、風四韵。

齊詩卷二

王融

融。字元長。琅邪臨沂人。儉從子。宋中書令僧達孫。舉秀才。爲晉安南中郎參軍。歷晉陵王司徒法曹參軍。遷祕書丞、丹揚丞、中書郎兼主客郎。竟陵王蕭子良以爲寧朔將軍軍主。鬱林王卽位。隆昌元年。收下廷尉獄。賜死。年二十七。有集十卷。

樂府

齊明王歌辭七首應司徒教作○以下五言。

明王曲

明王日月照。至樂天地和。幸類聚作時。息雲門吹。復歇類聚作歌。咸池歌。桂序樂府作房。詩紀云。序一作房。金匏轉。樂府作轉。瑶軒絲石羅。朱騏步躑躅。玄鶴舞蹉跎。露凝嘉草秀。煙度醴泉波。皇基方萬祀。齊民樂如何。○樂府詩集五十六。詩紀五十七。又類聚四十三引和、歌、羅、波四韵。

聖君曲

聖君應昌曆。景祚啓休期。龍樓神睿道。兔園仁義基。海蕩萬川集。山崖百草滋。盤苗成萃止。渝蔴異來思。清明動離軫。威惠樂府、詩紀並云。一作懷。被殊辭。大哉君爲后。何羨唐虞時。○樂府詩集五十六。詩紀五十七。又類聚四十三引期、滋、時三韵。

淥水曲

湛露改寒司。交樂府作文。鶯變春類聚作陽。旭。瓊樹落類聚作袖藻。晨紅。瑶塘水類聚作汙。初淥。日霽沙潋明。風泉動類聚作暗。華燭。樂府、廣文選並作風動泉華燭。遵渚泛蘭觴。乘漪弄類聚作舞。樂府云。一作舞。清曲。斗酒千金輕。寸陰百年促。何用盡歡娱。王度式如玉。○樂府詩集五十六。廣文選十四。詩紀五十七。又類聚四十三引旭、淥、燭、曲四韵。

採菱曲

炎光銷玉殿。涼風吹鳳樓。雕輜樂府云。一作青輅。詩紀同。傃平隰。朱櫂泊安流。金華妝翠羽。鷁首畫詩紀誤作晝。飛類聚作龍。樂府、詩紀云。一作龍。舟。荆姬採菱曲。越女江南謳。騰聲翻葉静。發樂府云。一作散。詩紀同。響谷雲浮。良時時一遇。佳人難再求。○樂府詩集五十六。詩紀五十七。又類聚四十三引樓、舟、謳、求四韵。

清楚引

平原數千里。飛觀鬱岧岧。清月冏將曙。浩露零中宵。轉葉度沙海。别羽自冰遼。四面通樂府作涌。注云。一作通。寒色。左右竟嚴飈。峭澗多榛梗。京索久塵苗。逝將憑神武。奮劍盪遺妖。○樂府詩集五十六。詩紀五十七。

長歌引

周雅聽休明。齊德靚升平。紫煙四時合。黄河萬里清。翠柳蔭通街。朱闕臨高城。方轂雷塵起。接袖風雲生。酣笑争日夕。絲管㐨即互字。詩紀作牙。注云。疑作互。逢迎。徂年無促慮。長歌有餘聲。○同上

散曲

金枝湛明燎。繡幕裂芳然。層閨横緑綺。曠席緬朱纏。楚調廣陵散。瑟柱秋風弦。輕裙中山麗。長袖邯鄲妍。徐歌駐行景。迅節淪樂府作籥。浮煙。言願聖明主。永永萬斯年。○同上

有所思詩紀云。樂府、藝文均作王融。或作范雲。非是。

如何有所思。而無相見時。類聚作期。宿昔夢顔色。階庭尋履綦。高張謝集作歌。文選補遺同。更何已。引滿終自持。類聚作畝。謝集作期。注。一作時。文選補遺作期。注。一作持。欲知憂能類聚作裹。海録碎事作解。老。爲視鏡中絲。○謝宣

城詩集二。類聚四十一。樂府詩集十七。文選補遺三十四。廣文選十四。詩紀五十八。又海録碎事九作王融詩。引絲一韵。

三婦豔詩

大婦織綺羅。一作縑綺。中婦織流黄。小婦獨無事。挾瑟樂府云。一作琴。上高堂。丈夫樂府云。一作人。且安坐。調弦詎未央。樂府云。一作未渠央。○樂府詩集三十五。詩紀五十七。

青青河畔草

容容寒煙起。翹翹望行子。行子殊未歸。寤寐君樂府作若。詩紀云。一作若。容輝。夜中心愛促。覺後阻河曲。河曲萬里餘。情交襟袖疏。珠露春華返。璿霜秋照詩紀云。一作桂。晚。入室怨蛾眉。情歸爲誰婉。○樂府詩集三十八。詩紀五十七。

同沈右率諸公賦鼓吹曲二首詩紀云。附見謝脁集。或作脁詩。非也。

巫山高

想玉臺作響。類聚作髣。謝集作仿。文選補遺同。象樂府、詩紀並云。一作髣髴。巫山高。薄暮陽臺曲。煙霞謝集作華。類聚同。樂府作雲。乍舒卷。類聚作卷舒。蘅謝集作行。類聚、文選補遺同。芳樂府作猨鳥。時詩紀作自。斷續。樂府云。一作煙華乍卷舒。行芳時斷續。詩紀云。集作煙雲乍卷舒。猿鳥時斷續。彼美如可期。寤言紛在矚。玉臺作屬。文選補遺同。憮玉臺作撫。然類聚作無忘。坐相忠。謝集作望。類聚、樂府、文選補遺同。詩紀云。一作望。秋風下庭綠。○謝宣城詩集二。玉臺新詠四。樂府詩集十七。文選補遺三十四。詩紀五十七。又類聚四十二引曲、續、綠三韵。

芳樹

相望早春日。煙華雜如霧。復此佳麗人。含情謝集作姿。結芳樹。綺羅已自憐。萱風多有趣。去來徘徊者。佳人不可遇。○謝宣城詩集二。樂府詩集十七。詩紀五十七

臨高臺

遊人欲騁望。積步上高臺。井蓮當夏吐。窗桂逐秋開。花飛低不入。鳥散遠時來。還看雲棟樂府云。一作陣。影。含月共徘徊。○樂府詩集十八。詩紀五十七。

望城行

金城十二重。雲氣出表裏。萬户如不殊。千門反相似。車馬若飛龍。長衢無極已。簫鼓相逢迎。信哉佳城市。○樂府詩集六十八。詩紀五十七。

法樂辭十二章

天長命自短。世促道悠悠。禪衢開廣弘明集作闢。注云。明本作開。遠駕。愛海亂輕舟。累塵曾未極。心樂府作積。

樹豈能籌。情埃何用洗。正水有清流。右歌本起。

百神肅以虔。廣弘明集云。宋元宮本作度。三靈震廣弘明集作晨。注云。元明本作震。且廣弘明集云。元宮本作旦。越。恒樂府作常。廣弘明集云。明本一作常。詩紀云。一作常。曜掺芳霄。詩紀作宵。廣弘明集云。三本、宮本作宵。薰風動樂府作鏡。蘭月。樂府云。一作微風動蘭月。丹榮藻樂府作落。注云。一作藻。玉墀。翠羽文珠廣弘明集作朱。注云。明本作珠。闕。皓毳非虚來。交輪豈徒發。右歌靈瑞。

韶年春已仲。明星夜未央。千祀鍾休曆。萬國會廣弘明集作命。注云。明本作會。嘉樂府作佳。祥。金容涵樂府作函。夕景。翠鬘佩晨光。表塵維淨覺。汎廣弘明集云。宋元宮本作凡。俗迺輪皇。右歌下生。

襲氣變離宮。重柝驚廣弘明集作警。層殿。曼響感心神。脩容展懽詩紀作轉惟。宴。生老終已廣弘明集作以。縈。死病行當薦。方爲淨國遊。豈結危城戀。右歌在宮。

春枝樂府作木。注云。一作枝。多病夭。秋葉少欣榮。心骸終委滅。親愛暫平廣弘明集作時。注云。明本作平。生。長風吹北隴。廣弘明集、樂府並作壟。迅景廣弘明集云。元明本作瀑。樂府作影。詩紀作瀑。急東瀛。知三既情暢。樂府作竭。注云。一作暢。得一乃身貞。右歌四遊。○樂府作田遊。

飛策辭國門。端儀偃郊樹。慈愛徒廣弘明集云。宋宮本作往。按往當是枉字。相思。閨中廣弘明集作中閨。注云。明本作閨中。空怨詩紀作戀。廣弘明集云。三本、宮本作戀。慕。夙樂府作風。廣弘明集同。又注。三本作夙。隸乖往塗。駿足獨歸路。畢袂謝時人。得道且還去。樂府作願。詩紀云。一作願。廣弘明集云。明本一作願。○右歌出國。

明心弘十力。廣弘明集云。宋元宮本作方。寂慮安廣弘明集作通。樂府云。一作通。四禪。青禽承逸軌。文驪樂府作鑣。詩紀云。一作鏞。廣弘明集云。明本一作鏞。鏡重川。鷲巖標遠勝。鹿野究清玄。不有希世寶。何以導濛樂府作蒙。廣弘明集同。又注云。三本、宮本作濛。泉。右歌得道。

亭亭宵廣弘明集作霄。注云。三本、宮本作雙。詩紀作雙。月流。朏朏晨霜結。川上不徘徊。條問亟廣弘明集作函。注云。明本作亟。渝樂府作問生。滅。靈知湛常然。符廣弘明集作俯。注云。明本作符。一作俯。應有盈缺。感運復來儀。且厭樂府作壓。注云。一作厭。人問世。廣弘明集作紲。注云。宋元宮本作世。泄音。明本音泄。樂府作泄。注云。一作世。〇右歌寶樹。〇樂府詩集云。寶樹一作雙樹。

舂廣弘明集作春。詩紀同。又注。一作春。山玉所府。檀林芳樂府作鸞。廣弘明集云。明本云。一作鸞。所棲。引火歸炎燧。樂府作隧。挹樂府作揖。水自清樂府作青。隄。菴園無異轍。祇廣弘明集作衹。樂府同。館廣弘明集云。明本作管。有同躋。廣弘明集云。宋元宮本作儕。比肩非今古。接武豈燕齊。右歌賢衆。

昔余廣弘明集云。宋元本作爾。輕歲月。茲也重光陰。閨中屏鉛黛。闕下挂纓簪。禪悦兼芳旨。法言廣弘明集作憙。注云。明本作言。云一作憙。戀廣弘明集作忘。注云。明本云。一作戀。詩紀云。一作忘。清琴。一異非能辨。寵辱樂府云。一作空有。誰爲心。右歌學徒。

峻宇樂府作岸。臨層穹。苕苕樂府作迢迢。廣弘明集云。明本作迢迢。疏遠風。騰芳清漢裏。響梵高雲中。金華紛苒若。樂府作冉弱。廣弘明集云。三本作箸。瓊樹鬱青葱。貞心延樂府作逸。注云。一作延。淨境。邃業嗣天宮。右歌供具。

影響未嘗隔。晦明殊復親。弘慈邈廣弘明集作迫。注云。明宮本作邈。已遠。睿后扇高塵。區中禔樂府作提。景福。寓廣弘明集云。三本作宇。明本云。一作寓。外沐深仁。萬祀留廣弘明集作流。注云。明本作留。云一作流。國祚。億兆慶唐民。右歌福應。○廣弘明集三十。樂府詩集七十八。詩紀五十七。

少年子

聞有東方騎。遥見上頭人。待君送客返。桂釵當自陳。○樂府詩集六十六。詩紀五十七。

江皐曲

林斷山更續。洲盡江復開。雲峯帝鄉起。水源桐柏來。○樂府詩集七十七。詩紀五十七。

思公子

春盡風颯颯。蘭凋木脩脩。王孫久爲客。思君徒自憂。○樂府詩七十四。詩紀五十七。

王孫遊

詩紀云。玉臺作春遊。

置酒登廣殿。開襟望所思。春草行已歇。何事久佳期。○樂府詩集七十四。詩紀五十七。

陽翟新聲

懷春發下蔡。含笑向陽城。恥爲飛雉曲。好作鵾雞鳴。○樂府詩集七十四。詩紀五十七。

永明樂十首謝朓同賦。

玄符昭景曆。茂實偶英聲。長爲南山固。永與朝日明。○樂府詩集七十五。詩紀五十七。

靈丘比翼棲。芳林合條起。兩代分憲章。一朝會書軌。○同上

二離金玉相。三衮蘭蕙芳。重儀文世子。再奉東平王。○同上

空谷返逸驂。陰山響鳴鶴。振玉躧丹墀。懷芳步青閣。○同上

崇文晦已明。膠庠雜復整。弱臺留折巾。沂川詠芳穎。○同上

定林去喧俗。鹿野出埃霞。香風流梵琯。澤雨散雲花。○同上

楚望傾瀰瀚。日館仰鑾鈴。已晞五雲發。方照兩河清。○同上

幸哉明盛世。壯矣帝王居。高門夜不柝。飲帳曉長舒。○同上

總棹金陵渚。方駕玉山阿。輕露炫珠翠。初風摇綺羅。○同上

西園抽蕙草。北沼掇芳蓮。生逢永明樂。死日生之年。○同上

奉和秋夜長

秋夜長。玉臺作秋夜長復長。夜長樂未央。舞袖拂花玉臺作明。燭。歌聲繞鳳梁。○玉臺新詠十作秋夜。古文苑四不署作者。樂府詩集七十六作秋夜長。詩紀五十七。

詩

贈族叔衛軍儉詩十五章

台曜澄華。鉉岳裁峻。經天爲象。麗地作鎮。龍潛九泉。鳳栖百仞。濟弇高騰。乘箕遠振。

極睇金策。具覽瑶圖。宏蹤渀邈。邃理睢盱。聖機共軫。睿想同謨。玄契寤語。幽契占符。

軒迹方融。稽牧克輔。天步初階。哲人翼主。望古連規。追循疊矩。齊摯等契。淩何邁禹。

桂萌已馥。玉生而温。日自志學。卽此賓門。身無擇行。口不棄言。儔襟河隧。合量衢罇。

漸美中和。資心百姓。柔裕爲容。齊莊以敬。仁則物安。義惟已正。沖泉如泉。鏡淨如鏡。

不器其文館詞林作有。德。有斐文館詞林作匪。類聚同。斯文。質超瑚璉。才逸卿雲。搖筆泉瀉。動詠霙紛。渢乎不極。卓兮靡羣。

君道知人。臣術勝務。納揆飛聲。登庸緝譽。名勲沈隱。賁發幽素。九流載清。八政允樹。

帝曰欽哉。朕嘉乃良。滔滔江蠡。實紀炎方。建兹赤社。俾侯南昌。受策以出。出入勤王。

施之爲政。實尹上京。朞月而可。三年有成。人莫愛力。物不廋情。雋張愧稱。王趙慚名。

息慰渠館。式靜澤宫。我求駿德。昭此困蒙。儀形闔里。木鐸淹中。容上復禮。稷下還風。

帝略時康。皇塗攸乂。乃命南昌。式補袞闕。念損辭功。鳴謙讓伐。豈敢固之。王言再發。

於時春暮。日焕雲清。前紀文物。後發聲明。逶迤冕服。有鏘璁珩。公其戾止。威德惟馨。

德馨伊何。如蘭之宣。貞筠柚類聚作抽。詩紀同。箭。潤壁懷山。有榮有茂。不瘁不騫。介茲景福。君子萬年。繇資律紀。望以韜傳。宋翟空墨。周老徒玄。一致或稟。百行無員。永言古烈。公實兼旃。六樂畢該。五禮備貫。文館詞林作員。七訓是敷。三英有粲。文整國容。武決廟算。唯旦唯公。唯公唯旦。○文館詞林百五十二。又類聚三十一作贈族衛軍詩。引峻、鎮、文、雲、紛、宣、山、貫、粲、旦十韵。

從武帝琅邪城講武應詔詩

治兵聞魯策。訓旅見周篇。教民良不棄。任智理恒全。白日映丹羽。頹霞文翠旃。淩山炫組甲。帶水被戎詩紀作戈。船。凝葭鬱摧愴。清管乍聯綿。早逢文化洽。復屬武功宣。願陪玉鑾右。一舉掃燕然。○類聚五十九。詩紀五十七。

棲玄寺聽講畢遊邸園七韻應司徒教詩

道勝業茲遠。心閒地能隟。桂橑廣弘明集作燎。注云。宋宫本作僚。元明本作撩。古文苑作掩。廣文選作崦。鬱初裁。蘭墀坦將闢。虛檐對長嶼。高軒臨廣液。芳草列成行。嘉樹紛如積。流風轉還廣弘明集云。明本云。一作旋。廣文選云。還音旋。謂回旋之逕。詩紀云。音旋。逕。清煙泛喬石。日汩廣弘明集作泊。注云。明本作汩。山照紅。松映水華碧。暢哉人外賞。遲遲眷西廣弘明集作春將。注云。明本作眷西。夕。○廣弘明集三十。古文苑四。廣文選九。詩紀五十七。

雜體報范通直詩

和璧荆山下。隋珠漢水濱。無雙自昔代。有美今爲鄰。三楚多秀古文苑作才。士。江上復才人。緯絹詩紀云。疑蕭字之誤。非善賈。聖德可名臣。追飛且學步。共子奉清塵。紫庭風日好。青槐枝葉新。徘徊吹樓側。欲見心所親。㣲當是微字别體。君蘭蕙草。何用以書紳。○古文苑九。詩紀五十七。

蕭諮議西上夜集詩

徘徊將所愛。類聚作憂。惜古文苑作昔。别在河梁。衿袖三春古文苑作處。隔。江山千里長。寸心無遠近。邊地有風霜。勉哉勤歲暮。敬矣事類聚作慎。初學記同。容光。山中殊未懌。初學記作澤。杜若空自古文苑作爲。芳。○類聚二十九。初學記十八。古文苑九作别蕭諮議。詩紀五十七。

别王丞僧孺詩

首夏實清和。餘春滿郊甸。花樹雜爲錦。月池皎如練。如何於類聚作當。詩紀云。一作當。此時。别離言與面。類聚作宴。留雜已鬱紆。行舟亦遥衍。非君不見思。所悲思不見。○古文苑九不署作者。詩紀五十七。又類聚二十九作謝脁别王僧孺詩。引練、宴、見三韵。

寒晚敬和何徵君點詩

疏酌候冬序。開琴改秋律。如何將暮天。復值西歸日。摇落迎軒牖。飛鳴亂繩蓽。煙灌共深陰。風篁兩蕭瑟。虚堂無笑語。懷君首如疾。早輕北山賦。晚愛東皐逸。上德可潤身。下澤有徐轡。○古文苑九作劉中書作。詩紀五十七。

古意詩二首 詩紀作和王友德元古意二首。

遊禽暮知反。行人獨未玉臺作不。歸。坐銷芳草氣。空度明月輝。嚬容入朝鏡。思淚點春衣。巫山彩雲没。淇古文苑誤作湛。上緑條詩紀作楊。稀。待君竟不至。秋雁雙雙飛。○玉臺新詠四。古文苑九不署作者。題作王友古意二首。詩紀五十七。

霜氣下孟津。秋風度函古文苑誤作亟。谷。念君淒已詩紀作以。寒。當軒卷羅縠。纖手廢裁縫。曲鬢罷膏沐。千里不相聞。寸心鬱紛蘊。玉臺作氤氲。況復飛螢夜。木葉亂紛紛。○同上

奉和竟陵王郡縣名詩

追芳承荔浦。揖道訊虚丘。升裾臨廣牧。從望盡平洲。曾山臨翠坂。方渠緬清流。陽臺翻早茂。陰館懷名秋。歲晏詩紀作宴。東光弭。景仄西華收。端溪慙昔彦。澗水謝前脩。往食曲阜盛。今屬平臺遊。燕棠缺初雅。鄭衰息遺謳。久傾信都美。乃結茂陵儔。河間誠可詠。南海果難遊。○類聚五十六。詩紀五十七。

遊仙詩五首 詩紀云。集云應教。

桃李不奢年。桑榆多暮節。常恐秋蓬根。連翩因風雪。習道遍槐屼。追仙度瑶碣。緑帙啓真詞。丹經流妙説。長河且已縈。曾山方可礪。○古文苑九不署作者。

獻歲和風起。日出東南隅。鳳旍亂煙道。古文苑缺道字。龍駕溢雲區。結賞自員廣文選作雲。嶠。移讌廣文選作燕。乃方壺。金巵廣文選作芝。浮水翠。玉斝挹泉珠。徒用霜露改。終古文苑缺終字。然天地俱。○古文苑九。廣文選九。詩紀五十七。

命駕瑶池隈。樂府作側。注云。一作隈。過息嬴女臺。長袖何靡靡。簫管清且哀。璧門涼月舉。珠殿秋風迴。青鳥鶱高羽。王母停玉杯。舉手暫樂府作蹔。爲別。千年將復來。○古文苑九。樂府詩集六十四作神仙篇。廣文選九。詩紀五十七。

湘沅有蘭芷。古文苑作沚。汨吾欲南征。遺珮出長古文苑作長出。浦。舉袂望增城。朱霞拂綺樹。白雲照金楹。五芝多秀色。八桂常冬榮。弭節且夷與。參差聞鳳笙。○古文苑九。廣文選九。詩紀五十七。

命駕隨所卽。燭龍導輕鑣。沙澤振寒草。弱水駕冰潮。遠翔馳聲響。流雪自飄飆。忽與若士古文苑、廣文選作人。遇。古文苑作□者。長舉入雲霄。羅繹古文苑作澤。徒有睨。蟭螟古文苑、廣文選作鵾明。已寥寥。○同上

訶詰四大門詩

迅矣百齡。綿兹六入。出没昏疑。與君愛習。總總予求。營營爾給。匪德曰歸。唯殃斯集。貪人敗類。無厭

自及。昭回不希。玄墟何泣。○初學記二十三。

在家男女惡門詩

在磨則磷。玉生雖堅。唯居必徙。豈曰能賢。冰開春日。蘭敗秋年。天教斯類。及習情遷。命符三牖。生偕十纏。兹焉遂住。憂畏方延。○初學記二十三。

大慚愧門詩

蘭室改蓬心。旃初學記作旌。崖變伊草。丹青有必渝。絲皪初學記缺此字。詩紀云。一作素。豈常皓。曲轅且繩直。詭木遂彫藻。一簣或成山。百里倦中道。隆初學記作崇。詩紀云。一作崇。漢乃王臣。失初學記作大。楚信初學記作言。元保。勉矣德不孤。至言匪虚造。○初學記二十三。廣弘明集三十作浄行頌。○逯案。廣弘明集浄行頌共十首。此其九。詩紀以初學記引此作詩。遂全部編入之。今據初學記録此篇。其他九首既爲浄行頌。皆從略。

努力門詩

豫北二山尚有移。河中一洲亦可爲。精誠必至霜塵下。意氣所感金石離。有子合掌修名立。時王權髮美譽垂。昔來勤心少騫墮。當作隳。何不努力出憂危。勝幡法鼓縈且擊。智師道衆紛以馳。有生無我儼既列。無明有我孰能窺。○初學記二十三。

迴向門詩

悠悠九土各異形。擾擾四生非一情。驅車策馬殉世業。市文鬻義炫虚名。三墨紛糾殊不會。七儒委鬱曾未并。吉凶尚忌及數術。取與離合實縱横。朝日夕月竟何取。投巖赴火空捐生。咄嗟失道爾迴駕。沔彼流水趣東瀛。○初學記二十三。

春遊迴文詩

枝分類聚作大。柳塞北。葉暗榆關東。垂條逐絮轉。落蘂散花叢。池蓮照曉月。幔錦拂朝風。低吹雜綸羽。類聚作曉吹綸雜羽。薄粉豔粧紅。離情隔遠道。歎結深閨中。○類聚五十六。詩紀五十七。

侍遊方山應詔詩

巡蹕望登年。帳飲臨秋縣。日羽鏡霜潯。雲旗落風甸。四瀛良在目。八字婉如見。小臣竊自嘉。預奉柏梁讌。○古文苑九。詩紀五十七。

奉辭鎮西應教詩

未學謝能算。高義幸知遊。霤庭參辯奭。梁苑豫才鄒。徘徊歲光晚。摇落江樹秋。風旗縈別浦。霜琯迥遥洲。○類聚二十九。詩紀五十七。

餞謝文學離夜詩

所知共古文苑作供共。歌笑。謝集作吹。誰忍别笑歌。離軒思黄鳥。分渚蔓青莎。翻情結遠旆。灑淚與行謝集作烟。波。春江夜明月。還望情如何。○謝宣城詩集四。古文苑九。詩紀五十七。

和南海王殿下詠秋胡妻詩七章○樂府作七首。廣文選、詩紀同。

日月共爲照。松筠俱以貞。佩紛古文苑、樂府作分。甘自遠。結鏡待君明。且協金蘭好。方愉琴瑟情。佳人忽千里。幽樂府作空。閨積思生。

景落中軒坐。悠悠望城闕。高樹升夕煙。層樓滿初月。光陰非或異。山川屢難越。輟泣拚鉛姿。搔首亂雲髮。

傾魄樂府作魂。屬徂古文苑作組。火。摇念待方秋。涼氣承宇結。明熠傃堦流。三星亦虚暎。四屋慘多愁。思君古文苑缺君字。如萱草。一見乃忘憂。

杼軸樂府云。一作衿袖。鬱不諧。契闊彌樂府作迷。新故。朔古文苑作翔。風櫚樂府作欄。上發。寒鳥林間度。客遠乏衣裘。歲晏饒霜露。參差與别緒。依遲樂府云。一作違。起離慕。

願言如可信。樂府作行。古文苑作何行。行樂府作信。邁亦云樂府作亡。反。睇景不告勞。瞻途寧遽遠。何以淹歸轍。

蠶妾事春晚。送目亂前華。馳心迷舊婉。椒珮容廣文選作客。有結。振芳歧廣文選作跂。路隅。黄金徒以賦。白珪終不渝。明心良自皎。安用久踟躕。遄車及樂府作反。枌古文苑作遄速反於。巷。流日古文苑作目。樂府同。下西虞。披帷悵古文苑作惕。樂府、廣文選同。樂府又注云。一作悵。有望。出門遲所欲。彼美復古文苑作後。來儀。慚顔變欣矚。蘭艾隔芳臭。樂府作猶。涇渭分清濁。去去夫人子。請殉樂府作徇。川之曲。○古文苑九不署作者。樂府詩集三十六。廣文選八。詩紀五十七。又類聚三十二引第一章。

詠琵琶詩

抱月如可明。懷風殊復清。絲中傳意緒。花裏寄春情。掩抑有奇態。淒鏘多好聲。芳袖幸時拂。初學記作拂持。龍門空自生。○謝宣城詩集五。玉臺新詠四。類聚四十四。初學記十六。古文苑九。詩紀五十七。

詠幔詩

幸得與珠古文苑作君。綴。羃歷君之楹。月映御覽作日暎。不辭卷。風來輒自輕。每聚金爐氣。時駐玉琴聲。但玉臺作俱。願置玉臺作致。類聚同。樽酒。蘭釭當萬花谷作常。夜明。○謝宣城詩集五。玉臺新詠四。類聚六十九。初學記二十五。古文苑九作謝文學賦物爲詠得幔。御覽六百九十九。詩紀五十七。

藥名詩

重臺信嚴敞。陵澤乃閒荒。石蠶終未繭。垣衣不可裳。秦芎留近詠。楚蘅揩遠翔。韓原結神草。隨庭銜夜光。○古詩類苑八十一。詩紀五十七。

星名詩

眇歎屬辰移。端憂臨歲永。久慚入漢客。每愧遵河詩紀作尊何。影。仙羽誠不退。蓬襟良未整。誰謂無正心。大陵有霜穎。○古詩類苑八十一。詩紀五十七。

奉和月下詩

雕雲度綺錢。香風入珠綱。獨知此夜月。依遲慕神賞。○古文苑九不署作者。詩紀五十七。

詠池上梨花詩

翻堦没細草。集水間疏萍。芳春照流雪。深夕映繁星。○古文苑九。詩紀五十七。

詠梧桐詩

鶱鳳影層枝。輕虹鏡展緑。豈斁龍門幽。直慕瑶池曲。○古文苑九不署作者。詩紀五十七。

詠女蘿詩

羃𩮟女蘿草。蔓衍旁松枝。含煙黄且緑。因風卷復垂。○類聚八十一。詩紀五十七。

移席琴室應司徒教詩

雪崖似留月。蘿徑若披雲。潺湲石溜寫。綿蠻山雨聞。○類聚六十四。詩紀五十七。

抄衆書應司徒教詩

説禮固多才。惇詩信爲善。巖筍發仙華。金縢開碧篆。○類聚五十五。詩紀五十七。

奉和代徐詩二首

自君之出矣。芳蕙絶瑶巵。思君如形影。寢興未曾離。○古文苑九不署作者。樂府詩集六十九。詩紀五十七。

自君之出矣。金鑪香不燃。思君如文選補遺作當。明燭。中宵空自煎。○玉臺新詠十作代徐幹。古文苑九不署作者。樂府詩集六十九。文選補遺三十四。詩紀五十七。

擬古詩二首

花蔕今何在。亦玉臺作示。是林下生。何當垂雙玉臺作兩。類聚同。髻。團扇雲間明。○玉臺新詠十。類聚五十六作代藁砧詩。詩紀五十七。

鏡臺今何在。寸身正相隨。何當碎聯玉。雲上璧已虧。○類聚五十六作代藁砧詩。詩紀五十七。

四色詠

赤如城霞起。青如松霧澈。古文苑作徹。黑如幽都雲。白如瑶池雪。○類聚五十六作四色詩。古文苑九不署作者。詩紀五十七。

離合賦物爲詠詠火

冰容慚遠鑒。水質謝明暉。是照相思夕。早望行人歸。○玉臺新詠十。類聚五十六作離合詩。詩末注火字。詩紀五十七。

後園作迴文詩

詩紀云。此或爲梁元帝詩。觀簡文諸人和詩可見。藝文逸名。俟再考證。

斜峯繞徑曲。聳石帶山連。花餘拂戲鳥。樹密隱鳴蟬。○類聚五十六。詩紀五十七。○逯案。類聚此詩在王融離合詩後。

雙聲詩

園蘅眩紅蘤。湖荇燡叢話作曄。黄華。迴叢話誤作逈。鶴横淮翰。遠越合雲霞。○苕溪漁隱叢話一。詩紀五十七。

代五雜組詩

五雜組。慶雲發。往復還。經天月。不獲已。生胡越。○類聚五十六。詩紀五十七。

奉和纖纖詩

兩頭纖纖綺上紋。半白半黑鷰古文苑、類聚作燕。翔羣。腷腷膊膊烏類聚作鳥。迷曛。磊磊落落玉石分。○古文苑九不署作者。類聚五十六作代兩頭纖纖詩。詩紀五十七。

丘巨源

巨源。蘭陵人。宋孝武時舉丹陽郡孝廉。明帝卽位。自南臺御史爲王景文鎮軍參軍。元徽中。除奉朝請。歷佐諸王府。轉羽林監。齊受禪。爲尚書主客郎。領軍司馬、越騎校尉。除武昌太守。改餘杭令。齊明帝爲吴興。巨源嘗作秋胡詩。有諷刺語。以事見殺。有龜經秘要二卷、集十卷。

詠七寶扇詩

妙縞貴東夏。初學記作妙貴經□夏。萬花谷作妙貴經冬夏。巧技玉臺作媛。初學記字缺。萬花谷作妖。出吴閶。裁狀詩紀作如。白玉璧。縫似明月輪。表裏鏤七寶。中衛駭雞珍。畫作景山樹。圖爲河洛神。來延揮握玩。入與鐶釧親。生風長袖際。晞華紅粉類聚作柳。津。拂初學記作倩。萬花谷同。盻玉臺作眄。迎嬌意。隱映含歌人。時移務忘故。節改競存新。卷萬花谷作倦。情隨象簟。舒心謝錦茵。厭玉臺作懕。歇初學記作歌。萬花谷同。何足道。敬哉先後晨。○玉臺新詠四作七寶扇。初學記二十五。萬花谷續七。詩紀六十二。又類聚六十九作七寶闔扇詩。引輪、珍、神、津、人五韵。

聽鄰妓詩

披衽乏遊術。憑軾寡文才。蓬門長自寂。虛席視生埃。貴里臨倡玉臺作妝。詩紀云。一作粧。館。東鄰歌吹臺。雲間嬌響徹。風末豔聲來。飛華瑤翠幄。揚芬金碧杯。久絶中州美。從念尸鄉灰。遺情悲近世。中山安在哉。○玉臺新詠四。詩紀六十一。

王仲雄

仲雄。晉陵南沙人。敬則子。

懊儂曲歌

南齊書王敬則傳曰。敬則緜功封尋陽郡公。出爲會稽太守。明帝既多殺害。自以高武舊臣。心懷憂恐。諸子在都。上遣敬則世子仲雄入東安慰之。仲雄善彈琴。當時新絶。江左有蔡邕焦尾琴。在主衣庫。上敕五日一給仲雄。仲雄於御前鼓琴作懊儂曲歌。帝愈猜愧。後敬則竟以反誅。

常歎負情儂。郎今果何南史作行。許。君行不淨心。那得惡人題。○南史王敬則傳。又南齊書王敬則傳引前二句。

孔稚珪

稚珪。字德璋。會稽山陰人。齊高帝爲驃騎。取爲記室參軍。建武初。累遷冠軍將軍、太子詹事、散騎常侍卒。有集十卷。

白馬篇

驥子跼且鳴。鐵陣與雲平。漢家嫖姚將。馳突匈奴庭。少年鬬猛氣。怒髮爲君征。雄戟摩白日。長劍斷流星。早出飛狐塞。晚泊樓煩城。虜騎四山合。胡塵千里驚。嘶笳振地響。吹角沸天聲。左碎呼韓陣。右破休屠兵。横行絶漠表。飲馬瀚海清。樂府云。一作汀。隴樹枯無色。沙草不常青。勒石燕然道。凱歸長安亭。縣官知我健。四海誰不傾。但使强胡滅。何須甲第成。當今樂府作令。丈夫志。獨爲上古英。○樂府詩集六十三。詩紀六十二。○逯案。樂府所載原有兩篇。然細審第二篇。乃北朝人作。文苑英華又明作隋煬帝作。今移入隋詩。

白紵歌

山虚鐘磬徹。○韵語陽秋二。

旦發青林詩

孤征越清江。遊子悲路長。二句倏已詩紀作以。滿。三千眇未央。草雜今古色。巖留冬夏霜。寄懷中山舊。舉酒莫相忘。○類聚二十七。詩紀六十二。

遊太平山詩

石險天貌分。林交日容缺。輿地紀勝作闕。陰澗落春榮。寒巖留夏雪。○類聚八。輿地紀勝十。詩紀六十二。

酬張長史詩

同貧清風館。共素白雲室。○文選四十三北山移文注。

張融

融。字思光。吴郡人。初仕宋爲新安王參軍。出爲封溪令。改爲儀曹郎。齊高帝即位。累遷司徒兼右長史。建武四年卒。年五十四。有集二十七卷。又玉海集十卷、大澤集十卷、金波集六十卷。

白日歌

序曰。懸象著明。莫大於日月。而彼日月。不能不謝。固知無準。衰爲樂府作乃。盛之終。盛爲樂府作乃。衰之始。故爲白日歌。

白日白日。舒天昭樂府作照。暉。數窮則盡。盛滿則樂府作而。衰。○樂府詩集八十六。詩紀六十二。

簫史曲

引響猶天外。吟聲似地中。戴勝詩紀字缺。噪落景。龍歎清霄風。○樂府詩集五十一。詩紀六十二。

憂且吟

鳴琴當春夜。春夜當鳴琴。羈人不及樂。樂府、詩紀並云。一作自不樂。何似千里心。○樂府詩集七十六。詩紀六十二。

別詩

白雲山上盡。清風松下歇。欲識離人悲。孤臺見明月。○類聚二十九。初學記十八。詩紀六十二。

贈何點詩

梁書曰。吴國張融。少時免官。而爲詩有高尚之言。點答詩曰。昔聞東都日。不在簡書前。融久病之。及點後婚。融始爲詩曰。

惜哉何居士。薄暮遘荒淫。○梁書何點傳。

徐孝嗣

孝嗣。字始昌。東海郯人。尚宋康樂公主。拜駙馬都尉。入齊爲晉陵太守。歷征虜長史。累遷尚書吏部郎、太子詹事。封枝江縣公。轉中書令。永元元年被誅。年四十六。

白雪歌詩紀云。一作琴歌。

風閨晚翻靄。月殿夜凝明。願君早流樂府作留。注云。一作流。眄。無令春草生。○樂府詩集五十七。詩紀五十六。

答王儉詩

書帷停月。琴袖承颸。結芳幽谷。解珮明椒。去德滋永。懷德滋深。行雲傳想。歸鴻寄音。○類聚三十一。

齊詩卷三

謝朓

朓。字玄暉。陳郡陽夏人。永明初爲豫章王太尉參軍。轉王儉衛軍東閤祭酒、太子舍人、隋王鎮西功曹。轉文學。遷新安王中軍記室。尋兼尚書殿中郎。明帝輔政。以爲驃騎諮議。領記室。及即位。轉中書郎。出爲宣城太守。又爲晉安王鎮北諮議、南東海太守。行南徐州事。遷尚書吏部郎。永元元年爲始安王遥光所殺。年三十六。有集十二卷、逸集一卷。

樂府

隋王鼓吹曲十首

齊永明八年。謝朓奉鎮西隋王教。於荆州道中作鈞天已上三曲頌帝功。校獵已上三曲頌藩德。

元會曲

二儀啓昌曆。三陽樂府云。一作朝。應慶期。珪贄紛成本集作咸。序。鞮本集作鞮。譯慓樂府作摞。來思。分階絶組練。充庭羅翠旗。觴流白日下。吹溢類聚作謐。樂府同。景雲滋。天儀穆藻殿。萬寓本集作宇。壽類聚作宇慶。樂府云。

一作慶。皇基。○本集二。樂府詩集二十。詩紀五十八。又類聚四十二引期、旗、滋、基四韵。

郊祀曲

六宗禋配樂府作祀。岳。五時奠甘泉。整蹕遊九闕。清簫開八埏。樂府作壖。詩紀同。鏘鏘本集作鎗鎗。玉鑾動。溶溶金障本集作陣。樂府同。旋。郊本集作均。宫光已屬。升柴禮既虔。福響靈本集作雲。之集。南岳固斯年。○本集二。樂府詩集二十。詩紀五十八。

鈞天曲

高宴顥本集作皓。類聚同。樂府作浩。天臺。置酒迎風觀。笙鏞禮百神。鍾石動雲漢。瑶堂本集作池。類聚作臺。樂府同。又注云。一作堂。琴本集、類聚並作寶。樂府云。一作寶。瑟驚。綺席舞衣散。威鳳來參差。玄鶴起樂府云。一作去。淩樂府作流。亂。已慶明庭樂。詎慚類聚作詎想。南風彈。○本集二。樂府詩集二十。詩紀五十八。又類聚四十二引觀、漢、散、彈四韵。

入朝曲

江南佳麗地。金陵帝王州。逶迤帶緑文選作渌。六臣本注云。五臣作緑。水。迢遞三謝詩作遰。起朱樓。飛甍夾馳道。垂楊蔭御溝。凝笳翼高蓋。疊鼓送三謝詩作逸。華類聚作行。輈。獻納雲臺表。功名良可收。○本集二。文選二十八。樂府詩集二十。三謝詩。詩紀五十八。又類聚四十二引州、溝、輈、收四韵。

出藩曲

雲枝樂府作披。紫微内。分組承明阿。飛艎遡樂府作遊。注云。一作遡。極浦。旌節去闗河。眇眇蒼山色。沈沈寒樂府作遠。注云。一作寒。水波。鐃音巴本集誤作色。渝曲。簫鼓樂府作管。盛唐歌。夫君邁惟樂府作遺。德。江漢仰清和。○本集二。樂府二十。詩紀五十八。

校獵曲

凝霜冬十月。殺盛涼飈衷。本集作開。文選補遺、廣文選同。樂府云。一作開。原澤曠本集作廣。千里。騰騎紛樂府云。一作絡。往來。平罝本集作置。望煙合。烈火從風廻。殪獸華容浦。張樂荆山臺。虞人昔有諭。明明時戒哉。○本集二。樂府二十。文選補遺三十四。廣文選十四。詩紀五十八。

從戎曲

選旅辭轘轅。詩紀作軒。弭節赴本集作趣。類聚同。樂府云。一作趣。河本集作何。源。日起霜戈照。風廻連騎本集作旗。類聚同。翻。紅塵朝夜合。黄沙樂府作河。萬里昏。寥戾類聚作唳。本集作嘹唳。清笳轉。樂府作囀。蕭條邊馬煩。自勉輟耕願。征役去何言。○本集二。樂府詩集二十。詩紀五十八。又類聚四十二引源、翻、煩、言四韵。

送遠曲

北梁辭歡宴。南浦送佳人。方衢控龍馬。平路騁朱輪。瓊筵妙舞絶。桂席羽觴陳。白雲丘陵遠。山川時未因。一爲清吹激。潺湲傷別巾。類聚作神。○本集二。樂府詩集二十。詩紀五十八。又類聚四十二引人、輪、陳、神四韻。

登山曲

天明開秀崿。類聚誤作草。瀾光媚碧隄。風遌飄類聚作翻。鶯亂。樂府作辭。注云。一作翻鶯行。雲行樂府作雲華。注云。一作飛行。芳樹低。暮春春服美。遊駕淩文選注作陵。類聚作躡。樂府云。一作躡。丹類聚作石。樂府云。一作石。梯。升嶠既小魯。登巒且悵齊。王孫尚遊衍。蕙草正本集作芳。萋萋。○本集二。樂府詩集二十。詩紀五十八。又類聚四十二引隄、低、梯三韻。文選二十七遊敬亭山詩注引梯、齊二韻。

泛水曲

玉露類聚作霜。樂府云。一作霜。霑翠葉。類聚作草。金鳳鳴素枝。罷遊平樂苑。泛鷁昆明池。旌類聚作羽。樂府云。一作羽。旗散容裔。簫管本集作鼓。類聚同。樂府云。一作鼓。吹參差。日晚厭遵渚。采菱贈清漪。百年如流水。寸心寧共知。○本集二。樂府二十。詩紀五十八。又類聚四十二引枝、池、差、知四韻。

江上曲

易陽春草出。踟躕日已暮。蓮葉尚本集作向。田田。淇水不可渡。願子淹桂舟。時同千里路。千里既相許。本集作託。桂舟復容與。江上可采菱。清歌共南楚。○本集二。樂府詩集七十七。詩紀五十八。

蒲生行

蒲生廣湖邊。託身洪波側。春露惠我澤。秋霜縟我色。根葉從風浪。常恐不永植。攝生各有命。豈云智與力。安得遊雲上。與爾同羽翼。○樂府詩集三十五。詩紀五十八。

詠邯鄲故才人嫁爲厮養卒婦

生平宫閣樂府作閤。裹。出入侍丹墀。開笥方羅縠。窺鏡比蛾眉。初别意未本集作夫。解。去久日生悲。憔悴不自識。嬌羞餘故姿。夢中忽髣髴。猶言承讌詩紀作燕。私。○本集五。玉臺新詠四。樂府詩集七十三。廣文選十四。詩紀五十八。

同沈右率諸公賦鼓吹曲名二首右率諸公詩各見本集。

芳樹

早翫華池陰。復影本集作鼓。詩紀云。一作鼓。滄洲枻。椅柅芳若斯。葳蕤紛可結。本集作繼。霜下桂枝銷。樂府作鋪。怨與飛蓬折。本集作逝。不厠玉盤滋。誰憐終委絶。本集作細。○本集二。樂府詩集十七。詩紀五十八。

臨高臺時爲隋王文學。

千里常思歸。登臺臨本集作瞻。綺翼。纔本集作裁。見孤鳥還。未辨連山極。四面動清樂府作春。詩紀云。一作春。風。朝夜起寒色。誰知本集作識。注云。一作念。倦遊者。嗟此故鄉憶。〇同上

同賦雜曲名時爲宣城守。檀秀才、江朝請、陶功曹、朱孝廉同賦詩別見。

秋竹曲

嬋娟綺窗北。結根未參差。從風既裊裊。映日頗離離。欲求棗下吹。別有江南枝。但能淩白雪。貞心蔭曲池。〇本集二。

曲池之水

緩步遵莓渚。披衿待蕙風。芙蕖舞輕帶。樂府作蔕。苞本集作包。筍出芳叢。浮雲自西北。江海本集作海江。思無窮。鳥去能傳響。見我緑樂府作淥。琴中。本集云。緑琴一作側琴。〇本集二。樂府詩集七十五。詩紀五十八。

同謝諮議詠銅爵臺

繐幃本集作帷。飄井榦。樽酒若平生。鬱鬱西陵樹。詎聞歌吹聲。芳襟染淚迹。嬋娟本集作媛。文選、類聚同。空復

情。玉座猶寂寞。本集作漠。況乃妾身輕。○本集二。文選二十三。類聚三十四作銅爵臺妓詩。樂府詩集三十一作銅雀妓。三謝詩。詩紀五十八。

永明樂十首王融同賦。

南齊書樂志曰。永明樂歌者。竟陵王子良與諸文士造奏之。人爲十曲。

帝圖開本集作潤。樂府作閏。九有。皇風浮四溟。永明一爲樂。咸池無復靈。○本集二。樂府詩集七十五。詩紀五十八。

民和禮樂富。世清歌頌徽。鴻名軼卷領。稱首邁垂衣。○同上

朱臺鬱相望。青槐紛馳道。秋雲湛甘露。春風散芝草。○同上

龍樓日月照。淄館風雲清。儲光温似玉。藩度式如本集缺如字。瓊。○同上

化洽鯷海君。恩變龍庭長。西北鶩環裘。東南盡龜象。○同上

出車長洲苑。選族朝夕川。絡絡結雲騎。奕奕泛戈船。○同上

燕駟遊京洛。趙服麗有輝。清歌留上客。妙舞送本集缺送字。將歸。○同上

實相薄五禮。妙花本集作化。開六塵。明祥已玉燭。寶瑞亦本集缺上三字。金輪。○同上

生蔑荓蘿性。身與嘉本集作佳。惠隆。飛纓入華殿。屣步出重宮。○同上

彩鳳鳴朝陽。玄鶴舞清商。瑞此永明曲。千載爲金本集作今爲。皇。○同上

同王主簿有所思

佳期期未歸。望望下鳴機。徘徊東陌上。月出行人稀。○本集四。玉臺新詠十。樂府詩集十七。文選補遺三十四。詩紀五十八。

銅雀悲

落日高城上。餘光入繐帷。寂寂深松晚。寧知琴瑟悲。○本集二。文選補遺三十四。廣文選十四。詩紀五十八。

玉階怨

夕殿下珠簾。流螢飛復息。長夜縫羅衣。思君此何極。○本集二。玉臺新詠十。類聚三十。樂府詩集四十三。詩紀五十八。

金谷聚

渠盌本集作椀。送佳人。玉杯邀玉臺作要。上客。車馬一東西。別後思今夕。○本集二。玉臺新詠十。詩紀五十八。

王孫遊

绿草蔓樂府云。一作夢。如絲。雜樹紅英發。無論君不歸。君歸芳已歇。○本集二。玉臺新詠十。樂府詩集七十四。廣文選十四。詩紀五十八。

詩

侍宴華光殿曲水奉勑爲皇太子作詩九章○以下四言。

旁求邃類聚作遂。文選補遺、廣文選同。古。遴聽鴻名。大寶曰位。得一爲貞。朱祧文選補遺作綈。叶祉。緑字摛英。

升配同貫。進讓殊聲。

大横將屬。會昌已命。國步中徂。本集作阻。類聚同。宸詩紀作震。居膺慶。璽劍先類聚作克。傳。龜玉增映。宗堯有緒。復禹無競。

禮行郊社。人神受職。寶效山川。鱗羽變色。玄塞北靡。丹徼南極。浮毳駕風。非本集作飛。注云。一作非。泳非本集作登。注云。一作非。陟。文選補遺作飛流登陟。

能官民秀。利建天附。楞鶉列野。營絳分區。論思帝則。獻納宸樞。麟趾方本集云。一作公。文選補遺同。定。鵷翼誰濡。

西京藹藹。東都濟濟。秋祓濯流。春禊浮醴。初吉云獻。上除方啓。昔駕陽潁。本集作頻。注云。一作穎。文選補遺同。今帳雲陛。

嘉樂舊草堂詩箋作具。矣。初學記、歲時雜詠作初吉云已。芳宴在斯。載留神矚。有睟天儀。龍精已映。威仰未移。葉依黄鳥。花落春池。

高殿類聚作宴。初學記同。弘敞。禁林稠密。青磴歲時雜詠作燈。崛起。丹初學記作朱。歲時雜詠同。樓閒出。翠葆隨風。金戈動日。悵悵清管。徘徊輕佾。灞滻入筵。河淇流阼。海類聚、廣文選作嬀。詩紀云。一作嬀。若詩紀云。一作谷。本集云。一作嬀谷。文選補遺同。來往。觴肴泝沂。歡飫有終。本集作終日。初學記、歲時雜詠、文選補遺同。本集、文選補遺又注。一作有終。清光欲暮。輕貂本集云。一作豹。文選補遺同。類聚作軺。初學記同。回首。本集作道。注云。一作首。文選補遺同。初學記作音。華組徐步。登賢博望。獻本集云。一作載。文選補遺同。賦清漳。漢貳稱敏。魏兩垂芳。監撫有則。匕鬯無方。瞻言守器。永愧元良。◯本集一。文選補遺三十六。詩紀五十九。又類聚四作爲皇太子侍華光殿曲水宴詩。與廣文選八並引名、貞、英、聲、命、慶、映、極、陟、濟、醴、啟、陛、斯、儀、移、池、密、出、日、佾、阼、沂、暮、步二十五韵。初學記四作爲皇太子侍華光殿曲水宴詩。引六、七、八三章。古今歲時雜詠十六作爲皇太子侍華光殿曲宴詩。引斯、儀、移、池、密、出、日、佾、阼、沂、暮、步十二韵。

三日侍華光殿曲水宴代人應詔詩十章

羣分未辨。類聚茲式。天睠休明。且求至德。御繁實簡。制動惟默。官府百王。衣裳萬國。中葉遺閔。副内多違。悠悠靈貺。爰有適歸。於昭睿后。撫運天飛。凝居中縣。神動外畿。懸象著明。離光乃位。我有儲德。徽猷淵備。長壽察書。龍樓廻轡。重道上庠。行遵儒肆。朝陽有幹。布葉萋萋。思皇威矣。鵷羽高棲。出馳先輅。入秉介珪。瞻秦望井。建魯分奎。求賢每勞。得士方逸。有覺斯順。無文咸秩。萬箱惟重。百鍰載卹。屈草戒諛。階蓂紀日。

文教已肅。武節既馳。榮光可照。合璧如規。載懷姑射。尚想瑶池。濯龍乃飾。天淵在斯。

作樂順動。實符時義。上春初吉。亦留淵寄。紅樹岩舒。青莎本集云。一作蘊。水被。雕梁虹拖。雲甍鳥跂。

高懸甲帳。周褰黼帷。長筵列陛。激水旋墀。浮醪聚蟻。靈蔡呈姿。河宗躍蹋。海介夔跜。

弱腕纖腰。遷延妙舞。秦箏趙瑟。殷勤促柱。降席連綏。稱觴接武。稽首萬年。獻兹多祜。

天地既成。泉流既清。薄暮沾幸。屬奉文明。將標齊配。刻掃秦京。願馳龍漠。飲馬懸旌。○本集二。詩紀五十九。

三日侍宴曲水代人應詔詩九章

神理内寂。機象外融。遺情汾水。垂冕本集誤作見。鴻宫。樹以司牧。匪我求蒙。徒勤日用。誰契本集作器。玄功。

往晦必明。來碩資蹇。於皇克聖。時乘御辯。寶曆載暉。瑶光重踐。昭昭舊物。熙熙遷善。

當宁日昃。類聚作晏。求衣未明。抵璧焚翠。銷劍隳城。九疇式序。三辟本集誤作羣。載本集作再。清。虞箴罔闕。矇奏傳聲。

麗景則春。儀方在震。重聖積厚。金式瓊潤。天爵必諧。王臣咸藎。譬諸華霍。惟邦之鎮。

正朔葱瀚。冠冕卬越。争長明堂。相超本集作趨。魏闕。龜蒙詩紀作象。南薦。環裘西發。巢閣易窺。馴庭難狘。

上巳惟昔。于彼禊流。祓禳河滸。類聚作浦。張樂春疇。既停龍駕。亦泛凫舟。靈宫備矣。無待兹遊。

初鷩命曉。朝霞類聚作華。本集云。一作華。開夜。飾陛道源。廻伊流灞。極望天淵。曲阻亭本集作謝。樹。閒館巖敞。長廊水架。

金觴搖蕩。玉俎推移。筵浮水豹。席擾雲螭。寥亮琴瑟。嗷咷塤箎。歡茲廣讌。穆穆本集、類聚並作是。天儀。周道如砥。康衢載直。徒愧玄黃。負恩無力。華輜徒駕。長纓未飾。相彼失晨。寧忘鼓翼。〇本集一。詩紀五十九。又類聚四作爲人作三日侍華光殿曲水詩。引融、宫、蒙、功、明、城、清、震、澗、疇、舟、夜、灞、架、移、螭十六韵。

遊山詩以下五言。

託養因支離。乘閒遂疲蹇。語默良未尋。得喪云誰辯。幸莅山水都。復值清冬緬。淩厓必千仞。尋谿本集作溪。將萬轉。堅崿既崚嶒。迴流復宛澶。杳杳雲竇深。淵淵石溜淺。傍眺鬱篻簩。還望森柟梗。荒隩被葴莎。崩壁帶苔蘚。鼯狖叫層嵁。鷗鳧戲沙衍。觸賞聊自觀。即趣咸已展。經目惜所遇。前路欣本集字缺。方踐。無言蕙草歇。留垣芳可搴。尚子時未歸。邴本集字缺。生思自免。永志昔所欽。勝迹今能選。寄言賞心客。得性良爲善。〇本集三。詩紀五十九。

遊敬亭山詩

茲山亘百里。合沓與雲齊。隱淪既已託。靈異居李善本文選作俱。然棲。上干蔽白日。下屬帶迴谿。交藤荒且蔓。樛枝聳復低。獨鶴方朝唳。飢鼯此夜啼。渫本集作泄。類聚同。三謝詩作滯。詩紀同。六臣本文選注。五臣作泄。雲已漫漫。夕文選作多。六臣本文選注云。五臣作夕。類聚作多。雨亦凄凄。我行雖紆組。兼得尋幽蹊。緣源殊未極。歸徑窅如迷。要欲追奇趣。即此陵丹梯。皇恩竟已矣。兹理庶六臣本文選注云。五臣作席。無睽。○本集三。文選二十七。三謝詩。時紀五十九。又類聚七引齊、溪、低、淒四韵。○逯案。黃氏集千家註杜工部詩史補遺三嚴武詩注引此詩云。此山百里。合沓雲齊。獨鶴朝唳。飢鼯夜啼。行雖紆組。得踐幽棲。變爲四言詩。與此不同。

將遊湘水尋句溪詩

既從陵陽釣。挂鱗驂赤螭。方尋桂水源。本集作原。謁帝蒼山垂。辰哉且未會。乘景弄清漪。瑟汨瀉長淀。潺湲赴兩岐。輕蘋上靡靡。雜石下離離。寒草分花映。戲鮪乘空移。興以暮秋月。清霜落素枝。魚鳥余方翫。纓緌君自縻。及兹暢懷抱。山川長若斯。○本集三。詩紀五十九。

遊東田詩

戚戚李善本文選作慼慼。文章正宗同。苦無悰。攜手共行樂。尋雲陟累榭。隨山望菌閣。遠樹曖阡阡。李善本文選作仟仟。類聚同。生煙紛漠漠。魚戲新荷動。鳥散餘花落。不對芳春酒。還望青山郭。○本集三。文選二十二。類聚二十八。文章正宗二十九。三謝詩。詩紀五十九。又御覽百八十四作謝朓詩。引闔一韵。

答王世子詩

飛雪天山來。飄聚繩檽外。蒼雲暗九重。北風吹萬籟。有酒招親朋。思與清顏會。熊席惟爾安。羔裘豈吾帶。公子不垂堂。誰肯憐蕭艾。〇本集三。詩紀五十九。

答張齊興詩

荆山嵸百里。漢廣流無極。北馳星斗本集作晷。正。南望朝雲色。川隰同幽快。冠冕異今昔。子肅兩岐功。我滯三冬職。誰知京洛念。彷彿昆山側。向夕登城濠。潛池隱復直。地迥聞遥蟬。天長望歸翼。清文忽景麗。思泉紛寶飾。勿言脩路阻。勉子康衢力。曾厓寂且寥。歸軫逝言陟。〇本集三。詩紀五十八。

暫使下都夜發新林至京邑贈西府同僚詩

大江流日夜。客心悲未央。徒念類聚作望。關山近。終知返路長。秋河曙耿耿。寒渚夜蒼蒼。引領李善本文選作顧。見類聚作望。京室。類聚作邑。宫本集作官。雉正相望。金波麗鳷本集作鳺。鵲。玉繩低建章。驅車鼎門外。思見昭丘陽。馳暉不可接。何況隔兩鄉。風雲本集作煙。類聚同。六臣本文選注云。五臣作煙。有鳥路。江漢限無梁。常恐鷹隼本集誤作集。擊。時南齊書作秋。菊委嚴霜。寄言罻羅者。寥廓已高翔。〇本集三。文選二十六。類聚三十一作夜發新林至京邑詩贈西府同僚。三謝詩。文章正宗二十九。詩紀五十九。又南齊書謝朓傳引霜、翔二韵。

酬王晉安德元詩

稍稍文選作梢梢。本集同。枝早勁。塗塗露晚晞。南中榮橘柚。寧知鴻鴈飛。拂霧朝青閣。日旰坐彤闈。悵望一途阻。參差百慮依。春草秋更緑。公子未西歸。誰能久京洛。緇塵染素衣。〇本集三、文選二十六並作酬王晉安。詩紀五十九。

郡内高齋閒望答吕法曹詩吕僧珍爲齊王法曹。

結構何迢遰。曠望極高深。窗中列遠岫。庭際俯喬林。日出衆鳥散。山暝孤猿吟。已有池上酌。復此風中琴。非君美無度。孰爲勞寸心。惠而能好我。問以瑶華音。若遺金門步。見就玉本集作此。注云。一作玉。六臣本文選注云。五臣作此。三謝詩作此。山岑。〇本集三。文選二十六。文章正宗二十九。三謝詩。詩紀五十九。

在郡卧病呈沈尚書詩

淮揚本集、文選並作陽。類聚同。股肱守。高卧猶在兹。況復南山曲。何異幽棲時。連陰盛農節。籉笠聚東菑。高閣常晝掩。荒堦少諍辭。類聚作詞。珍簟清夏室。輕扇動涼颸。嘉魴聊可薦。緑李善本文選作渌。蟻方獨持。夏李沈朱實。秋藕折輕絲。良辰竟何許。夙昔夢佳期。坐嘯徒可積。爲邦歲已朞。弦歌終莫取。撫機本集作枕。注云。一作机。文選作机。六臣本注云。五臣作枕。三謝詩作枕。令本集作金。自嗤。〇本集四。文選二十六。三謝詩。詩紀五十九。又類聚三十一作在郡呈沈尚書。引兹、時、詞、颸、絲、期、朞七韵。

别王丞僧孺詩

首夏實清和。餘春滿郊甸。花樹雜爲錦。月池皎如練。如何當此時。别離言與宴。留雜已鬱紆。行舟亦遥衍。非君不見思。所悲思不見。○古文苑九不署作者。詩紀五十九。

同羇夜集詩

積念隔炎涼。驤言始今夕。已對濁尊酒。復此故鄉客。霜月始流砌。寒蛸早吟隙。幸藉京華遊。邊城讌良席。樵采咸共同。荆莎聊可藉。恐君城闕人。安能久松柏。○本集四。詩紀五十九。

新亭渚別范零陵雲詩

洞庭張樂地。瀟類聚作蕭。湘帝子遊。雲去蒼梧野。水還江漢流。停驂我悵望。輟初學記作輊。棹子夷猶。廣平聽方籍。茂陵將類聚作方。見求。心事俱已矣。江上徒離憂。○本集三。文選二十。類聚二十九。三謝詩。詩紀五十九。又初學記十八引遊、流、猶、憂四韵。

忝役湘州與宣城吏民別詩

弱齡倦簪履。薄晚忝華奥。閉沃盡地區。山泉諧所好。幸遇昌化穆。惇本集云。一作淳。俗罕驚暴。四時從偃息。三省無侵冒。下車遽暄席。紆服本集作紱。始黔竈。榮辱未遑敷。德禮何由導。汨徂奉南岳。兼秩典邦號。疲馬方云驅。鉛刀安可操。遺惠良寂寞。恩靈亦匪報。桂水日悠悠。結言幸相勞。吐納貽本集誤作貼。爾和。窮通勗所蹈。○本集三。詩紀五十九。

懷故人詩

芳洲有杜若。可以贈佳期。望望忽超遠。何由見所思。行本集作我。類聚同。行未千里。山川已類聚作以。間之。離居方歲月。故人不在兹。清風動簾夜。孤月照窗時。安得同攜手。酌酒賦新詩。○本集三。類聚二十一作贈友人詩。又二十九。詩紀五十九。

始之宣城郡詩

下帷闕章句。高談媿名理。疏散謝公卿。蕭條依掾史。簪髮逢嘉惠。教義承君子。心迹苦未并。憂歡將十祀。幸沾雲雨慶。方轡參多士。振鷺徒追飛。羣龍難隸齒。烹鮮止貪兢。共治類聚作理。詩紀云。一作理。屬廉恥。伊余昧損益。何用祗千里。解劍北宫朝。息駕南川涘。寧希廣平詠。聊慕華陰市。棄置宛洛遊。多謝金門裏。招招漾輕楫。行行趨巖趾。江海雖未從。山林於此始。○本集三。詩紀五十九。又類聚六引祀、士、齒、恥、里、涘、市七韵。

之宣城郡出新林浦向板橋詩

江路西南永。歸流東北鶩。天際識歸舟。雲中辨江樹。旅思倦摇摇。孤遊昔已屢。既歡懷禄情。復協滄洲趣。囂塵自兹隔。賞心於此遇。本集誤作過。雖無玄豹姿。終御覽作且。隱南山霧。○本集三。文選二十七。三謝詩。文章正宗二十九。詩紀五十九。又御覽八百九十二引霧一韵。

休沐重還丹陽道中詩

薄遊第從告。思閑願罷歸。還卭初學記誤作卬。歌賦似。休汝車騎非。灞池不可別。伊川難重違。汀葭稍靡靡。江菼類聚作葉。復依依。田鵠六臣本文選作鶴。初學記、三謝詩同。遠相叫。沙鴇本集作鵝。類聚作鳭。初學記作鳥。忽爭飛。雲端楚山見。林表吳岫微。試與征徒望。鄉淚盡沾衣。賴此盈樽酌。含景望芳菲。問我勞何事。霑沐仰青徽。志狹輕軒冕。恩甚戀閨六臣本文選作重。注云。五臣作重。初學記作庭。闈。歲華春初學記作初。有酒。初服偃郊扉。○本集三。文選二十七。初學記二十。三謝詩。詩紀五十九。又類聚二十七引非、違、依、飛、扉五韵。

京路夜發詩

擾擾整夜裝。肅肅戒徂兩。曉星正寥落。晨光三謝詩作元。復泱詩紀作瀁。漭。猶沾餘露團。稍見朝霞上。故鄉邈已敻。山川脩且廣。文奏方盈前。懷人去心賞。敕躬每跼蹐。瞻恩惟震蕩。行矣倦路長。無由稅歸鞅。○本集三。文選二十七。三謝詩。詩紀五十九。

晚登三山還望京邑詩

灞涘望長安。河陽視京縣。白日麗飛甍。參差皆可見。餘霞散成綺。澄江静文鏡秘府作净。寰宇記同。如練。喧三謝詩作暄。六臣本文選注云。五臣作暄。詩紀云。一作暄。鳥覆春洲。雜英滿芳甸。去矣方滯淫。懷哉罷歡宴。佳期悵何許。淚下如流霰。有情知望鄉。誰能鬒李善本文選作縝。不變。○本集三。文選二十七。三謝詩。文章正宗二十九。詩紀五十九。又文鏡秘府論地卷引練一韵。類聚二十七引縣、見、練、甸四韵。

始出尚書省詩

惟昔逢休明。十載朝雲陛。既通金閨籍。復酌瓊筵醴。宸景厭昭本集、文選並作照。臨。昏風六臣本文選作夙。本集作風昏。淪繼體。紛虹亂朝日。濁河穢清濟。防口猶寬政。餐茶更如薺。英衰暢人謀。文明固天啓。青精翼紫軑。黃旗映朱邸。還覩司隸章。復見東都禮。中區咸已文選作以。泰。輕生諒昭洒。音洗。趨事辭宮闕。載筆陪旌棨。三謝詩誤作樂。邑里向疏蕪。寒流自清泚。衰柳尚沈沈。凝草堂詩箋作零。露方泥泥。零落悲友朋。歡娛燕本集作宴。三謝詩同。文選作虞讌。注云。五臣作娛燕。兄弟。既秉丹石心。寧流素絲涕。因此得蕭散。文選作乘此終蕭散。六臣本注云。五臣作因此得蕭散。垂竿深澗底。○本集三。文選三十。詩紀五十九。又草堂詩箋三十寄狄詩注引一句。

直中書省詩

紫殿肅陰陰。萬花谷作紫薇陰肅肅。彤庭赫弘敞。風動萬年枝。日華承露掌。玲六臣本文選作瓏。瓏結綺錢。深沈映朱初學記作珠。網。紅藥當階翻。蒼苔依砌上。茲言翔鳳池。鳴珮多清響。信美非吾室。中園思偃仰。朋情以鬱陶。春物方駘蕩。安得凌三謝詩作陵。六臣本文選注云。五臣作陵。風翰。聊恣山泉賞。集注本文選云。五家賞爲響。

○本集三。文選三十。初學記十一。三謝詩。詩紀五十九。又萬花谷十三引敞、掌、網、上、響、仰六韻。

觀朝雨詩

朔風吹飛雨。蕭條江上來。既灑百常觀。復集九成臺。空濛如薄霧。散漫似輕埃。平明振衣坐。重門猶未開。耳目暫無擾。懷古信悠哉。戢翼希驤首。乘流畏曝鰓。動息本集誤作恩。無兼遂。歧本集作政。路多徘徊。方同戰勝者。去翦北山萊。○本集三。文選三十。三謝詩。文章正宗二十九。詩紀五十九。

宣城郡内登望詩

借問下車日。匪直望舒圓。寒城一以眺。平楚正蒼然。山積陵類聚作稜。陽阻。溪流春穀泉。威紆距遥甸。巉嵒帶遠天。切切陰風暮。桑柘起寒煙。悵望心已極。惝類聚作敞。三謝詩作惝。六臣文選注云。五臣作惝。怳魂屢遷。結髮倦爲旅。平生早事邊。誰規鼎食盛。寧要狐白鮮。方棄汝南諾。類聚作詔。言税遼東田。○本集三。文選三十。類聚六。三謝詩。詩紀五十九。

冬日晚郡事隙詩

案牘時閒暇。偶坐觀卉木。颯颯滿池荷。翛翛蔭窗竹。簷隙自周流。房櫳閑且肅。蒼翠望寒山。峥嶸瞰平陸。已惕慕歸心。復傷千里目。風霜旦夕甚。蕙草無芬馥。云誰美笙簧。孰是厭邁軸。願言税逸駕。臨潭餌

秋菊。○本集三。詩紀五十九

高齋視事詩

餘雪映青山。寒霧開白日。曖曖江村見。離離海樹出。披衣就清盥。本集上二字缺。憑軒方秉本集作乘。筆。列俎歸單味。連駕止容膝。空爲大國憂。紛詭諒非一。安得掃蓬逕。鎖吾愁與疾。○本集三。詩紀五十九。

冬緒羈懷示蕭諮議虞田曹劉江二常侍詩

去國懷丘園。入遠滯城闕。寒燈耿文鏡祕府作耻。宵夢。清鏡悲曉髮。風草不留霜。冰池共如月。文鏡祕府作明邇。寂寞此閒帷。琴尊任所對。客念坐嬋媛。年華稍菴薆。夙本集作風。慕雲澤遊。共奉荆臺績。本集作續。注云。一作績。詩紀云。一作續。一聽春鶯喧。再視秋虹没。疲驂良易返。恩詩紀云。一作思。波不可越。誰慕臨淄鼎。常本集作當。希茂陵渴。依隱幸自從。求心果本集誤作呆。蕪昧。方軫歸與本集作歟。同。願。故山芝未歇。○本集三。詩紀五十九。又文鏡祕府論南卷謝吏部詩引髮一韻、邇一韻。類聚二十六作冬緒羈懷詩。引闕、髮、月三韻。

落日悵望詩

昧旦多紛喧。日晏未遑舍。落日餘清陰。高枕東窗下。寒槐漸如束。本集誤作東。秋菊行當把。借問此何時。涼風懷朔馬。已傷慕歸客。復思離居者。情嗜幸非多。案牘偏爲寡。既乏琅琊政。方憩洛陽社。○本集三。詩紀五十九。

賽敬亭山廟喜雨詩

夕帳詩紀作悵。懷椒糈。蠲景潔膋薌。登秋雖未獻。望歲佇年祥。潭淵深可厲。狹邪車未方。朦朧本集作蒙籠。度絶限。出没見林堂。秉類聚作執。玉朝羣帝。樽桂迎東皇。排雲接虬類聚作孔。蓋。蔽日下霓裳。會舞紛瑶席。安歌遶鳳梁。百味芬綺帳。四座類聚作望。沾羽觴。福被延民本集作氓。澤。樂極思故鄉。登山騁歸望。原雨晦茫茫。胡寧昧千里。解珮拂山莊。○本集三。詩紀五十九。又類聚三十八引皇、裳、梁、裳四韻。

賦貧民田詩

假本集云。一作佳。遇本集云。一作耆。詩紀云。一作佳譽。非將迎。靖共本集、詩紀並云。一作静拱。延殊慶。中歲歷三臺。旬月典邦政。曾本集作會。注云。一作曾。是共治本集云。一作怡。情。敢忘卹貧病。將無富教禮。孰有知方性。敦本抑工商。均業省兼并。察壤見泉脈。晛星視農正。黍稷緣高殖。穧本集云。一作梗。詩紀云。一作秔。稌即卑盛。舊埒新塍分。青苗白水映。遥樹匝清陰。連山周遠淨。即此風雲佳。孤觴聊可命。既微三載道。庶藉兩歧詠。俾爾倉廩實。余從谷口鄭。○本集三。詩紀五十九。

移病還園示親屬詩

疲策倦人世。斂性就幽蓬。停琴佇涼月。滅燭聽歸鴻。涼薰乘暮晰。秋華臨夜空。葉低知露密。崖斷識雲重。折荷葺寒袂。開鏡眄衰容。海暮騰清氣。河關祕棲沖。煙衡時未歇。芝蘭本集作澗。去相從。○本集三。詩紀五十九。

治宅詩

結宇夕陰街。荒幽橫九曲。迢遞南川陽。迤邐西山足。闢館臨秋風。敞窗望寒旭。風碎池中荷。霜翦江南菉。既無東都金。且稅東皋粟。○本集三。詩紀五十九。

秋夜講解詩

四緣去誰肇。七識習未央。沈沈本集、詩紀並云。一作淵淵。倒營魄。苦蔭蹙愁腸。琴瑟徒爛熳。姱容空滿堂。春顏遽幾日。秋鬢終茫茫。孰云濟沈溺。假願託津梁。惠唱摛泉湧。妙演發金相。空有定無執。賓實固相本集作兩。忘。自來乘首夏。及此申暮霜。雲物清晨景。衣巾引夕涼。風振蕉蓮本集作蓮。裂。霜下梧楸傷。本集、詩紀並云。一作露下梧桐傷。六龍且無借。三相寧久長。何時接靈應。及子同舟航。○本集三。詩紀五十九。

春思詩

茹谿發春水。阰山起朝日。蘭色望已同。萍際轉如一。巢燕聲上下。黃鳥弄儔匹。邊郊阻遊衍。故人盈契閣。夢寐借本集作藉。假簧。思歸賴倚瑟。幽念漸鬱陶。山楹永爲室。○本集三。詩紀五十九。

秋夜詩

秋夜促織鳴。南鄰擣衣急。思君隔九重。夜夜空佇立。北窓輕幔垂。西户月光入。何知白露下。坐視階前玉臺作前階。濕。誰能長分居。秋盡冬復及。○本集三。玉臺新詠四。詩紀五十九。

詠風詩

徘徊發紅萼。葳蕤動緑葹。垂楊低復舉。新萍合且離。步檐行袖靡。當户思襟披。高響飄歌吹。相思子未知。時拂孤鸞鏡。星鬢視參差。○本集三。詩紀五十九。○逯案。本集目録作詠春風。

詠竹詩

窗前本集作前窗。文選補遺同。一叢竹。青翠獨言奇。南條交北葉。新筍雜故枝。月光疎已密。風來起復垂。青扈飛不礙。黄口得相窺。但恨從風籜。根株長別離。○本集五。類聚八十九。文選補遺三十六。詩紀五十九。

詠落梅詩

新葉初冉冉。初蕊新霏霏。詩紀作菲菲。逢君後園讌。本集作燕。詩紀同。相隨巧笑歸。親勞君玉指。摘本集作捕。

以贈南威。用持插雲髻。翡翠比光輝。日暮長零落。君恩不可追。○本集五。玉臺新詠四。詩紀五十九。

詠牆北梔子詩

有美當階樹。霜露未能移。金蕡本集作蕢。發朱采。映日以離離。幸賴夕陽下。餘景及西類聚作四。枝。還思照緑水。君階草堂詩箋作家。無曲池。餘榮未能已。晚實猶見奇。復留傾筐德。君恩信未貲。○本集五。類聚八十九。詩紀五十九。又草堂詩箋十八梔子詩注謝朓詩引移、池二韵。

齊詩卷四

謝朓

詩

奉和竟陵王同沈右率過劉先生墓詩

嘉樹因枝條。琢玉良可寶。若人陵曲臺。垂帷茂淵道。善誘宗學原。鳴鐘霽幽抱。仁焉徂宛洛。清徽夜何早。歲晚結松陰。平原亂秋草。不有至言揚。終滯西山老。〇本集四。詩紀六十。

和何議曹郊遊詩二首

春心澹容與。挾弋本集作戈。步中林。朝光映紅萼。微風吹好音。江垂得清賞。山際果幽尋。未嘗遠離別。本集作別離。知此愜歸心。流泝終靡已。嗟行方至今。〇本集四。詩紀六十。

江皋倦遊客。薄暮懷歸者。揚舲浮大川。惆悵至日下。霍靡青莎被。潺湲石溜瀉。寄語持笙簧。舒憂願自假。歸途豈難涉。翻同江上夏。〇同上

和劉西曹望海臺詩

詩紀云。此詩本見謝朓集。選詩拾遺云鍾憲作。不知何據。既不能明。姑並存之。

滄波不可望。望極與天平。往往孤山映。處處春雲生。差池遠雁没。颯沓羣鳧驚。囂塵及簿領。棄捨出重城。臨川徒可羨。結網庶時營。〇本集四。詩紀六十。又類聚八作望海詩。引平、生、驚三韻。

和宋記室省中詩

落日飛鳥還。本集作遠。詩紀同。憂來不可極。竹樹澄遠陰。雲霞成異色。懷歸欲乘電。瞻言思解翼。清揚婉禁居。秘此文墨職。無歎阻琴尊。相從伊水側。〇本集四。詩紀六十。又文鏡祕府論南卷引極、色二韻。

和王著作融八公山詩

二别阻漢坻。雙崤望河澳。茲嶺復巑岏。分區奠淮服。東限瑯琊臺。西距孟諸陸。阡李善本文選作仟。眠起雜樹。檀欒蔭類聚作陰。脩竹。日隱澗類聚作澗。疑文選作凝。三謝詩同。空。雲聚岫如複。出没眺樓雉。遠近送春目。戎州昔亂華。素景淪伊穀。阽危賴宗衮。微管寄明牧。長蛇固能翦。奔鯨自此曝。道六臣本文選注云。五臣作導。峻芳塵流。業遥年運倏。平生仰令圖。吁本集作子。三謝詩作于。六臣本文選注云。五臣作于。嗟命不淑。浩蕩别親知。連詩紀云。集作聯。翩戒征軸。再遠館娃宫。兩去河陽谷。風煙四時犯。霜雨本集作露。注云。一作雨。朝夜沐。

春秀良已凋。秋場庶能築。○本集四。文選三十。三謝詩。詩紀六十。又類聚七作和王著作登八公山詩。引陸、竹、出、目四韵。

和伏武昌登孫權故城詩

伏曼容爲武昌太守。

炎靈遺劍御覽作劍遺。璽。當塗駭龍戰。聖期缺中壤。霸功興寓本集作寓。縣。鵲起登吴臺。各本作山。今從顔氏家訓。鳳翔陵楚甸。衿帶窮巖險。帷帟三謝詩作奕。盡謀選。北拒溺驂鑣。西龕本集作戡。三謝詩同。六臣本文選注云。五臣作戡。收組練。江海既無波。俯仰流英眄。詩紀作眄。六臣本文選注云。五臣作眄字。裘冕類禋郊。卜揆崇離殿。釣臺臨講閲。樊山開廣讌。文物共葳蕤。聲明海録碎事作名。且葱蒨。本集誤作蒨。三光厭分景。書軌欲同薦。參差世三謝詩作代。六臣本文選注云。五臣作代。祀忽三謝詩作忽。寂寞文選作漠。六臣本注云。五臣作寞。市朝變。舞館識餘基。歌梁想遺囀。故林衰木平。荒池秋草徧。雄圖悵若兹。茂宰深遐睠。幽客滯江皐。從賞乖纓弁。清卮阻獻酬。良書限聞見。幸藉文選作籍。三謝詩同。芳音多。承風采餘絢。于役倘有期。鄂渚同遊衍。○本集四。文選三十。三謝詩。詩紀六十。又顔氏家訓勉學篇引一句。御覽三百十五作謝朓詩。引戰一韵。海録碎事九作謝朓詩。引蒨一韵。

夏始和劉潺陵詩

威仰弛蒼郊。龍曜表皇隰。春色卷遥甸。炎光麗近邑。白蘋望已騁。緗廣文選作湘。荷紛可襲。徒願尺波旋。終憐寸景戢。對窗斜日過。洞幌鮮飈入。浮雲去欲窮。暮鳥飛相及。柔翰縝本集作緝。芳塵。清源非易挹。迴江難絶濟。云誰暢佇立。良宰朂夜漁。出入事朝汲。積本集、廣文選作績。羽余既裳。更賦子盈粒。椅梧何必零。歸來共棲集。○本集四。廣文選十。詩紀六十。

新治北窗和何從事詩

國小暇日多。民淳紛務屏。闢牖期清曠。開簾候風景。泱泱日照溪。團團雲去嶺。岧嶤蘭橑峻。駢闐石路整。池北樹如浮。竹外山猶影。自來彌弦望。本集云。一作缺。及君臨箕潁。清文蔚且詠。微言超本集云。一作怡。已領。不見城壕側。思君朝夕頃。迴舟方在辰。何以慰延頸。○本集四。詩紀六十。

和王主簿季哲怨情詩

掖庭聘絶國。長門失歡宴。玉臺作讌。相逢詠蘼蕪。辭寵悲團文選、玉臺並作班。六臣本文選注云。五臣作團。本集、詩紀並云。一作班。扇。花叢亂數當作數亂。蝶。風簾入雙六臣本文選注云。五臣作飛。燕。徒使春本集誤作者。帶賒。坐惜三謝詩作借。紅粧本集作顏。玉臺同。三謝詩作裝。變。平生本集作生平。文選同。一顧重。宿玉臺作夙。昔千金賤。故人心尚爾。玉臺作永。故心人李善本文選作人心。不見。本集云。一作故人心不見。○本集四。文選三十。玉臺新詠四。三謝詩。詩紀六十。

和徐都曹出新亭渚詩

宛洛佳遨遊。春色滿皇州。結軫青郊路。迴文選作逈。三謝詩同。草堂詩箋作俯。瞰蒼本集作滄。江流。日華川上動。風光草際浮。桃李成蹊徑。桑榆蔭文選作陰。道周。東都已俶載。言歸望綠疇。○本集四。文選三十。又李善注引集作和徐都曹勉昧出新渚。三謝詩。詩紀六十。又類聚二十八作和徐勉出新林渚詩。引州、流、浮、周四韵。草堂詩箋十三奉同詩注作謝朓詩。引一句。○逯案。李善所見謝集題目與今本異。則今本可能爲後世輯本。

和劉中書繪入琵琶峽望積布磯詩

昔余類聚作餘。侍君子。歷此遊荆漢。山川隔舊賞。朋僚多雨散。圖南矯風翮。曾非息短翰。移疾覯新篇。披衣起淵翫。惆悵懷昔踐。彷彿類聚作髣像。得殊觀。頹草堂詩箋作赫。紫共彬駮。雲錦相凌亂。奔星上未窮。驚雷下將半。迴潮漬崩樹。輪本集字缺。困軋傾岸。巖篠或傍翻。石菌蕪脩幹。澄澄明浦媚。衍衍清風爛。江潭良在目。懷賢與累歎。歲暮不我期。淹留絶巖畔。○本集四作劉中書。詩紀六十。又類聚二十七作和劉繪琵琶峽望積布磯詩。引漢、散、觀、亂四韵。草堂詩箋八戲韋詩注引亂一韵

和蕭中庶直石頭詩

九河亘積岨。三嵏鬱旁眺。皇州總地德。回江欵巖徼。井幹絶蒼林。雲甍蔽層嶠。川霞旦上薄。山光晚餘照。翔集亂歸飛。虹蜺紛引曜。本集作擢。君子奉神略。瞰迥憑重峭。彈冠已籍甚。升車益英妙。功存漢册書。榮並周庭燎。汲疾移偃息。董園倚談笑。麾旆一悠悠。謙姿光且劭。讌嘉多暇日。興文起淵調。曰余厠鱗羽。滅影從漁釣。澤渥資投分。逢迎典待詔。詠沼邈含毫。專城空坐嘯。徒慚皇鑒揆。終延曲士誚。方追隱淪訣。偶解金丹要。若偶巫咸招。帝閽良可叫。○本集四。詩紀六十。

和王長史卧病詩

崥岫歘崇崖。派别朝洪河。兔園文雅盛。章臺冠蓋多。淵襟眷睿岳。燮本集作慶。贊動眄歌。顧影慚騑服。載筆旅江沱。縞衣分本集作紛。可獻。琴言曖本集注云。一作暖。已和。青皐向還色。春潤視生波。巖垂變好鳥。松上改陳蘿。日與歲眇邈。歸恨積本集云。一作根稍。詩紀云。一作稍。蹉跎。願緝吴山杜。本集作社。寧袂楚池荷。本集作袂楚篠池。清風豈孤劭。功遂懷曾阿。勿藥良有暢。荏苒芳未過。幸留清尊味。言藉故田莎。○本集四。詩紀六十。

和江丞北戍琅邪城詩

春城麗白日。阿閣跨層樓。蒼江忽渺渺。驅馬復悠悠。京洛多塵霧。淮濟未安流。豈不思撫劍。惜哉無輕舟。夫君良自勉。歲暮勿淹留。○本集四。文選補遺三十六。廣文選十。詩紀六十。

和沈祭酒行園詩

清淮左長薄。荒徑隱高蓬。回潮且夕上。寒渠左右通。霜畦紛綺錯。秋町鬱蒙茸。環梨縣已紫。珠榴折本集作拆。且紅。君有棲心地。伊我歡既同。何用甘泉側。玉樹望青葱。○本集四。詩紀六十。

奉和隨王殿下詩十六首

高秋夜方静。神居肅且深。閒階塗廣露。詩紀作路。涼宇澄月陰。嬋娟影池竹。疏蕪散風林。淵情協爽節。詠言興德音。闇道空已積。千本集作遷。直愧蓬心。○本集五。詩紀六十一。

星回夜未艾。洞房凝遠情。雲陰滿池本集作地。榭。中月懸高城。喬木含風霧。行雁飛且鳴。平臺盛文雅。西園富羣英。芳慶良永矣。君王嗣德聲。眷此伊洛詠。載懷汾水情。顧已非麗則。恭惠奉仁明。觀淄詠已失。憮然愧簪纓。○本集五。廣文選十。詩紀六十一。

神心遺魏闕。中本集作沖。廣文選同。想顧汾陽。肅景懷辰豫。捐玦翦山糈。本集作楊。廣文選同。時惟清夏始。雲景曖含芳。月陰洞野色。日華麗池光。草合亭皋遠。霞生川路長。端坐聞鶴引。静瑟愴復傷。懷哉泉石思。歌詠鬱瓊相。春塘多迭駕。言從伊與商。衮職眷英覽。獨善伊何忘。願輟東都遠。弘道侍云本集作雲。梁。○同上

睿心重離析。本集作拆。歧路清江隈。四面寒飇舉。千里白雲來。川長別管思。地迥翻旗回。還顧昭陽闕。超遠章華臺。置酒巫山日。爲君停玉杯。○本集五。詩紀六十一。

桂樓飛絶限。超遠向江歧。輕雲霽本集作齊。廣甸。微風散清漪。連連絶鴈舉。渺渺青煙移。嚴城亂芸草。霜塘凋素枝。氣爽深遥矚。豫永聊停曦。即本集作印。注云。一作卽。已終可悦。盈尊本集作思。且若斯。○同上

念深沖照廣。業闡清化玄。端儀穆金殿。敷詩紀字缺。教藻瓊筵。船湛輕帷藹。磬轉芳風旋。卷轡棲道樹。方津棹法舷。歸興憑大造。昭塗良易筌。○同上

玄冬寂脩夜。天圍静且開。亭皋霜氣愴。松宇清風來。高琴時以思。幽人多感本集作載。懷。幸藉汾陽想。嶺

首正徘徊。○同上

愴愴緒風興。祁祁族雲布。嚴氣集高軒。稠陰結寒樹。日月謬論思。朝夕承清豫。徒藉小山文。空揖本集作楫。章臺賦。○同上

肅景遊清都。脩簪侍本集作待。蘭室。累榭疎遠風。廣庭麗朝日。穆穆神儀靜。愔愔道言密。一飡繫靈表。無吝科年曆。○同上

清房洞已靜。閑風伊夜來。雲生樹陰遠。軒廣月容開。宴私移燭飲。遊賞藉琴臺。風猷冠淄鄴。衹爲愧唐枚。本集作材。○同上

方池含積水。明月流皎本集作明流皎如。鏡。規荷承日泫。彯鱗與風泳。上善叶淵心。止川測動性。幸是方本集作芳。春來。側點游濠盛。○同上

浮雲西北起。飛來下高堂。合散輕帷表。飄舞桂臺陽。遥階收本集作妝。委羽。平地如夜光。眷言金玉照。顧慚蘭蕙芳。○同上

炎光缺風雅。宗霸拯時淪。龍德待雲霧。令圖方再晨。歲遠荒城思。霜華宿草陳。英威遽如是。徘徊歧路人。○同上

分悲玉瑟斷。別緒金樽傾。風入芳帷散。缸華蘭殿明。想折中園草。共知千里情。行雲故鄉色。贈此本集作子。一離聲。○同上

年華豫已滌。夜艾賞方融。新萍時合水。弱草未勝風。閨幽瑟易響。臺迥月難中。春物廣餘照。蘭萱佩未

窮。○同上

連本集作漣。漪映餘雪。嚴城限深霧。清寒起洞門。東風急池樹。神居望已肅。徘徊舉沖趣。棲歸當作遲。如遲本集作歸。詠。丘山不可屢。○同上

和紀參軍服散得益詩

金液稱九轉。西山歌五色。鍊質乃排雲。濯景終不測。雲英亦可餌。且駐羲和力。能令長卿卧。暫故遇真本集作員。識。○本集四。詩紀六十一。

和王中丞聞琴詩

涼風吹月露。圓景動清陰。蕙風本集作氣。文選補遺同。入懷抱。聞君此夜琴。蕭瑟滿林聽。輕鳴響澗音。無爲澹容與。蹉跎江海心。○本集四。文選補遺三十六。詩紀六十一。

贈王主簿詩二首

日落窗中坐。紅粧好顔色。舞衣襞未縫。流黄覆不織。蜻蛉草際飛。遊蜂花上食。一遇長相思。願寄連翩翼。○本集四。玉臺新詠四。詩紀六十一。

清吹要碧玉。調弦命緑珠。輕歌急綺帶。含笑解羅襦。餘曲詎幾許。高駕且踟蹰。徘徊韶景暮。詩紀云。一作憐暮景。惟有洛城隅。○同上

和別沈右率諸君詩詩紀作和沈右率諸君餞謝文學。

春夜別清樽。江潭復爲客。本集誤作君。歎息東流水。如何故鄉陌。重樹日古文苑作始。芬菖。芳洲轉如積。望望荆臺下。歸夢本集云。一作轉望。相思夕。○本集四。古文苑四署謝文學。編在沈約等餞謝文學離夜各詩後。廣文選十作和沈右率諸君餞謝文學。詩紀六十一。○逯案。古文苑謝文學指謝朓。朓之和沈右率等相別詩不當題作和沈右率諸君餞謝文學。廣文選、詩紀並非是。今改從本集。

離夜詩

玉繩隱高樹。斜漢耿層臺。離堂華燭盡。別幌清琴哀。翻潮本集作浪。尚知恨。本集作限。客思眇難裁。山川不可盡。本集作夢。類聚、草堂詩箋同。況乃故人杯。○本集四。類聚二十九作入離夜詩。詩紀六十一。又草堂詩箋二十五舍弟詩注引杯一韵。

將發石頭上烽火樓詩

徘徊戀京類聚作皇。邑。躑躅躧曾阿。陵高遲本集作墀。闕類聚作墀闕。近。眺迥風雲多。荆吴阻山岫。江海含本集作合。瀾波。歸飛無羽翼。其如離別本集作別離。類聚同。何。○本集三。類聚二十九。詩紀六十一。

望三湖詩

積水照頳霞。高臺望歸翼。平原周遠近。連汀見紆直。葳蕤向春秀。芸黄共秋色。薄暮傷哉人。嬋媛復何極。○本集三。詩紀六十一。

送江水曹還遠館詩

高館臨荒途。清川帶長陌。上有流思人。懷舊望歸客。塘邊草雜紅。樹際花猶白。日暮有重城。何由盡離席。○本集四。詩紀六十一。

送江兵曹檀主簿朱孝廉還上國詩

方舟泛春渚。攜手趨上京。安知慕歸客。詎憶山中情。香風蘂上發。好鳥葉間鳴。揮袂送君已。獨此夜琴聲。○本集三。詩紀六十一。

臨溪送別詩

悵望南浦時。徙倚北梁步。葉上本集作下。文選補遺同。廣文選作華夏。涼風初。日隱輕霞暮。荒城迥易陰。秋溪廣難渡。沫泣豈徒然。君子行多露。○本集三。文選補遺三十六。廣文選八。詩紀六十一。

後齋迴望詩

高軒瞰四野。臨牖眺襟帶。望山白雲裏。望水平原外。夏木轉成帷。秋荷漸如蓋。鞏洛常睠本集作睠。然。摇心似懸旆。○本集三。詩紀六十一。

與江水曹至干濱戲詩

詩紀云。玉臺云、別江水曹。

山中上芳月。故人清樽賞。遠山翠百重。迴流映千丈。花枝聚如雪。蕪絲類聚作垂藤。散猶網。詩紀云。一作垂藤散似網。別後能相思。何嗟異封類聚作風。壤。○本集三。類聚二十九。詩紀六十一。

祀敬亭山廟詩

翦削兼太華。峥嶸跨玄圃。貝闕眡阿宫。薜帷陰網户。參差時未來。徘徊望澧本集作澧。浦。椒糈若馨香。無絶傳終古。○本集三。詩紀六十一。

出下館詩

麥候始清和。涼雨銷炎燠。紅蓮摇弱荇。丹藤繞新竹。物色盈懷抱。方駕娱耳目。零落既難留。何用存華屋。○本集四。詩紀六十一。又初學記三作夏日詩。引燠、竹二韵。

落日同何儀曹煦詩

參差複殿影。氛氳綺羅雜。風入天淵池。芰荷摇復合。遠聽雀聲聚。回望樹陰沓。一賞桂尊前。寧傷蓬鬢颯。○本集四。詩紀六十一。

夜聽妓詩二首

瓊閨釧響聞。瑤席芳塵滿。要取洛陽人。共命江南管。情多舞態遲。意傾歌弄緩。知君密見本集作相。親。寸心傳玉盌。玉臺作鋺。○本集三。玉臺新詠四。詩紀六十一。

上客光四座。佳麗直千金。掛釵報纓絶。墮珥答琴心。蛾眉已共笑。清香復入襟。歡玉臺作夜。樂夜方静。翠帳垂沈沈。○同上

詠薔薇詩

低枝詎勝葉。輕香幸自通。發萼初攢紫。餘采尚霏紅。新花對白日。故蕋逐行風。參差不俱曜。誰肯盻薇叢。○本集五。詩紀六十一。

詠蒲詩

離離水上蒲。結水散爲珠。間厠秋菡萏。出入春鳧雛。初萌實雕俎。暮蕋雜椒塗。所悲塘本集作堂。上曲。遂鑠黄金軀。○本集五。詩紀六十一。

詠兔絲詩

輕絲既難理。細縷竟無織。爛熳類聚作瀾漫。已萬條。連綿復一色。安根不可知。縈心終不測。所貴能卷舒。伊用蓬生直。○本集五。詩紀六十一。

遊東堂詠桐詩

孤桐北窗外。高枝百尺初學記作丈。餘。葉類聚作枝。生既婀娜。葉落更扶疏。無華復無實。何以贈離居。裁爲珪本集作圭。初學記同。與瑞。類聚作璋。初學記同。足可命參墟。○本集五。類聚八十八。初學記二十八。詩紀六十一。

雜詠三首本集作同詠座上所見一物。

鏡臺

玲瓏類丹檻。初學記作檻。苕本集作岧。初學記作迢。亭御覽作孤高。似玄闕。對鳳懸清本集誤作倩。冰。初學記作臨清水。御覽同。垂御覽作乘。龍掛明月。照粉拂紅粧。插花理玉臺作埋。雲髮。玉顏徒自見。常畏御覽作畏見。君情歇。○本集五作詠鏡臺。玉臺新詠四。初學記二十五作詠鏡臺詩。御覽七百十七。詩紀六十一。

燈

發翠斜溪玉臺作漢。裏。蓄寶類聚作實。宕萬花谷作巖。山峯。抽玉臺作搯。莖類仙掌。銜光似燭龍。飛蛾再三繞。輕花四五重。孤對本集云。一作樹。相思夕。空照舞初學記作無。衣縫。○本集五作詠燈。玉臺新詠四。類聚八十作詠燈詩。初學記二十五作詠燈詩。萬花谷續八作謝朓詩。詩紀六十一。

燭

杏梁賓未散。桂宮明欲沈。曖色輕幃裏。低光照寶本集云。一作瑤。琴。徘徊雲髻影。的本集作灼。玉臺同。爍綺疏金。恨君秋月夜。玉臺作夜月。遺我洞房陰。○本集五作詠燭。玉臺新詠四。類聚八十作詠燭詩。詩紀六十一。

同詠樂器詩紀云。王融詠琵琶。沈約詠箎。各見本集。

琴

洞庭風雨幹。龍門生死枝。雕刻紛布濩。沖響鬱清危。詩紀作巵。春風搖蕙草。本集云。一作綺草。秋月滿華池。是時操別鶴。淫淫客淚垂。○本集五。初學記十五作詠琴詩。萬花谷後三十二作謝朓詩。詩紀六十一。

同詠坐上玩器詩紀云。沈約詠竹檳榔盤。見本集。

烏皮隱几

蟠木生附枝。刻削豈無施。取則龍文鼎。三趾獻光儀。勿言素韋潔。白沙草堂詩箋作紗。尚推移。曲躬奉微用。聊承終宴疲。○本集五。詩紀六十一。又草堂詩箋二十六寄劉詩注引儀、移、疲三韵。

同詠坐上所見一物 柳惲詠同。王融詠幔。虞炎詠簾。各見本集。

席

本本集誤作木。生潮汐本集作朝夕。玉臺、類聚、萬花谷同。池。初學記作地。萬花谷同。落景照參差。汀類聚作河。洲蔽杜若。幽渚奪江蘺。遇君時採擷。玉座奉金巵。但願羅衣拂。無使素塵彌。○本集五。玉臺新詠四。類聚六十九。初學記二十五作謝朓詩。萬花谷續七作詠席。詩紀六十一。

詠竹火籠

庭雪亂如花。井冰粲成玉。因炎入貂御覽作豹。袖。懷温奉芳褥。類聚作蓐。御覽同。體密用宜通。文邪御覽作斜。性非曲。本自江南墟。嬿娟脩且緑。暫承君玉類聚作王。指。請謝陽春旭。○本集五。詩紀六十一。又類聚七十引玉、蓐、曲、旭四韵。御覽七百十一引玉、蓐、曲三韵。

詠鸂鶒

蕙草含初芳。瑶池曖晚色。得厠鴻鸞影。晞光弄羽翼。○本集五。類聚九十二。詩紀六十一。

至尋陽詩

過客無留軫。馳暉有奔箭。○文選二十六暫使下都夜發新林至京邑詩注。

詩

夜條風淅淅。晚葉露凄凄。○合璧事類別集五十四。

聯句詩

阻雪連句遥贈和

積雪皓陰池。北風鳴細枝。九逵密如繡。何異遠別離。謝朓　風庭舞流霰。冰沼古文苑作池。詩紀云。一作池。結文澌。飲春雖以燠。欽賢紛若馳。江秀才革　珠霙古文苑作雲。條間響。玉溜本集作霤。古文苑同。檐下垂。杯酒不相接。寸心良共知。王丞融　飛雲亂無緒。結冰明曲池。雖乖促席讌。白首信勿虧。王蘭陵僧孺　飄素瑩簷溜。巖本集作嚴。結噎通岐。罇罍如未澣。況乃限音儀。謝洗馬昊(本集作異)　原隰望徙倚。松筠竟不移。隱憂恶萱樹。忘懷待山巵。劉中書繪　初昕逸翮舉。日昃駑馬疲。幽山有桂樹。歲暮方參差。沈右率約○本集五。詩紀六十一。又古文苑四作謝文學朓。引澌、垂二韻。作江秀才革。引垂、知二韻。

還塗臨渚

緑水縟清波。青山繡芳質。落景皎晚陰。殘花綺餘日。何從事　白沙澹無際。青山眇如一。傷此物遲移。惆悵望還律。吴郎　白水田外明。孤嶺本集作頂。松上出。卽趣佳可淹。淹留非下秩。府君遥和○本集五。詩紀六十一。

紀功曹中園

蘭亭仰本集作迎　遠風。芳林接雲崿。傾葉順清飈。脩莖佇高鶴。何從事　連綿夕雲歸。晻曖日將落。寸陰不可留。蘭墀豈停酌。吴郎　丹纓本集作櫻。猶照樹。緑筠方解籜。永本集作求。志能兩忘。卽賞謝丘壑。府君○本集五。詩紀六十一。

閒坐

雨洗花葉鮮。泉漫芳塘溢。藉此閒賦詩。聊用蕩覊疾。陳郎　霡霂微雨散。葳蕤蕙草密。預藉詩紀作籍。芳筵賞。沾生信昭悉。紀功曹晏　紫葵窻外舒。青荷池上出。既闔潁川扉。且卧淮南秩。府君　流風蕩本集作溥。晚陰。行雲掩朝日。念此蘭蕙客。徒有本集作容。芳菲質。何從事○本集五。詩紀六十一。

侍筵西堂落日望鄉

沈病已綿緒。本集作綿。負官别鄉憂。高城淒本集作悽。夕吹。時見國煙浮。曹丞　漠漠輕雲晚。颯颯高樹秋。鄉山不可望。蘭卮且獻酬。府君　旻本集誤作是。高識氣迥。泉渟知潦收。幸遇慶筵本集作延。渥。方且本集云。一作將。沐恩猷。紀功曹晏　芸黄先露早。騷瑟本集、詩紀並云。一作屑。驚暮秋。舊城望已肅。況乃客悠悠。何從事○本集五。詩紀六十一。

往敬亭路中

山中芳杜緑。江南蓮葉紫。芳年不共遊。淹留空若是。府君 緑水豐漣漪。青山多繡綺。新條日向抽。落花紛已委。何從事 弱蔓既青翠。輕莎方靃靡。鷙䳒詩紀作鴟。没而遊。麏麚騰復倚。齊舉郎 春岸望沈沈。清流見瀰瀰。幸藉人外遊。盤桓未能徙。陳郎 鶩枻把瓊芳。隨山訪靈詭。榮楯每嶙峋。林堂多碕礒。府君〇本集五。詩紀六十一。

祀敬亭山春雨

水府衆靈出。石室寶圖開。白雲帝鄉下。行雨巫山來。府君 歌風讚靈德。舞蹈起輕埃。高軒乍留吹。玄羽或徘徊。何從事 福降羣仙下。識逸百神該。青本集作玄。鳥飛層隙。赤鯉泳瀾隈。齊舉郎〇本集五。詩紀六十一。

齊詩卷五

虞炎

炎。會稽人。初爲博士。累遷散騎侍郎、驍騎將軍。有集七卷。

玉階怨

紫藤拂花樹。黄鳥度玉臺作間。青枝。思君一歎息。苦淚應言垂。○玉臺新詠四。樂府詩集四十三。詩紀六十二。

餞謝文學離夜詩

差池燕始飛。羃歷草初輝。離人悵東顧。遊子愴謝集、古文苑並作去。西歸。清潮已駕古文苑作架。渚。溽露復沾衣。一乖當春聚。方掩故園扉。○謝宣城詩集四作虞別駕餞謝文學。古文苑四作虞駕部餞謝文學離夜。詩紀六十二。

詠簾詩

青軒明月時。紫殿秋謝集作金。風日。瞳矓引初學記作孔。萬花谷同。光輝。晻曖映容質。清露依檐初學記作簾。垂。蛸絲當户密。褰開誰共臨。掩晦獨如失。○謝宣城詩集五。初學記二十五。萬花谷續六。詩紀六十二。

奉和竟陵王經劉瓛墓下詩

下帷闡昔儒。窺園信且逸。聚學叢煙郊。棲遁謝集作道。事環蓽。戢景謝歸年。稅駕空悠日。庭露已沾衣。松門向蕭瑟。憫憫神念周。依依惠言密。○謝宣城詩集四。詩紀六十二。

王思遠

思遠。小字阿戎。琅邪臨沂人。仕至吏部郎。改授司徒左長史。永元二年。遷度支尚書。未拜卒。

皇太子釋奠詩殘缺

龍圖昇曜。龜籍流芳。俗資儒從。化以學昌。葳蕤四代。昭晰三王。揮發性靈。財成教方。
時陂樂淪。風凋禮失。縫掖不衣。章句豈術。蘊金孰砥。懷玉焉器。養正者睿。敷文惟懿。
帝則昭天。皇圖軼古。乃聖乃神。重規疊矩。霞構兩庠。星陳二序。橫經若林。負書被宇。
國緒克隆。儲暉允鏡。玉粹蕭芬。體元居正。温文自躬。敦悦以性。崇道讓齒。業大德盛。
高殿既筵。遠言既宣。窮理盡奥。闡幾洞玄。降情肅幣。盥聖薦賢。○文館詞林百六十。

王寂

寂。字子玄。琅邪臨沂人。僧虔子。位秘書郎。卒年二十一。有集五卷

第五兄揖到太傅竟陵王屬奉詩五章

蘭馥春林。松貞秋坂。匪霜匪風。寧高寧遠。玉華彼川。琛先兹巘。至德綢繆。嘉英繾綣。

西周擇才。東京得士。明明大齊。顯允君子。芳華早照。徽聲夙美。如彼招摇。不功而峙。

天遥漢遠。日華月麗。彦無沈隱。賢豈幽滯。如蘭斯芬。如花斯蔕。臣實有恭。皇亦有惠。

周旦綿邈。漢光遥緬。左右匡弼。朝夕台鉉。嘉王副兹。聲邁前典。誰奉神軒。匪德無踐。

寒林汎月。霜峰淡煙。濁樽湛澹。清調連緜。顧尋出處。中襟閔然。曷爲贊仰。敢獻微篇。○文館詞林百五十二。

阮彦

皇太子釋奠會詩八章

惟帝御宇。惟聖裁荃。雲官眇載。鳳紀遐傳。於皇作后。纘武乘天。地契斯彰。震符迺宣。

五帝繼作。三王代新。教藹隆周。軌滅荒秦。興之用博。替之斯堙。敬業貽訓。務于成均。

蘊寶聿攄。藏信咸澈。璧日文曜。珠星澋晰。大開泮渚。爰搆庠藝。越岫重梯。憑波累枻。

兼明翌政。麗景承霄。玉振方辰。金聲夙標。德暎姬儲。芳騰夏朝。四輔陶輝。三善伊昭。

睿機欽典。式稽昧旦。永言念兹。舊章載焕。習習胥斅。濟濟師贊。告釁舍弊。當作幣。肅奠循祼。

玉動璇軒。鑾迴璧阤。適序親薦。登堂降齒。槐保鏘儀。揆傅觀止。物悟大哉。神稱至矣。

獻禮卒虔。分除起宴。庭旅賓筵。階陳肆縣。笙鏞登越。干戚浮絢。明聳八音。幽馳九變。

慶逾居雒。驩疑在鎬。百靈具祇。萬紘同造。粤以空微。預均風草。取濫槐纓。無聞輿皁。○文館詞林百六十。

王僧令

皇太子釋奠會詩六章

伊昔上德。體極凝貞。敷文翊典。濟美基平。三墳爰暢。六順斯明。玄風流采。遯代飛馨。

洪機瀉御。禎符景曆。纘承聖輝。盈圖藴册。化協無疆。皇猷匪隔。海裔覃仁。沙方浹澤。

帝圖遠泰。震儲克融。識超玄覽。志邁謙沖。弘仁博藝。禮讓兼崇。傾衢舞懅。溢路歌風。

詢謀有徽。尅晨嘉奠。禮光瑶俎。樂泛軒縣。饗畢祉流。迴神曲讌。慶溢歡悰。情稠恩原作思。今從適園本。徧適園本作編。

肅令警辰。禎徽曜節。慶晷逶迤。祥雲炤蜥。瑶旆煙迴。金聲霄撤。浹寓懷昌。含生載悦。

沖心幽被。獎逮無偏。栖質瓊伍。儷服華筵。微莽託海。毳羽浮天。方陶姬化。永沐姚年。○文館詞林百六十。

袁浮丘

皇太子釋奠詩七章

三象既區。八文斯載。靡人誰牧。匪后焉載。參差王列。迴環紀代。數含興毀。理彰彪晦。

我皇廣運。實惟靈德。於昭儲嗣。徽光萬國。曾是知微。降情敦尅。陳經憲古。正訛辯惑。

巖巖崇殿。藹藹重筵。韶儀淳睟。遠旨清宣。剖斥穿雜。適園本作副斥穿□。總括凝泉。沖識知歸。蒙薄攸遷。

司業尅終。告成奠旅。簡習容章。筵辰獻舉。肅兹戒禁。潔此牲俎。摇金蓋鳳。自宫徂序。

有觀惟禮。亦既具來。儒巾雲列。朝紱星陪。式是保訓。允兼明台。比蕚唐衞。燁燁光埃。

冬緒御朔。氣爽煙輝。彫霞旦卷。凝霜晚晞。張縣晢目。鏗鏘動幾。翻舞屢還。絶音忘歸。

語遠河清。記闕辰暹。藺朝遊夕。浮年偶時。爵賀峻檐。蟈鳴曠坻。俯蹈盛典。仰震庸辭。○文館詞林百六十。

陸慧曉

慧曉。字叔明。吴郡吴人。高帝輔政。除尚書殿中郎。尋引爲東閤祭酒。歷會稽郡丞、江夏内史、行郢州事。遷吏部郎、五兵尚書、南兖州刺史。永元二年卒。年六十二。

遊仙詩

旌翻玉華晦。神轉雲光移。襲舄黄山下。投佩朱路歧。○類聚七十八。詩紀六十二。

陸厥

厥。字韓卿。慧曉仲孫。州舉秀才。少傅主簿。遷行參軍。永元元年卒。年二十八。有集十卷。

蒲坂行

江南風已春。河間柳已把。雁反無南書。寸心何由寫。流泊祁連山。飄颻高闕下。○樂府詩集四十。詩紀六十二。

齊歌行

黄金徒滿籯。不如守章句。雪宫紛多士。稷下岌成覆。樂府、詩紀並云。一作露。同載雙連珠。樂府、詩紀並云。一作璧。合席懸河注。垂帷五行下。操筆百金賦。華屋大車方。高門四馬驅。玄豹空不食。南山隱雲霧。○樂府詩集六十四。詩紀六十二。

南郡歌

江南可採蓮。蓮生荷已大。旅雁向南飛。浮雲復如蓋。望美積風露。疏麻成襟帶。雙珠惑漢皐。蛾眉迷下蔡。玉齒徒粲然。誰與啓含貝。○樂府詩集七十二。詩紀六十二。

邯鄲行

趙女擫鳴琴。邯鄲紛躧步。長袖曳三街。兼金輕一顧。有美獨臨風。佳人在遐路。相思欲褰衽。叢臺日已暮。○樂府詩集七十六。詩紀六十二。

左馮翊歌

上林潏紫泉。離宫赫千户。飛鳴亂鳬雁。參差雜蘭杜。比翼獨未羣。連葉誰爲伍。一物或難致。無云泣易覩。○樂府詩集八十四。詩紀六十二。

京兆歌

兔園夾池水。脩竹復檀欒。不如黄山苑。儲胥與露寒。邐迤傍無界。岑崟詩紀注云。一作嶔岑。鬱上干。上干入翠微。下趾連長薄。芳露浸紫莖。秋風摇素蕚。雁起宵未央。雲間月將落。照梁桂兮影徘徊。承露盤兮光照灼。壽陵之街走狐兔。金巵玉盌會銷鑠。願奉蒲萄花。爲君實羽爵。○樂府詩集八十四。詩紀六十二。

李夫人及貴人歌

屬類聚作别。車桂玉臺作挂。席塵。豹尾香煙滅。彤殿向蘼蕪。青蒲復萎玉臺作委。下同。絶。坐萎絶。對蘼蕪。臨丹類聚作玉。詩紀云。一作玉。階。泣椒類聚作長。塗。寡鶴羈雌飛且止。玉臺作上。雕梁翠壁網蜘蛛。洞房明月夜。對此淚如珠。○玉臺新詠九。類聚四十三。樂府詩集八十四。詩紀六十二。

中山王孺子妾歌二首

未央才人。中山孺子。一笑傾城。一顧傾市。傾城不自美。傾市復爲容。願把陵陽袖。披雲望九重。○樂府詩集八十四。詩紀六十二。

如姬寢卧一作卧寢。內。班姬玉臺作妾。文選作婕。樂府同。又云。一作妾。坐同車。洪波陪飲帳。林光宴秦餘。歲暮寒飈及。秋水落芙蕖。子瑕矯後駕。安陵泣前魚。安陵當作龍陽。李善文選註已辨之。賤妾終六臣本文選注云。五臣作思。已矣。六臣本文選注云。五臣作畢。樂府云。一作賤妾恩已畢。君子定焉如。○文選二十六。玉臺新詠四。樂府詩集八十四。詩紀六十二。

臨江王節士歌

木葉下。江波連。秋海録碎事作明。月照浦雲歇山。秋思不可裁。復帶秋風來。秋風來已寒。白露鷩羅紈。節士慷慨髪衝冠。彎弓挂若木。草堂詩箋作弱水。長劍竦雲端。○樂府詩集八十四。海録碎事十九。詩紀六十二。又草堂詩箋八魏將軍歌注引冠、端二韵。

奉答內兄希叔詩五章

嘉惠承帝子。躧履奉王孫。厲叨金馬署。又點銅龍門。出入平津邸。一見孟嘗尊。歸來翳桑柘。朝夕異涼温。

徂六臣本文選作殂。落固云是。寂蔑終如文選作始。六臣本注云。五臣作如。詩紀云。一作始。斯。杜門清三逕。坐檻臨曲池。梟鵲嘯儔侶。荷芰始參差。雖無田田葉。及爾泛漣漪。

春華與秋實。庶子及家臣。王門所以貴。自古多俊民。離宮收杞梓。華屋富六臣本文選注云。五臣作當。徐陳。

平旦六臣本文選注云。五臣作明。上林苑。日入伊水濱。

書記既翩翩。賦歌能妙絶。相如恧温麗。子雲慙筆札。駿足思長阪。柴車畏危轍。愧兹山陽讌。空此河陽别。

平原十日飲。中散千里遊。渤海方淫類聚作流。滯。宜城誰獻酬。屏居南山下。臨此歲方秋。惜哉時不與。日暮無輕舟。○文選三十六。詩紀六十二。又類聚三十一作奉答内兄顧希叔詩。引第五章。

劉繪

繪。字士章。彭城人。初爲齊高帝行參軍。歷位中書郎。竟陵王開西邸。繪爲後進領袖。梁武帝蕭衍起兵。朝廷以繪持節督四州軍事。東昏殞。城内遣繪及范雲送首詣梁王。轉大司馬從事中郎。中興二年卒。年四十五。有集十卷。

同沈右率諸公賦鼓吹曲二首

巫山高

高唐本集作堂。文苑作山。與巫山。參差鬱相望。灼爍在雲間。氛氳出霞樂府云。一作雲。上。散雨收夕臺。行雲卷晨障。本集作帳。文苑同。出沒不易期。嬋娟以樂府作似。注云。一作以。悵惘。○謝宣城詩集二。文苑英華二百一。樂府詩集十七。詩紀六十二。

有所思

別離安可再。而我文苑云。一作佳人。更重之。佳人不相見。明月空在帷。共銜詩紀作御。滿堂酌。獨斂向隅眉。中心亂如雪。寧知有所思。○謝宣城詩集二。類聚四十一作有所思行。文苑英華二百二。樂府詩集十七。文選補遺三十四。廣文選十四。詩紀六十二。

餞謝文學離夜詩

汀洲千里芳。朝雲萬里色。悠然在天隅。之子去安極。春潭無與窺。秋臺誰共謝集、文選補遺作共誰。陟。不見一佳人。徒望西飛翼。○謝宣城詩集四作餞謝文學。古文苑四。文選補遺三十四。詩紀六十二。

入琵琶峽望積布磯呈玄暉詩

江山信多美。此地最爲神。以兹峯石麗。重在芳樹春。照爛虹蜺雜。交錯錦繡陳。差池若燕羽。崱屶似龍鱗。却瞻了非向。前觀已謝集作復已。復新。翠微上虧景。青莎下拂津。巉巖如刻削。可望不可親。昔途首遐路。未獲究清塵。誓將返初服。歲暮請爲鄰。○謝宣城詩集四作入琵琶峽望積布磯。詩紀六十二。又類聚二十七作入琵琶峽望積布磯詩。引神、春、神、新、津五韵。

詠博山香爐詩

參差鬱佳麗。合沓紛可憐。蔽虧類聚作野。千種樹。出没萬重山。上鏤秦王子。駕鶴乘紫煙。下刻蟠龍勢。矯首半銜蓮。旁爲伊水麗。芝蓋出巖間。復有漢游女。拾羽弄餘妍。榮色何雜揉。類聚作綵。縟繡更相鮮。麢麚或騰倚。林薄杳芊眠。類聚作香阡眠。掩華終不發。含薫未肯然。風生玉階樹。露湛曲池蓮。寒蟲悲類聚作飛。夜室。秋雲没曉天。○初學記二十五。詩紀六十二。又類聚七十所引缺憐一韵。初學記同。

詠萍詩

可憐池内萍。葐蒀初學記作氛氳。詩紀云。一作氛氳。紫復青。巧隨浪開合。能逐初學記作遂。水低平。微根無所綴。細葉詎須莖。漂泊終難測。留連如有情。○初學記二十七。文苑英華三百二十七作吴均。注云。一作南齊劉繪。詩紀六十二。

和池上梨花詩和王融。

露庭晚翻積。風閨夜入多。縈蘽似亂蝶。拂燭狀聯蛾。○古文苑四作和王中書。詩紀六十二。

送別詩

春滿當是蒲字。方解籜。弱柳向低風。相思將安寄。悵望南飛鴻。○類聚二十九。

劉頊

頊。字士温。繪弟。仕齊歷尚書吏部郎、義興太守。

上湘度琵琶磯詩

茲山挺異寡。孤起秀雲中。陵池激楚浪。紛糺絶宛風。煙峯晦如畫。寒水清若空。頡頏鷗舞白。流亂葉飛紅。○類聚二十七。詩紀六十二。

袁彖

彖。字偉才。陳郡人。仕齊。官至侍中。有集五卷。

贈庾易詩

南史曰。庾易。新野人。居江陵。志性恬静。不交外物。齊臨川王映臨州。表薦之。餉麥百斛。易辭不受。以文義自樂。安西長史袁彖欽其風。贈詩一首。

白日清明。青雲遼亮。昔聞巢許。今覩臺尚。○南史庾易傳。詩紀六十二。

遊僊詩

羽客宴瑤宮。旌蓋乍舒設。王子洛浦來。湘娥洞庭發。長引逐清風。高歌送奔月。並馭排帝閽。連吹入天闕。萬古一方春。千霜豈二髮。○類聚七十八。詩紀六十二。

同前

白日三重階。黄金九層路。采煙拂紫薨。芳風摇碧樹。○類聚七十八。詩紀六十二。

虞通之

通之。會稽餘姚人。官至步兵校尉。

贈傅昭詩

梁書曰。傅昭少有神情。宋廷尉虞愿聞之。遣車迎昭。時愿宗人通之在坐。並當世名流。通之贈昭詩曰。

英妙擅山東。才子傾洛陽。清塵誰能嗣。及爾遘遺芳。○梁書傅昭傳。南史傅昭傳。詩紀六十二。

齊詩卷六

顧思

思。揚州主簿。善易。思一作則心。一作測。

望廨前水竹詩

詩紀云。何遜集載此詩。題云望廨前水竹答崔録事。拾遺作顧則心。

蕭蕭叢竹映。澹澹平湖淨。葉倒漣漪文。水漾檀欒影。相思不會面。相望空延頸。遠天去浮雲。長墟斜落景。幽痾與歲積。賞心隨事屏。鄉念一邅迴。白髮生俄頃。○何水部集二。選詩拾遺。詩紀六十二。

鍾憲

憲。潁川長社人。齊正員外郎

登羣峯標望海詩

詩紀云。此詩見謝朓集。題云和劉西曹望海。拾遺作鍾憲。

蒼波不可望。望極與天平。往往孤山暎。處處春雲生。差池遠雁没。颯沓羣鳬驚。囂塵及簿領。棄捨出重城。臨川徒可羨。結網庶時營。○謝宣城詩集四。選詩拾遺。詩紀六十二。

許瑶之

擬自君之出矣詩紀云。藝文作宋孝武帝。

自君之出矣。金翠闇無精。思君如日月。迴環晝夜生。○玉臺新詠十。詩紀五十四。

詠柟榴枕詩

詩紀云。吴都賦。柟榴之木。註曰。柟榴。木之盤結者。材理堅邪可作器。然則柟榴卽所謂木瘿。榴字瘤字假借通用耳。故曰因病成妍也。

端木生河側。因病遂成妍。朝將雲髻别。夜與蛾眉連。○玉臺新詠十。詩紀五十四。

閨婦答鄰人詩

昔如影與形。今如胡與越。不知行遠近。忘却玉臺作去。離年月。○玉臺新詠十。詩紀五十四。

朱碩仙朱子尚附

吴聲獨曲二首

南齊時。朱碩仙善歌吴聲讀曲。武帝出遊鍾山。幸何美人墓。碩仙歌云云。帝神色不悦曰。小人不遜弄我。時朱子尚亦善歌。復爲一曲云云。於是俱蒙厚賚。

碩仙歌

二樂府作一。憶所歡時。緣山破芿荏。山神感儂意。盤石鋭鋒動。○樂府詩集四十六。詩紀六十二。

子尚歌

曖曖樂府作暧暧。日欲冥。歡騎立踟蹰。太陽猶尚可。且願停須臾。○同上

石道慧

離合詩

好仇華良夜。子歡我亦欣。昊穹出明月。一坐感良晨。娱○類聚五十六。詩紀六十二。

檀秀才逯案。以下七人詩原附謝朓集同題之下。

陽春歌

青春獻初歲。白日樂府作雲。映雕梁。蘭萌猶自短。柳葉未謝集作菰菜禾。能長。已見花紅文苑作紅花。發。復聞花蘣樂府作緑草。香。乘謝集作樂。詩紀云。一作樂。此試遊衍。誰知心獨傷。○謝宣城詩集二。文苑英華九十三。樂府詩集五十一。詩紀五十八。

江朝請奂

渌水曲渌。謝集作緑。詩紀同。

塘上蒲欲齊。汀洲杜將歇。春心既易蕩。春流豈難越。桂棹樂府作檝。及晚風。菱江謝集作影。映初月。芳香若可贈。爲君步羅襪。○謝宣城詩集二。樂府詩集五十九。詩紀五十八。

陶功曹失名

採菱曲

朝日映蘭澤。乘風入桂嶼。棹影已流倡。輕舟復容與。勿遽佳期移。方追明月侣。采采詎盈掬。還望空延佇。○謝宣城詩集二。詩紀五十八。

朱孝廉失名

白雪曲

凝雲没文苑作淩。霄漢。從風飛文苑作驚。且散。聯翩下文苑、樂府並作避。幽谷。徘徊依井幹。既興楚客謡。亦動周王歎。所恨輕寒樂府云。一作塞。早。不迨文苑作待。陽春文苑作春光。樂府云。一作春光。旦。○謝宣城詩集二。文苑英華三百三十一。樂府詩集五十七。詩紀五十八。

王秀之

秀之。字伯奮。琅邪臨沂人。累遷都官尚書。出爲隋王鎮西長史、吴興太守。

卧疾敍意詩

貞悔不少期。福極固難豫。疾藥雖一途。遂以千百慮。景仄本集作反。念徂齡。帶緩每危曙。循躬既本集作雖。注云。一作既。已茲。況復歲將暮。層冰日夜多。飛雲密如霧。歸鴻互斷絶。宿鳥莫能去。輟我丘中琴。本集作瑟。良由謝集作田。一嗟故。隱淪迹有違。宰官功未本集作來。樹。何用攬余情。悵悵此故路。豈言勞者歌。且曰幽人賦。○謝宣城詩集四。詩紀六十。

江孝嗣

北戍琅邪城詩

驅馬一連翩。日下情不息。芳樹似謝集作以。佳人。惆悵余何極。薄暮苦羈謝集作羇。愁。終朝傷旅食。丈夫許人世。安得顧心臆。按劍勿復言。誰能耕與織。○謝宣城詩集四。文選補遺三十六。廣文選十。詩紀六十。

離夜詩

石泉行可照。蘭杜向含風。離歌上春日。芳思徒以空。情遽曉雲發。心在夕何終。幽琴一罷調。清謝集字缺。醑復誰同。○謝宣城詩集四。詩紀六十一。

王常侍失名

離夜詩

月没高樓曉。雲起扶桑時。燭筵曖詩紀作緩。無色。行住謝集作往。閔謝集作憫。相悲。當軒已凝念。況乃清江湄。懷人忽千里。誰緩鬢徂謝集作組。絲。○謝宣城詩集四。詩紀六十一。

王晏

晏。字休默。一字士彦。琅邪臨沂人。宋大明末。歷建安國常侍、員外郎、征北參軍、鎮西記室諮議。齊受禪。轉太子中庶子。歷步兵校尉、侍中、僕射尚書令、太傅。建武四年。坐罪誅。

和徐孝嗣詩

槐序候方調。○南史王晏傳。

韓蘭英

蘭英始爲後宫司儀。後爲博士。

爲顔氏賦詩

金樓子曰。齊鬱林王時。有顔氏女。夫嗜酒。父母奪之。入宫爲列職。帝以春夜命後宫司儀爲顔氏賦曰云。帝乃還之。

絲竹猶在御。愁人獨向隅。棄置將已矣。誰憐微薄軀。○金樓子一。

釋寶月

估客樂二曲

齊武帝布衣時。嘗遊樊鄧。登祚以後。追憶往事。作估客樂。使寶月奏之管絃。月又上此二曲。凡四章。

郎作十里行。儂作九里送。拔儂頭上釵。與郎資路用。○樂府詩集四十八。詩紀六十二。

有信數寄書。無信心相憶。莫作瓶落井。一去無消息。○同上

同前

大艑珂峩頭。何處發揚州。借問艑上郎。見儂所歡不。○樂府詩集四十八。詩紀六十二。

初發揚州時。船出平津泊。五兩如竹林。何處相尋博。○同上

行路難

君不見孤雁關外發。酸嘶度揚越。空城客子心腸斷。幽閨思婦氣欲絶。凝霜夜下拂羅衣。浮雲中斷開明月。夜夜遥遥徒相思。年年望望情不歇。寄我匣中青銅鏡。倩人爲君除白髮。行路難。行路難。夜聞南城漢使度。使我流淚憶長安。○玉臺新詠九。文苑英華二百。樂府詩集七十。詩紀六十二。○逯案。詩品謂此歌乃柴廓作。月竊爲己有。

雜歌謡辭

蘇小小歌一曰錢塘蘇小小歌。

樂府廣題曰。蘇小小。錢塘名倡也。蓋南齊時人。西陵在錢塘江之西。歌云西陵松柏下。是也。

妾樂府作我。乘油壁車。郎騎樂府作乘。青驄馬。何處結同心。西陵松柏下。○玉臺新詠十。樂府詩集八十五。詩紀六十三。

永明初歌

齊書五行志曰。永明初。百姓歌曰云云。後句閒云陶郎來。白者金色。馬者兵事。三年。妖賊唐寓之起。言唐來勞也。

白馬向城啼。欲得城邊草。○南齊書五行志。詩紀六十三。

百姓爲東昏侯歌

南史曰。東昏侯又以閱武堂爲芳樂苑。窮奇極麗。當暑種樹。大樹合抱。亦皆移掘。插葉繫華。取玩俄頃。又於苑中立店肆。模大市。日游市中。雜所寶物與宫人閹豎共爲裨販。以潘妃爲市令。自爲市吏録事。又開渠立埭。躬自引船。埭上設店。坐而屠肉。于時百姓歌云。

閱武堂。種楊柳。至尊屠肉。潘妃酤酒。○南史齊廢帝東昏侯紀。六朝事迹編類上。

沈麟士引童謡

沈氏述祖德碑曰。沈莫盛於吴興。始吾祖戎建大勳。辭顯職。縣江北避地居吴之餘不鄉。其卒也永平元年。葬鄉之金鼇山。時有金鵝。三鳴而去。童謡曰云云。遂更名其山曰金鵝。

金鵝鳴。沈氏興。代代出公卿。○湖録金石考四。

張敬兒自爲歌謠

南史曰。張敬兒性好卜術。信夢尤甚。又使於鄉里爲謠言。使小兒輩歌曰云云。敬兒家在冠軍。宅前有地名赤谷。始其母於田中卧。夢犬子有角舐之。已而有娠而生敬兒。故初名狗兒。又生一子。因狗兒之名。復名豬兒。宋明帝嫌狗兒名鄙。改爲敬兒。故豬兒亦改名恭兒。

天子在何處。宅在赤谷口。天子是阿誰。非豬如是狗。○南史張敬兒傳。

永明中虜中童謡

南齊書曰。永明中。虜中童謡云云。尋而京師人家忽生火。赤於常火。熱小微。貴賤爭取以治病。敕禁之。不能斷。

黑水流北。赤火入齊。○南齊書五行志。

後梁以火德興。

永明中魏地童謡

南史曰。永明十一年秋七月。先是魏地謡言云云。是歲有沙門從北齎此火而至。色赤於常火而微。云以療疾。貴賤爭取之。咸云聖火。詔禁之不止。火灸至七炷而疾愈。吴興丘國賓密以還鄉。邑人楊道慶虚疾二十年。依法灸卽差。是月上崩。

赤火南流喪南國。○南史齊武帝紀。

永元元年童謡

南齊書曰。永元元年童謡云云。千里流者。江祐也。東城。遥光也。遥光夜舉事。垣歷生者烏皮袴褶往奔之。跛脚。亦遥光。老姥子。孝字之象。徐孝嗣也。

洋洋千里流。流翣東城頭。烏馬烏皮袴。三更相告訴。脚跛不得起。誤殺老姥子。○南齊書五行志。詩紀六十三。

永元中童謡

南齊書曰。永元中童謡云云。識者解云。陳顯達屬豬。崔慧景屬馬。非也。東昏侯屬豬。馬子未詳。梁王屬龍。蕭穎胄屬虎。崔慧景攻臺。頓廣莫門死。時年六十三。烏集傳舍。即所謂瞻烏爰止。于誰之屋。三八二十四。起建元元年至中興二年。二十四年也。摧折景陽樓。亦高臺傾之意也。言天下將去。乃得休息也。

野豬雖嗃嗃。馬子空閭渠。不知龍與虎。飲食江南墟。七九六十三。廣莫人無餘。烏集傳舍頭。今汝得寬休。但看三八後。摧折景陽樓。○南齊書五行志。詩紀六十三。

山陰謡

南史曰。丘仲孚爲山陰令。居職甚有聲稱。百姓爲此謡。前世傅琰父子、沈憲、劉玄明。相繼宰山陰。並有政績。

二傅沈劉。不如一丘。○南史丘仲孚傳。詩紀六十三。

東昏侯時宮中謡

南史曰。初。左右刀敕之徒悉號爲鬼。宮中訛云云。當時莫解。梁武平建鄴。東昏死。羣小一時誅滅。故稱爲諸鬼也。俗間以細剉肉糅以薑桂曰劀。意者以凶黨皆當細剉而烹之也。

趙鬼食鴨劀。諸鬼盡著調。○南史茹法珍傳。

時人爲桓康語

南史曰。桓康。蘭陵人也。隨武帝起兵。摧堅陷陣。膂力絶人。江南人畏之。高帝鎮東府。除武陵王中兵寧朔將軍。常侍衛左右。帝誅黄回。使康數回罪。然後殺之。時人語曰。

欲侜張。問桓康。○南齊書桓康傳。南史桓康傳。詩紀六十三。

荀伯玉聞青衣小兒語

南齊書曰。初。太祖在淮南。伯玉假還廣陵。夢上廣陵城南樓上。有二青衣小兒語伯玉云云。伯玉視城下人。頭皆有草。元徽五年而廢蒼梧。

草中肅。九五相追逐。○南齊書荀伯玉傳。

時人爲荀伯玉語

南齊書曰。世祖在東宫。專斷用事。頗不如法。伯玉因世祖拜陵後密啓之。上大怒。檢校東宫。世祖憂懼。上嘉伯玉盡心。愈見親信。軍國密事。多委使之。時人爲之語曰云云。世祖深怨伯玉。永明元年。垣崇祖誅。伯玉伏法。

十南史作千。敕五南史作萬。令。不如荀伯玉南史作公一。命。○南齊書荀伯玉傳。南史荀伯玉傳。

時人爲蕭晃語

南史曰。長沙威王晃。高帝四子也。少有武力。昇明中爲淮南、宣城二郡太守。晃便弓馬。初。沈攸之事起。晃多從武容。赫奕都街。時人爲之語曰。

焕焕蕭四繖。○南齊書、南史長沙威王晃傳。御覽四百九十五。詩紀六十三。

時人爲劉繪語

南齊書曰。永明末。京邑人士盛爲文章談義。皆湊竟陵王西邸。繪爲後進領袖。機悟多能。時張融、周顒並有言工。融音旨緩韻。顒辭致綺捷。繪之言吐。又頓挫有風氣。時人爲之語曰云云。言在二家之中也。

劉繪貼宅。别開一門。○南齊書劉繪傳。御覽百八十。

時人爲張周劉三姓語

南史曰。永明末。都下人士盛爲文章談義。皆湊竟陵西邸。繪爲後進領袖。時張融以言辭辯捷。周顒彌爲清綺。而繪音采亦贍麗。雅有風則。時人謂之語曰云云。言其處二人之間也。

三人共宅夾清漳。張南周北劉中央。○南史劉繪傳。御覽百八十、六百十七。詩紀六十三。

時人爲沈驎士語

南史曰。沈驎士隱居餘干吴差山。講經教授。從學士數十百人。各營屋宇。依止其側。時人爲之語曰。

吴南史無吴字。差山中有賢士。開門教授居成市。○南史沈驎士傳。御覽五百五。詩紀六十三。

南州爲江革語

南史曰。江革爲潯陽太守。清嚴爲屬城所憚。正直自居。不與典籤趙道智坐。道智還都啓事。誣奏革墮事好酒。以瑯琊王曇聰代爲行事。南州士庶爲之語曰。

故人不道智。新人佞散騎。莫知度不度。新人不如故。○南史江革傳。詩紀六十三。

都下民語

南史曰。茹法珍。會稽人。梅蟲兒。吴興人。齊東昏時並爲制局監。俱見愛幸。自江祏、始安王遥光等誅後。及左右應敕捉刀之徒並專國命。人間謂之刀敕。權奪人主。都下爲之語曰。

欲求貴職依刀敕。須得富豪事御刀。○南史茹法珍傳。

清商曲辭

西曲歌

共戲樂四曲　　古辭

古今樂録曰。共戲樂。舊舞十六人。梁八人。

齊世方昌書軌同。萬宇獻樂列國風。

時泰民康人物盛。腰鼓鈴柈各相競。

長袖翩翩若鴻驚。纖腰嫋嫋會人情。

觀風採樂德化昌。聖皇萬壽樂未央。○樂府詩集四十九。詩紀六十三。

楊叛兒八曲

唐書樂志曰。楊叛兒。本童謡歌也。齊隆昌時。女巫之子曰楊旻。少時隨母入内。及長爲何后寵。童謡云。楊婆兒。共戲來所歡。語訛。遂成楊叛兒。古今樂録曰。楊叛兒送聲云。叛兒教儂不復相思。

截玉作手鉤。七寶光平天。繡沓織成帶。嚴帳信可憐。

暫出白門前。楊柳可藏烏。歡玉臺作郎。作沈水香。儂作博山鑪。

送郎乘艇子。不作遭風慮。横篙擲去槳。願倒逐流去。

七寶珠絡鼓。教郎拍復拍。黄牛細犢兒。楊柳映松柏。

歡欲見蓮時。移湖安屋裏。芙蓉繞牀生。眠卧抱蓮子。

聞歡遠行去。送歡至新亭。津邏無儂名。○同上

落秦中庭生。誠知非好草。龍頭相鉤連。見枝如欲繞。○同上

楊叛西隨曲。柳花經東陰。風流隨遠近。飄揚悶儂心。○樂府詩集四十九。詩紀六十三。又玉臺新詠十引第二曲。

雜曲歌辭

樂辭

詩紀編入晉詩。又引祝穆曰。窮袴。襦也。蓋漢人語。吴兢編此辭在十九首後。○逯案。宋許顗彦周詩話謂此乃齊梁間樂府。今從之編之於此。

繡幰圍香風。耳節朱絲桐。不知理何事。淺立經營中。愛事文類聚作護。惜加冷齋夜話作如。窮袴。防閑事文類聚作隄防。託守宫。今日牛羊上丘隴。當年近前面發紅。○冷齋夜話。事文類聚前集五十八。詩紀四十三。又草堂詩箋二十丹青詩注作古樂府詩。引桐、中二韵。彦周詩話作齊梁間樂府。引宫、紅二韵。

齊詩卷七

郊廟歌辭

齊南郊樂章十三首

南齊書樂志曰。武帝建元二年。有司奏郊廟雅樂歌辭。太廟登歌用褚淵。餘悉用謝超宗所撰。多删顔延之、謝莊辭以爲新曲。備改樂名。永明二年。又詔王儉造太廟二室及郊配辭。

肅咸樂 羣臣出入

謝超宗

謝超宗。陳郡人。靈運之孫。歷齊高帝、武帝。累遷黄門郎。掌國史。除竟陵王征北諮議記室。

夤承寶命。嚴恭帝緒。奄受敷錫。升中拓宇。亘地稱皇。罄天作主。月域來賓。日際奉土。開元首正。禮交樂舉。六典詩紀誤作曲。聯事。九官列序。宋郊祀顔延之辭删定。○南齊樂志。樂府詩集二。詩紀六十三。

引牲樂 牲出入。夕牲歌。並重奏。

皇乎敬矣。恭事上靈。昭教國祀。肅肅明明。有牲在滌。有潔在俎。以薦王衷。以答神祐。陟配在京。降德

在民。奔精望夜。高燎佇晨。有牲以下四句顔辭。○同上

嘉薦樂薦豆呈毛血

我恭我享。惟孟之春。以孝以敬。立我烝民。青壇奄靄。翠幕端凝。嘉俎重薦。兼籍樂府作藉。再升。設業設簴。展容玉庭。肇禋配祀。克對上靈。增損謝莊辭。○同上

昭夏樂迎神

惟聖饗帝。惟孝饗親。禮行宗祀。敬達郊禋。金枝中樹。廣樂四陳。月御案節。星驅扶輪。遥興遠駕。曜曜振振。告成大報。受釐元神。增損顔辭。○同上

永至樂皇帝入壇東門

紫壇望靈。翠幕佇神。率天奉樂府作奏。贄。罄地來賓。神貺並介。泯祇樂府作祇。合祉。恭昭鑒享。肅光孝祀。威藹四靈。洞曜三光。皇德全被。大禮流昌。○同上

登歌帝升壇

報惟事天。祭實尊靈。史正嘉兆。神宅崇禎。五時昭鬯。六宗彝序。介丘望塵。皇軒肅舉。○同上

文德宣烈樂帝初獻

訾泰時。定天衷。思心緒。謀筮從。田燭置。爟南齊書作權。樂府同。火通。大孝昭。國禮融。删定顔辭。○同上

武德宣烈樂次奏

功燭上宙。德耀中天。風移九域。禮飾八埏。四靈晨炳。五緯宵明。膺曆締運。道茂前聲。○同上

高德宣烈樂高帝配饗

王儉

饗帝嚴親。則天光大。舄奕前古。榮鏡無外。日月宣華。卿雲流靄。五漢同休。六幽咸泰。○同上

嘉胙樂飲福酒

謝超宗

鬯嘉禮。承休錫。盛德符景緯。昌華應帝策。聖藹耀昌基。融祉暉世曆。聲正涵月軌。書文同南齊書。樂府並作騰。日迹。寶瑞昭神圖。靈貺流瑞液。我皇崇暉祚。重芬冠往籍。○同上

昭夏樂送神

薦饗洽。禮樂該。神娱展。辰旆回。洞雲路。拂琁階。紫霧藹。青霄開。睠皇都。顧玉臺。留昌德。結聖懷。

○同上

昭遠樂帝就燎位

天以德降。地南齊書、樂府並作帝。以禮報。牲尊俯陳。柴幣仰燎。事展司采。敬達瑄薌。煙贊青昊。震颺紫埸。陳罄示策。肅志宗禋。禮非物備。福唯誠陳。○同上

休成樂帝還便殿

昭事上祀。饗薦具陳。迴鑾轉翠。拂景翔宸。綴縣斂暢。詩紀云。一作錫。鍾石昭融。羽炫深晷。籥嘻行風。肆序輟度。肅禮停文。四金聳衛。六馭齊輪。○同上

齊北郊樂歌六首

南齊書樂志曰。北郊樂。迎地神奏昭夏之樂。升壇奏登歌。初獻奏地德凱容之樂。次奏昭德凱容之樂。送神奏昭夏之樂。瘞埋奏隸幽之樂。餘辭同南郊。隋書樂志曰。齊氏承宋。咸用元徽舊式。宗祀朝饗。奏樂俱同。惟增北郊之禮。乃元徽所闕。永明六年之所加也。

昭夏樂迎神奏

謝超宗

詔禮崇營。敬饗玄時。靈正丹帷。月肅紫墀。展薦登華。風縣凝鏘。神惟戾止。鬱葆遥莊。昭望歲芬。環游辰太。穆哉尚禮。横光秉藹。○南齊書樂志。樂府詩集二。詩紀六十三。

登歌帝升壇奏

佇靈敬享。禋肅彝文。縣動聲儀。薦絜牲芬。陰祇詩紀作祗。以貺。昭祀式慶。九服熙度。六農祥正。○同上

地德凱容樂帝初獻奏

繕方丘。端國陰。掩珪晷。仰靈心。詔源委。遍丘林。禮獻物。樂薦音。亦删顔辭。○同上

昭德凱容樂次奏

慶圖濬邈。蘊祥祕瑶。俔天炳月。嬪光紫霄。邦化靈懋。閫則風調。儷德方儀。徽載以昭。○同上

昭夏樂送神奏

薦神升。享序楙。淹玉俎。齊書作徂。停金奏。寶旆轉。旒駕旋。溢素景。鬱紫躔。靈心顧。留宸南齊書作辰。樂府同。睠。洽外瀛。瑞中縣。○同上

隸幽樂瘞埋奏

后皇嘉慶。定祇樂府作祇。玄畤。承帝休圖。祇敷靈祉。篚冪周序。軒朱凝會。牲幣芬壇。精明佇蓋。調川瑞昌。警嶽祥泰。○同上

齊明堂樂歌十五首

南齊書樂志曰。武帝建元初。詔謝超宗造明堂夕牲等歌。並採用謝莊辭。賓出入奏肅咸樂。牲出入奏引牲樂。薦豆呈毛血奏嘉薦樂。迎神奏昭夏樂。皇帝升明堂奏登歌。初獻奏凱容宣烈之樂。還東壁受福酒奏嘉胙樂。送神奏昭夏樂。並建元永明中作也。其凱容宣烈樂、嘉胙樂。太廟同用。

肅咸樂賓出入

謝超宗

彝承孝典。恭事嚴聖。浹天奉賚。罄壤齊慶。司儀具齊書作且。序。羽容夙章。芬枝揚烈。黼構周張。助實奠齊書作尊。軒。酎珍充庭。璆縣凝會。玥朱竚聲。先期選禮。肅若有承。祇對靈祉。皇慶昭膺。○南齊書樂志。樂府詩集二。詩紀六十三。

尊事威儀。輝容昭序。迅恭明神。絜盛牲俎。肅齊書作蕭。肅嚴宮。藹藹崇基。皇靈降止。百祇樂府作祇。齊書誤作白紙。具司。戒誠望夜。端烈承朝。依微昭旦。齊書作且。物色輕宵。○同上

引牲樂

惟誠絜饗。惟孝尊靈。敬芳黍稷。敬滌犧牲。騂繭在豢。載溢載豐。以承宗祀。以肅皇衷。蕭芳四舉。華火周傳。神鑒孔昭。嘉足三齊書、樂府作參。牷。○同上

嘉薦樂二首

肇禋戒祀。禮容咸舉。六典飾文。九司炤序。牲柔既昭。犧剛既陳。恭滌惟清。敬事惟神。加籩再御。兼俎重南齊書、樂府作兼。薦。節動軒越。聲流金縣。○同上

奕奕閟幄。亹亹嚴闈。絜誠夕鑒。端服晨暉。聖靈戾止。翊我皇則。上綏四宇。下洋萬國。永言孝饗。孝饗有容。儐僚贊列。肅肅雍雍。以上皆宋殷淡辭。○同上

昭夏樂

地紐謐。乾樞回。華蓋動。紫微開。旌蔽日。車若雲。駕六龍。乘烟煴。燁帝景。燿天邑。聖祖降。五雲集。懋粢盛。絜牲牷。百禮肅。羣司虔。皇德遠。大孝昌。貫九幽。洞三光。神之安。解玉齊書作王。鑾。景福至。萬宇歡。謝莊辭。下同。○同上

登歌

雍臺辨齊書、樂府並作辯。朔。澤宮選辰。絜齊書作挈。火夕炤。明水朝陳。六瑚賁室。八羽華庭。昭事先聖。懷濡上靈。肆夏式敬。升歌發德。永固洪基。以綏萬國。○同上

凱容宣烈樂

釃醴具登。嘉俎咸薦。饗洽誠陳。禮周樂徧。祝辭罷祼。序容輟縣。蹕動端庭。鑾回嚴殿。神儀駐景。華漢高詩紀作亭。虛。八靈案衞。三祇齊書、樂府並作代。解途。翠蓋澄耀。罼帝凝宸。齊書、樂府並作晨。玉鑣齊書、樂府並作鏣。息節。金輅懷音。戒誠達孝。底心肅感。追憑皇鑒。思承淵範。神錫懋祉。四緯昭明。仰福帝徽。俯齊庶生。殷淡辭。○同上

青帝歌

參映夕。駟昭晨。靈乘震。司青春。雁將向。桐始蕤。和風舞。暄光遲。萌動達。萬品親。潤無際。澤無垠。

以下五首皆謝莊辭。○同上

赤帝歌

龍精初見。大火中。朱光北至。圭景同。帝在在離。寔司衡。雨水方降。木槿榮。庶物盛長。咸殷阜。恩澤四溟。被九有。樂府、詩紀並云。下逸。○同上

黄帝歌

履艮宅中宇。司繩總四方。裁化徧寒燠。布政司炎涼。至分乘經晷。閉啓集恆度。帝暉緝萬有。皇靈澄國步。○同上

白帝歌

百川若鏡。天地爽且明。雲沖氣舉。盛德在素精。庶類收成。歲功行欲寧。浹地奉渥。罄宇承帝靈。○同上

黑帝歌

歲既暮日方馳。靈乘坎德司規。玄雲合晦鳥蹊。白詩紀缺此字。雲繁亘天涯。晨晷促夕漏延。太齊書作大。陰極微陽宣。○同上

嘉胙樂

禮薦洽。福胙齊書、樂府並作祚。昌。聖皇膺嘉祐。帝業凝休祥。居極乘景運。宅德瑞中王。澄明臨四奥。精華

延八鄉。洞海同聲憓。澈宇麗乾光。靈慶纏世祉。鴻烈永無疆。殷淡辭。○同上

昭夏樂

蘊禮容。餘樂度。靈方留。景欲暮。開九重。肅五達。鳳參差。龍已沫。齊書作秣。雲既動。河既梁。萬里照。四空香。神之車。歸清詩紀作青。都。琁庭寂。玉殿虛。鴻化凝。孝風熾。顧靈心。結皇思。鴻慶遐鬯。嘉薦令芳。翊齊書作並。帝明德。永祚深光。謝莊辭。○同上

齊雩祭歌八首

謝朓

南齊書樂志曰。建武二年。雩祭明堂。謝朓造辭。一依謝莊。唯世祖四言也。

迎神八章

齊樂志曰。依漢來郊歌三言。宋明堂迎神八解。○每四句一解。

清明暢。禮樂新。候龍景。練齊書作選。貞辰。

陽律亢。陰晷伏。秏下土。薦穜稑。

宸齊書、樂府並作震。儀警。王度乾。嗟雲漢。望昊天。

張盛樂。奏雲儛。集五精。延帝祖。

雩有諷。禜有秩。膋膋芬。圭瓚瑟。
靈之來。帝閽開。車煜燿。吹徘徊。
停龍轙齊書、樂府作𨏥。徧觀此。凍雨飛。祥雲靡。
壇可臨。奠可歆。對昈齊書作泯。樂府同。祉。鑒皇心。〇南齊書樂志。樂府詩集三。詩紀六十三。

世祖武皇帝三章

濬哲維祖。長發其武。帝出自震。重光御宇。七德攸宣。九疇咸敍。静難荆衡。齊書、樂府並作舒。凝威蠡浦。
昧旦丕承。夕惕刑政。化一齊書、樂府並作壹。車書。德馨粢盛。昭星夜景。非雲曉慶。衢室成陰。璧水如鏡。
禮充玉帛。樂被匏齊書、樂府並作笎。絃。於鑠在詠。陟配於天。自宫徂兆。靡愛牲牷。我將我享。永祚豐年。
〇南齊書樂志。樂府詩集三。詩紀六十三。

青帝三章

營翼日。鳥殷宵。凝冰泮。玄蟄昭。
景陽陽。風習習。女夷歌。東皇集。
奠齊書、樂府並作樽。春酒。秉青珪。命田祖。渥羣黎。〇南齊書樂志。樂府詩集三。詩紀六十三。

赤帝三章

惟此夏德德恢台。兩龍在齊書、樂府並作既。御炎精來。

火景方中南譌秩。靡草云黄含桃實。

族雲蓊鬱温風扇。齊書、樂府並作煽。興雨祁祁黍苗徧。○南齊書樂志。樂府詩集三。詩紀六十三。

黄帝三章

稟火自高明。毓金挺剛克。涼燠資成化。羣芳齊書、樂府並作方。載厚德。

陽季勾萌達。炎徂溽暑融。商暮百工止。歲極凌陰沖。

泉齊書、樂府並作皇。流疏已清。原隰甸已平。咸言祚惟億。敦民保齊齊書作高。京。○南齊書樂志。樂府詩集三。詩紀六十三。

白帝三章

帝説于兑。執矩固司藏。百川收潦。精景應金方。齊書、樂府並作徂商。

嘉樹離披。榆關命賓鳥。夜月如霜。金齊書、樂府並作秋。風方嫋嫋。

商陰肅殺。萬寶咸已齊書、樂府並作亦。遒。勞哉望歲。場功冀可收。○南齊書樂志。樂府詩集三。詩紀六十三。

黑帝三章

白日短。玄夜深。招摇轉。移太樂府作大。陰。霜鍾鳴。冥陵起。星迴天。月窮紀。聽嚴風。來不息。望玄雲。黝無色。曾冰烈。齊書、樂府並作冽。積羽幽。飛雪齊書、樂府並作雲。至。天山側。關梁閉。方不巡。合國吹。饗蜡賓。統齊書、樂府並作充。微陽。究終始。百禮洽。萬祚齊書、樂府並作萬觀。臻。○南齊書樂志。樂府詩集三。詩紀六十三。

送神五章

敬如在。禮將周。神之駕。不少留。躍龍鑣。齊書、樂府作躡龍鑣。轉金蓋。紛上馳。雲之外。警七曜。詔八神。排閶闔。渡天津。有渰興。膚寸積。雨冥冥。又終夕。俾棲糧。維萬箱。皇情暢。景命昌。○南齊書樂志。樂府詩集三。詩紀六十三。

齊藉田樂歌二首

南齊書樂志曰。藉田歌。漢章帝元和元年。班固奏用周頌載芟祠先農。晉傅玄作祀先農先蠶夕牲歌詩一篇。迎送神一篇。饗社稷、先農、先聖、先蠶歌詩三篇。辭皆敘田農事。胡道安作先農饗神詩一篇。樂府相傳舊歌三章。永明四年藉田。詔江淹造歌。淹不依胡、傅。製祀先農迎送神升歌及饗神歌二章。

迎送神升歌　江淹

羽鑾從動。金駕時遊。教騰義鏡。樂綴前齊書、樂府並作禮。修。率先丹耦。躬遵綠疇。靈之聖之。歲殷澤柔。○南齊書樂志。樂府詩集三。詩紀六十三。

饗神歌

瓊斝既飾。繡簋以陳。方燮嘉種。永毓宵民。○同上

牲出入歌　江淹下同

詩紀云。以下三首見初學記。未詳所用。

祝詳史具。禮備樂薦。有牲在陳。有鼓在縣。騰燭象星。奔水類電。郊燎夙戒。駜彼乘騵。以伺質明。以佇初學記作伸。神宴。詩紀作晏。○初學記十三。詩紀六十三。

薦豆呈毛血歌辭

時恭時祀。有物有則。伊我上聖。實抱明德。犧象交陳。鬱尊四塞。黍惟嘉穀。酒惟玄默。薦通蒼祇。初學記

作祗。慶覃黎黑。顧靈之降。祚家祐國。○初學記十三。詩紀六十三。

奏宣列之樂歌舞

殷崇配天。周尊明祀。瑞合汾陰。慶同泰畤。青幕雲舒。丹殿霞起。二曜惟新。五精告始。于以享之。景福是履。○初學記十三。詩紀六十三。

齊太廟樂歌十六首

謝超宗

南齊書樂志曰。宋昇明中。太祖爲齊王。令司馬褚淵造太廟登歌二章。建元初。詔謝超宗造廟樂歌詩十六章。永明二年。又詔王儉造太廟二室歌辭。

肅咸樂夕牲羣臣出入奏

絜誠底孝。孝感煙霜。夤儀式序。肅禮綿張。金華樹藻。肅哲騰光。殷殷升奏。嚴嚴階庠。匪椒匪玉。是降是將。懋分神衷。翊祐傳昌。○南齊書樂志。樂府詩集九。詩紀六十三。

引牲樂牲出入奏

肇祀嚴靈。恭禮尊國。達敬傳齊書作敷。詩紀云。遺軌作敷。典。結孝陳則。芬滌既肅。犧牷既整。聳誠流思。端儀

選景。肆禮佇夜。綿樂望晨。崇席皇鑒。用饗明神。○同上

嘉薦樂薦豆呈毛血奏

清思眑眑。閟寢微微。恭言載感。肅若有希。芬俎具齊書作且。陳。嘉薦兼列。凝馨煙颺。分炤星哲。睿靈式降。協我帝道。上澄五緯。下陶八表。○同上

昭夏樂迎神奏

涓辰選氣。展禮恭祇。重闈月洞。層牖煙施。載虛玉罍。載受金枝。天歌折饗。雲舞磬儀。神惟降止。泛景凝羲。帝華永藹。泯藻方摛。○同上

永至樂皇帝入廟北門奏

戲緜惟則。姬經式序。九司聯事。八方承宇。鑾迾靜陳。縵樂具舉。凝旒若慕。傾璜載竚。振振琁衛。穆穆禮容。載藹皇步。式敷帝蹤。○同上

登歌太祝祼地奏

清明詩紀云。一作容。既罍。大孝乃熙。天儀睟愴。皇心儼思。既芬房豆。載絜牷牲。鬱祼升禮。鋗玉詩紀作金。注

一作玉。登聲。茂對幽嚴。式奉徽靈。以享以祀。惟感惟誠。○同上

凱容樂皇祖廣陵丞室

國昭惟茂。帝穆惟崇。登祥緯遠。締世景融。紛綸睿緒。菴蔚王風。明進厥始。濬哲文終。○同上

凱容樂皇祖太中大夫室

璇條夤蔚。瓊源浚照。懋矣皇烈。載挺明劭。詩紀作邵。永言敬思。式恭惟教。休途良乂。榮光有燿。○同上

凱容樂皇祖淮陰令室

嚴宗正典。崇享肇禋。九章既飭。齊書、樂府作飾。三清既陳。昭恭皇祖。承假徽神。貞祐伊協。卿藹是鄰。○同上

凱容樂皇曾祖卽丘令室

肅惟敬祀。絜事參薌。環袨像綴。緬密絲簧。明明烈祖。尚錫龍光。粵雅于姬。伊頌在商。○同上

凱容樂皇祖太常卿室

神宮懋鄴。明寢昌基。德凝羽綴。道皀容辭。假我帝緒。懿我皇維。昭大之載。國齊之祺。○同上

宣德凱容樂皇考宣皇帝室奏

道閟期運。義開藏用。皇矣睿祖。至哉攸縱。循規烈炤。襲矩重芬。德溢軒羲。道懋炎雲。○同上

凱容樂昭皇后室奏

月靈誕慶。雲瑞開祥。道茂淵柔。德表徽章。粹訓宸中。儀形宙外。容蹈凝華。金羽傳藹。○同上

永祚樂皇帝還東壁上福酒奏

構宸抗宇。合軫齊文。萬靈載溢。百禮以殷。朱絃繞風。翠羽停雲。桂樽既滌。瑶俎既薰。升薦惟誠。昭禮惟芬。降祉遥裔。集慶氤氳。○同上

肆夏樂送神奏

禮既升。樂以愉。昭序謐。幽饗餘。人祇鬯。敬教敷。神齊書作申。光動。靈駕翔。芬九垓。鏡八鄉。福無屆。祚無疆。○同上

休成樂皇帝詣便殿奏

睿孝式昭。饗敬爰偏。齊書作徧。詩紀云。一作徧。諦容輟序。佾文静縣。詩紀云。一作懸。辰儀聳蹕。詩紀誤作搏。霄衛浮鑾。旒帝雲舒。翠華景搏。恭惟尚烈。休明再纏。國猷樂府作獻。遠藹。昌圖聿宣。○同上

登歌二首

褚淵

褚淵。字彦回。河南陽翟人。仕宋中書令。後佐高帝受禪。進位司徒。封南昌郡公。

惟王建國。設廟凝靈。月薦流典。時祀暉經。瞻宸僾思。雨露追情。簡日筮晷。閟奠升文。金罍渟桂。沖幄舒薰。備僚肅列。駐景開雲。○南齊書樂志。樂府詩集九。詩紀六十三。

至饗攸極。睿孝惇禮。具物咸絜。馨聲齊書作馨香。合體。氣昭扶幽。眇慕纏遠。迎絲驚促。送佾留晚。聖衷踐候。節改增愴。妙感崇深。英徽彌亮。○同上

高德宣烈樂太祖高皇室

王儉

悠悠草昧。穆穆經綸。乃文乃武。乃聖乃神。動龕危亂。静比斯民。誕應休命。奄有八夤。握機肇運。光啓禹服。義滿天淵。禮昭地軸。澤靡不懷。威無不肅。戎夷竭歡。象來致福。偃風裁化。晅日敷祥。信星含曜。秬草流芳。七廟觀德。六樂宣章。惟先惟敬。是饗是將。○南齊書樂志。樂府詩集九。詩紀六十三。

穆德凱容樂穆皇后室

太齊書、樂府並作大。姒嬪周。塗山儷禹。我后嗣徽。重規疊矩。肅肅閟宫。翔翔雲舞。有饗德馨。無絶終古。

○南齊書樂志。樂府詩集九。詩紀六十三。

明德凱容樂明帝室

多難固業。殷憂啓聖。帝宗纘武。維時執競。起柳獻祥。百堵興詠。義雖祀夏。功符受命。遠無不懷。邇無不肅。其儀濟濟。其容穆穆。赫矣君臨。昭哉嗣服。允王惟后。膺此多福。禮以昭事。樂以感靈。八篁樂府作簴。陳室。六舞充庭。觀德在廟。象德在形。四海來祭。萬國咸寧。○南齊書樂志。樂府詩集九。詩紀六十三。

舞曲歌辭

齊前後舞歌二首

無名氏

前舞階步歌

齊書樂志云。新辭。下篇同。隋書樂志曰。近代舞。出入皆作樂。謂之階步。咸用肆夏。即周官所謂樂出入奏鐘鼓也。○古今樂録曰。何承天云。今舞出樂。謂之階步。蕤賓廂作。尋儀禮燕飲射三樂。皆云席工於西階上。大師升自西階。北面東上。相者坐受瑟乃降。笙入。立于縣中北面。乃合樂工歌鹿鳴。四牡、周南。今直謂之階步。而承天又以爲出樂。俱失之矣。

天挺聖哲。三方維綱。川嶽伊寧。七曜重光。茂育萬物。衆庶咸康。道用潛通。仁施遐揚。德厚坤極。功高昊蒼。舞象盛容。德以歌章。八音既節。龍躍鳳翔。皇基永樹。二儀等長。○南齊書樂志。樂府詩集五十二。詩紀六十三。

後舞階步歌

皇皇我后。紹業盛明。滌拂除穢。宇宙載清。允執中和。以涖蒼生。玄化遠被。兆世軌形。何以崇德。乃作九成。妍步恂恂。雅曲芬馨。八風清鼓。應以祥禎。澤浩天下。功齊百靈。○同上

齊鞞舞曲三首

南齊書樂志曰。漢章帝造鞞舞歌云。關東有賢女。魏明帝代漢曲云。明明魏皇帝。傅玄代魏曲作晉洪業篇云。宣文創洪業。盛德存泰始。聖皇應靈符。受命君四海。今前四句錯綜其辭。從五帝至不可階六句。全玄辭。後二句本云將復御龍氏。鳳皇在庭棲。又改易焉。

明君辭

明君創洪業。盛德在建元。受命君四海。聖皇應靈乾。五帝繼三皇。三皇世所歸。聖德應期運。天地不能違。仰之彌已高。猶天不可階。將復結繩化。靜拱天下齊。錯綜傅玄辭。○南齊書樂志。樂府詩集五十四。詩紀六十三。

聖主曲辭

聖主受天命。應期則虞唐。升旒綜萬機。端扆馭八方。盈虛自然數。揖讓歸聖明。北化陵河塞。南威越滄

溟。廣德齊七政。敷教騰三辰。萬宇必承慶。百福咸來臻。聖皇應福始。昌德洞祐先。錯綜傅玄辭。○同上

明君辭

明君御四海。總鑒盡人靈。仰成恩已洽。竭忠身必榮。聖澤洞三靈。德教被八鄉。草木變柯葉。川嶽洞嘉祥。愉樂盛明運。舞蹈升太時。微霜永昌命。軌心長歡怡。首四句錯綜傅玄辭。○同上

齊白紵辭五首　王儉

陽春白日風花香。趨步明月舞瑤裳。齊書作堂。○南齊書樂志。樂府詩集五十五。詩紀六十三

情發金石媚笙簧。羅袿徐轉紅袖揚。○同上

清歌流響繞鳳梁。如驚若思凝且翔。○同上

轉盻齊書作眄。流精豔輝光。將流將引鴈雙齊書作雙度。樂府作雙鴈。行。○同上

歡來何晚意何長。明君馭世永歌昌。○同上

齊鳳皇銜書伎辭　江淹

齊書樂志曰。鳳皇銜書伎歌辭。蓋魚龍之流也。元會日。侍中於殿前跪取其書。宋世有此辭。齊初詔中書郎江淹改。

皇齊啓運從瑶璣。靈鳳銜書集紫微。和樂既洽神所依。超商卷夏耀英輝。永世壽昌聲華飛。○南齊書樂志。樂府詩集五十六。詩紀六十三。

齊世昌辭

無名氏

南齊書樂志曰。晉杯槃舞歌。十解。第三解云。舞杯槃。何翩翩。舉坐翻覆壽萬年。其第一解首句云。晉世寧。宋改爲宋世寧。惡其杯槃翻覆。辭不復取。齊改爲齊世昌。後一解辭同。

齊世昌。四海安樂齊太平。人命長。當結久。千秋萬歲皆老壽。○南齊書樂志。樂府詩集五十六。詩紀六十三。

梁詩卷一

梁武帝蕭衍

衍。字叔達。蘭陵武進人。齊永明初爲巴陵王南中郎法曹參軍。歷王儉東閤祭酒、隨王諮議參軍。隆昌初爲寧朔將軍。鎮壽春。明帝即位。封建陽縣男。歷右軍司馬、淮陵太守。入爲博士、太子中庶子。拜輔國將軍、雍州刺史。和帝即位。爲尚書僕射。進中書監、大司馬、録尚書、驃騎大將軍、揚州刺史、都督中外諸軍事。封梁公。加九錫。位相國。進封梁王。以中興二年受禪。改元七。在位四十八年。太清三年卒。年八十六。謚曰武皇帝。有集三十二卷。

樂府

芳樹

緑樹始搖芳。芳生非一葉。一葉度春風。芳華玉臺作芳芳。樂府同。自相接。雜色玉臺作色雜。樂府同。亂參差。衆花紛重疊。重疊不可思。思此誰能愜。○玉臺新詠七。樂府詩集十七。詩紀六十四。

有所思

誰言生離久。適意與君別。衣上芳猶在。握裏書未滅。腰中雙綺帶。夢爲同心結。常恐所思露。瑶華未忍折。○玉臺新詠七。樂府詩集十七。詩紀六十四。

臨高臺

高臺半行雲。望望高不極。文苑作不可。草樹無參差。山河同一色。髣髴詩紀作彷彿。洛陽道。道遠難別文苑作可。注。一作別。識。玉階故情人。文苑作人情。注。一作情人。情來共文苑作苦。注。一作共。相憶。○玉臺新詠七。文苑英華二百十、樂府詩集十八並作梁簡文帝。詩紀六十四。

雍臺

日落登雍臺。佳人殊未來。綺窗蓮花掩。網户琉璃開。葦茸臨紫桂。蔓延交青苔。月没光陰盡。望子獨悠哉。○樂府詩集二十五。詩紀六十四。

長安有狹邪行詩紀云。帝王集作魏武帝者非。

洛陽有曲陌。曲陌玉臺作陌曲。樂府作曲曲。不通驛。忽遇玉臺作逢。詩紀云。一作逢。二少童。扶轡問君宅。我玉臺作君。宅邯鄲右。易憶復可知。大息組細縕。中息佩陸離。小息尚青綺。總轡玉臺作丱。樂府作角。遊南皮。三息俱入門。家臣拜門垂。三息俱升堂。旨酒盈千巵。三息俱入户。户内有光儀。大婦理金翠。中婦事玉玉臺作么。黼。小婦獨閒暇。調笙遊曲池。丈人本集作夫。少徘徊。鳳吹方參差。○玉臺新詠七作擬長安有狹斜十韻。樂府詩集三十五。本集。詩紀六十四。

擬青青河畔草

幕幕繡户絲。悠悠懷昔期。昔期久不歸。鄉國曠音輝。詩紀作徽。下同。音輝空結遲。半寢覺如至。既寤了無形。與君隔平生。月以雲掩光。葉以樂府作似。誤。霜摧老。當途競自容。莫肯爲詩紀云。一作與。妾道。○玉臺新詠七。樂府詩集三十八作青青河畔草。詩紀六十四。

擬明月照高樓

圓魄當虛闥。清光流思延。玉臺、樂府作筵。下同。延思照詩紀作對。孤影。悽怨還自憐。臺鏡早生塵。匣琴又無弦。悲慕屢傷節。離憂亟華年。君如東扶玉臺作榑。景。妾似西柳煙。相去既路迴。明晦亦殊懸。願爲銅鐵轡。以感長樂前。○玉臺新詠七。樂府詩集四十二作明月照高樓。詩紀六十四。

閶闔篇

西漢本佳妍。金馬望甘泉。衛尉屯兵上。期門曉漏傳。猶重河東賦。欲知樂府作以。追神仙。羽騎凌雲轉。閶閶帶空懸。長旗掃月窟。鳳迹輾星躔。但使丹砂就。能令億萬年。○樂府詩集六十四。詩紀六十四。

邯鄲歌

回顧灞陵上。北指邯鄲道。短衣妾不傷。南山爲君老。○樂府詩集七十六。詩紀六十四。

子夜歌二首詩紀云。武帝清商諸曲並見玉臺新詠。其與樂府不同者註各題下。

恃愛如欲進。含羞未肯前。朱口玉臺作口朱。樂府同。發豔歌。玉指弄嬌絃。○玉臺新詠十。樂府詩集四十四作晉宋齊辭。詩紀六十四。

朝日照綺窗。玉臺、樂府作錢。光風動紈羅。樂府作素。巧笑蒨兩犀。美目揚雙蛾。○同上

子夜四時歌

春歌四首

階草堂詩箋作宮。上香玉臺作歌。入懷。庭中花照眼。春心一樂府作鬱。如此。情來不可類聚作自。限。○玉臺新詠十。類聚四十三。樂府詩集四十四作王金珠。詩紀六十四。又草堂詩箋三十九酬郭詩注作魏武帝樂府。引眼一韻。

蘭葉始滿地。詩紀作池。梅花已落枝。持此可憐意。摘以寄心知。○玉臺新詠十。樂府詩集四十四。詩紀六十四。

朱日光素冰。詩紀作水。黄花映白雪。折梅待詩紀作寄。佳人。共迎玉臺作道。詩紀云。一作道。陽春月。○玉臺新詠十。

樂府詩集四十四作王金珠。詩紀六十四。

花塢蝶雙飛。柳堤鳥百舌。不見佳人來。徒勞心斷絶。詩紀云。樂府不載。○詩紀六十四。

夏歌四首

江南蓮花開。類聚作木。紅光覆碧水。類聚作復碧色。色同心復類聚作絲有。同。藕異心無異。類聚作異心無異菂。○玉臺新詠十。類聚四十三。樂府詩集四十四。詩紀六十四。

閨中花如繡。簾上露如珠。欲知有所思。停織復踟躕。○玉臺新詠十。樂府詩集四十四。

玉盤著詩紀云。一作貯。朱李。金杯盛白酒。雖欲持自親。玉臺作新。復恐不甘口。○玉臺新詠十。

含桃落花日。黄鳥鶯飛時。君住馬已樂府云。一作欲。疲。妾去蠶欲樂府作已。飢。○玉臺新詠十。樂府詩集四十四。

秋歌四首

繡帶合歡結。玉臺作炬。類聚作給。錦衣連理文。懷情玉臺作情懷。入夜月。含笑出朝雲。○玉臺新詠十。樂府詩集四十四。類聚四十三。詩紀六十四。

七彩紫金柱。九華白玉梁。但歌雲樂府作繞。不去。含吐有餘香。○玉臺新詠十。樂府詩集四十五作王金珠子夜變歌。詩紀六十四。

吹漏玉臺作蒲。未樂府作不。可停。絃斷當更續。俱作雙絲樂府作思。引。共奏同心曲。○玉臺新詠十。樂府詩集四十四作王金珠春歌。詩紀六十四。

當信抱梁期。莫聽回風音。鏡中玉臺作上。樂府同。兩入詩紀作人。髻。分明無兩心。○玉臺新詠十。樂府詩集四十四。詩紀六十四。

冬歌四首

寒閨動黻帳。密筵重錦席。賣眼拂長袖。含笑留上客。○樂府詩集四十四作王金珠。詩紀六十四。

别時鳥啼户。今晨雪滿墀。過此君不返。但恐緑鬢衰。詩紀云。樂府所載古辭一首與此小異。○詩紀六十四。

果欲結金蘭。但看松柏林。經霜不墮樂府云。一作墜。地。歲寒無異心。詩紀云。樂府作古辭。○樂府詩集四十四作晉宋齊辭。詩紀六十四。

一年漏將盡。萬里人未歸。君志固有在。妾軀乃無依。詩紀云。樂府不載。○詩紀六十四。

歡聞歌二首

豔豔金樓女。心如玉池蓮。持底報郎恩。俱期遊梵天。○玉臺新詠十。樂府詩集四十五作王金珠。詩紀六十四。

南有相思木。合影玉臺作含情。復同心。游女不可求。誰能息空樂府作識得。陰。○玉臺新詠十。樂府詩集四十四作王金珠歡聞變歌。詩紀六十四。

團扇歌

手中白團扇。淨如秋團類聚作圓。月。清風任動生。嬌香樂府作聲。承類聚作乘。樂府作任。意發。○玉臺新詠十。類聚四十三。樂府詩集四十五作王金珠。詩紀六十四。

碧玉歌

杏梁日始照。蕙席歡未極。碧玉奉金杯。緑酒助花色。○玉臺新詠十。樂府詩集四十五作無名氏。詩紀六十四。

上聲歌

花色過桃杏。名稱重金瓊。名歌非下里。含笑作上聲。○玉臺新詠十。樂府詩集四十五作王金珠。詩紀四十四。

襄陽蹋銅蹄歌三首英華作白銅鞮。

隋書樂志曰。梁武帝之在雍鎮。有童謡云。襄陽白銅蹄。反縛揚州兒。識者言曰。白銅蹄謂馬也。白。金色也。及義師之興。實以鐵騎。揚州之士皆面縛。果如謡言。故即位之後更造新聲。帝自爲之詞三曲。又令沈約爲三曲以被管絃。古今樂録曰。襄陽蹋銅蹄者。梁武西下所製也。沈約又作其和云。襄陽白銅蹄。聖德應乾來。

陌頭征人去。閨中女下機。含情不能言。送别沾羅衣。○玉臺新詠十作襄陽白銅鞮歌。文苑英華二百一作白銅鞮歌。樂府詩集四十八。詩紀六十四。

草樹非一香。花葉百種色。寄語故玉臺作古。情人。知我心相憶。○同上龍馬樂府作門。注云。一作馬。紫金鞍。翠毦御覽作毛。白玉羈。照耀雙闕下。知是襄陽兒。○玉臺新詠十。類聚四十三作襄陽白銅隄歌。御覽三百五十九。文苑英華二百一。樂府詩集四十八。詩紀六十四。

楊叛兒

桃花初樂府作如。發紅。芳草尚抽緑。南音多有會。偏重叛兒曲。○樂府詩集四十九。詩紀六十四。

白紵辭二首以下七言。

朱絲玉柱文苑作筋。羅象筵。飛琯文苑作管。促節舞少年。短歌流目未肯前。含笑一轉私自文苑云。一作自知憐。○文苑英華百九十三與沈約夏白紵歌連爲一首。樂府詩集五十五。詩紀六十四。○詩紀此篇題下有注云。藝文、樂府作簡文帝。今從玉臺作武帝。逯按。玉臺、類聚無此詩。樂府作梁武帝。

纖腰嫋嫋不任衣。嬌怨獨立特爲誰。赴曲君前未忍歸。上聲急調中心飛。○同上

河中之水歌

河中之水向東流。洛陽女兒名莫愁。莫愁十三能織綺。十四采桑南類聚作東。陌頭。十五嫁爲盧家樂府作郎。婦。十六生兒字樂府作似。阿侯。盧家蘭選注蘭下有爲字。室桂爲梁。中有鬱金蘇合香。頭上金釵十二行。足下絲履五文章。珊瑚掛初學記作佳。鏡爛生光。樂府云。一作生輝光。平頭奴子擎玉臺作提。類聚、初學記同。履箱。初學記

作霜。人生富貴何所望。恨不早嫁玉臺作嫁與。類聚同。東家王。○玉臺新詠九作無名氏歌詞。類聚四十三作古河中之水歌。樂府詩集八十五。詩紀六十四。又文選二十八君子有所思行注作古詩。引一句。初學記十九作古詩。引章、霜二韻。又二十五作古詩。引光一韻。

東飛伯勞歌詩紀云。一云紹古歌。玉臺、藝文、樂府並作古辭。

東飛伯文苑作百。勞西飛燕。黄姑織女時玉燭寶典作遥。萬花谷作長。相見。誰家女兒樂府作兒女。詩紀同。對門居。開顔玉臺作華。類聚同。發豔玉臺作色。類聚同。照里閭。南窗北牖挂明文苑作桂月。樂府同。詩紀云。藝文作桂月。光。羅帷綺帳脂粉香。女兒年幾十五六。窈窕無雙顔如玉。三春已暮花從類聚作隨。風。空留可憐誰與玉臺作與誰。類聚同。同。○玉臺新詠九作古詞。類聚四十三作古東飛伯勞歌。樂府詩集六十八作古辭。文苑英華二百六。詩紀六十四。又玉燭寶典第一作古樂府。引一句。歲時廣記二十六作古樂府。引見一韻。萬花谷四引玉臺燕、見二韻。

江南弄七曲

古今樂録曰。梁天監十一年冬。武帝改西曲製江南、上雲樂十四曲。江南弄七曲。一曰江南弄。二曰龍笛曲。三曰採蓮曲。四曰鳳笙曲。五曰採菱曲。六曰遊女曲。七曰朝雲曲。又沈約作四曲。一曰趙瑟曲。二曰秦箏曲。三曰陽春曲。四曰朝雲曲。亦謂之江南弄云。○以下雜言。○逯按。七曲實各爲一首。

江南弄

古今樂録曰。江南弄。三洲韻。

和云。陽春路。娉婷出綺羅。

衆花雜色滿上文苑作山。林。舒芳耀文苑作摇。緑垂輕陰。連手躞蹀文苑作蹀躞。舞春心。舞春文苑云。一作輝。心。臨歲腴。中人文苑作心。注云。一作人。望。文苑望下有盡字。注云。一作無此字。獨踟蹰。○文苑英華二百一。樂府詩集五十。詩紀六十四。

龍笛曲

和云。江南音。一唱值千金。

美人綿眇在雲堂。雕金鏤竹眠玉牀。婉愛寥亮繞紅梁。繞紅梁。流月臺。駐狂風。鬱徘徊。○樂府詩集五十。詩紀六十四。

採蓮曲

詩紀云。文苑英華作吴均。今從樂府、玉臺作武帝。採菱曲同。

和云。採蓮渚。窈窕舞佳人。

遊戲五湖採蓮歸。發花田葉芳襲衣。爲君豔文苑作濃。樂府作儂。歌世所希。世所希。有如本集作如有。玉。江南弄。採蓮曲。○文苑英華二百八作吴筠。樂府詩集五十。詩紀六十四。

鳳笙曲

和云。弦吹席。長袖善留客。

緑耀尅碧彫琯笙。朱脣玉指學鳳鳴。流速参差飛且停。飛且停。在鳳樓。弄嬌響。間清謳。○樂府詩集五十。詩紀六十四。

採菱曲

和云。菱歌女。解佩戲江陽。文苑作南。

江南稚女珠腕繩。金翠摇首文苑作低眉。注云。一作摇首。紅顏興。桂棹容與歌採菱。歌採菱。心未怡。文苑作移。注云。一作怡。翳羅袖。望所思。○文苑英華二百八。樂府詩集五十。詩紀六十四。

遊女曲

和云。當年少。歌舞承酒笑。

氛氲蘭麝體芳滑。容色玉耀眉如月。珠佩婐姬戲金闕。戲金闕。遊紫庭。舞飛閣。歌長生。○樂府詩集五十。詩紀六十四。

朝雲曲

和云。徙倚折耀華。

張樂陽臺歌上謁。如寢如興芳晻曖。容光既豔復還没。復還没。望不來。巫山高。心徘徊。○樂府詩集五十。詩紀六十四。

上雲樂七曲

古今樂録曰。上雲樂七曲。梁武帝製。以代西曲。一曰鳳臺。二曰桐柏。三曰方丈。四曰方諸。五曰玉龜。六曰金丹。七曰金陵。○逯按。七曲實各爲一首。

鳳臺曲

鳳臺上。兩悠悠。雲之際。神光朝天極。華蓋遏延州。羽衣昱耀。春吹去復留。○樂府詩集五十一。詩紀六十四。

和云。上雲真。樂萬春。

桐柏曲

桐柏真。昇帝賓。戲伊谷。遊洛濱。參差列鳳管。容與起梁塵。望不可至。徘徊謝時人。○樂府詩集五十一。詩紀六十四。

和云。可憐真人遊。

方丈曲

方丈上。崚層雲。挹八玉。御三雲。金書發幽會。碧簡吐玄門。至道虚凝。冥然共所遵。○樂府詩五十一。詩紀六十四。

方諸曲

古今樂録曰。方諸曲。三洲韻。

和云。方諸上。可憐歡樂長相思。

方諸上。上雲人。業守仁。摐金集瑶池。步光禮玉晨。霞蓋容長肅。清虚伍列真。○樂府詩集五十一。詩紀六十四。

玉龜曲

和云。可憐遊戲來。

玉龜山。真長仙。九光曜。五雲生。交帶要分影。大華冠晨纓。耆樂府、詩紀並云。一作壽。如玄羅。出入遊太清。○樂府詩集五十一。詩紀六十四。

金丹曲

和云。金丹會。可憐乘白雲。

紫霜耀。絳雪飛。追以還。轉復飛。九真道方微。千年不傳。一傳裔雲衣。○樂府詩集五十一。詩紀六十四。

金陵曲

句曲仙。長樂遊。洞天巡。會跡六門。揖玉板。登金門。鳳泉迴肆。鷺羽降尋雲。鷺羽一流。芳芬鬱氛氲。○樂府詩集五十一。詩紀六十四。

詩

贈逸民詩十二章○詩紀作逸民。注云。一作逸民吟。四言。

任重悠悠。生涯浩浩。善難拔茅。惡易蔓草。逆思藥石。孫求非道。珠豈朝珍。璧寧國寶。想賢若焚。憂人如擣。

我聞在昔。有古天子。虞華駢聖。周昌多士。緝熙朝野。體邦經始。

惟河出圖。唯岳降神。是代皆有。何代無人。懷寶迷邦。高尚隱淪。價待哲后。見須明君。伊予不聰。故闕斯聞。

目因見生。才爲時育。何爲山阿。何爲空谷。聲殊雊雉。響異呦鹿。豈須託夢。寧俟延卜。想象屠釣。踟蹰板築。

仁者博愛。大士兼撫。慈均春陽。澤若時雨。心忘分別。情無去取。等皆長養。同加嫗煦。譬流趨海。如子歸父。

顧探懷抱。非爲富貴。代既同人。時亦皆醉。六合岳崩。九州海沸。事須經綸。屬當連師。投袂劍起。澄清涇渭。

念我棲遲。安步任心。夏興石泉。春遊香林。歡踰絲竹。樂過瑟琴。無疑無難。誰訶誰禁。百非不起。萬累俱沈。

思懷友朋。遠至歡原作勸。今從適園叢書本。適。躬開二敬。徑延三益。繾綣故舊。綢繆宿昔。善言無違。相視莫逆。情如斷金。義若投石。

仲節猶嫩。春色始嬌。湛露未晞。輕雲已消。緑竹猗猗。紅桃夭夭。香氣四起。英蘂六揺。蜂開採花。雀戲新條。

風光緑野。日照青丘。孺鳥初飛。新泉始流。乘輿攜手。連步同遊。採芳中阿。折華道周。任情止息。隨意去留。

如蠪生木。木有異心。如林鳴鳥。鳥有殊音。如江游魚。魚有浮沈。巖巖山高。湛湛水深。事跡易見。理相難尋。

晨朝已失。桑榆復過。漏有去箭。流無還波。切念不滅。疑慮益多。季俗易驕。危心少和。我之憂矣。用是作歌。○文館詞林百五十八作贈逸人詩。又類聚三十六、詩紀六十五並作逸民詩。引第十一章。

直石頭詩

率土皆王士。安知全高尚。東龘棄黍稷。西遊入卿相。屬逢利建始。投分參末將。尺寸謝集作一。功未施。河山賞已諒。攝官因時謝集作特。暇。曳裾聊起望。鬱盤地勢遠。參差百雉壯。翠壁絳霄際。丹樓青霞上。夕池出濠渚。朝雲生疊嶂。籠鳥易爲恩。謝集作思。屠羊無飾謝集作聊。讓。泰階端且平。海水本無浪。小臣何日歸。頓轡從閒放。○謝宣城詩集四。詩紀六十五。

答任殿中宗記室王中書別詩

武帝初仕齊。爲隨王鎮西諮議參軍。隨王鎮荆州。帝赴鎮時。同列以詩送別。

問我去何節。光風正悠悠。蘭華時未晏。舉袂徒離憂。緩客承別酒。鳴琴和好仇。清宵一已曙。藐爾泛長洲。眷言無歇緒。深情附還流。○古文苑四。詩紀六十五。

宴詩

止殺心自詳。勝殘道未遍。四主漸詩紀作慚。懷音。九夷稍革面。世治非去兵。國安豈忘戰。釣臺聞史籍。岐陽書記傳。○類聚五十九。詩紀六十五。

首夏泛天池詩

薄遊朱明節。泛漾天淵池。舟楫互容與。藻蘋文苑作蘋藻。相推移。碧沚紅菡萏。白沙青漣文苑作蓮。漪。新波拂舊石。殘花落故枝。類聚作池。葉軟風易出。草密路難披。文苑誤作陂。○類聚九。文苑英華百六十五。詩紀六十五。

登北顧樓詩

梁史。武帝大同十年三月幸京口城。登北固樓。更名北顧。

歇駕止行警。廻輿暫遊識。清道巡丘壑。緩步肆登陟。雁行上差池。羊腸轉相逼。歷覽窮天步。矖矚盡地域。南城連地本集作池。險。北顧臨水側。深潭下無底。高岸長不測。舊嶼石若構。新洲花如文苑作似。注云。一作如。織。○類聚六十三。文苑英華百七十五。詩紀六十五。

天安寺疏圃堂詩

乘和蕩猶豫。此焉聊止息。連山去無限。長洲望不極。參差照光彩。左右皆春色。晻曖矚文苑作矚。按宋本作矚。遊絲。出没看飛翼。其樂信難忘。文苑作忘返。倏文苑作倏。然寧有飾。文苑作卽。按宋本作飾。○文苑英華二百三十三。詩紀六十五。

藉田詩

寅賓始出日。律中方星鳥。千畝土膏紫。萬頃陂色縹。嚴駕伫霞昕。浥露逗光曉。啓行天猶暗。伐鼓地未悄。蒼龍發蟠蜿。青旂詩紀作旂。引窈窕。仁化洽駭本集作孩。蟲。德令禁胎夭。耕籍乘月映。遺滯指秋杪。年豐廉讓多。歲薄禮節少。公卿秉耒耜。庶甿荷鉏耰。一人慚百王。三推先億兆。○類聚三十九及本集引鳥、夭、杪、少四韻。初學記十四引鳥、繚、曉、悄、窕、耰、兆七韻。詩紀六十五。馮默菴曰。耤田。藝文止八句。至歲薄禮節少止。初學有公卿秉耒耜四句。而無仁化洽孩蟲等六句。未有知此六句竟在何所。不得以意連屬也。逯按。初學記所引不止四句。拼湊逸文爲一篇實無不可。默菴之説非是。

撰孔子正言竟述懷詩

隋志。孔子正言二十卷。梁武帝撰。

志學耻傳習。弱冠闕師友。愛悦夫子道。正言思善誘。删次起賓沈。殺青在建酉。孤陋乏多聞。獨學少擊叩。仲冬寒氣嚴。霜風折細柳。白水凝澗谿。黄落散堆阜。康哉信股肱。惟聖歸元首。獨歎予一人。端然無四友。○類聚五十五。詩紀六十五。

遊仙詩

水華究靈奥。陽精測神祕。具聞上仙訣。留丹未肯餌。潛名遊柱史。隱迹居郎位。委曲鳳臺日。分明柏寢事。蕭史暫徘徊。待我升龍轡。○初學記二十三。文苑英華二百二十五。詩紀六十五。

遊鍾山大愛敬寺詩

曰予受塵縛。未得留蓋纏。三有同永夜。六道等長眠。才性乏方便。智力非善權。生住昭明集作仕。無停相。刹那即徂遷。歎逝比悠類聚作愆。稔。交臂乃奢年。從流既難昭明集作嘆。反。類聚作及。弱本集作溺。喪謂不然。二苦常類聚作三苦恒。追隨。三類聚作五。毒自燒然。貪癡養憂畏。詩紀云。一作愛。熱惱坐焦煎。道心理歸終。信首故宜先。駕言追善友。回輿尋勝緣。面勢周大地。昭明集作塊。縈帶極本集作及。長川。稜層疊嶂遠。迤邐隥道昭明集作高隥。懸。朝日照花林。光風起香山。飛鳥發差池。出雲去連綿。落英分綺色。墜露散珠圓。當道蘭藿靡。臨階竹便娟。幽谷響嚶嚶。石瀨鳴濺濺。蘿短未中昭明集作申。攬。葛嫩不任昭明集作在。牽。攀緣傍玉澗。褰陟度金泉。長途弘翠微。香樓間紫煙。慧類聚作瑟。居超七淨。梵住踰本集作喻。八禪。始得展身敬。方乃遂類聚作遠。心虔。菩提聖種子。十力類聚作萬。詩紀云。一作萬。本集作方。良福田。正趣果上果。歸依天中天。一道長死生。有無離二邊。何待空同昭明集作同空。右。昭明集作后。豈羨汾陽前。以我初覺意。貽爾後來賢。○梁昭明太子文集一。詩紀六十五。又類聚七十六及本集引權、年、然、燃、煎、先、緣、川、懸、山、禪、虔、田、天、賢十五韻。

會詩紀云。一作述。三教詩

詩紀云。釋智藏和詩別見。

少時學周孔。弱冠窮廣弘明集云。宋、元、宫本作勤。六經孝義連方册。仁恕滿丹青。踐言貴去伐。爲善存廣弘明集作在。好生。中復觀道書。有名與無名。妙術鏤金版。真言隱上清。密行貴廣弘明集作遺。注云。明本作貴。陰德。顯證表廣弘明集作在。注云。明本作表。長齡。晚年開釋卷。猶日廣弘明集作月。映衆星。苦集始覺知。因果乃方廣弘明集作方昭。明。示教廣弘明集作不毁。注云。宋、元、明本作示教。惟平等。至理歸無生。分別根難一。執著性易驚。窮源無二聖。測善非三英。大椿徑億尺。小草裁云萌。廣弘明集云。元本作明。大雲降大雨。隨分各受榮。心想廣弘明集作相。注云。宋、元、明、宫本作想。起異解。報應有殊形。差別豈作意。深淺固物情。○廣弘明集三十作述三教詩。詩紀六十五。又類聚七十六引經、名、清、齡、星、明、生七韻。

和太子懺悔詩太子卽簡文。

玉泉漏向盡。金門光未成。繚繞聞天樂。周流揚梵聲。蘭湯浴身垢。懺悔淨心靈。蔓草獲再鮮。落花類聚作華。蒙重榮。○類聚七十六。詩紀六十五。

十喻詩五首

幻詩

揮霍變三有。恍惚隨六塵。蘭園種五果。雕案出八珍。對見不可信。熟視事非真。空生四岳想。徒勞七識神。著幻是幻者。知幻非幻人。○類聚七十六。詩紀六十五。

如炎詩

亂念矚長原。例見望遥炯。本集作扃。逶迤似江漢。泛濫若滄溟。金波揚素沫。銀浪翻綠萍。遠思如可取。近至了無形。熱緣熱惚逼。渴愛渴心生。〇同上

靈空詩

物情異所異。世心同所同。狀如薪遇火。亦似草行風。迷惑三界裏。顛倒六趣中。五愛性洞遠。十相法靈沖。皆從妄所妄。無非空對空。〇同上

乾闥婆詩

靈海自已極。滄流去無邊。蜃蛤生異氣。闥婆鬱中天。青城接丹霄。金樓帶紫本集作素。煙。皆從望本集作坐。見起。非是物理然。因彼凡俗喻。此中玄又玄。〇類聚七十六。本集。詩紀六十五。

夢詩

甘寢隨四坐。蓋睡依五衆。違從競分諍。美惡相戲弄。出家爲上首。入仕作梁棟。色已非真實。聞見皆靈洞。長眼出長夜。大覺和大夢。〇同上

代蘇屬國婦詩

良人與詩紀作如。我期。不謂當過時。秋風忽送節。白露凝前基。愴愴獨涼枕。搔搔詩紀作慅慅。孤月帷。忽玉

臺作或。聽西北雁。似從寒詩紀作東。海湄。果啣萬里書。中有生離辭。惟言長別矣。不復道相思。胡羊久剽玉臺作瀏。奪。漢節故支持。帛上看未終。臉下淚如絲。空懷之死誓。遠勞同穴詩。○玉臺新詠七。詩紀六十五。

古意詩二首

飛鳥起離離。驚散忽差池。嗷嘈繞樹上。翩翩玉臺作翻。集寒枝。既悲征役久。偏傷壠上兒。寄言閨中妾。玉臺作愛。此心詎能知。不見松蘿上。玉臺作上蘿。葉落根不移。○玉臺新詠七。詩紀六十五。

當春有一草。緑花復垂玉臺作重。枝。云是忘憂物。生在北堂陲。飛飛雙蛺蝶。低低兩差池。差池低復起。此芳性不移。飛蝶玉臺作蜨。雙復隻。此心人莫知。○同上

擣衣詩

駕言易水北。送別河之陽。沈思慘行鑣。結夢在空牀。既寤丹緑謬。始知紈素傷。中州本集作洲。木葉下。邊城應早霜。陰蟲日慘烈。疑作列。庭草復芸玉臺作云。黃。金玉臺作冷。風徂玉臺作但。清夜。明月懸洞房。嫋嫋同宮女。助我理衣裳。參差夕杵引。哀怨秋砧揚。輕羅飛玉腕。弱翠詩紀作袖。低紅妝。朱顏日玉臺作色。已興。眄本集、詩紀作盼。睇色玉臺作目。按目疑原作自。增光。擣以一匪石。文成雙鴛鴦。制握斷金刀。薰用如蘭芳。佳期久不歸。持此寄寒鄉。妾身誰爲詩紀作與。容。思君苦入玉臺作人。腸。○玉臺新詠七。本集。詩紀六十五。

織婦詩

送別出南軒。離思沈幽室。調梭輟寒夜。鳴機罷秋日。良人在萬里。誰與共成匹。顧得一迴光。照此憂與疾。君情倘未忘。妾心長自畢。○玉臺新詠七。詩紀六十五。

戲作詩

宓妃生洛浦。遊女出漢陽。妖閑逾下蔡。神妙絶高唐。緜駒且變俗。王豹復移鄉。況兹集靈異。豈得無方將。長袂必留客。清哇咸繞梁。燕趙羞容止。西妲詩紀作施。慚芬芳。徒聞殊當作珠。可弄。定自乏明璫。○玉臺新詠七。詩紀六十五。

七夕詩

白露月下團。類聚作圓。文苑同。又注云。一作團。秋風文苑作氣。枝上鮮。瑶臺含玉臺作函。歲時雜詠作涵。碧霧。羅玉臺作瓊。歲時雜詠作繡。文苑云。一作翠。幕生紫煙。妙會非綺節。佳期乃涼玉臺作良。年。玉壺承文苑作并。注云。一作承。夜急。蘭膏依曉煎。昔悲漢玉臺作時悲。難越。今傷河玉臺作何。易旋。怨咽雙斷念。文苑作目。玉臺、歲時雜詠作念斷。悽悼玉臺作草。歲時雜詠作别。文苑作切。又注云。初學記作到。詩紀云。一作切。兩情懸。○玉臺新詠七。類聚四。古今歲時雜詠二十五。文苑英華百五十八。詩紀六十五。

紫蘭始萌詩

種蘭玉臺下。氣暖蘭始萌。芬芳與時發。婉轉迎節生。獨使金翠嬌。偏動紅綺情。二遊何足壞。當作懷。一顧非傾城。羞將苓芝侶。豈畏鶗鴂鳴。〇玉臺新詠七。詩紀六十五。

邊戍詩

秋月出中天。遠近無偏異。共照一光輝。各懷離別思。〇玉臺新詠十作邊戎詩。詩紀六十五。

詠舞詩

腕弱復低舉。身輕由迴縱。可謂寫自歡。方與心期共。〇玉臺新詠十。詩紀六十五。

詠燭詩

堂中綺羅人。席上歌舞兒。待我光泛灩。爲君照參差。〇玉臺新詠十。詩紀六十五。

詠筆詩

昔聞蘭蕙月。獨是桃李年。春心儻未寫。爲君照情筵。〇玉臺新詠十。詩紀六十五。

詠笛詩

柯亭有奇竹。含情復抑揚。妙聲發玉指。龍音響鳳凰。○玉臺新詠十。詩紀六十五。

賜謝覽王暕詩

南史曰。中書侍郎謝覽侍武帝坐。受敕與侍中王暕爲詩答贈。其文甚工。武帝賜詩云。

雙文既後進。二少實名家。豈伊爾梁書作止。棟隆。信乃俱國華。○南史謝覽傳。梁書謝朏傳附覽傳。詩紀六十五。

賜張率詩

南史曰。率侍武帝遊宴賦詩。武帝别賜率詩曰。

東南有才子。故能服官政。余雖慚古御覽作夙。昔。得人今御覽作斯。爲盛。○南史張率傳。梁書張率傳。御覽五百九十一。詩紀六十五。

戲題劉孺手板詩

南史曰。武帝宴壽光殿。詔羣臣賦詩。時劉孺與張率並醉未成。武帝取孺手板。題戲之曰。

張率東南美。劉孺洛梁書作雒。陽才。攬筆便應就。何事久遲回。○南史劉孺傳。梁書劉孺傳。御覽六百。詩紀六十五。

送始安王方略入關

南史曰。梁武帝結好于魏。遣始安王方略入關。送之。作詩曰。

如何吾幼子。勝衣已別離。十日無由宴。千里送遠垂。○南史始安王蕭方略傳。詩紀六十五。

覺意詩賜江革

梁書曰。時高祖盛於佛教。朝賢多啓求受戒。革精信因果。而高祖未知。謂革不奉佛教。乃賜革覺意詩五百字。

唯當勤精進。自强行勝脩。豈可作底突。如彼必死囚。○梁書江革傳。南史江革傳。詩紀六十五。

答蕭琛詩

梁書曰。高祖在西邸。早與琛狎。每朝讌接以舊恩。呼爲宗老。琛亦奉陳昔恩。以早簉中陽。夙忝同閈。雖迷興運。猶荷洪慈。上答曰。

雖云早契闊。乃自非同志。勿談興運初。且道狂奴異。○梁書蕭琛傳。

聯句詩

傾城非人美。千載難重玉臺譌作里。逢。雖懷軒中意。愧無鬢髮容。○玉臺新詠十作連句詩。詩紀六十五。

清暑殿効柏梁體七言

居中負扆寄纓紱。帝　言慙輻湊政無術。新安太守任昉　至德無垠愧違弼。侍中徐勉　燮贊京河豈微物。丹陽丞劉汎　竊侍兩宮慙樞密。黄門侍郎柳憕　清通簡要臣豈汨。吏部郎中謝覽　出入帷扆濫榮秩。侍中張卷　複道龍樓歌楙實。太子中庶子王峻　空班獨坐慚羊質。御史中丞陸杲　嗣以書記臣敢匹。右軍主簿陸倕　謬參和鼎講畫一。司徒主簿劉洽　鼎味參和臣多匱。司徒左西屬江葺〇類聚五十六。詩紀六十五。

貽柳惔詩

爾寔冠羣后。惟余實念功。〇梁書柳惔傳。南史劉惔傳。

五字疊韻詩

後牖有榴柳。梁武帝　梁王長康强。劉孝綽　偏眠船舷邊。沈約　載匕每礙埭。庾肩吾　六斛熟鹿肉。徐摛　暯蘇姑枯盧。何遜〇太平廣記二百四十六。

梁詩卷二

王揖

揖。梁書作楫。王志弟。仕齊。入梁歷黄門侍郎、太中大夫。出爲東陽太守。有集五卷。

在齊答弟寂詩五章

氛氳代記。菴藹宗圖。凝禎道祕。動慶靈樞。方流孕玉。圓波産珠。飛薰共蕚。挺秀連跗。
窮高有響。幽山有芳。衡風泌味。爰顯爰揚。三河竦映。六輔思光。相時變蔚。俟日賓王。
行川學海。旦慕同深。丘陵羡岳。終然異岑。將子無怠。思茂高音。如彼竹箭。猶羽猶金。
弓書謬篆。旌駕迷鑣。登蒭下列。參華上僚。雲裾納月。霜帶含飈。心乎愧矣。如厲如燋。
皇京埃鬱。帝輦紛敷。豈無至美。幽心弗愉。松軒留翠。篁庭勿疏。華簪或早。佩蕙終俱。〇文館詞林百五十二。

高爽

爽。廣陵人。齊永明中。舉孝廉。天監初。歷官中軍臨川王參軍。出爲晉陽令。坐事繫獄。後遇赦獲免。頃之卒。

寓居公廨懷何秀才遜詩

寄止鄰城闕。徒然失遊聚。卧聞雜沓路。坐對空寂宇。風扉乍開闔。粉蝶時翻舞。若人不在兹。煩憂何得愈。○何水部集一。詩紀九十一。

詠鏡詩

初上鳳凰墀。此鏡照蛾眉。言照長相守。不照長相思。虚心會不採。貞明空自欺。無言故此類聚作此故。物。更復對詩紀云。玉臺作照。新期。○玉臺新詠五。類聚七十。詩紀九十一。

詠畫扇詩

細絲本自輕。弱綵何足眄。直爲發紅顏。謬成幄中扇。乍奉長門泣。時承柏梁宴。思粧開已掩。歌容隱而見。但畫雙黄鵠。莫作孤飛鸞。○類聚六十九。

詠酌酒人

長筵廣未同。上客嬌難逼。還杯了不顧。迴身正顏色。○玉臺新詠十。詩紀九十一。

題延陵縣孫抱鼓詩

徒有八尺圍。腹無一寸腸。面皮如許厚。受打未詎央。○南史卞彬傳。

范雲

雲。字彦龍。南鄉舞陰人。仕宋爲郢州西曹書佐。轉法曹行參軍。齊初。爲竟陵王府主簿。遷尚書殿中郎。授通直散騎侍郎。領本州大中正。歷零陵内史、始興内史。遷廣州刺史。梁受禪。遷散騎常侍、吏部尚書。封霄城縣侯。遷尚書右僕射。天監二年卒。年五十三。謚曰文。有集十一卷。

巫山高

巫山高不極。白日隱光輝。靄靄謝集作遥遥。類聚作藹藹。朝雲去。溟溟謝集作冥冥。類聚、文苑同。暮雨歸。巖懸獸無跡。林暗鳥疑詩紀云。一作驚。飛。枕席竟誰文苑云。一作休。薦。相望空類聚字缺。文苑作日。注云。一作空。詩紀云。一作空。依依。○謝宣城詩集二。類聚四十二。文苑英華二百一。樂府詩集十七。詩紀七十七。

當對酒

對酒心自足。故人來共持。方悦羅衿樂府誤作矜。解。誰念髮成絲。狥樂府作徇。性樂府云。一作往。良爲達。求名本自欺。迨君當歌日。及我傾樽時。○謝宣城詩集二。文苑英華百九十五及樂府詩集二十七作對酒。詩紀七十七。又類聚四十二引持、絲、時三韻。

古意贈王中書詩

詩紀云。集曰覽古贈王中書融。王融雜體報范通直詩見本集。

攝官青瑣闥。遥草堂詩箋作還。望鳳皇池。誰云相去遠。脈脈阻光儀。岱山饒靈異。沂六臣本文選注云。五臣作淮。水富英奇。逸翮凌北海。摶古文苑作飜。飛出南皮。遭逢聖明后。來棲桐樹枝。竹花何莫莫。桐葉何離離。可棲復可食。此外亦何爲。豈知古文苑作如。鵾鵷古文苑作頷頰。者。一粒有餘貲。○文選二十六。古文苑四作學古貽王中書。詩紀七十七。又初學記十二作與王中書詩。引池一韻。草堂詩箋二贈韋詩注作贈王中書融。引池一韻。海録碎事四作贈中書監王融。引池一韻。

贈張徐州謖詩

田家樵採去。薄暮方來歸。還聞稚子説。有客欵柴扉。儐從皆珠玳。裘馬悉輕肥。軒黄氏杜詩注作輕。蓋照墟落。傳瑞生光輝。疑是徐方牧。既是復疑非。思詩紀云。一作懷。舊昔言有。此道今已微。物情棄疵賤。何獨顧衡闈。恨不具雞黍。得與故人揮。懷情徒草草。六臣本文選注云。五臣作慅慅。詩紀云。一作慅慅。淚下空霏霏。寄書雲間草堂詩箋作中。雁。爲我西北飛。○文選二十六。詩紀七十七。又草堂詩箋十五遣興詩注引飛一韻。黄氏集千家注杜工部詩史補遺二引歸、扉、輝三韻。

答句曲陶先生詩

終朝吐祥霧。薄晚孕奇煙。洞金薤記作迴。澗生芝草。重崖出醴泉。中有懷真廣文選作貞。士。被褐守沖文苑作中。玄。石户栖十詩紀作千。秘。金壇謁九仙。乘鵷方履文苑云。一作展。漢。轡鶴上文苑作且。詩紀云。一作且。騰天。

○類聚三十六。金薤記。文苑英華二百二十七。廣文選十四作山中懷故人。詩紀七十七。

餞謝文學離夜詩

陽臺霧初解。夢渚水謝集作冰。裁淥。謝集作緑。遠山隱且謝集作不。見。平沙斷還緒。分絃饒苦音。别唱多淒謝集作悽。曲。爾拂後車塵。我事東皐粟。○古文苑九。謝宣城詩集四。詩紀七十七。

貽何秀才詩詩紀云。何遜答范記室雲詩見本集。

桂葉竟穿荷。蒲心争出波。有鷽驚蘋芰。綿蠻弄藤蘿。臨花空相望。對酒不能歌。聞君饒綺思。摛掞足爲多。布鼓誠自鄙。何事絶經過。○何水部集一。詩紀七十七。

答何秀才詩詩紀云。何遜落日前墟望贈范廣州詩見本集。

少年射策罷。擢第雲臺中。已輕淄水耋。復笑廣州翁。麟閣佇讐校。虎觀遲才通。方見雕篆合。誰與畋漁同。待爾金閨北。予藝青門東。○何水部集一。詩紀七十七。

贈俊公道人詩

秋蓬飄秋甸。寒藻泛寒池。風條振風響。類聚作嚮。霜葉斷霜枝。幸及清江滿。無使明月虧。月虧君不來。相期竟悠哉。初學記作何時。○類聚三。初學記三。詩紀七十七。

別詩

孤煙起新豐。候雁出雲中。草低金城霧。木下玉門風。別君河初滿。思君月屢空。折桂衡山北。摘蘭沅文苑作湘。水東。蘭摘心焉寄。桂折意誰通。○類聚二十九。文苑英華二百六十六。詩紀七十七。

渡黄河詩

河流迅且濁。湯湯不可陵。檜檝難爲榜。松舟纔自勝。空庭偃舊木。荒疇餘故塍。不覩人行類聚作行人。文苑同。跡。但見狐兔興。寄言河上老。此水何當澄。○類聚八。文苑英華百六十三。詩紀七十七。

治西湖詩

史氏導漳水。西門溉河潮。圖始未能悦。克終良可要。擁鍤文苑誤作鍾。勸年首。提爵文苑作㶑。勞春朝。平皐草色嫩。通林鳥聲嬌。已集故池鶩。行文苑作齊。蒔新田苗。何吁畚築苦。方驩魚稻饒。○類聚九。文苑英華百六十三。詩紀七十七。

傚古詩

寒沙四面平。飛雪千里驚。風斷陰山樹。霧失交河城。朝驅李善本文選作馳。左賢陣。夜薄休屠營。昔事前軍幕。今逐嫖姚兵。失道刑既重。遲李善本文選注云。或作逗。音豆。留法未輕。所賴今天子。漢道日休明。○文選三十一。詩紀七十七。

建除詩

建國負東海。衣冠成營丘。除道梁淄水。結駟登之罘。滿座咸嘉友。蘋藻絶時羞。平望極聊攝。直視盡姑尤。定交無恆所。同志互相求。執手歡高宴。舉白窮獻酬。破琴豈重賞。臨濠類聚作豪。寧再儔。危生一朝露。螻蟻將見謀。成功退不處。爲名自此收。收名棄車馬。單步反蝸牛。開渠納秋水。相土播春疇。閉門謝世人。何欲復何求。○類聚五十六。詩紀七十七。

數名詩

一鼓有餘氣。趫勇正紛紜。二廣無遺畧。雄虎自爲羣。三河尚擾攘。楯櫓起楨榅。四巡駐青蹕。瘞玉曠亭

云。五十又舒旆。旗幟日繽紛。六郡良家子。慕義輕從軍。七獲美前載。克俊嘉昔聞。八音佇繁律。將以安
司勳。九命既斯復。金璧固宜分。十難康有道。延首望卿雲。○類聚五十六。詩紀七十七。

州名詩

司春命初鐸。青耦肆中樊。逸豫誠何事。稻粱復宜敦。徐步遵廣隰。冀以寫憂源。楊柳垂場圃。荆棘生庭
門。交情久所見。益友能孰存。○類聚五十六。詩紀七十七。

奉和齊竟陵王郡縣名詩 沈約、王融同賦。

撫戈金城外。解珮玉門中。白馬騰遠雪。蒼松壯寒風。臨涇方辨渭。安夷始和戎。取禾廣田北。驅獸飛狐
東。新城多雉堞。故市絶商工。海西舟楫斷。雲南煙霧通。罄節疇盛德。宣力照武功。還飲漁陽水。歸詩紀
云。一作應。轉杜陵蓬。○類聚五十六。詩紀七十七。

贈沈左衛詩

伊昔霑嘉惠。出入承明宮。遊息萬年下。經過九龍中。越鳥憎北樹。胡馬畏南風。願言反漁篠。津梁肯詩紀
云。一作昔。見通。○類聚三十一。文苑英華二百四十七。詩紀七十七。

送沈記室夜別詩

桂水澄夜氛。楚山清曉雲。秋風兩鄉怨。秋月千里分。寒枝寧共採。霜猿行獨聞。捫蘿忽文苑作勿。注云。類聚作忽。遺詩紀作正意。我。折桂方思君。○類聚二十九。文苑英華二百六十六。詩紀七十七。

送別詩

東風柳線長。送郎上河梁。未盡樽前酒。妾淚已千行。不愁書難寄。但恐鬢將霜。望懷白首約。江上早歸航。○古詩類苑七十五。詩紀七十七。

望織女詩詩紀云。英華作梁武帝。今從藝文卷四、玉臺卷五作范雲。

盈盈一水邊。夜夜空自憐。不辭精衛苦。河流未可填。寸情百重結。一心萬梁武集作兩。處懸。願作雙青鳥。共舒明鏡前。○類聚四。古今歲時雜詠二十五及文苑英華百五十八作梁武帝。梁武帝集。詩紀七十七。

詠井詩

乃鑒長林初學記作秋。按當是湫字。曲。有浚廣庭前。即源已類聚作以。爲浪。因方自成圓。兼冬積温水。疊暑泌類聚作必。初學記同。寒泉。不甘未應初學記作應未。竭。既涸斷來初學記作翔。翾○類聚九。初學記七作賦得詠井詩。詩紀七十七。

悲廢井詩

因舊未嘗改。緣甘故先竭。歷稔久無禽。一朝見開渫。泌泉既斯涌。短綆將安初學記作安。設。已獲丁氏利。方見管公綠。○初學記七。詩紀七十七。又類聚九作悲故井詩。引竭、渫、設三韵。

登三山詩

仄逕崩且危。叢巖聳類聚作竦。復垂。石藤多卷節。水樹繞類聚作饒。蟠枝。海中昔自重。江上今如斯。○類聚七。詩紀七十七。

之零陵郡次新亭詩

江干遠樹浮。天末孤煙起。江天自如合。煙樹還相似。滄流未可源。高飄去何已。○類聚二十九。詩紀七十七。

閨思詩

春草醉春煙。深閨人獨眠。積恨顏將老。相思心欲燃。幾回明月夜。飛夢到郎邊。○古詩類苑九十五。詩紀七十七。

酌修仁水賦詩

韶州圖經曰。曲江縣修仁水北。有三楓亭五渡水。齊范雲爲始興。至修仁水。酌而飲之。賦詩曰。

三楓何習習。五渡何悠悠。且飲修仁水。不挹背御覽或作偕。或作階。事類賦作皆。邪流。○事類賦水賦注。御覽五十九引方輿記。六十五引始興記。詩紀七十七。

登城怨詩

楚妃歌脩竹。漢女奏幽蘭。獨以閨中笑。豈知城上寒。○類聚三十。詩紀七十七。

詠桂樹詩

詩紀云。外編作庾信者非。

南合璧事類作堂。中有八樹。繁華無四合璧事類誤作回。時。不識風霜苦。安知零落期。○類聚八十九作詠桂詩。合璧事類別集三十八作范雲詩。詩紀七十七。

詠寒松詩

脩條拂層漢。密葉障類聚作帳。天潯。凌風知合璧事類作識。勁節。負雪類聚作霜。合璧事類同。見貞合璧事類作知直。心。○類聚八十八。詩紀七十七。又合璧事類別集四十九作范雲詩。引心一韵。

園橘詩

芳條結寒翠。圓初學記作園。詩紀云。一作園。實變霜朱。徙文苑誤作徒。根楚州上。來覆文苑作復。廣庭隅。○初學記二十八。文苑英華三百二十六。詩紀七十七。

詠早蟬詩

生隨春冰薄。質與秋塵輕。端緌挹霄液。飛音承露清。○類聚九十七。詩紀七十七。

擬古五雜組詩三言

五雜組。會塗山。往復還。兩崤關。不得已。嬬與鰥。○類聚五十六。詩紀七十七。

擬古詩紀云。見何遜集。

匣中一明鏡。好鑒明鏡光。明鏡不可鑒。一鑒一情傷。○何水部集二。詩紀七十七。

自君之出矣

自君之出矣。羅帳咽秋風。思君如蔓草。連延不可窮。○類聚三十二。文苑英華二百二。樂府詩集六十九。

擬古四色詩

丹如桓公廟。青如夕郎門。黑如南巖礲。白如東類聚作來。山猨。○類聚五十六。詩紀七十七。

四色詩四首

折柳青門外。握蘭翠疏中。緑蘋騁春日。碧渚澹時風。○類聚五十六。詩紀七十七。

差池朱燕去。繽翻赤雁歸。瀺灂丹魚聚。聯翻血鳥飛。○同上

素鱗颺北渚。白水杜南宛。獻環潤玉塞。歸珠照瓊輴。○同上

烏林葉將賈。墨池水就乾。玄豹藏暮雨。黑豹凌夜寒。○同上

別詩詩紀云。附見何遜集。

洛陽城東西。長作經時別。昔去雪如花。今來花似雪。○類聚二十九。

述行詩

振策出燕代。驅車背朔并。翩翩朱蓋轉。蕭蕭良馬鳴。○古詩類苑八十四。詩紀七十七。

宗夬

夬。字明敭。南陽湼陽人。仕齊。歷臨川王常侍、驃騎行參軍、秣陵令、都官尚書郎、御史中丞。天監元年。遷征虜長史、東海太守。二年。徵爲太子右衛率。冬。遷五兵尚書。三年。卒。年四十九。

荆州樂三首

迢遞樓雉懸。參差臺觀雜。城闕自相望。雲霞紛颯沓。○樂府詩集七十二。詩紀八十九。

章華遊獵去。紀郢從禽歸。溶溶紫煙合。鬱鬱紅塵飛。○初學記八。詩紀八十九。

朝發江津路。暮宿靈溪道。平衢廣且直。長楊鬱裊裊。○同上

遥夜吟

遥夜復遥夜。遥夜憂未歇。坐對風動帷。卧見雲間月。○樂府詩集七十六。詩紀八十九。

別蕭諮議衍詩

別酒正參差。乖情將陸離。悵焉臨桂苑。憫默瞻華池。輕雲流惠采。時雨亂清漪。眇眇追蘭逕。悠悠結芳枝。眷言終何託。心寄方在斯。○古文苑四。類聚二十九作宗史詩。文苑英華二百八十六作宗史別詩。詩紀八十九。

梁詩卷三

江淹

淹。字文通。濟陽考城人。仕宋。歷任始安王南徐州從事、巴陵王國左常侍、建平王南徐州鎮軍參軍、建安、吳興令、尚書駕部郎。齊建元初爲建安王記室。遷中書侍郎。永明中。出爲廬陵内史。還爲尚書左丞。領國子博士。建武初。出爲宣城太守。還爲秘書監。梁受禪。爲散騎常侍。遷金紫光禄大夫。天監四年卒。年六十二。謚曰憲。有齊史十二卷、集二十卷、後集十卷。

樂府

銅爵妓以下五言。

武皇本集作王。樂府同。去金閣。英威長寂寞。雄劍頓無光。雜佩亦銷爍。秋至明月圓。樂府作圓。風傷白露落。清夜何湛湛。孤燭映蘭幕。撫影愴無從。惟懷憂不薄。瑶色行應罷。紅芳幾爲樂。徒登歌舞臺。終成螻蟻郭。○本集三。樂府詩集三十一。詩紀七十五。

採菱曲

秋日心容與。涉水望碧蓮。紫菱亦可采。試以緩愁年。參差萬葉下。泛漾百流前。高彩隘類聚作溢。通壑。香氛本集作氣。樂府同。麗廣川。歌出櫂詩紀云。一作趙。女曲。儛入江南絃。乘本集作梁。黿非逐俗。駕鯉乃懷仙。衆美信如此。無恨在本集作出。詩紀云。一作出。清泉。○本集四。樂府詩集五十一。詩紀七十五。又類聚八十二作采菱詩。引蓮、年、前、川、弦五韻。

詩

侍始安王石頭城詩

緒官承盛世。逢恩侍英王。結劒從深景。撫袖逐曾光。暮情鬱無已。流望在川陽。平原忽超遠。參差見南湘。何如塞北陰。雲鴻盡來翔。擎鏡照愁色。徒本集作從。坐引憂方。山中如未夕。無使桂葉傷。○本集三。詩紀七十五。

從征虜始安王道中詩

乘笏從帷幕。仄身豫休明。君子未獲晏。詩紀誤作宴。小人亦自營。結軒首涼野。驅馬傃寒城。容裔還鄉櫂。透迤去國旌。山氣亘本集作直。百里。山色與雲平。喬松日夜竦。紅霞旦夕生。徒慙恩厚槩。空抱春施名。仰願光威遠。歲晏返柴荆。○本集三。詩紀七十五。

從冠軍建平王登廬山香爐峯詩本集軍下有行字。詩紀同。

廣成愛神鼎。淮南好丹經。此山本集作峯。具鸞鶴。往來廬山記作古。六臣本文選注云。五臣作古字。盡仙靈。瑶草正翕本集誤作拿。艷。玉樹信葱青。絳氣下縈薄。白雲上杳本集誤作沓。冥。中坐瞰蜿虹。俛伏視流星。不尋遐怪極。則知耳目驚。日落長沙渚。曾陰萬里生。藉本集作籍。詩紀同。蘭素多意。臨風默含廬山紀事作舍。情。方學松柏本集作柏松。隱。羞逐市井名。幸六臣本文選注云。五臣作奉字。承光誦末。伏思託後旍。本集作旌。廬山記同。○本集三。文選二十二。廬山記四。廬山紀事四。詩紀七十五。又類聚七作登廬山香爐峯詩。引冥、星、生、情四韵。

從建平王遊紀南城詩

恭承此類聚作前。嘉惠。本集作德。末官至南荆。歛袵依類聚作承。詩紀云。一作承。光采。端笏奉仁明。再逢緑草合。重見翠雲生。江甸知禮富。漢渚聞教清。君王澹以思。樹羽望楚城。年積衣劍滅。地遠宫館平。錦帳終寂寞。綵瑟祕音英。丹沙信難學。黄金不可成。遷化每如兹。安用貴空名。流岩本集作宕。是。慘中懷。凝意方自驚。願借若木景。長照憂人情。○本集三。詩紀七十五。又類聚六十三作登紀南城詩。引荆、明、生、清、城、平六韵。

望荆山詩

奉義本集作諷。類聚作詔。至江漢。始知楚塞長。南關本集作闗。繞桐柏。西嶽本集作途。出魯陽。寒郊無留影。秋日懸清光。悲風撓文選作橈。六臣本注云。五臣作繞。類聚作繞。詩紀云。一作繞。重林。雲霞肅川漲。歲晏君如何。零淚霑本集作染。衣裳。玉柱空掩露。金樽坐含霜。一聞苦寒奏。再李善本文選作更。六臣本注云。五臣作載。使豔歌傷。○本集三。文選二十七。詩紀七十五。又類聚七引長、陽、光、漲、裳五韻。

步桐臺詩

客子畏霜雪。憂至竟悠哉。綺帷生網羅。寶刀積塵埃。思君出漢北。鞍馬登楚臺。歲綵合雲光。平原秋色來。寂聽積空意。凝望信長懷。蕙芬自有美。光景詎徘徊。山中忽緩駕。暮雪將盈階。○本集三。詩紀七十五。

秋至懷歸詩

悵然集漢北。還望岨山田。沄沄百重壑。參差萬里山。楚關帶秦隴。荆雲冠吴煙。草色歛窮水。木葉變長本集作吴。川。秋至帝子降。客人傷嬋娟。試訪淮海使。歸路成數千。蓬驅未止極。旌心徒自懸。若華想無慰。憂至定傷年。○本集三。詩紀七十五。

渡西塞望江上諸山詩

南國多異山。雜樹共冬榮。潺湲夕澗急。嘈嘈本集作嘈嘈。晨鵾鳴。石林上參錯。流沫下縱橫。松氣鑑青藹。

霞光鑠丹英。望古一凝思。留滯桂枝情。結友愛遠岳。採藥好長生。當畏佳人晚。秋蘭傷紫莖。海外果可學。歲暮誦仙經。○本集三。詩紀七十五。

赤亭渚詩

吴江泛丘墟。饒桂復多楓。水夕潮波黑。日暮精氣紅。路長寒光盡。鳥鳴秋草窮。瑤水雖未合。珠霜竊過中。坐識物序晏。卧視歲陰空。一傷千里極。獨望淮海風。遠心何所類。雲邊有征鴻。○本集三。詩紀七十五。

渡泉嶠出諸山之頂詩

岑崟蔽日月。左右信艱哉。萬壑共馳騖。百谷争往來。鷹隼既厲翼。蛟魚亦曝鰓。崩壁迭枕卧。嶄石屢盤迴。伏波未能鑿。樓船不敢開。百年積流水。千歲生青苔。行行詎半景。余馬以長懷。南方天炎火。魂兮可歸來。○本集三。詩紀七十五。

遷陽亭詩

擘淚訪亭候。兹地乃閩城。萬古通漢使。千載連吴兵。瑤碉夐嶄崒。銅山鬱縱横。方水埋金䑋。圓岸伏丹瓊。下視雄虹照。俯看綵霞明。桂枝空命折。煙氣坐自驚。劍逕羞前檢。岷山慙舊名。伊我從霜露。僕御復孤征。楚客心命絶。一願聞越聲。○本集三。詩紀七十五。

遊黄蘖山詩

長望竟何極。閩雲連越邊。南州饒奇怪。赤縣多靈仙。金峰各虧日。銅石共臨天。陽岫照鸞采。類聚作沼鸞來。陰谿噴龍泉。殘杌千本集作帆十。代木。廧崒萬古煙。禽類聚作雞。鳴丹壁上。猿嘯青崖間。秦皇慕隱淪。漢武願長年。皆負雄豪威。棄劍爲名山。況我葵藿志。松木横眼前。所若同遠好。臨風載悠然。○本集三。詩紀七十五。又類聚七引邊、仙、天、泉、間五韵。

還故園詩

漢臣泣長沙。楚客悲辰陽。古今詩紀作念。雖不舉。茲理亦宜傷。山中信寂寥。孤景吟空堂。北地三變露。南檐再逢霜。竊值寰海闢。仄見圭緯昌。浮雲抱山川。遊子御故鄉。遽發桃花渚。適宿春風場。紅草涵電色。緑樹鑠煙光。高歌儫闕國。微歎依笙篁。請學碧靈草。本集作革。終歲自芬芳。○本集三作還故國。詩紀七十五。

劉僕射東山集詩

蕭蕭雲色滋。惟愛詩紀云。一作憂。起長思。喬木嘯山曲。征鳥怨水湄。共惜玉樽暮。願是本集作使。光陰遲。紳裳視絶雲。銜意方此時。誦飾江臯駕。終從海濱詩。○本集三。詩紀七十五。

陸東海譙山集詩

杳杳長役思。思來使情濃。恆忌光氛度。藉本集作籍。蕙望春紅。青莎被海月。朱華冒水松。輕風本集作氣。曖長岳。雄虹赫遠峯。日暮崦嵫谷。參差綵雲重。永願白沙渚。遊衍遂相從。丹山有琴瑟。不爲憂傷容。○本集三。詩紀七十五。

無錫縣歷山集詩

愁生白露日。思起秋風年。竊悲杜蘅暮。攣涕弔類聚作即。空山。落葉下楚水。別鶴噪吴田。嵐類聚作嶂。氣陰不極。日色半虧天。酒至情蕭類聚誤作簫。瑟。憑樽還惘類聚作憫。然。一聞清琴奏。歔泣方留連。況乃客子念。直置絲竹間。○本集三。詩紀七十五。又類聚七作歷山詩。引年、山、田、天、然五韵。

外兵舅夜集詩

丹林一葉舊。碧草從此空。煙光拂夜色。華舟盪秋風。斂意悵何已。本集字缺。極望情思中。瑤瀾寂以晏。若采能幾終。暮心亦誰寄。江臯桂有叢。○本集四。詩紀七十五。

貽袁常侍詩

昔我别楚水。秋月麗秋天。今君客吴坂。春色縹類聚作日媚。文苑同。詩紀云。一作日媚。春泉。幽冀本集作怨。生碧草。沅湘含翠煙。鑠鑠霞本集作霧。上景。懵懵雲外山。涉江竟何望。文苑云。一作事。留滯空採蓮。駐情光氣下。凝怨琴瑟前。珠貝性明潤。蘭玉好芳堅。不以宿昔岨。懷愧期暮年。○本集三。詩紀七十五。又類聚二十九、文苑英華二百四十七並引天、泉、煙、山、蓮五韵。

古意報袁功曹詩

從軍出隴北。長望陰山雲。涇渭各異流。本集作流異。樂府同。恩情於此分。故人贈寶劍。鏤以瑶華廣文選作草。文。一言鳳獨立。再説鸞無羣。何得晨風起。悠哉淩翠氛。黄鵠去千里。垂涕樂府云。一作淚。爲報君。○本集三。樂府三十二作從軍行。廣文選十五作効阮公體。詩紀七十五。

寄丘三公詩

昔我學冠劍。逢君在三川。何意風雨激。一訣異東西。菊秀空應奪。蘭芳幾時堅。常恐握手畢。黯如光絶天。安得明月珠。攀涕寄吴山。○本集三。詩紀七十五。

卧疾怨别劉長史詩

四時煎日夜。玉露催紫榮。本集作芬。始懷未及本集作迴。歎。春意秋方驚。涼草散螢色。衰本集作夏。是。樹斂蟬聲。憑景魂且謐。卧堂怨已生。承君客江潭。先愁鴻雁鳴。吴山饒離袂。楚水多别情。金堅碧不滅。桂華蘭有英。無輟代上朝。豈惜鏡中明。但見一葉落。哀本集作衰。類聚同。恨方未平。○本集四。詩紀七十五。又類聚二十九引榮、驚、聲、鳴、情、英、平七韵。

應劉豫章别詩

清塵播嶠岫。遠□被脩□。□□□□代。高行乃厲天。俗態詩紀作熊。擘明懋。散□□才賢。裂□□□□。分□□堯甸。音田。於時秋永永。江漢起殘煙。獵獵風剪樹。颯颯露傷蓮。霞出海中雲。水發江上泉。浸淫泉懷浦。泛濫雲辭山。洲渚一揚袂。殞意元氣前。願效卷施草。春華冬復堅。○本集四。詩紀七十五。

燈夜和殷長史詩

冬盡綵葉暮。金石亦懷傷。冰鱗不能起。水鳥望川梁。客子仿本集作依。元刻作仿。永夜。寂寞幽意長。卧歇丹丘采。坐失曾泉光。結眉慘成慮。銷憂非羽觴。此心冀可緩。清芷在沅湘。○本集三。詩紀七十五。

贈鍊丹法和殷長史詩

琴高遊會稽。靈變竟不還。不還有長意。長意希童顏。身識本爛熳。光曜不可攀。方驗參同契。金竈鍊神丹。頓捨心知愛。永卻平生歡。玉牒裁可卷。珠蘂不盈簞。譬如明月色。流采映歲寒。一待黄冶就。青芬遲孤鸞。○本集三。詩紀七十五。

從蕭驃騎新亭本集、詩紀並誤作帝。今從宋刻本集。詩

鯢妖毁王度。虹氣岨王猷。上宰軫靈略。宏威肅廣謀。綿嶮冒戈堞。乘嶠架烽樓。燕兵歌越水。代馬思吴州。金笳夜一遠。明月信悠悠。雲色被江出。煙光帶海浮。開襟夾蒼宇。拓遠局溟洲。折日承丹谷。總駕臨青丘。仄待飈霧晏。方從畎壑遊。○本集三。詩紀七十五。

惜晚春應劉秘書詩

煙景抱空意。蘅本集作衡。杜綴幽心。心憂望碧葉。涵影顧青林。風光多樹色。露華翻蕙陰。水苔方下蔓。石蘿日上尋。霞衣已具帶。仙冠不持詩紀云。一作待。簪。徒爲多委鬱。精魄還自臨。始獲瓊歌贈。一點重如金。山中有雜桂。玉瀝本集作歷。宋刻作壓。乃共斟。○本集四。詩紀七十五。

秋夕納涼奉和刑獄舅詩

蕭條晚秋景。旻雲承景斜。虚堂起青靄。本集作藹。崦嵫生暮霞。空居寂以欷。左右自幽歌。騎星謝展尾。濯髮慙陽阿。年歇玄圃璧。歲減天津波。金簫哀夜長。瑶琴怨暮多。四時通信黯。春風日夜過。楚水徒有蘭。憂至竟如何。〇本集四。詩紀七十五。

郊外望秋答殷博士詩

白露掩江皐。青滿平地蕪。長夜亦何際。銜思久踟躕。企余重蘭貝。清才富金瑜。獨豔始東山。擅麗終西都。雲精本集宋刻作稍。元刻作霊。無永滯。水碧豈雁濡。屬我兹景半。賞爾若光初。折麻異離羣。紉蕙非索居。頻贈既雅歌。還懷諒短書。〇本集四。詩紀七十五。

冬盡難離和丘長史詩

閒居深悵悵。颸寒拂中闈。寶禮自千里。絳詩紀云。一作絨。書果君題。山川吐幽氣。本集元刻字缺。雲景抱長懷。兹别亦爲遠。潮瀾鬱東西。汀皐日慘色。桂闇猿方啼。擥意誰侘本集作姹。傺。肩涕在心乖。杜蘅念無沬。石蘭終不睽。冀總歲暮駕。遊衍蒼山蹊。〇本集四。詩紀七十五。

池上酬劉記室詩

戚戚憂可結。結憂視春暮。紫荷漸曲池。皐蘭覆徑路。葱蒨亘華堂。葐蒀雜綺樹。爲此久佇立。容易光陰度。水館次文本集作久。詩紀云。一作久。羽。山葉本集字缺。下暝露。懷賞入舊襟。悦物覽本集作擥。新賦。惜我無雕文。報章慙復素。○本集四。詩紀七十五。

吴中禮石佛詩

幻生太浮詭。長思多沈疑。疑思不慙炤。詭生寧盡時。敬承積劫下。金光鑠海湄。火宅斂焚炭。藥草匝惠滋。常願樂此道。誦經空山坻。禪心暮不雜。寂行好無私。軒騎久已訣。親愛不留遲。憂傷漫漫情。靈意終不淄。誓尋青蓮果。永入梵庭期。○本集三。詩紀七十五。

採石上菖蒲詩

瑶本集作瓊。類聚同。琴久蕪没。本集作塵没。金鏡廢不看。不見空閨裏。縱横愁初學記作秋。思端。緩步遵汀渚。初學記作行波。文苑同。注云。一作汙渚。揚枻初學記作枻。文苑同。泛春本集作波。瀾。電至初學記作竇赤。文苑同。煙流綺。本集作竇至煙水流。水緑本集作緑緩。桂涵初學記作涵輕。文苑作滔輕。注云。一作挂涵。丹。憑酒竟本集作意。類聚、初學記、文苑同。詩紀云。一作意。未悦。半景類聚作影。方自歎。每爲憂見及。文苑作集。杜若詎能寬。冀採石上草。得以駐餘初學記作衰。文苑同。詩紀云。一作衰。顔。赤鯉儻可乘。雲霧不復還。○本集三。初學記二十。文苑英華三百二十七。詩紀七十五。又類聚八十一作石上菖蒲詩。引看、端、瀾、丹、歎、寬、顔七韵。

就謝主簿宿詩

季月寒氣重。滋蘭錯無芳。北風漂夜色。河凝鬲如霜。悵哉心神晚。燭滅此深堂。芰衣如可贈。寧濕岨雲梁。○本集三。詩紀七十五。

無錫舅相送銜涕本集作御帝。誤。別詩

心遠路已迴。意滿辭未陳。曾風漂別蓋。北雲竦征人。杯酒憐歲暮。志氣非上春。若無孤鳥還。瀝泣何所因。○本集三。詩紀七十五。

當春四韻同□左丞詩

雷萌山中草。雲煦江上花。流本集字缺。宋刻作淡。煙漾璇景。輕風泛凌霞。我有幽蘭念。銜意屬里斜。友人殊未還。獨慰簷前華。○本集四。詩紀七十五。

感春冰遥和謝中書詩二首

江皐桐始華。歛衣望邊亭。平原何寂寂。鳥暮蘭紫莖。芬披好草合。流爛新光生。冰雪徒皦潔。此焉空守

貞。○本集三。詩紀七十五。

暮意歌上卷。本集宋刻作春。悵哉望佳人。擧洲之宿莽。命爲瑶桂因。觀書術不變。學古道恆真。若作商山客。寄謝丹水濱。○同上

詠美人春遊詩

江南二月春。東風轉緑蘋。不知誰家子。看花桃李津。白雪凝瓊貌。明珠點絳唇。行人咸息駕。争擬洛川神。○古詩類苑九十三。

征怨詩

蕩子從征久。鳳樓簫管閒。獨枕凋雲鬢。孤燈損玉顔。何日邊塵淨。庭前征馬還。○古詩類苑八十四。詩紀七十五。

侍始安石頭城

開局遶天邑。襟邑抱尊華。○六朝事蹟類編上。

梁詩卷四

江淹

詩

雜體詩三十首并序

夫楚謡漢風。既非一骨。本集作國。魏製晉造。固亦二體。譬猶藍朱成彩。雜錯之變無窮。初學記作端。宫角爲音。靡曼之態不初學記作匪。極。故蛾眉詎同貌。而俱動於魄。初學記作魂。芳草寧共氣。而皆悦於魂。初學記作魄。不其然歟。至於世本集戴。初學記同。之諸賢。各滯所迷。莫不論甘而本集作則。初學記同。忌辛。好丹而本集作則。初學記同。非素。豈所謂通方廣恕。初學記作照。好初學記作恕。遠兼愛者哉。乃及本集作致。公幹、仲宣之論。家有曲直。安仁、士衡之評。人立矯抗。況復殊於此者乎。又本集作文。貴遠賤近。人之常情。重耳輕目。俗之恆蔽。是以邯鄲託曲於李奇。士季假論於嗣宗。此其效也。然五言之興。諒非夐初學記作變。古。但關西鄴下。既已罕同。河外江南。頗爲異法。故玄黄經緯之辨。金碧浮沈文選作沈浮。之殊。僕以爲亦各具文選作合其。美兼文選作並。善而已。今作三十首詩。斆其文體。雖不足品藻淵流。庶亦無乖商搉云爾。○

本集四。文選三十二。詩紀七十六。又略見初學記二十一。

古離別六臣本文選注云。五臣作別離。

遠與君別者。乃至雁門關。黄雲蔽千里。遊子何時還。送君如昨日。檐前露已團。不惜蕙草晚。所悲道里寒。君在天一涯。本集作君行在天涯。類聚同。六臣本文選注云。五臣作君行在天涯。玉臺作君子在天涯。妾身長玉臺作心久。別離。願一見顔色。不異瓊樹枝。菟絲及水萍。所寄終不移。〇本集四。文選三十一。玉臺新詠五作古體。類聚二十九作擬古雜體詩。樂府詩集七十一。廣文選十。詩紀七十六。

李都尉陵從軍

樽酒送征人。踟蹰在親宴。日暮浮雲滋。握手淚如霰。悠悠清水川。本集作天。樂府同。文選作川水。嘉魴得所薦。而我在萬里。結友文選作髮。六臣本注云。五臣作友。廣文選作髮。不相見。袖中有短書。願寄雙李善本文選云。或作南。飛燕。〇本集四。文選三十一。樂府詩集三十二作從軍行。廣文選十作從軍詩。詩紀七十六。

班婕妤詠扇

紈玉臺作綾。扇如團本集作圜。詩紀同。文選作圓。月。出自機中素。畫作秦王女。乘鸞向煙霧。彩色世所重。雖新不代故。竊愁玉臺作悲。樂府同。涼風類聚作秋涼。至。吹我玉階樹。君子恩未畢。零落在類聚作委。樂府同。中路。〇本集四。文選三十一。玉臺新詠五作班婕妤。樂府詩集四十二作怨歌行。詩紀七十六。又類聚四十一作擬班婕妤詠扇。引素、霧、樹、路四韵。

魏文帝曹丕遊宴

置酒坐飛閣。逍遥臨華池。神飈類聚作飄。自遠至。左右芙蓉披。緑竹夾御覽作映。清水。秋蘭被幽崖。李善本文選作涯。月出照園中。冠珮相追隨。客從南楚御覽作方。來。爲我吹參差。淵御覽作潛。魚猶廣文選作求。伏浦。六臣本文選注云。五臣作涌。樂府作涌。聽者未云罷。文選作疲。御覽、廣文選同。高文一何綺。小儒安足爲。肅肅廣殿陰。雀聲愁北林。廣文選作來。衆賓還城邑。何用御覽作以。慰我文選作吾。廣文選同。詩紀云。一作吾。心。廣文選作我思。○本集四。文選三十一。御覽五百九十二作魏文帝遊宴詩。樂府詩集三十六作善哉行。廣文選八作魏文帝遊宴。詩紀七十六。

陳思王曹植贈友

君王禮英賢。不悋千金璧。雙闕指馳道。朱宫羅第宅。從容冰井臺。清池映華薄。涼風盪芳氣。碧樹先秋落。朝與佳人期。日夕望青閣。褰裳摘明珠。徙倚拾蕙若。眷我二三子。辭義麗金雘。延陵輕寶劍。季布重然諾。處富不忘貧。有道在葵藿。○本集四。文選三十一。詩紀七十六。

劉文學楨感懷

蒼蒼山中桂。團團李善本文選作團圓。廣文選同。霜露色。霜露一何緊。廣文選作繁。桂枝生自直。橘柚在南國。因君爲羽翼。謬蒙聖主私。託身文墨職。丹彩既已過。敢不自雕飾。華月照芳草堂詩箋作方。池。列坐金殿側。微臣固受賜。鴻恩良未測。○本集四。文選三十一。廣文選九。詩紀七十六。又草堂詩箋十二夏夜歎注引一句。

王侍中粲懷德

伊昔值世亂。秣馬辭帝京。既傷蔓草別。方知杕杜情。崤函蕩文選作復。廣文選同。丘墟。冀闕緬縱横。倚棹汎涇渭。日暮山河清。蟋蟀依素文選作桑。廣文選同。野。嚴風吹枯李善本文選作若。廣文選同。莖。鶺鴒在幽草。客子淚已零。去鄉三六臣本文選作二。注云。善作三。詩紀云。一作二。十載。幸遭天下平。賢主降嘉賞。金貂服玄纓。侍宴出河曲。飛蓋遊鄴城。朝露竟幾何。忽如水上萍。君子篤恩文選作惠。廣文選同。義。柯葉終不傾。福履既所綏。千載垂令名。○本集四。文選三十一。廣文選九作王粲懷德詩。詩紀七十六。

嵇中散康言志

曰余不師訓。潛志去世本集作俗。六臣本文選注云。五臣作俗。塵。遠想出宏域。高步超常倫。靈鳳振羽儀。戢景西海濱。朝食琅玕實。夕飲玉池津。處順故無累。養德乃入神。曠哉宇宙惠。雲羅更四陳。哲人貴識義。大雅明庇身。莊生悟無爲。老氏守其真。天下皆得一。名實久相賓。咸池饗爰居。本集作響爰鶢。鍾鼓或愁辛。柳惠善直道。孫登庶知人。寫懷良未遠。感贈以書紳。○本集四。文選三十一。廣文選八作晉嵇康叔夜言志詩。詩紀七十六。

阮步兵籍詠懷

青鳥海上遊。鸒斯蒿下飛。浮沈不相宜。羽翼各有歸。飄飄文選作飄颻。可終年。本集作極。沆詩紀云。一作浣。瀁安是非。朝雲乘變化。光耀世本集作代。所希。精衛銜木石。誰能測幽微。○本集四。文選三十一。詩紀七十六。

張司空華離情

秋月映李善本文選作照。簾櫳。李善本文選作籠。懸光入丹墀。佳人撫鳴琴。清夜守空帷。蘭徑少行迹。玉臺生網絲。庭玉臺作夜。樹發紅彩。閨草含碧滋。延佇整綾詩紀云。一作羅。綺。玉臺作羅綺爲君整。萬里贈所思。願垂湛露惠。信我皎日期。○本集四。文選三十一。玉臺新詠五。詩紀七十六。

潘黄門岳述哀李善本文選作悼亡。

青春速天機。素秋馳白日。美人歸重泉。悽愴無終畢。殯宮已肅清。松柏轉蕭瑟。俯仰未能弭。尋念非但一。撫衿悼寂寞。恍文選作怳。然若有失。明月入綺窗。髣髴想蕙質。銷憂非萱草。永懷寄夢寐。夢寐復冥冥。何由覩爾形。我慙北海術。爾無帝女靈。駕言出遠山。徘徊泣松銘。雨絶無還雲。華落豈留英。日月方代序。寢興何時平。○本集四。文選三十一。詩紀七十六。

陸平原機羈宦

儲后降嘉命。恩紀被微身。明發眷桑梓。永歎懷密親。流念辭南澨。銜怨別西津。驅文選作馳。六臣本注云。五臣作駈。馬遵淮泗。旦夕見梁陳。服義追上列。矯迹厠宮臣。朱黻咸髦士。長纓皆俊民文選作人。契闊承華內。綢繆踰歲年。日暮聊總駕。逍遥觀洛川。本集誤作州。殂歿文選作徂没。六臣本注云。五臣作役。多拱木。宿草凌寒煙。遊子易感慨。文選作愾。六臣本注云。五臣作慨。躑躅還自憐。願言寄三鳥。離思非徒然。○同上

左記室思詠史

韓公淪賣藥。梅生隱市門。百年信荏苒。何爲文選作用。六臣本注云。五臣作爲。苦心魂。當學衛霍將。建功在河源。珪組賢君眄。青紫明主恩。終軍才始達。賈誼位方尊。金張服貂冕。許史乘華軒。王侯貴片議。本集作義。公卿重一言。太平多歡娛。飛蓋東都門。顧念張仲蔚。蓬蒿滿中園。○同上

張黃門協苦雨

丹霞蔽陽景。緑泉涌陰渚。水鸛巢層甍。山雲潤柱礎。有弇六臣本文選注云。五臣作渰。興春節。愁霖貫秋序。白帖作節。燮燮涼葉奪。戾戾颸風舉。高談翫四時。索居慕儔侶。青苕文選作苔。六臣本云。五臣作苕。日夜黃。芳蕤成宿楚。歲暮百慮詩紀云。集作憂。交。無以慰延佇。○本集四。文選三十一。詩紀七十六。又白帖引一句。○逯按。類聚八

十二草部若引青苔日夜黄句。似此原作苔字。查晉宋人多以苕爲條。條可以由青而黄。而苔則不可。應以作苕者爲是。説文繫傳艸部苕引此句作苕。

劉太尉琨傷亂

皇晉遘陽九。天下横氛李善本文選作氛。霧。秦趙值薄蝕。幽并逢虎據。伊余荷寵靈。感激狥李善本文選作殉。馳騖。雖無六奇術。冀與張韓遇。甯戚扣角歌。桓公遭乃舉。荀息冒嶮難。實以忠貞故。空令本集誤作今。日月逝。愧無古人度。飲馬出城濠。北望沙漠路。千里何蕭條。白日隱寒樹。投袂既憤懣。撫枕懷百慮。功名惜未立。玄髮已改素。時哉苟有會。治亂惟冥數。○本集四。文選三十一。詩紀七十六。

盧郎中本集作侍郎。李善本文選作中郎。諶感交

大厦須異材。廊廟非庸器。英俊著世功。多士濟斯位。眷顧成綢繆。乃與時髦匹。姻媾久不虧。文選作虚。六臣本注云。五臣作虧。契闊豈但一。逢厄既已同。處危非所恤。常慕先達槩。觀古論得失。馬服爲趙將。疆埸得清謐。信陵佩魏印。秦兵不敢出。慨無握中策。徒慚素絲質。羇旅去舊京。文選作鄉。六臣本注云。五臣作京。感遇踰文選作喻。六臣本注云。五臣作踰。琴瑟。自顧非杞梓。勉本集作免。力在無逸。更以畏友朋。濫吹乖名實。詩紀作實名。誤。○同上

郭弘農璞遊仙

崦山多靈草。海濵饒奇石。偃蹇尋青雲。隱淪駐精魄。道人讀丹經。方士鍊玉液。朱霞入窗牖。曜靈照空

隙。傲睨本集作倪。摘木芝。陵波採水碧。眇然萬里遊。矯掌望煙客。永得安期術。豈愁濛汜迫。○同上

孫文選作張。六臣本注云。五臣作孫。廷尉綽雜述

太素既已分。吹萬著形兆。寂動苟有源。因謂殤子夭。道喪涉千載。津梁誰能了。思乘扶搖翰。卓然凌風矯。静觀尺棰義。理足未嘗本集作常。李善本文選同。少。冏冏秋月明。憑軒詠堯老。浪迹無蚩妍。然後君子道。領略歸一致。南山有綺皓。交臂久變化。傳火乃薪草。亹亹玄思清。胸中去機巧。物我俱忘懷。可以狎鷗鳥。○同上

許徵君詢自敍

張子闇内機。單生蔽外象。文選作像。六臣本注云。五臣作象。一時排冥筌。泠然空中賞。遣此弱本集作若。喪情。資神任獨往。采藥白雲隈。聊以肆所養。丹葩曜芳蕤。綠竹陰文選作蔭。閑敞。苕苕寄意勝。本集作勝景。不覺凌虚上。曲櫺激鮮飈。石室有幽響。去矣從所欲。得失非外獎。至哉操斤客。重明固已朗。五難既灑落。超迹絶塵網。○同上

殷東陽仲文興矚

晨遊任所萃。悠悠藴真趣。雲天亦遼亮。時與賞心遇。青松挺秀萼。惠色出喬本集作芳。樹。極眺清波深。緬

本集作湎。映石壁素。瑩本集作營。情無餘滓。拂衣釋塵務。求仁既自我。玄風豈外慕。直置忘所宰。蕭散得遺慮。○同上

謝僕射混遊覽

信矣勞物化。憂襟未能整。薄言遵郊衢。總轡出臺省。淒淒節序高。寥寥心悟永。時菊耀巖阿。雲霞冠秋嶺。眷然惜良辰。徘徊踐落景。卷舒雖萬緒。動復歸有静。曾是迫桑榆。歲暮從所秉。舟壑不可攀。忘懷寄匠郢。○同上

陶徵君潛田居

種苗在東皐。苗生滿阡陌。雖有荷本集作倚。鉏倦。濁酒聊自適。日暮巾柴車。路闇光已夕。歸人望煙火。稚子候簷隙。問君亦何爲。百年會有役。但願桑麻成。蠶月得紡績。素心正如此。開逕望三益。○同上

謝臨川靈運遊山

江海經邅迴。山嶠本集作嶠。備盈缺。靈境信淹留。賞心非徒設。平明登雲峰。杳與廬霍絶。碧障長周流。金潭恒澄徹。文選作澈。洞文選作桐。林帶晨霞。石壁映初晰。乳竇既滴瀝。丹井復寥泬。嵓崿轉奇秀。岑崟文選作岑崟。韵補同。還相蔽。赤玉隱瑶溪。雲錦被沙汭。夜聞猩猩啼。朝見鼯鼠逝。南中氣候暖。朱華凌白雪。幸遊

建德鄉。觀奇經本集作探。禹穴。身名竟誰辨。李善本文選作辯。圖史終磨本集作摩。滅。且泛桂水潮。韵補作湖。映月遊海澨。攝生貴處順。將爲智者説。○本集四。文選三十一。詩紀七十六。又韵補五引沇、蔽二韵。澨、説二韵。

顔特進延之侍宴

太本集誤作大。微凝帝宇。瑶光正神縣。揆日粲書史。相都麗聞見。列漢構仙宫。開天製文選作制。寶殿。桂棟留夏飇。蘭橑停冬霰。青林結冥濛。丹巘被本集作披。六臣本文選注云。五臣作披。葱蒨。山雲備卿靄。池卉具靈變。重陽集清氛。李善本文選作氣。下輦降玄宴。驁望分寰隊。本集作隧。李善本文選同。六臣本作遂。矖曠李善本文選作目。本集同。盡都甸。氣生川嶽陰。煙滅淮海見。中坐溢朱組。步櫚六臣本文選注云。五臣作欄。篁瓊弁。禮登佇睿情。樂闋延皇眄。測恩躋踰本集作愉。六臣本文選同。逸。讼牒懵浮賤。承榮重兼金。文選作榮重餽兼金。六臣本注云。五臣作承榮重兼金。巡華過盈瑱。敢飾與人詠。方慚渌水薦。○本集四。文選三十一。詩紀七十六。

謝法曹惠連贈别

昨發赤亭渚。今宿浦陽汭。方作雲峯異。豈伊千韵補作十。里别。芳塵未歇席。零文選作涔。淚猶在袂。停艫望極浦。弭棹阻本集作岨。草堂詩箋作值。風雪。風雪既經時。夜永起六臣本文選注云。五臣作豈。懷思。汎濫北湖遊。苕李善本文選作岧。亭南樓期。點翰詠新賞。開衮瑩所疑。摘芳愛氣馥。拾蘂憐色滋。色滋畏沃若。人事亦銷鑠。子衿本集作矜。怨勿往。谷風誚輕薄。共秉延州信。無慚仲路本集作申。諾。靈芝望三秀。孤筠本集作雲。情所託。所託已殷勤。祇足攪懷人。今行嵱嵷外。銜思至海濱。覿子杳未僝。本集作未僝聚。注。或云覿子杳未僝。欵本集作擬。睇在何辰。雜珮雖可贈。疏華竟無陳。無陳心悁勞。旅人豈遊遨。幸及風雪霽。青春滿江皐。解纜候前侶。還望方鬱陶。煙景若離遠。末響寄瓊瑤。○本集四。文選三十一。詩紀七十六。又草堂詩箋六自京詩注引一句。韵補五作擬古。引汭、別二韵。

王徵君微養疾

窈藹瀟湘空。翠澗澹黄氏杜詩注作礀淡。無滋。寂歷百草晦。欻吸鵾草堂詩箋作鵁鶄。雞悲。清陰往來遠。月華散前墀。鍊藥矚虛幌。汎瑟卧遥帷。水碧驗未黷。金膏靈詎緇。本集作詎能淄。北草堂詩箋作江。渚有帝子。蕩瀁不可期。悵然山中暮。懷痾屬此詩。○本集四。文選三十一。詩紀七十六。又草堂詩箋三十五虎牙詩注引一句。大曆詩注引一句。黄氏集千家注杜詩補遺九引一句。

袁太尉淑從駕

宮廟禮哀敬。枌邑道嚴玄。恭潔由明祀。肅駕在祈年。詔徒登季月。戒鳳藻行川。雲旆象漢徙。本集作徒。宸網擬星懸。朱櫂麗寒渚。金鍐詩紀作鑁。映秋山。羽衛藹流景。綵吹震沈淵。辨李善本文選作辯。詩測京國。履籍鑒都鄽。氓李善本文選作甿。六臣本作萌。又注。五臣作甿。謡響玉律。邑頌被丹弦。文軫薄桂海。聲教燭冰天。和惠頒上笏。恩渥浹下筵。幸侍觀洛後。豈慕巡河前。服義方無沬。展歌殊未宣。○本集四。文選三十一。詩紀七十六。

謝光禄莊郊遊

肅舲出郊際。徙樂六臣本文選注云。五臣作藥。逗江陰。翠山方藹藹。青浦正沈沈。涼葉照沙嶼。秋榮冒水潯。風散松架險。雲鬱石道深。靜默本集作然。鏡縣野。四睇亂層岑。氣清知雁引。露華識猨音。雲裝信解黻。煙駕可辭金。始整丹泉術。終覿紫芳心。行光自容裔。無使弱思侵。○同上

鮑參軍昭戎行

豪士枉尺璧。宵人重恩光。狥本集作徇。義非爲利。執本集作軌。羈輕去鄉。孟冬郊祀月。殺氣起嚴霜。戎馬粟不煖。軍士冰爲漿。晨上城臯坂。磧礫皆羊腸。寒本集作雲。陰籠白日。大李善本文選作太。谷晦蒼蒼。息徒税征駕。倚劍臨八荒。鵾鵬李善本文選作鵬。不能飛。玄武伏川梁。鎩翮由時至。感物聊自傷。豎儒守一經。未足識行藏。○同上

休上人怨别李善本文選作别怨。

西北秋風至。楚客心悠哉。日暮碧雲合。佳人殊未來。露彩方汎豔。月華始徘徊。寶書爲君掩。瑶琴本集作瑟。詩紀同。詎能開。相思巫山渚。悵望陽雲玉臺作雲陽。臺。膏玉臺作金。詩紀作臺。爐絶沈燎。綺席生玉臺作徧。浮

埃。桂水日千里。因之平生懷。〇本集四。文選三十一。玉臺新詠五。詩紀七十六。

學魏文帝詩

西北有浮雲。繚繞華陰山。惜哉時不遇。入夜值霜寒。秋風聒地起。吹我至幽燕。幽燕非我國。窈窕爲誰賢。少年歌且止。歌聲斷客子。〇本集三。詩紀七十六。

效阮公詩十五首詩紀云。集作效古。

歲暮懷感類聚作多懷。傷。中夕弄清琴。戾戾曙風急。團團明月陰。孤雲出北山。宿鳥驚東林。誰謂人道廣。憂慨自相尋。寧知霜雪後。獨見松竹類聚作竹柏。心。〇本集三。類聚二十六。詩紀七十六。

十年學讀書。顔華尚美好。不逐世間人。鬬雞東郊道。富貴如浮雲。金玉不爲寶。一旦鶗類聚作鶗。詩紀云。一作鴂。鴂鳴。嚴霜被勁草。志氣多感失。淚下沾懷抱。〇同上

白露淹庭樹。秋風吹羅衣。忠信主不合。辭意將訴誰。獨坐東軒下。雞鳴夜已晞。總駕命賓僕。遵路起旋歸。天命誰能見。人蹤信可疑。〇本集三。詩紀七十六。

飄飄恍惚中。是非安所之。大道常不驗。金火每如斯。忼慨少淑貌。便娟多令辭。宿昔秉心誓。靈明將見期。願從丹丘駕。長弄華池滋。〇同上

陰陽不可知。鬼神惟杳冥。暫試武帝貌。一見李后靈。同情淪異物。有體入無形。賢聖共草昧。仁智焉足

明。變化未有極。恍惚誰能精。○同上

若木出海外。本自丹水陰。羣帝共上下。鸞鳥相追尋。千齡猶旦夕。萬世更浮沈。豈與異鄉士。瑜瑕論淺深。○同上

夏后乘兩龍。高會在帝臺。榮光河雒出。白雲蒼梧來。侍御多賢聖。升降有羣才。四時有變化。盛明不徘徊。高陽邈已遠。竚立誰語哉。○本集三。廣文選十五。詩紀七十六。

昔余登大梁。西南望洪河。時寒原野曠。風急霜露多。仲冬正慘切。日月少精華。落葉縱横起。飛鳥時相過。搔首廣川陰。懷歸思如何。常願反初服。閒步潁廣文選作頻。水阿。○同上

宵月輝西極。女圭映東海。佳麗多異色。芬葩有奇采。綺縞非無情。光陰命誰待。不與風雨變。長共山川在。人道則不然。消散隨風改。○本集三。詩紀七十六。

少年學擊劍。從師至幽州。燕趙兵馬地。唯見古時丘。登城望山水。平原獨悠悠。寒暑有往來。功名安可留。○同上

擾擾當途子。毁譽多埃塵。朝生輿馬間。夕死衢路濱。藜藿應見棄。勢位乃爲親。華屋争結綬。朱門競彈巾。徒羨草木利。不愛金碧身。至德所以貴。河上有丈人。○同上

華樹曜北林。芬芳空自宣。秋至白雲起。蟪蛄號庭前。中心有所思。虚堂獨浩然。安坐詠琴瑟。逍遥可永年。○同上

假乘試行遊。北望高山岑。翩翩征鳥翼。蕭蕭松柏陰。感時多辛酸。覽物更傷心。性命有定理。禍福不可

禁。唯見雲際鵠。江海自追尋。○同上

夕雲映西山。蟋蟀吟桑梓。零露被百草。秋風吹桃李。君子懷苦心。感慨不能止。駕言遠行遊。驅馬清河涘。寒暑更進退。金石有終始。光色俯仰間。英豔難久恃。○同上

至人貴無爲。裁魂守寂寥。唯有馳騖士。風塵在一朝。輿馬相跨躍。賓從共矜驕。天道好盈缺。春華故秋凋。不知北山民。商歌弄場苗。○同上

清思詩五首

趙后未至麗。陰妃非美極。情理儻可論。形有焉足識。帝女在河洲。晦映西海側。陰陽無定光。雜錯千萬色。終歲如瓊草。紅華長翕絶。○本集三。詩紀七十六。

師曠操雅操。延子聆奇音。玄鶴徒翔舞。清角自浮沈。明琯東南逝。精絲西北臨。白雲瑶池曲。止本集作上。使淚淫淫。○同上

秋夜紫蘭生。湛湛明月光。偃蹇靈芝采。本集誤作來。容裔紫華堂。林木不拂蓋。淇水寧漸裳。倏忽南江陰。照曜北海陽。從此長往來。萬世無感傷。○同上

白露滋金瑟。清風蕩玉琴。空閨饒遠念。虛堂生夜陰。玆夕一何哀。明月没西林。世人重時暮。道士情亦深。願乘青鳥翼。徑出玉山岑。○同上

至德不可傳。靈龜不可侶。草木還根蔕。精靈歸妙理。我學杳冥道。誰能測窮已。須待九轉成。終會長沙

市。○同上

傷内弟劉常侍詩

金璧自蕙質。蘭杜信嘉名。丹綵既騰迹。華萼故揚聲。伊余方罷秀。歎本集誤作難。息向君榮。誰疑春光昃。何遽秋露輕。遠心惜近路。促景怨長情。風至衣袖冷。況復蟪蛄鳴。白露淞漢沼。明月空漢生。長悲離短意。惻切吟空庭。注欷東郊外。流涕北山垌。○本集四。詩紀七十六。

悼室人詩十首

佳人永暮矣。隱憂遂歷兹。寶燭夜無華。金鏡晝恆微。桐葉生緑水。霧天流碧滋。蕙弱芳未空。蘭深鳥思時。湘醽徒有酌。意塞不能持。○本集四。詩紀七十六。

適見葉蕭條。已復花菴鬱。帳裏春風盪。簷前還燕拂。垂涕視去景。摧心向徂物。今悲輒流涕。昔歡常飄忽。幽情一不弭。守歎誰能慰。○同上

夏雲多雜色。紅光鑠蕤鮮。苒弱屏風草。潭拖曲池蓮。黛葉鑑深水。丹華香碧煙。臨綵方自弔。擥氣以傷然。命知悲不絶。恆如注海泉。○同上

駕言出遊衍。冀以滌心胸。復值煙雨散。清陰帶山濃。素沙匝廣岸。雄虹冠尖峯。出風舞森桂。落日曖圓松。還結生不念。楚客獨無容。○同上

秋至擣羅紈。淚滿未能開。風光肅入户。月華爲誰來。結眉向珠網。瀝思視青苔。鬒局將成葆。帶減不須摧。詩紀作催。我心若涵煙。葐蒀滿中懷。○同上

牕塵歲時阻。閨燕日夜深。流黄夕不織。寧聞梭杼音。涼靄漂虚座。清香盪空琴。蜻引知寂寥。蛾飛測幽陰。乃抱生死悼。豈伊離别心。○同上

顥顥氣薄暮。蔌蔌清衾單。階前水光裂。樹上雪花團。庭鶴哀以立。雲雞肅且寒。方東當作冬。有苦淚。承夜非膏蘭。從此永黯削。萱葉焉能寬。○同上

杼本集作抒。悲情雖滯。送往意所知。空座幾時設。虚帷無久垂。暮氣亦何勁。嚴風照天涯。夢寐無端際。惝怳有分離。意念每失乖。徒見四時虧。○同上

神女色姱麗。乃出巫山湄。逶迤羅袂下。鄣日望所思。佳人獨不然。户牖絶錦綦。感此增嬋娟。屑屑涕自滋。清光澹且減。低意守空帷。○同上

二妃麗瀟湘。一有乍一無。佳人承雲氣。無下此幽都。當追帝女迹。出入泛靈輿。掩本集作奄。映金淵側。遊豫碧山隅。曖然時將罷。臨風返故居。○同上

詩

通渠運春流。幽谷涣□冰。盪穢出新泉。遊望登重陵。○玉燭寶典一。

自樂昌郡泝流入郴詩

茲山界夷夏。天際橫寥廓。○輿地紀勝五十七。

詩

河州多沙塵。風吹黃雲起。○升菴詩話。

歌去故鄉賦系此歌。

芳洲之草行欲暮。桂水之波不可渡。絶世獨立兮報君子之一顧。○本集一。類聚三十。

歌倡婦自悲賦系此歌。

曲臺歌未徙。黃壤哭已親。玉玦歸無色。羅衣會生塵。驕才雄力君何怨。徒念薄命之苦辛。○本集一。

謡蓮華賦系此謡。

秋雁度兮芳草殘。琴柱急兮江上寒。願一見兮道我意。千里遠兮長路難。○本集一。

謡學梁王免園賦系此謡。

碧玉作椀銀爲盤。一刻一鏤化雙鸞。○本集二。

歌學梁王兔園賦系此歌。

美人不見紫錦衾。黄泉應至何所禁。○本集二。

詩學梁王兔園賦系此詩。

見上客兮心歷亂。送短詩兮懷長歎。中人望兮蠶既飢。燦蹀暮兮思夜半。○本集二。

雜三言五首

予上國不才。黜爲中梁本作閩。山長史。待罪三本集無三字。載。究識煙霞之狀。既對道書。官又無職。筆墨之勢。聊爲後文。○按江淹自序。中山當作山中。

構象臺

曰上妙兮道之精。道之精兮俗爲名。名可宗兮聖風立。立聖風兮玆教生。寫經記兮記圖刹。畫影象兮在丹青。起淨法兮出西海。流梵音兮至索元刻作南。梁本作東。溟。網紫宙兮洽萬品。冠璇寓兮濟羣生。余汨阻兮至南國。迹已徂兮心未扃。立孤臺兮山岫。架半室本集作空。兮江汀。累青杉於澗構。積紅石於林檣。雲八重兮七色。山十影兮九形。金燈兮江籬。環軒兮匝池。相思兮豫章。戴雪兮抱霜。栽異木而同秀。鍾當作種。雜草而一香。苔藓生兮繞本集字缺。石户。蓮花舒兮繡池梁。伊日月之寂寂。無人音與馬迹。躭本集字缺。禪情於雲逕。守息心於端石。永結意於鷲山。長憔悴而不惜。○本集十。梁刻本四。

訪道經

百學兮異文。錦派兮綺分。珍君之言兮皦無際。悦子之道兮迥不羣。澹深韻於白水。儼高意於浮雲。軌賢豪於後學。軼望識於前文。兹道兮可傳。可傳兮皓然。挾兹心兮赴絶國。懷此書兮坐空山。空山隱轔兮窮翠嶝。水散漫兮涵素壑。海外陰兮氣曇曇。江上月兮光灼灼。東南出兮是梁本作不。一山。西北來兮乃雙鶴。池中蓮兮十色紅。窗前樹兮萬葉落。四壁深兮乃泬寥。左右虚兮如寂寞。寂寞兮山室。德經兮道袠。盪魂兮刷氣。掩憂兮静疾。信若人兮先覺。聊與子兮如一。○同上

鏡論語

巡青史之殘誥。覽朱管之遺册。惟魯濱之一叟。信衡道而探寂。世艱險而多阻。君英明而不革。講業兮齊衛。論精兮汴泗。子之説兮義已祕。成賈鄭之雄理。可梁本作考。黄何之壯思。惜古人之取才。瞰青雲而靖意。意恬梁本作惆。悵兮有端。才巒峻兮可觀。憲嫣禹而折元刻字缺。法。襲仁誼而求安。不嫵婉於戚施。寧踸踔於馬蘭。俾後生之庶士。鑒明德之音翰。惟山中兮寂寞。沉本集字缺。憂思兮無從。石紅青兮百疊。山濃

淡兮萬重。日下兮□□。月出兮銅峯。竹色兮拂户。水氣兮繞窗。味哲人之遺珍。折片句兮忘老。嘉石門之埋名。憐柳子之沈梁本作躭。道。書吴伯於衣袖。鏤顔子於心抱。籌出處之叔仲。酌言默之多少。若妙行與上靈。非積學之所紹。至游夏以升降。幸砥心而勿夭。○同上

悦曲池

北山兮黛柏。南江兮頳石。頳峯兮若虹。黛樹兮如畫。暮雲兮十里。朝霞兮千尺。千尺兮緜緜。青氣兮往旋。桐之葉兮蔽日。桂之枝兮刺天。百谷多兮瀉亂波。雜磵饒兮鶩叢泉。竟長洲兮匝東島。縈曲嶼兮繞西山。山巒岏兮水環合。水環合兮石重沓。林中電兮雨冥冥。江上風兮木颯颯。盟清冷兮適潺湲。白雲起兮弔石蓮。客子思兮心斷絶。心斷絶兮愁無閑。步東池兮夜未艾。卧西窗兮月向山。引一息於魂内。擾百緒於眼前。意春蘭與秋若。願不絶於江邊。○同上

愛遠山

伯鸞兮已遠。名山兮不返。逮紺草之可結。及朱華之未晚。紲余馬於椒阿。漾余舟於沙衍。臨星朏兮樹闇。看日爍兮霞淺。淺霞兮駮雲。一合兮一分。映壑兮爲飾。綴澗兮成文。碧色兮婉轉。丹秀兮芬葐。深林寂以窈窈。上猨狖之所羣。羣猨兮聒山。大林兮蔽天。楓岫兮筠嶺。蘭畹兮芝田。紫蒲兮光水。紅荷兮豔泉。香枝兮嫩葉。翡累兮翠疊。非郢路之遼遠。實寸憂之相接。欷美人於心底。願山與川之可涉。若溘死

於汀潭。哀時命而自愜。○同上

應謝主簿騷體

山檽静兮悲凝凉。澗軒掩兮酒涵霜。曾風激兮緑蘋斷。積石閉兮紫苔傷。芝原寂少色。�庭黯無光。沐予冠於極浦。馳予珮兮江陽。弔秋冬之已暮。憂與憂兮不忘。使杜蘅可翦而棄。夫何貴于芬芳。○本集十。梁刻本四。

劉僕射東山集學騷

含秋一顧。眇然山中。檀欒循□。梁本作石。按當作脩竹。便娟來風。木瑟瑟兮氣芬薀。石戔戔兮水成文。擿江崖之素草。窺海岫之青雲。願芙蓉兮未晦。遵江波兮待君。○本集十。梁刻本四。

山中楚辭六首

青春素景兮白日出之藹藹。吾將弭節於江夏。見杜若之如大。結琱鳞以成車。懸雜羽而爲蓋。草色緑而馬聲悲。欲沿油元刻字缺。梁本作袖。以元刻作川。流帶。○本集十。梁刻本四。

予將禮於太一。乃雄劍兮玉鉤。日華粲於芳閣。月金披於翠樓。舞燕趙之上色。激河淇之名謳。薦西海之異品。傾東岳之庶羞。乘魚文兮錦質。要靈人兮中州。○同上入橘浦兮容與。心敞惘兮迷所識。視煙霞而梁本作如。一色。深秋窈以虧。當脫蔽字。天上列星之所極。○同上○本集與下連讀爲一首。

桂之生兮山之巒。紛可愛兮柯團團。谿崎巇兮石架阻。颱飂颼兮木道寒。煙色閉兮喬木橈。嵐氣闇兮幽篁難。忌蟪蛄之蚤吟。惜王孫之晚還。信於邑兮白露。方夭病兮秋蘭。○同上

石簁簁兮蔽日。本集作白。梁本作泉。雪疊疊兮薄樹。車蕭條兮山逼。當作逕。舟容與本集缺以上兩字。兮水路。愍晨夜之摧挫。本集作坐。感春秋之欲暮。征夫輟而在位。當作啜而在泣。御者跼而載顧。○同上

魂兮歸來。異方不可以親。蝮蛇九首。雄虺戴鱗。炎穴一光。骨爛魂傷。玄狐曳尾。赤象爲梁。至日歸來。無往此異方。○同上

蕭鈞

鈞。齊高帝子。出繼衡陽王。與王智深、江淹等以文章相賞會。

晚景遊泛懷友

詩紀云。此詩類唐人作。當爲唐蕭鈞也。初學記作梁。

龍開初學記作門。御覽同。依御覽作低。御溝。鳳轄轉芳洲。雲峯初辨夏。麥氣早迎秋。山翠初學記字缺。餘煙積。川平晚照收。浪隨文鷁轉。渡御覽作波。逐彩鴛浮。風花轉御覽作輕。未落。巖泉咽不流。一辭金谷苑。空想詩紀云。一作思。竹林遊。○初學記十八。御覽四百十。詩紀八十五。

梁詩卷五

王暕

暕。字思晦。琅邪人。齊太尉儉字。弱冠選尚淮南公主。拜駙馬都尉。齊明帝時。除驃騎從事中郎。天監初。除太子中庶子。歷侍中、五兵尚書。出爲晉陵太守。徵爲吏部尚書。累遷侍中、尚書左僕射。領國子祭酒。天監四年卒。年四十七。

觀樂應詔詩

趙瑟含清音。秦箏凝逸響。參差陳九夏。依遲分初學記作紛。文苑、萬花谷同。四上。從風繞金梁。含雲映珠網。遞奏豈二八。繁絃非一兩。幸叨東郭吹。側初學記作厠。文苑同。詩紀云。一作厠。陪南風賞。忘味信鏗鏘。滄和終俯仰。輕塵已飛散。游魚亦翻蕩。恩光實難遇。詠言寧易放。○初學記十五。文苑英華二百十二。萬花谷後三十一作王暕詩。詩紀八十六。

詠舞詩

從風迴綺袖。映日轉花鈿。同情依促柱。共影赴危絃。○初學記十五。萬花谷後三十二作王暕詩。詩紀八十六。

曹景宗

景宗。字子震。新野人。仕齊。累官竟陵太守。及武帝起兵。景宗率衆來從。除郢州刺史。天監六年。大敗魏於鍾離。進爵爲公。拜侍中、領軍將軍。天監七年。遷江州刺史。赴任卒於道。年五十二。

光華殿侍宴賦競病韻詩

南史曰。景宗累立軍功。天監初徵爲右衛將軍。後破魏師凱旋。帝於華光殿宴飲聯句。令左僕射沈約賦韻。景宗啓求賦詩。帝曰卿伎能甚多。人才英拔。何必止在一詩。景宗已醉。求作不已。時韻已盡。惟餘競病二字。景宗便操筆而成。帝深歎賞。朝賢驚嗟竟日。

去時兒女悲。歸來笳鼓競。借問行路人。何如霍去病。○南史本傳。御覽二百七十七引梁書。太平廣記三百。萬苑谷二十一。詩紀八十九。

任昉

昉。字彦升。樂安博昌人。宋末辟丹陽尹主簿。入齊歷太常博士、丹陽尹王儉主簿、尚書殿中郎、司徒記室參軍、太子步兵校尉、司徒左長史。中興初爲驃騎記室參軍。梁受禪。拜黄門侍郎。遷吏部郎中。掌著作。出爲義興太守。重除吏部郎中。轉御史中丞。秘書監。出爲新安太守。天監七年卒。年四十九。有雜傳二百四十七卷、地記二百五十二卷、集三十四卷。

爲王嫡子侍皇太子釋奠宴以下四言。

在昔歸運。阻亂弘多。夷山製宇。盪海爲家。風雲改族。日月增華。欽聖茲遠。懷道茲沖。踐言動俗。果行移風。進往一簣。初學記作簀。啓或三蒙。冰實因水。金亦在鎔。惟神知化。在物立言。樂正雅頌。咸初學記作盛。被後昆。告奠明祀。觀道聖門。日月不息。師表常尊。○類聚三十八作侍皇太子釋奠宴詩。引多、家、華、言、昆、門、尊七韻。初學記十四作爲王子侍皇太子釋奠宴詩。引沖、風、蒙、鎔、言、昆、門、尊八韻。詩紀七十八。

贈王僧孺詩

梁書曰。王僧孺由治書侍御史出爲唐令。初僧孺與樂安任昉遇竟陵王西邸。以文學友會。及是將之縣。昉贈詩。其略曰。

惟子見知。惟余知子。觀行視言。要終猶始。敬之重之。如蘭如芷。形應影隨。曩行今止。百行之首。立人斯著。子之有之。誰毁誰譽。脩名既立。老至何遽。誰其執鞭。吾爲子御。劉略班藝。虞志荀録。伊昔有懷。交相欣勗。下帷無倦。升高有屬。嘉爾晨燈。南史作澄。惜余夜燭。○梁書王僧孺傳。南史王僧孺傳。詩紀七十八。

答劉居士詩

君子之道。亦有其四。高行絶俗。盛德出類。才同文錦。學非書肆。望之可階。卽之難至。輟精天理。躔象少微。人與俗異。道與人違。庭飛熠燿。室滿伊威。行無轍跡。理絶心機。○類聚三十六。詩紀七十八。

九日侍宴樂遊苑詩以下五言。

帝德峻韶夏。王功書頌平。共貫㳂五勝。獨道邁三英。我皇撫歸運。時乘信告成。一唱華類聚作革。廣文選同。鍾石。再撫被絲笙。黄草歸雒木。梯山薦玉筞。時來濁河變。瑞起温洛清。物色動宸眷。民豫詩紀云。一作務。降皇情。○類聚四。廣文選八。詩紀七十八。

奉和登類聚作影。景陽山詩

物色感神遊。升高悵有閲。南望銅駞街。文苑作術。北走長楸埒。別澗宛類聚作苑。文苑作苑間。滄溟。疏山文苑作土。注云。一作山。駕瀛碣。奔鯨文苑作神鯉。吐華浪。司南動輕枻。日下重文苑作千。注云。一作重。門照。雲開九華澈。文苑作徹。觀閣隆舊恩。奉圖愧前哲。○類聚七。文苑英華百五十九。詩紀七十八。

泛長溪詩

狥文苑作殉。禄聚歸糧。依文苑作衣。隱謝羈類聚作覊。勒。絶物甘離羣。長懷思類聚作忽。文苑作忍。去國。長溪永東舍。震區窮水域。道遇垂綸叟。聊訪文苑作長。問津惑。弭檝申九言。無爲累牽纆。長泛滄浪水。平明至𥇦黑。○類聚九。文苑英華百六十六。詩紀七十八。

落日泛舟東溪詩

黝黝桑柘繁。芃芃麻麥盛。交柯溪易陰。反景澄餘映。吾生雖有待。樂天庶知命。不學梁甫吟。唯識滄浪詠。田荒我有役。秩滿余謝病。○類聚九。文苑英華百六十六。詩紀七十八。

濟浙江詩

昧旦乘輕風。江湖文苑作湘。忽來往。或與文苑作爲。歸波送。乍逐翻流文苑作江。上。近岸無暇目。文苑作日。遠峯更興想。緑樹懸宿根。丹崖頹久壤。○類聚八。文苑英華百六十二。詩紀七十八。

贈郭桐廬出谿口見候余既未至郭仍進村維舟久之郭生方至詩

朝發富春渚。蓄意忍相思。涿令行春返。冠蓋溢川坻。望久方來萃。悲歡不自持。滄江路窮此。湍險方自茲。疊嶂易成響。重以夜猿悲。客心幸自弭。中道遇心期。親好自斯絶。孤遊從此辭。○文選二十六。詩紀七十八。

答何徵君詩

散誕羈鞿文苑作靮。詩紀云。一作靮。外。拘束名教裏。得性千乘文苑作年。同。山類聚字缺。林無文苑作亦。注云。一作無。詩紀云。一作亦。朝市。勿以耕蠶貴。空笑易農士。類聚作仕。宿昔仰高山。超然絶塵軌。傾壺已等藥。命管亦齊喜。類聚缺此二字。詩紀云。一作壺已等藥命。管亦齊符璽。無爲嘆文苑作爲歎君。獨遊。若終文苑作路。注云。一作終。詩紀云。一作路。方同止。○類聚三十六。文苑英華二百三十。詩紀七十八。

贈徐徵君詩

促生悲永路。早交傷晚別。自我隔容徽。於焉徂文苑作積。歲月。情非山河阻。意似江湖悦。東臯有儒素。杳與榮名絶。曾是違賞心。曷用箴余缺。眇焉追平生。塵書廢不閲。信此伊能已。懷抱豈暫輟。何以表相思。貞松擅嚴文苑云。一作巖。節。○類聚三十六。文苑英華二百三十。詩紀七十八。

答劉孝綽詩

南史曰。孝綽。繪之子。年十四。父黨沈約、任昉、范雲等聞其名。命駕造焉。昉尤相賞愛。梁天監初。孝綽起家著作佐郎。爲歸沐詩贈任昉。昉報曰。

閱水既成瀾。藏舟遂移壑。彼美洛陽子。投我懷秋作。久敬類誠言。吹噓似嘲謔。兼稱夏雲盡。復陳秋樹索。詎慰耋嗟人。徒梁書謝舉傳作方。深老夫託。詩紀云。一作徒然老夫諾。直史兼褒貶。轄司專疾惡。九折多美疹。匪報庶良藥。子其崇鋒穎。春耕勵秋穫。○南史劉勔傳附孝綽傳引作、託、惡、藥、穫五韻。又類聚三十一、文苑英華二百四十引壑、作、謔、索、託五韻。又梁書謝舉傳作秘書監任昉出爲新安郡別舉詩。引託一韻。詩紀七十八。

答到建安餉杖詩

故人有所贈。稱以冒霜筠。定是湘妃淚。潛灑遂鄰彬。扶危復防咽。事歸薄暮人。勞君尚齒意。矜此杖鄉辰。復資後坐詩紀云。一作生。彥。俟余方欠伸。獻君千里笑。紓我百憂嚬。坐適雖有器。臥遊苦無津。何由乘此竹。直見平生親。○類聚六十九。詩紀七十八。

寄到溉詩

南史曰。時溉爲建安太守。昉寄詩求二彩段。

鐵錢兩當一。百易代名實。爲惠當及時。無待涼秋日。○南史到彥之傳附溉傳。詩紀七十八。

別蕭諮議衍詩

離燭有窮輝。別念無終緒。歧言未及申。離目類聚作白。文苑同。又注。一作日。已先舉。揆景巫衡類聚作衡無。文苑作衡巫。注云。一作行蕪。阿。臨風長楸浦。類聚作渚。文苑同。浮雲難嗣音。徘徊悵誰與。儻有關外驛。聊訪狎鷗渚。類聚作鷺。文苑作嶼。注云。一作鷺。○類聚二十九作任昉詩。古文苑四。文苑英華二百八十六作別詩。廣文選八。詩紀七十八。○逯按。古文苑署任殿中昉。作詩年代可徵。

厲吏人講學詩

暮燭迫西榆。將落誡初學記誤作城。南畝。曰余本疏惰。頹暮積榆柳。踐境渴師臣。臨政欽類聚作飢。益友。吁食顧横經。終朝思擁帚。雖欣辨蘭艾。何用闢初學記作闢。蒿莠。○類聚五十五。初學記二十一。詩紀七十八。

苦熱詩

旭旦煙雲卷。烈景入東軒。傾光望轉蕙。斜日照西垣。既卷蕉文苑作焦。梧葉。復傾葵藿根。重簟無冷氣。挾石似懷温。霢霂文苑作霖。類珠綴。喘嚇類聚作哧。文苑作赫。狀雷奔。○類聚五。文苑英華二百十。樂府詩集六十五作苦熱行。詩紀七十八。

同謝朏花雪詩

土膏候年動。積文苑作禎。雪表晨文苑作辰。暮。散葩文苑作蘤。似浮玉。飛英若總素。東序皆白珩。西雝類聚作滙。盡翔鷺。山經陋蜜文苑作密。詩紀云。一作密。榮。騷人貶瓊樹。○類聚二。文苑英華百五十四作和謝朏花雪。詩紀七十八。

出郡傳舍哭范僕射詩三章。○詩紀作三首。誤。

平生禮數絶。式瞻在國楨。一朝萬化盡。猶我故人情。待時屬興運。王佐俟民英。結懽三十載。生死一交情。攜手遁衰孽。接景事休明。運阻衡言革。時泰玉階平。六臣本文選注云。五臣無此二句。濬沖得茂彦。夫子值狂生。伊人有涇渭。非余揚濁清。將乖不忍別。欲以遣離情。不忍一辰六臣本文選注云。五臣作晨。意。千齡萬恨生。

已矣平生事。詠歌盈篋笥。兼復相嘲謔。常與虛舟值。何時見范侯。還敘平生意。

與子別幾辰。經塗不盈旬。弗覩朱顔改。徒想平生人。寧知安歌日。非君撤瑟晨。已矣余何歎。輟春哀國均。○文選二十三。初學記十一。詩紀七十八。又類聚三十四作哭范僕射詩。引一二兩章。

嚴陵瀨詩

羣峯此峻極。參差百重嶂。清淺既漣文苑作連。漪。激石復奔壯。神物徒有造。終然莫能狀。○類聚八。文苑英華百六十四。詩紀七十八。

詠池邊桃詩

已謝西王苑。復揖綏山枝。聊逢賞者愛。棲趾傍蓮池。開紅春灼灼。結實夏離離。○類聚八十六。詩紀七十八。

丘遲

遲。字希範。吴興烏程人。齊常侍靈鞠子。舉秀才。歷任太學博士、大司馬行參軍、西中郎參軍、殿中郎、車騎録事參軍。梁臺建。爲驃騎主簿。及受禪。拜散騎侍郎。遷中書侍郎。領吴興邑中正。爲永嘉太守。選爲臨川王宏中軍諮議參軍。拜中書郎。遷司徒從事中郎。天監七年卒。年四十五。有集鈔四十卷、集十一卷。

九日侍宴樂遊苑詩

朱明已謝。蓐收司禮。爰理秋祓。備揚旌棨。奉璋峨峨。金貂濟濟。上林弘敞。離宫非一。綵殿迴風。丹樓映日。隨珠甲帳。屯衞周悉。晬容徐動。天儀澄謐。雲物游颺。光景高麗。枯葉未落。寒花委砌。絲桐激舞。楚雅閒慧。參差繁響。殷勤流詣。○類聚四。廣文選八。詩紀七十七。

侍宴樂遊苑送李善本文選送下有張字。詩紀同。六臣本文選注云。五臣無張字。按無張字是。徐州應詔詩

沈約同賦。

詰旦閶闔開。馳道聞鳳吹。輕荑承玉輦。細草藉龍騎。風遲山尚響。雨息雲猶積。巢空初鳥飛。荇亂新魚戲。實爲文選作惟。北門重。匪親孰爲寄。參差別念舉。肅穆恩波被。小臣信多幸。投生豈酬義。○文選三十。類聚二十九。文苑英華百六十九。詩紀七十七。

旦發漁浦潭詩

漁類聚作魚。潭霧未類聚作已。開。赤亭風已類聚作未。颺。櫂歌發中流。鳴鞞響沓障。詩紀云。一作嶂。類聚作嶂。六臣

本文選注云。五臣作嶂。村童忽相聚。野老時一望。詭怪石異象。嶄類聚作苑。絶峯殊狀。森森荒樹齊。析析類聚作淅淅。寒沙漲。藤垂島易類聚作異。陟。崖傾嶼難傍。信是永幽棲。豈徒暫清曠。坐嘯昔有委。卧治今可尚。○文選二十七。文苑英華百六十三。詩紀七十七。又類聚九引颺、嶂、望、狀、漲、傍六韻。

夜發密巖口詩

弭棹纔假寐。擊汰已争先。敞朗朝霞澈。驚明曉魄懸。萬尋仰危石。百丈窺重泉。叢枝上點點。崩溜下填填。○類聚六。詩紀七十七。

敬酬柳僕射征怨詩

清歌自言妍。雅舞空僊僊。耳中解明月。頭上落金鈿。雀飛且近遠。暮入綺窗前。魚戲雖南北。終還荷葉邊。惟見君行久。新年非故年。○玉臺新詠五。詩紀七十七。

答徐侍中爲人贈婦詩

丈夫吐然諾。受命本遺家。糟糠且棄置。蓬首亂如麻。側聞洛陽客。金蓋翼高車。謁帝時來下。光景不可奢。幽房一洞啓。二八盡芳玉臺作芬。華。羅裙玉臺作裾。有長短。翠鬢無低斜。長眉横玉臉。皓腕卷輕紗。俱看依井蝶。共取落簷花。何言征戍苦。抱膝空咨嗟。○玉臺新詠五。詩紀七十七。

贈何郎詩詩紀云。何遜答丘長史詩見本集。

向夕秋風起。野馬雜塵埃。憂至猶如繞。詎是故人來。檐際落黃葉。堦前網綠苔。遥情不入酒。望美信難哉。○何水部集二。詩紀七十七。

題琴朴永嘉縣志作材。詩紀云。一作材。奉柳吴興詩

邊山此嘉樹。搖影出雲垂。清心有素體。直榦無曲枝。凡耳非所别。君子特見知。不辭去根本。造膝仰光儀。○類聚四十四。永嘉縣志二作寄柳文暢詩。詩紀七十七。

芳樹詩

芳葉已漠漠。文苑作復莫莫。注云。一作漠漠。嘉實詩紀作賓。誤。復離離。發景傍雲屋。凝暉覆華池。輕蜂掇浮穎。弱鳥隱深枝。一朝容色茂。千春長不移。○類聚四十二。文苑英華二百八。樂府詩集十七。詩紀七十七。

望雪詩

氛氲發紫漢。雜沓被朱城。倏忽銀臺搆。俄頃玉樹生。綿綿九軌合。昭昭四區明。○類聚二。詩紀七十七。

玉堦春草詩

發溜始參差。扶堦方沃若。雜葉半藏蜻。叢花未隱雀。葳蕤亂碧紫。蒼黃間濃薄。○類聚八十一。詩紀七十七。

虞羲

羲。字子陽。會稽人。齊始安王引爲侍郎。尋兼建安征虜府主簿功曹。又兼記室參軍事。天監中卒。

有集九卷。隋志云。齊前軍參軍虞羲集九卷。

巫山高

南國多奇山。荊巫獨靈異。雲雨麗以佳。陽臺千里思。勿言可再得。特美君王意。高唐一斷絶。光陰不可遲。○文苑英華二百一。樂府詩集十七。詩紀九十一。

自君之出矣

自君之出矣。楊柳正依依。君去無消息。唯見黃鶴飛。關山多險阻。士馬少光輝。流年無止極。君去何時歸。○樂府詩集六十九。詩紀九十一。

敬贈蕭諮議詩十章〇以下四言。

琁源派水。玉樹分柯。投殷于宋。佐漢而鄼。九疇攸敍。一畫載謌。象賢弈葉。衮服逶迤。

自兹以降。朝端國右。鳴玉在腰。納言加首。有鍾有石。無凋無朽。令問令望。如瓊如玖。

相門出相。德門有德。弱冠登朝。淑問玄塞。弱冠伊何。有典有則。淑問伊何。自南自北。

五芝秀草。八桂嘉樹。五馬騁塗。八龍遊霧。彼令兄弟。方之有裕。並列大夫。登高而賦。

受言載筆。遂典羣流。天禄不校。白獸未讎。申轅風雅。鄒郟春秋。彝文不斁。職此之由。

帝念師旅。詔參帷幕。對曰戎車。未之先學。歸陳俎豆。拂衣行樂。容止可觀。卷舒可度。

千乘之后。好道軾閭。開府之日。有弓有輿。久勤引領。獨下辟書。鳴笳啓路。託乘後車。

枚叟上書。吴王弗納。夫君正諫。直道難合。有伐問仁。陽狂不答。乃蒙矢刃。永離噂喈。

退食自公。多歷年所。思歸養素。豫聞斯語。終日下帷。情非待舉。如蘧如惠。此出此處。

吾人下走。國士見知。同遊宛洛。並泛漣漪。輕蘿易動。遂別芳枝。蹈之不足。託此差池。〇文館詞林百五十八

作南齊虞羲。

贈何録事諲之詩十章

歷歷斗維。王畿所止。滔滔灊漢。天步之紀。金耀圓圖。玉澈方汜。藴靈擢秀。載篤君子。

於穆君子。左角佩觿。從羣竹騎。取儁遊兒。昂昂千里。宛宛長離。同規同矩。異雄守雌。早棄幼志。夙耽强學。唯道是修。何土不樂。將英竹箭。聊遊稽岳。容止可觀。進退可度。有德有行。如珪如璋。樂山樂水。令問令望。辭家觀國。爲龍爲光。唯兄唯弟。元方季方。漢北張生。洛陽賈子。秩宗是佐。淑問不已。僉曰允諧。肅恭帝祉。於斯爲盛。齊稱得士。中槐如宿。上閣如雲。握蘭正典。執筆司文。方瑜等潤。比桂争芬。能照時宰。績著人君。帝子南牧。孔殷是撫。白水悠悠。青原膴膴。賁之束帛。不日來取。如馬如枚。長裾上府。咨余下走。中田穫菽。迺裹糇糧。遂去鄉塾。既曰覯止。朝遊夕宿。如佩萱蘭。久知芬馥。共化之選。古謂惟良。能柔下邑。必惠上邦。大君有命。朱襮繡裳。方同汲子。重卧淮陽。嘉命顯承。方駕蘭汜。如彼飛鴻。摶風千里。極目亭皐。勞心無已。蘇歌有慰。逖聽傾耳。○文館詞林百五十八作南齊虞羲。

送友人上湘詩以下五言。

濡足送征人。褰裳臨水路。共盈一樽酒。對之愁日暮。漢廣雖容舠。風悲未可渡。佳期難再得。但願論心故。沅水日生波。芳洲行墜露。共知丘壑改。同無金石固。○類聚二十九。詩紀九十一。

詠霍將軍北伐詩

擁旄爲漢將。汗馬出長城。長城地勢險。萬里與雲平。涼六臣本文選注云。五臣作窮。秋八九月。虜騎入幽并。

飛狐白日晚。瀚海愁雲李善本文選作陰。六臣本注云。善作陰字。按注李本原作陰雲。陰與愁異文。今本皆誤。生。羽書時斷絶。刁斗晝夜驚。乘墉揮寶劍。蔽日引高旍。類聚作旌。雲屯七萃士。魚麗六郡兵。胡笳關下思。羌笛隴頭鳴。骨都先自讋。日逐次亡精。玉門罷斥堠。文選作候。甲第始修營。位登萬庾積。功立百行成。天長地自久。人道有虧盈。未窮激楚樂。已見高臺傾。當令麟閣上。千載有雄名。○文選二十一。類聚五十九作霍將軍北伐詩。詩紀九十一。

數名詩

一去濠水陽。連翩遠爲客。二毛颯已垂。家貧無所擇。三徑日荒疏。䌛詩紀作遥。人心不懌。四豪不降意。何事黄金百。五日來歸者。朱輪竟長陌。六郡輕薄兒。追隨窮日夕。七發動音容。賓從紛奕奕。八表服英嚴。光光滿墳籍。九流意何以。守玄遂成白。十載職不移。來歸落松柏。○類聚五十六。詩紀九十一。

見江邊竹詩

挺此貞堅性。來樹朝夕池。秋波漱下趾。冬雪封上枝。葳蕤防曉露。葱蒨集羈雌。含風自颯颯。負雪亦猗猗。金明無異狀。玉洞良在斯。但恨非嶰谷。伶倫未見知。○類聚八十九。詩紀九十一。

春郊詩

光風轉蕙晦。香霧鬱蘭津。暄遲蝶弄藹。景麗鳥和春。樵歌喧初學記作風。龍暮。漁枻亂江晨。山中芳杜若。依依獨思人。○初學記三。詩紀九十一。

詠秋月詩

影麗高臺端。光入長門殿。初生似玉鈎。裁滿如團扇。泛濫浮陰來。金波時不見。儻遇賞心者。照之西園宴。○類聚一。詩紀九十一。

橘詩

衡飈發隴首。朔雪度炎洲。摧折江南桂。離披漠北楸。獨有凌霜橘。榮麗在中州。從來自有節。歲暮將何憂。○類聚八十六作齊虞羲。詩紀九十一。

望雪詩

歲杪雲晝昏。玄池冰夜結。遠風金河起。吹我玉山雪。○類聚二。詩紀九十一。

送別詩

唯有一字書。寄之南飛雁。○文選三十一雜體詩注。

虞騫

騫。會稽人。工爲五言。官至王國侍郎。

登鍾山下峯望詩

冠者五六人。攜手巖之際。散意百仞端。極目千里睇。疊岫乍昏明。文苑作明昏。注云。一作昏明。浮文苑作高。注云。一作浮。雲時卷閉。類聚作閈。古通。遥看野樹短。遠望樵文苑作行。注云。一作樵。人細。○類聚七。文苑英華百五十九。詩紀九十一。

遊潮山悲古塚詩

長林带朝夕。詩紀云。一作霧。孤嶺枕江村。疏松含白水。密篠滿平原。荒墳改凍葉。低壠變年根。西光長檟落。促爾膝前尊。○初學記十四。文苑英華三百六。詩紀九十一。

尋沈剡夕至嵊亭詩

命楫尋嘉會。信次歷山原。捫天上雲紏。磬詩紀云。一作峯。石下雷奔。澄潭寫度鳥。空嶺應鳴猿。榜歌唱將夕。商子處方昏。○類聚二十七。詩紀九十一。

視月詩

清夜未云疲。珠玉臺作細。文苑同。簾聊可發。泠泠玉臺作玲玲。玉潭水。文苑作泠泠玉殿外。映見蛾眉月。靡靡露方垂。暉暉玉臺作煇煇。光稍没。佳人復千里。餘影徒揮忽。○玉臺新詠五作何子朗和繆郎視月。類聚一。文苑英華百五十二。詩紀九十一。

擬雨詩詩紀云。詩彙作劉孝威者非。

清風送涼氣。薄暮蕩炎氛。虹照漣漪水。電出嵯峨雲。落暉散長足。細雨織斜文。○類聚二。文苑英華百五十三。詩紀九十一。

梁詩卷六

沈約

約。字休文。吴興武康人。仕宋。歷征西記室參軍、尚書度支郎。入齊。爲太子家令。歷尚書左丞、吏部郎、東陽太守、五兵尚書。梁武受禪。除僕射、尚書令。封建昌縣侯。天監十二年卒。年七十三。謚曰隱。有謚法十卷、四聲一卷、晉書一百十卷、宋書一百卷、齊紀二十卷、宋世文章志三十卷、俗説五卷、集鈔十卷、集一百一卷。

樂府

日出東南隅行以下五言。

朝日出邯鄲。照我叢臺端。中有傾城類聚作國。廣文選同。豔。顧景類聚作影。文苑、廣文選同。織羅紈。延軀似織約。遺視若回瀾。瑶裝映層綺。金服炫彫欒。幸有同文苑作周。匡好。西仕服秦官。寶劍垂玉貝。文苑作具。汗馬飾金鞍。縈場類轉雪。逸控寫樂府作似。廣文選同。詩紀云。一作似。騰鸞。羅衣文苑作襟。夕解帶。玉釵暮垂冠。○文苑英華百九十三。樂府詩集二十八。廣文選十。詩紀七十二。又類聚四十一引端、紈、官、鞍、鸞、冠六韵。

昭君辭

朝發披香殿。夕濟汾陰河。於茲懷九逝。類聚作折。文苑、樂府同。自此斂雙蛾。沾妝疑類聚作如。文苑同。又注。一作疑。湛露。繞臆類聚作臉。文苑同。又注。一作臆。狀流波。日見奔沙起。稍覺轉蓬多。胡風犯肌骨。非直傷綺羅。銜涕試南望。關山鬱嵯峨。始作陽文苑作傷。春曲。終成苦寒歌。惟有三五夜。明月暫經過。○玉臺新詠七。類聚四十二。文苑英華二百四作昭君怨。樂府詩集二十九作明君詞。詩紀七十二。

長歌行

連連舟樂府作無。注云。一作無。壑改。微微市朝變。來功嗣往迹。莫武徂升彥。局塗頓遠策。留懽恨類聚作限。樂府、廣文選同。奔箭。拊戚狀驚瀾。循休擬回電。歲去芳廣文選作方。願違。年來苦心薦。春貌既移紅。秋林豈停蒨。一倍茂陵道。寧思柏梁宴。長戢兔園情。永別金華殿。聲徽無惑簡。丹青有餘絢。幽籥且未調。無使長歌倦。○樂府詩集三十。廣文選十四。詩紀七十二。又四十二引變、箭、蒨、宴、殿五韵。

同前

春隰荑綠柳。寒墀積皓雪。依依往紀盈。霏霏來思結。思結纒歲晏。詩紀誤作宴。曾是掩初節。初節曾不掩。浮榮逐弦缺。弦缺更圓樂府作圓。合。浮樂府作君。注云。一作浮。榮永沈滅。色隨夏蓮變。態文苑作鬢。樂府作能。與秋霜耋。道迫無異期。賢愚有同絶。銜恨豈云忘。文苑作亡。天道無甄别。功名識所職。竹帛尋摧裂。生外苟難尋。坐廣文選作吐。爲長歎設。文苑作説。○文苑英華二百三作鮑明遠。注云。一作沈約。樂府詩集三十。廣文選十四。詩紀七十二。

君子行

良御惑燕楚。妙察亂澠淄。隄傾由漏壤。垣隙自危基。囂途或妄踐。黨議勿輕持。○類聚四十一。樂府詩集三十二。詩紀七十二。

從軍行

惜哉征夫子。憂恨良獨多。浮天出鯷海。束馬渡交河。雪樂府作雲。縈九折嶝。風卷萬里波。維舟無夕島。秣驥乏平文苑作年。莎。凌濤富驚沫。援木詩紀作末。闕垂蘿。江飈鳴疊詩紀作曡。嶼。流雲照層阿。玄埃晦朔馬。白日照吴戈。寢興動樂府作流。征怨。寤寐起還歌。晨裝豈輟警。文苑作驚。樂府同。夕壘讵淹和。苦哉遠征人。悲矣將如何。○文苑英華百九十九。樂府詩集三十二。詩紀七十二。

豫章行

燕陵類聚作陸。文苑同。又注。一作陵。平而遠。易河清且駛。一見塵波阻。臨途引征思。雙劍愛匣同。孤鸞悲影異。宴言誠易纂。清文苑作浩。歌信難嗣。卧聞夕鐘急。坐閲朝光亟。往歡墜壯心。來戚滿衰文苑作哀。志。殂文苑作徂。注云。一作殂。芳無再馥。淪灰定還熾。夏臺尚可忘。榮辱亦奚事。愧微曠士節。徒感鄙生餌。勞哉納辰和。地遠託聲寄。〇文苑英華二百一。樂府詩集三十四。詩紀七十二。又類聚四十一引駛、思、異、志四韵。

相逢狹路間

相逢洛陽道。繫聲流水車。路逢輕薄子。竚立問君家。君家誠易知。易知復易憶。龍馬滿街衢。飛蓋交門側。大子萬户侯。中子飛而食。小子始從官。朝夕温省直。三子俱入門。赫奕多羽翼。若若青組紆。煙煙金鐺色。大婦繞梁歌。中婦迴文織。小婦獨無事。閉門聊且卽。緑綺試一彈。玄鶴方鼓翼。〇樂府詩集三十四。詩紀七十二。

長安有狹斜行

青槐金陵陌。丹轂貴遊士。方驂萬乘巨。炫服千金子。咸陽不足稱。臨淄孰能擬。〇類聚四十一。樂府詩集三十五。詩紀七十二。

三婦豔

大婦拂玉匣。玉臺作埽玉墀。樂府同。中婦結羅玉臺作珠。帷。小婦獨無事。對鏡畫樂府作理。蛾眉。良人且安卧。夜長方自私。〇玉臺新詠五。樂府詩集三十五。詩紀七十二。

江蘺生幽渚

澤蘭被荒徑。孤芳豈自通。幸逢瑶池曠。得與金芝叢。朝承紫臺露。夕潤緑樂府作淥。池風。既美脩嫮女。復悦類聚誤作悅。繁華童。夙昔玉霜滿。旦暮翠條空。葉飄儲胥右。廣文選作古。芳歇露寒東。紀化尚盈昃。俗志信穨隆。財殫交易絶。華落愛類聚作色。難終。所惜改驩眄。豈恨逐征蓬。顧回類聚作所顧。昭樂府作朝。陽景。持樂府作時。廣文選同。詩紀云。一作時。照長門宫。○樂府詩集三十五。廣文選十四。詩紀七十二。又類聚四十一作塘上行。引通、叢、童、空、終、宫六韵。

却東西門行

驅馬城西類聚作西城。阿。遥類聚作迴。眺想京闕。望極煙原盡。地遠山河没。摇裝非短晨。還歌豈明發。脩服悵邊覊。瞻途眇鄉謁。馳蓋轉徂龍。回星引奔月。樂去哀鏡疑作境。滿。悲來壯心歇。歳華委徂貌。類聚作邈。年霜移暮髮。辰物久侵晏。詩紀云。一作尋。征思坐淪越。清氛掩行夢。憂原邊瀛渤。一念起關山。千里顧丘窟。○樂府詩集三十七。詩紀七十二。又類聚四十一作都東西門行。引闕、没、髮三韵。

飲馬長城窟

介馬渡龍堆。塗縈馬屢迴。前訪昌海驛。雜種寇輪臺。旌幕卷煙雨。徒御犯冰埃。○類聚四十一。樂府詩集三十八。詩紀七十二。

擬青青河畔草

漠漠牀上塵。心中玉臺作中心。憶故人。故人不可憶。中夜長歎息。歎息想容儀。不言玉臺作欲。長別離。別離稍已久。空牀寄杯酒。樂府作酒杯。○玉臺新詠五作擬青青河邊草。文苑英華二百八。樂府詩集三十八。詩紀七十二。

梁甫吟

龍駕有馳策。日御不類聚作無。詩紀同。文苑云。一作無。停陰。星籥亟迴變。氣化坐盈侵。寒光文苑作花。稍眇眇。文苑作耿耿。秋塞類聚作海。文苑同。又注。一作塞。詩紀云。一作色。日沈沈。高窗仄文苑云。一作灰。餘火。火。大火。心星也。傾河駕騰參。飈風折暮草。驚籜樂府、廣文選作竿。文苑、詩紀並云。一作竿。霣層林。時雲詩紀云。集作雨。靄空遠。淵水文苑作年冰。注云。一作淵水。結清深。奔樞豈易紐。文苑作組。珠文苑作殊。庭不可臨。懷仁每多意。履順孰能禁。露清一唯促。文苑作惟足。緩志且移心。哀樂府作京。歌步梁甫。歎絶有遺音。類聚、文苑作吟。○文苑英華二百七。樂府詩集四十一。廣文選十四。詩紀七十二。又類聚四十一引陰、沉、吟三韵。

君子有所思行

晨策終南首。顧望咸陽川。戚里遡層闕。甲館負文苑作連。注云。一作負。崇軒。文苑作阡。複塗希紫文苑作棨。注云。

一作紫。閣。重類聚作高。臺擬望仙。巴姬幽蘭奏。鄭女陽春絃。共矜紅顔日。俱文苑云。一作但。忘白髮年。寂寥文苑作寞。茂陵宅。照文苑作炫。注云。一作照。曜未央蟬。無以五鼎盛。顧嗤三經文苑作徑。玄。○類聚四十一。文苑英華二百二。樂府詩集六十一。廣文選十四。詩紀七十二。

白馬篇

白馬紫金鞍。停鑣過上蘭。寄言狹斜子。詎知隴道難。赤坂途三折。龍堆路九盤。類聚作蟠。冰類聚誤作水。生肌裏冷。風起骨中寒。功名志所急。日暮不遑飡。長驅文苑作馳。注云。一作驅。入右地。輕舉出樓蘭。直去已垂涕。寧可望長安。匪期定遠封。無羨輕車官。唯見恩義重。豈覺衣裳單。本持軀命答。類聚作苦。幸遇身名完。○文苑英華二百九。樂府詩集六十三。廣文選十四。詩紀七十二。又類聚四十二引蘭、蟠、寒、單、完五韵。

齊謳行

東秦稱右地。川隰固夷袛。層峯駕蒼雲。濁河流素壤。青丘良杳鬱。雪類聚字缺。宫信疏敞。王佐改殷命。霸功繆周網。○類聚四十一。樂府詩集六十四。詩紀七十二。

前緩聲歌

羽人廣宵宴。帳集瑶池東。開霞泛彩靄。澄霧迎香風。龍駕出黄苑。帝服起河宫。九疑轥煙雨。三山馭螭鴻。玉鑾乃排月。瑤軷信凌空。神行燭玄漠。帝斾委曾虹。簫歌美樂府作笑。廣文選作妙。嬴女。笙吹悦姬童。瓊漿且未洽。羽轡已騰空。息鳳曾城曲。滅景清都中。隆樂府作降。廣文選同。祐集皇代。委祚溢華嵩。○樂府詩集六十五。廣文選十四。詩紀七十二。

芳樹

以下二首附謝朓集。題云。同沈右率諸公賦鼓吹曲名。

發蕚九華隈。開跗寒露樂府作路。謝集作露寒。類聚同。文苑作塞路。注云。一作露塞。側。氤氳非一香。參差多異色。宿類聚作夙。昔寒飇舉。摧殘不可識。霜雪交横至。對之長歎息。○謝宣城詩集二。類聚四十二。文苑英華二百八。樂府詩集十七。詩紀七十二。

臨高臺

高臺不可望。類聚作望遠。望遠謝集作遠望。使人愁。連山無斷絶。河水復悠悠。所思竟何在。洛陽南陌頭。可望不可見。何用解人憂。○謝宣城詩集二。類聚四十二作臨高臺行。文苑英華二百十。樂府詩集十八。文選補遺三十四。詩紀七十二。

洛陽道

洛陽大道中。佳麗實無比。燕裙傍日開。趙帶隨風靡。領上蒲萄樂府作桃。繡。腰中合歡綺。佳人殊未來。薄暮空徒倚。○樂府詩集二十三。詩紀七十二。

江南曲

櫂文苑作棹。歌發江潭。采蓮渡文苑作度。湘南。宜詩紀云。一作莫。須閒隱處。舟浦予文苑作余。自諳。羅衣織成帶。墮文苑作墜。馬碧玉篸。詩紀作簪。但文苑作且。令舟文苑作州。楫渡。寧計路嶄樂府作嵌。嵌。文苑作岧岧。注云。一作嶄嵌。○文苑英華二百一。樂府詩集二十六。詩紀七十二。

東武吟行

天德深且曠。人世賤而浮。東枝纔類聚作裁。樂府同。拂景。西壑已停輈。逝類聚作遊。辭金門寵。去飲玉池流。霄類聚作宵。轡一類聚字缺。永矣。俗累從此休。○類聚四十一。樂府詩集四十一。詩紀七十二。

怨歌行

時屯寧易犯。俗險信難羣。坎壈元淑賦。頓挫敬通文。遽淪類聚作論。班姬寵。夙窆賈生墳。短俗同如此。長歎何足類聚作欲何。云。○類聚四十一。樂府詩集四十二。詩紀七十二。

悲哉行

旅遊媚年春。年春媚遊人。徐光旦垂彩。和露曉凝津。時嚶起稚葉。蕙氣動初蘋。一朝阻舊國。萬里隔良辰。○類聚四十一。樂府詩集六十二。詩紀七十二。

攜手曲

拾轡下雕輅。更衣奉玉牀。斜樂府作聯。簪映秋水。開鏡比春妝。所畏紅顔促。君恩不可長。鵁玉臺作雞。冠且容裔。豈吝桂枝亡。○玉臺新詠五。樂府詩集七十六。詩紀七十二。

有所思

西征登隴首。東望不見家。關樹抽玉臺作搯。紫葉。塞草發青芽。玉臺作牙。樂府同。昆明當欲滿。蒲萄應作花。流樂府作垂。淚對漢使。因書寄狹邪。○玉臺新詠五。樂府詩集十七。詩紀七十二。

夜夜曲

河漢縱類聚作蹤。且類聚、樂府作復。橫。北斗橫復直。星漢空如此。寧知心有類聚作所。憶。孤燈曖不明。寒機曉猶類聚作猶更。織。零淚類聚作涕。向誰道。雞鳴徒歎息。○玉臺新詠五。類聚四十二。樂府詩集七十六。詩紀七十二。

夜夜曲

北斗闌干去。夜夜心獨傷。月輝橫射枕。燈光半隱牀。○玉臺新詠十作梁簡文帝。樂府詩集七十六。詩紀七十二。○逯按。玉臺七已有梁簡文擬沈夜夜曲一首。此篇作沈詩爲是。

釣竿

桂舟既容與。綠浦復回紆。輕絲動弱芰。微檝起單鳧。扣舷忘日暮。卒歲以爲娛。○類聚四十一作釣竿行。樂府詩集十八。詩紀七十二。

臨碣石

碣石送返潮。登罘禮朝日。溟漲無端倪。山島互詩紀作玄。崇崪。驥老心未窮。酬恩豈終畢。○樂府詩集五十五。詩紀七十二。

湘夫人

瀟湘風已息。沅澧復安流。揚蛾一含睇。便娟好且修。捐玦置澧浦。解珮寄中洲。○樂府詩集五十七。詩紀七十二。

貞女引

貞女樂府作心。信無矯。傍鄰也見疑。輕生本非惜。賤軀良足悲。傳芳託嘉樹。弦歌寄好詞。○樂府詩集五十八。

詩紀七十二。

襄陽蹋銅蹄歌三首

分手玉臺作首。桃林文苑作李。岸。類聚作崖。送類聚作望。文苑、樂府同。別峴山頭。若欲寄音文苑作書。信。玉臺作息。漢水向東流。○玉臺新詠十作襄陽白銅蹄。類聚四十三作襄陽白銅鞮歌。文苑英華二百一作白銅鞮歌。樂府詩集四十八。詩紀七十二。

生長宛水上。從事文苑作往官。注云。一作從事。襄陽城。一朝遇神武。奮翼起先鳴。○文苑英華二百一。樂府詩集四十八。詩紀七十二。

蹀鞚文苑作踶控。注云。一作蹀鞚。飛塵起。左右自生光。男兒得富貴。何必在歸文苑作還故。鄉。○同上

永明樂

聯翩貴遊子。侈靡千金客。華轂起飛塵。珠履竟長陌。○樂府詩集七十五。詩紀七十二。

江南弄四首以下雜言。

趙瑟曲詩紀云。文苑英華作元帝。今從樂府作沈約。

邯鄲奇弄出文梓。縈絃急調切流徵。玄文苑作靈。鶴徘徊白雲起。白雲起。鬱披文苑作枝。注云。樂府作皮。香。離復合。曲未央。○文苑英華三百三十五。樂府詩集五十。詩紀七十二。

秦箏曲

羅袖飄纚拂雕桐。促柱高張散輕宮。迎歌度舞遏歸風。遏歸風。止流月。壽萬春。歡無歇。○文苑英華三百三十五作梁元帝趙瑟。樂府詩集五十。詩紀七十二。

陽春曲

楊柳垂類聚作至。地燕差池。緘情忍思落容儀。弦傷曲怨心自知。心自知。人不見。動羅裙。拂珠殿。○類聚四十二作江南行陽春曲。樂府詩集五十。詩紀七十二。

朝雲曲

陽臺氤類聚作氛。氳多異色。巫山高高上無極。雲來雲類聚作雨。去常不息。常不息。夢來遊。極類聚作經。萬世。度千秋。○類聚四十二。樂府詩集五十。詩紀七十二。

樂未央

億舜日。萬堯年。詠湛露。歌採蓮。願雜百和氣。宛轉金鑪前。○文苑英華百九十三作張正見神仙篇。樂府詩集七十四。詩紀七十二。

四時白紵歌五首七言

古今樂録曰。沈約云。白紵五章。敕臣約造。武帝造後兩句。

春白紵

蘭葉參差桃半紅。飛芳舞縠戲春風。如嬌如怨狀不同。含笑流眄類聚作盼。滿堂中。翡翠羣飛飛不息。願在雲間長比翼。佩服瑶類聚作堇。草駐容色。舜日堯年歡無極。○類聚四十三。樂府詩集五十六。詩紀七十二。又玉臺新詠九作春日白紵曲。引紅、風、息、翼四韵。

夏白紵詩紀云。文苑英華作梁武帝。今從樂府作沈約。

朱光灼爍照佳人。含情送文苑作遺。注云。一作送。意遥相親。嫣然一樂府作宛。文苑云。一作婉。詩紀云。一作宛。轉亂心神。非子之故欲誰因。翡翠羣飛飛不息。願在雲間長比翼。佩服瑶草駐容色。舜日堯年歡無極。○樂府詩集五十六。詩紀七十二。又類聚四十三引人、親、神、因四韵。文苑英華百九十三作梁武帝白紵歌。引人、親、神、因四韵。

秋白紵

白露欲凝草已黄。金管玉臺作琯。類聚同。玉柱響洞房。雙心一影樂府、詩紀作意。俱回樂府作徊。詩紀同。翔。吐情寄君君莫忘。翡翠羣飛飛不息。願在雲間長比翼。佩服瑶草駐容色。舜日堯年歡無極。○樂府詩集五十六。詩紀七十二。又玉臺新詠九作秋日白紵曲。引黄、房、翔、忘四韻。類聚四十三引黄、房、翔、忘四韻。

冬白紵

寒閨晝密樂府作寢。羅幌垂。婉容麗色心樂府作心長。相知。雙去雙還誓不移。長袖拂面爲君施。翡翠羣飛飛不息。願在雲間長比翼。佩服瑶草駐容色。舜日堯年歡無極。○樂府詩集五十六。詩紀七十二。又類聚四十三引垂、知、移、施四韻。

夜白紵

秦箏齊瑟燕趙女。一朝得意心相許。明月如規方襲予。夜長未央歌白紵。翡翠羣飛飛不息。願在雲間長比翼。佩服瑶草駐容色。舜日堯年歡無極。○樂府詩集五十六。詩紀七十二。

團扇歌二首

青青林中竹。可作白團扇。動摇玉郎手。因風訪方便。○合璧事類外集六十。

團扇復團扇。持許自障面。憔悴無復理。羞與郎相見。○同上○逯按。玉臺新詠此乃桃葉歌。合璧事類或别有所據。列此俟考。

詩

侍皇太子釋奠宴詩以下四言。

尊學尚矣。道亦遐哉。啓圖觀祕。闢苑興才。事高東序。義邁雲臺。峨峨德傅。灼灼英台。復禮曲臺。反樂宣榭。闕文内舉。輶軒外駕。結朋千里。從師百舍。墜類聚作隊。典必修。闕祀咸薦。迴鸞獻爵。搃金委奠。肆士辨儀。胥人掌縣。髣髴神蹤。初學記作從。徘徊靈睠。○類聚三十八引榭、駕、舍、薦、奠、縣、睠七韵。初學記十四引哉、才、臺、台、薦、奠、縣、睠八韵。詩紀七十三。

贈沈録事江水曹二大使詩五章○東陽郡時。

伊我洪族。源濬流長。奕奕清濟。代有蘭芳。允兹二秀。挺幹朝陽。于彼原隰。徽命是將。

受言帝庭。觀風上牧。逸翰雙舉。爲腓爲服。遍軌甌吴。縈塗海陸。岌岌貂冕。轔轔華轂。

帝格文祖。握瑞持衡。慶踰高邑。兆屬大横。王道無外。乾路昭亨。近臣展事。上介倅行。

微微下國。川紆路阻。藹藹王人。匪遑寧處。巡儀既暢。私宴亦敍。置酒式歌。披衿寤語。

戒途在日。復路廻舟。霜結暮草。風卷寒流。情勞東眷。望泫西浮。崇君遠業。敬爾芳猷。○文館詞林百五十八。

贈劉南郡季連詩六章○東陽郡時。

鴻漢景德。盛楚連徽。灼灼中壘。入奧知微。殊源別派。復屬清輝。伊我蘭執。升堂啓扉。

宴遊忽永。心期靡悔。代歷四朝。年踰十載。朋居繾綣。余違爾誨。豈獨秋蘭。結言爲珮。

事有離會。心未江湖。昔分湘濟。今別荆吴。安得理翰。同飛故都。情勞伊爾。念切紛吾。

追念生平。歡友非一。飆零斯五。披林者七。方駕清衢。置酒蘭室。離役代有。興言涕溢。

山邦務寡。陝輔任隆。才否雖異。劳逸不同。幽巖何有。丹桂爲叢。結枝以贈。寄之飛鴻。

峨峨令藩。騰芳戚右。緝兹江漢。實寄僚首。在德易充。爲名難朽。願言可獲。歲暮攜手。○文館詞林百五十八。

爲南郡王侍皇太子釋奠宴詩二首

陵季相沿。訓隨世殆。政缺雅乖。風漓化改。禮亡祚席。樂沈河海。三雍靡構。四教誰采。瞻震並峻。義屬重麗。横書清道。晦彼生知。○類聚三十八。詩紀七十三。

義重師�。業貴虚受。襄野順風。西河杜帚。表跡虧光。降情迴首。道御百靈。神行萬有。尊學尚矣。繼列傳徽。旗章或舛。兹道莫違。自堂及室。異軫同歸。洋洋聖範。楚楚儒衣。○初學記十四。詩紀七十三。○逯按。類聚、初學記所引殆爲一篇之佚文。詩紀編爲兩首。今姑照録。

三日侍鳳光殿曲水宴應制詩

光遲蕙畝。類聚作畒。氣婉椒臺。皇心愛矣。帝曰遊哉。玉類聚作王。鑾初學記作鑒。徐騖。初學記作警。詩紀云。一作警。歲時雜詠作御警。翠鳳輕迴。別殿廣臨。離宫洞啓。川祇類聚作祗。初學記、歲時雜詠同。奉壽。河宗相禮。清洛漸筵。長伊流陛。洄盪嘉羞。搖漾芳醴。輕歌易繞。弱舞難持。素雲留管。玄鶴歲時雜詠作鸖。停絲。引思爲歲。歲亦陽止。叨服賁身。身亦昌止。徒勤丹漆。終愧文梓。○類聚四、初學記四、古今歲時雜詠十六俱作三日侍鳳光殿曲水宴詩。廣文選八作侍曲水宴詩。詩紀七十三。

爲臨川王九日侍太子宴詩

涼風北起。高鴈南翻。葉浮楚水。草折梁園。凄涼霜野。惆悵晨鷗。雲輕寒樹。日麗秋原。三金廣設。六羽高陳。寒英始獻。涼酎初醇。靡靡神襟。鏘鏘羣彦。思媚儲猷。洽和奉宴。恩暢蘭席。歡同桂殿。景遽樂推。臨風以眷。麗景天枝。位非德舉。任伍辰階。祚均河楚。負嶽未勝。瞻雲難侶。望古興惕。心焉載佇。○類聚四。廣文選八作太子九日宴詩。詩紀七十三。

九日侍宴樂遊苑詩

憑玉宅海。端扆御天。止流飛蹕。靜震騰川。凝神貫詩紀云。一作貢。極。摛道漏泉。西裘委衽。南風在絃。暮芝始綠。年桂初丹。上林葉下。滄池水寒。霜雰玉樹。鴈動輕瀾。停蹕玉陛。徙衛璿墀。琱箱鳳綵。羽蓋鸞姿。虹旌迢遞。翠華葳蕤。禮弘灞汭。義高洛湄。○類聚四。廣文選八作侍宴樂遊苑詩。詩紀七十三。

從齊武帝瑯琊城講武應詔詩以下五言。

九功播祧文苑作桃。墠。七德陳武懸。展事昌國圖。息兵由重戰。皇情咨閱典。出車迨辰選。飾徒映寒隰。翻綏臨廣甸。颯沓佩吳戈。參差腰夏箭。風旆舒復卷。雲霞文苑云。一作葭。按當作葭。清似轉。輕舞信徘徊。前歌且遥衍。秋原嘶代文苑作戈。馬。朱光浮楚練。虹壑寫飛文。巖阿藻餘絢。發震岳靈從。揚旌水華變。憑高訓武則。中天起遐眷。鳳蓋捲洪河。珠旗掃詩紀云。集作拂。長汧。方待翠華舉。遠適瑶池宴。○文苑英華二百九十九。詩紀七十三。

三日侍林光殿曲水宴應制詩

宴鎬鏘玉鑾。遊汾舉仙軷。歲時雜詠作軾。文苑同。榮光泛初學記作沉。彩旄。脩風動芝蓋。淑氣婉登晨。天行聳雲旆。帳殿臨春籞。帷宮繞芳薈。歲時雜詠作會。漸席周羽觴。分墀引迴瀨。穆穆玄化歲時雜詠作花。升。類聚作寶化昇。濟濟皇階類聚作陛。文苑作家。泰。將御遺風軫。遠侍瑶臺會。○類聚四作侍林光殿曲水宴詩。初學記四作林光殿曲水宴詩。古今歲時雜詠十六作三日林光殿曲水宴。文苑英華百七十二作三日侍林光殿曲水詩。詩紀七十三。

侍宴樂遊苑餞呂僧珍應詔詩

丹浦非樂戰。負重切君臨。我皇秉類聚作蘊。文苑同。至德。忘文苑作恭。注云。一作忘。己用堯心。愍茲區宇內。魚鳥失飛沈。推御覽作持。轂二崤道。李善本文選作岨。揚旆九河陰。超乘盡三屬。選士皆百金。戎車類聚作主。出細柳。餞席遵類聚作樽。詩紀云。一作樽。上林。命文苑作興。師誅後服。授律綏前禽。函轘文苑作亟轅。方解帶。嶢文苑作驍。武稍披文苑作已按。襟。伐罪芒山曲。弔民伊水潯。將陪告成禮。待此未抽簪。○文選二十。類聚二十九。文苑英華百六十九。詩紀七十三。又御覽七百七十六作餞呂僧珍詩。引陰一韵。

正陽堂宴勞凱旋詩

凱入同高宴。飲至均多祜。昔往歌采薇。今來歡杕杜。善戰惟我皇。勝之不窺户。推轂授神謨。餘壯終能賈。浩蕩金罍溢。周流玉觴傅。○類聚五十九。詩紀七十三。

游鍾山詩應西陽王教五章

靈山紀文苑作標。注云。文選作記。地德。地文苑作陰。險六臣本文選作峭險。注云。李善本作地險字。資岳靈。終南表秦觀。類聚作館。文苑同。少室邇王城。翠鳳翔淮海。衿帶遶神坰。北阜何其峻。林薄杳葱青。

發地多奇嶺。干雲非一狀。合沓共隱天。參差互類聚作分。文苑同。六臣本文選注云。五臣作分。相望。鬱律構丹巘。

崚嶒起青嶂。勢隨九疑高。氣與三山文苑作川。壯。卽事既多美。臨眺殊復奇。南瞻類聚作矚。文苑同。又注。文選作瞻。儲胥觀。御覽作館。西御覽作北。望昆明池。山中咸可悅。賞逐四時移。春光發隴首。秋風生桂枝。多值息心侶。結架山之足。八解鳴澗流。四禪隱巖曲。窈冥終不見。蕭條無可六臣本文選注云。五臣作何所字。欲。所願從之遊。寸心於此足。君王挺逸趣。羽旆臨崇基。白雲隨玉趾。文苑作址。青霞雜桂旗。淹留訪五藥。顧步佇三芝。於焉仰鑣駕。歲暮以爲六臣本文選注云。五臣作終字。期。○文選二十二作鍾山詩應西陽王教。文苑英華百五十九作遊鍾山。詩紀七十三。又類聚七作遊鍾山。引靈、城、青、壯、奇、池、移、枝、足、曲十韵。御覽六十六引池一韵。

登高望春詩

登高眺京洛。街巷何紛紛。玉臺作紛漠漠。詩紀同。廻首望長安。城闕鬱盤桓。日出照鈿黛。風過動羅紈。齊童躡朱履。趙女揚翠翰。春風搖雜樹。葳蕤緑且丹。寶瑟玫瑰柱。金羈瑇瑁鞍。淹留宿下蔡。置酒過上蘭。日出二句。類聚在此句下。解眉還復斂。方知巧笑難。佳期空靡靡。含睇未成歡。嘉客不可見。因君寄長歎。○玉臺新詠五。詩紀七十三。又類聚二十八及廣文選九引紛、桓、翰、丹、鞍、蘭、紈七韵。

遊金華山詩

遠策追夙文苑作風。注云。集作夙。心。靈文苑作雲。山協久文苑作文。注云。一作久。要。天倪臨紫闕。地道文苑作道地。注云。一作地道。通丹竅。文苑作徼。未乘琴高鯉。且縱文苑作從。注云。一作縱。嚴陵釣。若蒙羽駕迎。得奉金書召。高馳入閶闔。方覩靈妃笑。○類聚七。文苑英華百五十九。詩紀七十三。

留詩紀作劉。真人東山還詩

連峯竟無已。積翠遠微微。寥戾野風急。芸黃秋草腓。類聚作肥。我來歲云暮。於此悵懷歸。霜雪方共下。寧止露霑衣。文苑作寧唯止露衣。待余兩岐秀。文苑作成。去去掩柴扉。○類聚七。文苑英華百六十作留真人東南還。詩紀七十三。○逯按。文館詞林沈約有留真人教。

登玄暢樓詩

危峯帶北阜。高頫類聚作圓。頂出南岑。中有陵風榭。類聚作樹。迴望川之陰。岸初學記作崖。文苑同。險類聚作涯岸。每增減。湍平互淺深。水流本三派。臺高乃四臨。上有離羣客。客有慕文苑作各有暮。歸心。落暉映長浦。煥景燭中潯。雲生嶺乍黑。日下溪半陰。信美非吾土。何事不抽簪。○類聚六十三。初學記二十四。文苑英華三百十一。詩紀七十三。

酬謝宣城朓詩詩紀云。集云調宣城朓卧疾。

王喬飛鳧舄。東方金馬門。從宦文苑作官。注云。宋本作宦。非宦侶。避世不六臣本文選作作。詩紀同。集注本文選作非。

類聚、文苑同。避諠。揆予文苑作余。發皇鑒。詩紀云。一作覽。短翮類聚作羽。屢飛翻。晨趨朝詩紀云。一作游。建禮。晚沐卧郊園。賓至下塵榻。憂來命緑樽。昔賢侔時雨。今守馥蘭蓀。神交疲夢寐。路遠隔思存。牽拙謬東汜。浮惰及六臣本文選注云。五臣作反。西崑。顧循良菲薄。何以儷璵璠。將隨渤澥去。刷羽汎清源。○謝宣城詩集四作答謝宣城。文選三十作和謝宣城。詩紀七十三。又類聚三十一、文苑英華二百四十並引門、諠、翻、園、樽、蓀、存七韻。

新安江至清淺深見底貽京邑遊好詩

眷言訪舟客。茲川信可珍。洞徹文選作澈。類聚同。隨清文選作深。類聚同。淺。皎鏡無冬春。千仞寫喬類聚、文苑作高。樹。百丈見遊鱗。滄浪有時濁。清濟涸無津。豈若乘斯去。俯映石磷磷。紛吾隔囂滓。寧假文苑作可。濯衣巾。六臣本文選注云。善本作巾衣字。願以潺湲水。六臣本文選注云。五臣作沐。類聚作末　霑君纓類聚作衣。上塵。○文選二十七。文苑英華百六十二作渡新安江貽京邑友好。詩紀七十三。又類聚八作渡新安江貽京邑友好。引珍、春、鱗、巾、塵五韻。

送別友人詩詩紀云。外編作任昉者非。

君東我亦西。銜悲涕如霰。浮雲一南北。何由展言宴。方作異鄉人。贈子同心扇。遥裔發海鴻。連翻出簷燕。春秋更去來。參差不相見。○類聚二十九。文苑英華二百二十六。詩紀七十三。

去東陽與吏民別詩

微薄叨今幸。忝荷非昔期。唐風豈異世。欽明重在茲。飾駗去闕輔。分竹入河淇。下車如昨日。曳組忽彌朞。霜載凋秋草。風三動春旗。無以招卧轍。寧望後相思。○類聚五十。詩紀七十三。

早發定山詩

夙齡愛遠壑。晚蒞見奇山。標峯綵虹外。置嶺白雲間。傾壁忽斜竪。絶頂復孤圓。李善本文選作員。歸海流漫漫。出浦水濺濺。文選作淺淺。六臣本注云。五臣作濺。野棠開未落。山櫻發草堂詩箋作花。欲然。忘歸屬蘭杜。懷禄寄芳荃。眷言採三秀。徘徊望九仙。○文選二十七。詩紀七十三。又草堂詩箋二十一絶句詩注。引燃一韵。

循役朱方道路詩

分繻出帝京。升裝奉皇穆。洞野屬滄溟。聯郊遡河服。日映青丘島。塵起邯鄲陸。江移林岸微。巖深煙岫複。歲嚴摧磴草。午寒散嶠木。縈蔚萬花谷作鬱。夕飆卷。蹉跎晚雲伏。霞萬花谷作葭。志非易從。旌軀信難牧。豈慕萬花谷作真。淄萬花谷作釁。宫梧。方辭兔園竹。羈萬花谷作先。心亦何言。迷蹤庶能復。○初學記二十四。萬花谷後二十五。詩紀七十三。

和竟陵王遊仙詩二首王融、范雲同賦。

夭類聚作天。廣文選同。詩紀云。一作天。矯類聚作蹻。廣文選同。詩紀云。一作蟜。乘絳仙。螭衣方陸離。玉鑾隱雲霧。溶溶紛上馳。瑶臺風不息。赤水正漣漪。峥嶸玄圃上。聊攀瓊樹枝。○類聚七十八。廣文選九。詩紀七十三。

朝止文苑作上。閶闔宫。暮初學記作夕。文苑作高。宴清都闕。騰蓋隱初學記作擁。文苑同。詩紀云。一作擁。奔星。低鑾文苑作鸞。避行月。九疑文苑作嶷。紛相從。虹旌乍升没。青鳥去復還。初學記作留。文苑同。高唐雲不歇。若華有餘照。淹留且晞髮。○類聚七十八。初學記二十三。文苑英華二百二十五。廣文選九。詩紀七十三。

遊沈道士館詩

秦皇類聚作王。御宇宙。漢帝恢武功。歡娛人事類聚作世。盡。情性猶未充。鋭意三山上。托慕九霄中。既表祈年觀。復立望仙宫。寧爲心好道。直由意無窮。曰余知止足。是願不須豐。遇可淹留處。便欲息微躬。六臣本文選注云。五臣無此二句。山嶂遠重疊。竹樹近蒙籠。開襟濯寒水。解帶臨清風。所累非物外。文選作外物。文章正宗同。爲念在玄空。類聚作蹤。詩紀云。一作蹤。朋來握類聚作挹。石髓。賓至駕輕類聚作飛。鴻。都令人徑絶。惟使雲路通。一舉凌倒景。無事適華嵩。寄言賞心客。歲暮爾來同。○文選二十二。類聚七十八。文章正宗二十九。詩紀七十三。

酬華陽陶先生詩

三清未可覿。一氣且空存。所願迴光景。拯難拔危魂。若蒙丸陶隱居傳作九。金薤記同。丹贈。豈懼六龍奔。○陶隱居傳。金薤記。詩紀七十三。

還園宅奉酬華陽先生詩

早欲尋名山。期陶隱居傳作須。待婚嫁畢。二事雖云已。此外復非一。忽聞龍圖至。仍覩榮陶隱居傳作龍。光溢。副朝首八元。開壤賦千室。冠纓曾弗露。風雨未嘗櫛。鳴玉響洞門。金蟬映朝日。慚無小人報。徒叨令尹秩。豈忘平生懷。靡鹽不遑恤。〇陶隱居傳。金薤記。詩紀七十三。

華陽先生登樓不復下贈呈詩

側聞上士説。尺木乃騰霄。雲騈類聚作軿。是。不展地。仙居多麗樵。金薤記作譙。類聚作醮。卧待三芝秀。坐對百神朝。銜書必青鳥。佳陶隱居作嘉。類聚同。客信龍鑣。非止靈桃實。方見大椿凋。〇陶隱居傳作酬華陽先生。金薤記作華陽先生登樓不下贈呈。類聚七十八作陶先生登樓不得下詩。詩紀七十三。

奉華陽王外兵詩

金薤記云。隱居別曷氏號。

餐玉駐年齡。吞霞反容質。眇識青丘樹。迴見扶桑日。爛熳蜃雲舒。嵚崟山海出。〇陶隱居傳。金薤記。詩紀七十三。

赤松澗詩

松子排煙去。英靈眇難測。惟有清潤流。潺湲終不息。神丹在兹化。雲軿於此陟。願受金液方。片言生羽翼。渴就華池飲。飢向朝霞食。何時當來還。延佇青類聚作清。巖側。○類聚七十八。詩紀七十三。

八關齋詩

因戒倦輪飄。習障從塵染。四衢道難闢。八正扉猶掩。得理未易期。失路方知險。迷塗既已復。豁悟非無漸。○類聚七十六。詩紀七十三。

古意詩

挾瑟叢臺下。徙倚愛容光。佇立日已暮。戚戚苦人腸。露葵已堪摘。淇水未沾裳。錦衾無獨暖。羅衣空自香。明月雖外照。寧知心内傷。○玉臺新詠五。詩紀七十三。

少年新婚爲之詠詩

山陰柳家女。莫詩紀作薄。言出田墅。丰容好姿顔。便僻工詩紀作巧。言語。腰肢既軟弱。衣服亦華楚。紅輪映早寒。畫扇迎初暑。錦履並花紋。繡帶同心苣。羅繻金薄廁。雲鬢花釵舉。我情已鬱紆。何用表崎嶇。託意眉間黛。申心口上朱。莫争三春價。坐喪千金軀。盈尺青銅鏡。徑寸合浦珠。無因達往意。欲寄雙飛鳧。裾開見玉趾。衫薄映凝膚。羞言趙飛燕。笑殺秦羅敷。白顧雖悴薄。冠蓋耀城隅。高門列騶駕。廣路從驪駒。

何慚鹿盧劍。詎減府中趨。還家問鄉里。詎堪持作夫。○玉臺新詠五。詩紀七十三。

登北固樓詩

六代舊山川。興亡幾百年。繁華今寂寞。朝市昔喧闐。夜月琉璃水。春風柳色天。傷時爲懷古。垂淚國門前。○輿地紀勝七。

夢見美人詩

夜聞長歎息。知君心有憶。果自閶闔開。魂交覩顏玉臺作容。色。既薦巫山枕。又奉齊眉食。立望復橫陳。忽覺非在側。那知玉臺作惡。神傷者。潺湲淚霑臆。○玉臺新詠五。詩紀七十三。

直學省愁臥詩

秋風吹廣陌。蕭瑟入南闈。愁人掩軒臥。高窗時動扉。虛館清陰滿。神宇暧微微。網蟲垂户織。夕鳥傍櫚飛。纓珮空爲忝。江海事多違。山中有桂樹。歲暮可言歸。○文選三十作學省愁臥。六臣本注云。五臣作直學省愁臥。詩紀七十三。

休沐寄懷詩

雖云萬重嶺。所翫終詩紀云。一作惟。一丘。階墀幸自足。安事遠遨遊。臨池清溽暑。開幌望高秋。園禽與時變。蘭根應節抽。憑軒搴木末。垂堂對水周。紫籜開緑篠。白鳥映青疇。艾葉彌南浦。荷花遶北樓。送日隱層閣。引月入輕幬。爨熟寒蔬剪。賓來春蟻浮。來往既云勸。光景爲誰留。○初學記二十。詩紀七十三。

宿東園詩

陳王鬬雞道。安仁采樵路。東郊豈異昔。聊可閒余步。野徑既盤紆。荒阡亦交互。槿籬疏復密。荆扉新且故。樹頂鳴風飆。草根積霜露。驚麏去不息。征鳥時相類聚作返。顧。茅棟嘯愁鴟。平岡走寒兔。夕陰帶層阜。長煙引輕素。飛光忽我遒。豈李善本文選作寧。止歲云暮。若蒙西山藥。頹齡倘能度。○文選二十二。詩紀七十三。又類聚六十五引故、露、顧、兔、素五韵。

行園詩

寒瓜方卧壠。秋菰亦滿陂。紫茄紛爛熳。類聚作漫。緑芋鬱參差。初菘向堪把。時韭日離離。高梨有繁實。何減萬年枝。荒渠集野雁。安用昆明池。○謝宣城詩集四。詩紀七十三。又類聚六十五引陂、差、離三韵。

和左丞庾杲之移病詩

歲暮豈云聊。參差憂與疾。匪辭孰能賜。持身固無述。握蘭空盈把。待漏終不溢。囂喧滿眼前。簿領紛盈膝。安用談天辯。徒勞夢賜筆。挂冠若東都。山林寧復出。○初學記十一。詩紀七十三。

和竟陵王抄書詩

教微因弛轡。維峻屬貞期。義乖良未遠。斯文焕在兹。超河綜絶禮。冠楚綴淪詩。披縢辨蠹册。酌醴訪深疑。澄流黜往性。初學記作往。泛畧引前滋。漢壁含遺篆。名山多逸詞。緑編方委閣。素簡日盈輜。空幸參鴛鷺。比秀忝瓊芝。挹流既知廣。復道還自嗤。○初學記十二。詩紀七十三。

詠竹火籠詩

結根終南下。防露復披雲。雖爲九華扇。聊可滌炎氛。安能偶文選補遺作遇。狐白。鶴夘文選補遺作卵。織成文。覆持鴛鴦被。百和吐氛氳。忽爲纖手用。歲暮待羅裙。○謝宣城詩集五。文選補遺三十六。

梁詩卷七

沈約

詩

奉和竟陵王郡縣名詩王融、范雲同賦。

西都富軒冕。南宮溢才彥。高闕連朱雉。方渠漸游殿。廣川肆河濟。長岑繞崤汧。曲梁濟危渚。平皐騁悠眄。清淵皎澄徹。類聚作澈。曾山鬱蔥蒨。陽泉濯春藻。陰丘聚寒霰。西華不可留。東光促奔箭。望都遊子懷。臨戎征馬倦。既豫平臺集。復齒南皮宴。一窺長安城。羞言杜陵掾。○類聚五十六。詩紀七十三。

奉和竟陵王藥名詩

丹草秀朱翹。重臺架危岊。類聚作岊。木蘭露易飲。射干枝可結。陽隰採辛夷。寒山望積雪。玉泉亟周流。雲華乍明滅。合歡葉暮卷。爵林聲夜切。垂景迫連桑。思仙慕雲埒。荆實剖類聚作部。丹瓶。龍芻汗奔血。照握乃夜光。盈車非玉屑。細柳空葳蕤。水萍終委絶。黄符若可挹。長生永昭晢。○類聚五十六。詩紀七十三。

和陸慧曉百姓名詩

建都望淮海。樹闕表衡稽。井幹風雲出。柏梁星漢齊。皇王臨萬宇。惠化覃黔黎。吉士服仁義。宿昔秉華圭。庸賢起幽谷。欽言非象犀。端委康國步。偃息召邦攜。舉政方分策。易紀粲金泥。伊余沐嘉幸。由是別園畦。曾微涓露答。光景遂雲類聚作雲。西。方隨煉丹子。薄暮矯行迷。○類聚五十六。詩紀七十三。

三月三日率爾成章詩

麗日屬元巳。六臣本文選注云。五臣或作日字。年芳具在斯。開花已匝初學記作兩。萬花谷同。樹。流鸎文選、詩紀作嚶。六臣本注云。五臣作鸎字。復滿枝。洛陽繁華子。長安輕薄兒。東出千金堰。萬花谷作偃。西臨鴈鶩陂。遊絲歲時雜詠作絡。映詩紀作應。空轉。高楊初學記作柳。歲時雜詠同。拂地初學記作池。文苑同。垂。綠幘初學記作萍。文苑同。又注。類聚作帷。御覽作絲萍。文照耀。紫燕光陸離。清晨類聚作辰。戲伊水。薄初學記作轉。萬花谷同。暮宿蘭池。象筵鳴御覽作排。寶瑟。金瓶泛羽初學記作玉。歲時雜詠、文苑同。巵。寧文苑作仍。憶春蠶文苑作蠶眠。起。日暮桑欲萎。長袂屢已文選作以。歲時雜詠、文苑同。拂。彫胡方自炊。愛而不可見。宿昔減容儀。且歲時雜詠作早。當文苑作早常。忘情去。歲時雜詠作土。文苑作士。歎息獨何爲。○文選三十。古今歲時雜詠十六。文苑英華百五十七。詩紀七十三。又類聚四、初學記四、御覽三十並引斯、枝、兒、陂、垂、離、池、巵、萎九韵。萬花谷後四引斯、枝、兒、陂、池、萎六韵。

織女贈牽牛詩

紅妝與明鏡。二物本相親。用持施點畫。不照離居人。往秋雖一照。一照復還類聚作還復。塵。塵生不復拂。蓬首對河津。冬夜寒如此。初學記作是。歲時雜詠同。文苑云。一作是。寧遽道陽春。初商忽類聚作忽。云至。暫得奉衣巾。施衿已成類聚作誠已。文苑云。一作識已。故。每聚忽歲時雜詠作輒。文苑作趾輒。注云。一作忽。如新。初學記作每趾輒如新。○類聚四。初學記四。文苑英華百五十八。古今歲時雜詠二十五。詩紀七十三。

應王中丞思遠詠月詩

月華臨静初學記作凈。夜。夜静玉臺作靖。初學記作凈。減氛埃。方暉竟户入。初學記作入户。文苑同。圓影隙中來。高樓切思婦。西園遊上才。網御覽作臨。軒映珠六臣本文選注云。善本作朱。詩紀云。一作朱。綴。應門照緑苔。洞房殊未曉。清光信悠哉。○文選二十。又玉臺新詠五。類聚一、初學記一、文苑英華百五十一、御覽四並作詠月。詩紀七十三。

和王中書德充詠白雲詩

白雲自帝鄉。氛氲屢迴没。蔽虧崑山樹。含吐瑶臺月。秋風西北起。飄我過城闕。城闕已初學記作以。參差。白雲復離離。皎潔在天初學記作大。漢。倒影入華池。將過丹丘野。時至碧林垂。九重迎飛燕。萬里送翔螭。○類聚一作和王中書白雲詩。初學記一。文苑英華百五十六。詩紀七十三。

詠雪應令詩

思鳥聚寒蘆。蒼雲軫暮色。夜雪合且離。曉風驚復息。嬋娟入綺窗。徘徊鶩情極。弱挂詩紀作桂。不勝枝。輕飛屢低翼。玉山聊可望。瑶池豈難卽。○初學記二。詩紀七十三。

和劉雍州繪博山香爐詩

範金誠可則。摛思必良工。凝芳自初學記作俟。萬花谷作俟。朱燎。先鑄首山銅。瓌萬花谷作環。姿信岊嵲。奇態實玲瓏。峯嶝互相拒。巖萬花谷作岬。岫杳無窮。赤松遊其上。斂足御輕鴻。蛟螭盤其下。驤首盼層穹。嶺側多奇樹。或孤或複萬花谷作復。叢。巖間有佚女。垂袂似含風。翬飛若未已。虎視鬱餘雄。登山起重障。萬花谷作嶂。左右引絲桐。百和清夜吐。蘭煙四面充。如彼崇朝氣。觸石繞華嵩。○初學記二十五。萬花谷續七。詩紀七十三。

詠湖中鴈詩

白水滿春塘。旅雁每迴翔。唼流類聚作荇。牽弱藻。斂翮帶餘霜。羣浮動輕浪。單汎逐孤光。懸飛竟不下。亂起未成行。刷羽同摇漾。一舉還故鄉。○文選三十。詩紀七十三。又類聚九十一引翔、霜、行、鄉四韻。

冬節後至丞相第詣世子車中作詩

廉公失權勢。門館有虚盈。貴賤猶如此。況乃曲池平。高車塵未滅。珠履故餘歲時雜詠作無。六臣本文選注云。五臣作無。聲。賓階緑錢滿。客位紫苔生。誰類聚作唯。當九原上。鬱鬱望佳城。○文選三十。類聚三十四作蕭丞相第詣世子車中作。古今歲時雜詠三十九作冬至後丞相第詣世子車中作。詩紀七十三。

奉和竟陵王經劉瓛墓詩

表閭欽逸軌。軾類聚作式。墓禮真謝集作貞。類聚同。魂。化塗終眇默。神理曖猶存。塵經謝集作駕。詩紀云。一作駕。未輟幌。高衡已委門。日燕子雲舍。徒望董生園。華陰無遺布。楚席有靈樽。玄泉倘能慰。長夜且勿論。○謝宣城詩集四。詩紀七十三。又類聚四十作經劉瓛墓詩。引魂、存、門、樽四韵。

悼亡詩

去秋三五月。今秋還照梁。玉臺作房。文苑、詩紀云。一作房。今春蘭蕙草。來春文苑作春來。又注。或作明春。復吐芳。悲哉人道異。一謝永銷亡。簾屏既毁撤。玉臺作屏筵空有設。文苑、詩紀並云。一作屏筵空有設。帷席更施張。遊塵掩虚座。孤帳覆空牀。萬事無不盡。徒令存者傷。○玉臺新詠五。文苑英華三百二。詩紀七十三。

侍遊方山應詔詩

清漢夜昭晢。扶桑曉陸離。發歌攡陽下。詩紀云。一作發吹垂楊下。建初學記作巡。羽朝夕池。攡金浮水若。聳蹕初學記作罼。詔初學記字缺。山祇。一霑九霄露。藜藿終自知。○初學記十三。詩紀七十四。

樂將殫恩未已應詔詩

淒鏘笙初學記作生。誤。管遒。初學記作道。誤。參差舞行亂。輕肩既屢舉。長巾亦徐换。雲鬟垂寶花。輕妝染微汗。羣臣醉又飽。聖恩猶未半。○初學記十五。詩紀七十四。

泛永康江詩

長枝萌紫葉。清源泛綠苔。山光浮水至。春色犯寒來。臨睨信永矣。望美曖悠哉。寄言幽閨妾。羅袖勿空裁。○類聚八。文苑英華百六十二。詩紀七十四。

餞謝文學離夜詩

漢池水如帶。巫山雲似蓋。瀄汨背吳潮。古文苑作湖。潺湲横楚瀨。一望沮漳水。寧思江海會。以我徑寸心。從君千里外。○謝宣城詩集四作餞謝文學。古文苑四。文苑英華二百六十六作别謝文學。文選補遺二十六。廣文選八作餞錢文學。詩紀七十四。又類聚二十九作别謝文學。引蓋、會、外三韵。

别范安成詩

生平六臣本文選注云。五臣作平生。類聚、草堂詩箋、文苑作平生。少年日。分手草堂詩箋作守。易前期。及爾同衰暮。非復別離時。勿言一樽草堂詩箋作杯。酒。明日難重類聚作共。文苑同。持。夢中不識路。何以慰相思。○文選二十。類聚二十九。文苑英華二百六十六。文章正宗二十九。詩紀七十四。又草堂詩箋十四有懷詩注引期、持二韵。

效古詩

可憐桂樹枝。單雄憶故雌。歲暮異栖宿。春至猶別離。山河隔長路。路遠絶容儀。豈云無可玉臺作我。匹。寸心終不移。○玉臺新詠五。廣文選十。詩紀七十四。

庭雨應詔詩

出空寧可圖。入庭倍難賦。非煙復非雲。如絲初學記作系。復如霧。霢霂裁欲垂。霏微不能注。雖無千金質。聊爲一辰趣。初學記作趍。○初學記二作見庭雨應詔詩。文苑英華百七十三。詩紀七十四。

初春詩

扶詩紀作夾。注。一作扶。道覔陽春。相將玉臺作佳人。共攜手。草色猶玉臺作獨。自腓。玉臺作非。初學記、文苑同。林中都未有。無事逐梅花。空教玉臺作中。類聚作交。信楊柳。且復歸去詩紀作共歸。來。含情寄杯酒。○玉臺新詠五。類聚三作詠初春詩。初學記三。文苑英華百五十七。詩紀七十四。

春詠詩詩紀作春思。注云。一作春詠。

楊柳亂如絲。綺羅不自持。春草黄玉臺作青。復類聚作復黄。文苑同。緑。客文苑云。類聚作傷。心傷文苑作悲。此時。青苔玉臺作翠菭。已結洧。碧水復盈淇。日華照趙瑟。風色玉臺作心。類聚、文苑同。動燕姬。襟前玉臺作中。文苑同。萬行淚。故是一相思。○玉臺新詠五。類聚三。文苑英華百五十七作詠春。詩紀七十四。

傷春詩

弱草半抽黄。輕條未全緑。年芳被禁籞。煙華詩紀作花。繞層曲。寒苔卷復舒。冬泉斷方續。早花散凝初學記作疑。金。初露泫成玉。○初學記三作傷春賦。文苑英華百五十七作詠春。詩紀七十四。

秋夜詩

月落宵向分。紫煙鬱氛氳。曀曀螢入霧。離離鴈出詩紀作度。雲。巴童暗理瑟。漢女夜縫裙。新知樂如是。久要詎相聞。○類聚三。初學記三。文苑英華百五十八。詩紀七十四。

詠篪詩詩紀云。古文苑云。沈右率座賦二物爲詠。

江南簫管地。妙響發孫枝。殷勤寄玉指。含情舉復垂。雕梁再三繞。輕塵四五移。曲中有深意。丹誠君詎知。○謝宣城詩集五。玉臺新詠五。古文苑四作沈右軍箎。詩紀七十四。

詠竹檳榔盤詩

梢風有勁質。柔用道非一。平織方以文。穹類聚作穿。成圓且密。薦羞雖百品。所貴浮天實。幸承歡醑餘。寧辭嘉宴畢。○謝宣城詩集五。詩紀七十四。又類聚七十三引一、密二韻。

詠簷前竹詩

萌開籜已垂。結葉始成枝。繁蔭類聚作陰。上蓊茸。詩紀云。一作鬱鬱。促節下離離。風動露滴瀝。月照影參差。得生君户牖。不願夾華池。○類聚八十九。詩紀七十四。

翫庭柳詩

輕陰拂建章。夾道連未央。因風結復解。霑露柔且長。楚妃思欲絶。班女淚成行。遊玉臺作流。人未應去。爲此還玉臺作歸。故鄉。○玉臺新詠五作詠柳。類聚八十九。詩紀七十四。

麥李詩

青玉冠西白帖作四。海。碧石白帖作膚。彌白帖作充。外區。化爲中園白帖作國。實。其下成路白帖作蹊。衢。在先良足貴。因小邈難逾。色潤房文苑作方。陵縹。味奪寒水白帖作山。朱。摘持欲以獻。尚食且踟躕。○初學記二十八作詠李。文苑英華三百二十六。詩紀七十四。又類聚八十六作詠李詩。引區、衢、朱三韵。白帖三十作沈約詩。引區、衢、朱三韵。

詠桃詩

風來吹葉動。風去畏花傷。紅英已照灼。況復含日光。歌童暗理曲。游女夜縫裳。詎減當春淚。能斷思人腸。○玉臺新詠五。詩紀七十四。

詠青苔詩

緣初學記作綠。堦已御覽作何。漠漠。汎水復綿綿。微根如類聚作知。欲斷。輕絲似更聯。長風隱細草。深堂没綺錢。縈鬱無人贈。葳蕤徒可憐。○初學記二十七。文苑英華三百二十七。詩紀七十四。又類聚八十二、御覽一千並引綿、聯二韵。

十詠二首

領邊繡

纖手製新奇。刺作可憐儀。縈絲飛鳳子。結縷坐花兒。不聲如動吹。無風自褭枝。玉臺作裊栘。麗色儻未歇。聊承雲鬢垂。○玉臺新詠五。詩紀七十四。

脚下履

丹墀上颯沓。玉殿下趨鏘。逆轉珠珮響。先表繡袿香。裾開臨舞席。袖拂玉臺作拂袖。繞歌堂。所歎忘懷妾。見委入羅牀。〇同上

懷舊詩九首

傷王融

元長秉奇調。弱冠慕前蹤。文苑作踪。眷言懷祖武。一簣望成峯。途艱行易跌。命舛志難逢。折風落迅羽。流恨滿初學記作賦。青松。〇類聚三十四。初學記十一作悼故中書侍郎王融詩。文苑英華三百一。詩紀七十四。

傷謝朓

吏部信才傑。文鋒文苑作風。詩紀作峰。振奇類聚作音。響。調與金石諧。思逐風雲上。豈言陵霜質。忽隨人事初學記作所。往。尺璧爾何寃。一旦文苑作日。初學記作忽此。同丘壤。〇類聚三十四。初學記十一作悼齊故吏部郎謝朓詩。文苑英華三百一。詩紀七十四。

傷庾杲之

右詩紀作左。注。一作右。率馥時譽。秀出冠朋僚。聳兹千仞氣。振此百尋條。藴藉含文苑誤作合。文雅。散朗溢風

飈。楸櫝詩紀云。一作梧。今已合。容範尚昭昭。○類聚三十四。文苑英華三百一。詩紀七十四。

傷王諶

長史體閒任。坦蕩無外求。持身非詭遇。應物有虚舟。心從朋好盡。形爲歡宴留。歡宴未終畢。零落委山丘。○同上

傷虞炎

東南既擅美。洛陽復稱才。攜手同歡宴。比跡共遊類聚作追。陪。事隨短秀落。言歸長夜臺。○同上

傷李珪之

少府懷貞節。忘軀濟文苑作欣。所奉。吏道勤不息。繁文長自擁。既闕優孟歌。身没誰爲寵。○同上

傷韋景猷

韋叟類聚作叟。識前載。博物備戎華。稅驂止詧校。淪跡委泥沙。始類聚作如。知庸聽局。方悟大音賒。○同上

傷劉渢類聚作佩。

處和無近累。天然有勝質。蕭瑟文苑作索。負高情。耿介懷秋類聚作私。實。義貴良爲重。蘭摧非所恤。一罷平生言。寧知攜手日。○類聚三十四作傷劉佩。文苑英華三百一。詩紀七十四。

傷胡諧之

豫州懷風範。綽然標雅度。處約志不渝。接廣情無忤。頡頏事刀筆。紛綸遞朱素。美志同山阿。浮年迫朝露。○類聚三十四。文苑英華三百一。詩紀七十四。

詠新荷應詔詩

勿言草卉賤。幸宅天池中。微根纔出浪。短榦未摇風。寧知寸心裏。蓄紫復含紅。○類聚八十二。詩紀七十四。

聽蟬鳴應詔詩

輕生宅園籞。復得棲嘉樹。豈敢擅洪枝。輕條遭所遇。類聚作寓。葉密形易揚。風迴響難住。○類聚九十七。詩紀七十四。

詠笙詩

彼美實枯文苑作弧。枝。孤篠定參差。鵾雞已啁哳。初學記作嘲哳。文苑同。東下復林離。本期王子宴。文苑作晉。寧待洛濱吹。○初學記十六。文苑英華二百十二。詩紀七十四。

詠箏詩

秦箏吐絶調。玉柱揚清曲。絃依高張斷。聲隨妙指續。徒聞音繞梁。寧知顔如玉。○類聚四十四。初學記十六。文苑英華二百十二。詩紀七十四。

詠山榴詩

靈園類聚作圓。同佳稱。幽山有奇質。停采久彌鮮。含華豈期實。長願微名隱。無使孤株出。○類聚八十六。詩紀七十四。

大言應令詩

隘此大汎庭。方知九垓局。窮天豈彌指。盡地不容足。○類聚十九。詩紀七十四。

細言應令詩

開館尺棰餘。築榭微塵裏。蝸角列州縣。毫端建朝市。○類聚十九。詩紀七十四。

詠餘雪詩

陰庭覆素芷。南階褰緑葹。玉臺新落構。青山已半虧。○類聚二。詩紀七十四。

詠帳詩

甲帳垂和璧。螭雲張桂宮。隋珠既吐曜。翠被復含風。○類聚六十九。詩紀七十四。

侍宴詠反舌詩

假容類聚作客。不足觀。遺音猶可薦。幸蒙喬樹恩。得以聞高殿。○類聚九十二。詩紀七十四。

寒松詩

梢聳振寒聲。青葱標暮色。疎葉望嶺齊。喬幹臨雲直。初學記作貞。○初學記二十八。詩紀七十四。

詠孤桐詩

龍門百尺時。詩紀云。一作峙。排雲少孤立。分根蔭玉池。欲待高鸞集。○初學記二十八。詩紀七十四。

詠梧桐詩

秋還遽已落。春曉猶未荑。微葉雖可賤。一剪或成珪。○類聚八十八。詩紀七十四。

園橘詩

緑葉迎露初學記作霞。滋。朱苞待霜潤。但令入玉柈。萬花谷作盤。金衣文苑作依。非所恪。○初學記二十八。文苑英華三百二十六。萬花谷後三十八作沈約詩。詩紀七十四。

詠梨應詔詩

大谷來既重。岷山道又難。摧折非所恪。但令入玉盤。〇初學記二十八。文苑英華三百二十六。詩紀七十四。

西地梨詩

詩紀云。詩彙作簡文者非。

列茂河陽苑。蓄紫濫觴隈。翻黄秋沃若。落素春徘徊。〇類聚八十六。詩紀七十四。

詠芙蓉詩

微風摇紫葉。類聚字缺。輕露拂朱房。中池所以緑。待我泛紅光。〇類聚八十二。詩紀七十四。

詠杜若詩

生在窮絶地。豈與世相親。不顧逢采擷。本欲芳幽人。〇類聚八十一。詩紀七十四。

詠鹿葱詩

野馬不任騎。兔絲不任織。既非中野花。爾雅翼作華。無堪麏麚食。〇類聚八十一。爾雅翼三。詩紀七十四。〇灌畦暇語曰。沈約以佐命勳位冠梁朝。晚年諸進用事者。忌其固位。取約所爲鹿葱詩。乘間以白武帝。帝意已不能堪。未幾得道士赤章事。遂大發怒。約以憂死。其詩曰。野馬不可騎。兔絲詎宜織。爾非蘋與蒿。豈供麏鹿食。逯按。文字略有不同。

詠甘蕉詩

抽葉固盈丈。擢本信兼圍。流甘揜椰實。弱縷冠絺衣。○類聚八十七。詩紀七十四。

詠菰詩

結根布洲渚。垂葉滿皐澤。匹彼露葵羹。可以留上客。○類聚八十二。詩紀七十四。

早行逢故人車中爲贈詩

殘朱猶曖曖。餘粉尚霏霏。昨宵何處宿。今晨拂露歸。○玉臺新詠十。詩紀七十四。

爲鄰人有懷不至詩

影逐斜月來。香隨遠風入。言是定知非。欲笑翻成泣。○玉臺新詠十。詩紀七十四。

四城門詩

六龍既驚軫。二鼠復馳光。衰齡難慎輔。暮質易凋傷。○類聚七十六。詩紀七十四。

和劉中書仙詩二首

清旦發玄洲。日暮宿丹丘。崑山西北映。流泉東南流。霓裳拂流電。雲車委輕霰。峥嵘上不覩。寥廓下無見。○類聚七十八。詩紀七十四。

殊庭不可及。風熛多異色。霞衣不待縫。雲錦不須織。○同上

華山館爲國家營功德詩

沐芳禱靈嶽。稽首恭上玄。帝昔祈萬壽。臣今請億年。丹方緘洞府。河清時一傳。錦書飛雲字。玉簡黄金編。○類聚七十八。詩紀七十四。

和王衞軍解講詩

妙輪輟往駕。寶樹未開音。甘露爲誰演。得一類聚作二。標道心。眇眇玄塗曠。高義總成林。七花屏塵相。八解濯芳襟。○類聚七十六。詩紀七十四。

侍宴謝朏宅餞東歸應詔詩

皇情悵文苑作帳。東艓。羽斾拂南壥。類聚作鄽。夏雲清朝景。秋風揚早蟬。飲和陪下席。論道光上筵。○類聚二

十九。文苑英華百六十九作侍宴謝朏宅東歸應制。詩紀七十四。

酬孔通直逷懷蓬居詩

閶闔既洞啓。龍樓亦高闢。兩宮集鸞步。二闈引通籍。伊爾事清途。紛吾供文苑云。一作驚。賤役。○類聚三十一。文苑英華二百四十。詩紀七十四。

石塘瀨聽猿詩

噭噭夜猿鳴。溶溶晨霧合。不知聲遠近。惟見山重沓。既歡東嶺唱。復佇西巖答。○類聚九十五。詩紀七十四。

出重圍和傅昭詩

魯連揚一策。陳平出六奇。邯鄲風雨散。白登煙霧維。排雲出九地。陵定振五戹。○類聚五十九。詩紀七十四。

秋晨羈怨望海思歸詩

分空臨澥霧。披遠望滄流。八桂曖如畫。三桑眇若浮。煙極希丹水。月遠望青丘。○類聚二十八。詩紀七十四。

侍宴樂游苑餞徐州刺史應詔詩丘遲同賦。

沃若動龍驂。參差凝鳳管。金塘草未合。玉池泉將滿。○類聚二十九。詩紀七十四。

憩郊園和約法師採藥詩

郭外三千畝。欲以貿朝饘。繁蔬既綺布。密菓亦星懸。○類聚八十一。詩紀七十四。

詠竹詩

無人賞高節。徒自抱貞心。○合璧事類別集五十四。

詩

四節逝不處。繁華難久鮮。○海録碎事二。

上巳華光殿詩七言

於維盛世郎軒嫣。朝酆宴鎬復在斯。朝光灼爍映蘭池。春風婉轉入細枝。時鶯顧慕聲合離。輕波微動漾羽巵。河宗海若生蛟螭。浮梁徑度跨迴漪。朱顔始洽景將移。安得壯士駐奔曦。○類聚四。詩紀七十四。

六憶詩四首以下雜言。

憶來時。灼灼玉臺作的的。同。上堦墀。勤勤敍別離。玉臺作離別。慊慊道相思。相看常不足。相見乃忘飢。○玉臺新詠五。詩紀七十四。

憶坐時。點點羅帳前。或歌四五曲。或弄兩三弦。笑時應無比。嗔時更可憐。○同上

憶食時。臨盤動容色。欲坐復羞坐。欲食復羞食。含哺玉臺誤作唯。如不飢。擎甌似無力。○同上

憶眠時。人眠彊未眠。解羅不待勸。就枕更須牽。復恐傍人見。嬌羞在燭前。○同上

八詠詩

金華志曰。八詠詩。南齊隆昌元年太守沈約所作。題於玄暢樓。時號絶倡。後人因更玄暢樓爲八詠樓云。

登臺望秋月

望秋月。秋月光如練。照曜三爵臺。徘徊九華殿。九華瑇瑁梁。華榱與璧玉臺作壁。璫。以兹雕麗色。持照明月光。凝華入黼帳。清輝懸洞房。先過飛燕户。卻照文苑作映。詩紀同。班類聚作斑。文苑同。姬牀。桂宫裊裊落桂

枝。露文苑作早。詩紀同。寒凄凄凝白露。上林晚葉颯颯鳴。鴈門早鴻離離度。湛文苑作堪。秀質兮似規。委清光兮如素。照愁軒之蓬影。文苑作映。映金階之輕詩紀云。一作微。步。居人臨此笑以歌。别客對之傷且慕。類聚作旦暮。文苑同。經衰文苑誤作輕褭。圃。映寒叢。凝清夜。帶秋風。隨庭雪以偕素。與池荷而共紅。臨玉墀詩紀作階。注云。一作墀。之皎皎。含霜靄之濛濛。霜靄。一作雪靄。輴天衢而徙玉臺作徙。文苑作從。度。玉臺作步。轢長漢而飛空。隱巖崖而文苑作之。半出。類聚作隔。隔類聚作出。帷幌而纔通。散朱庭之奕奕。入青瑣而玲瓏。閒階悲寡鵠。文苑、詩紀作鶴。沙洲怨别鴻。文玉臺作昭。文苑同。姬泣胡殿。昭玉臺作明。文苑同。君思漢宮。余亦何爲者。淹留此山東。

○玉臺新詠九作望秋月。文苑英華百五十一作詠月篇。詩紀七十四。又類聚一引練、殿、梁、瑠、光、房、牀、素、步、暮、叢、風、紅、濛、通、瓏十六韵。

會圃臨春風

臨春風。春風起春樹。游絲曖如網。詩紀云。一作烟。文苑作曖如烟。落花雰似霧。先泛天淵類聚作津。池。還過細柳枝。蝶玉臺作蜨。文苑作葉。逢飛搖颺。燕值羽參池。類聚作參差。揚桂旆。動芝蓋。開燕裾。吹趙帶。趙帶飛參差。燕裾合且類聚作復。離。回簪文苑作看。復轉黛。顧步惜容儀。容儀已炤類聚、文苑作照。同。灼。春風復迴薄。氛氳桃李花。青跗玉臺作柎。含素萼。既爲風所開。復爲風所落。搖緑蔕。抗類聚作抏。是。紫莖。舞春雪。雜流鶯。曲房開兮金鋪響。金鋪響兮妾思驚。文苑作思鳳鳴。梧臺玉臺作桐。未陰。淇川文苑作文。詩紀云。一作水。始玉臺作如。碧。迎行雨於高唐。送歸鴻於碣石。經洞房。響紈素。感幽閨。思幃帟。想芳文苑作西。園兮玉臺無兮字。

文苑同。可以遊。念蘭翹兮文苑無兮字。漸文苑作已。堪摘。拂明鏡之冬塵。解羅衣之秋襞。既鏗鏘以動佩。又絪緼玉臺作氛氲。類聚、文苑同。而流射。玉臺作麝。始摇蕩以入閨。終徘徊而緣隙。鳴類聚作明。珠簾於繡户。散芳塵於綺席。是時悵思婦。安能久行役。佳人不在兹。春風爲誰類聚作誰爲。詩紀同。惜。○玉臺新詠九作臨春風。文苑英華百五十六。詩紀七十四。又類聚一作八詠。引樹、霧、池、枝、差、旆、蓋、帶、差、離、灼、薄、萼、落、莖、鶯、石、襞、射、隙、席、惜二十二韵。

歲暮愍衰草

愍衰草。衰草無容色。憔悴荒逕中。寒荄不可識。昔時兮春日。昔日兮春風。含類聚作銜。詩紀同。華類聚作花。兮佩實。垂緑兮散紅。氛氲鵁鶄右。照耀望仙東。送歸顧慕玉臺誤作暮。泣淇水。嘉客淹留懷上宫。巖陬兮海岸。冰多兮霰積。爛熳兮客詩紀云。一作巖。根。攢幽兮寓詩紀云。一作客。隙。布綿密於寒皋。吐纖疏於危石。既惆悵於君子。倍傷心於行役。露縞玉臺作高。枝於初旦。霜紅天於始夕。彫芳卉之九衢。實靈茅之三脊。風急崤道難。秋至客衣單。既傷檐下菊。復悲池上蘭。飄落逐風盡。方知歲早寒。流螢暗明燭。雁聲斷纔類聚作裁。同。續。萎絶長信宫。蕪穢丹墀曲。霜奪莖上紫。風銷葉中緑。山變兮青薇。水折兮黄玉臺作平。葦。秋鴻兮疎引。寒鳥類聚作烏。兮聚飛。逕荒寒草合。桐長舊巖圍。類聚作草長荒徑微。園庭漸蕪没。霜露日霑衣。願逐晨征鳥。薄暮共西歸。○玉臺新詠九。詩紀七十四。又類聚八十一作衰草賦。引色、識、風、散、積、石、脊、難、單、寒、燭、續、緑、飛、微、衣十七韵。

霜來悲落桐

悲落桐。落類聚落上有悲字。桐早霜露。燕至葉未抽。鴻來枝已素。本出龍門山。長枝仰刺天。上峯百丈絶。下趾萬尋懸。幽根已類聚作未。詩紀同。盤結。孤枝復危絶。初不照光景。終年負霜雪。自顧無羽儀。不顧生曲池。芬芳本自乏。華實無可詩紀作所。施。匠者詩紀作公子。特留眄。詩紀作眄。王孫少見之。詩紀作知。分取孤生玉臺作生孤。枿。徙置北堂陲。玉臺作垂。宿莖抽晚榦。新葉生故枝。故枝雖遼遠。新葉頗離離。春風一朝至。榮華並玉臺作户坐。如斯。自惟良菲薄。君恩徒照灼。顧已非嘉樹。空用憑阿閣。願作清廟琴。爲舞雙詩紀作君舞。玄鶴。薜荔可爲裳。文杏堪作梁。勿言草木賤。徒照君末光。末光不徒照。爲君含嗷咷。玉臺作咷。詩紀云。一作岺嶚。陽柯緑詩紀作淥。水絃。陰枝苦寒調。類聚作蜩。厚德非可詩紀作所。任。敢不虚其心。若逢陽春至。吐緑照清潯。○玉臺新詠九。詩紀七十四。又類聚八十八引露、素、結、絶、雪、光、照、咷、蜩、任、心、潯十二韵。

夕行聞夜鶴

聞夜鶴。夜鶴叫南池。對此孤明月。臨風振羽儀。伊吾人之菲薄。無賦命之天爵。抱踢促之短玉臺作長。懷。隨冬春玉臺作春冬。而哀樂。懿海上之驚鳧。傷雲間之離鶴。離鶴昔未離。迥玉臺、類聚作近。發天北垂。忽值詩紀作遇。疾風起。暫下昆明池。復畏玉臺作值。冬冰合。水宿非所宜。欲留詩紀作棲。不可住。欲去飛已疲。勢逐疾風舉。求温向衡楚。復值南飛鴻。參差共成侶。海上多雲霧。蒼茫失洲嶼。自此别故羣。獨向瀟湘渚。故羣不離散。相依江玉臺作滄。海畔。夜止羽相切。晝飛影相亂。刷羽共浮沉。湛澹泛清潯。類聚作陰。既不經玉臺作得。離別。安知慕侶心。九冬負霜雪。玉臺作霜雪苦。六翮飛不類聚作非所。任。且養凌雲翅。俯仰弄清音。所望浮丘子。旦夕來相玉臺作見。尋。○玉臺新詠九。詩紀七十四。又類聚九十作八詠聞夜鶴篇。引池、儀、薄、翮、鶴、離、垂、池、疲、舉、楚、侶、嶼、渚、散、畔、亂、沉、陰、心、任、音二十二韻。

晨征聽曉鴻

聽曉鴻。曉鴻度將旦。跨弱水之微瀾。發成山之遠岸。怵春歸之未幾。驚此歲之云半。出海漲之蒼茫。玉臺作芒。同。入雲途之瀰玉臺作杳。漫。無東西之可辨。孰遐邇之能算。微昔見於洲渚。赴秋期於江漢。集勁風於弱軀。負重雪於輕翰。寒谿可以飲。荒皐可以竄。谿水徒自清。微容豈足翫。秋蓬飛兮未極。塞玉臺作寒。草寒玉臺作萎。兮無類聚作容。色。吴玉臺作楚。山高兮高玉臺作杳。度。越水深兮深不玉臺作不可。測。羨玉臺作美。明月之馳光。顧玉臺作顧。征禽之駛玉臺作騁。翼。玉臺作騁。翼伊余馬之屢懷。知吾詩紀作君。注云。一作吾。行之未極。詩紀云。一作息。夜緜緜而難曉。愁參差而盈臆。望山川悉無似。玉臺誤作以。惟星河猶可識。孤玉臺作聞。雁夜南飛。客淚夜沾衣。春鴻旦玉臺作思。暮返。客子方未歸。歲去歡娱盡。年來容貌衰。玉臺作非。詩紀云。一作非。攬衽形雖是。撫臆事多違。青緺玉臺作蒲。詩紀云。一作蒲。雖長復易解。白雲誠遠詎難依。○玉臺新詠九。詩紀七十四。又類聚九十引旦、岸、算、極、色、測、翼、臆、飛、衣、歸十一韻。

解佩去朝市

去朝市。朝市深詩紀云。一作晨。歸暮。辭北纓而南徂。浮東川而西顧。逢天地之降祥。值日月之重光。當伊仁之非薄。詩紀作伊吾行之未已。注云。一作伊當仁之未已。非余情之信芳。充待詔於金馬。奉高宴於柏梁。觀鬭獸於虎圈。望窈玉臺作窅。窕於披香。遊西園兮登銅雀。攀玉臺作舉。青瑣兮眺重陽。講金華兮議宣室。晝武帷詩紀作帳。兮夕文昌。佩甘泉兮履詩紀作屣。五柞。簪枍栺玉臺作詣。兮紱詩紀作黻。通。承光。託後車兮侍華幄。遊渤海兮泛清漳。天道有盈缺。寒暑遞炎涼。一朝賣玉碗。玉臺作琬。眷眷惜餘香。曲池無復處。桂枝亦銷亡。清廟徒肅肅。西陵久茫茫。薄暮余多幸。嘉運重來昌。忝稽郡之南尉。典玉臺作曲。千里之光貴。別北芒玉臺作荒。於濁河。戀横橋於清渭。望前軒之早桐。對南階之初卉。非余情之屢傷。寄茲焉兮詩紀作之。能慰。眷昔日兮懷哉。日將暮兮歸去來。○玉臺新詠九。詩紀七十四。

被褐守山東

守山東。山東萬嶺詩紀云。一作里。文苑作籟。鬱青葱。兩溪共一瀉。玉臺作寫。文苑同。水潔望如空。岸側青莎被。巖間丹桂叢。上瞻既隱軫。下睇亦溟濛。類聚作蒙。遠林響咆獸。近樹聒鳴蟲。路出玉臺作帶。詩紀云。一作帶。若溪類聚作然。右澗詩紀云。一作泉。吐金華東。萬仞倒危石。百丈注懸潨。玉臺作叢。文苑、詩紀作淙。掣曳寫玉臺作瀉。詩紀同。流電。奔飛似白虹。洞井含清氣。漏穴吐飛風。玉竇膏滴瀝。石乳室類聚作室乳。空籠。峭崿途彌險。

崖詩紀作巖。岨步纔通。余捨類聚無捨字。文苑同。平生之所愛。欻暮年而詩紀作之。此逢。玉臺作逢此。文苑同。欲玉臺作願。一去而不還。悵玉臺作恨。鄒詩紀云。一作恨邦。衣類聚作邦君。之未褫。類聚作褅。揖林壑之清曠。事氓俗之紛詭。幸帝德之方升。值天綱玉臺作網。之未毀。既除舊而布新。故化民而俗徙。播趙俗以南徂。扇齊風以東靡。乳雉方可馴。流蝗庶能弭。清心矯世濁。儉政革詩紀作救。民侈。秩滿歸詩紀作撫。白雲。淹留事芝髓。○玉臺新詠九。詩紀七十四。又類聚三十六引東、蔥、空、叢、濛、蟲、東、潀、虹、風、籠、逢、褅、髓十四韻。文苑英華百六十引東、蔥、空、叢、濛、蟲、東、淙、虹、風、籠、逢、褫、髓十四韻。

梁詩卷八

劉霽

霽。字士湮。一云士烜。平原人。天監中。歷仕尚書主客侍郎、海鹽令。居母憂。廬墓側。以憂卒。

詠茘枝詩

叔師貴其珍。武仲稱其詩紀作斯。美。良由自遠致。白帖作至。含滋不留齒。○類聚八十七。白帖三十。詩紀九十。

劉苞

苞。字孝嘗。彭城人。天監初。自征虜主簿遷臨川王右軍功曹。累遷尚書庫部侍郎、丹陽尹丞、尚書殿中郎、南徐州治中、太子洗馬。天監十三年卒。時年三十。

九日侍宴樂遊苑正陽堂詩

六歲時雜詠作上。文苑、御覽同。郡良家子。幽并遊俠兒。立乘争飲羽。側類聚作倒。騎競紛馳。鳴歲時雜詠作明。文苑、御覽同。珂飾華毦。金鞍歲時雜詠作袍。文苑同。映玉羈。膳羞殫海陸。和齊眡類聚作眠。廣文選同。歲時雜詠作視。秋宜。

雲飛雅琴初學記作樂。文苑云。類聚作樂。奏。風起洞簫吹。曲終高宴罷。景落樹陰移。微薄承歲時雜詠作烝。嘉惠。飲德良不貲。文苑作訾。取効績無紀。感恩心自知。○類聚四。初學記四。古今歲時雜詠三十三。文苑英華百七十三。御覽三十二及廣文選九作九日侍宴樂遊苑詩。詩紀八十八。

望夕雨詩

崇朝搆行雨。薄晚屯密雲。緣階起素沫。竟水散圓文。河柳低未舉。山桃落已芬。清罇久不薦。淹留遂待君。○類聚二。文苑英華百五十三。詩紀八十八。

柳鎮

鎮。字子元。河東人。梁天監中。自司州遊京師。於鍾山西建業里買地結茅。未幾。北還洛陽。

題所居齋柱詩

江小不久計。要適暫居心。況念洛陽士。今來歸舊林。○太平廣記四百九十六。

柳惲

惲。字文暢。河東解人也。齊時。竟陵王引爲法曹參軍。累遷太子洗馬。試守鄱陽相。還除驃騎從事中郎。武帝至京邑。以爲冠軍將軍、征東府司馬。除給事黄門侍郎。領步兵校尉。天監元年。除長兼侍中。二年。出爲吴興太守。六年。徵爲散騎常侍。遷左民尚書。八年爲廣州刺史。徵爲秘書監。復爲吴興太守。天監十六年卒。年五十三。有集十二卷。

江南曲

汀萬花谷誤作汴。洲采白蘋。日落寰宇記作晚。萬花谷同。詩紀作暖。江南春。寰宇記作村。洞庭有歸客。瀟湘逢故人。故人何類聚作久。不返。春華樂府作花。詩紀同。復應詩紀云。一作將。晚。不道新知樂。祇玉臺作且。類聚作空。文苑作只。言行路遠。○玉臺新詠五。類聚四十二。文苑英華二百一。樂府詩集二十六。詩紀七十九。又太平寰宇記九十四作柳惲詩。引村一韵。萬花谷五作爲吴興守詩。引春一韵。

長門怨

玉壺夜愔愔。應門重且深。秋風動桂樹。流月摇輕陰。綺簷清露溽。詩紀云。一作滴。網户思蟲吟。歎息下蘭閣。含愁奏雅琴。何由鳴曉佩。復得抱宵衾。無復金屋念。豈照長門心。○玉臺新詠五。樂府詩集四十二。詩紀七十九。

度關山

長安玉臺作少長。詩紀同。注云。一作長安。倡家女。出入燕南垂。惟樂府作與。持德自美。本以容見知。舊聞關山遠。樂府作道。何事總金羈。妾心日已亂。秋風鳴細枝。○玉臺新詠五。樂府詩集二十七。詩紀七十九。

起夜來

城南斷車樂府作兵。騎。閣道覆青玉臺作清。埃。露華光翠網。月影入蘭臺。洞房且莫掩。應門或復開。颯颯秋桂響。非君起夜來。○玉臺新詠五。樂府詩集七十五。詩紀七十九。

獨不見

別島望風樂府作雲。詩紀同。文苑云。一作雲。臺。天淵臨水殿。芳草生未積。春花落如霰。出從張公子。還過趙飛燕。奉帚長信宮。誰知獨不見。○玉臺新詠五。文苑英華二百十一。樂府詩集七十五。詩紀七十九。又類聚四十二引霰、燕、見三韵。

芳林篇

芳林曄兮發朱榮。時既晚兮隨風零。隨風零兮返無期。安得陽華遺所思。○樂府詩集七十七。詩紀七十九。

贈吴均詩三首

寒雲晦滄洲。奔潮溢南浦。相思白露亭。永望秋風渚。心知別路長。誰文苑作不。詩紀云。一作不。謂若燕楚。關候日遼絶。如何文苑、詩紀並云。一作何因。附行旅。願作野飛鳥。飄然自輕舉。○類聚三十一作贈吴筠詩。文苑英華二百四十七。詩紀七十九。

遠遊濟伊洛。秣馬度清漳。邯鄲饒詩紀云。一作有。美女。黯色含春芳。鼓瑟未成曲。踏類聚作跕。屣文苑作屧。詩紀云。一作躧履。復翱翔。我本遊客子。情愛在淮陽。新知誰類聚作知誰新。不樂。念舊苦人腸。類聚作傷。○同上

夕宿飛狐文苑作弧。注云。疑作狐。關。晨登磧礫坂。形爲戎馬倦。思逐征旗遠。邊城秋霰來。寒鄉春風晚。始信隴雪輕。漸覺寒雲卷。徭役命所當。念子文苑作予。加餐飯。○文苑英華二百四十七。詩紀七十九。

雜詩

雲輕暮色轉。玉臺作色轉暖。草緑晨芳歸。山墟罷寒晦。園澤潤詩紀作閏。誤。朝暉。春心多感動。睹物情復悲。自君之去玉臺作出。矣。蘭堂罷鳴機。徒知遊宦是。不念別離非。○玉臺新詠五。詩紀七十九。

七夕穿針詩

代玉臺作黛。馬秋不歸。緇紈無復緒。迎寒理衣玉臺作夜。類聚、初學記、歲時雜詠同。縫。映月抽纖縷。的皪愁睇光。連娟思眉聚。清露下羅衣。秋風吹玉柱。流陰稍已多。類聚作流景對秋夕。初學記、文苑同。詩紀云。一作流景對秋夕。餘光欲誰與。玉臺作難取。初學記同。類聚作難駐。文苑作亦難取。注云。一作欲誰與。歲時雜詠云。一作流景對秋夕。餘光欲難取。○玉臺新詠五。古今歲時雜詠三十五逸作者名。文苑英華百五十八。詩紀七十九。又類聚四引緒、縷、柱、駐四韵。初學記四引緒、縷、柱、取四韵。

詠薔薇詩

當户種薔薇。枝葉太葳蕤。不摇香已亂。無風花自飛。春閨不能静。開匣理玉臺作對。明妃。曲池浮采采。斜岸列依依。或聞好音度。時見銜泥歸。且對清酤玉臺作觴。湛。其餘任是非。○玉臺新詠五作江洪。類聚八十一。詩紀七十九。

奉和竟陵王經劉瓛墓下詩

西河寂高業。北海望清塵。音徽誰與寄。尚德在伊人。遺文重昭晰。絶緒復紛綸。露華尚詩紀作白。朝日。蘭生無久春。芳猷動淵思。撫軾履高辰。山風起寒木。野雀亂秋謝集作秧。榛。壠草時易宿。素軌邈難遵。○謝宣城詩集四。詩紀七十九。

擣衣詩五章○詩紀作五首。非。

孤衾引詩紀云。一作紛。思緒。獨枕愴類聚作帳。詩紀云。一作帳。憂端。深庭秋草緑。高門白露寒。思君起清夜。促柱奏幽蘭。不怨飛蓬苦。徒傷蕙草殘。

行役滯風波。遊人淹不歸。亭皐木葉下。隴首秋雲類聚作蓬。飛。寒園夕鳥集。思牖草蟲悲。嗟矣當春服。安見禦冬衣。○梁書曰。惲少工篇什。爲詩云。亭皐木葉下。隴首秋雲飛。王無長見而嗟賞。

鶴鳴勞永歎。采菉傷時暮。念君方遠遊。類聚作徭。望類聚作賤。妾理紈素。秋風吹綠類聚作淥。潭。明月懸高樹。佳人飾淨容。招攜從所務。步欄玉臺作欄。杳不極。離堂玉臺誤作家。肅已扃。軒高夕杵散。氣爽夜碪鳴。瑤華隨步響。幽蘭逐袂生。踟蹰理金翠。容與納宵清。

詠席詩

泛豔回煙綵。淵旋龜鶴文。淒淒合歡袖。冉冉玉臺作苒苒。蘭麝芬。不怨杼軸苦。所悲千里分。垂泣送行李。傾首遲歸雲。○玉臺新詠五。詩紀七十九。又類聚六十七引端、寒、蘭、殘、歸、飛、暮、素、樹、鳴、生十一韵。

照日汀洲際。搖風淥潭側。雖無獨繭輕。初學記作絲。幸有青袍色。羅袖少輕塵。象牀多麗飾。願君蘭夜類聚作夜闌。飲。佳人時宴類聚作安。息。○玉臺新詠五。謝宣城詩集五。類聚六十九。初學記二十五作柳惲詩。萬花谷續七。詩紀七十九。

從武帝登景陽樓詩

南史曰。武帝與宴。必詔惲賦詩。嘗和帝登景陽樓篇。深見賞美。當時咸共稱傳。

太液滄波起。長楊高樹秋。翠華承漢遠。雕輦逐風游。○梁書本傳。南史本傳。詩紀七十九。

贈吴均詩二首

山桃落晚紅。野蕨開初紫。雲日自清明。蘋芷齊靃靡。離念已鬱陶。物華復如此。○類聚三十一作贈吴筠。詩紀七十九。

秋風度關隴。楚客奏歸音。颯颯避霜葉。離離山塞禽。○同上

范縝

縝。字子真。南鄉舞陰人。晉平北將軍汪六世孫。仕齊。歷寧蠻主簿、尚書殿中郎、領軍長史、宜都太守、晉安太守。天監四年。徵爲尚書左丞。以駁佛教神不滅論徙付廣州。還爲中書郎、國子博士。有集十一卷。

擬招隱士

修竹苞生兮山之嶺。繽紛葳蕤兮下交陰。木龍蘗兮巍峨。川澤泱漭兮雲霧多。悲猨鳴噪兮嘯儔侶。攀折芳條兮聊停佇。夫君兮不還。蕙華兮彫殘。歲晏兮憂未開。草蟲鳴兮凄凄。蕭兮森兮玄磵深。悵徬徨兮沈吟。紛紛兮菴藹。窮巖穴兮熊窟幽林。杳冥兮吁可畏。嶔崟兮傾欹。飛泉兮激沫。散漫兮淋漓。弱蘿兮修葛。互蔓兮長枝。緑林兮被崖。隨風兮紛披。猛獸兮封狐。眈眈兮視余。扶藤兮直上。巖巖兮嶷嶷。霏霏兮敷敷。赤豹兮文貍。攀騰兮相追。思慕公子兮心遲遲。寒風厲兮鴟梟吟。烏悲鳴兮離其羣。公子去兮親與親。行露厭浥兮似中人。○文苑英華三百五十八。

何遜

遜。字仲言。東海郯人。宋御史中丞承天曾孫。天監中。起家奉朝請。遷建安王偉水曹參軍。九年。隨府遷江州。還爲安成王安西參軍。兼尚書水部郎。十六年。除廬陵王記室。復隨府江州。未幾卒。有集七卷。

樂府

銅雀妓

秋風木葉落。蕭瑟管絃類聚作絃管。清。望陵歌對酒。向帳舞空城。寂寂簷本集作簾。文苑、詩紀並云。一作簾。宇曠。飄飄帷幔輕。曲終相顧起。日暮松柏聲。○本集二。類聚三十四。文苑英華二百四。詩紀八十三。

擬輕薄篇

城東類聚作長安。樂府云。一作長安。美少年。類聚作年少。重身輕萬億。柘彈隋珠丸。白馬黄金飾。詩紀云。一作勒。長安九逵上。青槐陰文苑作陰。注云。一作蔭。道植。轂擊晨已喧。肩排類聚作摩。暝玉臺作暗。類聚同。不息。走狗通樂府作東。西文苑作四。注云。一作息。望。牽牛亘樂府作向。文苑云。一作向。南直。相期百戲旁。去來三市側。象牀沓繡被。玉盤傳綺食。倡女樂府作大姊。注云。一作娼女。掩扇歌。文苑作歌扇。詩紀同。小婦樂府作妹。注云。一作婦。開簾織。相看獨隱笑。見人還斂色。黄鶴詩紀作鵠。悲故羣。山枝本集作川。詠新玉臺作初。識。烏玉臺作鳥。飛過客盡。雀聚行龍匿。酌羽文苑作酒。是。方玉臺作前。厭厭。此時歡未文苑作無。極。○本集二○玉臺新詠五。文苑英華百九十四作輕薄篇。樂府詩集六十七作輕薄篇。詩紀八十三。又類聚三十三引億、飾、植、息、直、側、食七韵。四十二作輕薄篇。引億、飾、側、食、織、色六韵。

門有車馬客

門有車馬客。言是故鄉來。故鄉有書信。縱横印檢開。開書看未極。行客屢相識。借問故鄉來。潺湲淚不息。上言離別久。下言望應歸。寸心將夜鵲。本集作鵠。詩紀同。相逐向南飛。○本集二。文苑英華百九十五。樂府詩集四十作何妥。詩紀八十三。

昭君怨

昔聞白文苑作别。樂府同。鶴弄。已自軫離情。今來昭君曲。還悲秋草生。文苑作并。樂府同。○本集二。文苑英華二百四。樂府詩集二十九作何妥。詩紀八十三。

詩

九日侍宴樂游苑詩爲西封侯作

皇悳無涂壤。重規襲本集作入。文苑作習。注云。一作襲。帝勛。垂衣化比屋。睠歲時雜詠作眷。顧類聚作眷領。文苑云。一作眷領。愼爲君。翾飛悦有道。卉木荷平分。宸歲時雜詠作神。文苑云。一作神。襟動時豫。歲序屬涼氛。城霞旦初學記作朝。歲時雜詠、文苑同。文苑又注。一作旦。晃朗。槐霧本集作露。曉氤初學記作氛。文苑同。又注。一作氤。氳。鸞輿和文苑云。一作和馳。八襲。本集作六龍。鳳駕啓文苑作起。注云。一作啟。千羣。本集作郡。羽觴歡類聚作歌。文苑云。一作歌。湛露。佾舞奏承雲。禁林終宴晚。初學記作晚宴。華池物色曛。疏樹翻高葉。寒流聚細文。本集作紋。詩紀同。文苑云。一作紋。晴軒連瑞氣。同初學記作飛。歲時雜詠同。詩紀云。一作飛。惹御香芬。以上二句。歲時雜詠在末尾。日斜迢遞宇。風起嵯峨雲。運偶參侯服。恩洽厠朝聞。本集作文。於焉藉文苑作籍。多幸。歲暮仰遊汾。○本集一。古今歲時雜詠三十三作九日侍宴樂遊苑。文苑英華百七十三。詩紀八十三。又類聚四作爲西豐侯九日侍宴樂遊苑詩。引勛、君、分、氛、氳、羣、雲、曛、文九韵。初學記四作九日侍宴樂游苑詩。引勛、分、氛、氳、曛、文、芬、汾八韵。

登石頭城詩

關城文苑作開城。乃形勢。地險差文苑作嵯。非一。馬嶺逐紆文苑作縈。注云。一作紆。回。犬詩紀作大。牙傍隆文苑作陰。注云。一作險。窣。文苑作崒。百雉極襟帶。億庾兼量出。文苑云。疑作入。押出字。至理歸無爲。文苑作無窮形。善守竟文苑作爲善竟。何恤。眺聽窮耳目。遠近備幽悉。擾擾見行人。暉暉視落日。連檣入廻浦。飛蓋文苑作幰。交長術。天暮遠山青。潮去遥六朝事跡作邊。沙出。薄宦文苑作官。忝文苑作惡。師表。屬辭慙愈疾。願乘觳觫牛。文苑作車。還隱蒙籠文苑作朦朧。室。○本集一。文苑英華三百九。詩紀八十三。又六朝事跡類編上引出一韵。

望廨前水竹答崔録事詩 詩紀云。拾遺作顧則心詩。

蕭蕭藂竹映。澹澹平湖淨。葉倒漣漪文。水漾檀欒影。相思不會面。相望空延頸。遠天去浮雲。長墟斜落景。幽痾與歲積。賞心隨事屏。鄉念一邅迴。白髮生俄頃。○本集二。詩紀八十三。

暮秋答朱記室詩

游揚日色淺。騷屑風音勁。寒潭見底清。風色極天淨。寸陰坐銷鑠。千里長邃迥。桃李爾繁華。松柏余本性。故心不存此。高文徒可詠。○本集二。詩紀八十三。

酬范記室雲詩

林密户稍陰。草滋堦欲暗。風光蕊上輕。日色花中亂。相思不獨懽。佇立空爲歎。清談莫共理。繁文徒可玩。高唱子自輕。繼音予可憚。○本集一。詩紀八十三。

落日前墟望贈范廣州雲詩

緣溝緑草蔓。扶楥雜華舒。輕煙澹柳色。重霞映日餘。遥遥長路遠。類聚作晚。詩紀云。一作晚。寂寂行人疎。我心懷碩德。思欲命輕車。高門盛遊侣。誰肯進畋漁。○本集一。詩紀八十三。又類聚三十一作落日贈范岫詩。引舒、餘、疎三韵。

日夕望江山各書無山字。贈魚司馬詩

湓城帶湓水。湓水縈如帶。日夕望高城。類聚作樓。文苑同。文苑注。一作城。耿耿青雲外。城中多宴賞。絲竹常繁會。管聲已流悦。絃聲復凄玉臺作悽。切。歌本集作矜。黛慘如愁。舞腰凝玉臺作疑。類聚同。欲絶。仲秋黄葉下。長風正騷屑。早雁出雲歸。故燕辭檐别。晝悲在異縣。文苑作鄉。夜夢還洛汭。洛汭何悠悠。起望登西本集作西南。詩紀同。樓。的的帆向浦。團團月映文苑作隱。詩紀同。又注云。一作隱。玉臺作日隱。類聚同。洲。誰能一羽化。輕舉逐飛浮。〇本集一。玉臺新詠五。類聚三十一。文苑英華二百四十七。詩紀八十三。

答丘長史詩

宿昔敦遠遊。名分乃異路。千里泝波潮。一朝披雲霧。從容捨密勿。繾綣論襟趣。披文極詆訶。析理窮章句。明鍾信有待。巨海誰能喻。奔景驟西傾。還途忽東騖。黄花發岸草。赤葉翻高樹。漁舟乍回歸。沙禽時獨赴。宴年時未幾。離歌倏成賦。伊我念幽關。夫君思贊務。短翮方息飛。長轡日先驅。曝鰓□□走。逸翮康時務。握手異沈浮。佳期安可屢。〇本集二。詩紀八十三。

道中贈桓司馬季珪詩

晨纜雖同解。晚洲阻共入。猶如征鳥本集作凫。飛。差池不可及。本願申羈旅。何言異翔集。君渡北江時。詎今南浦泣。○本集二。

夕望江橋示蕭諮議楊建康江主簿詩

夕鳥已西度。殘霞亦半消。風聲動密竹。水影漾長橋。旅人多憂思。寒江復寂寥。爾情深鞏落。本集作洛。予念返漁樵。何因適歸願。分路一揚鑣。○本集二。詩紀八十三。

寄江州褚諮議詩

自與君別離。四序紛迴薄。分手清江上。念別猶如昨。追憶邊城遊。奚尋平生樂。俱登龍從嶺。共坐逶迤閣。清吹或忘歸。繁文時間作。連鑣戲淺草。遊幰遵長薄。五載同衣裘。一朝異暌索。夫君頗留滯。驂騑未沃若。伊家從入關。終是填溝壑。早秋正悽愴。餘暉晚銷鑠。林葉下仍飛。水花披未落。如何隔千里。無由舉三爵。因君奏采蓮。爲余吟別鶴。○本集二。詩紀八十三。

入西塞示南府同僚詩

露清曉風冷。天曙江晃詩紀云。一作光。爽。薄雲巖際出。初月波中上。黯黯連嶂陰。騷騷急沫響。迴楂急礙浪。羣飛争戲廣。伊余本覊客。重暌復心賞。望鄉雖一路。懷歸成二想。在昔愛名山。自知懽獨往。情游乃落魄。得性隨怡養。年事以蹉跎。生平任浩蕩。方還讓夷路。誰知羨魚網。○本集二。詩紀八十三。

下直出谿邊望答虞丹徒本集誤作徒丹。敬詩

夫君美章句。席丈珍梁楚。伊余忝攝官。含毫亦禁阻。直廬去咫尺。心期得宴本集作晏。是。語。休沐乃幽棲。別離未幾許。佇立日將暮。相思忽無緒。谿北映初星。橋南望行炬。九重不可越。三爵何由舉。○本集二。詩紀八十三。

贈諸遊舊詩

弱操不能植。薄伎竟無依。淺智終已矣。令名安可希。擾擾從役倦。屑屑身事微。少壯輕年月。遲暮惜光輝。一途今未是。萬緒昨如非。新知雖已樂。舊愛盡暌違。望鄉空引領。極目淚沾衣。旅客長憔悴。春物自芳菲。岸花臨水發。江燕遶檣飛。無由下征帆。獨與暮潮歸。○本集二。詩紀八十三。

贈族人秣陵兄弟詩何思澄爲秣陵令。

吾宗昔多士。文雅高搢紳。小子無學術。丁寧困負薪。傍枝實紛亂。領袖寄親姻。名價齊兩許。閨門比三陳。風力咸通邁。藝業並紛綸。元方振高羽。洛令初解巾。自爾典名郡。所在號清淳。齊兒敢爲俗。蜀物豈隨身。禄俸不妻子。謳吟乃吏民。孰云穢明德。惟在中聖人。若能遺酌我。稱首當屬仁。仲將本特達。坎壈猶賤貧。方成天下士。豈伊席上珍。外情或簡易。內鑒甚人倫。時然臨下邑。摘伏信如神。顧余晚脱略。懷

抱日湮淪。游宦疲年事。來往厭江濱。十載猶先職。一官乃任真。土牛竟不進。芻狗空重陳。覊旅無儔匹。形影自相親。蕭索高秋暮。砧杵鳴四鄰。霏霏入窗雨。漠漠暗牀塵。所思不可見。邈若胡與秦。願子加餐飯。良會在何辰。○本集一。詩紀八十三。

秋夕仰贈從兄寘南詩

堦蕙漸翻葉。池蓮稍罷花。高樹北風響。空庭秋月華。寸心懷是夜。寂寂漏方賒。撫弦乏歡娱。臨觴獨歎嗟。悽愴户涼入。徘徊櫚本集作欄影斜。無爲淹戚里。見就還田家。○本集一。詩集類函二十六。

仰贈從兄興寧寘南詩

家世傳儒雅。貞白仰餘徽。宗派已孤狹。財産又貧微。棲息同蝸舍。出入共荆扉。松筆時臨沼。蒲簡得垂帷。幸逢四海泰。日月耀增輝。相顧無羽翮。何由總奮飛。一朝異言宴。萬里就暌違。遠江飄素沫。高山鬱翠微。相思對淼淼。本集作渺渺。相望隔巍巍。死灰終不然。長岑且未歸。當憐此分袂。脉脉淚沾衣。○本集二。詩紀八十三。

贈江長史別詩

二紀歷兹辰。投分敦遊處。況事兼年德。宴交無爾汝。中歲多乖違。由來難具敍。及君相藩牧。伊予客梁楚。出國乃參差。會歸同處所。以兹篤惠好。何用忘羇旅。重得申平生。何年更暌阻。籠禽恨跼促。逸翮超容與。餞道出郊垧。把袂臨洲渚。長飈落江樹。秋月照沙溆。遠送子應歸。棹開帆欲舉。離舟權未極。別至悲無語。安得生羽毛。從君入宛許。○本集二。詩紀八十三。

送韋司馬別詩

送別臨曲渚。征人慕前侶。離言雖欲繁。離思終無緒。憫憫分手畢。蕭蕭行帆舉。舉帆越中流。望別上高樓。予起南枝怨。子結北風愁。邐邐山蔽日。洶洶浪隱舟。隱舟邈已遠。徘徊落日晚。歸衢並駕奔。別館空筳卷。想子斂眉去。知予銜淚返。銜淚心依依。薄暮行人稀。曖曖入塘港。蓬門已掩扉。簾中看月影。竹裏見螢飛。螢飛飛不息。獨愁空轉側。北窗倒長簟。南鄰夜聞織。棄置勿復陳。重陳長歎息。○本集二。詩紀八十三。

南還道中送贈劉諮議別詩

一宦從府役。五稔去京華。遽逐春流返。歸帆得望家。天末静波浪。日際斂煙霞。岸薺生寒葉。村梅落早花。遊魚上急水。獨鳥赴行槎。目想平陵柏。心憶青門瓜。曲陌背通垣。長墟抵本集作底。狹斜。善鄰談穀稼。故老述桑麻。寢興從閒逸。視聽絶喧譁。夫君日高興。爲樂坐驕奢。室墮傾城佩。門交接幰車。入塞長雲雨。出國暫泥沙。握手分歧路。臨川何怨嗟。○本集二。詩紀八十三。

與崔録事别兼敍攜手詩

去夏予回首。言乃重行行。今春遊派澨。訪子猶武城。暫别年逾詩紀作愈。半。同歸月未盈。復道中寒食。彌留曠不平。道術既爲務。懽悰苦未并。及爾沈痾愈。值兹秋序明。石磧淞江静。沙流繞岸清。川平看鳥遠。水淺見魚驚。逝將窮履歷。方欲恣逢迎。何言聚易散。鄉棹爾孤征。我本倦遊客。心念似懸旌。聞離常屑涕。是别盡凄清。詩紀云。一作情。況此忘懷地。相愛猶弟兄。脉脉留南浦。悠悠返上京。欲攝星星鬢。因君示友生。○本集二。詩紀八十三。

别沈助教詩

可憐玉匣劍。復此飛鳧舄。未覺愛生憎。忽見雙成隻。一朝别笑語。萬事成疇昔。道遒若波瀾。人生異金石。願君深自愛。共念悲無益。○本集二。詩紀八十三。

與沈助教同宿湓口夜别詩

我爲潯陽客。戒旦乃西游。君隨春水駛。雞鳴亦動舟。共泛湓之浦。旅泊次城樓。華燭已消半。更人數唱籌。行人從此别。去去不淹留。○本集二。詩紀八十三。

與蘇九德別詩

宿昔夢顔色。咫尺思言偃。詩紀云。疑作宴。何况杳來期。各在天一面。踟躕暫舉酒。倏忽不相見。春草似青袍。秋月如團扇。三五出重雲。當知我憶君。萋萋若被逕。懷抱不相聞。○本集二。詩紀八十三。

贈韋記室黯別詩

故人儻送別。停車一水東。去帆若不見。試望白雲中。促膝今何在。銜杯誰復同。水夜看初月。江晚泝歸風。無因生羽翰。千里暫排空。○本集二。詩紀八十三。

初發新林詩

伊昔負薪暇。慕義游梁楚。短翮忘連翩。追飛散本集作羨。是。容與。優游沐道教。漸漬淹寒暑。大德本無酬。輕生竊自許。舟歸屬海運。風積如鵬舉。浮水暗舟艫。合岸喧徒侶。凜凜窮秋暮。初寒入洲渚。鐃吹響清江。懸旗出長嶼。危檣迴不進。沓浪高難拒。回首泣親賓。中天望宛許。帝城猶隱約。家園無處所。去矣方悠悠。含意將何語。○本集二。詩紀八十三。

渡連圻詩二首

此山多靈異。峻岨實非恆。洑流自洄斜。激瀨視奔騰。懸崖抱奇崛。本集作窟。絶壁駕岐嶒。硌磟上争險。岞崿下相崩。百年積死樹。千尺掛寒藤。詭怪終不測。廻沈意難登。願欲書聞見。聊以寄親朋。○本集二。詩紀八十三。

連圻連不極。極望在雲霞。絶壁無走獸。窮岸有盤楂。糾紛上巃嵸。穿豁下巖岈。本集作嵃牙。魚遊顔氏家訓作躍魚。若擁劍。猿掛似懸瓜。陰岸生駮蘚。伏水拂澄沙。客子行行倦。年光處處華。石蒲生促節。巖樹落高花。暮潮還入浦。夕鳥飛向家。寓目皆鄉思。何時見狹斜。○本集二。詩紀八十三。又顔氏家訓文章篇引一句。類聚二十七引華、花二韵。

下方山詩

寒鳥樹間響。落星川際浮。繁霜白曉岸。苦霧黑晨流。鱗鱗逆去水。瀰瀰急還舟。望鄉行復立。瞻途近更修。誰能百里地。縈繞千端愁。○本集二。詩紀八十三。

入東經諸暨縣下浙本集作淛。江作詩

疲身不自量。温腹無恆擬。未能守封植。何能固廉恥。一經可人言。三冬徒戲爾。虚信蒼蒼色。未究冥冥理。得彼既宜然。失之良有以。常言厭四壁。自覺輕千里。日夕聊望遠。山川空信美。歸飛天際没。雲霧江邊本集作傍。詩紀云。一作傍。起。安邑乏主人。臨卬多客子。鄉鄉自風俗。處處皆城市。所見無故人。含意終何已。○本集六。詩紀八十三。

還渡本集作杜。五洲詩

我行朔已晦。泝水復沿流。戎傷初不辨。動默自相求。睠言還九派。迴艫出五洲。蕭散煙霧晚。凄清江漢秋。沙汀暮寂寂。蘆岸晚脩脩。以此本集作兹。南浦夜。重此北門愁。方圓既齟齬。貧賤豈怨尤。○本集二。詩紀八十三。又類聚二十七引洲、秋、修三韻。

春夕早泊和劉諮議落日望水詩

旅人嗟倦遊。結纜坐春洲。日暮江風靜。中川聞棹謳。草光天際合。霞影水中浮。單艫時向浦。獨檝乍乘流。孌童泣垂釣。妖姬哭盪舟。客心自有緒。對此空復愁。○本集二。詩紀八十三。

和劉諮議守風詩

彌旬苦凌亂。揆景候阡陌。晝想汝陽津。夜夢邯鄲驛。憤風急驚岸。屯雲仍觸石。蕭條疾帆流。磈本集作磤。礧衝波白。息榜已本集作易。云久。維稍本集作梢。晨已積。蒼蒼極浦潮。杳杳長洲夕。本慙佽飛劍。寧慕澹臺璧。纖羅若不□。跂予中上澤。○本集二。詩紀八十三。

宿南洲浦詩

幽棲多暇豫。從役知辛苦。解纜及朝風。落帆依暝浦。違鄉已信次。江月初三五。沈沈夜看流。淵淵朝聽鼓。霜洲渡旅雁。朔飈吹宿莽。夜淚坐淫淫。是夕偏懷土。○本集二。廣文選十。詩紀八十三。

學古贈丘永嘉征還詩

龍馬魚腸劍。躞蹀本集作蹀躞。起風塵。結客蔥河返。喧喧動四鄰。入墟猶憶舊。德卷當作見蒼。復疑新。窺見應門出。遙識下機人。相悲淚欲下。離別方自陳。○本集一。永嘉縣志三十三作贈丘永嘉征還詩。詩紀八十三。

和蕭諮議岑離閨怨詩

曉河没高棟。斜月半空庭。窗中度落葉。簾外隔飛螢。含悲玉臺作情。類聚同。下翠帳。掩泣玉臺作涕。類聚同。閉金屏。昔期今未返。春草寒復青。思君無轉易。何異北辰星。○本集二。玉臺新詠五、類聚三十二並作閨怨詩。詩紀八十三。

嘲劉郎詩

房櫳滅夜火。窗户本集作外。映朝光。妖本集作姹。女褰帷去。躞蹀本集作蹀躞。玉臺同。初下牀。雀釵横曉鬢。蛾眉艷宿粧。稍聞玉釧遠。猶憐翠被香。寧知早朝客。差池已雁行。○本集二。玉臺新詠五作嘲劉孝綽。詩紀八十三。

詠本集無詠字。照鏡詩

朱玉臺作珠。類聚同。簾旦初捲。綺類聚作停。機朝未織。玉匣開鑑影。玉臺作形。類聚作覽形。寶臺臨淨本集、詩紀作静臨。飾。對影獨含笑。看花類聚作光。時玉臺作空。轉側。聊爲出繭眉。試染夭桃色。羽釵如詩紀作寶釵若。可本集作寶釵若何。問。金鈿畏本集作長。玉臺同。相逼。蕩子行未歸。啼粧坐沾臆。○本集一。玉臺新詠五。類聚七十。詩紀八十三。

擬青青河邊草轉韻體爲人作其人識節工歌詩

春蘭玉臺作園。詩紀云。一作園。日文苑作已。樂府同。應好。折花望遠道。秋夜苦復長。抱枕向空牀。吹臺玉臺作樓。詩紀云。一作樓。下促節。不言於本集作與。此別。歌筵掩團扇。何時一相見。絃絶樂府云。一作斷。猶依軫。葉落纔玉臺作裁。文苑同。下枝。卽此雖云別。方我未成離。○本集二。玉臺新詠五作學青青河畔草。文苑英華二百八、樂府詩集三十八並作青青河畔草。詩紀八十三。

學古詩三首

長安美少年。羽騎暮連翩。玉羈瑪瑙勒。金絡珊瑚鞭。陣雲横塞起。赤日下城圓。追兵待都護。烽火望祁連。虎落夜方寢。魚麗曉復前。平生不可定。空信蒼浪天。○本集一。樂府詩集六十六作長安少年行。詩紀八十三。

鞏洛上東門。薄暮川流側。渾渾車馬道。行人不相識。日夕棲鳥遠。浮雲起新色。寸心空延佇。對面何由卽。飛輪倘易去。易去因風力。○本集一。

昔隨張博望。辭帝長楊宮。獨好西山勇。思爲北地雄。十年事河外。雪詩紀云。一作雲。鬢別關中。季月邊秋重。嚴野散寒蓬。日隱龍城霧。塵起玉關風。全狐君已復。半菽我猶空。欲因上林雁。一見平陵桐。○同上

聊作百一體詩

靈輒困桑下。於陵拾李螬。歷齒方嗟賤。灸背豈知豪。傭畊乏旅力。倚市憚劬勞。曠日無豆飦。方冬缺緼袍。清旦開蓬蓽。舉目想煎熬。樞機慎僕隸。媒蘖畏朋曹。萬途皆自僻。一事豈他褒。匆匆昨不定。負杖出蓬蒿。逢施同溝壑。值設乃糠糟。生途稍冉冉。逝水日滔滔。咸言等木石。誰當出羽毛。○本集一。詩紀八十三。

早朝車中聽望詩

詰旦鍾聲罷。隱隱禁門通。蘧本集作璩。車顏氏家訓作居。嚮北闕。鄭履入南宮。宿霧開文苑作間。馳道。初日照相本集作喧。風。類聚誤作通。胥徒紛絡驛。類聚誤作風胥徒紛驛。騶文苑作翳。御或西東。暫喧耳目外。還保性靈中。方驗文苑辯證作厭。注云。一作驗。遊朝市。此說不爲空。○本集二。文苑英華辨證六。又類聚三十九作早朝詩。引通、宦、通、東四韵。文苑英華百九十作早朝詩。引通、宮、風、東四韵。顏氏家訓文章篇引一句。

臨行公車詩

擾擾排曙扉。鱗鱗驅早駕。禁門儼猶閉。嚴城方警夜。道勝多本集作夕。增榮。拙蒲終難化。以兹吠澮質。重與滄溟舍。纜舟去濁河。揆景辭清灞。平生多意緒。懷抱皆徂謝。念此將如何。撫心獨悲咤。○本集二。詩紀八十三。

傷徐主簿詩

世上逸羣士。人間徹惣賢。畢池論賞賜。蔣逕篤周旋。一旦辭東序。千秋送北邙。客簫雖有樂。隣笛遂還傷。提琴就阮籍。載酒覓楊雄。直荷□□水。斜柳細牽風。○文鏡秘府論天卷。

梁詩卷九

何遜

詩

秋夕歎白髮詩

絲白不難染。蓬生直類聚作本。易扶。唯見類聚作此。詩紀云。一作此。星星鬢。類聚作髮。獨與衆中殊。昔年十四五。率性頗廉隅。直是安被褐。非敢慕懷珠。何言志事晚。疲拙嬰殊軀。逢時乃倏忽。失路亦斯須。郊郭勤二頃。形體憇一廡。涸蚌困魚目。籠禽觸四隅。宵長壁立静。廓處謝懽愉。月色臨窗樹。蟲聲當户樞。飛蛾拂夜火。墜葉舞秋株。逐物均乘鶴。違俗等雙鳧。故人倘未棄。求我谷之嵎。詩紀云。一作隅。○本集二。詩紀八十三。又類聚十七作白髮詩。引扶、殊二韵。

夜夢故人詩

客心驚夜魂。言與故人同。開簾覺水動。映竹見牀空。浦口望斜月。洲外聞長風。九秋時未晚。千里路難窮。已如臃腫木。復似飄飖蓬。相思不可寄。直在寸心中。○本集二。詩紀八十三。

從主移西州寓直齋内霖雨不晴懷郡中遊聚詩

寓直慚虎賁。沈迷豈職事。祈祈本集作祁祁。寒枝動。濛濛秋雨駛。不見眼中人。空想山南寺。雙桐傍檻上。長楊夾門植。夙昔搆良遊。接膝同懽志。東西忽爲阻。向隅懷獨思。颯颯履聲喧。擾擾羣本集誤作郡。分異。卧聞復雷響。坐視重扃秘。欲寄一行書。何解三秋意。○本集一。詩紀八十三。

劉博士江丞朱從事同顧不値作詩云爾本集無以上三字。

故人篤久要。新知從暮室。崎嶇枉道過。邂逅幽人出。心期不會面。懷之成首疾。向夕敞山扉。臨窗玩餘帙。蜘蛛正網户。落花紛入膝。浸淫水上風。蔽虧霞中日。良辰一攜手。住坐無儔匹。劉侯務屬書。江生勤下筆。朱君博辭理。去去追名實。是顧一參差。何能更蓬蓽。吾人少拘礙。得性便遊逸。方欲侯褰裳。相從懽本集作讙。道術。○本集一。詩紀八十三。

春暮喜晴酬袁户曹苦雨詩

振衣喜初霽。褰裳對晚晴。落花猶未捲。時鳥故餘聲。春芳空悦目。游客反傷情。鄉園不可見。江水獨本集作徒。自清。願得同攜手。歸望對都城。○本集二。詩紀八十三。

苦熱詩

昔聞草木焦。今窺文苑作覩。樂府、事文類聚同。詩紀云。一作覩。沙石爛。曀曀風逾靜。曈曈日漸旰。習靜閟類聚作悶。樂府、事文類聚同。文苑、詩紀云。一作悶。衣巾。類聚、事文類聚作襟。讀書煩几案。卧思清露浥。文苑作挹。注云。一作浥。坐待高樂府作明。文苑云。一作明。星燦。蝙蝠户中樂府作間。飛。蠛蠓窗間樂府作中。亂。實樂府作會。無河朔飲。空有臨淄汗。遺金不自樂府作自不。事文類聚同。拾。惡木寧無幹。願以三伏晨。催促九秋换。〇本集一。文苑英華二百十。樂府詩集六十五作苦熱行。事文類聚前集九。詩紀八十三。又類聚五引爛、旰、案、燦、亂、汗六韵。

七夕詩

仙車駐七襄。類聚誤作驤。鳳駕出天潢。月映九微火。風吹百合香。來初學記作逢。歲時雜詠同。文苑云。一作逢。歡暫巧笑。還淚已沾文苑云。一作帝。裳。玉臺作啼妝。類聚、初學記、歲時雜詠作啼粧。文苑作粧。詩紀云。一作啼粧。依稀如玉臺作猶。歲時雜詠同。文苑作獨。洛汭。倏忽似高唐。别離未玉臺作不。類聚、初學記、歲時雜詠同。文苑云。一作不。得語。玉臺作見。河漢漸湯湯。〇本集一。玉臺新詠五作詠七夕。古今歲時雜詠二十五。文苑英華百五十八。詩紀八十三。又類聚四及初學記四引潢、香、粧、湯四韵。

詠早梅詩詩紀云。一云揚州法曹梅花盛開。

兔園標物序。驚時最是梅。銜文苑作御。霜當路發。映雪擬寒開。枝横卻月觀。花繞凌風臺。朝灑長門泣。夕駐臨邛杯。應知類聚作知應。早飄落。故逐上春來。〇本集二。初學記二十八。文苑英華三百二十二。萬花谷後三十二作何遜詩。詩紀八十三。又類聚八十六引梅、開、臺、來四韻。

行經孫氏陵詩

昔在零陵文苑作炎靈。建康志同。厭。神器若無依。逐兎争先捷。掎鹿競因機。呼噏開伯文苑作霸。建康志同。道。叱咤文苑作咤叱。掩江畿。豹變分奇略。虎視肅戎威。長蛇衂巴漢。驥馬絶淮淝。交戰文苑作戟。建康志同。無内禦。重門豈外扉。成功舉文苑作終。建康志同。已棄。凶德愎而違。水龍忽東騖。青蓋乃西歸。朅文苑作碣。來已類聚作易。文苑、建康志同。詩紀云。一作易。永久。年代曖微微。苔石疑文字。荆墳失是非。山鶯空曙詩人玉屑作樹。響。隴月自秋暉。銀海終無浪。金鳧會文苑作永。建康志同。不飛。闃寂文苑作闃闃。建康志同。今如此。望望沾人衣。〇本集一。文苑英華三百六、景定建康志四十三並作經孫氏陵詩。詩紀八十三。又類聚四十引歸、微、非、暉、飛、衣六韻。詩人玉屑八作行孫氏陵。引暉一韻。

塘邊見古塚詩

行路一孤墳。本集誤作行墳塘一孤。路成墳欲文苑作已。初學記作又已。毁。空疑年代初學記作歲。文苑同。積。不知陵谷徙。幾逢初學記、文苑作經。詩紀云，一作經。秋葉黄。文苑作飛。驟初學記作共。見春流瀰。金蠶不可織。玉樹何時初學記作曾。文苑同。蕋。陌上驅馳人。笑歌自侈靡。今日非明日。所念誰文苑作可憐詎。憐初學記作可恰詎隣。此。〇本集一。

初學記十四作悲行路孤墳詩。文苑英華三百六作悲行路孤墳。詩紀八十三。

哭吴興柳惲詩

南州擅荆梓。上國稱羽儀。伊人以戴德。李公傷在期。遠識内無愠。深衷外有規。本集作窺。詩紀云。一作窺。清文窮麗則。弘論盡高奇。多能誠所貴。小善聊復爲。百步均射葉。八體妙臨池。曲悟同神解。龜謀信有知。入朝耿長劍。出牧盛層麾。納言信加首。豐貂亦在移。霞區兩借寇。貪泉一舉巵。翰飛矯未極。朝露溘先危。以兹舊館想。况乃西日垂。蔓草生車轍。枯木卧崩坻。樽酒誰爲滿。靈衣空自披。眷言尋惠好。慟哭悲路歧。含毫徒有屬。搦管竟無摛。〇本集二。詩紀八十三。

登禪岡寺望和虞記室詩

南望南郭門。拱樹稍本集作梢。雲密。北窗北溱詩紀云。一作湊。道。重樓霧中出。接樹隱高蟬。交枝承落日。光陰不可捨。懷抱何由悉。〇本集一。詩紀八十四。

答高博士詩

北窗涼夏首。幽居多卉木。飛蜨苕溪叢話作幽蝶。詩紀云。一作蝶。弄晚花。清池映疏竹。爲宴得快性。安閑聊鼓腹。將子厭囂塵。就予開耳目。〇本集一。詩紀八十四。又苕溪漁隱叢話二引竹一韵。

贈王左丞僧孺詩

檻外鶯啼罷。園裏日光斜。游魚亂水葉。輕燕逐風花。長墟上寒靄。曉樹没歸霞。九華暮已隱。抱鬱徒交加。○本集一。詩紀八十四。

敬酬王明府僧孺詩

星稀初可見。月出未成光。澄江照遠火。夕霞隱連檣。賤軀臨不測。玉體畏垂堂。念别已零淚。況乃思故鄉。○本集一作敬酬王明府。詩紀八十四。

西州直示同員詩

日長禁户倦。卽事思短晨。漏盡唱聲急。此理復傷人。矛盾交爲論。光璧帶成珍。暫將收飲啄。得得任心神。○本集一。詩紀八十三。

野夕答孫郎擢詩

山中氣色滿。墟上生煙露。杳杳星出雲。啾啾雀隱樹。虚館無賓客。幽居乏懽趣。思君意不窮。長如流水注。○本集一。詩紀八十三。

石頭答庾郎丹詩

高樹蔭樓密。本集作照。注云。一作密。細草緑成被。黄鸝隱葉飛。蛺蝶縈空戲。陰岑自爾悦。寂寥予罕寄。相如阻禁闈。何由從簡易。〇本集一。詩紀八十四。

日夕出富陽浦口和朗公詩

客心愁日暮。徙倚空望歸。山煙涵類聚作斂。文苑同。樹色。江水映霞暉。獨鶴凌空文苑云。集作煙。類聚作風。詩紀云。一作風。逝。雙凫出浪飛。故鄉千餘里。茲夕寒無衣。〇本集一。類聚二十七及文苑英華二百十九作富陽浦口和朗上人。詩紀八十四。

從鎮江州與遊故別詩詩紀作臨行與故遊夜別。

歷稔共追隨。類聚作遊。一旦辭羣匹。復如東注類聚作流。文苑同。水。未有西歸日。夜雨滴空堦。曉燈文苑作天曉。注云。類聚作晚燈。暗離類聚作雕。室。相悲各罷酒。何時同類聚作更。文苑同。詩紀云。一作更。促膝。〇本集一。詩紀八十四並作臨行與故游夜別。類聚二十九。文苑英華二百八十六。

與胡興安夜別詩

居人行轉軾。客子暫維舟。念本集字缺。此一筵笑。分爲兩地愁。露濕寒塘草。月映清淮流。方類聚作芳。抱新離恨。獨守故園秋。○本集一作胡興安夜別。類聚二十九。詩紀八十四。

車中見新林分別甚盛詩

金谷賓遊盛。青門冠蓋多。隔林望行幰。下阪聽鳴珂。於時春未歇。麥氣始清和。還入平原逕。窮巷可張羅。○本集一。詩紀八十四。

曉發詩

早霞麗初日。清風消薄霧。水底見行雲。天邊看遠樹。且望沿泝劇。暫有江山趣。疾本集字缺。兎聊復起。爽地豈能賦。○本集二。詩紀八十四。

慈姥磯詩詩紀云。本集作慈姥磯聯句。

暮煙起遥岸。斜日照安流。一同心賞夕。暫解去鄉憂。野苕溪叢話作遠。岸平沙合。連山近本集、苕溪叢話作遠。是。霧浮。客悲不自已。江上望歸舟。○本集二。詩紀八十四。又苕溪漁隱叢話後二引浮一韵。

見征人分別詩

凄凄日暮本集作暮暮。時。親賓俱竚立。征人拔劍起。兒女牽衣泣。候騎出蕭關。追兵赴馬邑。且當横行去。

誰論裹屍入。〇本集一。詩紀八十四。

同虞記室登樓望遠歸詩

登樓欲望遠。遥遥見白衣。白衣猶遠遠。言是稍知非。對窗看寶瑟。入户弄鳴機。無令日光晚。門閣掩重扉。〇本集一。詩紀八十四。

與虞記室諸人詠扇詩

如珪信非玷。學月但類聚作且。初學記同。爲輪。機杼蘼蕪妾。裁縫篋笥人。摇風入素手。占類聚作召。初學記作招。曲掩朱類聚作丹。初學記同。唇。羅袖幸拂拭。初學記作時拂。微芳聊可因。〇本集一。初學記二十五作詠扇詩。詩紀八十四。

又類聚六十九作詠扇詩。引輪、唇二韻。

看伏郎新婚詩

霧夕蓮出水。霞朝日照梁。何如花燭夜。輕扇掩紅粧。良人復初學記作以。灼灼。席上自生光。所悲高駕動。環珮出長廊。〇本集一。玉臺新詠五作看新婦。類聚四十、初學記十四作看新婚詩。詩紀八十四。

詠娼婦詩詩紀作詠婦娼。

曖曖玉臺作皎皎。高樓暮。華燭帳前明。羅幃雀釵影。寶瑟鳳雛聲。夜本集、詩紀作庭。花枝上發。新月霧中生。

誰念當窗牖。相望獨盈盈。○本集一。玉臺新詠五作詠倡家。類聚三十二。詩紀八十四。

詠舞妓本集無妓字。詩

管清羅薦合。類聚作隨。絃類聚作絲。驚本集作歌。雪袖遲。逐唱回纖手。聽曲動初學記作轉。詩紀同。蛾眉。凝情眄玉臺作盼。墮珥。類聚作顧眄墮。誤。微睇託含辭。日暮留嘉初學記作能留。萬花谷同。客。相看愛此時。○本集一。玉臺新詠五。類聚四十二作詠妓詩。詩紀八十四。又初學記十五作詠舞詩。引眉、時二韵。萬花谷後三十二作何遜詩。引眉、時二韵。

望新月示同羈詩

初宿長淮上。破鏡出雲明。今夕千餘里。雙蛾映水生。的的與沙類聚馮校作河。静。灩灩類聚作豔豔。逐波輕。望鄉皆下淚。非我獨傷情。○本集二。類聚一。詩紀八十四。

詠春雪寄族人治書思澄詩

可憐江上雪。迴風起復滅。本欲映梅花。翻悲似玉屑。朝鶯日弄響。暮條行可結。咸言不適時。安知非矯節。○本集二。詩紀八十四。

和司馬博士詠雪詩

凝堦夜似月。類聚作似月夜。拂樹曉疑春。蕭散忽如盡。本集作晝。徘徊已復新。暫蔽卷紈質。復慚文苑作漸。施粉人。文苑云。此二句以集本添入。若逐微風起。誰言非玉塵。○本集一。文苑英華百五十四。詩紀八十四。又類聚四、初學記四並作詠雪詩。引春、新、塵三韵。

詠白鷗兼嘲别者詩

可憐雙白鷗。朝夕水上遊。詩紀云。玉臺作浮。何言異棲息。雌住雄不留。孤飛出溆本集作岫。浦。獨宿下滄洲。東西從此别。玉臺作别。類聚、文苑同。影響絶無由。○本集二。玉臺新詠五作詠白鷗嘲别者。類聚九十二、文苑英華三百二十九並作詠白鷗詩。詩紀八十四。

行經范僕射故宅詩

旅葵應蔓井。荒藤已上扉。寂寂文苑作寂寞。空郊暮。無復車馬歸。瀲灔故池水。蒼茫落日暉。遺愛終何極。類聚作闃寂今如此。文苑同。詩紀云。一作闃寂今如此。行路獨類聚作客盡。沾衣。○本集一。類聚三十四。文苑英華三百七。詩紀八十四。

王尚書瞻祖日詩

昱昱丹旐振。亭亭素本集作索。蓋立。金鐸讙已鳴。龍輴將復入。華臺日未徙。荒墳路行濕。已矣將何如。賓馭皆灑泣。○本集一。詩紀八十四。

送褚都曹聯句詩

君隨結客去。我乃倦遊歸。本願同棲息。今成相背飛。○本集二。詩紀八十四。

送司馬□入五城聯句詩

隨風飄岸葉。行雨暗江流。居人會應返。空欲送行舟。○本集二作送司馬□入五城。詩紀八十四。

邊城思詩

柳黄未吐葉。水緑半含苔。春色邊城動。客思故鄉來。○本集二。詩紀八十四。

爲人妾思詩二首

魂銷形已去。釵落猶依枕。欲去淚無皆。本集誤作皆。不看悲復甚。○本集二。詩紀八十四。

機中刺繡所。窗下朝粧處。未憶神已傷。欲忘悲不去。○同上

爲人妾怨詩

燕戲還簷際。玉臺作燕子戲還簷。花飛落枕前。寸心君本集作悲。不見。拭淚坐調絃。○本集二。玉臺新詠十作爲人妾思。詩紀八十四。

閨怨詩二首

竹葉響南窗。月光照東壁。誰知夜獨覺。枕前雙淚滴。○本集二。玉臺新詠十作秋閨怨。

閨閣行人斷。房櫳月影斜。誰能北窗下。獨對後園花。本集作誰知北窗下。猶對後庭花。○本集二。玉臺新詠十。詩紀八十四。

苑中詩

苑門闢千扇。苑户開萬扉。樓殿聞玉臺作間。珠履。竹樹隔羅衣。○本集二。玉臺新詠十作南苑。詩紀八十四。

苑中見美人詩詩紀云。一作聯句。

羅袖風中捲。玉釵林下耀。團扇承落花。復持掩餘笑。○本集二。詩紀八十四。

詠春風詩

可聞不可見。能重復能輕。鏡前飄落粉。琴上本集作山。響餘聲。○本集二。玉臺新詠十。類聚一。初學記一。文苑英華百五十六。萬花谷二。詩紀八十四。

離夜聽琴詩

別離既有緒。琴瑟反成悲。美人多怨態。亦復慘長眉。○本集二。詩紀八十四。

相送詩

客心已百念。孤遊重千里。江暗雨欲來。浪白風初起。○本集二。詩紀八十四。

擬古三首聯句

家本青山下。好上青山上。青山不可上。一上一惆悵。遜　匣中一明鏡。好鑑明鏡光。明鏡不可鑑。一鑑一情傷。范雲　少知雅琴曲。好聽雅琴聲。雅琴不可聽。一聽一沾纓。劉孝綽○本集三作擬古三首。詩紀八十四。○遜按。文選謝玄暉遊東田詩五臣翰注引古詩云。夕宿青山郭。且上青山上。青山不可上。步步恒惆悵。與遜詩略同。苕溪漁隱叢話即據文選注謂爲謝作。恐非是。

往晉陵聯句

臨別我傷悲。送歸子自適。劉金不可散。卜蓋何由惜。詩紀作借。遜　從來重分陰。未曾輕尺璧。故任情一異。於是望三益。高爽　爾自高樓寢。予返東皋陌。寄語落毛人。非復平原客。遜　問舍且求田。音亂無可擇。勝門成好事。盤紆欲何索。爽〇本集二。詩紀八十四。

范廣州宅聯句

洛陽城東西。却作經年別。昔去雪如花。今來花似雪。雲　濛濛夕煙起。奄奄殘暉滅。非君愛滿堂。寧我安車轍。遜〇本集二。詩紀八十四。

相送聯句

寸陰常可惜。別至倍傷神。子瞻天際水。予望路中塵。韋黯　惘惘歧路側。去去平生親。一朝事千里。流涕向三春。遜〇本集二。詩紀八十四。

二

昔共入門笑。今成送別悲。君還舊聚處。爲我一嚬眉。王江乘　於今還促膝。自此客江湄。願子俱停駕。看我獨解維。遜〇同上

三

高軒雖駐軫。餘日久無輝。以我辭鄉淚。沾君送別衣。遜〇同上

至大雷聯句

高談會良夕。滿酒對羈情。閔閔風煙動。蕭蕭江雨聲。遜　密雲窮浦暗。飛電遠洲明。若非今宴適。詎使客愁輕。劉孺　遥舟似連雁。遠火若迴星。江潭望如此。銜巵共君傾。桓季珪○本集二。詩紀八十四。

賦詠聯句

弊履常決踵。眉高起半額。曼倩爾何爲。獨歎長安索。遜　工商既慚巧。農士聊相易。蝘腹有餘資。鴻肩方可拍。江革　攝職媿握蘭。濫官悲執戟。連章既不敏。高談豈能劇。孺　逸翮任奮飛。窘步事羈勒。還鳥余能繫。流言爾無惑。革　憂懷乃千載。永懽常數刻。直是悲別離。非關念通塞。遜　日照汀沙素。山影波浪黑。爾限大江南。余歸茂陵北。孺○本集二。詩紀八十四。

臨别聯句

臨别情多緒。送歸涕如霰。君望長安城。予悲獨不見。遜　爾來同去國。予歸方異縣。懷别心獨憂。手淚方濺濺。孺○本集二。詩紀八十四。

增新曲相對聯句

洒闌日隱樹。上客請調絃。嬌人挾瑟至。逶迤未肯前。劉孝勝　舊愛今何在。新聲徒自憐。有曲無人聽。徙倚高樓前。何澄　徘徊映日照。轉側被風吹。徒爲相思響。傷春君不知。劉綺　月昏樓上坐。含悲望別離。已切空牀怨。復看花柳枝。遜○本集二。詩紀八十四。

照水聯句

插花行理鬢。遷延去復歸。雖憐水上影。復恐濕羅衣。遜　臨橋看黛色。映渚媚鉛暉。不顧春荷動。彌畏小禽飛。綺○本集二。詩紀八十四。

折花聯句

笑出春園裏。望花聯襄纈。欲以間珠鈿。非爲相思折。遜　日照爛成綺。風來聚疑雪。試采一枝歸。願持因遠別。綺○本集二。詩紀八十四。

摇扇聯句

紈扇已新製。蕩婦復新粧。欲掩羞中笑。還飄袖裏香。遜　在握時摇動。當歌掩抑揚。誰云減羅本集作衣。袂。影日聊自障。綺○本集二。詩紀八十四。

正釵聯句

竹臺歸欲礙。花林出未通。度簪先分影。轉珥忽瞻風。遜　雙橋耀寶鈿。闐闐密復叢。羞令挂本集作桂。纓闕。整插補餘空。綺○本集二。詩紀八十四。

答江革聯句不成

日余乏文幹。逢君善草札。工拙既不同。神氣何由拔。○本集二。詩紀八十四。

又答江革詩

棘端雖非譬。至妙安可量。要知同罔象。然始見毫芒。○本集二。詩紀八十四。

詠雜花詩

井上發新花。誰言不經染。已如薄紫拂。復似濃紅點。狀錦無裁縫。依霞有舒斂。○詩紀八十四。

何寘南

答何秀才詩

自憐耿不寐。擁褐至宵闌。蒼茫曙月落。切戾曉風酸。終朝長守韹。疊夜抱餘寒。周道坦且直。弱命溘將殫。靈臺聊寄止。戚里豈餘歡。思家無積歛。何以拯急難。〇何水部集一。詩紀八十三。詩紀云。集作既。

沈繇

答何郎詩

歡慽遞來事。聚散居常理。但傷膠投漆。忽作弦離矢。形影一東西。山川俄表裏。執手涉梁上。悲心萬端起。方同兒女泣。況此流潮水。〇何水部集二。詩紀八十三。

孫擢

答詩紀作贈。何郎詩

幽居少怡樂。坐静對嘉林。晚花猶結子。新竹未成陰。夫君阻清切。可望不可尋。處處多諼草。賴此慰人心。〇何水部集一。詩紀八十四。

江革

革。字休映。濟陽考城人。仕齊爲尚書駕部郎。仕梁累遷至度支尚書。大同元年卒。

贈何記室聯句不成詩

龍鱗無復彩。鳳翅於茲鎩。疇昔似翩翩。今辰何乙乙。○何水部集二。詩紀八十四。

又贈何記室詩

刻猴雖言巧。辯對今知章。且欣共巵酒。勿道濫衣裳。○何水部集二。詩紀八十四。

朱記室

送别不及贈何殷二記室詩

憑軾徒下淚。裁書路已賒。遠鼓依林響。連檣倚岸斜。山開雲吐氣。風憤浪生花。即此余傷别。何論爾望家。二君曷琬琰。無使没泥沙。○何水部集二。詩紀八十三。

王訓

訓。字懷範。暕子。補國子生。射策高第。除秘書郎。遷太子舍人、秘書丞。轉宣城王文學友、太子中庶子。掌管記。遷侍中。天監十七年卒。年二十六。

度關山

邊庭多警急。羽檄未曾閒。從軍出隴坂。驅文苑作驕。注云。一作驅。馬度關山。關山恆晻靄。文苑作掩靄。注云。一作掩害。高峯白雲外。遥望秦川水。文苑作中。注云。一作水。千里長如帶。好勇自秦中。意氣本文苑云。一作多。豪雄。少年便習戰。十四已從戎。昔年經文苑作從。注云。一作經。上郡。今歲出雲中。遼水深難渡。榆關斷未通。折衝文苑作衝。詩紀云。一作衝。凌絶域。流蓬警文苑作驚。樂府同。未息。胡風朝夜起。平沙不相識。兵法貴先聲。軍樂府作兵。詩紀云。一作兵。中自有程。逗遛皆文苑、詩紀並云。一作難。贖罪。先登盡一城。都護疲詔吏。將軍擅發兵。平盧疑縱火。飛鴟畏犯營。輕文苑作輜。是。重一爲虜。樂府作鹵。注云。一作虜。金刀何用盟。誰知出塞外。文苑作誰人知出外。注云。一作誰知出塞外。獨有漢飛名。○文苑英華百九十八。樂府詩集二十七。詩紀八十六。

獨不見

日晚宜春暮。風軟上林朝。對酒近初節。開樓蕩文苑作當。夜嬌。石橋通小澗。竹路上青霄。持底誰見許。長愁成細腰。○文苑英華二百十一。樂府詩集七十五。詩紀八十六。

奉和同泰寺浮圖詩和簡文。

副君坐飛觀。城傍屬大林。王門雖八達。露塔復千尋。重櫨出漢表。層栱冒雲心。崑山雕潤玉。麗水瑩明金。懸盤同露掌。垂廣弘明集作插。注云。三本、宫本作垂。鳳似飛禽。月落簷西暗。日去柱東侵。反流開睿屬。搦翰動神襟。願託牢舟反。廣弘明集作友。注云。明本作返。長免愛河深。○廣弘明集三十。詩紀八十六。

奉和率爾有詠詩

殿内多仙女。從來難比方。别有當窗豔。復是可憐粧。學舞勝飛燕。染粉薄南陽。散黄分黛色。薰衣雜棗香。簡釵新輾翠。試履逆填牆。一朝恃容色。非復守空房。君恩若可恃。願作雙鴛鴦。○玉臺新詠八。詩紀八十六。

應令詠舞詩詩紀云。應簡文。

新粧本絶世。妙舞亦如仙。傾腰逐韻管。斂色詩紀作袨。注。一作色。聽張絃。袖輕風易入。釵重步難前。笑態千金動。衣香十里傳。將持比初學記作特比雙。文苑、萬花谷同。飛燕。定當誰可憐。○類聚四十三。初學記十五。文苑英華二百十三。萬花谷後三十二作王訓詩。詩紀八十六。

詩

南史曰。嘗爲詩云云。追祖儉之志也。

且奭匡世功。蕭曹佐甿俗。○南史王訓傳。

梁詩卷十

吴均

均。一作筠。字叔庠。吴興故鄣人。天監初。爲柳惲吴興郡主簿。歷建安王偉記室。王遷江州。補國侍郎。兼府城局。還除奉朝請。普通元年卒。年五十二。均詩體清拔。有古氣。好事者效之。謂爲吴均體。所著有齊春秋三十卷、廟記十卷、十二州記十六卷、錢塘先賢傳五卷、續文釋五卷、集二十卷。

樂府

戰城南

蹀躞樂府作躞蹀。青驪馬。往戰類聚作救。城南畿。五歷魚麗陣。文苑作陳。通。三入類聚誤作尺。九重圍。名慴武安將。血汙文苑作坐。秦王衣。爲君意氣類聚作已。重。無功終不歸。〇文苑英華百九十六。樂府詩集十六。詩紀八十一。又類聚五十九引畿、圍、歸三韵。

戰城南詩紀云。此與下篇藝文失題。列戰城南後。英華遂以爲題。當再考。

前有濁樽酒。文苑作酒罇。詩紀云。一作酒尊。憂思亂紛紛。小來文苑作少年。詩紀云。一作少年。重意氣。學劍不學文。

忽值胡類聚作明。關静。匈奴遂兩分。天山已半出。龍城無片雲。漢世平如此。何用李將軍。○類聚五十九。文苑英華百九十六。詩紀八十一。

戰城南詩紀云。詩彙作胡無人行。

陌上何諠諠。文苑作喧喧。通。匈奴圍塞垣。黑雲藏趙樹。黄塵埋隴垠。文苑作根。天子羽書勞。將軍在玉門。○類聚五十九。文苑英華百九十六。詩紀八十一。

雉子班

可憐雉子班。羣飛集野甸。文章始陸離。意氣已驚狷。幽并遊俠子。直心亦如箭。生死報君恩。文苑、樂府作死節報君恩。注云。一作以死報君恩。誰能孤恩眄。○文苑英華二百六。樂府詩集十八。詩紀八十一。

入關

羽檄起邊庭。烽火亂如螢。是時張博望。夜赴交河城。馬頭要落日。劍尾掣流星。君恩未得報。何論身命傾。○樂府詩集二十一。詩紀八十一。

梅花落

終冬十二月。寒風西北吹。獨有梅花落。飄蕩不依枝。流連逐霜彩。散漫下冰澌。何當與春日。共映芙蓉樂府作夫容。池。○文苑英華二百八。樂府詩集二十四。詩紀八十一。

城上烏

嗚嗚樂府作焉焉。城上烏。翩翩尾畢逋。凡生八九子。夜夜啼相呼。質微知慮少。體賤毛衣粗。陛下三萬歲。臣至執金吾。○樂府詩二十八。詩紀八十一。

從軍行

男兒亦可憐。立功在北邊。陣頭横却月。馬腹帶連錢。懷戈發隴坻。乘凍至遼川。樂府作邊。微誠君不愛。終自直如弦。○樂府詩三十二。詩紀八十一。

胡無人行

劍頭利如芒。恆持照眼光。鐵騎追驍虜。金羈討黠羌。高秋八九月。胡地早風霜。男兒不惜死。破膽與君嘗。○文苑英華百九十六。樂府詩集四十。詩紀八十一。

雉朝飛操

二月雉朝飛。横行傍壟歸。斜看水外翟。側聽嶺南翬。蹀躞恆欲戰。耿耿恃强威。當令君見賞。何辭碎錦衣。○樂府詩五十七。詩紀八十一。

渡易水 詩紀云。一作荆軻歌。

雜虜客來齊。時余在角抵。揚鞭渡易水。直至龍城西。日昏笳亂動。天曙馬争嘶。不能通瀚海。無面見三齊。○樂府詩集五十八。詩紀八十一。

結客少年場

結客少年歸。翩翩駿馬肥。報恩殺人文苑作胡。注云。一作人。竟。賢君賜錦衣。握蘭登建禮。拖玉入含暉。顧看草玄者。功名終自微。○類聚三十三。文苑英華百九十五。詩紀八十一。

妾安所居

賤妾先有寵。蛾眉進不遲。一從文苑作非。西北麗。無復城南期。何因詩紀云。一作用。暫豔逸。豈爲乏妍姿。徒有黄昏望。寧遇青樓時。惟惜應門掩。方餘文苑作除。永巷悲。匡牀終不共。何由横自私。樂府作思。○文苑英華二百七。樂府詩集七十四。詩紀八十一。

送歸曲

送子獨南歸。攬衣空閔默。關山晝欲暗。河冰夜向塞。燕至他人鄉。雁去還誰國。寄子兩行書。分明達濟北。○樂府詩集七十七。詩紀八十一。

夾樹

桂樹夾長陂。樂府作歧。復值清風吹。氛氲揉芳葉。連綿交密枝。能迎春露點。不逐秋風移。願君長惠愛。當使歲寒知。○樂府詩集七十七。詩紀八十一。

城上麻

麻生滿城頭。麻葉落城溝。麻莖左右披。溝水東西流。少年感恩命。奉劍事西周。但令直心盡。何用返封侯。○樂府詩集七十七。詩紀八十一。

擬古四首

陌上桑

嫋嫋陌上桑。蔭陌復垂塘。長條映白日。細葉隱文苑作影。注云。一作隱。鸝黄。蠶饑玉臺作飽。妾復思。拭淚且提筐。故人寧知文苑作去知。注云。一作寧知。此。樂府云。一作故人去如此。離恨煎人腸。○玉臺新詠六。文苑英華二百八。樂府詩集二十八。詩紀八十一。又類聚八十八引塘、黄、筐三韵。

秦王卷衣

咸陽春草芳。秦帝卷文苑作捲。衣裳。玉檢茱萸匣。文苑作帶。金泥蘇合香。初芳薰文苑云。一作動。複帳。餘輝耀玉文苑作寶。牀。當須類聚作須臾。晏文苑云。一作宴。又作早。朝罷。文苑云。一作須臾朝宴罷。持此贈華文苑云。一作龍。樂府作龍。注云。一作華。陽。〇玉臺新詠六。文苑英華二百十一。樂府詩集七十二。詩紀八十一。又類聚四十二引裳、香、陽三韵。

採蓮曲

錦帶雜花鈿。羅衣垂緑川。問子今何去。出採江南蓮。遼西三千里。欲寄無因緣。願君早旋返。及此荷花鮮。〇玉臺新詠六。類聚八十二作採蓮詩。樂府詩集五十。詩紀八十一。

攜手曲

豔裔陽之春。攜手清洛濱。雞鳴上林苑。薄暮小平津。長裾藻類聚或作掃。白日。廣袖帶芳塵。故交類聚或作友。一如此。新知詎憶人。〇玉臺新詠六。類聚十八作擬古詩。又類聚四十二。樂府詩集七十六。詩紀八十一。

採蓮曲

江風樂府作南。當夏詩紀云。一作夜。清。桂檝類聚作棹。詩紀云。一作棹。逐流縈。初疑京兆劍。復似漢冠名。荷香帶風初學記作風送。文苑、萬花谷同。遠。蓮影向根生。葉卷珠難溜。花舒紅易傾。初學記作輕。文苑、萬花谷同。日暮鳧舟滿。歸來度錦城。○初學記二十七及文苑英華三百二十二作梁元帝賦得涉江采芙蓉詩。樂府詩集五十。萬花谷後三十七作梁元帝。詩紀八十一。

三婦豔詩

大婦弦初切。中婦管方吹。小婦多姿態。含笑逼清巵。佳人勿餘及。殷勤妾自知。○樂府詩集三十五。詩紀八十一。

大垂手詩紀云。以下二首藝文作簡文帝。

垂手忽迢迢。玉臺作苕苕。飛燕掌中嬌。羅衫玉臺作衣。恣風引。輕帶任情搖。詎似長沙地。促舞不回腰。○玉臺新詠七作梁簡文帝賦樂府得大垂手。樂府詩集七十六。詩紀八十一。

小垂手

舞女出西秦。躡影舞陽春。且復小垂手。廣袖拂紅塵。折腰應兩笛。頓足轉雙巾。蛾眉與曼樂府作慢。臉。見此空愁人。○樂府詩集七十六。詩紀八十一。

有所思

薄暮有所思。終持淚煎骨。春風驚我心。秋露傷君髮。○樂府詩集十七。詩紀八十一。

雍臺

雍臺十二樓。樓樓鬱相望。隴西飛狐口。白日盡無光。○樂府詩集二十五。詩紀八十一。

楚妃曲

春妝約春黛。如月復如蛾。玉釵照繡領。金薄厠紅羅。○樂府詩集二十九。詩紀八十一。

白浮鳩

瑯琊白浮鳩。紫翳飄陌樂府字缺。頭。食飲東莞野。棲宿越王樓。○樂府詩集二十九。詩紀八十一。

陽春歌

紫苔初泛水。連綿浮且没。若欲歌陽春。先歌青樓月。○樂府詩集五十一。詩紀八十一。

別鶴

別鶴尋故侶。聯翩遼海間。單棲孟津水。驚唳隴頭山。○樂府詩集五十八。詩紀八十一。

淥水曲

香曖金堤滿。湛淡春塘溢。已送行臺花。復倒高樓日。○樂府詩集五十九。詩紀八十一。

緑竹

嬋娟鄣綺殿。繞弱拂春漪。何當逢採拾。爲君笙與篪。○樂府詩集六十。詩紀八十一。

行路難五首

洞庭水上一株桐。經霜觸浪困嚴風。昔時抽心曜白日。今旦臥類聚作怨。死黄沙中。洛陽名工文苑作士。見咨嗟。一剪一刻類聚作一嗟一尅。作琵琶。白璧規心學明月。珊瑚映面作風花。帝王見賞不見忘。提攜把握登建章。掩抑詩紀誤作仰。摧藏張女彈。殷勤促詩紀誤作捉。柱楚明光。年年月月對君子。文苑作王。注云。一作子。樂府作玉。遥遥夜夜宿未央。未央綵類聚作婇。女文苑作綵女宫娥。注云。一作未央綵女。棄鳴篪。争先玉臺作見。類聚、文苑同。拂拭生文苑作争。注云。一作生。光儀。茱萸錦衣玉作匣。安念昔日枯樹枝。不學衡山南嶺桂。至今千載玉臺作年。

猶未知。○玉臺新詠九。類聚三十。文苑英華二百。樂府詩集七十。詩紀八十一。

青瑣類聚作璅。通。門外安石榴。連枝接葉夾御溝。金墉城西文苑作裏。注云。一作西。合歡樹。垂條照彩樂府誤作採。拂鳳樓。遊俠少年游上路。傾心顛倒想戀慕。摩頂至足買片言。開胸瀝膽取一顧。自言家在趙邯鄲。翩翩舌杪復劍端。青驪白駮的盧馬。金羈緑控文苑作鞚。紫絲鞶。蹀躞横行不肯進。夜夜汗血至長安。長安城中諸貴文苑作賢。注云。一作貴。臣。争貴儒者文苑作文士。注云。一作儒者。席上珍。復聞梁王好學問。輕棄劍客如埃塵。吾丘壽王始得意。司馬相如適被申。大才大辯尚如此。何況我輩輕薄人。○類聚三十。文苑英華二百。樂府詩集七十。詩紀八十一。

君不見西陵田。從横十字成陌阡。君不見東郊道。荒涼蕪没起寒煙。盡是昔日帝王處。歌姬舞女達天曙。今日翩妍文苑作翩翩。注云。一作翩妍。少年子。不知華盛落前去。吐心吐氣類聚作意。文苑同。又注。一作氣。許他人。今旦文苑作且。一作旦。迴惑生猶豫。山中桂樹自有枝。心中方寸自相知。何言歲月忽若文苑作相。注云。一作若。馳。君之情意文苑作意念。注云。一作情意。與我離。還君玳瑁文苑作玉纛。注云。一作玳瑁。金雀釵。不忍見此使類聚作便。樂府同。文苑云。一作便。心危。○同上

君不見長安客舍門。倡家少女名桃根。貧窮夜紡無燈燭。何言一朝奉至尊。至尊離宮百餘處。千門萬户不知曙。唯聞啞啞城上烏。玉欄類聚作蘭。金井牽轆轤。丹梁翠柱飛流玉臺作屠。樂府同。又注。一作流。蘇。香薪桂火炊雕胡。類聚作彫菰。樂府、詩紀並云。一作彫菰。當年翻覆無常定。薄命爲女何必類聚作必已。文苑作心已。粗。○玉臺新詠九作費昶行路難。類聚三十。文苑英華二百。樂府詩集七十作費昶行路難。詩紀八十一。

君不見上林苑中客。冰羅霧縠象牙席。盡是得意忘言者。探腸見膽無所惜。白酒甜鹽甘如乳。緑觴皎鏡華如碧。少年持名不肯嘗。安知白駒應過隙。博山鑪中百和香。鬱金蘇合及都梁。逶迤好氣佳容貌。經過青瑣歷紫房。已入中山馮玉臺作陰。后帳。復上皇帝班姬牀。班姬失寵顔不開。奉箒供養長信臺。日暮耿耿不能寐。秋風切切四面來。玉堦行路生細草。金鑪香炭變成灰。得意失意須臾頃。詩紀云。一作間。非君方寸逆所裁。○玉臺新詠九。文苑英華二百。樂府詩集七十。詩紀八十一。

詩

重贈臨蒸郭某詩

英英者桂。結景嵩華。潤以碧沼。縈以紫霞。莁菫其氣。晻映其華。終朝顧止。載挹載嗟。英英者桂。亦好其音。爰彫爰剖。爲此瑟琴。綴以青玉。鏤以白金。終朝顧止。悠悠我心。蔽芾小草。亦呈其節。華不堪獻。條不堪結。變彼芳輝。憐此冥滅。終朝顧止。心焉如咽。○文館詞林百五十八。

王侍中夜集詩

抽蘭開石路。剪竹製山扉。文淪見緑水。參差隱翠微。西山文苑作商。採藥至。東都謝病歸。紡毛織野服。縫芰作山衣。欲知三青鳥。簷上素雲飛。○文苑英華二百十七。詩紀八十一。

登鍾山讌集望西靜壇詩

客思何以緩。春郊滿初律。高車陸離至。駿騎差池出。寶椀汎蓮花。珍杯食竹實。才勝商山四。文高竹林七。復望子喬壇。金繩蘊緑帙。風雲生屋宇。芝映被仙室。方隨鳳凰去。悠然駕白日。○類聚二十八。詩紀八十一。

與柳惲相贈答詩六首

黄鸝飛上苑。緑芷出汀洲。日映昆明水。春生鳷鵲樓。飄颻白花舞。瀾漫紫萍流。書織廻文錦。無因寄隴頭。思君甚瓊樹。不見方離憂。○玉臺新詠六。詩紀八十一。

鳴鞭適大阿。聯翩渡漳河。燕姬及趙女。挾瑟夜經過。纖腰曳廣袖。半額畫長蛾。客本倦遊者。箕帚在江沱。故人不可棄。新知空復何。○同上

離居苦無樂。回慕玉臺作向暮。心悽悽。要途訪趙使。聞君仕執珪。杜蘅色已發。菖蒲葉未齊。羃䍥蠶餌蠒。差池燕吐泥。願逐東玉臺作春。風去。飄蕩至遼西。○同上

白日隱城樓。勁風掃寒木。離枿隔東西。玉臺作西東。執手異涼燠。相思咽不言。洞房清且肅。歲去甚流煙。年來如轉軸。别鶴千里飛。孤雌夜未宿。○同上

閒玉臺作閨。房肅玉臺作宿。已靜。落月有餘輝。寒蟲隱壁思。秋蛾繞燭飛。絶雲斷更合。離禽去復歸。佳人今

何在。迢遞江之沂。一爲別鶴弄。千里淚沾衣。○同上。又類聚三十一。

秋雲静晚天。寒夜方緜緜。聞君吹急管。相思雜采蓮。別離未幾日。高月三成弦。蹀疊黄河浪。嘶喝隴頭蟬。詩紀作嘶唱隴頭絃。寄君蘼蕪葉。插著叢臺邊。○同上

答柳惲詩

清晨發隴西。日暮飛狐谷。秋月照層嶺。寒風掃高木。霧露夜侵衣。關山曉催軸。君去欲何之。參差間原陸。一見終無緣。懷悲空滿目。○類聚三十一。文苑英華二百四十。詩紀八十一。

贈柳真陽詩

王孫清且貴。築室芙蓉池。羅生君子樹。雜種女貞枝。南窗帖雲母。北户映琉璃。銜書軆轤鳳。坐水玉盤螭。朝衣茱萸錦。夜覆葡萄巵。聯翩文苑作翻。騄赤兔。窈窕駕青驪。龍泉甚鳴利。如何獨不知。○文苑英華二百四十。詩紀八十一。

贈任黄門詩二首

相如體英彦。左右生容暉。已紆漢帝組。復解梁王衣。經過雲母扇。出入千詩紀云。一作金。門扉。連洲茂芳杜。文苑作杜若。長山鬱翠微。欲言終未敢。徒文苑作默。然獨依依。詩紀云。一作默默獨依依。○類聚三十一。文苑英華二

百四十七。詩紀八十一。

紛吾少馳騁。自來乏文苑作之。注云。疑作乏。名德。白玉鏤衢鞍。黃金瑪瑙勒。射鵰靈丘下。驅馬文苑云。一作虜。鴈門北。殷勤盡日華。留連窮景黑。歲暮竟無成。憂來坐默默。○文苑英華二百四十七。詩紀八十一。

酬蕭新浦王洗馬詩二首詩紀云。蕭子雲封新浦侯。王筠爲太子洗馬。

始可結交者。文酒滿金壺。圍碁帝臺局。繫馬秦王蒲。長劍皆玉具。短笛悉銀塗。送歸日愁滿。留客袂紛吾。今成桓山上。秋風星散烏。○文苑英華二百四十。詩紀八十一。

思君出江湄。慷慨臨長薄。獨對東風文苑作方。注云。宋本風。酒。誰舉指南酌。崇蘭白帶飛。青鵁紫纓絡。一年流淚同。萬里相思各。胡爲舍旃去。故人在宛洛。○同上

答蕭新浦詩

僕本二陵徒。英豪文苑云。一作俊。多久要。角觝文苑作舐。注云。宋本觝。良家兒。期門惡年少。身詩紀云。一作腰。紆丈二組。手擎尺一詔。問子行何去。高帆艤江干。今夜杯酒別。明朝江水邊。莓莓看細雨。漠漠視濃煙。颯灑八文苑作入。銅箭。低昂五會船。欲知故人者。江南共採蓮。悒然心不樂。跨馬出城壕。觀濤看白鷺。望草見青袍。青袍行中把。蔽草覆平野。公子不垂堂。紛紛故文苑作吾。注云。一作紛吾故。交者。肘懸辟邪印。屋曜鴛鴦瓦。翩翩流水車。蕭蕭曳練馬。是時君別我。青莎没馬蹄。連連文鼉甕。鶩鶩伺朝雞。今日予懷友。積

恨文苑作雪。注云。一作恨。詩紀云。一作雪。滿東西。○文苑英華二百四十。詩紀八十一。

酬周參軍詩

日暮憂人起。倚户悵文苑作長。注云。一作匣帳。無懽。水傳洞庭遠。風送雁門寒。江南霜雪重。相如衣服單。沈雲隱喬文苑、詩紀並云。集作高。樹。細雨滅層巒。且文苑云。集作是。當對樽酒。朱絃永夜彈。○文苑英華二百四十。詩紀八十一。

贈杜容成詩詩紀云。帝王集作簡文帝詠燕。今從玉臺作吴均。

一燕海上來。一燕高堂玉臺作臺。息。一朝相玉臺作所。逢遇。依然舊相玉臺作所。詩紀云。一作所。識。問余玉臺作我。詩紀云。一作我。來何遲。山川玉臺作關山。幾紆玉臺作迂。直。答言海路長。風駛玉臺作多。詩紀云。一作多。飛無力。昔别縫羅衣。春風初入帷。今來夏欲晚。桑扈玉臺作蛾。薄樹飛。○玉臺新詠六。梁簡文帝集下。詩紀八十一。又類聚九十二、文苑英華三百二十九並作詠燕。引息、識、直、力四韵。

贈朱從事詩

我行欲何之。千里尋膠漆。長葭歷渚生。疏蒲緣岸出。梟梟能隨風。離離堪度日。客思已飄蕩。相思復非一。未得幸殷勤。先作數行泣。○文苑英華二百四十七。詩紀八十一。

贈摇詩紀云。摇。一作姚。郎詩

星漢正參差。佳人不在斯。宿昔暫乖阻。何異遠分離。露染蘼蕪葉。日照芄蘭枝。風光已飄薄。雲采復逶迤。勞夢無人覺。默默心自知。○類聚二十九。詩紀八十一。

贈王桂陽別詩三首

昔聞楊伯起。拖金文苑作玉。詩紀云。一作玉。振清風。高華積海外。名實滿山東。自有五文苑作吾。都相。非無四世公。臨窗驚白日。倚匣曳輕虹。願持鵷鶵羽。歲暮依梧桐。○文苑英華二百六十六。詩紀八十一。

客子慘無歡。送別江之干。白雲方渺渺。黄鳥尚關關。糾紛巫山石。合沓洞庭瀾。行衣侵曉露。征舠犯夜湍。文苑作征船夜泊湍。注云。一作征舠犯夜湍。無因停合浦。見此去文苑作玄。注云。一作去。詩紀云。一作玄。珠還。○類聚二十九。文苑英華二百六十六。詩紀八十一。

樹響浹文苑作峽。山來。猿文苑作溪。詩紀云。一作溪。聲繞岫急。旅帆風飄揚。行巾露沾濕。深浪闇蒹葭。濃雲没城邑。不見別離人。獨有相思泣。○同上

酬別江主簿屯騎詩

有客告將離。贈言重蘭蕙。泛舟當泛濟。結交當結桂。濟水有清源。桂樹多芳根。毛公與朱亥。俱在信陵

門。趙瑟文苑作琴。鳳凰柱。吴醥金罍樽。我有北山志。留連爲報恩。夫君皆逸翮。摶詩紀誤作搏。景復凌騫。文苑作鶱。白雲閒海樹。秋日暗平原。寒蟲鳴趯趯。落葉飛翻翻。何用贈分首。自有北堂萱。〇文苑英華二百六十六。詩紀八十一。

酬别詩

故人杯酒别。天清明月亮。露下寒葭文苑或作草。注云。一作葭。中。風起秋江上。衣染潺湲泣。文苑或作淚。詩紀云。一作淚。棹犯文苑或作泛。參差浪。匕首直千金。七寶雕華裝。類聚字缺。文苑云側亮切。類聚疑平聲。改作杖。生離何用表。賴此持相餉。〇類聚二十九。文苑英華二百六十六。文苑英華二百四十作王筠酬淮南别。

贈别新林詩詩紀云。一作江潭怨。

僕本幽并兒。抱劍事邊陲。風亂青絲絡。霧染黄金羈。天子既無賞。公卿竟不知。去去歸去來。還傾鸚鵡杯。氣爲故交絶。心爲新知開。但令寸心是。何須銅雀臺。〇文苑英華二百八十六。詩紀八十一。

發湘州贈親故别詩三首

相送出江潯。淚下沾衣襟。何用敍離别。臨歧贈好音。敬通才如此。君山學復深。明哲遂無賞。文華空見沈。古來非一日。無事更勞心。〇文苑英華二百八十六。詩紀八十一。

雲生曉靄靄。花落夜霏霏。問余何意別。答言倦遊歸。徒勞易水布。空負洛陽衣。懷金無人別。抱玉遂成非。安得久留滯。商山饒白薇。○同上

君留朱門裏。我至廣江濆。城高望猶見。風多聽不聞。流蘋方繞繞。落葉向類聚作尚。詩紀云。一作尚。紛紛。無由得共賞。山川間白雲。○類聚二十九作贈別詩。文苑英華二百八十六。詩紀八十一。

同柳吳興烏亭集送柳舍人詩

河陽一悵望。南浦送將歸。雲山離晻文苑作掩。曖。花霧共依霏。文苑云。集作霏依。流連百文苑作反。舌哢。下上文苑云。集作上下。陽禽飛。桂舟無淹文苑誤作掩。枻。玉軫有離徽。願君嗣蘭杜。時採文苑作拂。注云。集作採。東皐薇。○文苑英華二百六十六。詩紀八十一。

同柳吳興何山湖州山名。集送劉餘杭詩

王孫重離別。置酒峯之畿。逶迤川上草。參差澗裏薇。輕雲紉文苑云。一作劒。遠文苑云。集作晚。岫。細雨沐山詩紀云。一作單。衣。簷端水禽息。窗上野螢飛。君隨緑波遠。我逐詩紀誤作遂。清風歸。○文苑英華二百六十六。詩紀八十一。

送柳吳興竹亭集詩

平原不可望。波瀾千里直。夕魚汀下戲。暮羽文苑云。集作雨。詩紀作雨。簷中息。白雲時去來。青峯復文苑作後。負側。躑躅牛羊下。晦昧崦嵫色。王孫猶未歸。且聽西光匿。○文苑英華二百六十六。詩紀八十一。

初至壽春作詩

桓譚不賣文苑云。集作買。交。馮子任紆直。浮溺逐波影。文苑作彩。飄揚恣風力。北州少知舊。南陽寡相識。中駕每傾輪。當騫復文苑云。集作輒。摧翼。望美無津梁。私自憐何極。○文苑英華二百八十九。詩紀八十一。

登壽陽八公山詩

遠澗自傾曲。文苑作注。石激復戔戔。文苑作曲石激戔戔。注云。集作遠澗百頃曲。石激復戔戔。含珠岸恆翠。懷玉浪多圓。疏峯時吐月。密樹不開天。瑶繩盡玄祕。金檢上奇篇。是有琴高者。陵波文苑作波陵。去水仙。○文苑英華百五十九。詩紀八十一。

壽陽還與親故別詩

故人來送別。帳文苑誤作悵。酒臨行阡。露繁秋色慢。氣愴螻聲煎。雁渡章華國。葉亂洞庭天。復有向隅淚。中腸皆涕漣。但願千丈松。結景雲之峯。山高日華早。枝多風彩文苑注云疑。重。我還愛芳杜。君住揖驪龍。○文苑英華二百八十六。詩紀八十一。

邊城將詩四首

塞外何紛紛。胡騎欲成羣。爾時始應募。類聚誤作幕。來投霍冠文苑作將。軍。刀含四尺影。劍抱七星文。袖間血灑地。車中旌拂雲。輕軀如未文苑作未如。殯。終當厚報君。○類聚五十九。文苑英華三百。詩紀八十一。

僕本邊城將。馳射靈關下。箭銜御覽作御。雁門石。氣振武安瓦。勳輕賞廢丘。類聚作兵。名高拜橫野。文苑誤作劍。留書應鑿楹。傳功須勒社。徒傾七尺命。酬恩終自寡。○類聚五十九。文苑英華三百。詩紀八十一。又御覽二百七十八引下、瓦二韻。

聞君報一餐。遠送出平野。玉標丹霞劍。金絡黯文苑作黯絡。光馬。高旗入漢飛。長鞭歷類聚作匿。地寫。曙星海中出。曉月山頭下。歲晏坐論功。自有思文苑云。一作恩。臣者。○類聚五十九。文苑英華三百。詩紀八十一。又御覽二百七十八引馬、寫二韻。

臨淄重蹴文苑作蹋。踘。曲城好擊刺。不要身後名。專騁眼前智。君看班定遠。立功不負義。掣拽二丈旗。躑躅雙梟騎。但問相知否。死生無險易。○類聚五十九。文苑英華三百。詩紀八十一。

秋念詩

團團珠暉轉。熠熠漢陰移。箕風入桂露。璧月滿詩紀云。一作下。瑤池。樹青草未落。蟬涼葉已危。還深長夜想。顧憶臨邛卮。芳杜果蕪没。纓帶欲何爲。○類聚三。詩紀八十一。

梁詩卷十一

吴均

詩

采藥大布山詩

我本北初學記作此。文苑同。山北。緣澗採山麻。九莖日反詩紀云。一作間。照。三葉長生花。可用初學記作以。文苑同。躅憂疾。聊持駐景斜。景斜不可駐。年來果如驅。安得崑崙山。偃蹇三珠樹。文苑作樹三珠。三珠始結初學記作樹始。文苑同。荄。絳葉凌朱臺。玉壺白鳳肺。類聚作胇。初學記作胏。金鼎青龍胎。韓衆及王子。何世初學記作代。文苑同。無仙才。安期儻欲顧。相見在蓬萊。○類聚八十一。初學記二十。文苑英華三百二十七。詩紀八十一。

贈周散騎興嗣詩二首

子雲好飲酒。家在成都縣。製賦已百篇。彈琴復千轉。敬通不富豪。相如本貧賤。共作失職人。包山一相見。○文苑英華二百四十七。詩紀八十二。

昔類聚字缺。初學記、文苑作吾。詩紀云。一作吾。賢當路者。聲名振華夏。朱輪玳瑁牛。詩紀作車。紫軿連錢馬。朝花舞風去。詩紀云。一作中。夜月窺窗下。想君貴易朋。居然應見捨。○類聚三十一。初學記十八。文苑英華二百四十七。詩紀八十二。

贈周興嗣詩四首

孺子賤而貧。且非席上珍。唯安萊蕪甑。兼慕林宗巾。百年逢繾綣。千里遇殷勤。願持江南蕙。以贈生芻人。○文苑英華二百四十七。詩紀八十二。

思君欲何言。中心亂如霧。淚下非一端。愁來誰有數。子爲馮敬通。不減文苑作成。汲長孺。千里無關梁。安得王喬屨。○同上

與君初相知。不言異一宿。意欲褰衣裳。陰雲亂人目。之子伏高卧。伊予空杼軸。無因文苑作由。渡淇水。見此猗猗文苑作漪漪。竹。○同上

可怨文苑作然。異詩紀云。疑作思。公子。終自不敢言。青松蔽南隴。白雲生北園。沈憂無人語。默念空憑軒。安得湛盧文苑作空持。劍。以報相知恩。○同上

入蘭臺贈王治書僧孺詩

故人揚子雲。校書麟閣文苑作麒麟。下。寂寞少交遊。紛綸富文雅。予爲文苑作余本。隴西使。寓居洛文苑作雒。陽社。相思非不深。行行避驄馬。○類聚三十一。文苑英華一百九十。詩紀八十二。

江上酬鮑幾詩

振棹出江湄。依依望九疑。文苑作嶷。欲謁蒼梧帝。過問沅湘姬。折荷縫作蓋。落羽紡成絲。吾行別有意。不爲君道之。○類聚二十七作酬鮑畿詩。文苑英華二百八十九作江上酬鮑畿。詩紀八十二。

贈柳祕書詩

蘼蕪與丹桂。奇心復奇骨。已蔽蒼龍門。又影鳳皇闕。紫雲依夜來。清風扶晚發。鴛鷺文苑作鸞。若上天。寄聲謝明月。○文苑英華二百四十七。詩紀八十二。

詣周承不值因贈此詩詩紀云。承一作丞。後做此。

竹枝任風轉。蘭心逐風卷。青雲葉上團。白露花中泫。聞君入綺詩紀作騎。疏。聊寄錦中書。一隨平原客。寧憶豫章徐。○類聚三十一。詩紀八十二。

遥贈周承詩

巨石亂天崖。文苑作涯。雜樹鬱參差。伯魚文苑作魯。留蜀郡。長房還葛陂。練練波中月。亭亭雲上枝。高岑蔽人者。無處得相知。○類聚三十一。文苑英華二百四十七。詩紀八十二。

周承未還重贈詩

石渠闃無人。子雲今何在。顧望獨懷類聚作凝。詩紀云。一作凝。憂。銜杯竟誰待。散雪逐吹寒。蓬姿浮霜類聚作霜雪。采。甘泉無竹花。鵷鶵欲還海。○類聚三十一。詩紀八十二。

贈王桂陽詩

松生數寸時。遂爲草所没。未見籠雲心。誰知負霜骨。弱榦可摧殘。纖莖易凌忽。何當數千尺。爲君覆明月。○文苑英華二百四十七。詩紀八十二。

酬類聚誤作訓。郭臨丞詩

聞君立名義。我亦倦晨征。馬在城上蹀。類聚作堞。馮校作蹀。劍自腰中鳴。白日遼川暗。黄塵隴坻驚。文苑作生。願君但銜酒。深文苑作新。知有素誠。○類聚三十一。文苑英華二百四十。詩紀八十二。

憶費昶詩

皎皎日將上。獵獵起微風。山没清波内。帆在浮雲中。直趣珠星北。斜開碧海東。故人若思我。當念離根蓬。○類聚二十七。詩紀八十二。

酬聞人侍郎別詩三首

悵然心不樂。萬里何類聚作向。詩紀同。文苑作尚。注云。集作何。悠悠。淩朝類聚作陵潮。文苑云。集作湖日。憩杠類聚作杜。渚。薄類聚作泊。暮遵江洲。君住文苑作往。青門文苑作山。注云。類聚、集本並作居住青門上。上。我發霸陵頭。相思自有處。春風明月樓。文苑作明月清風樓。注云。集作風月在南樓。詩紀云。一作明月清風樓。○類聚三十一。文苑英華二百四十。詩紀八十二。

整棹北川湄。迴首望城邑。林疎風至少。山高雲度急。共懷萬里心。各作千行泣。欲見終無緣。思君空佇立。○文苑英華二百四十。詩紀八十二。

舉首川之折。詩紀云。當作沂。離鴻四向飛。子憐三湘薛。說文。薛與薛同。莎也。我憶五陵薇。但使同嘉文苑作喜。注云。疑作嘉。遁。何必共輕肥。思君美如玉。不覺淚沾衣。○同上

贈鮑春陵別詩

落葉思紛紛。蟬聲猶可聞。水中千丈月。山上萬重雲。海鴻來倏文苑作往。注云。疑。去。林花合復分。所憂別離意。白露下霑裙。○文苑英華二百六十六。詩紀八十二。

別王謙詩

嚴光不逐類聚誤作遂。世。流轉任飛蓬。欲還天台嶺。不狎甘泉宮。離歌玉絃絶。別酒金巵空。倘遺故人念。僕在東山東。○類聚二十九。文苑英華二百六十六。詩紀八十二。

奉使廬陵詩

悵然不自怡。類聚作悟。端憂坐文苑作生。漠漠。風急鴈毛斷。冰堅馬蹄類聚作迹。落。客子飢寒多。江上衣裝薄。何當報恩罷。驅車還北郭。○類聚二十七作使廬陵詩。文苑英華二百九十六。詩紀八十二。

迎柳吴興道中詩

團團日西靡。客念已蹉跎。長風倒危葉。輕練網寒波。白雲光彩麗。青松意氣多。所言飽恩德。忘我北山蘿。○類聚二十八。詩紀八十二。

至湘洲望南岳詩

重波淪且直。連山糾復紛。鳥飛不復見。風聲猶可聞。朧朧樹裏月。飄飄水上雲。長安遠如此。無緣得報君。○文苑英華百六十。詩紀八十二。

登二妃廟詩

朝雲亂入詩紀云。當作人。目。帝女湘川宿。折菡巫山下。採荇洞庭腹。故以輕薄好。千里命艫舳。何事非相思。江上葳蕤竹。○文苑英華三百二十。詩紀八十二。

詠懷詩二首

僕本報恩人。走馬救東秦。黄龍暗迢遞。青泥寒苦辛。野戰劍鋒盡。攻城才智貧。唯餘一死在。留持贈主人。○類聚二十六。詩紀八十二。

元淑勢位卑。長卿宦情寡。二頃且營田。三錢聊飲馬。懸風白雲上。挂月青山下。心中欲有言。未得忘言者。○同上

和蕭洗馬子顯古意詩六首

賤妾思不堪。采桑渭城南。帶減連枝繡。髮亂鳳凰簪。類聚或作簪。文苑同。詩紀云。一作簪。花舞依長簿。玉臺作衣裳薄。蛾類聚或作鶯。詩紀云。一作鵝。飛愛緑類聚或作淥。文苑云。宋本作淥。潭。無由報君信。玉臺作此。類聚或同。流涕向春蠶。○玉臺新詠六。類聚三十二。又八十八作採桑詩。文苑英華二百四十。樂府詩集二十八作採桑。詩紀八十二作古意。

妾本倡家女。出入魏王宫。既得承瑚輦。亦在更衣中。蓮花銜青雀。寶粟鈿金蟲。猶言不得意。流涕憶遼

東。○玉臺新詠六。詩紀八十二作古意。

春草可攬玉臺作攡可。結。妾心正斷絶。緑鬢愁中改。紅顔啼裏滅。非獨淚成珠。亦見珠成血。願爲飛鵲詩紀云。一作雙鵲。鏡。翩翩照離别。○玉臺新詠六。類聚三十二。詩紀八十二作古意。

何處報君書。隴右五岐路。淚研兔枝墨。筆染鵝毛素。碧浮孟渚水。香下洞庭路。應歸遂不歸。芳春空擲度。○玉臺新詠六。詩紀八十二作古意。

妾家横塘北。發豔小長干。類聚作安。花釵玉腕類聚作宛。詩紀同。轉。珠繩金絡丸。類聚作紈。詩紀同。又注。一作凡。羃䍥懸丹玉臺作青。詩紀云。一作青。鳳。逶迤摇白團。誰堪久類聚作分。詩紀同。見此。含恨不相看。類聚作能言。詩紀同。又注。一作誰堪久見此。含恨不相看。○玉臺新詠六。類聚十八。詩紀八十二作古意。

匈奴數欲盡。僕在玉門關。蓮花穿劍鍔。秋月掩刀環。春機思玉臺作鳴。文苑同。詩紀云。一作鳴。窈窕。夏鳥鳴玉臺作思。詩紀云。一作思。文苑作木思。注云。一作鳥鳴。緜蠻。中人坐相望。狂夫終未類聚作不。文苑同。還。○玉臺新詠六。類聚五十九。文苑英華二百五。詩紀八十二作古意。

閨怨詩

胡笳屢悽斷。征蓬未肯還。妾坐江之介。君戍小長安。相去三千里。參商類聚作差。書信難。四時無人見。誰復重羅紈。○類聚三十二。詩紀八十二。

古意詩二首

雜虜寇銅鞮。征役去三齊。扶山翦文苑作剪。詩紀同。疏勒。傍海掃沈黎。劍光夜揮類聚作揮夜。文苑作夜光悉如。又注。如一作揮。電。文苑云。一作劍光夜如電。馬汗畫文苑作盡。成泥。何當見天子。畫地取關西。○類聚五十九。文苑英華二百五。詩紀八十二。

西都盛冠蓋。九逵塵霧塞。中有惡少年。伎能專自得。玉鞭蓮花劍。類聚作細。馮校作組。金苣流星勒。聊爲路傍人。寫鞚長楸北。○類聚三十三。文苑英華二百五。詩紀八十二。

覽古詩

嘗稽真仙道。清淑祕衆煩。秦皇及漢武。焉得游其藩。既欲先宇宙。仍規後乾坤。崇高與久遠。萬物莫能存。矧乃恣所欲。荒淫伐靈根。安期反蓬萊。王母還崑崙。○韻語陽秋十二。

萍詩

可憐池裏初學記作内。文苑云。一作内。萍。葐蒀初學記作氛氳。文苑云。草盛貌。一作氛氳。紫復青。工初學記作巧。文苑云。一作巧。隨浪開合。能逐初學記作遂。水低平。微根無所綴。細葉詎須莖。飄蕩文苑云。一作泊。終難測。流連如有情。○初學記二十七。文苑英華三百二十七。又注云。一作南齊劉繪。

去妾贈前夫詩

棄妾在河橋。相思復相遼。鳳凰簪落鬢。詩紀作髮。蓮花帶緩腰。腸從別處斷。貌在淚中消。願君憶疇昔。片言時見饒。○玉臺新詠六。詩紀八十二。

詠少年詩

董生唯文苑作能。樂府同。巧笑。子都信美目。百萬市一言。千金買相逐。不道參差菜。類聚作采。誰論文苑作能。注云。一作論。窈窕淑。願言類聚作君。詩紀云。一作君。捧樂府作奉。文苑同。又注。一作捧。繡被。來就越人宿。○玉臺新詠六。類聚三十三。文苑英華百九四作少年行。樂府詩集六十六作少年子。詩紀八十二。

詠雪詩

微風搖文苑作過。詩紀云。一作過。庭樹。細雪下簾隙。縈空如霧轉。凝階似花積。不見楊柳春。徒看桂枝白。零淚無人道。相思空何益。○文苑英華百五十四。詩紀八十二。又類聚二、初學記二並引隙、積、白三韻。

詠雪詩

雪逐春風來。過集巫山野。瀾漫雖可愛。悠類聚作翻。文苑同。詩紀云。一作翻。揚類聚作陽。馮校作揚。詎堪把。問君何所思。文苑云。一作知。昔日文苑作思昔、注云。一作昔日。同心者。坐須風雪霽。相期洛類聚作雒。城下。○類聚二。文苑英華百五十四。詩紀八十二。

春詠詩

春從何處來。拂水玉臺作衣。復驚梅。雲障類聚作彰。青瑣闥。風吹承露臺。美人隔千里。羅幃閉不開。無由得共文苑作共得。語。空對相思杯。○玉臺新詠六。類聚三。文苑英華百五十七。詩紀八十二。

共賦韻詠庭中桐詩

龍門有奇價。自言梧桐枝。華文苑作垂。暉實掩映。細葉能披離。不降周王子。空待歲時文苑作空將歲月。移。嚴風忽交勁。文苑作動。遂使無人知。○初學記二十八。文苑英華三百二十四作同詠庭中桐。詩紀八十二。

詠柳詩

細柳生堂北。長風發雁門。秋霜常振葉。春露詎濡根。朝作離蟬宇。暮成宿鳥園。不爲君所愛。摧折當何言。○文苑英華三百二十三。詩紀八十二。

主人池前鶴詩

本自乘軒者。爲君階下禽。摧藏文苑作低昂。多好貌。清唳文苑誤作淚。有奇音。稻粱惠文苑作恩。既類聚作以。重。

華池遇亦深。懷恩文苑作顧思。未忍去。非無江海心。○類聚九十作詠鶴詩。初學記三十作詠鶴詩。文苑英華三百二十八。詩紀八十二。

詠寶劍詩

我有一寶劍。出自昆吾溪。照人如照水。切玉如切泥。鍔邊霜凜凜。匣上風凄凄。寄語張公子。何當來見攜。○類聚六十。初學記二十二、詩紀八十二並作寶劍詩。事類賦劍賦注引谿、泥二韻。

詠燈詩

昔在鳳凰闕。七采蓮花莖。陸離看寶帳。爛熳照文屏。檐豔煙光轉。氛氳霧里輕。能方三五夜。桂樹月中生。○類聚八十。詩紀八十二。

別夏侯故章詩

白馬黃金羈。青驪紫絲鞚。新知關山別。故人河梁送。置此一函書。爲余達雲夢。○類聚二十九。詩紀八十二。

以服散鎗贈殷鈞詩

玉鉉布交文。金丹焕仙説。九沸翻成緩。七轉御覽誤作輔。良爲切。執以代疏麻。長貽故人別。○類聚七十三。御覽七百五十七作王筠。詩紀八十二。

梅花詩

梅性本輕蕩。世人相陵賤。故作負霜文苑、詩紀並云。集作雪。花。欲使綺羅見。但願深相知。千詩紀云。當作早。摧非所戀。○文苑英華三百二十二。詩紀八十二。

征客詩

公卿來悵別。葭聲在狹斜。玉樽浮雲蓋。朱輪流水車。鞚中懸明月。劍杪照蓮花。○類聚五十九。詩紀八十二。

雜絶句詩四首

晝蟬已傷念。夜露復沾衣。昔别曾玉臺作昔。何道。今夕玉臺作令。螢火詩紀作光。飛。○玉臺新詠十。詩紀八十二作雜句詩。

錦腰連枝滴。詩紀云。一作理。繡領合歡斜。夢中難言詩紀作誰不。見。終成亂眼花。○同上

蜘蛛簷下挂。絡緯井邊啼。何曾玉臺作當。得見子。照鏡窗東西。○同上

泣聽離夕歌。悲銜别時酒。自從今日去。當復相思否。○同上

山中雜詩三首

山際見來煙。竹中窺落日。鳥向簷上飛。雲從窗裏出。○類聚三十六。廣文選十五作還山。詩紀八十二。

緑竹可充食。女蘿可代裙。山中自有宅。桂樹籠青雲。○同上

具區窮地險。嵇類聚作稽。山萬里餘。奈何梁隱士。一去無還書○類聚三十六。詩紀八十二。

詠雲詩二首

飄飄上碧虚。藹藹隱青林。氛氲如有意。縈鬱詎無心。○類聚一。詩紀八十二。

白雲蒼梧來。過拂章華臺。逢河散復卷。經風合且開。○同上

詠慈姥磯石上松詩

根爲石所蟠。枝爲風所碎。賴我有貞心。終凌細草輩。○初學記二十八。萬花谷後三十八作吴均詩。詩紀八十二。

送吕外兵詩

白雲浮海際。明月落河濱。送君長太類聚作歎。息。徒使淚沾巾。○類聚二十九。詩紀八十二。

傷友詩

可憐桂樹枝。懷芳君不知。摧折寒山裏。遂死無人窺。○類聚三十四。詩紀八十二。

詩

日落登雍臺。佳人殊未來。綺窗蓮花掩。洞户玻璃開。○萬花谷後十五。

和柳惲毗山亭詩

平湖曠復遠。高樹峻而危。○太平寰宇記九十四。

詩

採葵莫傷根。結交莫羞貧。○鳴沙石室古籍叢殘睪出金籯二十八。○逯按。古詩云。採葵莫傷根。結交莫羞貧。傷根葵不生。羞貧交不成云云。或卽吴均所作。

歌碎珠賦系此歌。

玉山之津兮已濡。幽蘭之草兮亦舒。又聞珩璧之獨照。不見掌上之明珠。○初學記二十七。

詩

談藪曰。梁奉朝請吴均有才氣。常爲劍騎詩云。何當見天子。畫地取關西。高祖謂曰。天子今在。關西安在焉。均默然無答。均又爲詩曰云云。沈約謂之曰。印黄沙語太險。均曰。亦見公詩云。山櫻發欲然。約曰。我始欲然。卿已印訖。

秋風瀧白水。雁足印黄沙。○太平廣記百九十八。

劍騎詩

劍是兩蛟龍。○水經注沔水注。

周興嗣

興嗣。字恩纂。項郡人。世居姑熟。遷員外散騎侍郎、給事中。直西省左衞率。

答吴均詩三首

明燈照暗室。邊詔對趙壹。但酌中山酒。唯甘江浦橘。風動雲入箕。雨至月離畢。王丹贈不拜。是我相知日。文苑云。後漢王丹贈陳遺以不拜。○文苑英華二百四十。

鷩鳧起北海。儀鳳飛上林。鶱低不同翼。歡楚亦殊音。噎噎文苑云。宋本注有疑字。夕雲起。落落曉星沈。李陵報蘇武。但令知我心。○同上

昔別襄城村。同會長安市。誰學萊蕪甑。本得王喬履。堦前養素鶴。池中餇赤鯉。一往玉壺上。兼復見簫史。○同上

梁詩卷十二

劉峻

峻。字孝標。平原人。齊永明中。南奔。建武中爲豫州府刑獄。梁初。安成王引爲荆州户曹參軍。以疾去職。居東陽之紫巖山。普通二年卒。年六十。門人謚曰玄静先生。有世説新語注十卷、集六卷。

登郁洲山望海詩

滄澿聯霄岫。層嶺鬱嶒崱。下盤鹽海底。上轉靈烏翼。滇洒非可辨。類聚作辯。鴻溶信難測。輕塵久弭飛。驚浪終不息。雲錦曜石嶼。羅綾文水色。○類聚八。詩紀九十。

自江州還入石頭詩

詩紀云。藝文作劉峻。英華次元帝後而逸其名。或以爲元帝詩。非也。

鼓枻浮大川。延文苑作遥。睇洛文苑作雒。城觀。洛城何鬱鬱。杳與雲霄半。前望蒼文苑作青。注云。一作蒼。龍門。斜瞻文苑作矚。白鶴館。槐垂御溝道。柳綴金隄岸。迅馬文苑作鳥。注云。一作馬。晨風趨。輕輿流水散。高歌文苑作唱。注云。一作歌。詩紀云。一作唱。梁塵下。絙文苑作湘。瑟荆文苑作翔。禽亂。文苑云。一作絙瑟荆琴亂。我思江海遊。曾無朝市玩。忽寄靈臺宿。空軫及關歎。仲子入南楚。伯鸞出東漢。何能栖樹枝。取斃王孫彈。○類聚二十九、廣文選九並作江州還入石頭詩。文苑英華二百八十九逸作者名。詩紀九十。

始居山營室詩

詩紀云。外編作始營山居。

自昔厭諠囂。執志好栖息。嘯歌棄城市。歸來事廣文選作學。耕織。鑿户闚嶕嶢。開軒望嶄崱。激水簷前溜。修竹堂陰植。香風鳴紫鸞。高梧巢緑翼。泉脉洞杳杳。流詩紀云。一作沈。波下不極。髣髴玉山隈。想像瑶池側。夜誦神仙記。旦吸雲霞色。將馭六龍輿。行從三鳥食。誰與金門士。撫心論胸臆。○類聚三十六。廣文選十五作居山營室。詩紀九十。

出塞

薊門秋氣清。飛將出長城。絶漠衝風急。交河夜月明。陷敵攢金鼓。摧鋒揚旆旌。去去無終極。日暮動邊聲。○文苑英華百九十七。樂府詩集二十一。詩紀九十。

蕭洽

洽。字宏稱。蘭陵人。父惠基。齊吏部尚書。洽天監初遷太子中庶子。出爲南徐州中從事。還除從事中郎。遷太府卿。普通初爲通直散騎常侍。二年。出爲臨海太守。六年卒官。年五十五。有集二十卷。隋志作二卷。疑誤。

侍釋奠會詩五章

儒惟性府。道實人靈。乃宣地義。載景天經。合宫傳藹。徧室流馨。人區允睦。王路惟寧。

舄弈代終。氛氲革禪。我后天臨。庶甿利見。焕哉隆平。穆矣於變。德漏八埏。聲鏘九縣。

春方貳極。含神測幾。敬恭馳道。祗承獸闈。列辟載粲。羣司有暉。菴藹槐路。逶迆袞衣。

教思無方。循訓有則。告奠先師。式祀盛德。其禮載閑。其儀不忒。幽顯聿宣。人祇允塞。

冬物澄華。寒暉鬲絜。雲浮鍾虡。風生舞綴。盡性餐和。含靈飲悦。仰沐弘滄。文館詞林作賒。俯慚磬劣。○文館詞林百六十。

王僧孺

僧孺。東海郯人。家貧。傭書養母。仕齊。歷王國左常侍、太學博士、丹陽郡功曹、候官令、治書侍御史、錢唐令。梁受禪。除後軍臨川王記室參軍。出爲南海太守。徵拜中書郎。領著作。遷尚書左丞。遷少府卿。出監吴郡。還除尚書吏部郎。出爲仁威南康王長史。行府州國事。以事免。起爲安西安成王參軍。遷鎮右始興王中記室、北中郎南康王諮議參軍。入直西省。普通三年卒。年五十八。有總集十八州譜七百一十卷、百家譜三十卷、百家譜集鈔十五卷、兩臺彈事五卷、集三十卷。

朱鷺

因風弄玉水。映日上金堤。猶持畏羅繳。未得異鳧鷖。聞君愛白雉。兼因重碧雞。未能聲似鳳。聊變色如珪。願識昆明路。乘流飲復棲。○文苑英華二百六。樂府詩集十六。詩紀七十八。

鼓瑟曲有所思

夜風吹熠燿。朝光照昔邪。文苑作辟邪。注云。一作昔耶。瓦松也。幾銷蘼蕪葉。空落蒲桃文苑作萄。注云。一作桃。詩紀云。一作萄。花。不堪長織素。誰能獨浣紗。樂府、詩紀誤作沙。光陰復何極。望促反成賒。知君自蕩子。奈妾亦倡家。○玉臺新詠六。類聚四十一作有所思行。文苑英華二百二。樂府詩集十七。詩紀七十八。

白馬篇

千里生冀北。玉鞘黄金勒。散蹄去無已。搖頭意相得。豪氣發西山。雄風擅東國。飛鞚出秦隴。長驅繞岷僰。承謨若有神。稟算良不惑。文苑作忒。是。瀰汨文苑作泊。河水黄。參差嶂雲黑。安能文苑作得。注云。一作能。對兒女。垂帷弄毫墨。兼弱不稱雄。後得方爲特。此心文苑作至思。注云。一作此心。樂府作主恩。亦何已。君恩良未塞。不許跨天山。何由報皇德。○文苑英華二百九。樂府詩集六十三。詩紀七十八。

古意詩 詩紀云。一云遊俠。英華作樂府。

青絲控文苑作被。燕馬。紫艾飾吴刀。朝風吹錦帶。落文苑作晚。注云。一作落。日映珠袍。陸離關右客。照耀山西豪。雖非學詭遇。終是任逢遭。人生會有死。得處如鴻毛。寧能偶文苑作若。注云。一作偶。雞鶩。寂寞類聚作寂寂。隱蓬蒿。○類聚三十三。文苑英華二百五。詩紀七十八。○逯按。此詩在類聚人部遊俠。在文苑英華樂府類。詩紀説謬。

登高臺 詩紀云。陳祖孫登有宫殿名登高臺詩。

試出金華殿。聊登銅雀臺。九路平如掌。類聚作砥。文苑云。一作砥。千門洞已文苑作乘晚。注云。一作洞已。開。軒車映日過。文苑作至。注云。一作過。簫管逐風來。若非邯鄲美。便是洛陽才。○類聚四十二。文苑英華二百十。詩紀七十八。

湘夫人

桂棟承薜帷。眇眇川之湄。白蘋徒可望。緑芷竟空滋。日暮思公子。銜意嘿無辭。○類聚七十九。樂府詩集五十七。詩紀七十八。

侍宴詩

麗景屬文苑作燭。春餘。清陰澄夏首。交枝隱修逕。迴流影文苑作映。遥阜。徙帷類聚作爲。轢輕筠。移鑾拂高柳。去矣勞茂績。勉哉報嘉誘。小臣良不才。涓塵愧所守。何用勝雕斲。譬木良如朽。○類聚三十九。文苑英華百六十九。詩紀七十八。

又詩紀云。一作侍宴景陽樓。

迴輿文苑作鑾。避暑宮。下輦迎風館。散文苑作渺。漫輕文苑作卿。烟轉。霏微商雲散。蔓草亘巖垂。高枝起天半。回風稍驚水。落光漸斜岸。竗儛駐行雲。清歌入層漢。晬顔暢有懌。德音良已粲。○同上

落日登高詩

憑高且一望。目極不能捨。東北指青門。西南見白社。軫軫河梁上。紛紛渭橋下。争利亦争名。驅車復驅馬。寧訪蓬蒿人。誰憐寂寞者。○類聚二十八。詩紀七十八。

中川長望詩

長川杳難即。四望四無極。安流寧可值。憤風方未息。危帆渡中懸。孤光巖下昃。岸際樹難辨。雲中鳥易識。莫恨東復西。誰知迂且直。故鄉相思者。當春愛顔色。獨寫千行淚。誰同萬里憶。○類聚二十七。詩紀七十八。

贈顧倉曹詩

洛文苑作雒。陽十二門。樓闕似西崑。曖曖罘罳下。相望隔畫類聚作晝。下同。垣。畫垣向阿閣。棲鳳復棲鴛。文苑云。一作阿閣棲鳳鴛。五曹均趨奏。六尚等便煩。朝爐何馥馥。夜錦有餘温。日中驅上駟。驤首遍京宛。晨趨魏公子。夕宿韓王孫。夙文苑作宿。昔今何在。生平棄不論。譬如菴蔗草。心謝葉空存。誰復文苑作傷。三承睫。獨念九飛魂。○類聚三十一。文苑英華二百四十七。詩紀七十八。又廣文選八引崑、垣、鴛、煩、温、宛、論、存、魂九韻。

秋日愁居答孔主簿詩

首秋類聚作夏。文苑同。雲物善。晝暑旦猶清。日華隨水汎。樹影逐風輕。依簾野馬合。當户昔耶生。物我一無際。人鳥不相驚。儻過類聚作遇。北山北。聊訪法高類聚作喬。文苑云。一作喬。卿。法真字高卿。見後漢逸民傳。○類聚三十一。文苑英華二百四十。詩紀七十八。

至牛渚憶魏少英詩

楓林曖似畫。沙岸淨如掃。空籠望懸石。回斜見危島。緑草閑遊蜂。青葭集輕鴇。徘徊洞初月。浸淫潰春潦。非願歲物華。徒用風光好。○類聚二十八。文苑英華二百八十九。詩紀七十八。

寄何記室詩

思君不得見。望望獨長嗟。夜風入寒水。晚露拂秋花。何由假日御。暫得寄風車。○類聚三十一。詩紀七十八。

忽不任愁聊示固遠詩

去秋客舊吴。今春投故越。淚逐東歸水。心挂西斜月。未應歲貶顔。直以憂殘髮。○類聚三十五。詩紀七十八。

爲何庫部舊姬擬蘼蕪之句詩

出户望蘭薰。褰簾正逢君。斂容裁玉臺作纔。同。一訪。新知類聚作人。詎可聞。新人含笑近。故人含淚類聚誤作笑。隱。妾意在寒松。君心逐朝槿。○玉臺新詠六。類聚三十二作爲何遜舊姬擬上山采蘼蕪。詩紀七十八。

何生姬人有怨詩

寒樹棲羇玉臺作羈。雌。月映風復吹。逐臣與棄妾。零落心可知。寶琴徒七弦。蘭燈空百枝。顰容不足效。啼粧拭復垂。同衾成楚越。異國非仳玉臺作此。離。○玉臺新詠六。詩紀七十八。

爲人傷近而不見詩

嬴女鳳皇樓。漢姬柏梁殿。詎勝類聚作過。仙將死。音容猶可見。我有類聚作獨我。一心人。同鄉不異縣。異縣不成隔。同鄉更脈脈。脈脈如牛女。何類聚字缺。由寄玉臺作無妨年。一語。○玉臺新詠六作爲人傷近不見。類聚三十二。詩紀七十八。

月夜詠陳南康新有所納詩

二八人如花。三五月如鏡。開簾一種色。當户類聚作還將。兩相映。重價出秦韓。高名入燕鄭。十城屢請易。千金幾争聘。君意自能專。妾心本無競。○玉臺新詠六。類聚十八。詩紀七十八。

詠擣衣詩

足傷金管遽。玉臺作處。多愴緹光促。露團池上紫。風飄庭裏緑。下機鶩西眺。鳴砧遽東旭。芳汗似蘭湯。雕金辟龍燭。散度廣陵音。摻玉臺作操。誤。寫漁陽曲。别鶴悲不已。離鸞斷還玉臺作更。詩紀云。一作更。續。尺素在魚腸。寸心憑雁足。○玉臺新詠六引促、旭、燭、曲、續、足六韵。類聚六十七引促、緑、曲、續、足五韵。詩紀七十八。

與司馬治書同聞鄰婦夜織詩

洞房風已激。長廊月復清。藹藹夜庭廣。飄飄曉帳輕。雜聞百蟲思。偏傷一鳥玉臺作息。聲。鳥聲長不息。妾心復何極。猶恐君無衣。夜夜當窗織。○玉臺新詠六。詩紀七十八。

爲人述夢詩

工知想成夢。未信夢如此。皎皎無片非。的的一皆是。以親芙蓉褥。方開合歡被。雅步極嫣詩紀作嬌。妍。含辭姿委靡。如言非倏忽。不意成俄爾。及寤盡空無。方知悉虚詭。○玉臺新詠六。詩紀七十八。

侍宴景陽樓詩詩紀云。詩彙作鮑照者非。

金鋪爍可鏡。桂棟儼臨雲。沾觴均飲德。服道驗朝聞。詎論禹無間。非恥堯爲君。小臣亦何者。短翮屢追羣。○類聚三十九。文苑英華百六十九。詩紀七十八。

春日寄鄉友詩

旅心已多恨。春至尚離羣。翠枝文苑作披。結斜影。緑水文苑作水緑。散圓文苑作直。文。戲魚兩相顧。遊鳥半藏雲。何時不憫默。是日最思君。○類聚三。文苑英華百五十七。詩紀七十八。

夜愁示諸賓詩

簷玉臺作櫚。通。露滴爲珠。池水玉臺作冰。合成璧。萬行朝淚瀉。千里夜愁積。玉臺作極。孤帳閉不開。寒膏盡復益。誰知心眼亂。看朱忽成碧。○玉臺新詠六作夜愁。類聚三十五。詩紀七十八。

送殷何兩記室詩

掩袖出南浦。驅車送上征。飄飄曉雲駛。瀁瀁旦潮平。不肖余何惜。無貲爾類聚作是。勿輕。倘有還書便。一言訪死生。○何水部集二作贈何殷記室。類聚二十九。文苑英華二百六十六。詩紀七十八。

春閨有怨詩

愁來不理鬢。春至更攢眉。悲看蛺蝶粉。泣望蜘蛛絲。月映寒蛩褥。風吹翡翠帷。飛鱗難託意。駛翼不銜詩紀云。一作綴。辭。○玉臺新詠六。詩紀七十八。

秋閨怨詩

斜光隱西壁。暮雀上南枝。風來秋扇屏。月出夜燈吹。深心起百際。遥淚非一垂。徒勞妾辛苦。終言君不知。○玉臺新詠七。詩紀七十八。

詠寵姬詩

及君高堂還。值妾妍粧罷。曲房褰錦帳。迴廊步珠屣。玉釵時可挂。羅襦詎難解。再顧連城易。一笑類聚作哂。詩紀云。一作哂。千金買。○類聚三十二。又作寵姬詩。詩紀七十八。

在王晉安酒席數韻詩

窈窕宋類聚作守。華容。玉臺作容華。但歌有清類聚作情。曲。轉盼類聚作眄。非無以。斜扇還類聚作眉幸。詩紀同。相矚。詎類聚作不。減許飛瓊。多勝劉碧玉。何因送款款。半飲杯中醁。○玉臺新詠六。類聚三十二作詠姬人詩。詩紀七十八。

爲人寵姬有怨詩

可憐獨立樹。枝輕根易摇。已爲露所浥。復爲風所飄。錦衾襞不開。玉臺作卧。端坐夜及朝。是妾愁成瘦。非君重細腰。○玉臺新詠六。詩紀七十八。

爲姬人自傷詩

自知心裏恨。還向影中羞。迴持昔慊慊。變作今悠悠。還君與妾扇。玉臺作珥。詩紀云。一作叙。歸妾奉類聚作與。君裘。絃斷猶可續。心去最難留。○玉臺新詠六作爲人自傷。類聚三十二作又爲姬人怨詩。詩紀七十八。

爲人有贈詩

碧玉與緑珠。張盧復雙女。曼聲古難匹。長袂世無侶。似出鳳凰樓。言發瀟湘渚。幸有褰裳便。含情寄一語。○玉臺新詠六。詩紀七十八。

見貴者初迎盛姬聊爲之詠詩

久想專房麗。未見傾城者。千金訪繁華。一朝遇容冶。家本薊門外。來戲叢臺下。長卿幸未匹。文君復新寡。〇玉臺新詠六。詩紀七十八。

傷乞人詩

少年空扶轍。白首竟填溝。葦蓆何由足。菽藿不能周。自顧非好乞。初學記作行。行初學記作乞。且欲包羞。勞君款曲問。冒此殷勤酬。〇初學詩十八。詩紀七十八。

春思詩詩紀作春思絶句。

雪罷枝即青。冰開水文苑作春。便綠。復聞黄鳥聲。玉臺誤作思。全玉臺誤作令。作相思曲。〇玉臺新詠十。類聚三。文苑英華百五十七。

爲徐僕射妓作詩

日晚應歸去。上客强盤桓。稍知玉釵重。漸見羅襦寒。〇玉臺新詠十。詩紀七十八。

春怨詩詩紀作吴均。

四時如湍水。飛奔競回復。夜鳥響嚶嚶。朝光照煜煜。詩紀作朝花。厭見花成子。多看筍爲詩紀作成。注云。一作爲。竹。萬里斷音書。十載異棲宿。積愁落芳鬢。長啼壞美目。君去在詩紀作往。楡關。妾留住函谷。惟對昔邪房。如愧玉臺作見。蜘蛛屋。獨唤玉臺作與。響相酬。還將影自逐。象牀易氈簟。羅衣變單複。幾過度風霜。猶能保煢獨。〇玉臺新詠六。詩紀八十一。

詠春詩

岸文苑云。集作崖。煙起暮色。岸水帶斜暉。逕狹横枝度。簾摇驚燕飛。落花承步履。流澗寫行衣。何殊九芝蓋。簿暮洞庭歸。〇文苑英華百五十七。

徐悱

悱。字敬業。勉第二子。起家著作佐郎。轉太子舍人。掌書記之任。累遷洗馬、中舍人。以足疾出爲湘東王友。遷晉安内史。普通五年卒。

白馬篇

妍文苑作研。樂府同。蹄飾鏤鞍。飛軨度河干。少年本上郡。遨遊入露寒。劍琢荆山玉。彈把隨樂府作隋。珠丸。聞有邊烽急。飛候至長安。然諾竊自許。捐軀諒不難。占文苑作召。注云。一作占。兵出細柳。轉戰向樓蘭。雄名盛李霍。壯氣勇彭韓。能令石飲羽。復使髮衝冠。要功非汗馬。報效乃類聚作有。鋒端。日没塞雲起。風悲胡地寒。西征餓小月。北去腦烏丸。歸報明天子。燕然石類聚作令。詩紀云。一作今。復刊。○文苑英華二百九。樂府詩集六十三。詩紀八十五。又類聚四十二引端、寒、刊三韵。

古意酬到長史溉登琅邪城詩

甘泉警烽候。上谷抵李善本文選作拒。六臣本注云。善本作拒字。按拒當是扺之訛。扺卽唐寫抵字。樓蘭。此江稱豁險。兹山復鬱盤。表裏窮形勝。襟帶盡巖巒。修篁壯下屬。危樓峻上干。登陴起遐望。回首見長安。金溝朝灞滻。甬道入鴛鸞。鮮車騖華轂。汗馬躍銀鞍。少年負壯氣。耿介立衝冠。懷紀燕山石。思開函谷丸。豈如霸上戲。羞取路傍觀。寄言封侯者。數奇良可歎。○文選二十二。詩紀八十九。

對房前桃樹詠佳期贈内詩

相思上北閣。徙倚望東家。忽有當軒樹。詩紀作窗。兼含映日花。方詩紀作芳。鮮類紅粉。比素若鉛華。更使增心憶。彌令想狹邪。無如一路阻。脉脉似雲霞。嚴城不可越。言折代疎麻。○玉臺新詠六。詩紀八十九。

贈内詩

日暮想清陽。當作揚。躡履出椒房。網蟲生錦薦。遊塵掩玉床。不見可憐影。空餘黼帳香。彼美情多樂。挾瑟坐高堂。豈忘離憂者。向隅心獨傷。聊因一書札。以代九迴腸。○玉臺新詠六。詩紀八十九。

梁詩卷十三

周捨

捨。字昇逸。汝南安城人。仕齊爲太學博士、丹陽主簿、太常丞。梁初拜尚書祠部郎。歷秣陵令、太子洗馬、中書侍郎、尚書吏部郎。除侍中。領步兵校尉。遷太子詹事。普通五年卒。年五十六。有集二十卷。

上雲樂 雜言

隋書樂志曰。梁三朝樂第四十四。設寺子導、安、息孔雀、鳳凰、文鹿、胡舞、登連、上雲樂、歌舞伎。樂府詩集曰。上雲樂有老胡文康辭。周捨作。或云范雲。

西方老胡。厥名文康。遨遊六合。傲誕三皇。西觀濛汜。東戲扶桑。南汎大蒙之海。北至無通之鄉。昔與若士爲友。共弄彭祖扶床。往年暫到崑崙。復值瑶池舉觴。周帝迎以上席。王母贈以玉漿。故乃壽如南山。志若金剛。青眼貿貿。白髮長長。蛾眉臨髭。高鼻垂口。非直能俳。又善飲酒。簫管鳴前。門徒從後。濟濟翼翼。各有分部。鳳皇是老胡家雞。獅子是老胡家狗。陛樂府誤作階。下撥亂反正。再朗三光。澤與雨施。化與風翔。覘雲候吕。志遊大梁。重駟修路。始屆帝鄉。伏拜金闕。仰瞻玉堂。從者小子。羅列成行。悉知廉節。皆識義方。歌管愔愔。鏗鼓鏘鏘。響振鈞天。聲若鵷皇。前却中規矩。進退得宮商。舉技無不佳。胡舞最所長。老胡寄篋中。復有奇樂章。齎持數萬里。願以奉聖皇。乃欲次第說。老耄多所忘。但願明陛下。壽千萬歲。歡樂未渠央。○樂府詩集五十一。詩紀八十九。

還田舍詩

薄遊久已倦。歸來多暇日。未鑿武陵巖。先開仲長室。松篁日月長。蓬麻歲時密。心存野人趣。貴使容吾膝。況茲薄暮情。高秋正蕭瑟。○文苑英華三百十九。詩紀八十九。

陸倕

倕。字佐公。吴郡人。仕齊歷竟陵王議曹從事參軍、廬陵王法曹行參軍。梁天監初。爲安成王外兵參軍、臨川王東曹掾。遷太子庶子、國子博士、中書侍郎。擢爲吏部郎。參選事。出爲尋陽太守。復除國子博士。守太常卿。普通七年卒。年五十七。有集十四卷。

釋奠應令詩九章○一、二、三各章脱。四章殘。

□□□□。□付規矩。迺據石稚。言藏金斧。方□深雪。載調淮雨。樂駕中和。詩同下武。

巍巍儲后。實等生靈。克岐克嶷。夙智早成。無論岳峙。豈匹泉渟。按卽淳字。桂宮亟礜。蘭殿慙聲。

鼓宗式訓。成均戒典。將弘四術。且陳三善。周膠聿建。虞庠載闡。博習方親，離經向辯。碩學如市。高生閒出。濟濟橫經。祁祁負袠。文參孔囿。玄遊老室。先易後難。功倍師逸。莫采貽誥。器幣有章。紊維既弛。絶典還光。庭陳宿設。階列周張。禮充羈偶。物盛員方。景屬遵暮。惟時栗烈。夜露方塗。朝流已折。鏗鏘萃止。肅雍在列。顧省無庸。徒然浮竊。○文館詞林百六十。

和昭明太子鍾山解講詩

終南鄰漢闕。高掌跨周京。復此虧山廣弘明集作天。嶺。穹窿廣弘明集作隆。距帝城。當衢啓珠館。臨下搆山楹。南望窮淮溆。北眺盡滄溟。步簷廣弘明集作擔。注云。三本、宫本作簷。時中宿。飛階或上征。網户圖雲氣。龕室畫仙靈。副君憐世網。廣命萃人英。道筵終后廣弘明集作後。説。鑾轡出郊坰。雲峯響流吹。松野映風旌。睿心嘉杜若。神藻茂琳瓊。多謝先成敏。空頒后廣弘明集作後。乘榮。○廣弘明集三十。詩紀九十。

以詩代書别後寄贈詩

余本水鄉士。閉類聚作閑。門江海隅。時逢世道類聚誤作道世。泰。蹇御覽作騫。足步類聚作出。高衢。名成宦雖立。效微功日疏。入仕乘肥馬。出守擁高車。闕門遊昔吏。遷亭有故書。江派資賢牧。宗英出建旟。不勞王布鼓。無賴露田車。弼政非責實。求名已課虚。長卿病猶在。修齡疾未祛。詎知亭長肉。寧挂府丞魚。不能未能止。内訟慚諸已。僶俛從王事。纚舟出淮泗。朋故遠追尋。暝宿清江陰。明旦一分手。翩飛各異林。歸舟隨岸曲。猶聞歌棹音。行者日超遠。誰見別離心。夕次洌洲岸。明登慈姥岑。水流多迴復。余歸良未尋。江關類聚作中。御覽作間。詩紀云。一作中。寒事早。夜露傷秋草。心屬姑蘇臺。目送邯鄲道。葭葦日蒼蒼。親知慎早涼。劉兄消渴病。休攝戒無良。殷弟癲眩疾。行止避風霜。劉侯有餘冷。宜餌陟詩紀云。一作休。鳌方。伏子多風咳。門冬幸易將。率更愛雅體。體弱思自强。吏曹勉玉潤。諷議勗金相。比部多暇日。奚用肆龍章。建德何爲者。無墮無人鄉。記室朋從暇。露蝎附行商。議曹坐朝罷。尺板嗣徽芳。雙栖成獨宿。俱飛忽異翔。眷言思親友。沈思結中腸。追惟疇昔時。朝府多歡暇。薄暮塵埃類聚作埃塵。靜。飛蓋遙相文苑作相追。迓。李郭或同舟。潘夏時方駕。娱談類聚作歡。文苑作譴。御覽作歡娱。終類聚作追。文苑同。美景。敷文永清夜。促膝豈異人。戚戚皆朋類聚作姻。文苑同。御覽作明。詩紀云。一作姻。婭。今者一乖離。雚然心事差。山川望猶近。便似隔天涯。玉躬子加護。昭質余未虧。八行思自勉。一札望來儀。○文苑英華二百四十七。詩紀九十。又類聚二十一作贈京邑僚友詩。引隅、衢、早、草、道、暇、迓、駕、夜、婭十韻。御覽四百十作贈京邑僚友詩。引衢、早、草、道、駕、夜、婭七韻。

贈任昉詩

南史曰。昉爲御史中丞。後進皆宗之。時有彭城劉孝綽、劉苞、劉孺。吴郡陸倕、張率。陳郡殷芸。沛國劉顯及到溉、到洽。車軌日至。號曰蘭臺聚。

和風雜美氣。下有真人遊。壯矣荀文若。賢哉陳太丘。今則蘭臺聚。萬古信爲儔。任君本達識。張子復清修。既有絶塵到。復見黄中劉。○南史到溉傳。詩紀九十。

陸罩

罩。字洞元。吴郡人。仕梁爲太子中庶子、掌管記。大同十年。以母老求去。母歿後。位終光禄卿。

採菱曲

參差雜荇枝。田田競荷密。轉葉任香風。舒花影流日。戲鳥波中蕩。游魚菱下出。不與文王嗜。羞持比萍實。○類聚八十二作採菱詩。樂府詩集五十一。詩紀九十。

奉和往虎窟山寺詩和簡文。

鷄鳴動睟駕。柰苑睠晨遊。朱鑣陵九達。青蓋出層樓。歲華滿芳岫。虹彩被春洲。廣弘明集作州。注云。三本、宫本作洲。葆吹臨風遠。旌羽映九斿。廣弘明集作光浮。喬枝隱修逕。曲澗聚輕流。徘徊花草合。瀏亮鳥聲遒。金盤響清梵。涌塔應鳴桴。慧雲方靡靡。法水正悠悠。實歸徒荷教。信解愧難詶。○廣弘明集三十。詩紀九十。

閨怨詩

自憐斷帶日。偏恨分釵時。留步惜餘影。含意結愁眉。徒知今異昔。空使怨成思。欲以别離思。類聚作意。獨向蘼蕪悲。○類聚三十二。詩紀九十。

詠笙詩

管清羅袖拂。響合類聚作含。初學記作人。絳脣吹。含情應節轉。逸態逐類聚作遂。聲移。所美周初學記作同。王子。弄羽一參差。○類聚四十四。初學記十六及文苑英華二百十二作陸罕。詩紀九十。

紀少瑜

少瑜。字幼瑒。秣陵人。爲晉安國中尉。大同七年爲東宫學士。除武陵王記室參軍。

遊建興苑詩

丹陵抱天邑。紫淵初學記作泉。萬花谷同。更上林。銀初學記作玉。萬花谷同。臺懸初學記作極。萬花谷同。百仞。初學記作尺。萬花谷同。玉初學記作銀。萬花谷同。樹起千尋。水流冠蓋影。風揚歌吹音。踟蹰憐拾翠。顧步惜遺簪。日落庭光轉。方幰屢移陰。終初學記作願。萬花谷同。言樂未極。不道愛黄金。○玉臺新詠八。初學記二十四。樂府詩集七十五作建興苑。萬花谷後二十五作紀少瑜詩。詩紀九十二。

擬吴均體應教詩

庭樹發春輝。遊人競下機。却匣擎歌扇。開箱擇舞衣。桑萎不復惜。看花遽將夕。自有專城居。空持迷上客。○玉臺新詠八。詩紀九十二。

月中飛螢詩

遠度時依幕。斜來如畏窗。向月光還盡。臨池影更雙。○初學記三十。文苑英華三百二十九。詩紀九十二。

春日詩

愁人試出牖。春色定無窮。參差依網日。澹蕩入簾風。落花還繞樹。輕飛去隱空。徒令玉筯迹。雙乘明鏡中。○玉臺新詠八。

詠殘燈詩

殘燈猶未滅。將盡更揚輝。唯餘一兩焰。纔得解羅衣。○玉臺新詠十。類聚八十。初學記二十五。萬花谷續八。詩紀九十二。

張率

率。字士簡。吴郡人。仕齊歷著作佐郎、太子舍人、尚書殿中郎、太子洗馬。梁臺建。爲相國主簿。天監初爲鄱陽王友。遷司徒謝朏掾。進秘書丞。歷中權建安王中記室參軍、雲麾晉安王中記室。除中書侍郎。復爲晉安王宣惠諮議。領江陵令。隨府遷江州諮議、領記室。出監豫章臨川郡。除太子僕、司徒右長史、揚州別駕。又還太子家令、黄門郎。出爲新安太守。大通元年卒。年五十三。有文衡十五卷、集三十八卷。

短歌行四言

君子有酒。小人鼓缶。乃布長筵。式宴親友。盛壯不留。容華易朽。如彼槁葉。有似過牖。往日莫淹。來期無久。秋風悴林。寒蟬鳴柳。悲自別深。懽由會厚。豈云不樂。與子同壽。我酒既盈。我肴伊阜。短歌是唱。孰知身後。○樂府詩集三十。詩紀七十九。

遠期以下五言。

遠期終不歸。節物類聚作華。坐將樂府、詩紀云。一作遷。變。白露愴單衣。玉臺作棲。詩紀云。一作栖。樂府作衫。秋風息團扇。誰能類聚作將。久別離。玉臺作離別。類聚、樂府同。他鄉且異縣。浮雲蔽重山。相望何時類聚作不可。見。寄言遠期玉臺作行。者。空閨淚如霰。○玉臺新詠六。樂府詩集十八。詩紀七十九。又類聚四十二引變、縣、見三韵。

對酒

對酒誠可樂。此酒復芳玉臺作能。類聚同。詩紀云。一作能。醇。如華良可貴。文苑作貰。注云。一作貴。似乳更堪玉臺作非。

類聚、詩紀同。樂府作甘。文苑云。一作甘。珍。何當玉臺作以。留上客。爲寄掌中文苑云。一作壽寓。人。金樽清復滿。玉椀亟來親。誰能共遲暮。對酒惜文苑作及。注云。一作惜。芳辰。玉臺作晨。詩紀同。樂府云。一作晨。君歌尚玉臺作當。未罷。却坐避梁塵。○玉臺新詠六。文苑英華百九十五。樂府詩集二十七。詩紀七十九。又類聚四十二作當對酒。引醇、珍、辰、塵四韵。

日出東南隅行

朝日照屋梁。夕月懸洞房。專遽自稱豔。獨□伊覽光。雖資自然色。誰能棄薄妝。施著見朱粉。點畫示頳黄。含貝開丹吻。如羽發清樂府作青。陽。金碧既簪珥。綺縠復衣裳。方領備蟲彩。曲裙雜鴛鴦。手操獨繭緒。唇凝脂燥黄。○樂府詩集二十八。詩紀七十九。

相逢行

相逢夕陰街。玉臺誤作階。獨趨尚冠里。高門既如一。甲第復相似。憑軾日欲昏。何處訪公子。公子之所在。所在良易知。青樓出上路。漸臺臨曲池。堂上撫流徽。雷樽朝夕施。橘柚芬樂府作分。詩紀同。華實。朱火燎金枝。兄弟兩三人。冠玉臺作裾。珮紛陸離。朝從禁中詩紀云。一作門。出。車騎並驅馳。金鞍馬腦勒。聚觀路傍兒。入門一顧望。鳬鵠有雄雌。雄雌各數千。相鳴戲羽儀。並在東西立。羣次何離離。大婦刺方領。中婦抱嬰兒。小婦尚嬌稚。端坐吹參差。丈夫樂府作人。無遽起。類聚作丈人幸無遽。神鳳且來儀。○玉臺新詠六。樂府詩集三十四。詩紀七十九。又類聚四十一引里、似、子、知、池、離、馳、兒、兒、差、儀十一韵。

走馬引

良馬龍爲友。玉珂金作羈。馳騖文苑作相去。樂府云。一作相去。宛文苑作京。注云。一作宛。與洛。半驟復半文苑作平。注云。一作半。馳。倏忽而千里。光景不及移。九方惜未見。薛公寧所知。歛轡且歸去。吾畏路傍兒。○文苑英華二百九。樂府詩集五十八。詩紀七十九。

滄海雀

大雀與黃口。來自滄海區。清晨啄原粒。日夕依文苑作歸。注云。一作依。野株。雖憂鷙鳥擊。長懷沸鼎虞。況復隨時起。文苑云。一作化。翻飛不可拘。文苑樂府作初。寄言挾彈子。莫賤隋侯珠。○文苑英華二百六。樂府詩集六十八。詩紀七十九。

楚王吟

章臺迎夏日。夢遠感春條。風生竹籟響。雲垂草綠饒。相看重束素。唯欣争細腰。不惜同從理。但使一聞韶。○樂府詩集二十九。詩紀七十九。

清涼

登臺待初景。帳殿藹詩紀作謁。誤。餘晨。羅帳樂府作帷。夕風濟。清氣尚波人。長簟涼可仰。平莞温未親。幸願同枕席。爲君横自陳。○樂府詩集七十四。詩紀七十九。

玄雲

壞陣壓峨巃。遮牕暗思扉。映日斜生海。跨樹似鵬飛。夢山妾已去。落靨何由歸。○樂府詩集十八。詩紀七十九。

白紵歌九首七言

歌兒流唱聲欲清。舞女趁節體自輕。歌舞並妙會人情。依文苑作調。注云。一作依。詩紀云。一作調。絃度曲婉文苑作惟。注云。一作婉。盈盈。揚蛾文苑作揚眉。又注云。揚。一作蛾。爲態誰目成。○玉臺新詠九。文苑英華百九十三。樂府詩集五十五。詩紀七十九。

妙聲屢唱輕體飛。流津染面散芳菲。俱動齊息不相違。令彼嘉客澹忘歸。時久翫夜明星稀。○玉臺新詠九。樂府詩集五十五。詩紀七十九。

日暮搴門望所思。風吹庭樹月入帷。涼陰既滿草蟲悲。誰能離別長夜時。流歎文苑作寐。注云。一作寢。不寢淚如絲。與君之别終何知。文苑作如。詩紀云。一作如。○文苑英華百九十三。樂府詩集五十五。詩紀七十九。

秋風嗚樂府作蕭。注云。一作嗚。文苑云。一作蕭。條露垂葉。空閨光盡坐愁妾。獨向長夜詩紀云。一作獨問長安。淚承

睫。山高水深樂府作照。路難涉。望君光景何時接。○同上

遥夜方文苑作風。遠時既寒。秋風蕭瑟白露團。佳期不待歲欲闌。念此遲暮獨無歡。鳴弦流管增長歎。○同上

夜寒湛湛夜未央。華燈空爛樂府作蘭。月懸光。從風衣起發芬香。爲君起舞幸不忘。○樂府詩集五十五。詩紀七十九。

列坐華筵紛羽爵。清曲未終月將落。歌舞及時酒常酌。無令朝露坐銷鑠。○同上

愁來樂府、詩紀並云。一作多。夜遲猶歎息。撫枕思君終反仄。金翠釵環稍不飾。霧縠流黄不能織。但坐空閨思何極。欲以短書寄飛翼。○同上

遥夜忘寐起長歎。但望雲中雙飛翰。明月入牖風吹幔。終夜悠悠坐申旦。誰能知我心中亂。終文苑作中。然有懷歲方晏。○文苑英華百九十三。樂府詩集五十五。詩紀七十九。

長相思二首雜言

長相思。久離别。美人之遠如雨絶。獨延佇。心中結。望雲雲去玉臺作去去。類聚同。遠。文苑作遠散。注云。一作去遠。望鳥鳥飛玉臺作飛飛。類聚同。滅。空望終若斯。珠淚不能雪。○玉臺新詠九。文苑英華二百二。樂府詩集六十九。又類聚四十二引别、絶、結、滅四韵。

長相思。久别離。所思何類聚作所。在若樂府作苦。天垂。鬱陶類聚作鬱鬱。相望不得知。玉階月夕映。玉臺映下有羅帷二字。樂府同。羅幃玉臺作帷。樂府同。風夜吹。長文苑作相。思不能寢。坐望天河移。○玉臺新詠九。類聚四十二。文苑

英華二百二。樂府詩集六十九。詩紀七十九。

詠霜詩

駟見視乾度。鐘鳴測地機。秋冬交代序。申初學記字缺。霜白綏綏。原野生暮靄。階墀散夕霏。徘徊總嚴氣。悵望淪清輝。平臺寒月色。池水愴風威。凝陰同文苑作洞。徂夜。遡雁獨歸飛。絫叢亂蕪絶。繁林紛已稀。貞松非受令。芳草徒具腓。○初學記二。文苑英華百五十六。詩紀七十九。

太廟齋夜詩

潔齋謝紛華。詩紀云。一作蹟。寂寥清廟静。肅襟視牲盛。端服侍嚴省。○初學記十三。詩紀七十九。

詠躍魚應詔詩

戢鱗隱繁藻。頒首承涤漪。何用遊溟澥。且躍天淵池。○初學記三十。詩紀七十九。○逯按。明本初學記無此詩。今從宋本。

到洽

洽。字茂沿。溉弟。天監元年爲太子舍人。二年。遷司徒主簿。歷尚書殿中郎、太子中舍人。十二年。

出爲臨川内史。十四年。入爲太子家令。遷給事黄門郎。十六年。遷太子中庶子。普通元年爲尚書吏部郎。五年。遷給事黄門侍郎。領尚書左丞。六年。遷御史中丞。號爲勁直。七年。出爲尋陽太守。大通元年卒於郡。年五十一。有集十五卷。

贈任昉詩八章

獸生文蔚。鳳亦五色。絢彩火然。豈由畫飾。猗歟若人。不扶自直。數仞難闚。萬頃誰測。

四教必修。九德斯備。往行前言。多識罔匱。一見口傳。蹔聞心記。生知之敏。昔滄今至。

藝不兼遊。擇其從善。苞羅載籍。絶妙蟲篆。該綜名實。憲章朝典。不體良才。孰營心辯。

在昔未遘。迺睠伊人。余未倒屣。先枉清塵。顧慙菲薄。徒招好仁。傾蓋已舊。久敬彌親。

范張交好。升堂拜母。亦蒙吾賢。此眷之厚。恩猶弟兄。義實朋友。豈云德招。信玆善誘。

欣遇以來。四載斯日。運謝如流。時焉歲聿。月次既窮。星迴已畢。玄象晝昏。明庶曉疾。

妍拙不齊。方員各取。子登王朝。爲代規矩。余栖一丘。卧痾静處。同盡性分。殊塗嘿語。

得於神遇。相忘道術。若水之淡。乃同膠漆。豈寄呴濡。方中綢密。在心爲志。非詩奚述。○文館詞林百五十八。

答秘書丞張率詩八章

東南季子。上國賈生。會稽竹箭。嶧陽孤莖。物産因地。品賦斯征。孰若兼美。羽儀上京。上京羽儀。十紀鴻漸。竹待羽栝。木資刳剡。皎皎素絲。涅而不染。晨雞靡暄。徑寸誰掞。豫樟之生。誰能先識。山衡野虞。偶知所植。百尺無枝。何枉斯直。青冥聳翰。丹霄拂翼。爾日聞聲。余稱傾蓋。事以年殊。理因義會。我好春蘭。子歡秋艾。蘭艾既辯。春秋交害。在昔壯年。嘗怪長老。殷勤好少。忘年愛寶。於今念茲。苟求懷抱。綺繻素褐。何傷交道。前有元幹。置左置右。後有弘度。流分四部。爰在伊人。蔚爲舉首。余掌司直。有謬蘭莠。余既遲暮。傷茲歲聿。迫以賤事。且嬰老疾。子有儔年。方賒來日。雖無事焉。寧忘蓬蓽。寤言安適。懷人在斯。九重窈窕。長安莫窺。既迅千里。玉策金羈。且息望美。自事衰疲。○文館詞林百五十八。

梁詩卷十四

傅昭

昭。字茂遠。北地靈州人。仕齊。官至通事舍人。梁初。歷黄門侍郎、御史中丞。天監六年。出爲尋陽太守。累遷步兵校尉、左民尚書、安成内史。十二年爲秘書監。十四年。遷太常卿。普通五年。遷散騎常侍。大通二年卒。年七十五。

恭職北郊詩

皇猷屬穹昊。至德邁詩紀作通。深淵。禋望沿禮擧。咸秩資化宣。端職恭瘞祀。飭躬奉嚴蠲。淑氣符首節。光風臨上年。〇初學記十三。萬花谷後十七。詩紀八十九。

裴子野

子野。字幾原。河東聞喜人。仕齊。歷王國常侍、右軍參軍。梁天監中。除右軍安成王參軍。出爲諸暨令。徵拜著作郎。遷中書侍郎。大通初。轉鴻臚卿。中大通二年卒。年六十二。有喪服傳一卷、宋略二十卷、續裴氏家傳二卷、衆僧傳二十卷、集十四卷。

答張貞成皋詩

匈奴時未滅。連年被甲兵。明君思將帥。方聽鼓鼙聲。吾生恣類聚誤作姿。文苑作委。逸翮。撫劍起徂征。非徒慕辛季。聊欲逞良平。出車既方軌。絶幕且横行。豈伊長纓繫。行見黄河清。雖令懦夫勇。念别猶有情。感子盈編贈。握玩以爲榮。跂子文苑作予。類聚作改予。振旅凱。文苑作凱歌。注云。一作旋凱。含毫備勒銘。文苑作成。注云。一作銘。○類聚三十一。文苑英華二百四十作答張真威皋。又注云。威一作成。詩紀九十。

詠雪詩

飄飄初學記作飄。文苑同。千里雪。倏忽度龍沙。從雲合且散。因風卷復斜。拂草如連蝶。落樹似飛花。若贈離居者。折以代瑶華。○類聚二。初學記二。文苑英華百五十四。詩紀九十。

上朝值雪詩

沐雪欵千門。櫛風朝萬户。集霰渝丹澰。流雲飄繡柱。滴瀝垂土膏。闌干懸石乳。○類聚二。詩紀九十。

梁昭明太子蕭統

統。字德施。武帝長子。天監元年。立爲皇太子。中大通三年卒。年三十一。謚曰昭明。有正序十卷、文章英華二十卷、文選三十卷、集二十卷。

樂府

有所思

詩紀云。玉臺作庚肩吾。

公子詩紀云。一作佳人。遠于文苑作路遠。注云。一作遠行。隔。乃在天一方。望望江山阻。悠悠道文苑云。一作坂。路長。別前秋葉本集作草。落。別後春花芳。雷歎一聲文苑作流。響。雨淚忽本集作或。成行。悵望情無極。傾心還自傷。〇本集一。文苑英華二百二。樂府詩集十七。詩紀六十六。

相逢狹路間

京華有曲巷。巷曲樂府作曲曲。詩紀云。一作曲曲。不通輿。道逢一俠客。緣路問君居。君居在城北。可尋復易知。朱門間皓壁。刻桷映晨離。本集作籬。階植若本集作茗。華草。光景逐飈移。輕轤委四屈。本集作逐四屋。詩紀云。一作逐四屋。蘭膏然百枝。長子飾青紫。中子任以貲。小子始總角。方作噱弄兒。三子俱入門。赫奕盛羽儀。驊本集、樂府作華。騮服衡轡。白玉鏤機鞴。容止同規矩。賓從盡恭卑。雅鄭時間作。孤竹乍本集作生。參差。雲翔雜樂府作飛離。水宿。弄吭滿清池。歡樂無終極。流目豈知疲。門下非毛遂。坐上盡英奇。大婦成貝錦。中婦飭本集作治。樂府作飾。粉絁。小婦獨無事。理曲步簷垂。本集誤作乘。丈人暫徙倚。行使流風吹。〇本集一。樂府詩集三十四。詩紀六十六。

三婦豔

大婦舞輕巾。中婦拂華茵。本集作裀。小婦獨無事。紅黛潤芳津。良人且高卧。方欲薦梁塵。○本集一。樂府詩集三十五。詩紀六十六。

飲馬長城窟行詩紀云。一云擬青青河畔草。

亭亭山上柏。悠悠遠行客。行客行路遥。故鄉日迢迢。迢迢不可見。長望涕如霰。如霰獨留連。長路邈綿綿。胡馬愛北風。越燕見日喜。藴此望鄉情。沈憂不能止。有朋西南來。投我用木李。并有一札書。行止風雲起。扣封披書札。書札竟本集作意。何有。前言節所愛。後言别離久。○本集一。詩紀六十六。

長相思

相思無終文苑作終無。注云。一作無終。極。長夜起一作豈。歎息。徒見貌嬋文苑、樂府並云。一作嬗。娟。寧知心有憶。寸心無以文苑作所。詩紀云。一作所。因。願附歸飛翼。○本集一。文苑英華二百二。樂府詩集六十九。詩紀六十六。

將進酒

洛陽輕薄子。長安遊俠兒。宜城溢渠盌。中山浮羽卮。○本集一。文苑英華百九十五。詩紀六十六。

上林

千金騕褭騎。萬斥文苑作折。樂府作斤。流水車。争遊上林裏。樂府作苑。高蓋逗春華。本集作花。○本集一。樂府詩集七十七。詩紀六十六。

詩

示徐州弟詩四言

詩紀云。按梁書本紀。簡文帝以天監十七年爲雲麾將軍、南徐州刺史。

載披經籍。言括典墳。鬱哉元氣。焕矣天文。二儀肇建。清濁初分。粤生品物。乃有人倫。

人倫惟何。五常爲性。因以泥黑。猶麻違正。違仁則勃。弘道斯盛。友于兄弟。是亦爲政。

伊予與爾。共氣分軀。顧昔髫髮。追惟綺襦。綢繆紫掖。興寢每俱。朝遊青瑣。夕步彤廬。

惟皇建國。疏爵樹親。既固盤石。亦濟蒸人。亦有行邁。去此洛濱。自兹厥後。分折已頻。

濟河之隔。載離寒暑。甫旋皇邑。遽臨荆楚。分手澄江。中心多緒。形反桂宫。情留蘭渚。

有命自天。亦徂夢莵。欣此同席。歡焉忘飯。九派仍臨。三江未反。滔滔不歸。悠悠斯遠。

長贏届節。令弟旋兹。載覩玉質。我心則夷。逍遥玉户。攜手丹墀。方符昔語。信矣怡怡。

宴當作晏。居類聚作君。詩紀同。晝文館詞林作書。室。靖眺銅池。三墳既覽。四始兼擒。嘉肴玉俎。旨酒金卮。陰陰色晚。白日西移。西移已夕。華燭云景。肩肩風生。昭昭月影。高宇既清。虚堂復静。義府載陳。玄言斯逞。綸言遄降。伊爾有行。有行安適。義乃維城。載脂朱轂。亦抗翠旌。惄如朝飢。獨鍾予情。遠於將之。爰適上苑。靄靄雲浮。曖曖景晚。予歎未期。爾悲將遠。日夕解袂。鳴笳言反。言反甲館。雨面莫收。予若西岳。爾譬東流。興言思此。心焉如浮。玉顔雖阻。金相嗣丘。○文館詞林百五十二。又類聚二十一、詩紀六十六並引池、摛、静、逞四韵。

詒明山賓詩以下五言。

南史曰。明山賓。平原鬲人。先爲統州刺史。入爲東宫學士。兼國子祭酒。昭明太子聞其築室未就。有令曰。明祭酒出撫大藩。擁旄推轂。珥金拖紫。而恆事屢空。構宇未成。今送薄助。並詒以詩曰。

平仲古稱奇。夷齊昔擅美。今則挺伊賢。東秦固多士。築室非道傍。置宅歸仁里。庚桑方有係。原生今易擬。必來三徑人。將招五經士。○梁書明山賓傳。南史明山賓傳。詩紀六十六。

春日宴晉熙王詩詩紀云。此詩見藝文類聚。考南史。梁時無晉熙王。疑藝文誤也。

百六鍾期數。三七厄時中。國難悲如燬。親離歎數窮。藩哲遊沮夢。揚化撫邊戎。幸兹同宴酺。引滿愛樽空。○類聚二十九。詩紀六十六。○逯按。詩言國難云云。當作於侯景亂梁以後。是時昭明已死。不得有詩。考梁元帝稱制江陵。封簡文帝子大圜爲晉熙王。事見周書大圜傳。則此乃元帝之作。是時正值國難。諸王爭位。故詩云云。

宴闌思舊詩

孝若明山賓信儒雅。稽古文敦淳。茂沿到洽實俊朗。文義縱橫陳。佐公陸倕持方介。才學罕爲鄰。灌蔬殷芸實本集作宴。温雅。摛藻每清新。余非狎異者。惟舊且懷仁。綢繆似河曲。契闊等漳濱。如何離災盡。眇漠同埃塵。一起應劉念。泫泫欲沾巾。○本集二。詩紀六十六。

詠山濤王戎詩二首并序

顏生五君詠不取山濤、王戎。余聊詠之焉。

山公弘識量。早厠本集作側。竹林歡。聿來值英主。身游廊廟端。位隆五教職。才周五品官。爲君翻已易。居臣良不難。○本集二。詩紀六十六。

濬充如蕭散。薄莫至中台。徵神歸鑒景。晦行屬聚財。嵇生襲玄夜。阮籍變青灰。留連追宴緒。墟詩紀作壚。下獨徘徊。○同上

和武帝遊鍾山大愛敬寺詩

唐遊薄汾水。周載集瑤池。豈若欽明后。迴鸞鶩嶺岐。神心鑒無相。仁化育有爲。以兹慧詩紀作惠。日照。復

見法雨垂。萬邦躋仁壽。兆庶滌塵羈。本集作羇。望雲雖可識。日用豈能知。鴻名冠子姒。德澤邁軒羲。班班本集作斑斑。仁獸集。匹匹本集作足足。翔鳳儀。善遊茲勝地。茲岳信靈奇。嘉木互紛糺。層峯鬱蔽虧。丹藤詩紀作藤。繞本集作繞。垂幹。緑竹蔭清池。舒華匝長阪。好鳥鳴喬枝。霏霏慶雲動。靡靡祥風吹。谷虛流鳳管。野緑映丹麾。帷宫設廛外。帳殿臨郊垂。俯同南風作。斯文良在斯。伊臣限監國。卽事阻陪隨。顧惟實庸菲。沖薄竟奚施。至理徒興羨。終然類管窺。上聖良善誘。下愚慚不移。○本集一。詩集紀六十六。

開善寺法會詩

栖烏廣弘明集云。明本作鳥。猶未翔。命駕出山莊。詰屈登馬嶺。迴互入羊腸。稍看原藹藹。漸見岫蒼蒼。落星埋遠樹。新霧起朝陽。陰池宿早雁。寒風催夜霜。茲地信閒類聚作閑。寂。清曠惟道場。玉樹琉廣弘明集云。宋、元、明本作瑠。璃水。羽帳鬱金牀。紫柱珊瑚地。神幢明月璫。本集作當。牽蘿下石磴。攀桂陟松梁。澗斜日欲隱。煙生樓半藏。千祀終何邁。百代歸我皇。神功照不極。睿鏡湛無方。法輪明暗室。類聚作智日。慧海渡廣弘明集云。宋、元、明、宫本作度。慈航。塵根久未洗。希霑垂露光。○廣弘明集三十。詩紀六十六。

同泰僧正講詩并序

大正以貞本集作真。俗兼解。鬱爲善歌。璡師以行有餘力。緣情繼響。余自法席既闌。便思和寂。杼軸二年。濡翰兩器。大正今本集作令。春復爲同泰建講。法輪將半。此作方成。所以物色不同。序事或異。

放本集字缺。光聞本集作開。鷲岳。金牒祕香城。窮源類聚作原。絶有際。離類聚作雜。照歸無名。若人聆至寂。寄説表真本集作旦。冥。能令梵志遣。亦使羣魔驚。寶珠分水相。須彌會色形。學徒均染氎。詩紀作疊。遊士譬春英。伊予寡空智。徒深愛怯詩紀云。疑作惬。情。舒金起祇苑。開筵慕肅成。年鍾儵從變。弦本集作絃。望聚詩紀云。疑作驟。舒盈。今開類聚、詩紀作聞。火類聚作大。詩紀云。一作大。林聚。淨土接承明。掖影連高塔。法鼓亂嚴更。雷聲芳樹長。月出地芝生。已知類聚作生。法味樂。復悦本集作恍。玄言清。本集作情。何因動飛轡。暫使塵勞輕。

○本集一。詩紀六十六。又類聚七十六引城、名、冥、驚、明、更、生、清、輕九韵。

鍾山解講詩

清宵出望園。詰晨屆鍾嶺。輪動文學乘。笳鳴賓從静。暾本集作嗷。類聚作瞰。出岩隱光。月落林餘影。糺紛八桂密。坡陁再城永。伊予愛丘壑。登高至節景。迢遞覩千室。迤邐觀萬頃。即事已如斯。重茲遊勝境。精理既已詳。本集作祥。玄言亦兼逞。方知蕙詩紀作惠。注云。疑作蕙。帶人。囂虚成易屏。眺瞻情未終。龍鏡忽遊騁。非曰樂逸遊。意欲識箕潁。本集作其穎。○本集二。詩紀六十六。又類聚七十六引静、影、逞三韵。

玄圃講詩

白藏氣已暮。玄英序方及。稍覺本集作寬。蟄聲悽。轉聞鳴雁急。穿池狀浩汗。築峯形棊岌。旰雲緣宇陰。晚景乘軒入。風來幔影轉。霜流樹條本集作沫。溼。林際素羽翻。漪間頳尾吸。試欲遊寶山。庶使類聚、詩紀作攸。

信根立。名利白巾談。筆札劉王給。兹樂踰笙磬。寧止消悁詩紀作涓。又注。疑作悁悒。邑。雖本集作唯。娱惠類聚、詩紀作慧。有三。終寡聞知十。〇本集二。詩紀六十六。又類聚七十六引立、十二韵。

東齋聽講詩

昔聞孔道貴。今覩釋花詩紀云。疑作化。珍。至理乃悟寂。承稟實能仁。示教雖三徹。妙法信平本集作半。均。信言一鄙俗。延情方慕真。庶兹類聚作幾。袪八倒。冀此遣六塵。良思大車道。方願寶船津。長延永生肇。庶㡯詩紀作席。諒徐陳。是節朱明季。灼爍治渠新。霏雲出翠嶺。涼風起青蘋。既飡本集作參。甘露旨。方欲書諸本集作縉。紳。〇本集二。詩紀六十六。又類聚七十六引塵、津、紳三韵。

講席將畢賦三十韻詩依次用

法苑稱嘉柰。慈廣弘明集作兹。注云。明本作慈。園羨廣弘明集作美。注云。三本、宮本作羨。脩竹。靈覺相招影。神仙共棲宿。慧詩紀作惠。廣弘明集云。明本作惠。義比瑶瓊。薰染猶廣弘明集云。宋、元、宮本作等。詩紀云。一作等。蘭菊。理玄方十算。功深似九築。本集作竺。華廣弘明集云。宋、元、宮本作巫。水警銀舟。方衢列金軸。微言絶已久。煩本集作頗。勞多累蓄。因兹闡慧雲。欲使心塵本集作廉。廣弘明集云。宋、元、宮本作廉。伏。八水潤焦芽。類聚作牙。三明啓䀹目。寶鐸旦參差。名香晚芬本集作紛。郁。暫舍六龍駕。廣弘明集作敬。注云。三本、宮本作駕。詩紀云。一作驚。微袪二鼠蹙。廣弘明集云。宋、元本作慼。意樹發本集作登。空花。心蓮吐輕馥。喻斯滄海變。譬彼菴羅熟。妙智方縟本集作縛。

錦。深詞同霧縠。善學同梵爪。真言異銅廣弘明集作錮。注云。三本作銅。腹。逶迤合蓋城。葳蕤布金郁。本集字缺。珠華蔭八溪。玉流通九谷。青禽乍下上。本集作上下。雲雁飛翻覆。高談屬時勝。詩紀作聽。廣弘明集作勝時。注云。三本作時聽。宮本作時勝。寡聞終自恧。日麗鴛鴦瓦。風度蜘蟵詩紀作蜘蟵。廣弘明集作蛛。注云。元、明、宮本作蟵。屋。落蘤散遠香。本集作香霏。廣弘明集云。宋、元、宮本作香霏。霏本集作浮。廣弘明集云。宋、元本作浮。雲卷遥族。曠濟同象園。中乘如佇獨。後啖難堅明。初心易驚縮。應當離花廣弘明集作華。水。無令乖七廣弘明集、詩紀作漆。木。投岩不足貴。棘林本集作木。安可宿。器月希廣弘明集云。宮本作不。留影。心灰庶方撲。視愛同采蜂。遊善如原廣弘明集云。宋、宮本作石。菽。八邑仙人山。四寶神龍澳。藥本集作樂。樹永繁稠。禪枝詎凋廣弘明集作彫。注云。三本、宮本作凋。摵。一作緎。以茲説聞道。庶此優馳逐。願廣弘明集作欲。注云。三本、宮本作願。追露寶車。脱屣親推轂。○本集二。廣弘明集三十。詩紀六十六。又類聚七十六作參講席將訖詩。引目、郁、蹙、馥四韵。

晚春詩

詩紀云。此詩玉臺、藝文並作簡文。昭明集亦載之。然語殊不類也。

紫蘭初葉類聚作葉初。滿。黄類聚作嬌。文苑云。一作嬌。鶯弄始稀。石蹲還似獸。蘿長更勝類聚作如。文苑同。又云。一作勝。衣。水曲類聚作凍。文苑云。一作凍。文魚類聚作鰩。文苑云。一作鰩。聚。林類聚作山。文苑云。一作山。暝雅鳥飛。渚蒲變新節。岩桐文苑作松。長舊圍。風花落未已。山齋初學記作窗。文苑同。又注。一作齋。開夜扉。○本集二。類聚三作簡文帝。初學記三作簡文帝。文苑英華百五十七作簡文帝。詩紀六十六。

林下作妓詩

詩紀云。玉臺作簡文。初學作昭明。昭明集亦載。

炎光向夕斂。徙初學記作徒。文苑作徙。宴臨前池。泉將玉臺作深。按原當作淵將。影相得。花與面相宜。篪詩紀作管。聲如鳥弄。舞袖玉臺作袂。寫風枝。懽樂不知醉。千秋長本集作常。若斯。〇本集二。玉臺新詠七作梁簡文帝林下妓。初學記十五。文苑英華二百十三作和林下詠妓應令。詩紀六十六。

擬古詩

晨風被庭槐。夜露傷階草。霧苦瑶池黑。霜凝丹墀皓。疏條索本集作素。無陰。落葉紛可掃。安得紫芝術。終然獲難老。〇本集二。詩紀六十六。

賦書帙詩

擢影兔園池。抽莖淇本集誤作洪。水側。朝映出嶺雲。莫聚飛歸翼。幸雜緗類聚作緗。囊用。聊因班女織。本集作識。一合軒羲曲。千齡如可即。〇本集二。詩紀六十六。又類聚五十五作詠書帙詩。引側、織二韵。

詠同心蓮詩

江南采蓮處。照灼本足觀。況等連枝樹。俱耀紫莖端。同踰並根草。雙異獨鳴鸞。以兹代萱草。必使愁人歡。○本集二。詩紀六十六。

詠彈箏人詩

故箏猶可惜。應度幾初學記、文苑作新。詩紀云。一作新。人邊。塵多澀移柱。風燥脆調絃。還作三洲初學記作州。文苑同。曲。誰念九重本集作原。泉。○本集二。初學記十六。文苑英華二百十二。詩紀六十六。

餞庾仲容詩

梁書曰。仲容先爲太子舍人。後除安成王中記室。當出隨府。皇太子以舊恩特隆。餞宴賜詩。時輩榮之。

孫生陟陽道。吴子朝歌縣。未若樊林華。南史作舉。詩紀云。一作舉。置酒臨高殿。○梁書庾仲容傳。南史庾仲容傳。詩紀六十六。

貌雪詩六言

既同摽梅英詩紀字缺。散。復似太詩紀作大。谷花飛。密如公超所起。皓本集作皎。如淵客所揮。無羨崑岩列素。豈匹振鷺羣歸。詩紀作飛。○本集二。詩紀六十六。

示雲麾弟七言

白雲飛兮江上阻。北流分兮山風舉。山萬仞兮多高峰。流九派兮饒江渚。山岧嶢兮乃逼天。雲類聚作下。微濛兮後興雨。實覽歷兮此名地。故遨遊兮兹勝所。爾登陟類聚作涉。兮一長望。理化顧兮忽憶予。想玉顔兮在目中。徒踟蹰兮增延佇。○類聚二十八。詩紀六十六。

擬古詩 詩紀云。見昭明集。玉臺作簡文。○以下雜言。

窺紅對鏡斂雙眉。含愁拭淚坐相思。念人一去許多時。眼語笑靨近玉臺作迎。來情。心懷心想甚分明。憶人不忍語。銜恨獨吞聲。○本集二。玉臺新詠九作梁簡文帝。詩紀六十六。

大言

觀倏䴊其若轍鮒。視滄海之如濫觴。經二儀而跼蹐。跨六合以翱翔。○類聚十九。詩紀六十六。

細言

坐卧鄰空塵。憑附蟭螟翼。越咫尺而三秋。度毫釐而九息。○類聚十九。詩紀六十六。

歌 統作七契。附此歌。

陽阿奏兮激楚流。望洛水兮有好仇。縱輕櫂兮汎龍舟。○文苑英華三百五十一。

梁詩卷十五

殷芸

芸。字灌蔬。昭明太子侍讀。累遷散騎常侍、左長史。直東宮學士省。大通三年卒。

詠舞詩

斜初學記作科。身含遠意。頓足有餘情。方知難再得。所以遂傾城。○初學記十五。詩紀九十。

蕭琛

琛。字彦瑜。蘭陵人。起家齊太學博士。王儉辟爲主簿。累遷至尚書左丞。梁初。累遷至侍中、金紫光祿大夫。加特進。中大通元年爲雲麾將軍、晉陵太守。以疾自解。改授侍中卒。年五十二。有皇覽抄二十卷。

和元帝詩詩紀云。去丹陽尹。尹荆州。

妙善有兼姿。羣才成大厦。奕奕工辭賦。翩翩富文雅。麗藻若龍雕。洪才類河瀉。案牘時多暇。優游閱典墳。儒墨自玄解。文史更區分。平臺禮申穆。兔苑接卿雲。軒蓋蔭馳道。珠履忽成羣。德音高下被。英聲遠近聞。○類聚五十。詩紀八十五。

別蕭諮議前夜以醉乖例今晝由醒敬應教詩

落日總行轡。薄別在江干。遊客無淹期。晨類聚作晨。馮校作長。川有急瀾。分手信云易。相思誠獨難。之子兩特達。伊余日盤桓。俟我古文苑作□此。式微歲。共賞階前蘭。○類聚二十九作別室。古文苑四作前夜以醉乖倒今晝由醒敬應教。詩紀八十五。

餞謝文學詩

執手無還顧。別渚有西東。荆吴眇何際。煙波千里通。春筍謝集作篁。詩紀云。一作篁。方解籜。弱柳向謝集云。一作尚。低風。相思將安寄。悵望南飛鴻。○謝宣城詩集四。古文苑四作餞謝文學離夜。詩紀八十五。

詠鞞應詔

抑揚動詩紀字缺。雅舞。擊詩紀誤作享。節逗和音。却馬既云在。將帥止思心。○初學記十六。詩紀八十五。

蕭巡

巡。琛子。

離合詩贈尚書令何敬容詩

南史曰。自晉宋以來。宰相皆文義自逸。敬容獨勤庶務。貪恡。爲時所嗤鄙。時蕭琛子巡頗有輕薄才。因製卦名、離合等詩嘲之。亦不屑也。

伎能本無取。要録作自寡薄。支葉復單貧。柯條謬承日。要録作濫垂景。木石豈知晨。狗馬誠難盡。要録作雖難畫。犬羊非要録作誠。易類聚作賜。馴。敩嚬既要録作終。不似。學步孰能要録作如。眞。寔由要録作云。紊朝典。是曰蠹要録作斁。彝倫。俗化要録作作。於茲鄙。人塗自此分。要録作沌。何敬容字。○類聚五十六。法書要録二。詩紀八十五。

蕭雉

雉。爵里不詳。

賦得翠石應令詩

依峯形似鏡。構嶺勢如連。映林同緑柳。臨池亂百川。壁苔終不落。丹字本難傳。邁有東明上。來遊皆羽仙。○文苑英華百六十一。

何胤

胤。字子季。更字胤叔。仕齊至左民尚書。梁受禪。授特進、右光禄大夫、給白衣尚書。又月給庫錢五萬。並不受。中大通三年卒。年八十六。有周易注十卷、毛詩總集六卷、毛詩隱義十卷、禮記隱義二十卷、禮答問五十五卷、注百法論十二門論各一卷。

皇太子釋奠詩九章

靈象既分。神皇握樞。其降曰命。有書有圖。化彰禮樂。教興典謨。五經畜序。七緯重敷。
保氏述藝。樂正奠師。良玉緣琢。務德由諮。雅沿俗化。風移運遲。道不云遠。否終則夷。
下武增輝。烝哉體聖。三極彝倫。九服隲政。文以止戈。學以流鏡。國崇上庠。人思下競。
昭昭儲后。悊秀克明。徽若稽古。體睿申情。往行内潔。前言外清。紆光隆業。讓齒膠庭。
敷奥折文。悦書敦史。六詩開滯。三易機理。光耀程輝。華黼麗起。尊聖明賢。釋兹敬祀。
儀形初盥。容祇薦陳。罍卺清饗。俎實芳禋。登歌奏闋。有司告神。以介景福。慶無不臻。
祝史贊撤。斂圭軒讌。笙鏞列階。展聲宿縣。儛節金石。歌依越練。交袖折羽。流籥清殿。
儐儀接贊。相詔初筵。峨峨台弁。灼灼藩蟬。時英整笏。胄子端篇。大觀在上。於斯盛焉。
雲行雨施。品物甄流。敷榮散春。蘭芬曜秋。道洽雖均。蒙固難周。進垂智効。退慚山丘。○文館詞林百六十。

何思澄

思澄。字元静。東海郯人。初爲安成王記室。天監十五年。遷治書侍御史。出爲秣陵令。還爲通事舍人。出爲黟縣令。中大通四年。除宣惠武陵王參軍。卒官。年五十四。文集十五卷。

奉和湘東王教班婕妤詩

寂寂長信晚。雀聲喧玉臺作哦。類聚作愁。文苑同。洞房。蜘蛛樂府作蟵。詩紀同。網高閣。駁蘚文苑誤作蘇。被長廊。虚殿簾帷静。文苑作寂。閒階花蕊香。悠悠類聚作愁愁。視日暮。還復守玉臺、樂府作拂。文苑云。一作拂。空牀。○玉臺新詠六。類聚三十作班婕妤詩。文苑英華二百四作班婕妤怨。樂府詩集四十三作班婕妤。詩紀九十一。

擬古詩

故交不可忘。猶如蘭桂芳。新知雖可悦。不異茱萸香。妾有鳳雛類聚作皇。詩紀同。文苑云。一作皇。曲。非爲文苑作無。類聚作無爲。詩紀同。陌上桑。薦君君不御。抱瑟文苑作琴。自悲涼。○玉臺新詠六。類聚三十二。文苑英華二百五。詩紀九十一。

南苑逢美人詩

洛浦疑迴雪。巫山似旦雲。傾城今始見。傾國昔曾聞。媚眼玉臺作服。隨羞玉臺作嬌。合。丹唇逐笑分。風捲蒲蓟帶。日照石榴裙。自有狂夫在。空持勞使君。○玉臺新詠六。類聚十八。詩紀九十一。

王錫

錫。字公嘏。琅邪人。與張纘爲昭明師友。累遷吏部郎中。大通六年。年三十六。有集七卷。

大言應令詩

欲遊五岳。迫不得申。杖千里之木。鱠横海之鱗。○類聚十九。

細言應令詩

冥冥藹藹。離朱不辨其實。步蝸角而三伏。經針孔而千日。○類聚十九。

劉遵

遵。字孝陵。孺弟。起家著作郎、太子舍人。累遷晉安王記室諮議參軍、帶邙縣令。中大通二年。王立爲皇太子。仍除中庶子。大同元年卒。

度關山

隴樹寒色落。塞雲朝欲開。谷深聲易響。路狹轍難回。當知結綬去。非是棄繻來。行人思顧返。道別且徘徊。願度關山鶴。勞歌立可哀。○文苑英華百九十八作劉尊。樂府詩集二十七。詩紀八十八。

相逢狹路間

春晚駕香車。交輪礙狹斜。所恐帷樂府作帷。風入。疑傷步搖花。含羞隱年少。何因問妾家。青樓臨上路。相期竟樂府作覺。路賒。○樂府詩集三十四。詩紀八十八。

蒲坂行

漢使出蒲坂。去去往交河。間諜敢虧對。驂馬脱鳴珂。乍作渡瀘怨。何辭上隴歌。○樂府詩集四十。詩紀八十八。

和簡文帝賽漢高帝廟詩

分蛇淪霸迹。提劍滅雄威。空餘清祀處。無復瑞雲飛。仙車照丹穴。霓裳影翠微。投玦要漢女。吹管召湘妃。幸逢懷精日。豫奉沐休歸。○類聚七十九。詩紀八十八。

繁華應令詩

可憐周小童。微笑摘蘭叢。鮮膚勝粉白。膢玉臺作慢。臉若桃紅。挾彈雕陵下。垂鉤玉臺作鈎。蓮葉東。腕動飄香麝。衣輕任好風。幸承拂枕選。得奉畫堂中。金屏障翠帔。玉臺作被。藍帊覆薰籠。本知類聚作欲。傷輕薄。含詞羞自通。剪袖雖重。殘桃愛未終。蛾眉詎須類聚作誰。馮校作須。嫉。新粧類聚作姬。迎玉臺作遞。類聚作近。詩紀云。一作近。入宫。〇玉臺新詠八。詩紀八十八。又類聚三十三作繁華詩。引叢、紅、東、風、中、通、終、宫八韵。

從頓還城應令詩

漢水深難渡。深潭見底清。錦笮繫凫舸。珠竿懸翠旍。鳴笳芳樹曲。流唱採蓮聲。神遊不停駕。日暮返連營。寧顧空房裏。階下緑苔生。〇玉臺新詠八。詩紀八十八。

應令詠舞詩

倡女多豔色。入選盡華年。舉腕嫌衫重。廻腰覺態妍。情繞陽春吹。影逐相思絃。履度開裙襵。鬟轉匝花鈿。所愁餘曲罷。爲欲在君前。〇類聚四十三。初學記十五。文苑英華二百十三作舞應令。萬花谷後三十二作劉遵詩。詩紀八十八。

七夕穿針詩

步月如有意。情來不自禁。向光歲時雜詠作花。抽一縷。舉袖弄雙針。〇類聚四。初學記四。古今歲時雜詠二十五。歲時廣記二十六作七夕詩。詩紀八十八。

四時行生回詩七言○見歲時雜詠。題上疑有脱誤。

三月三日哋泉水。七月七日芍陂塘。鳳靨蛾眉粧玉面。朱簾繡户映新粧。○古今歲時雜詠二十五。詩紀八十八。

徐勉

勉。字修仁。東海郯人。仕齊歷太學博士、尚書殿中郎、領軍長史。梁受禪。拜中書侍郎。累遷侍中、吏部尚書。加中書令。移授特進、右光禄大夫。大同元年卒。年七十。有前集三十五卷、後集十六卷。

採菱曲

相攜及嘉月。採菱渡北渚。微風吹櫂歌。日暮相容與。采采不能歸。望望方延佇。儻逢遺佩人。預以心相許。○樂府詩集五十一。詩紀八十九。

迎客曲

絲管列。舞席陳。含聲未奏待嘉賓。羅絲管。舒舞席。斂袖嘿唇迎上客。○樂府詩集七十七。詩紀八十九。

送客曲

袖繽紛。聲委咽。餘曲未終高駕别。爵無算。景已流。空紆長袖客不留。○樂府詩集七十七。詩紀八十九。

和元帝詩去丹陽。尹荆州。

敬愛良是賢。謙恭寔所務。尊賢遺道德。重學嚴師傅。六藝誠爲敏。三雍稱有裕。覆被唯仁義。吐納必珪璋。壯思如泉湧。逸藻似雲翔。夙有匡時調。早懷經世方。留心在庶績。厲精思治綱。○類聚五十。詩紀八十九。

昧旦出新亭渚詩

驅車凌早術。山華映初日。攬轡且徘徊。復值清江謐。杳靄謝集作藹。楓樹林。參差黄鳥匹。氣物宛如斯。重以心期逸。春堤一遊衍。終朝意殊悉。○謝宣城詩集四。詩紀八十九。

詠司農府春幡詩

播穀重前經。人天稱往録。青珪禮東甸。高旗表治粟。逶遲乘旦風。葱翠揚朝旭。平秩庭春司。和氣承玉燭。豈伊盈八政。兼茲辯榮辱。十千既萬取。利民誰不足。○古今歲時雜詠三。詩紀八十九。

詠琵琶詩

雖爲遠道怨。翻成今日歡。含花已灼灼。類月復團團。○初學記十六。詩紀八十九。

夏詩

夏景厭房櫳。促席翫花叢。荷文苑作篠。陰斜合翠。蓮影對分紅。此時避炎熱。清樽獨未空。○初學記三作梁徐晚夏詩。文苑英華百五十七作徐昢夏日。詩紀八十九。

陶弘景

弘景。字通明。丹陽秣陵人。宋末爲諸王侍讀。入齊爲奉朝請。永明十年解職。止於勾曲。自號華陽隱居。梁武卽位。屢徵不出。大同二年卒。年八十五。有三禮目録注一卷、論語集注十卷、真誥十卷、本草十卷、本草經集注七卷、太清草木集要二卷、補闕肘後方百十九卷、練化雜術一卷、太清諸丹集要四卷、合丹節度四卷、服餌方三卷、集三十卷、内集十五卷。

告遊篇

性靈昔既肇。緣業久相因。卽化非冥滅。在理澹悲欣。冠劍空衣影。鑣轡乃仙身。去此昭軒侶。結彼瀛臺賓。儻能踵留轍。爲子道玄津。○陶隱居集。茅山志十。詩紀八十九。

胡笳曲

自㡦文苑、樂府作負扆。飛天歷。與奪徒紛紜。百年三集作四。文苑同。詩紀云。一作四。五代。終是甲辰君。○陶隱居集。

文苑英華二百十一。樂府詩集五十九。詩紀八十九。

寒夜怨

夜雲生。夜鴻驚。悽切嘹唳傷夜情。空山霜滿高煙平。鉛華沈照帳孤明。寒月樂府作日。微。寒風緊。愁心絶。愁淚盡。情人不勝怨。思來誰能忍。○陶隱居集作寒夜愁。樂府詩集七十六。廣文選十三。詩紀八十九。

詔問山中何所有賦詩以答答齊高帝詔。

山中何所有。嶺上多白雲。只可自怡悦。不堪持寄君。○陶隱居集。茅山志二十八引金薤記作答詔問。太平廣記三百二引談藪。詩紀八十九。

題所居壁

南史曰。弘景妙解術數。逆知梁祚覆没。預製詩秘在篋裏。化後門人方稍出之。大同末。士人競談玄理。不習武事。後侯景篡。果居昭陽殿。

夷甫任散誕。平叔坐談空。不言太平廣記作信。南史作豈悟。御覽同。隋志作意。昭陽殿。化集作忽。隋志同。南史作遂。御覽同。作單于宮。○陶隱居集。南史本傳。隋書五行志。御覽五百五引梁書。太平廣記十五。詩紀八十九。

和約法師臨友人詩

詩紀云。歷代吟譜云。慧約字德素。有哭范蔔詩云云。迺以此作慧約作。或别有考也。

我有數行淚。不落十餘年。今日爲君盡。併灑秋風前。○文苑英華三百二。詩紀八十九。

王規

規。字威明。琅邪人。武帝時。累遷中庶子。領東兵校尉。大同二年卒。年四十五。

大言應令詩

俯身望日入。下視見星羅。噓八風而爲氣。吹四海而揚波。○類聚十九。

細言應令詩

針鋒於焉止息。髮杪可以翱翔。蚊詩紀作蛟。眉深而易阻。蟻目曠而難航。○類聚十九。

蕭子顯

子顯。字景暢。南蘭陵人。父嶷。齊豫王。七歲封寧都縣侯。梁天監初爲邵陵王友。除黄門郎、兼侍中、國子祭酒。遷吏部尚書。大同三年。出爲吴興太守。旋卒。年四十九。有後漢書百卷、齊書六十卷、普通北伐記五卷、貴儉傳三十卷、集二十卷。

日出東南隅行

大明上迢迢。玉臺作苕苕。陽城射凌霄。光照窗中婦。絶世同阿嬌。明鏡盤龍刻。簪羽鳳凰雕。逶迤梁家髻。冉弱楚宮腰。輕紈雜重錦。薄縠間飛綃。三六前年暮。四五今年朝。蠶園拾芳繭。類聚、樂府作蠶龍拾芳翠。詩紀作蠶籠拾芳翠。桑陌採柔文苑作桑。注云。一作柔。條。出入東城里。上下洛西橋。忽類聚作路。文苑同。逢車馬客。飛蓋動襜軺。單衣鼠毛織。寶劍羊頭銷。詩紀作鞘。丈類聚作大。文苑同。詩紀云。一作大。夫疲應對。御樂府作從。文苑云。一作從。詩紀同。又云。一作御。者輟銜鑣。文苑作連鑣。注云。一作御鑣。柱文苑作住。間徒脈脈。垣上幾翹翹。女本西家宿。君自上宮要。漢馬三萬文苑作千。注云。一作萬。疋。夫壻仕嫖姚。鞶囊虎頭綬。左珥鳧盧貂。横吹龍鍾管。奏鼓象牙簫。十五張内侍。十八賈登朝。皆笑顔郎老。盡訝董公詩紀云。一作生。超。○玉臺新詠八。文苑英華百九十三作蕭子榮。樂府詩集二十八。文苑英華辯證六。詩紀八十五。又類聚四十一引霄、嬌、腰、條、軺、銷、鑣、要、姚、朝十韵。詩紀八十五。

代美女篇

邯鄲類聚、樂府作章丹。文苑同。又注。一作邯鄲。詩紀云。一作章丹。按。女巫章丹善舞。見晉書夏靖傳。暫輟舞。巴姬請罷絃。佳人淇洧出。玉臺作上。文苑作浦出。注云。一作洧上。豔趙復傾燕。繁穠既爲李。照水亦成蓮。朝酤玉臺作沽。通。成都酒。暝數河間錢。餘光幸未惜。玉臺樂府作借。文苑同，又注。一作惜。一作許借。詩紀云。一作許借。蘭膏空自煎。○玉臺新詠八作代樂府美女篇。類聚十八、文苑英華百九十三、樂府詩集六十三俱作美女篇。詩紀八十五。

南征曲

櫂歌來揚樂府作楊。女。操舟驚越人。圖蛟怯水伯。照鷁竦江神。○樂府詩集七十四。詩紀八十五。

桃花曲

但使桃樂府作新。花豔。得間美人簪。何須論後實。怨結子瑕心。○樂府詩集七十七作梁簡文帝。詩紀八十五。

樹中草

幸有青袍色。聊因翠幄凋。雖間珊瑚蔕。非是合歡條。○樂府詩集七十七作梁簡文帝。詩紀八十五。

燕歌行

風光遲舞文苑作暮。出青蘋。蘭條翠鳥鳴發春。文苑誤作發春鳴。洛陽梨花落文苑作白。如雪。河邊細文苑作青。草細如茵。桐生井底葉交枝。今看無端雙燕離。五重飛文苑云。一作花。樓入河漢。九華閣道暗清池。遥看合璧事類作聞。白馬津上吏。傳道黄龍征戍兒。明月金光文苑作花。詩紀作波。徒文苑、樂府並云。一作從。照妾。浮雲玉葉君不知。思君昔去柳依依。至今八月避暑歸。明珠蠶繭勉登文苑作登勉。樂府同。機。鬱金香文苑作春。藹特詩紀云。一作持。香衣。洛陽城頭雞欲曙。丞相府中烏文苑作鳥。未飛。夜夢征人縫狐貉。玉臺作貊。私憐織婦裁錦緋。文苑作絡。吴刀鄭綿樂府作錦。絡。文苑作錦結。按。鄭綿絡也見楚辭招魂。文苑非是。寒閨夜被薄。芳年海上水中鳧。日暮寒夜空城雀。○玉臺新詠九。文苑英華百九十六。樂府詩集三十二。詩紀八十五。又合璧事類別集三引兒一韵。

從軍行詩紀云。英華作蕭子雲者非。

左角明類聚作名。文苑作鳴。詩紀同。王侵漢邊。輕薄良家惡少年。縱横向沮澤。凌厲取山田。黄塵不見景。飛蓬恆滿天。邀樂府作邊。功封浞野。竊寵劫詩紀云。一作拜。祁連。春風春月將進酒。妖姬舞女亂君前。○類聚四十一。文苑英華百九十九。樂府詩集三十二。詩紀八十五。

烏棲曲應令三首詩紀云。前二首樂府作元帝。非也。元帝別有四首。

握中清酒玉臺作酒栢。馬腦詩紀作瑪瑙。鍾。裾樂府作裙。詩紀同。邊雜佩琥珀龍。詩紀作紅。欲樂府作虛。持寄君心不惜。共指三星今何夕。○玉臺新詠九。樂府詩集四十八。詩紀八十五。

濃黛輕紅玉臺作紅輕。點花色。還欲令人不相識。金壺夜水類聚作永。詩紀同。詎玉臺作誰。類聚同。能多。類聚作過。莫持賒類聚作奢。樂府同。用比懸河。○玉臺新詠九。類聚四十二。樂府詩集四十八。詩紀八十五。

芳樹歸飛聚儔匹。猶有殘光半山日。莫憚褰裳不相求。漢皐遊女習飛類聚作風。樂府同。詩紀云。一作風。流。○類聚四十二。樂府詩集四十八。詩紀八十五。

奉和昭明太子鍾山講解詩

嵩岳基舊宇。盤嶺跨南京。叡心重禪室。遊駕陟層城。金輅徐既動。龍驂躍且鳴。塗方後塵合。地迥廣弘明集云。元、明本作迴。前笳清。邐迤因臺樹。參差望羽旌。高隨閬風極。勢與元天并。氣歇連松遠。雲廣弘明集云、三本、宮本作雪。昇秋野平。徘徊臨井邑。表裏見淮瀛。祈廣弘明集作折。注云。元本作祈。詩紀云。一作折。果尊常住。渴慧在無生。暫留石山軌。欲知芳杜情。鞠躬荷嘉慶。瞻道聞頌聲。○廣弘明集三十。詩紀八十五。

侍宴餞陸倕應令詩紀云。苑詩類選作劉孝威者非。

儲皇餞離送。廣命傳羽觴。侍遊追曲類聚誤作西。水。開類聚作閑。宴等清漳。新泉已激浪。初卉始含芳。雨罷葉增緑。日斜樹影長。○類聚二十九。文苑英華百七十九。詩紀八十五。

春閨思詩

金羈遊俠子。綺機離思妾。春度人不歸。望花盡成葉。○玉臺新詠十。詩紀八十五。

詠苑中遊人詩

二月春心動。遊望桃花初。迴身隱日扇。却步歛風裾。○玉臺新詠十。詩紀八十五。

春别詩四首詩紀云。簡文、元帝同和。

翻鶯度燕雙比翼。楊柳千條共一色。但看陌上攜手歸。誰能對此空相玉臺作中。類聚同。憶。○玉臺新詠九。類聚三十二。詩紀八十五。

幽宮積草自芳菲。黄鳥芳詩紀作著。樹情相依。争風競類聚作竟。日常聞響。重花疊葉不通飛。當知此時動妾思。慙類聚作暫。使羅袂拂君類聚誤作臣。衣。○同上

江東大道日華春。垂楊掛柳掃清玉臺作輕。塵。淇水昨送淚沾巾。紅粧宿昔已應升菴詩話作迎。新。○玉臺新詠九。升菴詩話。詩紀八十五。

銜悲攬涕别心知。桃花李花玉臺作色。類聚同。任風吹。本知類聚作如。人心不似樹。何玉臺作可。意人别似花離。○玉臺新詠九。類聚三十二。

謝微

微。梁書作徵。字玄度。陳郡陽夏人。初爲安成王法曹。累遷中書鴻臚卿舍人。六年。出爲豫章王長史、南蘭陵太守。大同二年卒。年三十七。王籍集其文爲二十卷。

濟黄河應教詩

積陰晦平陸。淒風結暮序。朝辭金谷戍。詩紀云。一作樹。夕逗黄河渚。赤兔徒聯翩。青鳧詎容與。淚甚聲難發。悲多袖未舉。虚薄謬君恩。方嗟别宛許。○樂府詩集七十四作濟黄河。詩紀九十一。

蕭瑱

瑱。字文容。南蘭陵人。武帝時仕爲庶子。

春日貽劉孝綽詩

澗水初流碧。山櫻早發紅。新禽争弄響。落蘂亂從風。拂筵多軟絲。映户悉花叢。誰云相去遠。垂柳對高桐。○類聚三。文苑英華百五十七作蕭子顯。又注云。此詩後五句一本誤作簡文帝。詩紀八十五。